Della stessa autrice in BUR Rizzoli

Gli antipatici
Un cappello pieno di ciliege
La forza della Ragione
Insciallah
Intervista con il Potere
Intervista con la Storia
La luna di Oriana
Lettera a un bambino mai nato
Il mio cuore è più stanco della mia voce
Niente e così sia
Oriana Fallaci intervista sé stessa – L'Apocalisse
Pasolini, un uomo scomodo
La paura è un peccato
Penelope alla guerra
La Rabbia e l'Orgoglio
Quel giorno sulla Luna
Saigon e così sia
Se il Sole muore
Il sesso inutile
I sette peccati di Hollywood
Solo io posso scrivere la mia storia
Un uomo
La vita è una guerra ripetuta ogni giorno
Viaggio in America

Oriana Fallaci

Le radici dell'odio
La mia verità sull'Islam

Prefazione di Lucia Annunziata

Pubblicato per

da Mondadori Libri S.p.A.
Proprietà letteraria riservata
© 2015 Rizzoli / RCS Libri S.p.A., Milano
© 2017 Rizzoli Libri S.p.A. / BUR Rizzoli, Milano
© 2018 Mondadori Libri S.p.A., Milano

ISBN 978-88-17-09327-9

Prima edizione Rizzoli: 2015
Prima edizione BUR: 2017
Settima edizione BUR Saggi: gennaio 2024

Realizzazione editoriale: Librofficina, Roma

Seguici su:

www.rizzolilibri.it   /RizzoliLibri   @RizzoliLibri   @rizzolilibri

Le radici dell'odio

Prefazione
di Lucia Annunziata

All'inizio non c'era Rabbia. C'era già sì, e tanto, Orgoglio. Ma Rabbia no.

Come sia maturata una giovane giornalista, avventurosa, curiosa, coraggiosa, ma soprattutto equanime, in una donna anziana oppressa da una immensa premonizione di sventura, dal senso della indifferenza altrui; come la giornalista sia diventata una visionaria sacerdotessa; come insomma l'Orgoglio si sia evoluto in Rabbia: questa è la storia narrata in questo libro, la storia di Oriana e, non ultimo, la storia dei tempi in cui abbiamo vissuto noi tutti.

«Partimmo di notte da Amman. La notte era limpida e fredda, ottima per i bombardamenti, l'aria tremava di mille minacce.» È l'inizio del viaggio che porta nel 1970 la giornalista Fallaci e il suo fotografo Moroldo verso la valle del Giordano, diventata da poco fronte della guerra fra Israele e una nuova razza di militanti, i fidayn palestinesi. Ma potremmo anche considerare questo l'inizio del viaggio che intellettualmente avvia il percorso della giornalista italiana – allora quarantenne – verso uno dei fronti che più segneranno la sua ricerca, e a cui più sarà – per una serie di giravolte della storia ancor prima che per sua scelta – legato il suo nome.

Oriana arriva in Medio Oriente dal Vietnam. Cioè da una grande storia, la più grande della sua epoca. La maggiore, ammirata e odiata, Potenza mondiale, gli Stati Uniti, si sono impelagati contro ogni ragione e senso della geopolitica in una guerra contro un nemico che è il loro esatto opposto – un esercito di guerriglieri piccoli, scuri, scarsamente armati ma fortemente motivati. È Davide contro Golia, è Capitalismo contro Comunismo, è Potenza tecnologica contro Astuzia Umana. Il Vietnam è lì a definire i tempi, è il perfetto simbolo di dove si voglia o si possa stare nel dopoguerra affluente ma inquieto dell'Occidente. Il Vietnam è definitorio di ogni cosa in quei tempi: non c'è presidente Usa non toccato dalla responsabilità (democratico o repubblicano), non c'è premier mondiale che non vi misuri la sua abilità politica, non c'è uno studente che non ne abbia una opinione, e non c'è giornalista che non voglia andarci. Il Vietnam è un metro di misura per tutti, ma specialmente per un giornalista – non sei un vero corrispondente fino a che non sei stato in quel luogo, in quelle foreste umide, non hai sentito il terrore e la forza dei rotori di un elicottero americano che viene a prenderti o ti spara.

Oriana nasce lì. La Oriana-mito. È donna, è piccola, è in mezzo a quella guerra. La sua foto con la divisa e le treccine sotto il casco mentre fugge verso un rifugio definisce l'immaginario di migliaia di giovani donne che preparano, rivoltano, e ridefiniscono gli anni Sessanta e sé stesse.

Il Vietnam è un grande affresco, è una possente storia. Rispetto a cui tutti gli altri conflitti impallidiscono. Ci sono in corso guerre civili in America Latina, una alternanza disperata fra dittature e rivolte. Allende prova la sua terza via in Cile, su Cuba pende l'ombra di una Guerra Nucleare, gli studenti sono in rivolta ovunque, dal Messico, dove Oriana viene ferita, ai paesi europei, tutti, inclusi i paesi socialisti.

In Medio Oriente si afferma la forza di Israele, che nel 1967 fa la sua più importante operazione di penetrazione in territorio arabo: la occupazione che modifica i confini fin allora definiti di Cisgiordania e Transgiordania. Nella operazione militare il re Hussein di Giordania perde metà del suo regno e i palestinesi hanno perso quasi tutto. Ora da una serie di basi militari una nuova specie di palestinese, il fidayn, può solo attaccare i soldati israeliani che occupano la terra che una volta era sua.

È un importantissimo conflitto, ma nulla delle dimensioni del Vietnam. E infatti è sul Vietnam che, nella notte chiara che a malapena copre le loro tracce, i due viaggiatori da Amman al fronte, rimuginano: «Moroldo chiese: "Tutto a posto?". Io gli risposi: "No, grazie". Così lui aggiunse: "Neanch'io. Ma l'abbiamo già fatto, siamo stati in Vietnam". "Dalla parte degli americani, Moroldo. Ora è come se ci tornassimo dalla parte dei Vietcong"».

Ecco la prima definizione emergere: i palestinesi sono i ribelli, sono coloro che sfidano dalla parte giusta, sono i piccoli della disfida.

Oriana è una specialista di simpatia nei confronti degli underdog. Ammiratrice degli Stati Uniti, da Saigon non ha mai risparmiato loro critiche, in nome proprio della popolazione più sofferente. E ora in Palestina (la chiamiamo così ma all'epoca in cui questa storia è ambientata si spendevano molte energie nella definizione di questo nome) lei arriva come grande ammiratrice di Israele, ma «obbligata» dal suo lavoro di giornalista a raccontare le ragioni di questo popolo trascurato dal mondo.

Nella lunga notte pensa e ripensa: «Qui si riassume così: da una parte ci sono gli arabi e dall'altra gli ebrei, sia gli uni che i secondi combattono per non finire. Se vincono gli arabi, sono finiti gli ebrei; se vincono gli ebrei, sono finiti gli arabi. Dunque chi ha ragione, chi ha torto, chi scegli?». È la domanda che da decenni, forse da un secolo ormai, aggredisce chiunque arriva in queste terre. Oriana, come è suo tipico, ci arriva dritto, nelle prime ore del giorno, e si dà una risposta senza giustificazioni: «Gli ebrei li conosci. Perché hai sofferto per loro, con loro, fin da bambina, li hai visti braccare arrestare massacrare [...] Gli arabi non li conosci. Non hai mai sofferto con loro, non hai mai pianto per loro, non sono mai stati un problema per te [...] Però un giorno è successo qualcosa. Hai letto che centinaia e centinaia di migliaia di creature, di palestinesi, erano fuggiti o erano stati cacciati [...] ammassati come le pecore nei campi-profughi [...] sradicati, umiliati, spogliati d'ogni possesso e d'ogni diritto: i nuovi ebrei della Terra».

Arriva così la Fallaci nelle basi dei fidayn, armata di questa convinzione, obbligata, persino contro il suo amore per Israele, dalla necessità di raccontare i diseredati della Terra, addirittura «i nuovi ebrei della Terra».

Sono stata lunga, mi rendo conto, nel raccontare a mia volta quel viaggio notturno. Ma senza definire nettamente, solidamente, questo inizio di viaggio, non riusciremmo a capire il percorso, durato quasi mezzo secolo, di questa giornalista. Un percorso che è il nostro stesso, che lei ha accompagnato, illuminato, e a volte cambiato.

Oriana per molti, molti anni ci darà queste immagini ravvicinatissime di volti di palestinesi. Combattenti con kefiah, volti dolci o ambigui, volti di contadini o ex studenti di ingegneria. Ci parlerà di donne – quelle sofisticatissime vestite Dior delle classi alte ma non meno «resistenti», e quelle che si sposano bambine «coperte da un pesante vestito rosso in cui si muove lentamente come un fagotto», quelle che fanno della loro partecipazione militare il terreno di personale emancipazione, e le terroriste dall'apparenza di monache e la violenza delle dannate.

Nello stesso tempo attraverserà idealmente, oltre che fisicamente, le frontiere e darà lo stesso ritratto degli israeliani. Con lo stesso tratto dolente con cui ritrae i fidayn, sul cui viso vede già è morte, ascolta le testimonianze sconvolgenti degli atleti che sono sopravvissuti alla strage di Monaco, raccogliendone le confessioni più dolorose: «Sì, sono scappato e non ho nemmeno pensato che mi lasciavo dietro gli altri», o le più politicamente dure: «Ma i tedeschi sono pacifisti o che altro? A noi certo non ci hanno difeso per nulla».

Racconta con la stessa dolorosa veridicità il diniego dei palestinesi di fronte alle loro missioni assassine: «Sì, non mi importa di uccidere dei bambini israeliani», e la difficoltà degli ebrei (spesso ascolta gli italiani) europei che hanno avuto meno problemi a decidere di lasciare il loro paese per Israele, che ad aggiustarsi alla vita non borghese dei kibbutz.

Un quadro in cui tratta tutti, e soprattutto la enorme tragedia che avvolge tutti come una nube, con una miracolosa equanimità. La sua voce fra la fine degli anni Sessanta e inizi Settanta è chiara, si inserisce come voce ragionante, non solo narrante: Oriana parla, difende la democrazia occidentale, la sua storia e i suoi valori. Ma non c'è Rabbia. Ancora.

La Rabbia in verità si insinua lentamente nel discorso che la Fallaci sviluppa con questo mondo. La Rabbia è figlia della profondità della conoscenza che si accumula, e anche della piega che le cose prendono. In un pugno di anni, infatti, la reazione di un popolo alla cacciata dalla propria terra perde forza romantica e si riveste, piano piano di intrigo, denaro e, soprattutto, orrore.

È il momento in cui la causa palestinese volge al terrorismo, la reazione di Israele diventa sempre più militarizzata, e l'intero mondo arabo si contorce e divide in guerre intestine – dal Settembre Nero scatenato in Giordania da re Hussein, all'appoggio al terrorismo della Siria e della Libia di Gheddafi, alla uccisione di Sadat, alla rivoluzione di Khomeini. Una evoluzione che fa da specchio e da spalla a una evoluzione militarista di Israele fino alla invasione del Libano nel 1982 delle truppe guidate dal generale Sharon.

È una evoluzione degli eventi che Oriana intuisce, come una forma di odore umano che respira dai corpi di chi intervista. È nel dialogo con i leader politici infatti che matura l'altro volto del racconto del Medio Oriente, quello in cui emerge il linguaggio più netto, più provocatorio, più fallaciano diremmo. Sono le sue famose interviste. L'arte in cui eccelle Oriana. Interviste non a caso irripetibili proprio perché sono la disamina, meglio la dissezione, del Potere.

C'è ad esempio un gruppo di questi dialoghi tutti del 1970. Anzi, dobbiamo specificare, tutti della primavera del 1970. Anno fatale. Si concluderà nel bagno di sangue del famoso Settembre Nero, mese in cui il re di Giordania decide la espulsione militare dei palestinesi dal suo paese. Una decisione che spacca il mondo arabo, che avvia la dispersione dell'OLP e delle altre organizzazioni palestinesi. Da allora le cose per la guerriglia palestinese prenderanno una nuova strada.

Nella primavera del 1970 le decisioni che stanno maturando ad Amman e in altri paesi siedono sulla testa e sulla psiche di quel mondo come una nube. C'è un'aria di incertezza, di sospetti, di intrighi. Incontriamo in questa nube Yassir Arafat, di cui Oriana traccia il ritratto rimastogli poi incollato per sempre: piccolo di statura e di mani e piedi, un volto famoso come quello di un divo che «si riassume tutto in una gran bocca dalle labbra rosse e cicciute». È un leader evasivo, incline a dire bugie ricoprendole con affermazioni politiche eccessive («I confini non hanno importanza, solo l'unità araba»), mai capace di alcuna simpatia umana, salvo il fraseggiare: «Ho sposato la Palestina».

A fronte di questo freddo carattere, le interviste ad altri due uomini grondano di passione. Faruk El Kaddoumi, cervello di Al Fatah, e George Habash, capo del Fronte Popolare, hanno passione da vendere. Ma nel primo è densa di cinismo, nel secondo, che guida una organizzazione che ha scelto la tattica degli attentati contro aerei e obiettivi civili in tutta Europa, si tratta di una malnascosta passione per la disumanità.

Con Habash per la prima volta ascoltiamo la retorica che ci sarà poi così nota nei nostri giorni: «I nostri nemici sono tutti coloro che aiutano Israele», dunque l'intera Europa. E tutte le altre nazioni che i terroristi sceglieranno di colpire. Non abbiamo fatto molti passi avanti, rispetto alle teorie oggi dell'Isis, vero?

Questi sono gli allarmi che allertano Oriana. La politica è una cosa. La vita umana è altro, dice la sua coscienza.

Da lì parte un altro percorso della storia araba. Che lei ritroverà poi in Khomeini, in un dialogo del 1979, in cui coglie allo stato nascente l'assolutismo della teocrazia che metteva radici in Medio Oriente.

Il percorso di cambiamento investe anche Israele, sempre più militarista. Processo fissato da Oriana in una intervista guascona e quasi allegra datale da un Ariel Sharon che si gloria della invasione del Libano, che, pure, ha lasciato sul terreno ben due massacri, Sabra e Chatila: «Volevo che andassero via i palestinesi e l'ho ottenuto. Arafat dica quel che gli pare: non conta».

Son tutte figure possenti, persino quelle degli sconfitti come lo scià di Persia che sostiene che l'Iran è una grande democrazia proprio mentre il mondo sta già per mollarlo. Persino quelle degli incassatori, come il re Hussein di Giordania, che Oriana vede due volte: nel 1970, a poche settimane dal Settembre Nero, e poi ancora nel 1974, schiacciato sotto accuse di filoccidentalismo, trattato da servo degli americani e di Israele. La seconda intervista comincia così: «È quasi una crudeltà intervistare oggi re Hussein».

Ma la figura più mitologica, quella che si staglia al di sopra di tutto questo accadere, calma come si addice a un semi-dio, è alla fine Ahmed Zaki Yamani, ministro del petrolio saudita. È il meno arabo di tutti, con la sua laurea ad Harvard, i suoi modi insistentemente occidentali, il suo humour sulla ricchezza: «Cosa possiamo farcene del denaro, dopotutto, se non spenderlo da voi in Europa e in Occidente?».

È una galleria di doppiezze, ambiguità, e assenza di scrupoli. È nell'insieme il ritratto di uno sfacciato desiderio di sfida e dominio. In cui il controllo del mondo arabo si rivela non sufficiente.

Lette quelle interviste con il senso di oggi, di quello che è accaduto, vi si può già vedere, in tanti diversi modi e linguaggi, il futuro. Un futuro in cui la prossima preda – e la più ambita – siamo noi. Noi occidentali.

Oriana ha affrontato la guerra tra il mondo occidentale e il mondo islamico senza mezzi termini, senza concessioni, con ferrea semplicità. Capire lei oggi è capire anche il segno di questo suo successo incredibile.

Che è poi la storia resasi esplicita in tutta la sua drammaticità quell'11 settembre del 2001, che svegliò tutti noi a una vicenda che ci appariva lontana e che invece era, ed era sempre stata, a casa nostra.

Quella mattina Oriana scriveva il suo romanzo.

Ricordo bene la sua casa e come aveva organizzato la sua vita di scrittrice. Viveva da sola in un brownstone di Midtown dell'East Side di New York. Palazzone alto e solido con tutti i segni esterni dell'opulenza borghese di chi lo aveva costruito. Dentro era invece un covo bohemienne, denso di foto e ricordi, cappellini, vecchie stampe, quadri, interi sacchi di sigarette (letteralmente grandi sacchi neri della spazzatura comprati pieni di sigarette per evitare il disturbo di troppe compere), una cucina con dentro quasi nulla da mangiare.

La prima porta a sinistra rispetto all'entrata era invece perfettamente abitata, con un ordine militare, con carte impilate su diverse superfici, e alle pareti un lunghissimo grafico temporale delle vicende di una famiglia, arricchito qui e là di foto in bianco e nero.

Era l'ufficio di Oriana. La sua ultima trincea. Nessuno vi poteva entrare. Fortunati anche solo ad affacciarvisi. Lì avrebbe dovuto finire la sua vita di scrittrice, recuperando la storia della sua vita e della sua famiglia.

Non lasciava mai quella stanza. La lasciò, e in qualche modo definitivamente, quella mattina dell'11 settembre.

Lasciò perdere il romanzo della sua vita per tornare alla cronaca, alla battaglia politica. Aveva riconosciuto quello che aveva già imparato nel corso della sua vita di giornalista, ma che forse non aveva mai espresso così compiutamente.

Vide quelle immagini in TV. Descrisse come nessuno la morte di quegli uomini e donne che si buttavano giù dal centesimo piano e verso il trentesimo piano cominciavano come a nuotare in cielo, come se si fossero pentiti, e forse lo erano. Decine di migliaia di connessioni attraversarono la sua testa e il suo corpo, avrebbe raccontato dopo. Quello che succedeva in quel momento a New York lei lo conosceva, lo sapeva. Era odio nei confronti dell'Occidente. Era sempre stato lì e ora si materializzava come un incubo sul presente e sul futuro.

Per ogni minuto che passava e la parola scritta la riprendeva («Mai così veloce» avrebbe detto più tardi) saliva in lei anche l'altro sentimento, quello che era lì e forse non era ancora apparso così chiaramente: la Rabbia.

Tutta la Rabbia che feriva in quel momento tutto il nostro mondo e che lei sola, incosciente, intemerata isolata, è riuscita a esprimere. Perché l'aveva intuita, capita, respirata negli anni, dagli altri, i nostri nemici.

Ancora oggi ci coinvolge o ci sconvolge quella Rabbia.

Ma non possiamo non vederne anche il lucido percorso in cui è maturata e la profetica forza della sua eco.

PRIMA PARTE
Donne senza velo

Una guerra appena iniziata

La donna più saggia che ho conosciuto durante questo viaggio, la Rajkumari Amrit Kaur, figlia del Raja di Kapurthala, per sedici anni segretaria di Gandhi e per cinque anni detenuta in una prigione di Delhi, mi disse un giorno che le donne sono tutte uguali nel mondo, a qualsiasi razza o clima o religione appartengano, poiché è la natura umana che è uguale e il mondo va diventando sempre più uguale: senza colore e senza sorpresa. Su questo la Rajkumari aveva ragione. Nella giungla del Negri Sembilan si va in bicicletta e si cuce con la macchina a pedale, negli harem dello Yemen si usa il telefono, ai piedi delle statue antiche di Budda si costruiscono grattacieli e fabbriche di pepsi-cola, tra le giunche cinesi di Shau Ki Wan si fischiano le canzonette di un italiano che si chiama Modugno e, quasi ovunque, le donne imparano ad imitare i nostri brutti vestiti europei, le nostre stupide scarpe col tacco, la nostra assurda competizione con l'uomo, e diventano poliziotti o ministri, e si divertono a sparare il bazooka. Eppure, per quanti modelli francesi si possano vendere nei magazzini di Tokio, per quante teorie femministe si possano urlare nei comizi di Bombay, per quante scuole di guerra si possano aprire a Pechino od Ankara, non è vero che tutte le donne sono uguali nel mondo.

Ho visto, durante questo viaggio, ogni tipo di donna. Ho visto le maharani spodestate che ancora oggi posseggono chili di smeraldi, chiusi negli scrigni di avorio che nessuna riforma sociale riuscirà mai a catturare, ed ho visto le taxi girl di Hong Kong che per dieci dollari vendono il loro corpo e la loro dolcezza ad europei assetati di esotismo. Ho visto le matriarche malesi, gaie superstiti di una comunità che concede agli uomini l'importanza di un chicco di riso, ed ho visto le mussulmane la cui vita vale meno di una vacca o un cammello. Ho visto le pilote che guidano gli aerei a reazione nel cielo di Eskisehir, ed ho visto le gheisce di Kyoto che a dodici anni imparano a compiacere i ricchi nelle case da tè. Ho visto principesse in chimono, figlie di un imperatore che discende dal Sole, sposate ad impiegati di banca che guadagnano quarantamila lire al mese, e ho visto le ultime polinesiane di Hawai che, nel cuore dell'oceano Pacifico, ormai cittadine degli Stati Uniti d'America, sognano di fare carriera a New York. Ma nessuna di loro era uguale.

Vi sono donne, nel mondo, che ancora oggi vivono dietro la nebbia fitta di un velo e più che un velo è un lenzuolo che le copre dalla testa ai piedi come un sudario: per nasconderle alla vista di chiunque non sia il marito, un bimbo o uno schiavo senza vigore. Questo lenzuolo, che si chiami purdah o burka o pushi o kulle, o djellabah, ha due buchi all'altezza degli occhi, oppure un fitto graticcio alto due centimetri e largo sei, e attraverso quei buchi o quel graticcio esse guardano il cielo e la gente: come attraverso le sbarre di una prigione. Questa prigione si estende dall'oceano Atlantico all'oceano Indiano percorrendo il Marocco, l'Algeria, la Nigeria, la Libia, l'Egitto, la Siria, il Libano, l'Iraq, l'Iran, la Giordania, l'Arabia Saudita, l'Afganistan, il Pakistan, l'Indonesia: il mondo dell'Islam. E sebbene tutto l'Islam sia scosso da fermenti di ribelle progresso, le regole riservate alle donne sono regole immote da secoli: l'uomo è il loro signore e padrone ed esse sono creature tanto inutili a volte che, quando nascono, non vengono neppure iscritte all'anagrafe. Spesso non hanno un cognome, né una carta d'identità giacché fotografarle è vietato, e nessuna di loro conosce il significato della strana parola che in Occidente chiamano amore. All'uomo che le prende per moglie, anzi per una delle sue mogli, esse vengono vendute con un contratto, allo stesso modo in cui si vende una vacca o un cammello, e non possono sceglierlo o rifiutarlo o vederlo prima che egli entri nella stanza da letto e le agguanti: come la piccola sposa senza nome né indirizzo né voce che vidi a Karachi la notte delle sue nozze.

Ero venuta, a Karachi, per scrivere sulle donne mussulmane. Erano le dieci di sera e stavo nel giardino del Beach Luxury Hotel quando la vidi. Non mi accorsi subito che fosse una donna perché, da lontano, non sembrava nemmeno una donna: voglio dire qualcosa con un volto, un corpo, due braccia e due gambe. Sembrava un oggetto privo di vita o un pacco fragile e informe che uomini vestiti di bianco conducevano verso l'uscita con enorme cautela, quasi avessero avuto paura di romperlo. Il pacco era coperto, come le statue che si inaugurano in Occidente sulla pubblica piazza, da una cascata di stoffa, e la stoffa era rossa, d'un rosso squillante e sanguigno, interrotto da ricami d'oro e d'argento che si accendevano, alla luce delle lampade appese alle palme, di bagliori un po' cupi. Non si vedeva proprio nulla all'infuori di quel rosso con l'oro e l'argento. Non si vedevano né mani né piedi, né una forma che assomigliasse alla forma di una creatura: che tuttavia si muoveva, lentissimamente, come una larva che si trascina in un buco senza sapere cosa l'aspetta nel buco. Dietro il pacco veniva un giovanotto, dalla faccia liscia e rotonda, con una ghirlanda di fiori e una giacca di damasco dorato, i pantaloni dorati, stretti alle cosce ed alle caviglie secondo l'uso dei pakistani e degli indiani. Poi venivano altri uomini, alcuni vestiti come lui ma di bianco, altri all'europea. Poi venivano alcune donne in sari, e il corteo procedeva senza rumori, o parole, o risate, o un poco di musica: come un funerale. C'era solo il rumore dei corvi che strillavano, svolazzando sul pacco: ma il pacco non si curava di loro, allo stesso modo di un pacco che non vede e non sente.

«Cos'è?» chiesi a un pakistano che mi stava davanti. «Oh, niente» rispose. «Una donna.» «E cosa fa?» domandai. «Oh, niente» rispose. «Si sposa.» «La conosce?» domandai. «Certo» rispose. «Sono con loro. Vado a casa con loro.» «Posso venire con lei?» domandai. «Mi faccia venire, la prego.» «Impossibile» disse. «Il matrimonio mussulmano è una faccenda privata e i giornalisti non sono permessi. Tantomeno i fotografi.» Poi ci ripensò. Era un pakistano gentile, il signor Zarabi Ahmed Hussan, aveva studiato a Cambridge e gli piaceva fare pazzie pur di aiutare la gente. «Vi faccio venire» aggiunse «a una condizione: che lei non pubblichi il nome dello sposo, né l'indirizzo.» «Nemmeno quello della sposa» promisi. «Quello non conta» disse il pakistano. «La sposa non conta.» Lentissimamente, con la sua andatura di larva impaurita, il pacco rosso era arrivato alla strada. «Perché cammina così?» chiesi al pakistano. «È cieca?» «No. Ha gli occhi chiusi» rispose. «E perché ha gli occhi chiusi?» «Perché non deve vedere il marito» rispose. «Non l'ha già visto?» «No. Non lo ha mai visto» rispose. «Lo hanno visto i genitori per lei.»

Lo sposo salì sulla prima automobile. S'era tolto la ghirlanda di fiori, era molto giovane e sembrava contento. Il pakistano disse che nemmeno lui conosceva la sposa, però aveva visto la fotografia e sperava che gli sarebbe piaciuta. Se non gli fosse piaciuta, del resto, avrebbe potuto sposare senza difficoltà un'altra donna: non gli mancavano i soldi. Il pacco rosso, invece, fu deposto sulla seconda automobile e alcune donne le si misero accanto. Gli invitati, compreso il fotografo e me, salirono su altre automobili e nessuno ci chiese chi fossimo e cosa volessimo: il pakistano aveva detto che eravamo suoi amici di Cambridge, un po' matti. Il corteo di automobili partì. Viaggiammo per circa mezz'ora, nel buio. Poi, dinanzi a una casa moderna, ancora fresca di calce, il corteo si fermò e tutti scendemmo mentre qualcuno faceva girare una capra intorno allo sposo, per augurargli prosperità. La casa era quasi priva di mobili, come la maggior parte delle case mussulmane, e coperta di stuoie. Al primo piano, raggomitolata sopra una stuoia e circondata da donne che la confortavano con misteriose parole, stava il pacco: voglio dire la sposa.

Teneva la testa appoggiata ai ginocchi e si capiva finalmente che era una donna poiché da tutto quel rosso incrostato d'oro e d'argento uscivano due piedi minuscoli, con le unghie dipinte di rosso e la pianta dipinta di rosso. Tra i ginocchi, poi, penzolava una mano ed anche la mano era minuscola, con le unghie dipinte di rosso e la palma dipinta di rosso. Piangeva: e ad ogni singhiozzo le spalle si alzavano e si abbassavano come il singulto di un animale ferito. Era molto piccola, così raggomitolata per terra, e veniva voglia di fare qualcosa per lei: come aiutarla a scappare. «Vuole vederla?» chiese il pakistano. «Sì, mi piacerebbe vederla,» dissi «se non disturbo.» «Macché disturbo. È solo una donna» disse il pakistano. Poi chiese alle donne di scoprire il volto della sposa perché lo vedessimo. Le donne alzarono il velo ma non vidi subito il volto perché lei lo pressava sopra i ginocchi. Allora una donna infilò una mano tra la sua testa e i suoi ginocchi, la agguantò per il mento e lo sollevò finché non lo vidi.

Era un volto di bimba, olivastro, pesantemente truccato, ma così acerbo che sembrava una bimba truccata come una donna per giocare alle signore. Aveva quindici anni, mi dissero, e le sue palpebre erano chiuse, spalmate di polvere argentea. Tra le ciglia lunghe, setose, scendeva lenta una lacrima. «Le dica che non c'è ragione di piangere» mi disse il pakistano. «È stata al liceo e capisce l'inglese.» Mi inginocchiai perciò sulla stuoia e le dissi che non c'era ragione di piangere. Avevo visto lo sposo, le dissi, era bello ed aveva un'aria gentile. Lei mosse le labbra, cariche di rossetto scurissimo, e sembrò lì per dire qualcosa, ma non la disse. Si girò invece verso una delle donne e bisbigliò, in pakistano, una frase brevissima. «Cosa ha detto?» domandai. «Ha chiesto se lo sposo ha davvero l'aria gentile» tradusse la donna. «Ha un'aria molto gentile,» insistetti «e sono sicura che si innamorerà molto di lei e le vorrà molto bene.» Questa volta la sposa sembrò non capire e bisbigliò ancora qualcosa all'orecchio della medesima donna. «Cosa ha detto?» domandai. «Ha chiesto cosa significa» disse la donna e rideva: come se avessi fatto un discorso buffo. Il pakistano intervenne: «Intende dire che lui ti darà molti figli». Poi si allontanò perché la sposa doveva andare nella stanza da letto ad aspettare lo sposo.

La stanza da letto era l'unica stanza completamente arredata di tutta la casa. Poiché era un uomo moderno, lo sposo aveva comprato mobili molto europei, in mogano lucido, con gli specchi e le maniglie di plastica. Il letto aveva lenzuoli azzurri e la coperta di raso rosa, trapunta. Nel mezzo c'era una bambola americana, di quelle che si comprano da Macy's per quindici dollari. La sposa fu quasi sollevata di peso e deposta vicino alla bambola come se ci dovesse giocare. Le fu tolto il pesantissimo velo e rimase in abito da cerimonia: pantaloni di raso rosso e cappa di raso rosso con le maniche lunghe. Era molto bella e quando, finalmente, sollevò le palpebre gonfie, anche i suoi occhi mi parvero belli: così carichi di rassegnazione e spavento. Aveva smesso di piangere, sorrideva un pochino, ma quando la suocera disse a tutte di andarsene e la lasciò sola, nel buio, ad attendere seduta sul letto un marito che non aveva mai visto, i singhiozzi ripresero.

Erano soffocati, brevissimi, come i singhiozzi di un bimbo che è stato punito e non capisce perché e giungevano distinti attraverso la porta socchiusa: ma le donne non se ne curavano affatto e ridevano, accoccolate sopra la stuoia, mangiando il riso col curry. «È molto infelice. Forse bisognerebbe dirle qualcosa» azzardai. «Oh, no. Le ho già detto tutto. E poi le spose sono sempre infelici. Io piansi tre giorni e tre notti quando sposai mio marito. In Occidente non piangono forse?» rispose la suocera. «Dipende» dissi. «Capita a volte che piangano anche se sono contente e che ridano anche se sono scontente. In Occidente è diverso.» «Perché è diverso?» chiesero in coro. «Perché, generalmente, le donne si scelgono il proprio marito» risposi. «A voi non piacerebbe scegliere il proprio marito?»

Erano donne disinvolte ed evolute, tanto evolute che si erano lasciate fotografare prive del velo. Ma, alla domanda, mi fissarono in silenzio, come se la sorpresa avesse loro tagliato le corde vocali. Poi, insieme, risposero: «Oh, no!». «Perché?» domandai. «Non le pare che scegliere il proprio marito ponga una donna in una situazione molto umiliante?» esclamò la più giovane. «Per scegliere il proprio marito una donna deve farsi più bella, rendersi più interessante, sedurlo a forza di occhiate e di chiacchiere. Ciò non è dignitoso, né onesto.» «Una mia amica di Londra mi ha spiegato un giorno come fanno le ragazze europee a cercarsi un marito,» disse un'altra «e, da quel che ho capito, è una fatica terribile e spesso anche sciocca. Per farsi notare dagli uomini, mi ha detto, le ragazze fingono sempre di essere meglio di quello che sono e, quando gli uomini le hanno notate, continuano a fingere per farsi sposare. Poi, quando sono sposate, diventano finalmente sincere e allora, misteriosamente, il matrimonio si rompe. Succede proprio così?»

«Press'a poco» risposi. «Anzi, spesso. Però non sempre riescono a farsi sposare.» «Davvero?» dissero in coro. «E allora cosa succede?» «Nulla,» dissi «ricominciano daccapo con un altro.» «Oh!» esclamarono, incredule. «Io non saprei nemmeno cercarmi un marito» disse la più giovane. «Quando siamo giovani non abbiamo cervello. Ma i miei genitori ne hanno e cercheranno un marito adatto per me. Accadrà l'anno prossimo, quando ho finito la scuola. In Occidente non esistono forse i matrimoni arrangiati?» «Qualche volta» ammisi. «C'è gente che mette perfino l'annuncio sopra il giornale e gente che si rivolge a un'agenzia.» «Che cosa volgare!» esclamò la ragazza. «Qualche volta, però, fanno tutto da sé e allora si dice che è un matrimonio d'amore» spiegai.

«E questo amore dura tutta la vita?» «Qualche volta» dissi. «Però molto di rado. A volte si stancano e arrivano perfino a odiarsi.» «Che cosa assurda,» disse la suocera «che bisogno hanno di amarsi o di odiarsi?»

«Ha tutta l'aria d'aver ricevuto una bella lezione» disse il pakistano quando scesi al rinfresco da cui erano escluse le donne. Il pakistano stava accanto allo sposo e lo sposo non mostrava nessuna impazienza di raggiungere la piccola moglie che piangeva nel buio: quando gli feci gli auguri mi guardò, sconcertato, senza capire perché mai gli facessi gli auguri. «Non lo so» risposi al pakistano, «non sono proprio sicura di aver ricevuto una bella lezione. Perché ha detto alla sposa che lui le avrebbe dato tanti bambini?» «Perché se gli fa tanti bambini non verrà ripudiata» rispose. «E crede che potrebbe ripudiarla?» domandai. «È così giovane e bella.» «Cosa c'entra,» rispose «a che serve una donna giovane e bella se non partorisce? Uno sposa una donna perché partorisca. Una famiglia senza bambini non è una famiglia.» «Mi piacerebbe» esclamai «vedere la faccia di uno che ha ripudiato la moglie, a parte lo scià dell'Iran.» «Quante storie» rispose «con quel povero scià. Come se in Occidente non si ripudiasse la moglie.»

Questa fascia della terra dove non esistono zitelle, né matrimoni d'amore e la matematica diventa opinione, comprende ben seicento milioni di persone, la metà delle quali a occhio e croce sono donne. L'Islam è immenso, e il Pakistan è una minuscola parte dell'Islam: certo tra le più progredite. Non si può quindi pretendere di capire la realtà delle donne mussulmane fermandosi solo a Karachi: in Arabia Saudita, dove il visto sul passaporto è negato ai giornalisti, ai turisti e alle donne, la realtà è più sconcertante. Lì esistono gli harem come quelli del re dello Yemen che vedemmo l'anno scorso in Europa quando andava a spasso con una trentina di mogli. Chi scrive, però, è stata in Iran, in Iraq, in Marocco: e il quadro è press'a poco lo stesso. La prima impressione che una donna occidentale riceve giungendo nei paesi rigorosamente mussulmani è, come in Pakistan, quella d'essere l'unica donna sopravvissuta a un diluvio universale dove siano affogate tutte le donne della terra.

Non c'è una sola donna sull'autobus che ti porta, alle tre del mattino, dall'aeroporto all'albergo nel centro di Karachi. Non c'è una sola donna nell'atrio dell'albergo, né per le scale, né sull'ascensore, né lungo il corridoio fino alla stanza in cui dormi. Il servitore addetto alla pulizia della tua camera è un uomo, quello che ti stira i vestiti o ti aggancia i bottoni è un uomo. Quello che ti serve al ristorante è un uomo. La voce del centralinista che risponde al telefono è quella di un uomo e non vedi una donna, insomma, a meno che tu non vada per strada. Per strada, esse camminano, dentro la prigione del purdah, come fantasmi di un incubo. E l'incubo di quei pacchi di stoffa senza volto né corpo né voce ti insegue dovunque finché, col tuo volto scoperto e le tue braccia scoperte e le tue gambe scoperte fino al ginocchio, ti senti spogliata ed esposta a mille pericoli. Sono pericoli inesistenti: le più gravi punizioni vengono inflitte ai rari uomini che osino sfiorare una donna, o seguirla, o farle un complimento galante.

Non esiste pappagallismo nei paesi dell'Islam: il rispetto formale verso una donna è assoluto. Eppure, né in una moschea, né in un tranvai, né in un cinematografo, né a un ricevimento, le donne possono mischiarsi alla folla degli uomini. Ai ricevimenti, i mariti moderni portano le mogli ma, giunti dinanzi al portone, le donne raggiungono le stanze delle donne e gli uomini quelle degli uomini. Una volta, io volli salire in tranvai ma fui respinta con imbarazzata sorpresa: ero entrata nel recinto degli uomini. Così dovetti scendere e salire nel recinto delle donne che è un'unica panca, alle spalle del conduttore, divisa dalle altre panche con una grata fittissima, e qui le donne in purdah ti guardano attraverso i bucolini del lenzuolo con pupille cariche di involontario rimprovero perché il tuo volto è nudo e le tue gambe sono nude e ciò offende gli uomini e Allah. Soprattutto ti guardano con quelle pupille se cammini sola per strada: le donne mussulmane camminano sole per strada assai raramente. In genere camminano a gruppi, o con i bambini, o con il marito che sta avanti almeno tre passi onde sia chiaro che egli è il padrone. A volte perfino le ragazze più evolute, quelle che studiano, non si sottraggono a questa regola. Le vedi uscire dal liceo, impaludate come monache nel loro lenzuolo. Tanto più sconcertanti a vedersi in quanto tra loro camminano spesso pakistane col volto scoperto che spavaldamente dichiarano che il velo oltretutto è antigienico, impedisce alla pelle di respirare, trasporta le malattie e indebolisce la vista. Sono, queste, le ragazze evolute che ai comizi politici si battono con la decisione degli uomini e che alle parate militari sfilano nei bianchi calzoni del Punjab, insieme ai soldati.

L'anacronismo è crudele: per strada, capita ancora che tu possa vedere automobili con le tendine: sono le automobili delle mussulmane più ricche alle quali non basta nascondere il capo nel purdah. Nelle case, è assai raro che tu possa vedere le donne: ammesso che un mussulmano ti inviti. Nelle case esse non portano il velo e se per avventura, o intenzione, sbagli la porta entrando nel recinto riservato alle donne, ti accoglie un coro di strilli acutissimi. Sono le mogli o le figlie che scappano: una mia amica di Karachi che da tre anni ha alle sue dipendenze lo stesso giardiniere afferma di non avere mai visto, in tre anni, sua moglie e sua figlia prive del velo. «Io credo» dice «che sua moglie e sua figlia non si siano mai lasciate accarezzare dal sole. La loro casa ha le grate.»

C'è molto sole sui paesi dell'Islam: un sole bianco, violento, che acceca. Ma le donne mussulmane non lo vedono mai: i loro occhi sono abituati all'ombra come gli occhi delle talpe. Dal buio del ventre materno, esse passano al buio della casa paterna, da questa al buio della casa coniugale, da questa al buio della tomba. E in quel buio nessuno si accorge di loro. Interrogare un mussulmano sulle sue donne è come interrogarlo su un vizio segreto e il giorno in cui dissi al direttore di un giornale pakistano: «Sono venuta per scrivere un articolo sul problema delle donne mussulmane; può fornirmi del materiale?» lui si inalberò e rispose: «Quale problema? Non esiste problema delle donne mussulmane». Poi mi consegnò un pacco di dattiloscritti dove si parlava dei vestiti delle donne mussulmane, dei gioielli delle donne mussulmane, del maquillage delle donne mussulmane, e come le donne mussulmane usano l'olio di cocco per lucidare i capelli, come usano l'henna per tingersi di rosso le palme delle mani e dei piedi, come usano l'antimonio mischiato ad acqua di rose per tingersi le sopracciglia e le ciglia. «Qui» disse «c'è tutto sulle donne mussulmane.»

Sono dunque le donne più infelici del mondo, queste donne col velo. E il paradosso è che non sanno di esserlo perché non sanno ciò che esiste al di là del lenzuolo che le imprigiona. Soffrono e basta, come la Madre dell'Assente che conobbi una mattina a Karachi, e non osano nemmeno ribellarsi. Ero andata, quella mattina, a conoscere la Begum Tazeen Faridi che dirige a Karachi la All Pakistan Women Association. La Begum è una signora tonda e dorata come una mela renetta che ama definire se stessa «una mussulmana che non porta il velo e possiede un cognome». Il suo quartier generale è un piccolo ufficio, prudentemente privo di insegne e cartelli, dinanzi al quale i mussulmani informati passano con la medesima smorfia di orrore che riserberebbero, loro antialcoolici, a un bicchiere di whisky. E lo scopo principale della sua vita è, a parte un marito monogamo, il progresso delle donne mussulmane. Codice e Corano alla mano, la Begum combatte come una gatta arrabbiata contro la poligamia ed è tanto moderna che, tempo addietro, si provò perfino a mandare una Miss Pakistan al concorso di Miss Universo che si svolge a Long Beach. Dodici signore mussulmane, capeggiate da Tazeen Faridi, giudicarono Miss Pakistan in costume da bagno e dodici signori mussulmani la giudicarono subito dopo col purdah. Ovviamente i signori mussulmani non riuscirono a vedere granché: ma si fidarono della Begum e dissero che, così coperta, Miss Pakistan poteva anche andare a Long Beach. «Non ci andò» dice con un sospiro rassegnato Tazeen Faridi. «Il "Times" di Karachi rivelò che la ragazza avrebbe dovuto esibirsi in costume da bagno dinanzi a dodici milioni di spettatori della TV e per poco non venni linciata.»

Stavo dunque parlando con Tazeen Faridi quando la Madre dell'Assente arrivò. Arrivò guardandosi sospettosamente alle spalle, quasi temesse di venire inseguita da un'orda di mullah decisi a raparla, e il suo burka nero non aveva neppure i bucolini all'altezza degli occhi. «Via quel cencio» disse Tazeen Faridi in inglese. E, poiché l'altra si ritraeva esitante, con gesto autoritario glielo levò. Sotto c'era una donna sui quarant'anni, nera e sudata, coperta di gioielli e di lividi. Non osava parlare dinanzi a una estranea ma, alla fine, parlò. Ecco, parola per parola, quello che disse secondo la traduzione di Tazeen Faridi.

«Avevo quattordici anni e lui trentadue. Le zie e le cugine mi dissero che il suo naso era mangiato dal vaiolo però mi prendeva per tremila rupie e, brutta come ero, non potevo pretendere di più. Loro si scambiarono dolci e regali, firmarono il contratto e lui mi portò a casa sua. Mi dette un ragazzo di tredici anni per sorvegliarmi, però guardava sempre il ragazzo e non mi prestava un po' di attenzione. Infine mi prestò un po' di attenzione e quando venne il momento di partorire io stetti male. La dottoressa non c'era, c'era il dottore, ma una donna non può mostrarsi al dottore, così il figlio morì. Poi la dottoressa venne ma il figlio era morto e la dottoressa disse che non avrei potuto avere altri figli. Così io divenni la Madre dell'Assente e lui fu generoso perché non mi cacciò. Si prese un'altra moglie e quando lei partorì il figlio io la dovetti aiutare. Lui ci manteneva nel medesimo modo, come vuole il Corano, e ci regalava gli stessi gioielli, però mi picchiava e la dottoressa disse che potevo domandare il divorzio ma io mi vergognavo a fare il processo e poi non avevo i soldi per fare il processo e poi una donna divorziata che fa? Ora lui ha visto una ragazza. Costa trentamila rupie ma vuole prenderla in moglie. Però non c'è posto per tre e io sono vecchia. Così ha detto: "talàk talàk talàk" e mi ha ripudiato. La dottoressa mi ha detto di venire qui. Ma ora dove vado, che faccio?»

Come i dottori che non si commuovono per il mal di pancia del loro cliente, la Begum non mostrò nessuna emozione al racconto e promise alla donna che avrebbe tentato di sistemarla in qualche istituto o in qualche famiglia dove avevano bisogno di servi o in una casa di vedove sebbene non fosse una vedova e la cosa sarebbe stata difficile. Poi mi spiegò che nel mondo mussulmano una donna non può vivere sola, nemmeno se lavora.

Se vive sola, vuol dire che è una donna perduta. «Vede, per questo non ci sono zitelle e il ripudio rappresenta la morte civile. Secondo il nuovo codice, la donna può domandare il divorzio, affrontando il processo e lo scandalo, ma l'uomo può dire talàk talàk talàk e torna libero come un fringuello: senza l'obbligo di passare gli alimenti. Capisce?» «No, non capisco» risposi. «Questa gente non si vuole mai bene?» «Qualche volta,» disse Tazeen Faridi «ma si vergognano a dirlo come se fosse una colpa. Noi non abbiamo storie d'amore.» «Impossibile,» dissi «provi a ricordarsi una storia d'amore.» «Raiza» Tazeen Faridi chiamando la segretaria. «Conosci una storia d'amore?» «*Le Mille e una Notte*» rispose Raiza ridendo. «No, una storia vera, un episodio di cronaca» dissi. «Raiza,» disse Tazeen Faridi «la mia amica italiana vuole un episodio di cronaca.» E rideva. «Che pretesa. Mi faccia pensare» disse Raiza frugando nella memoria. E rideva. «C'è la storia del Sik.» «Non voglio una storia di Sik, voglio una storia di un mussulmano e una mussulmana» risposi. «Ma il Sik diventò mussulmano» disse Raiza.

Trovammo la storia. Tazeen Faridi non la ricordava e così dovette cercarla sul «Time» che la pubblicò tempo addietro. E la storia sta, in breve, così. Boota Singh era un Sik di trentatré anni e viveva a Calcutta. Si innamorò di Mohinder che era una mussulmana di undici anni e la sposò pagandola millecinquecento rupie. Boota Singh e Mohinder vissero insieme sei anni ed ebbero anche due figlie, poi venne la legge pakistana nota come The Recovery of Abducted Women Act e Mohinder dovette tornare nel Pakistan senza il suo Boota Singh. Boota Singh amava Mohinder: diventò mussulmano e dopo un anno raggiunse Mohinder a Lahore. Però Mohinder era stata sposata a un altr'uomo per diecimila rupie e non volle vedere il suo Boota Singh. Allora Boota Singh andò alla stazione e si buttò sotto un treno.»

Dissi a Raiza che era una bellissima storia ma Raiza scosse le spalle e rispose che era una storia ridicola. «Solo un Sik può essere così sciocco da buttarsi sotto il treno per una donna. Ci sono tante donne nel mondo. Poteva prenderne un'altra.» Allora provai a raccontare la storia a tutte le mussulmane che conoscevo a Karachi e tutte risposero che era una storia un po' sciocca. Infatti è piaciuta agli inglesi che ci faranno, purtroppo, un film intitolato *Boota Singh, love story of the century*.

Donne senza velo

Io la chiamo Lunik ma il suo vero nome è Aylin che in turco significa la linea che corre intorno alla luna. Lunik ha poco più di vent'anni, è una bella ragazza con le gonne corte come vuole Yves Saint Laurent, gli occhi fermi di chi è abituato alla luce del sole, e non ancora sposata malgrado sia mussulmana perché lei il marito intende sceglierlo da sé e non ha trovato, fin oggi, un tipo che le piaccia abbastanza. Lavora al ministero degli Affari Esteri ad Ankara, si fa fotografare nelle moschee ridendo se il muezzin si arrabbia, ed io la chiamo Lunik perché mi sembra che Lunik renda assai bene l'idea delle donne mussulmane che non portano il velo e sono quindi libere, rispettate e infelici come lo siamo in Occidente, vale a dire sapendo di esserlo: che è sempre un vantaggio.

Devo a Lunik l'incontro più sorprendente che un'europea possa fare nell'Islam: quello col capitano Sabiha Gokcen, istruttore pilota degli aerei a reazione e figlia adottiva di Kemal Ata Turk, l'uomo che tolse il velo alle donne della sua terra. Il capitano Gokcen è famosa, tra le donne dell'Islam, come tra noi lo sono Marilyn Monroe e Clara Luce messe insieme, e il mito che la circonda è superiore perfino a quello di sua altezza reale la principessa Lalla Aisha, primogenita del sultano del Marocco ed eroina delle mussulmane che vivono al di là dell'Egeo. Nessuno viene mai ricevuto dal capitano Gokcen, dinanzi alla cui casa fa la guardia un soldato in alta uniforme, ma nessuno dice di no a Lunik e fu così che, appena giunti in Turchia, andammo a trovarla per vedere come sono le donne che gettarono il purdah alle ortiche. «Vedrai» diceva Lunik «che personaggio. Di fronte a lei gli uomini si sentono piccoli e i generali scattano sull'attenti. Non puoi capire chi siamo se non parli a Sabiha Gokcen.» «Ma sei sicura che sia mussulmana?» chiedevo. «Certo che è mussulmana» rispondeva Lunik. «La mussulmana più mussulmana che tu possa incontrare in Turchia.» Suonammo alla porta, il soldato in alta uniforme imbracciò sospettoso il fucile. Poi una donnina piccola e tonda ci fece passare in un salotto pieno di ninnoli, aerei in miniatura e diplomi, alla parete principale del quale era appeso un grande ritratto a colori dell'Ata Turk.

«Vuole annunciarci al capitano Gokcen?» disse Lunik con l'aria più rispettosa possibile. «Siete quelli del giornale?» chiese la donnina con un tono dimesso. «Certo» disse Lunik. «Oh!» esclamò la donnina e subito scappò ripetendo «Oh! Oh!». Quando tornò indossava un altro vestito, stretto sui fianchi pieni e il seno aggressivo, portava scarpe coi tacchi alti e riccioli pettinati con cura intorno al viso appassito, le labbra tinte di rossetto arancione. Era profumata al mughetto e si faceva seguire da un cane anche lui profumato al mughetto. «Sono io il capitano Gokcen. Posso offrirvi un liquore? È fatto di rose, sapete, e viene da Eskisehir, la base aerea dei jet. Me lo ha regalato il tenente Leman Bozkurt, una mia carissima allieva, pilota di apparecchi F 84 "Shooting Stars". L'ha vista, suppongo.» L'avevo vista, ma in fotografia: una ragazzona dalle mani robuste e il largo viso senza paura, imprigionata in una carlinga d'aereo.

«Una ragazza meravigliosa. A ventisei anni è il migliore pilota jet della base. Nervi saldi, cuore d'acciaio. Innamorata del suo F 84 come del suo fidanzato. Sono così fiera di lei. Voi in Italia non avete pilote a reazione?»

Ammisi che in Italia non avevamo pilote a reazione: ogni tanto qualche ragazza prendeva il brevetto, ma con aerei piccoli piccoli, ma lo facevano più che altro le attrici, per farsi reclame. «Oh» disse il capitano Gokcen, assai delusa. «Io cominciai a volare a quindici anni. Ero con sette ragazzi, molto carini. L'Ata Turk ci mandò in Crimea e io presi il diploma A, poi il diploma B, e allora i ragazzi cominciarono a diventare un po' meno carini. Sa, dava loro fastidio che una donna fosse più brava di loro. Ma una donna è sempre più brava di un uomo, le pare? Gli uomini sono talmente più deboli. Non resistono alle emozioni, il minimo male di pancia basta a farli svenire, le pare?» Il capitano Gokcen si aggiustò un riccioletto e ficcò in bocca un marrone candito. «Naturalmente l'Ata Turk voleva che io diventassi pilota civile ma se diventavo pilota civile non potevo far più l'istruttore. Così divenni istruttore e, mi creda, non c'è quasi pilota delle Turkish Airways che non sia venuto a scuola da me. Tutte le volte che salgo in aereo io vado in cabina a vedere se tutto va bene e a dar loro qualche consiglio. Li chiamo i miei figlioletti. È così divertente avere tanti figlioletti che volano. Lei sa volare, di certo.» Confessai che non sapevo volare nemmeno un pochino, non avrei mai avuto i figlioletti che volano. «Oh, capisco» disse il capitano Gokcen, assai comprensiva.

«Lei preferisce prestare servizio in marina.» Confessai che non prestavo servizio nemmeno in marina: a dire il vero, non avevo mai fatto il soldato. «Perché? È riformata?» chiese stupita il capitano Gokcen.

Certo, sarebbe stato arduo spiegarle che la mia salute era ottima e che, se non facevo il soldato, era perché, grazie a Dio, nel mio paese le donne erano rifiutate con sdegno dalle forze armate maschili. Fare il soldato, in Turchia, non è obbligatorio per tutte le donne ma qualsiasi donna che goda buona salute si sente in dovere di servire sotto le armi la patria. Perfino Lunik, che sogna di andare a Parigi per comprarsi i vestiti alle Galeries Lafayette, mi aveva detto che un po' di servizio militare intendeva ben farlo prima di andare a Parigi. Così tentai di risolvere l'imbarazzante questione dicendo al capitano Gokcen che di queste cose, purtroppo, non ne sapevo gran che e la strategia militare era più misteriosa, per me, delle mussulmane che non portano il velo. «Oh, lei deve avere idee molto confuse sulle mussulmane che non portano il velo» rise il capitano Gokcen versandomi il liquore di rose. «Forse è meglio che vada in giro a dare un'occhiata. Le donne sono molto cambiate in questo paese e mi dispiacerebbe esser considerata una specie di mostro. Vada, vada. Poi torni e riprendiamo il discorso.»

Lo disse col tono che non ammetteva disubbidienza, il capitano Gokcen, e sembrava anche un po' infastidita. Così inghiottii il liquorino ed uscii, insieme a Lunik, per dare un'occhiata alle mussulmane che non portano il velo. Lunik aveva l'aria di chi non sa a che santo votarsi. Non aveva mai visto una donna col velo ed ignorava perciò la differenza con quelle che non portano il velo. «Mia madre» brontolò «non ha mai avuto il velo e mia nonna lo gettò a sedici anni. Ma era tanto moderna che, col velo, portava anche l'ombrellino e una volta tentò di spaccar l'ombrellino sulla testa del ministro dell'Alimentazione perché aveva trovato una mosca nel pacco del tè.» Poi Lunik accese una sigaretta e a metà sigaretta decise che avrebbe chiesto consiglio alle sue amiche Sevin Erkin ed Aygen Toygarli. Sevin studia all'Accademia di arte drammatica per diventare critico teatrale e cinematografico e Aygen lavora in un quotidiano: certo avrebbero avuto qualche idea luminosa. «A quest'ora» disse Lunik «sono certo in cantina. Andiamo a cercarle.»

Andammo alla cantina che è un garage degli amici di Lunik, ceduto dai loro parenti per suonarci il jazz senza disturbare la nonna. Alle pareti della cantina c'erano fotografie ritagliate dai giornali di Armstrong, Ella Fitzgerald e qualche attrice del cinema. Sui cuscini alla turca sedevano alcuni ragazzi che ascoltavano con espressione compunta un disco di Erta Kitt e sul divano sedevano Aygen e Sevin, belle e sottili come due modelle di «Harper's Bazaar». «Le turche» rise un ragazzo «sono assai belle. Non lo sapeva che i nostri bisnonni razziavano le ragazze più belle d'Europa per venderle come schiave negli harem?» Sevin era pettinata secondo la moda lanciata da Farah Diba ed Aygen aveva i capelli decolorati in un biondo chiarissimo, un abito assolutamente scollato. Bevevano vodka segnando col piede il tempo della canzone e la scena non era molto diversa da quelle cui m'era capitato d'assistere a qualche innocente riunione nelle case di Roma, del Greenwich Village a New York, o della riva sinistra a Parigi. I ragazzi portavano blue jeans e camicie a quadri e sapevano tutto sul festival di Sanremo. Ci chiesero se la canzone di Rascel meritava davvero di vincere, comunque loro preferivano Marino Barreto jr. Sevin e Aygen avevano studiato, con Lunik, all'American College di Istanbul ed Aygen mi chiese qualche indirizzo di New York: l'anno prossimo voleva andare a New York a tentar la fortuna come modella. Quando volli sapere se erano fidanzate o sarebbe loro piaciuto sposarsi, si misero a ridere. «Oggigiorno» disse Aygen «una donna non ha più bisogno di prender marito. Può cavarsela benissimo da sola.» Però, quando decidemmo di andare a mangiare in un posto dove ci fosse un poco di musica, tutte e due telefonarono a casa per domandare il permesso. La cena fu lunga, sebbene le tre ragazze fossero a dieta. Decidemmo di dare un'occhiata alle donne giudici e alle donne soldato e ci lasciammo che erano quasi le due. «I vostri genitori saranno arrabbiati» dissi a Sevin, Aygen e Lunik. «Perché?» risposero in coro. «A Milano una ragazza non può tornare a casa alle due?» «Dipende» dissi. «La maggior parte dei genitori non lo permette.» «Che strano paese» osservarono in coro.

L'indomani, del tutto ignara d'avermi già fatto conoscere alcune mussulmane che non portano il velo, Lunik non mi salvò da uno solo degli appuntamenti decisi secondo il volere del capitano Sabiha Gokcen. Alle nove del mattino eravamo già alla caserma della Military Medical School, alle dodici eravamo di fronte alla neo ambasciatrice Adilé Aylà, alle quindici eravamo inchiodate di fronte alle onorevoli giudici Rayet Arkum e Muazzez Tümer: ed erano interviste paradossali in confronto a quelle con le donne in purdah. In caserma, il tenente Turkan Gülver indossava la divisa kaki degli ufficiali, con la sola differenza che al posto dei calzoni c'era una sottana. Aveva ventiquattro anni e il corpo tarchiato delle donne di Kars, la regione al confine della Russia dove è nata. Non aveva cipria o rossetto sul viso largo di contadina e i suoi capelli erano corti, senza la messa in piega. Il regolamento vieta l'uso della cipria e il rossetto, a qualsiasi sesso i soldati appartengano. Vieta anche di farsi allungare i capelli o di pettinarsi in modo speciale.

Il generale Sitki Ulai mi spiegò quale meraviglioso ufficiale essa fosse: disciplinata, priva di qualsiasi civetteria, aveva vinto perfino una medaglia d'argento nelle gare di tiro dove i maschi sono mischiati alle femmine. Il tenente Gülver ascoltava sull'attenti e ogni tanto muoveva il collo perché aveva la cravatta un po' stretta. Quando Lunik le traduceva le mie domande scattava come le guardie di Elisabetta che si danno il cambio dinanzi a Buckingham Palace e scattando arrossiva fino alle orecchie come una ragazza dell'Azione cattolica alla quale si chieda se le piacerebbe passare un week end con Paul Newman. Non intendeva sposarsi, disse, nell'esercito avrebbe meglio servito la patria. La sua vita, disse, era affascinante; s'alzava ogni mattina alle sette e andava a letto alle nove. Studiava veterinaria e il sabato pomeriggio aveva tre ore di libera uscita: però nemmeno allora poteva vestirsi in borghese. La sua voce era un soffio e i suoi occhi avevano un'espressione spaventata e infelice sotto il cappellone con la visiera. Si tormentava le unghie quasi avesse dovuto passare agli esami. Non capivo cosa l'avesse indotta a lasciare Kars che mi descrivono una splendida terra piena di verde e di rose per venire a chiudersi in una caserma di Ankara, ma a questa domanda rispose, più tardi, sua eccellenza Adilé Aylà aggiustandosi il cappellino comprato durante l'ultimo viaggio a Parigi. «Nella carriera militare non c'è distinzione tra uomini e donne e quello è il suo modo per sentirsi qualcuno, anzi alla pari con gli uomini. La disciplina? Macché: non è certo un sacrificio per lei. Le donne mussulmane sono talmente abituate a obbedire. Ed è meglio ubbidire a un generale piuttosto che ubbidire a un marito. Non trova?»

Sua eccellenza Adilé Aylà era circondata da segretari e stava per recarsi in Olanda. Questo l'avrebbe costretta a dividersi per qualche tempo dai figli e dal marito che ha il suo impiego ad Ankara ma non le dispiaceva moltissimo, perché avrebbe dovuto dispiacerle moltissimo? Era una signora come se ne vedono tante a Milano, a Londra o a Berlino, e faceva un poco paura malgrado i suoi sorrisi gentili: come fanno paura le donne che, quando sono potenti, lo sono sempre di più di un uomo potente. Certo nessuno avrebbe indovinato, ascoltandola, che apparteneva allo stesso paese dove, appena cinquant'anni fa, il sultano Abdul Amid II sparava tre colpi nello stomaco di una odalisca circassa colpevole d'aver domandato come funziona una pistola. A quel tempo, una donna turca che tentasse di denunciare un abuso era ritenuta peccatrice e nessuna donna aveva il diritto di testimoniare in un tribunale o nel corso di un qualsiasi processo legale. Ora, invece, Lunik mi presentava orgogliosa a suo onore Rayet Arkum, presidente del tribunale di Cassazione, e a suo onore Muazzez Tümer, giudice supremo del tribunale civile di Ankara.

Graziosamente seduta in un club dove si suonano i dischi di Sinatra, la signora Tümer mi raccontava di quand'era giudice penale e le capitò di condannare a morte tre uomini per assassinio. «Le sarà dispiaciuto» esclamai. «No,» disse «perché?» «E cosa fece dopo aver letto quella sentenza?» «Spezzai la penna con cui avevo scritto la sentenza» rispose. «Capisco» dissi. «Doveva essere molto turbata da una simile responsabilità.» «Ma no» disse. «Perché? Spezzai la penna perché si usa così.» È una signora assai dolce, la signora Tümer: il fatto di portare la toga non l'ha davvero indurita. La sera, quando torna a casa, prepara la cena per le figlie e il marito, che è sostituto procuratore generale della Repubblica, e si vanta d'essere una cuoca eccellente. Ricama benissimo all'uncinetto perché, dice, ha la mano leggera, e durante i processi è sempre truccata con cipria e rossetto. «Certo che ci possiamo truccare. Perché non dovremmo? La toga è così asessuale e una donna ci tiene a sembrare più carina possibile anche se siede sopra uno scanno. In Italia è forse proibito?»

«In Italia non esistono donne giudici, vostro onore.» «Oh, che strano paese. Perché?»

Anche la signora Arkum è una signora assai dolce e le dispiaceva di non potermi sorprendere raccontandomi che ha condannato a morte qualcuno: ma lei era procuratore generale prima di presiedere il tribunale di Cassazione. «Mi ricordo» diceva «quando incominciai, in un paese dell'Anatolia. L'emozione mi saliva alla gola e dalla finestra veniva un profumo di rose: facevo l'inchiesta su un tale che aveva ammazzato la moglie. A volte invece dovevo fare perizie in villaggi lontani: così salivo a cavallo e passavo la notte nelle foreste.» «E non aveva paura, vostro onore?» «Di cosa avrei dovuto avere paura, madame? Degli alberi o delle montagne?» «E non le è mai capitato, vostro onore, di trovarsi in una situazione difficile facendo un mestiere tanto difficile?» «Oh, sì: il giorno in cui condussi un processo dove mio marito era avvocato difensore. Mio marito perse la causa.» «E ciò le dispiacque, vostro onore?» «Ma no, ci trovai un gran piacere. L'imputato aveva torto da vendere.»

La signora Arkum è la moglie di un penalista ed ha una bambina di cinque anni. Diventare una giudice era il suo sogno, fin da bambina, però il suo hobby è fare golfetti. «Guardi questo golfetto: l'ho fatto da me. Il motivo le piace? L'ho trovato su un figurino francese. Adoro la moda francese. Mi dica: perché non ha avuto successo il trapezio di Dior?» «Non lo so, vostro onore. Mi dica, piuttosto: ci sono molti divorzi in Turchia?» «Oh, sì. Da quando Kemal Ata Turk introdusse il nuovo codice civile che aboliva la poligamia e i privilegi maschili, nel 1926, ci sono molti divorzi in Turchia.» «E lo chiedono più facilmente gli uomini oppure le donne?» «Gli uomini, purtroppo. La verità è che non ci hanno mai perdonato d'aver tolto il velo.»

Il velo delle turche, o yashmak, non fu mai un purdah. Era un velo sottile che lasciava scoperti gli occhi e la parte superiore del naso e attraverso il quale trasparivano i lineamenti. Non fu difficile ad Ata Turk ordinare alle donne di toglierlo pena l'arresto: anche perché il Corano non influenzava fino alle radici la vita di questo paese. La repubblica turca fu dall'inizio una repubblica laica: così piacevolmente laica che i ministri di qualsiasi religione ebbero fin dall'inizio il divieto, ancora in vigore, d'indossare l'abito sacerdotale. Eppure la rivoluzione sessuale e sociale delle mussulmane in Turchia resta la più duratura e violenta che abbia scosso il mondo dell'Islam, ed è anche una presente minaccia per tutti i paesi dell'Islam. Sono passati milletrecento anni da quando Maometto parlò nel caldo deserto d'Arabia e, sebbene la stragrande maggioranza dei suoi fedeli continuino ad osservarne le leggi come se il tempo si fosse fermato, qualcosa succede tra le donne dell'Islam. Cominciò a succedere dopo la Prima guerra mondiale in Turchia e continua a succedere, dalla fine della Seconda guerra mondiale, negli altri paesi che hanno scoperto il nazionalismo.

Disse il capitano Sabiha Gokcen quando tornai da lei con Lunik: «Quando un paese diventa indipendente, diventa anche un po' più moderno. Quando diventa un po' più moderno, finisce con l'emancipare le sue donne. Ata Turk fu il primo a capirlo ma ora lo capiscono anche gli altri. E se il 1700 resterà nella storia come il secolo della rivoluzione francese, il 1800 come il secolo delle conquiste coloniali, il 1900 verrà ricordato come il secolo della emancipazione femminile, soprattutto nell'Islam. Nel 1920, una mia amica di Beirut che aveva osato camminare per strada col velo trasparente, ebbe l'acido solforico in faccia. Oggi un'altra mia amica di Beirut, Ibtinage Kaddourah, è capo della Pan Arab Women Federation che raccoglie mezzo milione di iscritte. Alla American University di Beirut e dal Beirut College for Women, le ragazze portano i blue jeans, fanno lo sci d'acqua e ballano il rock and roll. In Tunisia la poligamia era accettata come pratica fino al 1947. Ora, chi si piglia una seconda moglie va in carcere e il presidente Burghiba esorta le donne a togliersi il velo. A Karachi, un gruppo di donne coraggiose prese a sassate l'automobile del primo ministro Mohammed Alì quando lui sposò un'altra moglie e il Pakistan ha due donne ambasciatrici: la Begum Liaquat Alì Khan in Olanda e la principessa Abida Sultan in Brasile. Quanto al Marocco, c'è Aisha. Avrà visto Aisha, no?»

L'avevo vista, tempo addietro, a Tangeri: una giovane donna, dai capelli castano rossastri messi in piega da un parrucchiere francese, che, spavaldamente vestita con una gonna e una camicetta, guidava un'auto scoperta. Andava all'Entraide Nationale, e sul suo volto simpatico, color caffelatte, c'era una lieve aria di sfida. Le donne marocchine impazzivano di entusiasmo al solo vederla, e alcune gettavano il barracano, altre le si stringevano intorno rischiando di farsi travolgere: come avevo visto fare, al Giro d'Italia, solo per Bartali e Coppi. Il giornalista francese che quel giorno era con me, mi aveva spiegato che questo era niente in confronto a quello che accadde qualche anno fa quando, nel patio della Casbah di Tangeri, Aisha era salita su un palco e, vestita d'un abito blu di Lanvin, a testa nuda, fece un discorso che incominciava così: «Io so bene quali cattivi costumi e pregiudizi pesano su di noi ma noi dobbiamo respingerli. La cultura moderna ci chiama ed è indispensabile per la vita della nazione che noi imitiamo le sorelle dell'Occidente le quali contribuiscono, col lavoro, al progresso dei loro paesi».

Però, mi aveva spiegato il giornalista francese, l'indomani Sidi Mohammed Tazi, mandub di Tangeri, ordinò che tutte le marocchine vestite con abiti europei fossero messe agli arresti: «Ciò che va bene per le principesse non va bene per le altre donne. Se le nostre donne si vestono con abiti occidentali, presto si metteranno a bere, poi a ballare, e poi la notte andranno a dormire sulla sabbia con gli uomini». E quando apparvero le fotografie di Aisha in costume da bagno sulla spiaggia di Rabat, mi aveva spiegato il giornalista francese, El Glaoui di Marrakesh le giudicò oltraggiose ed Aisha, coi suoi pantaloni da cavallerizza, le sue sottanine corte da tennis, i suoi dischi di Benny Goodman, contribuì non poco all'esilio del sultano in Corsica e poi a Madagascar. Quando Aisha tornò, osannata da migliaia di donne, dovette fare discorsi assai più prudenti: «L'emancipazione delle donne» disse indossando un bel barracano «non deve essere brusca come una operazione chirurgica. Il velo in sé ha poca importanza. L'importante è che una donna sia padrona di metterlo o no.»

Il capitano Sabiha Gokcen è ottimista. È ben vero che in Tunisia le ragazze moderne si decolorano i capelli del biondo più giallo, ed hanno scoperto James Dean, come scrive addolorato il settimanale «L'Action»: ma i genitori se ne vergognavano. È ben vero che, a Singapore, le mussulmane riuscirono a far approvare, anni fa, una Carta della Donna la quale stabiliva che un mussulmano di Singapore non potesse avere più di una moglie per volta. Ma la Carta continua ad essere ignorata e Sahora Binte Almad, membro dell'assemblea delle donne di Singapore, ha dovuto chiedere al governo che finalmente ci si decida a farla rispettare; e questo è avvenuto appena poche settimane fa. I mussulmani di Singapore, e della vicina Malesia, continuano tranquillamente a ignorarla. È ben vero che a Beirut le studentesse dell'American College portano i blue jeans ma non vanno al cinematografo con i loro compagni di scuola e un amico di Beirut mi ha raccontato il seguente colloquio tra due studenti: «Ma tu, sposeresti una ragazza che è stata al cinematografo con un altro?». «No, credo proprio di no.» È ben vero che, in Nigeria, Zeinab Wali si permette una trasmissione settimanale alla radio durante la quale incita le donne a uscir fuori dalle case senza finestre né sole e vedere quanto son belli gli alberi, le montagne e le farfalle. Ma quando la moglie di un ministro di Kaduna chiese al marito il permesso di uscire per veder gli alberi, le montagne e le farfalle, il marito tenne un consiglio di famiglia nel quale venne deciso che la donna potesse uscire alle cinque di sera: quando c'è abbastanza luce per distinguere le creature e le cose ma il peccaminoso brillare del sole volge al tramonto. Infine, è ben vero che in Egitto vi sono le soldatesse ausiliarie ma Nasser non ha ancora avuto il coraggio di abolire la poligamia perché, lo sa bene, gli uomini gli si volterebbero contro. Se la poligamia sparirà, le ragioni non saranno religiose o sociali ma economiche: mantenere quattro mogli, ed anche due, costa caro.

La realtà è una guerra appena iniziata e passeranno molte generazioni prima che le mussulmane la possano vincere come l'hanno vinta le turche. «Oh, no!» disse Sabiha Gokcen. «Vinceranno presto, vedrà.» «Davvero?» chiese tutta contenta Lunik. Il capitano Gokcen versò ancora un po' di rosolio nei bicchierini, poi guardò il cane profumato al mughetto che riempie le sue ore di noia, il casco da pilota cui ha dedicato una vita, e mi sembrò finalmente sincera quando rispose: «Purtroppo, bambina. Purtroppo».

Le donne hanno perso la morale

Un pagliaccio simpatico, allegro, e innocuo. Chi non ricorda con indulgenza le sue sbruffonate, le sue bugie, i suoi paradossi iniziati alle Olimpiadi di Roma quando mise in ginocchio ben quattro avversari, un belga un russo un australiano un polacco, e la medaglia d'oro non se la toglieva neanche per andare a letto, imparò per questo a dormire senza scomporsi, Dio me l'ha data e guai a chi la tocca. Nei ristoranti, nei night-club, entrava avvolto in una cappa di ermellino, in pugno uno scettro: salutate il re, io sono il re. Per le strade girava guidando un autobus coperto di scritte inneggianti alla sua bellezza, la sua bravura, o una Cadillac color rosa salmone, i cuscini foderati in leopardo. Sul ring combatteva gridando osservate come mi muovo, che eleganza, che grazia, e se lo fischiavano rideva narrando che il primo pugno lo aveva tirato alla mamma a soli quattro mesi, sicché la poveretta cadde knock out mentre i denti schizzavano via come perle di una collana. Un'altra menzogna, s'intende, dovuta al suo primitivo senso dell'humour; non avrebbe fatto torto a una mosca. Da quell'humour e dalla sua vanagloria fiorivano poesie divertenti: «La mia storia è quella di un uomo / nocche di ferro, di bronzo la pelle / Parla e si gloria d'avere / il pugno possente, ribelle / Son bello, son bello, son bello / il più grande di tutti, io / nel duello». La boxe aveva trovato con lui un nuovo astro, un personaggio quasi degno di Rocky Marciano, Joe Luis, Sugar Robinson. Era il simbolo di un'America fanfarona e felice, volgare e coraggiosa, priva di gusto ma piena di energia. Si chiamava, a quel tempo, Cassius Marcellus Clay.

Ora si chiama Mohammed Alì ed è il simbolo di tutto ciò che bisogna rifiutare, spezzare: l'odio, l'arroganza, il fanatismo che non conosce barriere geografiche, né differenza di lingue, né colore della pelle.

I Mussulmani neri, Neri, una delle sette più pericolose d'America, Ku-Klux-Klan alla rovescia, assassini di Malcom X, lo hanno catechizzato ipnotizzato piegato. E del pagliaccio innocuo non resta che un vanitoso irritante, un fanatico cupo ed ottuso che predica la segregazione razziale, maltratta i bianchi che stanno coi negri, minaccia i negri che stanno coi bianchi, pretende che un'area degli Stati Uniti gli sia consegnata in nome di Allah. Magari per diventarne capo: il sogno che quei mascalzoni gli hanno messo in testa approfittando del fatto che non capisce nulla, sa menar pugni e basta. Bisognava vederlo, mi dicono, quando a Chicago partecipò al raduno di cinquemila Mussulmani neri e, il pugno alzato, gli occhietti iniettati di sangue, malediceva Lincoln, Washington, Jefferson, altri bravissimi morti, strillava: «Entro il 1960 tutti i neri d'America saranno con noi, pregate per l'anima e il corpo dei nostri nemici, chi non è con noi è nostro nemico». Bisognava vederlo, mi dicono, anche in occasioni meno drammatiche: a quel pranzo ad esempio che Robinson offrì da Leoni's, a New York, per celebrare l'addio al pugilato. C'era il sindaco Lindsay fra gli invitati, e un fotografo ebbe l'idea di ritrarlo con Cassius-Mohammed. Cassius-Mohammed si alzò minaccioso, andò verso Lindsay e: «Spero che tu comprenda l'onore» gli disse. «Certo» sorrise Lindsay. «Non scherzo, ti faccio davvero un onore» insisté Cassius-Mohammed. «Certo.» Sorrise Lindsay. «E allora ringraziami per questo onore.»

I Mussulmani neri, che hanno bisogno di un martire nella stessa misura in cui cercano pubblicità, lo istigano continuamente al litigio e sarebbero molto contenti di vederlo in prigione. Dove prima o poi finirà se si ostina a non fare il soldato con la scusa che lui appartiene ad Allah, non agli Stati Uniti. E questa sarebbe la patetica fine di un uomo che l'ignoranza e la facile fama distrussero mentre cercava di diventare un uomo. Ciò che segue è la cronaca bulla ed amara di due giorni trascorsi a Miami nell'ombra di Cassius Clay, alias Mohammed Alì, campione mondiale dei pesi massimi, eroe sbagliato dei nostri tempi sbagliati. Con l'aiuto del magnetofono e del taccuino ve la do così come avvenne. Era la vigilia del suo incontro con l'inglese Henry Cooper.

La palestra dove si allena il pugile oggi più famoso del mondo è situata a Miami Beach, non lontano dal mare, sopra un negozio per pulire le scarpe. Il pubblico è ammesso per mezzo dollaro quando lui non c'è, un dollaro quando lui c'è. Lui c'è di solito all'una: seguito da una scorta di Mussulmani neri come un torero dalla sua quadrilla. Prima d'essere rinnegato per le sue idee non sufficientemente estremiste, lo seguiva ogni tanto anche Malcom X che nell'estate del 1963 gli donò il suo bastone d'avorio nero. Fu il giorno che il manager Angelo Dundee si avvicinò a Malcom X e, senza riconoscerlo, gli bisbigliò in un orecchio: «Bravo, il nostro campione. Peccato che si sia messo con quei...». Poi lo riconobbe e per poco non svenne. Angelo Dundee è l'unico bianco della compagnia ed è oriundo italiano. Suo padre si chiamava Angelo Miranda e sua made Filomena Iannelli, entrambi calabresi. Ha fama di essere l'allenatore più furbo e più bravo d'America e di saper stagnare in cinquanta secondi il sangue di una ferita. Gli inglesi sostengono che Clay non perse il suo primo incontro con Cooper perché quando Cooper colpì Clay alla testa, stordendolo, Dundee rubò minuti preziosi con una polemica sopra i guantoni e così Clay fece in tempo a riaversi. Dundee è sui quarant'anni, piccolo e magro, e i suoi occhi sono intelligenti, le sue maniere civili: nessuno capisce come possa andare d'accordo con Clay che egli allena dal 1960, quando glielo affidarono gli undici bianchi di Louisville che l'hanno sotto contratto e lui accettò a condizione che gli allenamenti si svolgessero sempre a Miami. Chiedo a Dundee cosa ne pensi di Cassius Clay e per prima cosa risponde che a chiamarlo Clay ci si mette nei guai, bisogna chiamarlo Mohammed Alì, il nome che ha scritto sulle mutande da combattimento e sul passaporto. Oppure Champ, abbreviativo di Champion, campione. Per seconda cosa mi dice, prudente, che è bravo sul serio e può esser sconfitto solo da se stesso. Per terza cosa mi dice di non chiedergli altro perché vuole vivere in pace e più a lungo possibile, chiaro? Quando lo conobbe, Cassius-Mohammed era un devoto battista e aveva un fratello di nome Rodolfo Valentino: ora Rodolfo Valentino s'è convertito anche lui all'islamismo e si chiama Ragmad. Chiaro? Chiaro.

Rodolfo Valentino-Ragmad fa il pugile come Cassius-Mohammed e Cassius-Mohammed tentò di lanciarlo allenandosi con lui a Las Vegas prima dell'incontro con Patterson. Il risultato fu che gli ci vollero dodici round per battere Patterson ed ora si allena, per venti dollari al giorno, con pugili veri come James Ellis o Willi Johnson o Chip Johnson. Sono i tre negri in palestra: ventisei, ventitré e ventidue anni. Mi avvicino a Chip Johnson, un gigante coi denti d'oro, e gli chiedo che tipo è Cassius Clay. «Un pazzo» risponde. «Parola mia quello è pazzo. Giorni fa mi scappò un pugno pesante e lo misi knock out. Bè, si inferocì tanto che non voleva darmi i venti dollari e voleva licenziarmi. Non ha senso sportivo.» Poi, intimidito, zittisce: è arrivato il campione con la sua scorta. Il campione è altissimo e tondo, con tonde braccia, tondo sedere, e tondo viso color caffelatte ma chiaro. Dimostra assai meno dei ventiquatt'anni che ha e non risponde ai saluti. Quando mi presento mi volta le spalle e in tal posizione mi allunga una mano immensa, dalle nocche rosa e spellate. La allunga come se dovessi baciarla e mi pare che resti un po' male quando la raccatto per stringerla e basta. Dopodiché va a spogliarsi e torna indossando le mutande di raso. In mutande è meglio, malgrado resti tondo, ed è evidente che si piace molto. Si mette dinanzi a uno specchio, si guarda torcendosi tutto, schiocca la lingua e mormora: «Ah! Oh!».

Una voce alle mie spalle commenta: «Diventa ogni giorno più insopportabile». Non voglio partire dal presupposto che sia insopportabile, voglio fare un'intervista gentile, non dimenticando che, se fossi un pugile negro nato a Louisville, semianalfabeta, non mi comporterei molto meglio. Che magari sarei mussulmano. Qualcuno m'ha esposto una tesi interessante sul fatto che egli sia mussulmano: il cristianesimo insegna il perdono, la rinuncia ai beni terreni, e non si addice alla riscossa di una razza umiliata: chi è esasperato comprende meglio la legge dell'occhio per occhio, dente per dente. Ma io spero lo stesso che Chip lo metta knock out.

Chip ne ha buscate da pazzi. Cassius-Mohammed s'è accorto che Chip picchiava un po' troppo in quanto io lo incitavo sia pure a bassissima voce, dai Chip, forza Chip, e per poco non l'ha fatto a pezzi. Uscendo dal ring Chip si massaggiava le costole e m'ha lanciato uno sguardo triste come a dire hai visto, te l'avevo detto, io? Cassius-Mohammed invece m'è passato davanti come se fossi trasparente e solo più tardi ho saputo che stasera mi riceverà a casa sua. Tutti mi invidiano e mi ripetono speriamo che tu non ci trovi Sam Saxon. Saxon è il Consigliere Spirituale che i Mussulmani neri gli tengono accanto per protezione e per spia. Quando c'è Saxon non si toglie un ragno dal buco. Non si riesce nemmeno a farlo parlare di sua moglie, una bella indossatrice da cui divorziò dopo sei mesi di matrimonio perché fumava, si truccava, rifiutava di indossare il vestito mussulmano: una tunica bianca, molto accollata, lunga fino ai piedi, e completata da un velo che copre metà della faccia.

Sono stata a casa del Campione che abita nel quartiere negro, in una casuccia da poveri. Le ragioni per cui abita in una casuccia da poveri sono controverse. Alcuni dicono che lo fa per compiacere i Mussulmani neri e recitare la parte di vittima. Altri dicono che lo fa per sincere ragioni ideologiche. Altri ancora sostengono che il Campione non ha un soldo fuorché i cinquantamila dollari che il gruppo di Louisville vincolò in una banca all'inizio della carriera affinché da vecchio non morisse di fame. Comunque sia, il Campione sedeva sul prato, a giocare coi bambini del vicinato, e il Consigliere Spirituale non c'era. Vedendomi ha continuato a giocare coi bambini e non s'è alzato neanche per darmi la mano. Però ha fatto un grosso rutto e ha detto di sentirsi bene in quanto aveva mangiato sei bistecche di agnello. A ciò è seguito un silenzio di circa mezz'ora e che invano ho tentato di rompere con sorrisi, osservazioni, domande. Ma d'un tratto e come colto da ispirazione il Campione m'ha portato in cucina e ha detto che mi avrebbe mostrato la cosa più grande del mondo. In cucina c'era una macchina per proiettare film e uno schermo. S'è messo ad azionare la macchina e m'ha proiettato il combattimento con Liston, concluso al primo minuto con k.o. L'ha proiettato due volte, una volta al rallentatore, e il k.o. Non l'ho visto: il che andrebbe a sostegno di quelli che definirono l'incontro truccato e gridavano: «Ridateci i soldi». Però gli ho detto d'averlo visto e lui ne ha avuto tanto piacere da proiettarmi anche l'incontro con Patterson, che odia perché è cattolico. Guardando l'incontro con Patterson mi ha spiegato che al cinema lui non ci va ed affitta le pellicole per vedersele a casa. Ma le sole che affitta son quelle dei suoi combattimenti e di Topolino. Volevo vedere Topolino? Ho risposto no grazie, preferisco far l'intervista. Allora, e senza che sappia spiegarmi come sia avvenuto, la stanza s'è riempita di negri che silenziosamente entravano, sedevano o si appoggiavano al muro. Ne ho contati una dozzina all'incirca, mentre stavan lì immobili e mi guardavano con sdegno. Poi ho avviato il magnetofono ed ecco ciò che ritrovo sul nastro. Trascrivo pari pari, con poche virgole perché lui non ce ne mette nessuna. Parla senza riprendere fiato. Gridando.

Oriana Fallaci. *Non le dispiacque, Mohammed, di cambiar il suo nome?*

Mohammed Alì. Al contrario era duro avere il nome che avevo perché il nome che avevo era il nome di uno schiavo Cassius Marcellus Clay era un bianco che dava il suo nome ai suoi schiavi ora invece ho il nome di Dio. Mohammed Alì è un bel nome Mohammed Alì che bel nome Mohammed vuol dire Degno di Tutte le Lusinghe Alì vuol dire Il Più Alto è il minimo che merito e poi gli uomini dovrebbero chiamarsi così mica signor Volpe signor Pesce signor Nonsocché gli uomini dovrebbero avere il nome di Allah. Sicché io mi arrabbio quando la gente mi ferma mi dice signor Clay posso avere il suo autografo signor Clay io rispondo non Clay, Mohammed Alì. Loro lo fanno per farmi dispetto come l'altro giorno quel tale negro per giunta si mette a fare ehi Cassius come va Cassius guardate ragazzi c'è Cassius, ma io rispondo Mohammed Alì Mohammed Alì Mohammed Alì!!!! Ma non lo sai, uno può dire che il mondo ti conosce come Cassius Clay che me ne importa io rispondo io l'ho smessa con la pubblicità sono molto cambiato. Una volta dicevo io sono il più grande io sono il più bello son troppo bello per fare il pugile, son così bello che le ragazze mi muoiono dietro guardate non ho nemmeno un segno sulla mia faccia è liscia come la faccia di una signorina, mi merito tre donne per notte. Bè a quel tempo io mi facevo la campagna come un politico che deve vincere alle elezioni ora le ho vinte e non ho più bisogno di far il più bravo il più bello e mi merito tre donne per notte, a che serve che lo dica io?!?!

Ma se è tanto cambiato, Mohammed, perché continua ad insultare i suoi avversari e ad odiarli?

Io non li odio come esseri umani li odio come individui perché tentano di farmi del male tentano di mettermi knock out tentano di rubarmi il titolo di campione dell'intero mondo, io sono campione dell'intero mondo e non sta a loro pugili levarmi il titolo di campione dell'intero mondo a me che ho sempre tirato pugni capito? Anche da bambino io usavo i pugni mica le mani con le cinque dita io avevo sei anni quando spalancai una mano e realizzai d'aver cinque dita in quanto le dita a me non servono mica, capito? E poi li odio perché hanno i nervi di salire sul ring sapendo che sono bravo come sono grande come sono questo mi fa imbestialire così li insulto. E poi li insulto perché così perdon la testa e quando un uomo perde la testa diventa più debole e casca giù prima come accadde con Liston al quale Liston dicevo che è brutto, brutto come un orso, bè non lo è? E poi gli dico vigliacco coniglio crepi di paura fai bene ad avere paura perché da questo ring tu esci morto, hai voluto sfidarmi vigliacco vedrai cosa ti tocca. Loro non lo sopportano e vinco, lo predico sempre quando vinco io dico ad esempio vedrete che cade al primo minuto e lui cade al primo minuto vedrete che cade al settimo round e lui cade al settimo round vedrete che esce orizzontale e lui esce orizzontale come accadrà a Henry Cooper quel vecchio io gliel'ho scritto anche in una poesia bellissima. Cooper hai detto che muori / dalla voglia di avermi / di nuovo sul ring / Perché t'è andata bene una volta / m'hai preso sul mento / Ma è bene che ti metta in testa / che non vi son dubbi / che stavolta ti stendo / Devi cadere a terra e quando / avrò finito di dartele / ti sentirai come avere / quarantadue anni non trentadue / Il ponte di Londra / cadrà giù con te.

Bellissima. Davvero stupenda, Mohammed. Ma non le prende mai il dubbio che un giorno qualcuno le possa suonare a lei?

Io non ho dubbi perché non ho paura e non ho paura perché Allah è con me e finché Allah è con me io rimango il campione dell'intero mondo, solo Allah può mettermi knock out ma non lo farà. Io non ho dubbi perché l'uomo che batterà Mohammed Alì non è ancora nato e se è nato ha cinque anni non uno di più è un bambino dov'è questo bambino, voglio vederlo in faccia questo bambino che osa sperare di metter knock out il campione dell'intero mondo Mohammed Alì, bambino non ti fare illusioni perché io non vedo essere umano con due braccia due gambe che possa battermi su questa terra. Io durerò ancora per quindici anni e poi a quarant'anni mi ritirerò nella campagna perché ho trecento acri di terra vicino a Chicago e ho anche comprato due trattori e con quelli ci coltivo i cavoli e i pomodori e le galline, no le galline no però bisogna sapere che ho comprato mille galline che fanno le uova e allora vendo le uova e guadagno i soldi con le loro uova perché uno che cresce il cibo non diventa mai povero in quanto la gente avrà sempre bisogno di cibo. E con quel cibo diventerò molto ricco ora non son ricco ma un giorno sarò molto ricco e comprerò un aereo da seicentomila dollari e poi voglio una limousine in ogni città d'America per ricevermi all'aeroporto e poi voglio uno yacht da duecentomila dollari ancorato a Miami e poi voglio una di quelle case che ho visto sulle colline di Los Angeles a centocinquantamila dollari perché il paradiso io non voglio in cielo da vecchio io lo voglio sulla terra da giovane. Perché io non voglio aspettare sul tavolo anatomico quando mi tagliano a pezzi per vedere cosa mi ammazzò e poi mi ricuciono e poi mettono dentro una cassa e poi mi portano con un furgone fuori città e poi fanno un buco sulla terra e poi mi ci calano dentro io il paradiso lo voglio ora che son grande grandissimo e bello e nessuno può battermi su questa terra.

Mohammed, cosa ne pensa dell'umiltà?

La... Cosa?

Umiltà.

Che vuol dire? Io sono stato un po' a scuola ma non ho mai sentito questa parola umiltà forse vuol dire come modestia e allora guardi io sono tanto modesto che nemmeno io realizzo quanto sono grande quanto sono straordinario io lo sono più di quanto creda e di quanto si legga sui libri io...

Mohammed, ha mai letto un libro?

Che libro?

Un libro.

Io non leggo libri non ho mai letto libri io non leggo nemmeno i giornali ammenoché i giornali non parlino di me io ho studiato pochissimo perché studiare non mi piaceva non mi piace per niente si dura troppa fatica e non è affatto vero che io volevo diventare dottore ingegnere. Gli ingegneri i dottori devono lavorare ogni giorno ogni notte tutta la vita e con la boxe invece uno lavora per modo di dire in quanto si diverte e poi con un pugno si fa un milione di dollari all'anno. Io non scrivo nemmeno le lettere non ho mai scritto nemmeno una lettera io se devo dire le cose alla gente fo un telegramma oppure telefono e se la lettera va scritta proprio io ci ho sei segretarie che scrivono bene per me sicché è inutile che lei mi faccia queste domande capito? Come quando mi chiamarono alle armi e mi fecero l'esame della cultura mi dissero se un uomo ha sette vacche e ogni vacca dà cinque galloni di latte e tre quarti del latte va perduto quanto latte rimane? Io che ne so. Io non lo voglio sapere perché non me ne importa un fico se le vacche danno il latte o non lo danno se il secchio ci ha un buco o non ce l'ha questo riguarda il padrone delle vacche non me che sono il campione dell'intero mondo e se le vacche perdono il latte peggio per loro. E così dicono che sono inabile ma d'un tratto scoprono che non sono inabile affatto per morire nel Vietnam sono abilissimo eccome ma io questo Vietnam non so nemmeno dov'è io so soltanto che ci sono questi vietcong e a me questi vietcong non hanno fatto nulla sicché io non voglio andare a combattere coi fucili che sparano io non appartengo agli Stati Uniti io appartengo ad Allah che prepara per me grandi cose.

Quali, Mohammed?

Chissà quali io sono in attesa e la boxe è solo un momento della mia attesa, una cosa che serve a farmi popolare famoso ad allenarmi nella grandezza come un astronauta si allena in quella cosa centrifuga e lui gira e gira e gira a grandissima velocità per vedere cosa gli succede negli occhi e nel cuore e quando vede cosa gli succede negli occhi nel cuore può spiccare il volo come un aquilone, anch'io spiccherò il volo e chissà dove andrò che farò? Magari divento il capo di un territorio indipendente oppure il capo di qualche Stato in Africa magari di quelli che hanno bisogno di un leader e così pensano abbiamo bisogno di un leader perché non prendiamo Mohammed che è bravo e forte e coraggioso e bello e religioso e mi chiamano perché sia il loro capo. Perché io non so che farmene dell'America degli americani di voi bianchi io sono mussulmano...

Mohammed, chi le dice queste cose?

Queste cose me le dice l'onorevole Elijah Mohammed messaggero di Allah ma ora basta perché voglio andare a dormire io vado presto a dormire perché la mattina mi alzo alle quattro per camminare.

N.B. Elijah Mohammed è il capo dei Mussulmani neri. Lo divenne dopo l'assassinio di Malcom X. Abita a Chicago, in una villa di diciotto stanze, viene dalla Georgia. Ha studiato fino alla quarta elementare ed è stato in carcere più volte, per crimini e infrazioni diverse. Suo figlio è il vero manager del Campione e si fa pagare dal

Campione, per questo, non so quante centinaia di dollari la settimana. Agli esami militari il Campione non bocciò per gli esami di matematica, bocciò per gli esami di psicologia. Si trattava di domande assai elementari, più o meno così: «Se ti trovi di fronte a un uomo che si sente male o che muore, cosa fai?». «Se uno ti avvicina con un coltello, cosa fai?» «Se trovi una lettera col francobollo, non impostata, cosa fai?» Il Campione non seppe rispondere a una sola domanda. Tuttavia, e dato l'espandersi della guerra in Vietnam, l'ufficio arruolamenti ha revocato la bocciatura sostenendo che il Campione potrebbe servire in retroguardia: per esempio a sbucciare patate.

Mi aveva promesso di venire in palestra a mezzogiorno, per continuar l'intervista. Ma a mezzogiorno non è venuto. È venuto all'una e incontrandomi non ha nemmen detto scusa. Anzi, non mi ha nemmen salutato. Con lui c'era il Consigliere Spirituale Sam Saxon. Questo Consigliere Spirituale è un negro di mezza età, molto chiaro, col cappello di paglia e la bocca ostile. Non fa nulla, non dice nulla, si limita a non allontanarsi da Cassius-Mohammed: quando Cassius-Mohammed è sul ring, sta aggrappato alle corde come se temesse di vederlo scappare. Ieri non c'era, ho saputo, perché aveva male a un dente ma oggi chi se lo toglie dai piedi. Il suo compito non è solo di effettuar sul Campione un diurno lavaggio cerebrale ma di indurre il Campione a propagandare le idee della setta: i silenziosi testimoni del nostro colloquio eran venuti per questo. Il Campione è nervoso. Evidente che è stato rimproverato per essersi fatto coglier dal sonno sul nome di Elijah Mohammed. Ignora un gruppo di bianchi che gli chiedon l'autografo e quando suona il gong si butta come una belva su Chip, lo pesta al punto che Angelo Dundee comincia a gridare: «Difenditi, Chip! Restituiscile, Chip! Non lasciarti intimidire, ragazzo!». Poi mentre Chip geme, intontito, scavalca le corde e mi ingiunge di proseguir le domande.

Le è dispiaciuto, Mohammed, divorziar dalla moglie?

Nemmeno un poco è stato come voltare la pagina di un libro le donne non devono andare in giro mostrando le parti nude del corpo come i selvaggi come le vacche come i cani come fa lei è un vero scandalo. Un uomo deve avere una moglie che gliela guardano con ammirazione rispetto lo dice anche Elijah Mohammed apri la TV e cosa vedi, vedi le donne nude che cantano che reclamizzano le sigarette vai nei negozi e che vedi, vedi le donne nude che compran le cose non è decente le donne hanno perso tutta la morale non è decente non è decente non è decente.

Mohammed, perché non mi guarda negli occhi? È arrabbiato?

Non sono arrabbiato nella mia religione ci insegnano a non guardare le donne noi le donne le avviciniamo in modo civile parlando prima coi genitori per chiedergli se ci danno il permesso di guardar la ragazza come in Arabia come nel Pakistan come nei paesi dove si crede al Dio giusto che si chiama Allah non si chiama Geova o Gesù. E poi non mi piace questo mischiarsi coi bianchi lei cosa ci fa qui con me cosa vuole da me come prima cosa è una donna come seconda cosa è una bianca io se fossi in Alabama voterei per il governatore Wallace che non mischia i bianchi coi neri, io non voto per quelli che dicono oh io voglio bene ai neri io non voto pei neri come Sammy Davis che si sposan la bionda, cobra, serpenti, la gente dovrebbe sposare la gente della sua razza. Lo dice anche Elijah Mohammed i cani stanno coi cani i pesci stanno coi pesci gli insetti con gli insetti i bianchi coi bianchi è la natura è la legge di Dio è scritto perfin nella Bibbia che a voi piace tanto e questa integrazione cos'è? Ci credevo anch'io fino al giorno che un tipo gentile mi dice vieni a sentire la tua vera storia a sapere qual è la tua vera lingua ed io vado e chi trovo, trovo questo sant'uomo di Elijah Mohammed che dice perché ci chiamano negri noi non siamo negri ecco negro è una parola spagnola che vuol dire nero e nessuno dice bianco in spagnolo nessuno dice verde in spagnolo o giallo o celeste o viola sicché dicono negri per negarci un paese un'origine renderci come non importanti neutrali capito? I cinesi si chiamano così per la Cina i cubani per Cuba i messicani pel Messico gli italiani per l'Italia i russi per la Russia i giapponesi per il Giappone e allora negri perché? Negri americani perché? Io non sono americano io non mi sento americano io non voglio essere americano io sono asiatico nero come la mia gente che voi bianchi avete portato qui come schiavi e si chiamavano Rakman e Assad e Sherif e Shabad e Ahbad e Mohammed e non John e George e Chip e pregavano Allah che è un dio molto più antico del vostro Geova o del vostro Gesù e parlavano arabo che è una lingua assai più vecchia del vostro inglese che ha solo quattrocento anni, ed ora queste cose le so per via di Elijah Mohammed che amo più della mia mamma.

Più, della mamma, Mohammed?.

Certo sicuro più della mamma perché la mia mamma è cristiana Elijah Mohammed mussulmano e per lui potrei anche morire per la mia mamma no che a voi bianchi piaccia o non piaccia.

N.B. Eppure v'è qualcosa su cui meditare in questo ignaro al quale fanno credere che la lingua inglese abbia solo quattrocento anni, che Maometto sia nato prima di Cristo, che Elijah Mohammed vada amato più della mamma colpevole d'esser cristiana. V'è qualcosa di commovente, di dignitoso, di nobile in questo ragazzo che vuole sapere chi è, chi fu, da dove venne, e perché, e quali furono le sue radici tagliate. Nel suo fanatismo v'è come una purezza, nella sua passione v'è qualcosa di buono. Vorrei essergli amica. E sono contenta di rivederlo per spiegargli che...

Scrivo questi appunti sull'aereo che mi riporta a New York dove spero di sfuggire ai Mussulmani neri che sono arrabbiati con me. E quando i Mussulmani neri sono arrabbiati con te l'unica cosa è darsela a gambe al più presto e più lontano che puoi. Perbacco che corsa. Guardiamo se posso riordinare le idee e raccontare cosa è successo. Bè, è successo che ho preso un taxi e sono tornata a casa del Campione. A casa del Campione c'era il Consigliere Spirituale, seduto sugli scalini. C'era tanto seduto che non mi faceva passare sebbene dicessi permesso, permesso. Ma io sono passata lo stesso ed ecco il Campione in cucina che mangia un cocomero. Intero. Buon appetito, gli dico. E lui fa un grande rutto, continuando a mangiare il cocomero. Grazie d'avermi invitata di nuovo, gli dico. E lui fa un altro rutto, sempre continuando a mangiare il cocomero. Poi mi ordina: «Solo domande sportive». Bè, io di sport non so nulla, nulla ripeto, tuttavia mi raschio la gola ed azzardo: «Rinnoverà il contratto con la corporazione di Louisville?». Mi sembrava una buona domanda, una domanda sportiva, però lui lancia un terzo rutto e risponde: «E a lei che gliene importa?». Resto male, arrossisco, mi raschio la gola, pongo una seconda domanda profondamente sportiva: «In quale round conta di mettere Cooper knock out?». Lui respinge il cocomero di cui è rimasta ormai solo la buccia e ringhia: «Se glielo dico, mi paga?». «No» ammetto. «Come no?!?» «No.» Bè, a questo punto non ricordo più nulla. I Mussulmani neri, le urla, il mio microfono che vola da parete a parete compongono un indistinto quadro pop-art che mi lascia confusa al solo ripensarci. Posso dire ecco posso dire che i Mussulmani neri erano molti. Prima non c'erano ma improvvisamente c'erano ed erano molti ed alcuni più grossi più alti del Campione e del suo Consigliere Spirituale. Posso dire ecco posso dire che gridavano molto. Uno gridava che per quattrocento anni avevo fatto commercio di asiatici neri, un altro gridava che avevo messo in prigione il suo popolo, un altro ancora gridava che ero venuta per rubare i pronostici e farne scommesse. E su tutti si levava la voce querula di Cassius-Mohammed: «A me che sono il campione dell'intero mondo». Gli ho risposto che la World Boxe Association non lo riconosce per niente campione dell'intero mondo e mi son fatta strada verso il mio taxi. Il taxi sembrava tanto lontano. Non ci arrivavo mai. Ma poi ci sono arrivata ed eccomi qui. Oddio. Mi viene in mente ad un tratto che Malcom X l'hanno ucciso a New York.

SECONDA PARTE
I profeti del terrore

Se uccidi i miei figli io ucciderò i tuoi figli

Partimmo di notte, da Amman. La notte era limpida e fredda, ottima pei bombardamenti, l'aria tremava di mille minacce. Abu George mormorò: «Sei certa di volerci andare? Tempo fa un giornalista mi mandò pazzo perché ce lo portassi ma quando venne il momento rifiutò di seguirmi. Sei certa di volerci andare?». «Sì, Abu George.» «Non hai paura?» «Ne ho molta, Abu George.» «Ne avrai di più all'alba, il peggio viene con l'alba. È allora che arrivano gli aeroplani o che tirano con l'artiglieria.» «Lo so, Abu George.» «E va bene.» Abu Abed invece non disse nulla, s'era chiuso in mutismo e si mordeva le unghie. Partimmo con una vecchia automobile: Abu George stava al volante e Abu Abed accanto a lui. Tra i sedili tenevano un mitra e ogniqualvolta capitava un sasso o una buca il mitra rimbalzava sordo, la canna si abbassava verso me e Moroldo. Moroldo la tirava su brontolando: «Badiamo di farci arrivare vivi, eh?». Il primo posto di blocco lo trovammo appena usciti da Amman. A fermarci fu la polizia giordana che ci lasciò proseguire senza difficoltà ma avevamo percorso pochissimi metri che due fidayn con la tuta mimetizzata e il volto coperto dal kassiah balzaron dal buio puntandoci addosso i kalashnikov. Abu George avvertì: «Fatah!». Ma la parola, che di giorno era un magico lasciapassare, di notte non bastava più. Fu necessario esibire i fogli timbrati, firmati, spiegar dove andavamo e perché. Infine fummo davvero in viaggio lungo quella strada che con un po' di sfortuna avrebbe potuto portarci a morire, e Moroldo chiese: «Tutto a posto?». Io gli risposi: «No, grazie». Così lui aggiunse: «Neanch'io. Ma l'abbiamo già fatto, siamo stati in Vietnam». «Dalla parte degli americani, Moroldo. Ora è come se ci tornassimo dalla parte dei vietcong.» Abu Abed

53

e Abu George si scambiarono un'occhiata scontenta. Non gli piaceva sentirci parlare italiano. Ci conoscevamo da cinque giorni e non si fidavan di noi. Né noi, a conti fatti, di loro. Ci avevano dato quei nomi, Abu George e Abu Abed, ma George non si chiamava George e Abed non si chiamava Abed. Di vero non c'era che Abu, l'appellativo che i guerriglieri palestinesi usano invece di camerata, compagno. Significa Padre. Di Abu George, un ventiseienne dai capelli castani e gli occhi colmi di rancore, sapevamo soltanto che era un ex-studente di farmacia: rientrato da San Francisco dove frequentava con una borsa di studio la California University. Di Abu Abed, un trentacinquenne dal corpo tozzo e il viso ingrugnito, sapevamo che era ingegnere: specializzato nella costruzione di dighe e innamorato troppo della moglie. La moglie era italiana e di lei ci parlava continuamente, fino a ossessionarci, una sera ce l'aveva fatta perfino conoscere: una ragazza intelligente e graziosa, con due bambini in braccio e una gran pazienza in cuore. Come George, egli era entrato nella Resistenza da poco e lo capivi dalla scarsa freddezza che distingue i combattenti non provati. Come George apparteneva a El Fatah che significa Movimento nazionale di liberazione palestinese, Harakat Al Tahrir Al Falastini, e deriva dalle iniziali di queste parole ma rovesciate. Hataf, in arabo, significa Morte; Fatah, invece, vuol dire Vittoria. Come George si occupava dei giornalisti ed ora ci stava portando nelle basi segrete dei fidayn. Quelle dove i fidayn si nascondono per condurre la loro guerra a Israele, quelle da cui i fidayn partono per attaccare Israele al di là degli sbarramenti fotoelettrici e i campi di mine. «Sono basi dove nessun giornalista è mai stato, nessuno straniero.» «Sì, Abu Abed.» «Non dovrete chiederci di localizzare il punto preciso, se lo capite non dovrete mai rivelarlo.» «Sì, Abu George.» «Non potrete allontanarvi, né abbandonarvi a imprudenze che comprometterebbero la sicurezza dei fidayn e la nostra.» «Certo. Abu Abed. Non esser nervoso, Abu Abed.»

Gli avevo detto a quel modo ma ora anch'io ero nervosa, sia pure per motivi diversi. Lo ero per la responsabilità che il mestiere di informare gli altri comporta, per il dramma che sempre mi costa e stavolta era doppio perché coinvolgeva la mia coscienza, i miei dubbi. A questa guerra, pensavo, hai guardato finoggi con voluto distacco o perdendoti in labirinti di scuse: Cina, America, Russia, Mediterraneo, Petrolio, Comunismo, Sionismo. Ma sai bene che, quando tocchi con dito, il distacco è impossibile; sai bene che la realtà umana è più onesta dei labirinti. Qui si riassume così: da una parte ci sono gli arabi e dall'altra gli ebrei, sia gli uni che i secondi combattono per non finire. Se vincono gli arabi, sono finiti gli ebrei; se vincono gli ebrei, sono finiti gli arabi. Dunque chi ha ragione, chi ha torto, chi scegli? Gli ebrei li conosci. Perché hai sofferto per loro, con loro, fin da bambina, li hai visti braccare arrestare massacrare a migliaia a milioni. Li hai difesi, li hai aiutati, li hai amati. Hai sperato che avessero un posto per stare, difendersi, ti è piaciuto che approdassero infine alla Terra Promessa: un paese chiamato Palestina. Non ti sei chiesta nemmeno se ci fossero giunti in modo giusto o ingiusto, se giungendoci lo trovassero vuoto come la Luna o abitato già da un suo popolo con ogni diritto di starci: dai palestinesi ad esempio. Gli arabi non li conosci. Non hai mai sofferto con loro, non hai mai pianto per loro, non sono mai stati un problema per te. Di loro hai sempre saputo che inventarono i numeri, che i Crociati li invasero e li fecero a pezzi poi essi fecero a pezzi i Crociati e ci invasero: basta. Però un giorno è successo qualcosa. Hai letto che centinaia e centinaia di migliaia di creature, di palestinesi, eran fuggiti o eran stati cacciati dal paese che si chiamava Palestina e ora si chiama Israele. Un milione nel 1948, trecentomila nel 1967, ammassati come le pecore nei campi-profughi della Giordania, della Siria, del Libano, sotto minuscole tende che il vento abbatte e la pioggia fa affogare nel fango, dentro baracchine in metallo che l'inverno trasforma in blocchi di ghiaccio e l'estate in forni roventi. Sradicati, umiliati, spogliati d'ogni possesso e d'ogni diritto: i nuovi ebrei della Terra. E dai nuovi ebrei della Terra è nata una misteriosa parola: fidayn. Hai chiesto cosa significa e t'hanno risposto: uomini del sacrificio, guerriglieri. Hai chiesto che vogliono e t'hanno risposto: distruggere Israele, riprendersi la Palestina. Hai chiesto in che modo e t'hanno risposto: come i vietcong nel Vietnam, ammazzando, morendo. Ieri hanno attaccato un kibbutz a Ein Harod, oggi hanno distrutto una fabbrica di potassio a Sodoma, stamani hanno fatto scoppiare due bombe al mercato di Gerusalemme e stasera hanno sostenuto una battaglia a Safi. Mentre c'è chi li ammira e chi li disprezza, chi li chiama eroi e chi terroristi: indottrinati nell'odio per l'odio. Sicché hai deciso di andare a cercarli, conoscerli. Ma non negli uffici che hanno in città, e neppure nei campi-profughi dove la maggior parte dei visitatori si ferma: nei luoghi dove si nascondono, al fronte.

Un'impresa dura se ti presenti dicendo che la tua coscienza è sconvolta dal dubbio, che in più non credi alla guerra perché non ammetti che gli uomini uccidano gli uomini, neppure in nome di un diritto, di un sogno: il più sacrosanto diritto e il più nobile sogno. Il tuo pacifismo li insospettisce, la tua obiettività li ferisce: occhio per occhio, dente per dente, rispondono, e se non sei con noi sei contro di noi. Ma v'è qualcosa cui il fanatismo più disperato si piega: la sincerità. Col pretesto di farsi intervistare, Abu Lotuf, cervello di Al Fatah, m'aveva attentamente studiato. Poi aveva preso un foglio e ci aveva scritto due o tre frasi in arabo: l'indomani ero stata informata che il lasciapassare richiesto esisteva. Viaggiavamo da circa un'ora, attraverso i posti di blocco che si ripetevano con monotonia sconcertante, quando domandai ad Abu Abed: «Ma cosa c'è scritto in quel foglio?». Abu Abed esitò, imbarazzato. Poi lo tolse di tasca e tradusse. Diceva: «Non è una nemica di Israele. Non è un'amica della Palestina. O non ancora. Ordine di aiutarla nel suo lavoro e farle vedere le basi. Sia a nord che a sud».

Le basi fidayn si trovano principalmente lungo il confine col territorio occupato nel 1967 dagli israeliani. Vale a dire: sotto i monti del Golan, e cioè all'estremo nord della Giordania, sulla riva destra del fiume Giordano, sulla sponda destra del Mar Morto, nella Valle della Luna e giù per il Negev fino al golfo di Akaba. Si trovano anche nel Libano e soprattutto ai confini che il Libano ha con la Siria e con Israele, poi al confine della Giordania con la Siria dove esistono i campi di allenamento più seri, e al confine della Giordania con l'Arabia Saudita dove, a testimonianza di molti, si incontrano gli istruttori cinesi. E qualche tedesco.

Un tecnico della ditta italiana impegnata a costruire la strada che andrà dalla città di Ma'an fino alla frontiera saudita giura ad esempio d'esser stato arrestato, per mancanza di documenti, da un fidayn assolutamente tedesco. Del resto sappiamo di fidayn e istruttori francesi, algerini, cubani, e perfino di un fidayn italiano che al Libano tentai di incontrare senza riuscirci: Giuseppe Tuscano. I guerriglieri palestinesi non sono rigidi come i vietcong che dagli stranieri accettano armi, consigli, e mai uomini. Coi dovuti controlli e una pallottola in capo se risulti una spia, ti accettano anche se sei americano. Le Pantere Nere di San Francisco e New York hanno appena ricevuto il permesso di mandare alcuni adepti in Giordania, ad allenarsi per la guerriglia. Però le basi in cui questo accade, e cioè le basi all'interno, non hanno l'importanza strategica di quelle poste lungo il Giordano e il Mar Morto dove, si lasciò scappare un comandante di Al Fatah, esistono ben 42.000 fidayn. Sul fiume ne trovi spesso ogni chilometro o due e controllano la zona assai meglio dei soldati di Hussein. Gli israeliani, ovvio, lo sanno. Ciò che non sanno è in quali punti esse sono situate, e con quale criterio. Non solo perché si compongono sempre di piccoli gruppi facili a sparpagliarsi mai a lungo nel medesimo posto. Il posto è scelto coi criteri tipici della guerriglia: un bosco, una piantagione, le macerie di un villaggio distrutto, le mura di una casa colonica abbandonata ma intorno alla quale i campi si coltivano ancora. Individuarlo è difficile, ammeno di una spiata o d'un sospetto preciso, e così accade in Giordania ciò che accade in Vietnam: l'artiglieria bombarda a casaccio la zona, gli aerei mitragliano senza discriminazione gli automezzi che la percorrono. Soprattutto lungo la strada che va verso il fiume, vedere un Mirage che si abbassa su un'automobile o un taxi non è raro e viaggiarci diviene una sfida alla sorte. Sai quando parti, non sai quando e se arrivi.

Riconoscemmo assai presto la strada che va verso il fiume. C'eravamo già stati, di giorno, per recarci al ponte Allenby, ed essa è inconfondibile: si arrampica a spirale su per le montagne, poi scende sotto il livello del mare e lo sbalzo ti provoca ronzio agli orecchi, senso di oppressione. Però non dicemmo nulla ai nostri accompagnatori: la loro bocca era chiusa in un silenzio che chiedeva solo silenzio e il loro nervosismo era aumentato. Per trarre in inganno gli aerei, Abu George aveva spento un faro dell'automobile e, per sentirli arrivare, Abu Abed aveva abbassato il vetro del finestrino. Qui si sporgeva continuamente, teso a ogni rumore sospetto. Solo quando apparve quel lago di luce giù nella vallata al di là del confine, e dietro di esso altra luce, meno chiara ma più diffusa, i due uomini si lasciarono andare in un grido: «Gerico! Gerico! Gerusalemme!». E Abu George aggiunse, con la voce incrinata dal pianto: «Sento il profumo dei gelsomini di Gerusalemme». Infine fummo a El Shuna, l'ultimo villaggio prima del ponte Allenby, ormai frantumato dai razzi e dai mortai, e girammo a sinistra: su per la strada che costeggia il Giordano. Il profumo dei gelsomini si sentiva davvero, e le luci di Gerico ci venivano sempre più addosso: con un cannocchiale, scommetto, avresti potuto vedere i soldati israeliani. I posti di blocco s'erano fatti più frequenti: ogni due o tre chilometri ci fermava un bagliore azzurro di torcia, cinque o sei fidayn col volto coperto dal kassiah ci puntavano i kalashnikov e chiedevano il lasciapassare. Ottenutolo, ci esaminavano senza entusiasmo uno a uno e ci ordinavano di proseguire avvertendo: «*Ou'a!* Fate attenzione!». Ripartivamo guardinghi, a fari spenti, saltando sulle buche e sui sassi di una strada che forse non era più una strada ma un campo, mentre Abu Abed brontolava: «Domani bisogna andarcene, intesi? Restar qui è troppo pericoloso».

D'un tratto ci lasciammo alle spalle anche le luci di Gerico, il cielo si offuscò di una nebbiolina che annunciava la pioggia e quel profumo di gelsomini scomparve. Ebbi l'impressione che non viaggiassimo più lungo il fiume ma che percorressimo la sponda del Mar Morto. Confusamente si delineò un filare di alberi e qui Abu George spense i motori. Due fidayn armati apparvero come fantasmi dal nulla e ci dissero che da quel momento bisognava andare a piedi: loro ci avrebbero servito da scorta. Sembravano molto giovani, molto miti, e molto gentili. Cercando di intravederne il viso, come sempre nascosto dal kassiah, non potevi evitar di provare una specie di tenerezza per loro. Erano gli stessi che quasi ogni notte si imbrattavano il viso di vernice nera o polvere di carbone, si caricavano di munizioni ed esplosivi, e partivano verso i campi di mine, le mitraglie puntate. Eran gli stessi che poche ore prima avevo visto negli ospedali di Al Fatah, chi senza un piede, chi senza una gamba, chi senza le dita di una mano e chi cieco, e se ci parlavi ti rispondevan sereni: «Forse la vista mi tornerà e potrò rientrare alla base». Oppure: «Forse mi faranno un piede artificiale e potrò tornare a combattere». Con quella tenerezza in cuore mi chiesi cosa induce un uomo a far questo. Un uomo che non v'è costretto da una cartolina di richiamo, né da un partito, né da un generale...

Cos'è che li fa diventare fidayn?

Tre giorni avanti io avevo già posto questa domanda a qualcuno. Era successo in un campo di addestramento sulle colline di Amman: durante una manovra cui m'avevan permesso di partecipare e in cui un ragazzo era rimasto ferito. La manovra era diretta da un ufficiale che passava le linee «almeno quattro volte al mese» e spesso era giunto fino a Tel Aviv. Si chiamava Giacobbe, colpiva per un volto sofferente, scavato, da Gesù Cristo: aveva anche i capelli rossi, la barbetta rossa, come Gesù Cristo. E glielo avevo detto e m'aveva risposto: «Sono anch'io un Gesù Cristo. Sulla croce ci avevano messo anche me, solo che io sono sceso, e ho imparato a usare il fucile, le bombe a mano, i katiuscia, per ammazzare gli altri». Allora gli avevo chiesto com'è che un Gesù Cristo scende dalla croce per ammazzare gli altri, e lui mi aveva risposto così.

«Noi s'era contadini, capisci, e si possedeva un bel po' di terra sotto i monti di Hebron. Mio padre l'aveva ereditata da suo padre che l'aveva ereditata da suo padre anche lui e via dicendo. Ci si aveva le vigne, e gli olivi, e si faceva l'olio, e il vino, e si coltivava la frutta: fichi, melograni e albicocchi. E poi si faceva il formaggio e si filava la lana perché si possedeva una trentina di pecore e dodici capre. E s'era felici. Perché non ci mancava nulla e la casa aveva anche tre camere per farci dormire gli amici in caso di bisogno, e la domenica si andava al villaggio per passeggiare in piazza e pregare dentro la moschea. Ma venne il 1948 e tutto finì. Era estate, ricordo, mi pare luglio. Io avevo tredici anni, il mio secondo fratello ne aveva otto e il mio terzo fratello ne aveva sei. E vennero i loro aeroplani e ci buttaron le bombe proprio sul villaggio, sui campi, e tanti morirono e si dovette scappare sui monti. E si rimase una settimana sui monti, poi si tornò perché tutto sembrava finito, ma s'era appena tornati che loro ci bombardarono di nuovo, e non solo con gli aeroplani, anche con l'artiglieria. E altri morirono, tanti. E poi arrivarono i loro commandos, e ci fecero uscire dalle case e si misero a minare le case che saltavano in aria con la roba dentro. Non le minarono tutte e mio padre voleva prendere un poco di roba prima che facessero saltare la nostra, ma loro: "Via, via! Partire, partire!". E ci mandarono via senza farci prendere nulla, neanche una valigia, neanche un paio di scarpe, io ero scalzo e non potevo camminare: sentivo male ai piedi. Si lasciò perfino sessanta giare di olio che era il raccolto dell'anno, seicento chili all'incirca, ed alla mia mamma non permisero di agguantare il velo sebbene sapessero che per una mussulmana è terribile non coprirsi il viso col velo. Alla nostra vicina permisero di entrare un momento e afferrare il bambino di tre mesi, ma lei era tanto sconvolta che anziché il bambino afferrò un guanciale legato. In quanto devi sapere che noi i bambini appena nati si legano dentro un guanciale. Fu una cosa terribile, sai. Quando lei s'accorse d'aver tra le braccia il guanciale senza il bambino, la casa era saltata in aria... Impazzì.

Noi si camminò tutto il giorno poi si arrivò a quella cava dove si rimase nascosti in attesa che mi guarissero i piedi. S'erano tutti tagliati a camminar senza scarpe. Poi si arrivò a Betlemme dove ci misero in un campo di profughi e dove mio padre morì, non s'è mai capito di che. Non mangiava più, non dormiva più, non faceva che piangere e dire: "Perché? Cosa gli abbiamo fatto agli ebrei, con gli ebrei noi si andava d'accordo, ricordi quando si cucinava insieme? Ma che gli è successo agli ebrei? Non ci credo, io non ci credo!". E quel campo divenne la nostra casa. In quattro ammucchiati sotto una tenda, poi in una baracca. E lì crebbi, mi feci anche un mestiere: camionista. E a ventitré anni mi sposai, con una ragazza del campo che conoscevo fin da bambino: la nipote di quella che aveva preso il guanciale invece del figlio. E si riuscì a ottenere una stanza, una sola ma in muratura, e la si aggiustò graziosamente, e lì nacquero i miei bambini perché la vita deve continuare sì o no? Ci eravamo come rassegnati, capisci, solo quella notte io mi resi conto che non si poteva continuare così. Era una notte come tutte le altre. Mi svegliai, e vidi la roba ammucchiata, il letto che non era un letto, e ripensai alla bella casa di Hebron, e mi resi conto d'aver perso tutto: il mio letto, la mia casa, la mia dignità. E mi dissi per questo è morto mio padre, per la vergogna, e capii che bisognava combattere per riavere il mio letto, la mia casa, la mia dignità.»

«E lo facesti, Abu Giacobbe?» «No, subito no. Accadde dopo, nel 1967, quando gli israeliani presero anche il resto della Palestina e passarono il fiume Giordano. Io in quei giorni facevo il camionista ad Amman. Portai il camion fino al ponte Allenby e siccome non mi fecero passare dovetti gettarmi in acqua, raggiungere l'altra sponda nuotando, mentre mi sparavano addosso. E giunsi al campo che era mezzo distrutto dai bombardamenti, e nella stanza mia moglie non c'era. E per tutto il giorno la cercai senza trovarla e poi la incontrai per caso nella scuola cattolica di Terra Santa. Insieme ai bambini. E mi disse che l'artiglieria israeliana aveva sparato per ore sul campo, tanta gente era morta e lei era scappata quaggiù pensando che non avrebbero mica sparato in una chiesa che apparteneva a Gesù. Però, mentre diceva così proprio in mezzo alla chiesa, arrivò una bomba al napalm e anche la scuola andò a fuoco. Io non volevo partire perché non volevo ripetere ciò che aveva fatto mio padre diciannove anni prima. Partii perché mia moglie si mise a gridare che non potevo imporre certi orgogli ai bambini: se non si scappava ci ammazzavano tutti. C'erano tanti bambini lì alla scuola, mica soltanto i miei. Ce n'erano almeno cinquanta, senza babbo né mamma, e il prete diceva: bisogna fare una colonna, bisogna salvarli! Feci una colonna e ci si mise in marcia: verso il ponte Allenby. Si marciò due giorni, senza mangiare e senza bere, e un pomeriggio due aerei scesero per mitragliarci. Dico, che senso ha mitragliare cinquanta bambini? Lo vedevano, no, che erano bambini! E si passò il ponte Allenby perché se lasci la Palestina te lo fanno passare, è quando chiedi di rientrare in Palestina che non te lo fanno passare. E si giunse ad Amman. Dove ci si accorse d'aver lasciato tutto, coperte scarpe vestiti, e mi sentii tanto umiliato perché era la seconda volta che fuggivo dal mio paese lasciandoci tutto, perfino le scarpe. E dissi a mia moglie basta, almeno prender la roba, e tornai indietro col camion che avevo ritrovato. E la polizia mi bloccò, al ponte. Mi disse: il permesso, dov'è il permesso. E io gli dissi: il permesso non ce l'ho però vi do la mia parola d'onore che torno indietro, vo a prendere la mia roba e basta. E l'israeliano sputò per terra poi disse: parola d'onore d'un arabo... Puaf! E mi colpì sulla testa col calcio di un mitra, il sangue prese a colarmi sugli occhi. Arrivò un altro israeliano, vide il sangue e si mise a litigare con quello che m'aveva colpito, poi mi chiese scusa e mi disse: vai, vai. E passai, combattuto fra l'odio per l'israeliano cattivo e la simpatia per l'israeliano buono, e arrivai al campo. Arrivai alla mia stanza, e la mia stanza era vuota. Avevano portato via tutto, capisci, tutto! Neanche una coperta mi avevan lasciato, neanche un paio di scarpe, e tornai al ponte con le mani vuote. E la simpatia per l'israeliano buono era completamente sfumata, ormai non restava che l'odio, e il dolore alla testa, e il sangue raggrumato sulla mia faccia, e guidando il camion pensavo: è impossibile continuare così, non cambieranno mai, avanzeranno sempre di più se noi non li fermiamo, è necessario combatterli, ammazzarli con il fucile! E ricordai che c'erano i fidayn. Ricordai anche che si allenavano in Siria. Così, giunto al bivio delle due strade, quella che porta ad Amman e quella che porta a Damasco, girai a sinistra e presi la strada per Damasco. Vi giunsi la sera. Non c'ero mai stato e mi sentivo perso. Fermavo la gente per strada e chiedevo: dov'è che si diventa fidayn? La gente mi guardava stupita e tirava di lungo. Ma poi trovai uno che mi disse: laggiù. E mi indicò un campo fuori della città. E andai a quel campo, c'era una guardia, e la guardia mi disse: che vuoi? E io risposi: voglio diventare fidayn. E la guardia mi disse: perché? E io risposi: per tornare a casa mia. Così divenni un fidayn.»

S'era parlato dopo la manovra che era finita alle due del mattino, dopo un gran sparare. S'era parlato sotto una tenda, circondati dagli uomini della Milizia fidayn, e vicino ad Abu Giacobbe era sempre rimasto suo figlio: un bambino di nove anni, vestito con una piccola tuta mimetica, capace di sparare smontare rimontare in cinquanta secondi un kalashnikov. Dopo il racconto Abu Giacobbe gli aveva detto: «Di' alla signora come ti chiami». E il bambino aveva risposto: «Mi chiamo Saladino». «Di' alla signora chi era Saladino.» E il bambino aveva risposto: «Era un arabo che liberò la mia terra dagli invasori. Una specie di Fidel Castro». Allora Abu Giacobbe s'era arrabbiato: «Che c'entra Fidel Castro, figliolo? Chi t'ha detto queste cose? Noi non siamo comunisti, siamo fidayn e basta».

Procedevamo in linea indiana: prima un fidayn, poi Abu George, poi io, poi Moroldo, poi Abu Abed, poi l'altro fidayn. Il terreno era accidentato, colmo di sassi: inciampavamo continuamente perché non si poteva usar la torcia elettrica e rischiararci il cammino. Tre volte dovemmo saltare un ruscello, due volte fummo lì per caderci dentro. Dovemmo anche superare una siepe rinforzata col filo spinato e passare in equilibrio su un lavatoio che all'appoggio dei piedi offriva appena un bordo strettissimo, sbocconcellato. Si trattava di un luogo assai ben nascosto, inaccessibile per chi ne fosse estraneo, e non saprei riconoscer la strada per cui ci arrivammo. Ricordo solo un viottolo coi solchi delle ruote, che saliva ripido per una collinetta, e un abbaiare di cani mentre Abu Abed diceva: «Fermi! Sono mordaci. Li hanno allenati ad annusare le scarpe e avventarsi alla gola di chiunque abbia scarpe con un odore non familiare. Bisogna aspettare che vengan legati». Aspettammo e presto venne il segno di avanzare. Il segno era un fischio modulato come il cinguettar di un uccello. Per comunicare tra loro, anche in missione, i fidayn cinguettano come gli uccelli. Sanno imitarli tutti, imparan nei corsi di addestramento. Imparano anche ad abbaiare, a rispondere ai cani. Quest'ultima cosa gli serve quando circondano un kibbutz o si avvicinano a qualche villaggio.

La base stava in una vecchia casa colonica, semidistrutta dai bombardamenti. Di intatto non restavano infatti che due stanze, l'aia e la stalla. La stalla era chiusa e sorvegliata da una sentinella: di certo conteneva il deposito delle armi. Sull'aia era sistemata una mitragliatrice antiaerea, di marca cecoslovacca. Le stanze erano unite fra loro con una specie di pianerottolo e un tetto di frasche. Il pianerottolo era rischiarato da un debole lume a petrolio. Qui ci sedemmo, accucciati per terra, e Abu Abed si allontanò in cerca del comandante. Abu George, invece, si congedò dicendo che rientrava ad Amman: l'incalzar della nebbia lo avrebbe aiutato. Non successe nulla per qualche minuto, fuorché star lì a guardare i fidayn che dormivano distesi per terra: e per terra c'era una coperta e basta. Sembravano tutti giovanissimi, poco più che bambini. Quasi nessuno vestiva l'uniforme ma invariabilmente calzavano scarponi da soldato, identici a quelli che portano gli americani in Vietnam. Accanto avevano il loro fucile, ora un Carlov e ora un kalashnikov. Un ragazzo lo stringeva alla canna come se temesse d'esserne derubato nel sonno. D'un tratto si svegliò, mi vide, saltò in piedi e ne tolse la sicura: fissandomi con aria interrogativa. «Sahafa, stampa» lo rassicurai. Rimise la sicura e sorrise: «Alaikum Salam, la pace sia con te». Avrà avuto diciassett'anni, diciotto: sulle sue guance non era mai cresciuta la barba. Il volto era pallido, secco, severo; le mani erano lisce e curate. Mi sedette accanto, mormorò in inglese: «Mi chiamo Abu Asham. E tu?». Glielo dissi, aggiunsi da dove venivo, mi fissò con espressione incredula. «Vuoi dire che in Italia sanno di noi?!» «Certo, Abu Asham.» Balzò in piedi e svegliò gli altri: «Qoom, qoom! Alzati, alzati!». Gli altri si alzarono, svelti, afferrando il fucile, ma quando seppero di che si trattava tornarono brontolando a dormire. Solo tre lo seguirono, acconciandosi il kassiah, e si misero a chiedere qualcosa ad Abu Asham. «Cosa vogliono, Abu Asham?» Indicò Moroldo: «Voglion sapere perché tuo marito ti porta in un posto così pericoloso di notte». «Digli che non è mio marito.» «Non è tuo marito?!» «No. Viaggiamo insieme perché lavoriamo insieme, io scrivo e lui fa le fotografie.» «Non è possibile.» «Sì, che è possibile.» «Non sta bene.» «Come non sta bene?» Gli altri gli tiravan la manica, impazienti d'aver la risposta. Abu Asham gliela dette e i loro occhi si spalancarono increduli: «La?!? No?!?». Ci fissarono un poco, una fila di occhi affogati tra le pieghe del kassiah, poi si alzarono e tornarono zitti a dormire.

«Vorrei farti alcune domande, Abu Asham.» Abu Abed ci aveva raggiunto e si offriva da interprete perché l'inglese di Abu Asham zoppicava un po' troppo. «Va bene.» «Abu Asham, perché sei qui?» «Devo prima spiegarti chi sono. Sono il figlio di un palestinese che fuggì nel 1948, quando loro inventarono Israele. Sono nato in un campo di profughi, al Libano. Quindi sono qui per tornare nella mia patria e riportarci mio padre. Lui faceva il ferroviere, guidava il treno che da Gerusalemme portava a Giaffa. Voglio che torni a guidare quel treno.» «E quando lo decidesti, Abu Asham?» «Tre anni fa, dopo la guerra di giugno. Ci presero anche il resto della Palestina, nuovi profughi giunsero al campo. Mi misi a pensare, mi dissi: non si fermeranno mai, verranno avanti, sempre più avanti. Bisogna fermarli, bisogna difenderci. Gli altri popoli arabi non fanno nulla per noi, bisogna fare da noi. Così annunciai a mio padre che sarei diventato fidayn.» «E tuo padre che disse?» «Impallidì. Avevo solo quindici anni, rispose: sei appena un bambino, devi finire la scuola. Ma io gli promisi che avrei fatto entrambe le cose, e le feci. Le fo ancora, sai? Sto quindici giorni a scuola e quindici giorni alla base. Mi preparo per l'università, voglio iscrivermi a scienze politiche.» «Abu Asham, da quanto tempo sei qui?» «Da sei mesi. Prima c'è stato un anno di addestramento e poi quell'anno in città.» «Quando sei stato in missione l'ultima volta?» «Tre notti fa. Dovevamo attaccare due Land Rover israeliane, distruggerle, e poi piantare alcune mine. Loro le mettono a noi ma anche noi le mettiamo a loro, sai?» «La missione è riuscita, Abu Asham?» «Sì. Le Land Rover sono esplose e loro sono morti tutti. Noi invece siamo tornati indietro. Tutti e sei. Eravamo sei.» «Hai avuto paura, Abu Asham?» «Non ne ho più, giuro. Ci ho fatto l'abitudine, ormai. Le prime due volte sì, all'inizio è terribile. Ci vai rassegnato a morire. Perché tanti muoiono, sai. La prima volta si trattava di attaccare una colonna di automezzi israeliani. Mi dette coraggio il più giovane del nostro gruppo, e aveva solo quattordici anni.» «Questa vita ti piace, Abu Asham?» «È dura, molto dura. Ti mancano tante cose. Ma non c'è scelta. O si vive così o si vive senza onore. Bisogna...» Si gettò di colpo sul lume a petrolio e lo spense. «Che c'è, Abu Asham?» «Niente. Un ricognitore. Succede tutte le notti.» «E poi?» «Niente. A volte buttano bombe, però non è ancora successo che ci colpissero, e abbiamo i rifugi. Vedi, lì ci sono trincee.» I cani eran tornati ad abbaiare, sull'aia c'era un gran scalpiccio e qualcuno s'era messo alla mitraglia antiaerea che puntava le canne verso il cielo. Ma presto il ronzio dei ricognitori sparì e Abu Asham riaccese il lume a petrolio. La fiammella si alzò illuminando un giovanotto che prima non c'era.

Era un giovanotto di circa trent'anni, vestito in uniforme. Le braccia conserte, le gambe incrociate, ci osservava senza cordialità alzando un volto che ricordava straordinariamente l'attore Omar Sharif: baffoni neri, naso imperioso, pelle scura e occhi intensi, sporgenti. Con voce gelida chiese ad Abu Abed di mostrare i fogli del lasciapassare, li lesse e su quello firmato da Abu Lotuf sorrise un sorriso di denti bellissimi e bianchi, poi parlò in inglese. «Benvenuti alla mia base, sono il comandante Abu Mazim. Significa Pioggia, credo, Fertilità... Avete mangiato? No certo. E un palestinese non ammette di ricevere ospiti senza farli mangiare.» Mosse una mano lunga, delicata, da pianista. Subito due fidayn arrivarono col cibo che, mentre interrogavo Abu Asham, avevan preparato per noi. Melanzane fritte, fagioli lessi, insalata di pomodori e di porri, montone arrostito e pane arabo: quello schiacciato, a frittella. Il cibo era contenuto in scodelle di latta e le scodelle furono poste per terra insieme a bicchieri di tè dolcissimo e caldo. Abu Mazim fu il primo a infilare le dita tra i fagioli. Poiché esitavo, ironizzò: «Qui non esiston forchette, si mangia con le mani. Ha mai mangiato insieme a... Come ci chiaman da voi? Terroristi, mi pare. Ha mai mangiato insieme a dei terroristi?». «Molti anni fa, Abu Mazim. Da bambina, in Italia. Quando combattevamo i tedeschi.» La risposta gli piacque, farlo parlare non fu difficile. Come condizione pose soltanto di esprimersi in arabo perché tutti ascoltassero. Ormai l'intera base s'era svegliata e i fidayn gremivano il pianerottolo in file concentriche, irte di fucili e luccicanti di occhi. Non vedevi che gli occhi, su quei volti imbacuccati dal kassiah, e per mangiare abbassavano appena un lembo di stoffa che subito ritiravano su. «Posso chiederle qualsiasi cosa, Abu Mazim?» «Sì, meno l'ubicazione di questa base. In fondo c'è poco che lei potrebbe svelare al signor Moshe Dayan e che il signor Moshe Dayan non conosca già, grazie alle sue spie.» «Moshe Dayan non vi stima molto. Dice che non può gratificarvi col nome di guerriglieri. Dice: non sono degni d'essere paragonati ai vietcong, non valgono nulla.» Restò impassibile. «Moshe Dayan mente sempre, e ha un occhio solo. I suoi soldati non la pensan così, hanno terrore di noi. Chieda a Moshe Dayan che è successo negli ultimi giorni a El Hussob, a Neot Hakikan, a Sodoma dove c'era quella fabbrica di potassio. Ora non c'è più. Gli chieda cosa è successo all'impianto elettrico di Sodoma quando son rimasti al buio. S'era messo una benda anche sull'occhio sano?» I fidayn scoppiettarono un'unica risata soddisfatta.

I fidayn di questa base erano una trentina, ma pochi membri permanenti. Una volta al mese, e anche ogni quindici giorni, rientravano in città e venivano sostituiti da elementi freschi: tale avvicendamento consentiva di portare in azione uomini mai stanchi e mai malati. Le azioni avvenivano con una frequenza di due o tre per settimana e consistevano in attacchi a pattuglie motorizzate o a piedi, piazzamento di mine lungo le strade e i campi militari, bombardamenti ai kibbutz e ai centri industriali, uccisioni separate dette caccia all'uomo, cattura di prigionieri. In genere vi partecipavano gruppi di sette otto uomini, ma v'erano casi in cui l'intera base partiva: ad esempio quando c'era da impegnarsi in una vera e propria battaglia. Le perdite non risultavano eccessive come si credeva in Europa: in media, un morto per azione. A parte gli eventuali feriti. Se un fidayn moriva, Al Fatah provvedeva alla sua famiglia per sempre; se restava ferito, Al Fatah lo ricoverava nei propri ospedali. Al Fatah passava inoltre uno stipendio mensile, che variava a seconda delle necessità ma non era mai sotto i 15 o 20 dinari al mese: cioè 30 o 40.000 lire. Però, se il fidayn non aveva bisogno di soldi, non ne riceveva e anzi era tenuto a contribuire con versamenti. Più o meno il sistema di tassazione che usano i vietcong. Le classi sociali da cui i fidayn provenivano eran le più disparate. Data la loro giovane età, in gran parte eran studenti. Tuttavia incontravi anche contadini, impiegati, operai e, come dire?, qualche ex-playboy. «Ex-playboy, Abu Mazim?» «Sì. Non dite così in Occidente? Io ad esempio ero un playboy. Mio padre era ricco: possedeva molti negozi, una piantagione di aranci nella valle del Giordano. Non avevo bisogno di lavorare. Studiavo all'università del Cairo, facoltà di economia e commercio, l'estate viaggiavo. Grecia, Turchia, Iugoslavia, Cipro, Pakistan...»

«E com'è che un playboy diventa fidayn, Abu Mazim?» «Oh, è un processo lento. Incomincia con un pensiero messo immediatamente da parte. Però il pensiero cresce senza che tu lo sappia. All'inizio pensavo: bravi ragazzi, quei fidayn, coraggiosi. Bisogna aiutarli, magari parlandone con gli amici stranieri, in viaggio. Poi venne il 1967, l'anno in cui avevo deciso di recarmi a Roma: per vedere via Veneto e Tivoli... Ma accadde quello che accadde e... Io ero al Cairo, m'ero laureato da poco. Assistei alla disfatta degli egiziani, compresi che non potevamo più restare inerti. Compresi che non potevamo più fidarci degli altri, tantomeno di quel Nasser facilone e ambizioso, e quel pensiero messo da parte risalì alle porte della mia coscienza. Se vuoi riavere la Palestina, giovanotto, devi andare a riprendertela. Così mi dissi ed eccomi qua.» Raccontò anche d'essersi sposato, un anno fa. Con una studentessa di Amman, palestinese s'intende, e membro di Al Fatah. La moglie gli mancava moltissimo: ma la metamorfosi avvenuta in lui gli rendeva possibile anche sopportar questa pena. I periodi di inerzia li superava leggendo, il suo scrittore preferito era Gorki: seguito da Tolstoi e Jean-Paul Sartre. Oltre a loro conosceva assai bene Hemingway, di cui gli era piaciuto *Il vecchio e il mare*, e poi Simone de Beauvoir, Alberto Moravia, Françoise Sagan. Quest'ultima lo aveva irritato, non ne comprendeva il successo. Quanto a Moravia, lo aveva lasciato incerto: «Mi sembra vecchio». Di recente, però, aveva sostituito i romanzi con «roba più seria»: onde cercare le chiavi della sua scelta politica. Si sentiva comunista, ma confusamente. La Russia non gli piaceva per via della Cecoslovacchia, dell'Ungheria, dell'atteggiamento ambiguo che aveva sempre tenuto nei riguardi del Medio Oriente. «Ci danno le armi senza i pezzi di ricambio. Vorrebbero che si dipendesse da loro.» Castro non gli andava bene perché «era un gran vanitoso e non aveva alcun merito de la rivoluzione a Cuba». La Cina, sì, gli piaceva perché aiutava i palestinesi in modo incondizionato. Verso Mao Tse-tung, tuttavia, provava una specie di diffidenza: «Non ho mai potuto soffrire gli uomini che pretendono di sostituirsi a Dio». L'unico comunista col quale sarebbe andato d'accordo era morto: «Che Guevara l'ho sempre amato e quando lo uccisero provai un grosso dolore. Se fosse vivo, oggi, sarebbe con noi».

Poi, parlava da circa un'ora, un fidayn prese a tirargli la manica e a sussurrargli qualcosa. Chiesi che volesse. Abu Mazim rispose: «Dice che ha una domanda da porle a nome di tutti. Perché dice che lei vuol sapere tutto di noi ma noi non sappiamo nulla di lei. Dice: lei trova che abbiamo ragione o no?». «Sì, Abu Mazim. Temo che abbiate ragione. Però...» «Però?» «Però ho da raccontarvi una storia, semplice e breve.» «Racconti.» «Quand'ero bambina volevo molto bene a una maestra di scuola che era la migliore ragazza del mondo. Si chiamava Laura Rubicek e viveva insieme a sua madre che era una vecchietta dolcissima e bianca. Una notte arrivarono i tedeschi e le portarono via. Perché erano ebree. E non tornarono più. Capisce?» «Capisco.» «E non ammetto che ciò si ripeta. E non lo ammetterò mai. Capisce?» «Capisco, signora. Ora posso risponderle?» «Prego.» «Anche la mia risposta è semplice e breve. Noi non odiamo gli ebrei. Alcuni di noi sono sposati a ragazze ebree, molti di noi sono amici di ebrei. Noi odiamo i sionisti. Perché esser sionisti è come esser nazisti: significa credere in uno Stato razzista, espansionista, imperialista. Voi in Occidente identificate Israele con gli ebrei: non è la medesima cosa perché...» Il fidayn di prima tornò a tirargli la manica e a sussurrargli qualcosa. «Che vuole,

Abu Mazim?» «Dice che vuol risponderle lui.» «Va bene.» Seguì un grande silenzio, poi un colpo di tosse, infine il gesto di una mano che si strappava il kassiah dal viso: rivelando un ragazzo. E il ragazzo parlò. In arabo, lento, perché Abu Abed traducesse. «Io, queste cose di cui mi parli, io le conosco. Non perché le ho viste ma perché le ho lette sui libri e perché le ho udite dai miei genitori che vivevano accanto a una famiglia di ebrei. E penso che siano state cose orribili, inconcepibili. I campi di sterminio eccetera. Ma fummo noi arabi, noi palestinesi, a commetterle? Lo sai bene che no. Lo sai bene che foste voi europei. E dopo vi vergognaste e tentaste di scordare dicendo che gli ebrei dovevano avere una patria per sé. E li mandaste da noi. Ma se ci tenevate tanto a dargli una patria, perché non gli deste la vostra? Un pezzo di Germania, o d'Italia, o di Russia o d'America? Credevate che qui ci fosse il deserto? E se gli ebrei sono buoni come la tua maestra, perché ci trattano come i tedeschi trattavano loro? Perché dopo averci rubato la terra, massacrato, cacciato, continuano a perseguitarci? Tu dici che vuoi bene agli ebrei. Ma allora tu vuoi bene a noi. Perché gli israeliani non sono più gli ebrei. Gli ebrei, oggi, siamo noi.» Aveva appena detto così che un gigante in uniforme arrivò, facendo scattar tutti in piedi. Senza presentarsi, ci esaminò lento al di sopra del kassiah e lasciò cadere queste parole: «Se prendi la mia casa io prenderò la tua casa. Se prendi il mio onore io prenderò il tuo onore. Se uccidi i miei figli io ucciderò i tuoi figli». Poi, con un tono che non ammetteva repliche, annunciò che gli uomini dovevan dormire e che noi lo dovevamo seguire. Lo seguimmo. Erano quasi le due del mattino e per me incominciava la notte più lunga di quel viaggio ai confini di una tragedia che è anche un dramma della nostra coscienza.

Una notte con i guerriglieri di Al Fatah

La prima impressione fu di trovarci in un luogo assai più insidioso, e più esposto. Compresi presto perché. Le luci di Gerico ci investivano di nuovo insieme al profumo dei gelsomini: il gigante ci aveva riportato indietro, verso il ponte Allenby, e non eravamo più sulla sponda del Mar Morto ma sul fiume Giordano. Gli israeliani insomma qui ce li avevamo a ridosso: con un paio di cannocchiali avremmo potuto vedere le loro pattuglie, le loro mitraglie puntate. Ciò che non compresi fu perché il gigante avesse deciso di farci passare la notte proprio lì. Un eccesso di stima? Una sfida? Ricordavo infatti che all'altra base c'era stato uno scambio di frasi in arabo tra lui e Abu Abed, e Abu Abed aveva ripetuto più volte la parola Vietnam: evidentemente a spiegargli che essendo stati in Vietnam eravamo abituati a un certo rischio e alle cattive sorprese. Imprecando mi dissi coraggio, poi passai a esaminare il posto dove mi trovavo.

Mi trovavo dentro un boschetto di palme e banani che nascondevano un edificio a un piano: forse l'avanzo di una piccola scuola, forse un ex-magazzino, o forse una ex-fattoria. Intorno ci girava come una veranda, coperta da una tettoia massiccia, e qui si aprivano le porte, qui era collocata la mitraglia antiaerea. Due sentinelle in uniforme e imbacuccate nel solito kassiah sorvegliavano l'unica strada per cui si arrivava, una terza teneva d'occhio il boschetto. Quando giunse il gigante scattarono e ci immisero dentro una stanza illuminata da un lume a petrolio. Nella stanza c'era un tavolaccio, due panche, una lavagna, una carta geografica della Palestina, una specie di libreria e un bauletto. Con gesti educati ma autoritari il gigante ci ordinò di sedere, poi sedette a sua volta, di faccia, si tolse con lentezza esasperata il kassiah, appoggiò sul tavolo due mani da strangolatore, e restò lì a farsi osservare. Era la maschera stessa dell'intelligenza crudele, della determinazione senza pietà. Sotto la fronte stempiata e incisa di rughe dove si annidava la polvere, gli occhi bucavano come aghi fatti per ferire; sotto i baffi ispidi, pesi, la bocca si serrava come una forbice ansiosa di tagliare. La barba non rasata da giorni copriva le guance grassocce d'un velo nero, cattivo, e quando le labbra si schiusero anche i denti apparvero neri: quasi li avesse macchiati masticando betel. Le labbra si schiusero per lasciar filtrare una voce bassa, allo stesso tempo arrogante e monotona. Con tal voce disse: «Mi chiamo Abu Kalid. Dirigo tutte le basi lungo il Giordano». Era l'uomo da cui dipendevano i quarantaduemila fidayn che ogni notte passavano il fiume per andar forse a morire.

Due stavano qui, alle mie spalle. Avevano oltrepassato la soglia con la leggerezza di un gatto ed ora mi accorgevo di loro perché Abu Kalid li guardava: tenendoli sospesi in attesa di un'approvazione che tardava a venire. Infine egli sussurrò: «La». Cioè: no. E aggiunse qualcosa in arabo, mi parve due nomi. I due andarono via senza battere ciglio, e presto altri due entrarono. Avranno avuto sì e no diciott'anni e ti colpivano per una certa fragilità: spalle magre, torace stretto, collo smilzo. Sai, il tipo che passa bene dentro i tunnel di filo spinato, largo appena mezzo metro. Si assomigliavano molto malgrado uno fosse bruno e l'altro biondo. Avevano il capo scoperto e abiti di città. Il biondo era perfino elegante: calzoni di velluto e pullover rosso vino. Abu Kalid li squadrò e disse: «Na'am, sì». Fecero dietro front e uscirono. Per tornare in meno di cinque minuti, però, stavolta indossando la tuta mimetica e una specie di cuffia che gli chiudeva la testa fino al mento. S'erano anche sporcati il viso di nerofumo, tra il nerofumo le pupille spiccavano lucide e tristi, e in spalla portavano il kalashnikov. «Bkatirkun, arrivederci», mormorarono. «Fi ama illa, arrivederci. Yallà, fate presto», rispose Abu Kalid. Poi ci spiegò che andavano in avanscoperta, laggiù tra i campi di mine, per preparare un attacco che sarebbe avvenuto domani. Neanche mezz'ora dopo avremmo udito quei tonfi. Quelle due esplosioni.

«Mi parli di sé, Abu Kalid.» Era una richiesta un po' strana se pensavi alle circostanze e all'ora: le due del mattino. Ma appariva evidente che egli non sarebbe andato a dormire, che avrebbe aspettato il ritorno dei due ragazzi. «Di me?» Sbirciò l'orologio, come a calcolare qualcosa, suppongo il tempo che i due avrebbero impiegato per arrivare alla sponda, restò un attimo sovrappensiero. «Sì, certo, se vuole. Ma ignoro la mia età. Calcolando che mio padre fu ucciso nel 1936, quando avevo all'incirca tre anni, dovrei avere trentasei anni.» (Ne dimostrava cinquanta.) «Abu Kalid, chi lo uccise?» «I terroristi dell'Irgun, gli ebrei. Lui era già nel gruppo di coloro che combattevano per opporsi alla creazione di Israele. E anche mia madre. Gli altri, di solito, ricordano la madre nell'atto di cuocer la torta o pulire la casa: io la ricordo col fucile in mano, o un pacco di munizioni da portare in montagna a mio padre.» «E sua madre?» «Non la vedo da tempo immemorabile. La lasciai che ero ragazzo. So che è viva e abita in territorio occupato dove collabora alla Resistenza. Ha perso tutto. Mio padre le aveva lasciato una casa e un campo dove coltivava le olive: era un contadino. Ma gli israeliani minarono la casa e sequestrarono il campo.» «E lei cosa fece?» «Continuai a fare il contadino, qua e là. Poi a quattordici anni andai a lavorare come operaio ma... Non si tratta d'un problema psicologico. Si tratta d'un problema storico. La Resistenza palestinese è un fatto che esula dalle vicende di chi v'è implicato. Esiste come conseguenza di una realtà storica e indipendente dalla mia o sua volontà. Non a caso questa guerra assomiglia alla guerra d'Algeria, alla guerra in Vietnam: è il risultato ovvio dell'imperialismo e del colonialismo...» «È marxista, Abu Kalid?» «Non ancora. Prima di decidere se lo sono o no, devo studiarmi *Il Capitale*. L'ho già letto ma non l'ho capito. Sorride?» «Sì, ma solo perché non parla come un ex-operaio o un ex-contadino.» Sembrò lusingato. «Ho letto molto. Di giorno lavoravo e di notte leggevo. Cominciai con Victor Hugo, Zola, Balzac, Tolstoi: i libri che trovavo in arabo. Ma poi trovai anche una grammatica inglese, una francese, e mi misi a leggere direttamente in inglese, in francese: bevendomi tutto in un gran miscuglio. Shakespeare, Sartre, Ezra Pound, Aragon, Collins Wilson...» «E ora?» «Ora leggo Guevara, Debray, Giap, Mao Tsetung, e scrivo poesie. Sono quel che si suol definire un intellettuale, sebbene il termine stesso mi offenda. Gli intellettuali...»

Di nuovo sbirciò l'orologio e mosse le labbra in un calcolo muto. Calcolai anch'io: supponendo che la nostra base distasse dalla sponda due chilometri o al massimo tre, in questo momento i ragazzi stavano arrivando e forse guadavano già il fiume. «Gli intellettuali, dicevo, non servono nelle rivoluzioni. O servono a complicarle e basta. Del resto il mio sogno non era scriver poesie, era diventare un pittore. In Italia.» «In Italia?» «Esatto. Un libro sull'Italia m'aveva convinto che quello e nessun altro fosse il paese dell'arte, e m'ero fissato con Michelangelo. Lui come uomo, più che lui come artista. Mi perseguitava l'idea che avesse dipinto la Cappella Sistina per un papa che lo maltrattava. Pensavo: a Roma potrò vendicarlo insultando i preti. Ero giovane. Sapevo dipingere e basta.» «Cosa dipingeva, Abu Kalid?» «Né pecorelle né ulivi. Dipingevo gli uomini. Gli uomini come li avevo visti dal giorno di Deir Yassin, quando duecentocinquanta tra vecchi donne e bambini furono massacrati dai terroristi israeliani. Gli uomini come li conoscevo dal giorno in cui ci avevano minato la casa. Ha presente quel quadro del Goya, quello dove si vede un plotone di soldati francesi che fucilano i patrioti? Pensavo: a Roma dipingerò i nostri martiri sui marciapiedi, e la gente si fermerà, chiederà chi sono, cosa vuol dire. Ed io risponderò: sono la Palestina. In Europa non avete mai saputo ciò che accadeva in Palestina. Prima eravate distratti dalla vostra guerra, poi dal sollievo che essa fosse finita: gioia e dolore vi hanno sempre impedito di occuparvi di noi. O forse vi occupavate troppo degli ebrei. L'averli perseguitati vi riempiva d'orrore e d'amore: ogni volta che sbarcavano in Palestina vi sentivate meglio. La Terra Promessa! E giù film, giù romanzi. Mentre per ciascun ebreo che sbarcava, cento arabi venivan cacciati. O ammazzati. Terra Promessa da chi? Da Dio? A me non risulta che Dio abbia fatto quel contrattino con Mosè, presente il notaio. A me risulta solo che in Palestina c'erano e ci son sempre stati i palestinesi. Fin dall'età del bronzo, fin dal periodo neolitico.» «Ci sono stati anche gli ebrei, Abu Kalid. Col regno di David, di Saul, di Salomone... La storia è storia.» «Ci sono stati con noi, dopo esser giunti dall'Egitto come invasori. E all'inizio del Novecento, quando presero a parlare di Terra Promessa, i palestinesi erano i soli abitanti della Palestina da milletrecento anni. L'ha detto un filosofo ebreo, Erich Fromm : "Se all'improvviso tutte le nazioni dovessero rivendicare i territori dove i loro progenitori vivevano migliaia d'anni addietro, il mondo diverrebbe un manicomio". Siamo seri. La Palestina non fu promessa agli ebrei dal Signore, fu promessa agli ebrei dagli inglesi e i francesi e gli americani: affinché Israele li sostituisse in Medio Oriente allo scadere del mandato britannico.»

Per la terza volta gettò un'occhiata sull'orologio. Ora i due ragazzi avevano sicuramente guadato il Giordano e avanzavano sull'altra sponda. Carponi, trattenendo il respiro, cercando di individuare nel buio le tracce delle mine a catena: per poi appostarsi nel punto in cui dovevano osservare il numero degli israeliani, dei loro automezzi, il tempo che passava tra pattuglia e pattuglia, la disposizione delle mitraglie e i cannoni. Se tutto andava bene, avrebbero fatto ritorno verso le quattro del mattino e comunque prima dell'alba. Abu Kalid si strinse forte le mani da strangolatore e frenò un sospiro. «Ovvio che il sionismo sia la nuova forma di colonialismo, la più ipocrita. Ovvio che il sionismo sia la traduzione degli interessi inglesi, americani, e insomma capitalistici. Ma dal momento che tali interessi vengon mascherati con supposti diritti, io chiedo quali diritti avessero sulla Palestina questi ebrei, anzi questi europei, nati in Russia in Germania in Cecoslovacchia in Polonia in Inghilterra in Italia in qualsiasi paese fuorché la Palestina. Nel 1918, cioè all'inizio del mandato britannico, qui non vivevano che 56.000 ebrei. Nel 1948, cioè al termine del mandato britannico, l'emigrazione li aveva fatti salire a 600.000. Ma erano stranieri che spesso non parlavano neanche l'ebraico: parlavano russo, tedesco, cecoslovacco, polacco, inglese, italiano. Come voi quando sbarcaste in America. Sì, i sionisti voglion ripetere ciò che accadde quando salpaste dall'Europa con le vostre navi e rubaste la terra agli Apache, ai Navajos, ai Comanci. E chiamaste quella terra col nome di America e metteste gli Apaches nei musei. Ma la tragedia degli Apaches non si ripeterà in Palestina, nei musei noi non ci finiremo. Non farete i film western con noi, non ci chiuderete nelle riserve di filo spinato. Perché anche se siamo poveri com'erano loro, spesso ignoranti com'erano loro, abbiamo alle spalle una civiltà, una cultura, e un vantaggio: noi vi conosciamo. Gli Apaches, i Navajos, i Comanci non vi avevano mai visti: noi vi abbiamo incontrato assai spesso nel corso dei secoli. Sappiamo affrontarvi. E...»

Fu allora che esplose il primo boato. E subito dopo il secondo. E, spento l'eco del secondo, l'aria fu lacerata dal martellare di una mitraglia pesante. Due raffiche, lunghe. Ta-ta-ta-ta-ta, ta-ta-ta-ta-ta! E Abu Kalid rizzò il capo e spalancò gli occhi e capì. E capii anch'io, capirono tutti. E tutti insieme ci alzammo, uscimmo sulla veranda dove cinque o sei fidayn erano accorsi, ansimando, e Abu Abed balbettò: «Cos'era? Cos'è?». «Mine» gli risposero. Ma nessuno ebbe il coraggio di chiedersi ad alta voce: «Eran loro?». Se eran loro lo si sarebbe saputo più tardi, domani mattina.

Eran circa le tre e mezzo quando decidemmo che starsene alzati era inutile: meglio riposare un poco in attesa dell'alba. Così Abu

Kalid e Abu Abed e Moroldo si trasferirono accanto dov'erano tutti accampati, a me invece fu preparato un giaciglio nella stanza in cui mi trovavo. Con premura quasi materna un fidayn sistemò due coperte per terra, una come tappeto e una per rinvoltarmi, poi aggiustò alcuni cenci a mo' di guanciale, abbassò la fiammella del lume a petrolio e chiuse la porta sussurrando: «Laileh Sa'eedi. Buonanotte». Ma chi avrebbe potuto dormire. Cercai di impiegare il tempo annotando le frasi di Abu Kalid, studiando la carta geografica, le cancellature sulla lavagna, infine approdai alla libreria che conteneva cinquantasette volumi, la maggior parte in arabo ma alcuni in inglese: la vita di Ho Chi Minh, il *Diario* di Che Guevara, un saggio di Giap, i *Pensieri* di Mao Tse-tung. Conteneva anche una busta, così rotta che ti invitava a guardare, così la presi e dentro c'erano le poesie di Abu Kalid. Un centinaio di pagine scritte a macchina, in arabo, e in fondo alcuni fogli a quadretti con la traduzione in inglese. Potevo? Dovevo? Gli avrei chiesto il permesso più tardi. E, seduta vicino al lume, le ricopiai.

Prima poesia: «*La via al palazzo è così lunga / e io mi stanco, mi stanco / Una porta si apre, una candela si spegne / son io che rido in faccia alla paura / ma la paura ride a sua volta in me / Lei ride e io mi sento colpevole / di non averti ancora liberato / mia Palestina / E mentre il buio brucia / la tua coscienza urla / rifiuto di morire!*». Seconda poesia: «*La domanda è chi sei, come sei arrivato alle nostre frontiere / La risposta è: ci arrivai rendendoti un mendicante / Io son l'insulto dentro i tuoi occhi / E così essi vanno, spinti dalle mani che li tradirono sempre / che li vendettero sempre al nemico / che umiliaron sempre i loro pensieri / mentre rompevan le pietre pei ricchi / Ma essi non furon mai stanchi di rompere pietre / non si piegarono mai alle torture / Hanno una volontà che resiste a tutte le sofferenze*». Terza poesia: «*Tuo padre se n'è andato, tua madre è una prostituta / Le hanno messo il lievito negli occhi / le hanno mangiato il volto come il pane / Chi fa l'amore con tua madre nel fango? / Lascerai ancora mangiare tua madre / e sporcarla nel fango? / Tua madre è nuda ma non sentirti nudo per questo / È vero, persi coraggio / È vero, mi umiliai, ebbi paura / quando lei vendette il suo seno / Ma stanotte supero le montagne / e vo verso mia madre / mia madre morta mi chiama / oltre i fili spinati e il fuoco / È difficile andare da lei / ma è meno difficile che morir come lei*». Il rombo dell'aereo si abbatté a questo punto.

Volava così basso che ti sembrava di sentirgli sfiorare le punte degli alberi. Certo cercava noi. Certo i due ragazzi eran stati scoperti, forse uccisi, e ora l'aviazione israeliana cercava di individuare la base da cui eran partiti. A quell'aereo se ne aggiunse un altro. E poi un altro, e poi un altro: sfrecciavano a intervalli precisi e ogni volta i muri della mia stanza si squassavano quasi fossero carta. Nella veranda ci fu uno scalpiccio, poi uno scambio di frasi soffocate. La porta accanto si aprì, riconobbi la voce di Abu Kalid che dava ordini secchi. Angosciosamente sperai che non mettesse in funzione la mitraglia antiaerea, così localizzando il sospetto di chi ci cercava. Se non capivano che la base era qui, le speranze di cavarcela erano moltiplicate per cento. La mitraglia tacque. Presto il rombo si allontanò e svanì, verso sud. Ma era appena svanito che di colpo tornò: più forte, sempre più forte, mentre i muri si squassavano di nuovo, e lo scalpiccio riprendeva, e le frasi soffocate. Uno esclamò: «Ma lissa!». Ma lissa vuol dire «ancora no». Ancora no cosa? Bisognava uscire da quella stanza, Moroldo dov'era?, Abu Abed dov'era?, bisognava mettersi insieme. Aprii la porta, un fidayn mosse il fucile: «You stay! Stai lì!». Richiusi la porta, al rombo degli aerei si sovrappose lo scoppiettare di un elicottero. Ricordavo bene il rumore che fa un elicottero, c'ero stata tante volte in Vietnam, ciò che non ricordavo era cosa significasse starci sotto anziché sopra. Significava un terrore della fanciullezza, un terrore dimenticato, sepolto e che all'improvviso saliva alle vette della coscienza per fiorire in un sudore ghiaccio. Mi distesi per terra, sulla coperta. Bisognava rassegnarsi, calmarsi: non c'era nulla da fare. Solo sperare che andasse bene, mentre lui tornava, spietato, ma con un po' di sforzo ti ci abituavi, potevi perfino sollevare il coperchio di questo bauletto e guardare cosa conteneva, accorgerti che conteneva esplosivo, pensare, oddio, se casca una bomba speriamo non caschi proprio sull'esplosivo, e finalmente cedere al sonno, alla tensione, chiudere gli occhi e addormentarsi ascoltando uno scoppio lontano, poi uno vicino, poi il silenzio liberatore.

L'alba mi colse con un fascio di luce che entrava da una finestra priva di vetri. Saltai in piedi con la sveltezza che ti dà solo la gioia di saperti viva, aprii la porta e, dalla maniglia allo stipite, si tendeva uno stranissimo filo: sottile come un capello. L'avevan fissato in modo che si rompesse solo se uscivo: non si fidavan di me. «May I get out?» chiesi alla sentinella. Capì, annuì. Nel boschetto i fidayn stavan pulendo le armi, uno mi indicò il ruscello: «Wash? Lavare?». Raggiunsi il ruscello dove quattro ragazzi si stavan bagnando. Arrossendo fuggirono in risatine nervose. L'acqua era gelida, buona: puliva l'angoscia di una notte assai dura. Ma cos'era successo in realtà: quei due erano morti davvero? Tornai verso il fidayn che m'aveva indicato il ruscello, gli sedetti accanto pensando che era proprio un bambino e non si mandano i bambini a morire. «Speak English?» gli chiesi. «Little, poco» rispose. «Last night, israeli planes... Bombing? La notte scorsa, gli aerei israeliani... Le bombe?...» «Na'am, yes! Always, sempre.» «And comrades... Friends... Two, those two back? E i compagni, gli amici, quei due... Sono tornati quei due?» Strinse la bocca e gli occhi gli si fecero grandi, grandi. Chinò la fronte, gorgogliò: «La, no. No come back. Never come back. Non sono tornati. Non torneranno più».

Visto di giorno aveva l'aria di un rifugio assai stabile, certo non di una base messa su per quindici o venti giorni. Sui muri v'erano scritte in arabo, Abu Abed me le tradusse e dicevano: «*Gli schiavi non combattono. (Arafat)*». «*Il suolo non parte ma gli invasori sì. (Arafat)*». «*Il lavoro politico non è una lezione, è un comportamento rivoluzionario. (Abu Kalid)*». «*Io muoio, lasciami. Salva il mio fratello ferito. (Un fidayn)*». Nella veranda c'era un tavolo per mangiare e, in un bugigattolo, c'era una cucina vera e propria: coi pentoli. Apparve Abu Kalid, nuovamente coperto dal kassiah, e il suo sguardo era evasivo, la sua voce denunciava il malumore. «Buongiorno. Entro le sette e mezzo, le otto, dovete partire. Gli aerei bombardano di solito a quell'ora e non voglio assumermi la responsabilità di tenervi qui.» «Sono già venuti gli aerei, Abu Kalid.» «Ah, sì?» «Abu Kalid, cosa è successo stanotte?» «Tutte le notti succede qualcosa.» Più che malumore il suo era forse una pena repressa: e questa impediva ogni domanda, ogni curiosità. Soprattutto la curiosità su due ragazzi che non erano tornati e che non sarebbero tornati mai più. «Mangiamo. Tè o caffè?»

Il cibo arrivò in scodelle di latta come la sera avanti alla base di Abu Mazim. Fave bollite, formaggio di capra, salsicce, pane, tè e caffè. Cinque fidayn si unirono a noi. Uno era un ex imbianchino, tre eran studenti, un quinto allargò le braccia come a dire che non era nulla fuorché un fidayn. Una settimana dopo lo avremmo trovato che passeggiava per il mercato di Amman, evidentemente in licenza. «E di giorno che fate?» «Ciò che fanno i soldati. Ci si allena, ci si annoia, e a volte si va in azione. Ma solo se c'è nebbia e piove, per nasconderci un po'.» Abu Kalid ascoltava zitto ma buttava in bocca le fave con gesti secchi e nervosi, quasi che l'impazienza di vederci partire avesse incrinato l'armatura della sua impassibilità. «Ho letto le sue poesie, Abu Kalid.» «Grazie.» «Ne ho anche copiate tre.» «Grazie.» «Posso pubblicarle?» «Certo.» D'un tratto, senza nessuna ragione fuorché il bisogno di scaricare una rabbia, suppongo, disse che la settimana avanti avevan catturato un prigioniero. «Catturato e ucciso.» «Ucciso?» «Sì. Non voleva seguirci, si dibatteva, e non potevamo portarcelo a spalla per quindici miglia fino alle linee. Siamo stati costretti a ucciderlo. Lo dica, lo scriva.» «Perché, Abu Kalid?» «Perché i sionisti sappiano che, se non ci seguono quando li catturiamo, noi li uccidiamo. Se invece ci seguono senza darci problemi, ci impegniamo a non fargli nulla. Abbiamo troppo bisogno di prigionieri da scambiare coi nostri prigionieri.» «Brutta storia, Abu Kalid.» «Brutta?» «Sì, Abu Kalid. Non si uccidono i prigionieri.»

Allora si arrabbiò. Disse che quella era una guerra di liberazione, una rivoluzione, e non ammetteva sciocche ipocrisie. Disse che in Israele i prigionieri venivan torturati con le scariche elettriche, gli asciugamani bagnati come in Vietnam, che dagli interrogatori uscivano mutilati, dalle celle uscivano morti: perché uno dei loro doveva esser risparmiato? Disse che quel prigioniero non lo avevano ucciso i fidayn, lo aveva ucciso l'imperialismo, il capitalismo: la colpa era solo della borghesia capitalista che dopo aver perseguitato gli ebrei si serviva di essi, e dominava paesi come il mio. Sicché combattendo per la Palestina i fidayn combattevano per l'umanità, e per l'Italia dove la gente moriva di fame come in India: accasciandosi sui marciapiedi dove al massimo si mangiava un sandwich. Sistemato l'Oriente, egli si sarebbe occupato di noi. Era così inferocito che non potevo pigliarlo sul serio, solo rispondergli che era male informato, in Italia non si moriva affatto di fame e anzi un nostro problema era proprio la dieta, fatta a base di sandwich, sì, ma col pane messo tra due bistecche. Poi, visto che restava deciso a «liberarci», persi le staffe e finì in una rissa. Conclusi che non si prendesse lo scomodo, secoli addietro gli arabi se l'eran già preso con le nostre coste, la Sicilia, la Spagna, e di ciò ci restava un ricordo di cui non eravamo grati. Comunque eran le sette e quarantacinque: potevamo anche andarcene. Allora capì che ero offesa, cambiò: «Posso spiegarle qualcosa?». «Sì, certo.» «Ecco. La vita di un fidayn è molto dura, non sempre uno è rilassato come vorrebbe.

Per via dei dolori, delle responsabilità, ma specialmente dell'incomprensione che avvertiamo negli altri paesi. Il mondo non sa, non capisce nemmeno perché si combatte. Ci crede fanatici assetati di sangue e tutt'al più ci guarda come al cinematografo. Ma questo non è un film, qui si muore davvero... Non vogliamo riprendervi la Sicilia, la Spagna, le coste... Vogliamo solo esser compresi. Abbiamo bisogno anche noi di amicizia.» Gli eran venuti gli occhi lucidi lucidi. E non era più un arrogante demagogo, era solo un uomo che chiede d'esser rispettato: un Apache che spara le frecce a noi bianchi, sbarcati nella sua terra con i cannoni. Gli tesi la mano e me ne andai: non dirò in che direzione. Dirò solo che quando mi accorsi dove avevamo trascorso la notte, mi colse un brivido lungo e Abu Abed esclamò in italiano: «Porca miseria!». Poi, con l'aria di non esserne affatto entusiasta, ci informò che la prossima tappa era una base al nord, dopo la città di Irbid.

Al nord, lungo il confine che si stende sotto il lago di Tiberiade e le alture del Golan, avvengono da circa un anno le operazioni più numerose e più temerarie dei fidayn. Solo negli ultimi mesi, in quella zona, essi hanno effettuato cinquanta attacchi: pagati con cento morti e duecentosessanta feriti. Quanti morti e quanti feriti abbiano inflitto agli israeliani, non si sa con precisione: scappando, i fidayn non hanno il tempo di contare i cadaveri altrui. Ma certo le perdite sono più gravi di quelle che le autorità di Tel Aviv vogliono farci credere quando, nei bollettini di guerra, dichiarano che «l'attacco si è concluso senza danni da parte israeliana». La regione è bollente: non a caso le rappresaglie aeree qui avvengono con più frequenza che a sud. In media, due o tre volte la settimana. Ma vi sono periodi in cui i Phantom, gli Shyhock, i Super-Mystère, i Mirage piombano ogni giorno e ogni notte a ondate continue di cinque aerei per volta. L'incursione dura dai quindici ai trenta minuti, con bombe da cinquecento chili e napalm, quasi sempre ha per obiettivo le basi dei fidayn o i villaggi dove i fidayn tengono un quartier generale, un deposito di munizioni, i collaboratori efficienti. In quel paesaggio biblico, dove i tramonti si arrossano d'una bellezza struggente, lo spettacolo di case smozzicate o sbriciolate è normale: l'antiaerea giordana quasi non esiste, dal 1967 a oggi solo due aerei israeliani sono stati abbattuti. Uno Shyhock e un Super-Mystère. Ma il merito va alle mitraglie cecoslovacche dei fidayn, non ai cannoni inglesi di re Hussein.

A colpo d'occhio diresti che il terreno non si presta alla guerriglia: la vegetazione è scarsissima, prima di scorgere un albero in cima a una collina passano anche dieci chilometri. Le montagne abbondano solo di sassi e di muschio, i campi non sono quasi mai coltivati e scendono in vallate brulle, prive di qualsiasi rifugio. Viene in mente, a guardarle, quella Bolivia dove Che Guevara si fece prendere in trappola. Se osservi meglio però ti ricredi: i nascondigli ci sono, la zona è un nido di caverne. Alcune assai piccole: sufficienti per due uomini o tre. Altre abbastanza ampie da ospitare una intera compagnia. Tutte invisibili dall'alto e affogate entro pareti di monti che sembrano inventati per la guerriglia. Solo nel Vietnam del Nord, presso le province di Nam Ha e Tha Hoa, ho visto caverne così, monti così, e lì puoi gettarci le bombe che vuoi: non arriveranno mai a sfondare fino agli anfratti che la natura creò. L'unico pericolo è restarci bloccati se si forma una valanga: ma a questo provvedono i rinforzi in cemento che trasformano semplici grotte in solidissimi bunker. Le basi che si trovano al nord sono infatti basi permanenti, attrezzate per un indefinito soggiorno.

Visitarle è quindi praticamente impossibile. Né ho ancora compreso per quale equivoco o generosità io vi venni introdotta. Più ci penso meno ci credo, e resta il fatto, mai chiarito, che al ritorno Abu Abed ricevette una vera lavata di capo. Gli rimproverarono di aver usato il lasciapassare per portarci proprio laggiù, gli proibirono i contatti coi giornalisti, lo misero in sostanza da parte e nei giorni che seguirono lo rividi solo una volta: a passeggio con la moglie e coi figli. Ma era ormai così ostile che anziché salutarci ci maltrattò. Non ho compreso nemmeno perché, dopo un simile dramma, nessuno mi abbia chiesto di tacere l'ubicazione della base. Forse non volevano sottolineare la sua importanza, o forse s'erano rassegnati a rimuoverla. Ad ogni modo, e nel caso che non sia stata rimossa, tal censura me la pongo da me: limitandomi a dire che la strada per arrivarci era controllata metro per metro dai fidayn i quali vedevano di malocchio perfino i camion dell'esercito giordano. Insomma, qui più che altrove, ti rendevi conto che la Resistenza palestinese, e in particolare Al Fatah, costituisce in Giordania uno Stato dentro lo Stato, una forza non più eliminabile. Chi non prende sul serio i fidayn, o li considera romantici straccioni, insomma li sottovaluta, dovrebbe vederli in basi come quella: cambierebbe subito idea.

Anzitutto la comandava un ex-ufficiale dell'esercito giordano: fino al 1966 Abu Mohammed, questo è il nome che dette, era stato militare di carriera e col diploma d'una delle più celebri accademie del Medio Oriente. Poi, un ex-ufficiale di cui tutto potevi dire fuorché fosse un tipo qualsiasi. Disertato l'esercito di Hussein, era passato alle basi di addestramento in Siria ricominciando daccapo con l'umiltà di una recluta e, dopo la Siria, aveva seguito corsi di guerriglia in Cina e in Vietnam. Nel 1968 aveva partecipato alla battaglia di Karameh, negli ultimi due anni aveva passato le linee una cinquantina di volte «in azioni di gruppo o singole», e in alcune occasioni s'era anche spinto fino alla striscia di Gaza, al deserto del Sinai. Borghese, di nascita, ora maoista convinto, abbinava alla disciplina del militare il rigore dell'adepto politico, e l'esempio che dava ai suoi uomini era spinto fino al masochismo: quando una pattuglia partiva per un attacco, egli la guidava malgrado le infermità che gli bloccavano un piede, una mano, un braccio, e la parte destra del corpo. «Sì, cammino un po' zoppo e con la destra non sparo: è quasi paralizzata. Ma con la sinistra me la cavo assai bene.» «Come avvenne, Abu Mohammed?» «Oh, niente. Cose che succedono. Ero entrato in territorio israeliano, insieme con un compagno, per portare esplosivi a Gerusalemme. Al ritorno trovai la strada bloccata da loro che si stavano scontrando con un gruppo di Al Fatah. Erano tanti, per cinque o sei fidayn avevano mobilitato perfino carri armati e cannoni. Mi trovai preso nel mezzo, un riflettore mi illuminò e una scarica di mitra mi tagliò quasi in due: dalla spalla al piede.» «E come ne uscì?» «Oh, niente. Fortuna. Consegnai le armi al mio compagno e gli ordinai di mettersi in salvo. Poi mi sollevai, ero pieno di pallottole ma nessuna aveva leso organi vitali, e mi diressi verso la frontiera giordana. Ci vollero settantadue ore e non fu facile, lo ammetto, perché avevo perso moltissimo sangue. Ma raggiunsi il fiume, un pescatore mi dette un passaggio per la sponda est dove mi consegnò ai fidayn. E loro a un ospedale. Qui il chirurgo fu costretto ad asportare tutti i muscoli a destra del torace.» Questo è il suo racconto: fatto con voce fredda e sguardo di ghiaccio. Aveva un volto durissimo, cupo. Nelle tre ore che rimasi con lui non cedette mai a un sorriso, a una espressione cordiale. Neppure quando mi disse d'avere moglie e due figli, uno appena nato.

La base era situata in una delle molte gole che affondano tra le montagne del nord e ogni accesso, ogni altura, era sorvegliato dai fidayn: chi entrava lì dentro si trovava subito sotto la mira di fucili invisibili e pronti a sparare per il più lieve sospetto. Concentrava una cinquantina di giovani tra i quattordici e i ventotto anni, esperti nelle armi più svariate: dai kalashnikov ai Carlov, dagli RBG ai katiuscia, dai bazooka all'artiglieria leggera. In massima parte studenti liceali e universitari, tutti stavano lì da sei mesi: le licenze eran rare, salvo casi di malattia. L'accampamento vero e proprio si annidava nei cunicoli di una profonda grotta che a sinistra era stata scavata per ricavarne una stanza con le pareti. Il soffitto della grotta era stato spalmato con bitume, in modo da impedire l'umidità, le pareti della stanza erano state imbiancate e su alcune vedevi quadri rivoluzionari con graziose cornici d'argento. Vedevi anche un giornale murale dove si riportavano gli avvenimenti del giorno, con tono goliardico. Ad esempio: «Moshe Dayan s'è rotto una gamba. Speriamo che non si riattacchi». Oppure: «Golda Meir ha ricevuto un membro dell'ONU. Era vestita di verde e s'era fatta la barba». Infine vedevi insegne e cartelli israeliani catturati in battaglia ed esposti con commenti ironici: «Giunto per posta da Tel Aviv onde dimostrare che i fidayn non entrano mai in Palestina (leggi Israele)». Per terra c'erano materassi puliti, coperte ben ripiegate, e ovunque tu girassi lo sguardo non sorprendevi il più innocente disordine. Non solo: per quanto tu ti spingessi all'interno, non annusavi mai gli avanzi di un cattivo odore.

C'era anche un centro ricreativo, e questo l'avevano messo nella grotta accanto, più piccola, come l'altra scavata e squadrata in pareti immacolate. Conteneva una libreria, un giradischi e molti dischi in cinese. Tra i libri c'era il *Corano* e, al solito, il *Diario* di Che Guevara e i *Pensieri* di Mao Tse-tung. Uno, in inglese, portava il titolo *Tecnologia e Nuovo Mondo*. Un pancone di pietra, su cui era sistemato un materassino, permetteva di ricevere gli ospiti con decoro, e fu qui che Abu Mohammed ci fece sedere: offendendosi subito perché esclamai «si vede che questa base è diretta da un militare». In un paese dove i militari non avevan fatto che brutte figure, rispose, il mio era tutt'altro che un complimento: esser stato all'accademia del resto gli serviva ben poco. Non dimenticassi che nell'esercito i rapporti tra ufficiali e soldati sono quelli tra padrone e servo, in guerriglia ufficiali e soldati sono fratelli perché la gerarchia non esiste. Nell'esercito un soldato non fa che obbedire agli ordini e specializzarsi in un'azione o in un'arma, in guerriglia ciascuno è indipendente e quando affronta il nemico agisce di sua iniziativa. E cosa chiedeva lui a un fidayn? «Il coraggio: bisogna che sia un uomo pronto a morire. Poi l'intelligenza e un po' di cultura: un ignorante o un cretino va bene per l'esercito dove è carne da cannone, non va bene qui dove per sopravvivere bisogna usare il cervello.» E ne morivano molti, pur usando il cervello? «Un mese fa ce ne ammazzarono otto: l'intera pattuglia. Li circondarono a far poco in tremila... La scorsa settimana, a venti chilometri da qui, ce ne catturarono sei. Anche lì l'intera pattuglia. Nell'ultima operazione partimmo in diciotto e tornammo in dieci. Ma cito gli esempi peggiori: il più delle volte torniamo indietro. Al massimo con un ferito o due. Passar dall'altra parte è difficile, però meno di quanto si creda. A neutralizzare lo sbarramento fotoelettrico ormai abbiamo imparato: è uno scherzo. Quanto alle mine, conosciamo tutte le possibili combinazioni: quasi sempre le evitiamo. Conosciamo anche il trucco del disco: mettono in azione un disco che ripete: "Attenzione, ti abbiamo visto, getta le armi", e poi sparano dalla parte opposta a quella da cui viene la voce. Il pericolo grosso viene dopo l'attacco, quando si alzano gli elicotteri e gli aerei. Così bisogna non tornar subito indietro, evitare il sistema dell'attacca e fuggi. Bisogna farci coraggio e addentrarci, per trovare rifugio nel primo centro abitato.» «Abu Mohammed, e per ripassare le linee e tornar qui?» «Oh, quello è semplice. Ciò che accadde a me fu dovuto a disgrazia. Ma non posso dirle come rientriamo.»

Poi uscimmo in giro per la base, circondati dai fidayn che mi fissavano come un anno prima mi avevano fissato i bambini di Hanoi. Chi è? Cosa vuole? È una donna! Due specialmente, tarchiati, bruttini: mi indicavano col mitra, si tiravano di gomito, ridacchiavano confusi nascondendosi l'uno dietro le spalle dell'altro. Finché li presi da parte e gli chiesi: «Siete molto amici, voi due, non è vero?» E loro dondolarono su e giù, imbarazzati, poi risposero in coro: «Siamo fratelli». Allora li interrogai e mi dissero di chiamarsi Nizar e Rafat, il primo di venti e il secondo di sedici anni. E mi dissero d'esser due contadini di Gaza, figli di un uomo morto combattendo contro gli ebrei nel 1948. Il primo a diventar fidayn era stato Nizar, che subito aveva pensato di portarci Rafat ma gli era venuto quel problema di coscienza, durato sei mesi: e se poi mi muore? Ma l'aveva superato pensando «meglio un fratello morto che un fratello senza dignità», e ormai Rafat era lì da ben diciotto mesi. «Venni a quattordici anni e mezzo, mi spiego?» «Già, e non avevi paura, Rafat?» «Oh, sì! Tanta, sai, tanta! Ma ora no.» «Quante volte hai passato le linee, Rafat?» «Ventiquattro. Però mai con Nizar. Non vogliono mandarci insieme, temono che ci si preoccupi troppo di darci una mano.» «È questo che ti dispiace più di tutto, Rafat?» «Oh, no! È non poter giocare al calcio. Sai, io ero bravo, potevo diventare un campione. E mi son fatto un pallone coi cenci e a volte dico: chi vuol giocare con me? Ma tutti rispondono: smettila!» «E cosa ti manca più di tutto, Rafat?» «La mamma. Mi manca tanto la mamma.» Così il vicecomandante gli disse via, non dir queste cose, e lo mandò a giocare al pallone.

Il vicecomandante si chiamava Abu Ahmad. Era uno studente di filosofia, con gli occhiali, anche in battaglia ci andava con gli occhiali e aveva ventun anni ed era qui da due anni. Aveva anche cinque fratelli, tutti fidayn, ma in basi diverse, e due sorelle che si addestravano per diventar fidayn. «E tua madre che dice, Abu Ahmad?» «Dice che le dispiace di non aver più di otto figli da offrire alla Palestina.» Quando Abu Mohammed permise a Moroldo di fare qualche fotografia, Abu Ahmad mi chiese di posare con lui. «Così ricorderai d'avermi conosciuto, e mi ritroverai dopo che sarò morto, e sarò un po' meno morto». Posai con lui e fu lo stesso che spegnere la timidezza degli altri che mi corsero incontro, contenti, mi aggiustarono in testa un kassiah, cominciarono a dire «anch'io, anch'io, così mi rivedrai dopo che sarò morto e sarò anch'io un po' meno morto.» «Accidenti!,» esclamai «posso domandarvi un regalo?» «Sì, sì, sì!» «Ecco: restate vivi, per favore. Voglio pensarvi vivi.» A questo punto ci fu un gran silenzio, poi un gran confabulare, e Rafat si fece avanti, e mi abbracciò forte, e mi disse: «Me l'hanno detto loro. Mi hanno detto: abbracciala a nome di tutti».

Yassir Arafat
Non odiamo gli ebrei, odiamo gli israeliani

Quando arrivò, puntualissimo, rimasi un attimo incerta a dirmi che no, non poteva essere lui. Sembrava troppo giovane, troppo innocuo. Almeno al primo sguardo, non avvertivi niente in lui che denunciasse autorità, o quel fluido misterioso che emana sempre da un capo investendoti come un profumo o uno schiaffo. Di impressionante non aveva che i baffi, folti e identici ai baffi che quasi ciascun arabo porta, e il fucile mitragliatore che teneva in spalla con la disinvoltura di chi non se ne stacca mai. Certo lo amava tanto, quel fucile, da averlo fasciato all'impugnatura con nastro adesivo color verde ramarro: divertente e grazioso. Di statura era piccolo, un metro e sessanta direi. Ed anche le mani eran piccole, anche i piedi: troppo, pensavi, per sostenere due gambe così grassocce e un tronco così massiccio, dai fianchi larghi e il ventre portato all'obesità. Su tutto ciò si rizzava una testa minuscola, col volto incorniciato dal kassiah, e solo osservando quel volto ti convincevi che sì: era lui Yassir Arafat, il guerrigliero più famoso del Medio Oriente, l'uomo di cui tutto il mondo parlava. Un incredibile, inconfondibile volto che avresti riconosciuto tra mille: nel buio. Il volto di un divo. Non solo per gli occhiali neri che ormai lo distinguono quanto la benda del suo acerrimo nemico Moshe Dayan, ma per la sua maschera che non assomiglia a nessuna e ricorda il profilo di un uccello rapace o di un ariete arrabbiato. Infatti non ha quasi guance, né mento: si riassume tutto in una gran bocca dalle labbra rosse e cicciute, poi in un naso aggressivo e due occhi che se non sono nascosti dietro la cortina di vetro ti ipnotizzano, grandi, lucidi, sporgenti. Due macchie d'inchiostro. Con simili occhi ora mi guardava, educato e distratto. Poi con vocina gentile, quasi affettuosa, mormorò in inglese: «Buonasera, due minuti e sono da lei». La voce aveva una specie di fischio, l'imperfezione alla esse che noi chiamiamo lisca.

Chi lo aveva incontrato di giorno, quando la sede di Al Fatah è affollata di guerriglieri e di gente, giurava di aver visto intorno a lui un'eccitazione commossa: la stessa che egli solleva ogni volta che appare in pubblico. Ma il mio appuntamento era notturno e a quell'ora, le dieci, non c'era quasi nessuno: ciò contribuì a togliere al suo arrivo ogni atmosfera drammatica. Ignorando la sua identità, avresti concluso che l'uomo era importante solo perché accompagnato da una guardia del corpo: ma quale guardia del corpo. Il più bel giovanotto che avessi mai visto. Alto, snello, elegante, sai il tipo che indossa la tuta mimetizzata come se fosse un frac, e con un viso scavato: da rubacuori occidentale. Forse perché era biondo, con gli occhi azzurri, mi venne spontaneo pensare che fosse occidentale anzi tedesco. O forse perché esibiva un distacco così gelido, così controllato, del tutto immune dal calore mediterraneo che distingue i fidayn. Oltre a costui, che presto girò sui tacchi e scomparve, c'era un omone in borghese che ti sbirciava brutto e col tono di dire: tocca il mio capo e ti riduco a mo' di un colabrodo. Infine c'erano l'accompagnatore che avrebbe fatto da interprete e Abu George: incaricato di scrivere domande e risposte onde controllarle poi col mio testo. Questi ultimi due ci seguirono nella stanza scelta per l'intervista. Nella stanza c'erano alcune sedie e una scrivania. Arafat posò sulla scrivania il fucile mitragliatore e si sedette con un sorriso di denti bianchi, aguzzi come i denti di un lupo. Sulla sua giacca a vento, in tela grigioverde, spiccava un distintivo con due Marine del Vietnam e la scritta «Black Panthers against American Fascism, le Pantere Nere contro il fascismo americano». Glielo avevano dato due ragazzuoli della California che si definivano americo-marxisti e che eran venuti col pretesto di offrirgli l'alleanza di Rap Brown, in realtà per fare un filmetto e ricavarci quattrini. Glielo dissi. Il mio giudizio lo toccò senza offenderlo. L'atmosfera era rilassata, cordiale, e priva di promesse. Un'intervista con Arafat serve più che altro ad esaudire un interesse curioso, mai ad ottenere risposte memorabili o informazioni su lui. L'uomo più celebre della resistenza palestinese è infatti anche il più misterioso. La cortina di silenzio che circonda la sua vita è così fitta da chiederci se non costituisca un'astuzia per incrementarne la pubblicità, una civetteria per renderlo più prezioso. Perfino ottenere un colloquio con lui è difficilissimo: col pretesto che egli si trova sempre in viaggio, ora al Cairo e ora a Rabat, ora al Libano e ora in Arabia Saudita, ora a Mosca e ora a Damasco, te lo fanno sospirare per giorni, per settimane, e se poi te lo danno è con l'aria di regalarti un privilegio speciale o un'esclusiva di cui non sei degno. Nel frattempo tu cerchi, ovvio, di raccoglier notizie. Sul suo carattere, sul suo passato. Ma, a chiunque tu ti rivolga, trovi un imbarazzato mutismo: solo in parte giustificato dal fatto che Al Fatah mantiene sui suoi capi il più fitto segreto e non ne fornisce mai la biografia. Confidenze sottobanco ti sussurreranno che non è comunista, che non lo sarebbe mai neanche se a indottrinarlo fosse Mao Tse-tung in persona: si tratta di un militare, ripetono, di un patriota, non di un ideologo. Indiscrezioni ormai diffuse ti confermeranno che nacque a Gerusalemme, forse trentasei, forse quaranta, forse quarantacinque anni fa, che la sua famiglia era nobile e che la sua giovinezza fu agiata: suo padre possedeva un'antica ricchezza che le confische non avevano troppo intaccato. Tali confische, avvenute nel corso di un secolo e mezzo, eran state imposte dagli egiziani su certi latifondi e su certi immobili al centro del Cairo. E poi? Vediamo: poi, nel 1947, Yassir aveva combattuto contro gli ebrei che davano vita a Israele e s'era iscritto all'università del Cairo per studiare ingegneria. In quegli anni aveva anche fondato l'Associazione studenti palestinesi, la stessa da cui sarebbe fiorito il nucleo di Al Fatah. Ottenuta la laurea, era andato a lavorare nel Kuwait e qui aveva fondato un giornale che incitava alla lotta nazionalista, era entrato a far parte di un gruppo detto Fratelli mussulmani. Nel 1955 era rientrato in Egitto per frequentare un corso di ufficiali e specializzarsi in esplosivi, nel 1965 aveva contribuito in modo speciale alla nascita di Al Fatah assumendo il nome di Abu Animar, cioè Colui che Costruisce, Padre Costruttore. Nel 1967 era stato eletto presidente dell'OLP, Organizzazione di liberazione palestinese, movimento di cui fanno ormai parte i membri di Al Fatah, del Fronte Popolare, di Al Saiqa, eccetera; solo recentemente era stato scelto come portavoce di Al Fatah, suo messaggero. Ma a questo punto, se chiedevi perché, allargavan le braccia e rispondevano «boh, qualcuno doveva pur farlo, uno o l'altro non fa differenza». Della sua vita privata non ti dicevano nulla fuorché il particolare che non ha nemmeno una casa. Ed è vero: quando non abita in quella del fratello, ad Amman, dorme nelle basi o dove gli capita. È anche vero che non è sposato: non gli si conoscono donne e, malgrado il pettegolezzo di un suo platonico flirt con una scrittrice ebrea che ha abbracciato la causa araba, sembra che possa farne benissimo a meno. Niente di più.

La mia opinione è che, salvo particolari utili a correggere le inesattezze, non vi sia altro da dire. Quando un uomo ha un passato clamoroso lo senti anche se lo nasconde: perché il passato resta scritto sul volto, negli occhi. Sul volto di Arafat, invece, non trovi che quella maschera impostagli da madre natura: non da esperienze pagate. V'è qualcosa di verde in lui, di non ancora fatto. Se ci pensi bene, del resto, ti accorgi che la sua fama esplose più per la stampa che per le sue gesta: dall'ombra lo tirarono fuori i giornalisti occidentali e in particolare americani, sempre bravissimi nell'inventar personaggi o montarli: basti pensare ai bonzi del Vietnam, al venerabile Tri Quang. I bonzi non rappresentarono mai la realtà vietnamita e Tri Quang non fu mai un padre della patria: ma «Time magazine» lo mise in copertina (come ha messo Arafat), e da allora tutti ci occupammo istericamente di lui: ci volle l'offensiva del Tet per ridimensionare Tri Quang e relegarlo nel dimenticatoio. Arafat, siamo onesti, non è Tri Quang: della resistenza palestinese egli è davvero un artefice, un combattente coraggioso, uno stratega intelligente. La battaglia che i fidayn combatterono contro gli israeliani lo scorso gennaio, nella vallata di El Salì, a fianco dei sauditi, egli la diresse davvero e la vinse; a Mosca e a Rabat egli ci andò davvero, sia pure insieme con altri di cui nessuno parla, ed ebbe successo. Ma ciò non significa che egli sia il cervello di Al Fatah, il leader dei palestinesi in guerra. Tale attributo glielo abbiamo dato noi: in questa tragedia egli non è un Ho Chi Minh. È, al massimo, un probabile generale Giap del futuro. Allora perché i palestinesi esibiscono lui e non altri? Perché, ovvio, il personaggio è ormai servito su un piatto d'argento e gli serve. Pei giornali. Pei distratti. Pei semplici. Per le masse che finiscono sempre con l'invocare un eroe, un simbolo vivente. Non solo nelle basi di Al Fatah io ho trovato scritte di Arafat, ma nei campi di addestramento, nelle case dei profughi, nelle scuole dove i bambini ti mostrano la sua fotografia autografata dicendo: «Me l'ha data Arafat! Voglio diventare come Arafat!». Quelli di Al Fatah, non c'è dubbio, lo adorano. Non ho mai trovato, fra loro, qualcuno che mi parlasse senza venerazione di lui; perfino l'accompagnatore che faceva da interprete, tipo smaliziato e nient'affatto fanatico, mi sussurrò: «Creda, è un uomo d'oro. Perché non solo è coraggioso e sincero, è anche buono. Dovrebbe vederlo quando si presenta in una famiglia per annunciare la morte di un fidayn. Piange con loro». Quelli delle altre organizzazioni, invece, lo detestano. Magari per gelosia, o per invidia, o per il fatto che vien giudicato uomo di destra, in rapporti troppo amichevoli con gli sceicchi del Kuwait che finanziano Al Fatah: quando dici il nome Arafat, fanno sempre una smorfia. «Ma chi è, cosa vuole, che conta. Col tono di minimizzarsi non pensa che a farsi reclame, l'ipocrita. E poi la gente seria non va in giro con gli occhiali neri.» Che siano occhiali da vista, suggerisci. «No, no: gliel'ho chiesto. Ci vede benissimo. Li porta per esser notato, per distinguersi insomma.»

Chi ha ragione non so. Però so che, fra tutti i palestinesi incontrati per questo reportage, Arafat è quello che mi ha impressionato meno. Anzitutto per il silenzioso rifiuto che oppone a chi tenti con lui un approccio umano: la sua cordialità è superficiale, la sua gentilezza è formale, e un nulla basta a renderlo ostile, freddo, distante, sicché si scalda solo quando si arrabbia, e la vocina diventa un vocione, le macchie d'inchiostro che sono i suoi occhi diventano polle di odio. Poi, per la mancanza di originalità e di seduzione che caratterizza tutte le sue risposte. A mio parere, in un'intervista, non sono le domande che contano ma le risposte. Se una persona ha talento, puoi chiederle la cosa più banale del mondo: ti risponderà sempre in modo brillante o profondo; se una persona è mediocre, puoi porle la domanda più acuta del mondo: ti risponderà sempre in modo mediocre. Se poi tale legge la applichi a un uomo combattuto tra la diplomazia e la passione, guarda: ad ascoltarlo non ti resta in mano che un pugno di mosche. Con Arafat mi trovai spesso con un pugno di mosche. Egli reagì quasi sempre con discorsi allusivi o evasivi, giri di frase che non contenevano molto fuorché la sua intransigenza retorica, il suo costante timore di non convincermi. E nessuna volontà di considerare, sia pure in un gioco dialettico, il punto di vista degli altri. L'intervista durò novanta minuti, in gran parte sprecati a tradurre in arabo le domande che ponevo in inglese e in inglese le risposte che ricevevo in arabo. Lo pretese lui, per esprimersi senza disagio e meditare su ogni parola. In quei novanta minuti mi disse cose che non aveva mai detto ai giornalisti: però esse mi servirono solo a comprendere che egli è una creatura molto difficile, molto chiusa, molto infelice. E, credo, afflitta da una pena che non si limita a quella per la patria perduta ma si estende a quella per l'uomo che non gli piace: se stesso. Il tempo ci dirà se ho torto, se Abu Ammar è molto di più. Ecco l'intervista.

ORIANA FALLACI. *Abu Ammar, si parla tanto di lei ma non si sa quasi nulla e...*

ABU AMMAR. Di me c'è solo da dire che sono un combattente palestinese. Da molto, molto tempo. Lo divenni nel 1947, insieme a tutta la mia famiglia. Sì, fu quell'anno che la mia coscienza si svegliò e compresi quale barbara invasione fosse avvenuta nel mio paese. Mai nella storia del mondo...

Quanti anni aveva, Abu Ammar? Glielo chiedo perché la sua età è controversa.

Niente domande personali.

Abu Ammar, le sto chiedendo esclusivamente quanti anni ha. Lei non è una donna. Può dirmelo.

La prego. Niente domande personali.

Abu Ammar, se non vuole che si parli di lei, perché si espone sempre all'attenzione del mondo e permette che il mondo guardi a lei come al capo della resistenza palestinese?

Ma io non sono il capo! No! Veramente, lo giuro. Io sono appena un membro del comitato centrale, uno dei tanti, e per precisione quello cui è stato ordinato di fare il portavoce. Cioè di riferire cosa decidono altri. È un grosso equivoco considerarmi il capo: la resistenza palestinese non ha un capo. Noi tentiamo infatti di applicare il concetto della guida collettiva e la cosa presenta difficoltà, ovvio, ma noi insistiamo poiché riteniamo indispensabile non affidare a uno solo la responsabilità e il prestigio. È un concetto moderno e serve a non recar torto alle masse che combattono, ai fratelli che muoiono. Se muoio, le sue curiosità saranno esaudite: lei saprà tutto di me. Fino a quel momento, no.

Non direi che i suoi compagni vogliano permettersi il lusso di lasciarla morire, Abu Ammar. E, a giudicare dalla sua guardia del corpo, direi che la ritengano molto più utile se resta vivo.

No. È probabile invece che io sia molto più utile da morto che da vivo. Eh, sì: la mia morte servirebbe molto alla causa, come incentivo. Aggiungerò anzi che io ho molte probabilità di morire: potrebbe accadere stanotte, domani. Se muoio, non è una tragedia: un altro andrà in giro pel mondo a rappresentare Al Fatah, un altro dirigerà le battaglie... Sono più che pronto a morire e per la mia sicurezza non ho la cura che lei crede.

Specialmente quando passa le linee e si reca in Israele: vero, Abu Ammar? Gli israeliani danno per certo che lei sia entrato in Israele due volte, sfuggendo alle loro imboscate. Aggiungono: chi riesce a far questo dev'essere assai furbo.

Ciò che lei chiama Israele è casa mia. Quindi non ero in Israele ma a casa mia: con tutto il diritto di andare a casa mia. Sì, ci sono stato, ma molto più spesso che due volte sole. Ci vado continuamente, ci vado quando voglio. Certo, esercitare questo diritto è abbastanza difficile: le loro mitraglie sono sempre pronte. Però è meno difficile di quanto essi credano: dipende dalle circostanze, dai punti che si scelgono. È necessaria scaltrezza, in ciò hanno ragione. Non a caso quei viaggi noi li chiamiamo «viaggi della volpe». Però li informi pure che quei viaggi i nostri ragazzi, i fidayn, li compiono quotidianamente. E non sempre per attaccare il nemico. Li abituiamo a passare le linee per conoscere la loro terra, per muovercisi dentro con disinvoltura. Spesso arriviamo, perché io l'ho fatto, fino alla striscia di Gaza e fino al deserto del Sinai. Portiamo anche le armi fin là. I combattenti di Gaza non ricevono mica le armi dal mare: le ricevono da noi, da qui.

Abu Ammar, quanto durerà tutto questo? Quanto a lungo potrete resistere?

Simili calcoli noi non ce li poniamo nemmeno. Siamo soltanto all'inizio di questa guerra. Incominciamo solo ora a prepararci per quella che sarà una lunga, lunghissima guerra. Certo una guerra destinata a prolungarsi per generazioni. Né siamo la prima generazione che combatte: il mondo non sa o dimentica che negli anni Venti i nostri padri combattevano già l'invasore sionista. Erano deboli, allora, perché troppo soli contro avversari troppo forti e sostenuti dagli inglesi, dagli americani, dagli imperialisti della terra. Ma noi siamo forti: dal gennaio 1965, cioè dal giorno in cui nacque

Al Fatah, siamo un avversario pericolosissimo per Israele. I fidayn stanno acquistando esperienza, stanno moltiplicando i loro attacchi e migliorando la loro guerriglia: il loro numero aumenta precipitosamente. Lei chiede quanto potremo resistere: la domanda è sbagliata. Lei deve chiedere quanto potranno resistere gli israeliani. Giacché non ci fermeremo mai fino a quando non saremo tornati a casa nostra e avremo distrutto Israele. L'unità del mondo arabo renderà questo possibile.

Abu Ammar, voi invocate sempre l'unità del mondo arabo. Ma sapete benissimo che non tutti gli Stati arabi sono disposti a entrare in guerra per la Palestina e che, per quelli già in guerra, un accordo pacifico è possibile, anzi augurabile. Lo ha detto perfino Nasser. Se tale accordo avverrà, come auspica anche la Russia, voi cosa farete?

Non lo accetteremo. Mai! Continueremo a far guerra a Israele da soli, finché non riavremo la Palestina. La fine di Israele è lo scopo della nostra lotta, ed essa non ammette né compromessi né mediazioni. I punti di questa lotta, che piacciano o non piacciano ai nostri amici, resteranno sempre fissati nei princìpi che enumerammo nel 1965 con la creazione di Al Fatah. Primo: la violenza rivoluzionaria è il solo sistema per liberare la terra dei nostri padri; secondo: lo scopo di questa violenza è di liquidare il sionismo in tutte le sue forme politiche, economiche, militari, e cacciarlo per sempre dalla Palestina; terzo: la nostra azione rivoluzionaria dev'essere indipendente da qualsiasi controllo di partito o di Stato; quarto: questa azione sarà di lunga durata. Conosciamo le intenzioni di alcuni capi arabi: risolvere il conflitto con un accordo pacifico. Quando questo accadrà, ci opporremo.

Conclusione, voi non volete affatto la pace che tutti si auspicano.

No! Non vogliamo la pace, vogliamo la guerra, la vittoria. La pace per noi significa distruzione di Israele e nient'altro. Ciò che voi chiamate pace, è pace per Israele e gli imperialisti. Per noi è ingiustizia e vergogna. Combatteremo fino alla vittoria. Decine di anni se necessario, generazioni.

Siamo pratici, Abu Ammar: quasi tutte le basi dei fidayn sono in Giordania, altre sono in Libano. Il Libano non ha molta voglia di fare la guerra e la Giordania ha una gran voglia di uscirne. Ammettiamo che questi due paesi, decisi a un accordo pacifico, decidano di impedirvi gli attacchi a Israele. In altre parole, impediscano ai guerriglieri di fare i guerriglieri. È già successo e succederà di nuovo. Di fronte a ciò cosa fate? Dichiarate guerra anche alla Giordania e al Libano?

Noi non possiamo combattere sulla base dei «se». È diritto di ogni Stato arabo decidere ciò che vuole, compreso un accordo pacifico con Israele; è nostro diritto voler tornare a casa senza compromessi. Tra gli Stati arabi, alcuni sono incondizionatamente con noi. Altri no. Ma il rischio di restare soli a combattere Israele è un rischio che avevamo previsto. Basti pensare agli insulti che ci hanno buttato addosso all'inizio: siamo stati così maltrattati che ormai ai maltrattamenti non ci facciamo più caso. La nostra stessa formazione, voglio dire, è un miracolo: la candela che si accese nel 1965 brillò nel buio più nero. Ma ora siamo molte candele, e illuminiamo l'intera nazione araba. E al di là della nazione araba.

Questa è una risposta molto poetica e molto diplomatica, ma non è la risposta a ciò che le ho chiesto, Abu Ammar. Le ho chiesto: se la Giordania non vi vuole davvero più, dichiarate guerra alla Giordania?

Io sono un militare, e un capo militare. Come tale devo tenere i miei segreti: non sarò io a rivelarle i nostri futuri campi di battaglia. Se lo facessi, Al Fatah mi manderebbe alla corte marziale. Perciò tragga le sue conclusioni da ciò che ho detto prima. Io le ho detto che continueremo fino in fondo la marcia per la liberazione della Palestina, che ciò piaccia o non piaccia ai paesi in cui ci troviamo. Ci troviamo in Palestina anche ora.

Ci troviamo in Giordania, Abu Ammar. Abu Ammar, ma cosa significa Palestina? La stessa identità nazionale della Palestina s'è persa da tempo, ed anche i suoi confini geografici si sono persi. C'erano i turchi, qui, prima del mandato britannico e di Israele. Quali sono dunque i confini geografici della Palestina?

Noi non ci poniamo il problema dei confini. Nella nostra costituzione non si parla dei confini perché a porci confini furono i colonialisti occidentali che ci invasero dopo i turchi. Da un punto di vista arabo, non si può parlare di confini: la Palestina è un piccolo punto nel grande oceano arabo. E la nostra nazione è quella araba, è una nazione che va dall'Atlantico al Mar Rosso e oltre. Ciò che vogliamo da quando la catastrofe esplose nel 1947 è liberare la nostra terra e ricostruire lo Stato democratico palestinese.

Ma quando si parla di uno Stato bisogna pur dire entro quali limiti geografici si forma o si formerà questo Stato! Abu Ammar, le ripeto: quali sono i confini geografici della Palestina?

Come fatto indicativo possiamo decidere che i confini della Palestina siano quelli stabiliti al tempo del mandato britannico. Se prendiamo l'accordo franco-inglese del 1918. Palestina significa il territorio che va da Naqurah, al nord, fino ad Akaba al sud e, poi, dalla costa del Mediterraneo che include la striscia di Gaza fino al fiume Giordano e al deserto del Negev.

Ho capito. Ma questo include anche un bel pezzo di terra che oggi fa parte della Giordania: cioè tutta la regione a est del Giordano. La Cisgiordania.

Sì. Ma i confini non hanno importanza, ripeto. Ha importanza l'unità araba e basta.

I confini hanno importanza se toccano od oltrepassano il territorio di un paese che esiste già, come la Giordania.

Ciò che lei chiama Cisgiordania è Palestina.

Abu Ammar, com'è possibile parlare di unità araba se fin da ora si pongono simili problemi con alcuni paesi arabi? Non solo, quando neanche tra voi palestinesi andate d'accordo? Esiste una gran divisione, se non sbaglio, tra voi di Al Fatah e gli altri movimenti. Ad esempio col Fronte Popolare.

Ogni rivoluzione ha i suoi problemi privati. Anche nella rivoluzione algerina c'era più di un movimento e, ch'io sappia, anche in Europa durante la resistenza ai nazisti. Nello stesso Vietnam esistono più movimenti, i vietcong non sono che la stragrande maggioranza come noi di Al Fatah. Ma noi di Al Fatah raccogliamo il 97 per cento dei combattenti e siamo quelli che conducono la lotta all'interno del territorio occupato. Non a caso, quando decise la distruzione del villaggio di El Heul, e minò duecentodiciotto case a scopo punitivo, Moshe Dayan disse: «Bisogna chiarire chi controlla questo villaggio, se noi o Al Fatah». Citò Al Fatah, non il Fronte Popolare. Il Fronte Popolare... Nel febbraio del 1969 il Fronte Popolare si è scisso in cinque parti e quattro di esse sono già entrate a far parte di Al Fatah: lentamente, quindi, ci stiamo unendo. E se George Habash, il capo del Fronte Popolare, non è oggi con noi, si unirà presto a noi. Glielo abbiamo già chiesto: in fondo non c'è differenza di obiettivi tra noi e il Fronte Popolare.

Il Fronte Popolare è comunista. Voi dite di non esserlo per costituzione.

Tra noi vi sono combattenti di tutte le idee: li avrà incontrati. Quindi tra noi c'è posto anche per il Fronte Popolare. Dal Fronte Popolare ci distinguono solo alcuni sistemi di lotta. Infatti noi di Al Fatah non abbiamo mai dirottato un aereo e non abbiamo mai fatto esplodere bombe o causato sparatorie in altri paesi. Preferiamo condurre una lotta puramente militare. Ciò non significa, tuttavia, che al sistema dei sabotaggi non si ricorra anche noi: dentro la Palestina che lei chiama Israele. Ad esempio siamo quasi sempre noi che facciamo scoppiare le bombe a Tel Aviv, a Gerusalemme, a Eilat.

Ciò coinvolge i civili, però. Non è una lotta puramente militare.

Lo è! Perché, civili o militari, sono tutti ugualmente colpevoli di voler distruggere il nostro popolo. Sedicimila palestinesi sono stati arrestati perché aiutavano i nostri commandos, ottomila case di palestinesi sono state distrutte, senza contare le torture cui vengono sottoposti i nostri fratelli nelle loro prigioni, e i bombardamenti al napalm sulla popolazione inerme. Noi facciamo certe operazioni, chiamate sabotaggi, per dimostrargli che siamo capaci di tenerli in mano con gli stessi sistemi. Ciò colpisce inevitabilmente i civili, ma i civili sono i primi complici della banda che governa Israele. Perché se i civili non approvano i sistemi della banda al potere, non hanno che dimostrarlo. Lo sappiamo benissimo che molti non approvano. Quelli ad esempio che abitavano in Palestina prima dell'emigrazione ebrea, e anche alcuni tra quelli che emigrarono con la precisa intenzione di rubarci le terre. Perché ci vennero da innocenti, con la speranza di scordare le antiche sofferenze. Gli avevano promesso il Paradiso, qui nella nostra terra, e loro vennero a pigliarsi il Paradiso. Troppo tardi si accorsero che era invece l'inferno: sapesse quanti di loro ora voglion fuggire da Israele. Dovrebbe vedere le domande di espatrio che giacciono presso l'ambasciata del Canada a Tel Aviv, o presso l'ambasciata degli Stati Uniti. Migliaia.

Abu Ammar, lei non mi risponde mai direttamente. Ma stavolta deve farlo: cosa pensa di Moshe Dayan?

È una domanda molto imbarazzante. Come rispondervi? Diciamo così: io spero che un giorno egli sia giudicato come criminale di guerra: sia che si tratti di un leader geniale sia che la patente di leader geniale se la sia attribuita da sé.

Abu Ammar, mi par d'aver letto che gli israeliani la rispettino più di quanto lei li rispetti. Domanda: è capace di rispettare i suoi nemici?

Come combattenti, anzi come strateghi... Qualche volta sì. Bisogna ammettere che alcune delle loro tattiche di guerra sono rispettabili, intelligenti. Ma come persone, no: perché si comportano sempre da barbari, in essi non c'è mai un goccio di umanità. Si parla spesso delle loro vittorie, io ho le mie idee sulla loro vittoria del 1967 e su quella del 1956. Quella del 1956 non dovrebbe neanche esser chiamata vittoria, quell'anno essi fecero solo da coda agli aggressori francesi e inglesi. E vinsero con l'aiuto degli americani. Quanto alla vittoria del 1967, essa si deve all'aiuto degli americani. Il denaro viene elargito senza controllo dagli americani a Israele. E oltre al denaro vengono loro elargite le armi più potenti, la tecnologia più avanzata. Il meglio che gli israeliani posseggono viene da fuori: questa storia delle meraviglie che essi avrebbero compiuto nel nostro paese va ridimensionata con più senso della realtà. Noi conosciamo bene quale sia e quale non sia la ricchezza della Palestina: più di tanto non si ricava dalla nostra terra, dal deserto non si fanno i giardini. Quindi la maggior parte di ciò che posseggono viene da fuori. E dalla tecnologia che viene loro fornita dagli imperialisti.

Siamo onesti, Abu Ammar: della tecnologia essi hanno fatto e fanno buon uso. E, come militari, se la cavano bene.

Non hanno mai vinto pei loro lati positivi, hanno sempre vinto pei lati negativi degli arabi.

Anche questo rientra nel gioco della guerra, Abu Ammar. Del resto hanno vinto anche perché sono bravi soldati.

No! No! No! Non lo sono, no! Corpo a corpo, faccia a faccia, non sono neanche soldati. Hanno troppa paura di morire, non dimostrano alcun coraggio. Così accadde nella battaglia di Karameh e così accadde l'altro giorno nella battaglia di El Safir. Passate le linee, piombarono con quaranta carri armati su Wadi Fifa, con dieci carri armati su Wadi Abata, con dieci carri armati e venti jeep con mitraglie da 106 su Khirbet el Disseh. Fecero precedere l'avanzata da un pesante bombardamento di artiglieria e dopo dieci ore fecero intervenire gli aerei che bombardarono indiscriminatamente tutta la zona, poi gli elicotteri che lanciarono missili sulle nostre postazioni. Il loro obiettivo era raggiungere la vallata di El Nmeiri. Non la raggiunsero mai, dopo una battaglia di venticinque ore li ricacciammo al di là delle linee. Sa perché? Perché usammo più coraggio di loro. Li circondammo, li prendemmo alle spalle coi nostri fucili, coi nostri bazooka: faccia a faccia, senza paura di morire. È sempre la solita storia con gli israeliani: attaccano bene con gli aerei perché sanno che non abbiamo aerei, coi carri armati perché sanno che non abbiamo carri armati, ma quando trovano una resistenza faccia a faccia non rischiano più. Scappano. E cosa vale un soldato che non rischia, che scappa?

Abu Ammar, che ne dice delle operazioni effettuate dai loro commandos? Ad esempio quando i loro commandos vanno in Egitto a smontarsi un radar per portarselo via? Un po' di coraggio ci vuole per simili imprese.

No, non ci vuole. Perché cercano sempre obiettivi molto deboli, molto facili. È la loro tattica che, ripeto, è sempre intelligente però mai coraggiosa in quanto consiste nell'impiegare forze enormi in un'impresa della cui riuscita sono sicuri al cento per cento. Non si muovono mai se non sono certi che andrà tutto benissimo e, se li cogli di sorpresa, non s'impegnano mai fino in fondo. Tutte le volte che hanno attaccato in forze i fidayn, gli israeliani sono stati sconfitti.

Con voi forse no, ma con gli egiziani sì.

Ciò che fanno in Egitto non è un'azione militare, è una guerra psicologica. L'Egitto resta il loro nemico più forte, quindi essi cercano di demoralizzarlo, e di svalutarlo attraverso una guerra psicologica messa su dalla stampa sionista con l'aiuto della stampa internazionale. Il loro gioco consiste nel propagandare un'azione esagerandola. Ci cadono tutti perché posseggono un ufficio stampa poderoso. Noi non abbiamo alcun ufficio stampa, nessuno sa cosa fanno i nostri commandos, le nostre vittorie passano inosservate perché ci mancano i telex per trasmettere la notizia ai giornali che del resto non la pubblicherebbero. Così nessuno sa, ad esempio, che lo stesso giorno in cui gli israeliani rubarono il radar agli egiziani noi entrammo in una base israeliana e gli portammo via cinque grossi razzi.

Io non parlavo di voi, parlavo degli egiziani.

Non c'è differenza fra palestinesi ed egiziani. Entrambi facciamo parte della nazione araba.

Questa è una battuta molto generosa da parte sua, Abu Ammar. Soprattutto considerando che la sua famiglia fu espropriata proprio dagli egiziani.

La mia famiglia fu espropriata da Faruk, non da Nasser. Conosco bene gli egiziani perché in Egitto ho fatto l'università e con l'esercito egiziano ho combattuto nel 1951, nel 1952, nel 1956. Sono bravi soldati e sono miei fratelli.

Torniamo agli israeliani, Abu Ammar. Lei dice che con voi subiscono sempre immense perdite. Quanti israeliani pensa che siano stati uccisi da voi?

Una cifra esatta io non posso dargliela ma gli israeliani hanno confessato d'aver perso, nella guerra contro i fidayn, una percentuale di uomini che è superiore a quella degli americani in Vietnam: in rapporto, s'intende, alla popolazione dei due paesi. Ed è indicativo che, dopo la guerra del 1967, i loro morti in incidenti automobilistici si siano decuplicati. Insomma, dopo una battaglia o uno scontro con noi, si viene a sapere che un mucchio di israeliani sono morti in automobile. Tale osservazione è stata fatta dagli stessi giornali israeliani perché è noto che i generali israeliani non ammettono mai di perdere uomini al fronte. Però posso dirle che, stando alle statistiche americane, nella battaglia di Karameh essi persero 1247 uomini tra morti e feriti.

Anche il prezzo che pagate voi è altrettanto pesante?

Le perdite per noi non contano, a noi non importa di morire. Comunque, dal 1965 a oggi, abbiamo avuto un po' più di novecento morti. Però bisogna considerare anche i seimila civili morti nelle incursioni aeree e i nostri fratelli morti in prigione sotto le torture. Novecento morti possono essere molti e pochi: dipende dal numero dei combattenti. Quanti sono i fidayn in tutto? Per dirle questa cifra io dovrei chiedere il permesso del Consiglio militare, e non credo che tal permesso lo avrei. Però posso dirle che a Karameh noi eravamo solo 392 contro 15.000 israeliani.

Quindicimila? Abu Ammar, lei vuol dire forse millecinquecento.

No! No! No! Ho detto quindicimila, quindicimila! Inclusi, s'intende, i soldati impegnati con l'artiglieria pesante, i carri armati, gli aerei, gli elicotteri, e i paracadutisti. Solo come truppa essi avevano quattro compagnie e due brigate. Ciò che diciamo noi non viene mai creduto da voi occidentali, voi ascoltate loro e basta, credete a loro e basta, riferite ciò che dicono loro e basta!

Abu Ammar, lei non è un uomo giusto. Io sono qui e sto ascoltando lei. E dopo questa intervista riferirò parola per parola ciò che mi ha detto lei.

Voi europei siete sempre per loro. Forse qualcuno di voi incomincia a capirci: è nell'aria, si annusa. Ma in sostanza restate per loro.

Questa è la vostra guerra, Abu Ammar, non è la nostra. E in questa vostra guerra noi non siamo che spettatori. Ma anche come spettatori lei non può chiederci d'essere contro gli ebrei e non deve stupirsi se in Europa, spesso, si vuol bene agli ebrei. Li abbiamo visti perseguitare, li abbiamo perseguitati. Non vogliamo che ciò si ripeta.

Già, voi dovete pagare i vostri conti con loro. E volete pagarli col nostro sangue, con la nostra terra, anziché col vostro sangue, con la vostra terra. Continuate a ignorare perfino che noi non abbiamo nulla contro gli ebrei, noi ce l'abbiamo con gli israeliani. Gli ebrei saranno i benvenuti nello Stato democratico palestinese: gli offriremo la scelta di restare in Palestina, quando il momento verrà.

Abu Ammar, ma gli israeliani sono ebrei. Non tutti gli ebrei si possono identificare con Israele ma Israele non si può non identificare con gli ebrei. E non si può pretendere che gli ebrei di Israele vadano un'altra volta a zonzo per il mondo onde finire nei campi di sterminio. È irragionevole.

Così, a zonzo per il mondo volete mandarci noi.

No. Non vogliamo mandarci nessuno. Tantomeno voi.

Però a zonzo ci siamo noi, ora. E se ci tenete tanto a dare una patria agli ebrei, dategli la vostra: avete un mucchio di terra in Europa, in America. Non pretendete di dargli la nostra. Su questa terra noi ci abbiamo vissuto per secoli e secoli, non la cederemo per pagare i vostri debiti. State commettendo uno sbaglio anche da un punto di vista umano. Com'è possibile che gli europei non se ne rendano conto pur essendo gente così civilizzata, così progredita, e più progredita forse che in qualsiasi altro continente? Eppure anche voi avete combattuto guerre di liberazione, basta pensare al vostro Risorgimento. Il vostro errore perciò è volontario. L'ignoranza sulla Palestina non è ammessa perché la Palestina la conoscete bene: ci avete mandato i vostri Crociati ed è un paese sotto i vostri occhi. Non è l'Amazzonia. Io credo che un giorno la vostra coscienza si sveglierà. Ma fino a quel giorno è meglio non vederci.

Per questo, Abu Ammar, lei porta sempre gli occhiali neri?

No. Li porto per non far capire se dormo o son sveglio. Ma, detto fra noi, io sono sempre sveglio dietro i miei occhiali. Dormo solo quando me li tolgo, e dormo pochissimo. Niente domande personali, avevo detto.

Solo una, Abu Ammar. Lei non è sposato e non si conoscono donne nella sua vita. Vuol fare come Ho Chi Minh o l'idea di vivere accanto a una donna le ripugna?

Ho Chi Minh... No, diciamo che non ho mai trovato la donna giusta. E ora non c'è più tempo. Ho sposato una donna che si chiama Palestina.

Quest'ultima frase la disse timidamente. Ho dimenticato di dire che, nel fondo, Yassir Arafat è un timido: giudizio che non gli piacerà. Ma è così raro che i giudizi degli occidentali piacciano a Yassir Arafat: settimane fa, egli si oppose alla pubblicazione di un'intervista concessa a «Der Spiegel» sostenendo che era stata scritta «sotto l'influenza sionista». Con la stessa accusa, anzi scusa, molte altre cose non gli piaceranno in questo reportage. Giacché, se è vero che gli uomini sono soltanto uomini a qualunque razza o religione o cultura appartengano, è anche vero che non si prescinde dal modo di sentire e pensare che matura in noi col clima e coi secoli. L'incontro tra un arabo che crede senza riserve alla guerra e un'europea che non ci crede più, è un incontro immensamente difficile: anche perché quest'ultima resta imbevuta del suo cristianesimo, del suo odio per l'odio, e l'altro invece resta infagottato dentro la sua legge dell'occhio-per-occhio-dente-per-dente: epitome di ogni orgoglio. Ma v'è un punto in cui tale orgoglio fa difetto, ed è laddove Yassir Arafat invoca la comprensione altrui o pretende di trascinare dentro la sua barricata chi è sconvolto dai dubbi. Interessarsi alla sua causa, ammetterne la fondamentale giustizia, criticarne i punti deboli e rischiare quindi la propria incolumità fisica e morale, non è un dono che a lui basti. Forse feci male a non ricordargli che, quando noi facevamo la nostra guerra, non solo egli si disinteressava di noi ma ignorava perfino che noi esistessimo. Perché da noi non c'erano giornalisti arabi che si curassero di venire al fronte, ascoltare con un magnetofono, riferire con fedeltà, e propagandarci.

Faruk El Kaddoumi
Il cervello di Al Fatah

D'un tratto me lo trovai davanti, che ascoltava in silenzio le mie domande a un altro. Non ricordavo di averlo visto entrare, accomodarsi su quella sedia, e se ne stava lì come apparso dal nulla: una specie di Budda in pantaloni, giacca e kassiah. Remoto come un Budda, non spostava neanche lo sguardo: fisso ironicamente su me. L'unico movimento con cui rompeva l'immobilità era una lenta carezza sul pomo di un bastone nero, stretto fra le sue gambe. Osservai per prima cosa il bastone; v'era in esso un che di insidioso. Poi salii al viso: v'era in esso un che d'inquietante. Occhi gelidi e grigi, naso piccolo e tondo, labbra sottili e aspre. Niente baffi e niente che assomigliasse ai tratti somatici del palestinese, dell'arabo. Lo avresti detto semmai un europeo, però non era questo a colpirti: era la sua espressione insieme arguta e crudele, bonaria e spietata, la sua sicurezza di sé. Emanava da lui l'indefinibile fluido dell'uomo eccezionale, del capo. Da capo lo trattavano tutti del resto, circondandolo in modo rispettoso. Si presentò da sé. Disse: «Mi chiamo Abu Lotuf. Significa Delicatezza. Padre Delicatezza. La prego di sentirsi a suo agio, di chiedermi quello che vuole». Aveva una voce liscia e robusta, quasi un nastro di seta che ti avvolge il collo per strozzarti, e parlava un inglese perfetto. Tra frase e frase lasciava cadere pause tanto lunghe che ascoltarle era come guardare un film girato sott'acqua e proiettato col rallentatore. Nell'attesa bruciavi d'impazienza e pensavi: "Chi è? Ma chi è?".

Lo conobbi così, dopo una telefonata che mi ingiungeva di correre subito alla sede di Al Fatah: «Non possiamo dirle perché. Ma possiamo dirle che lei ha molta, molta fortuna». Era una delle mie prime sere ad Amman, e non avevo la minima idea di chi andassi ad incontrare. Non solo: ignoravo perfino che egli esistesse. I palestinesi infatti non lo citano mai, non lo espongono mai, e lui non consente di venire fotografato. Per scoprire il suo vero nome avrei dovuto avvicinarlo più d'una volta e insistere fino alla nausea. Quando lo seppi esclamai: «Ma gli israeliani la conoscono, no?». «Oh, yes! Very much so! Assolutamente sì.» «Dunque possiamo fotografarla, no?» «Questo, voglia scusarmi, è impossibile. L'ultima fotografia che gli israeliani hanno di me risale a vent'anni fa. Nel frattempo sono assai cambiato.» Allora gli chiesi se potevo pubblicare il suo vero nome e, con un sorriso affettuosamente beffardo, rispose: «Cosa devo dirle? Go ahead, faccia pure». Quel nome è Faruk El Kaddoumi. Tenetelo in mente, lo leggerete di nuovo. Perché Faruk El Kaddoumi, alias Abu Lotuf, cioè Padre Delicatezza, è il cervello di Al Fatah. Come dire il cervello della resistenza palestinese.

Il cervello ha quarant'anni, sebbene ne dimostri di più: le responsabilità danno rughe. Figlio di ricchi borghesi, anche lui, nativo di Giaffa, era poco più di un ragazzo all'epoca in cui si gettò nella lotta. In quel periodo, sembra, avvicinò Arafat con cui litigò presto e non andò mai d'accordo: il loro armistizio è recente, risale alla formazione di Al Fatah. Nel 1948, costretto a fuggire con la famiglia, raggiunse il Libano dove si iscrisse all'università americana di Beirut, studiò psicologia, storia, sociologia, e si laureò in scienze economiche. La laurea gli offrì un buon impiego presso una compagnia petrolifera e l'occasione di viaggiare in Europa e in Asia. Fu più volte in Italia, in Spagna, in Germania, in Francia, in Inghilterra, in Svizzera: assorbendone un certo occidentalismo che traspare nel suo modo di esprimersi e in una disinvoltura che negli altri non c'è. Ma poi fu in India, in Cina. Qui incontrò Mao Tse-tung, e ciò lo riportò in un mondo più adatto al suo sangue, al suo genere di sofisticazione mentale. «Un rivoluzionario non può fare a meno di definire Mao Tse-tung un grand'uomo. Non era facile fondere Confucio con Lenin e Marx. Sì, la Cina mi piace molto.» Pausa. «E tuttavia, tuttavia, se mi chiede qual è il paese che preferisco...» Pausa. «Le rispondo la Spagna, la Germania, l'Italia. Della prima mi piace il calore umano, la passione. Della seconda, la voglia di lavorare e l'orgoglio. Della terza, l'indisciplina e il talento. Sono un uomo complicato.» Non andò mai in America e in Russia, né lo desiderò. «America e Russia non c'è bisogno di visitarle per dire: le conosco fin troppo.»

I suoi viaggi si allentarono nel 1961 quando, insieme a un gruppo di intellettuali, si mise al lavoro per creare Al Fatah. «Eravamo tutti sui trent'anni. Ingegneri, economisti, architetti, e poi anche un filosofo. La necessità di avviare la lotta con un movimento di massa noi l'avevamo compresa fin dal 1950, l'autunno in cui gli israeliani ci presero Gaza. Ma i preparativi seri non ebbero inizio che nel 1961 e solo nel 1965 si riuscì a costituire il primo nucleo di Al Fatah. Nei paesi arretrati, sa, il livello della coscienza è un po' basso. E la gente si sentiva troppo delusa, troppo sconfitta.» Altri moti nazionalistici stavano allora sorgendo ma li guidavano elementi dispersi e senza quattrini. Da esperto in economia, Faruk El Kaddoumi fu il primo a comprendere che per fare una rivoluzione ci vogliono soldi e che i soldi non li possono dare che i ricchi. Ma per avere i soldi dai ricchi non bisogna spaventarli con sospetti di comunismo: Al Fatah nacque quindi con le premesse di non averci nulla a che fare e lui poté presentarsi agli amici petrolieri per battere cassa. Dei vietcong, inoltre, imitò il sistema di tassazione: ogni palestinese fornito di denaro avrebbe versato ogni mese una sostanziosissima cifra. E se le ideologie di Al Fatah risultarono vaghe, il portafoglio risultò subito pieno. «Eh sì, un'impresa difficile. Dovetti abbandonare il mio mestiere per dedicarmi solo ad Al Fatah. Se mi dispiacque? Certo. Ero abituato agli agi, rinunciai a tutto. Oggi è Al Fatah che provvede alla mia famiglia, è Al Fatah che mi compra ogni tanto un paio di scarpe o una camicia.»

La sua famiglia è composta dalla moglie e due bambini. Della moglie parla con tenerezza: «No, non partecipa alla lotta. O solo di riflesso, emotivamente direi». Dei bambini parla con orgoglio mostrando la fotografia di due bei marmocchi vestiti con ricercatezza, uno di sei e uno di nove anni. «Non li trova splendidi? Splendidi.» Poi aggiunge che li vede assai poco, è sempre in giro nelle basi fidayn, o in altri paesi: se ha un'ora di tempo la impiega per studiare le teorie sioniste o per rileggersi Adam Smith e Karl Marx. Entrambi non lo convincono e li confuta senza retorica, magari con un certo cinismo. V'è in lui il seducente cinismo dell'idealista senza illusioni. Durante il primo incontro gli chiesi: «Abu Lotuf, perché porta quel bastone?». Rispose: «Perché è bello. Perché me l'ha regalato un amico. Indiano. E perché dentro c'è questo». Sfilò il pomo e apparve un lungo stiletto. «Abu Lotuf, va alla guerra con lo stiletto?» «No, questo è per gli amici. Pei nemici ho qualcos'altro.» Mise mano alla tasca e mi mostrò un rivoltellone cinese.

Il nostro primo incontro durò tre ore, il secondo un'ora e mezzo. L'intervista che segue è quindi il condensato di una seduta in due tempi. Contiene tutto ciò che è necessario sapere sul dramma che brucia il Mediterraneo, resta il documento più prezioso che abbia raccolto in quei giorni difficili.

ORIANA FALLACI. *Abu Lotuf, la tragedia incombe sui rapporti dei fidayn con re Hussein. La Giordania è il paese che ospita quasi tutte le vostre basi ma qui voi avete instaurato, ammettiamolo, uno Stato dentro lo Stato. Dove intendete arrivare?*

ABU LOTUF. A liberare la Palestina tenendo le nostre basi in Giordania. Punto e basta. Hussein è un re arabo e non può non essere con noi perché i suoi interessi coincidono coi nostri: la riva sinistra del fiume Giordano, che fa parte del suo paese, come egli dice, è occupata da Israele. Inoltre, se analizzo Hussein, non dimentico che suo nonno era un leader della rivoluzione araba: egli non può essersene dimenticato. Tuttavia esistono divergenze molto profonde tra noi e Hussein, divergenze che si riassumono in un fatto preciso: lui crede a una soluzione pacifica e noi vogliamo la guerra. Lui insiste nella sua politica e noi nella nostra. È inevitabile che le due politiche si scontrino fino a un conflitto armato? A tale domanda, e malgrado gli ultimi incidenti, né io né Hussein possiamo darle risposta perché la risposta non la conosciamo noi stessi. Sappiamo entrambi che tante cose possono cambiare: un giorno sembriamo sull'orlo della rottura e un giorno ci mettiamo d'accordo. La nostra alleanza con Hussein è solo uno stadio della nostra lotta: noi non abbiamo né amici permanenti né nemici permanenti. I nostri amici di oggi possono diventare i nostri nemici di domani, e viceversa. Hussein è fra questi e non solo Hussein. Altri paesi arabi credono a un accordo pacifico e si contenterebbero di vedere applicata la soluzione del Consiglio di sicurezza che ordina agli israeliani di ritirare le truppe dal territorio occupato. Chiunque accetti tale soluzione è per noi un nemico o sulla strada di diventare un nemico. Sia egli arabo o russo o americano. Con Hussein siamo già stati nemici, un anno fa, quando egli non voleva più i fidayn in Giordania e fu necessario sparare per le strade. Sparammo con tale decisione addosso ai suoi soldati che egli dovette rimangiarsi la minaccia di mandarci via. Stavolta non abbiamo sparato ma egli sa che siamo pronti a farlo e con forze che crescono di giorno in giorno. Egli sa che le autorità non ci interessano: ci interessa soltanto stare qui per compiere le nostre operazioni di guerra.

Abu Lotuf, ragioniamo. A voi interessa stare qui ma a lui no. Perché ogni volta che i fidayn compiono un attacco, la rappresaglia degli israeliani si scatena sulla Giordania. E Hussein deve preoccuparsi del suo popolo, no? È un suo diritto e un suo dovere proteggerlo, no?

Ovvio che sul piano della logica io capisco anche lui. Nessun dubbio che Israele bombardi la Giordania per rispondere ai nostri attacchi. Ma se in guerra ci mettiamo a fare considerazioni logiche o umane, non si combatte più. La nostra lotta è molto difficile: noi non abbiamo una base come il Nord Vietnam, noi non possiamo muoverci nel nostro paese come fanno i vietcong. Ci è indispensabile appoggiarci a un altro paese, e questo paese è la Giordania. D'altra parte, la maggioranza della popolazione giordana è palestinese: quindi esigere che quei palestinesi combattano non è prepotenza. Sicché, se Hussein non può permettersi il lusso di tenerci, noi non possiamo permetterci il lusso di andare via. Quindi resteremo, che a lui piaccia o no.

Abu Lotuf, è vero che la Giordania è in gran parte abitata dai palestinesi. Ma quei palestinesi ormai sono cittadini giordani.

Avere preso la cittadinanza, o avergliela concessa, non cambia il fatto che essi sono palestinesi.

Abu Lotuf, lei dice che la fragile alleanza con re Hussein costituisce solo uno stadio della vostra lotta. Intende con ciò alludere al fatto che i palestinesi non reclamano solo il territorio occupato da Israele ma anche la Cisgiordania?

Ciò che lei chiama Cisgiordania, cioè la vallata a est del Giordano, la West Bank, è Palestina. E noi vogliamo tutta la Palestina. Ma non credo che vi saranno problemi per questo quando il momento verrà. Hussein sa benissimo che la West Bank e Gerusalemme e Gerico appartengono alla Palestina. Ed è pronto a riconoscere ai palestinesi della West Bank il diritto di riavere la West Bank. Il problema non è il futuro, è il presente. Il problema è che Hussein vuole convincerci ad accettare la risoluzione dell'ONU, la pace.

Chi parla di pace con noi non ha capito nulla di noi. E il discorso vale per Hussein, per la Russia, per l'America, per l'Europa, per chiunque. Niente pace. Pace per noi significa distruzione di Israele e ricostituzione della Palestina. Non combattiamo per il gusto di combattere: combattiamo per vivere. E non abbiamo nulla da perdere perché abbiamo già perso tutto. A chi ha perso tutto è inutile dire: sii ragionevole.

E col Libano come la mettiamo, Abu Lotuf? Col Libano avete raggiunto un accordo che vi consenta di tenere le vostre basi?

No. Ma ce le teniamo lo stesso. E ci staremo. Sparando su chi vuole cacciarci se necessario.

Se sparate ai vostri stessi amici, agli stessi che vi ospitano, la vostra è una situazione ben disperata. Non potrete dichiarare la guerra a tutto il mondo, Abu Lotuf.

Lei si sbaglia perché dimentica che sulla popolazione possiamo contare. Le difficoltà ci vengono sempre dalle autorità, mai dalla popolazione perché ormai essa si identifica con noi. Anche se non è palestinese. Prima ciò non accadeva, è vero. Ma prima quei problemi esistevano perfino con la nostra gente che non credeva in noi e ci guardava come se fossimo pazzi, ci negava ogni sostegno. Sa quanti fidayn armati avevamo all'inizio del 1965? Ventisei. Ho detto ventisei. Gli uomini c'erano, ma le armi no. Poi vennero le armi, potemmo dimostrare che la nostra strategia era la giusta, e oggi lei trova almeno un fidayn in ogni casa palestinese. Non esiste casa palestinese che non sia fornita almeno di un fucile o di un mitra. Ciò all'interno e all'esterno del territorio occupato. Ma parliamo della popolazione non palestinese: cioè delle masse libanesi, giordane. Esse sono con noi dal 1967, e sa perché? Perché l'avanzata degli israeliani gli ha messo spavento, li ha fatti pensare. Se continuano a occupare territorio, si sono detti, invadono anche noi. Quindi bisogna mettersi coi fidayn che sono i soli a opporsi senza riserve a Israele.

Abu Lotuf, poco fa lei ha detto che anche i palestinesi dentro il territorio occupato, insomma dentro Israele, sono armati. Ho capito bene?

Certo, perché se ne stupisce? Scusi, se ci mancasse l'appoggio della popolazione all'interno del territorio occupato, come faremmo a passare dall'altra parte e restarci? Come faremmo ad attaccare gli israeliani nella terra che lei chiama Israele? Viene sempre un momento in cui dobbiamo nasconderci, cercare protezione. E ciò è possibile solo con gli arabi della cosiddetta Israele. Coi contadini delle campagne, con gli abitanti delle città. Ma ho un'altra notiziola da darle: vi sono perfino ebrei israeliani che collaborano con noi.

Ammettiamolo, Abu Lotuf. E passiamo a esaminare la natura disperata della vostra lotta. Incominciando da un particolare che a me sembra evidente: la Palestina non è il Vietnam, cioè non è il paese più adatto alla guerriglia. La complicità della natura vi manca.

Non è detto che la guerriglia si possa fare soltanto dove c'è la giungla. Il bisogno è la madre degli eventi e, quando non esistono giungle, si inventano altre tattiche. I luoghi per nasconderci ci sono, anche se non sono verdi. Il problema non è mai stato grave per noi. Ha richiesto e richiede, semmai, una maggiore dose di coraggio fisico. Ma il coraggio lo abbiamo. Come la determinazione, è una dote frequente in chi non ha più nulla da perdere. Inoltre possiamo permetterci di morire perché siamo tanti. Ecco una realtà che non si applica a Israele. Gli israeliani non possono permettersi di perdere uomini perché ne hanno pochi. Troppo pochi. Gli ebrei di Israele sono poco più di un milione e mezzo, gli arabi di Israele sono più di un milione. Al di qua delle linee i palestinesi sono quasi due milioni, a parte cento milioni di arabi. Per ogni israeliano che muore, devono ammazzarne dieci dei nostri. E poi ammazzarcene tanti a che serve? Un uomo morto è un uomo morto anche dinanzi a dieci nemici morti; e, quando è morto, bisogna aspettare almeno 17 anni per procurarsene un altro e mandarlo alla guerra. Oppure bisogna importarlo da altre parti del mondo: un problema che per Israele diventa sempre più difficile. Ora tiriamo le somme: forse la natura del terreno non è favorevole alla nostra guerriglia. Ma la guerriglia per noi resta facile in quanto possiamo permetterci di perdere gli uomini.

Quanti ne avete persi fin oggi, Abu Lotuf?

Non molti. Le fornisco una cifra che non abbiamo mai fornito a nessuno: eccola qui su questo grafico che, inutile dirlo, è un grafico molto privato. Dal gennaio del 1965 al settembre del 1969 abbiamo perso 624 fidayn. Fa poco più di dieci al mese.

Torniamo alle vostre difficoltà, Abu Lotuf. Che dire della potenza tecnologica di Israele?

Oh, quella stabilisce lo stesso rapporto che c'è tra gli americani e i vietcong in Vietnam. La tecnologia è una bellissima cosa, nessuno l'apprezza più di me: credo d'essere un uomo moderno. Ma nel risultato di una battaglia, l'uomo resta il fattore determinante. Soprattutto quando chi ha in mano la tecnologia ha una eccessiva preoccupazione di non perdere materiale umano. Anche questo è stato dimostrato in Vietnam dove uomini male armati tengono in scacco l'esercito più potente del mondo. Inoltre la tecnologia serve poco quando deve combattere la guerriglia. Che te ne fai dei Mirage se io mi muovo di notte e non puoi vedermi? Che te ne fai dell'artiglieria se non sai esattamente dove mi trovo? Quando col favore del buio e della mobilità io ti salto addosso e ti ammazzo, la tua tecnologia non serve a nulla. La tecnologia ha due facce: da una parte ti aiuta e dall'altra ti immobilizza.

Parliamo di un'altra cosa allora: del fatto che gli israeliani combattono bene.

Sì, ma con l'eccessiva preoccupazione di morire. Pei motivi che le ho detto prima. Combattono bene nella guerra normale, perché nella guerra normale un milione di sionisti e cento milioni di arabi si uguagliano. Vince chi è più svelto e chi è armato meglio. Prima che cento milioni si siano mobilitati, il milione ha già vinto. E ciò è stato abbondantemente dimostrato dagli israeliani. Però essi non combattono bene nella guerriglia e, scusi, se non fosse così perché avremmo scelto la tattica della guerriglia? Non ce l'ha mica ordinato il dottore di fare i fidayn. Abbiamo creato i fidayn perché abbiamo capito che per sconfiggere Israele non ci voleva una guerra dove vince chi è più svelto ma una guerra in cui vince chi dura più a lungo. E chi dura più a lungo: noi o gli israeliani? Noi, ovvio. Non solo per ragioni militari ma per ragioni psicologiche e soprattutto economiche. Glielo dimostro coi numeri. Nel 1968 Israele dovette pagare quasi un miliardo di lire al giorno per fronteggiare la nostra resistenza. Nel 1969 questa cifra s'è raddoppiata e Israele ha speso due miliardi di lire al giorno. Il 1968 si concluse per Israele con un deficit di 350 milioni, il 1969 s'è concluso con un deficit di 450 milioni. Se dura così, ogni metro quadrato di Israele verrà a costare più dell'intera California. E gli israeliani, che non sono certo insensibili alle questioni di soldi, dovranno pensarci. Dovranno concludere che i fidayn rischiano di rovinargli l'intera economia.

Sono ricchi, Abu Lotuf. E a proposito di questo: sembra che anche Al Fatah sia molto ricco.

Diciamo ricco senza il molto. Certo, paragonati agli altri movimenti di resistenza, siamo ricchi. È un'antica verità: ci vogliono soldi per fare una rivoluzione! Le rivoluzioni sono cose da ricchi.

Si dice anche che la maggior parte di questi soldi vengano forniti proprio dai governi e dalle persone che voi volete abbattere: per esempio da certi pozzi di petrolio dell'Arabia Saudita.

Perché no? Ho capito, lei vuole sapere se davvero non siamo comunisti. Non lo siamo. Noi non abbiamo nulla contro i pozzi di petrolio, noi ce l'abbiamo con Israele. Noi non miriamo a distruggere il capitalismo, noi miriamo a distruggere il sionismo in tutte le sue forme. Onde stabilire in Palestina uno Stato libero, democratico, e non basato su confessioni religiose. Chiunque ci aiuta a fare questo è il benvenuto.

Lo so, Al Fatah dichiara d'essere un movimento nazionalista e basta. Tuttavia ho conosciuto molti comunisti fra voi.

Chi appartiene ad Al Fatah non dovrebbe essere comunista. Forse è più esatto dire che ha conosciuto gente convinta dell'ideologia marxista. Ciò è normale, tra noi vi sono combattenti di ogni credo politico: se lei fosse comunista e volesse entrare a far parte di Al Fatah, sarei ben lieto di darle un fucile. Detto ciò, bisogna rispondere anche a coloro che ci accusano d'essere a destra. Non ci siamo. Stiamo tentando di effettuare una rivoluzione completa tra le nostre masse. E cioè non solo militare ma anche economica, sociale, educativa. Un fidayn non è solo un soldato, è una cellula viva della rivoluzione. Quindi, solo un terzo del suo tempo è impiegato in attività militari: gli altri due terzi sono impiegati in attività politiche.

Cerchiamo di educare le masse, di renderle consapevoli dei loro diritti, di gettare insieme a loro le basi di una giustizia sociale. Il problema sociale ci interessa quanto il problema militare, oggi non si può più pensare di costruire una società basata sull'ingiustizia del capitalismo.

Lei è socialista, Abu Lotuf?

Certo. Non si aspetterà che vada d'accordo con Adam Smith quando dice che «mani invisibili spingono gli individui a servire il generale interesse del popolo». Certe teorie liberali io le ho superate da tempo. Ma fra questo e l'essere comunisti v'è qualche differenza. Al Fatah, ripeto, non è comunista.

Mi permetto di insistere, Abu Lotuf: forse i suoi capi no, ma i suoi membri sì: per la gran maggioranza. Come si spiegherebbe altrimenti che quasi tutti i fidayn da me intervistati fossero comunisti e che nelle basi si leggesse soltanto Mao Tse-tung, Ho Chi Minh, Fidel Castro e il generale Giap?

La minaccia comunista è una minaccia isolata nella nostra società. I comunisti in Arabia non sono pericolosi. Sicché, chi vuole essere comunista lo sia: quel problema, se esiste, lo affronteremo dopo avere liberato la Palestina. Non mi preoccupa, creda, perché la realtà sociale della Palestina è completamente al di fuori degli schemi forniti dalle vecchie teorie marxiste. Per esempio, se lei mi chiede «Ci sono più fidayn tra i borghesi o tra i proletari», io le rispondo così: «Cosa significa la parola borghese, cosa significa la parola proletario?». Esse si applicano a una società e a una storia che non ha nulla a che fare con la nostra: con l'esodo dei palestinesi è sorta una nuova classe di cui Marx e Lenin non hanno tenuto conto perché non sapevano neanche immaginarla. La classe dei profughi. Tale classe è composta di gente che ha perso la sua terra e perciò vive come un branco di pecore: in quel branco di pecore, non c'è più differenza tra proletari e borghesi. Insomma il concetto della lotta di classe non è valido per noi in quanto si è annullato con l'esodo. E la nostra rivoluzione sociale sta tutta qui: nell'armonia tra la borghesia e il proletariato, nel fatto che il ricco palestinese e il povero palestinese vivano entrambi la tragedia di avere perso tutto. Se Marx fosse qui dovrei dirgli: «Amico, avevi ragione per gli altri ma non per noi». Io quando vado pei campi dei profughi non posso mica gridare: «Compagni, il feudalesimo è il vostro nemico, il capitalismo è vostro nemico!». Mi guarderebbero allibiti e risponderebbero: «Ma di che diavolo parli, che storie vai raccontando? Il sionismo è il mio nemico». Ah, se la nostra rivoluzione nascesse da soli problemi economici, sarebbe tutto più semplice. Ma è una rivoluzione, questa, diversa da tutte le altre. E ciò le spiega perché unisce i paesi arabi che hanno governi così diversi: il Libano capitalista, la Siria socialista...

Abu Lotuf, tutto ciò è intelligente. E forse vero. Però resta il fatto che le armi ve le fornisce l'Unione Sovietica e che gli istruttori vanno in Cina e nel Nord Vietnam.

«Anche» in Cina, «anche» in Nord Vietnam. E anche in Siria, anche in Algeria, anche in tanti paesi comunisti esperti della guerriglia. Ma non solo lì, ecco il punto. Sarebbe molto sorpresa se le rivelassi che abbiamo amici anche in Italia? Ce li abbiamo. Quanto alle armi, noi le compriamo da chi ce le vende. Poiché la Russia ce ne vende di più, dalla Russia ne compriamo di più. Ma ne compriamo anche da tanti altri paesi: dalla Cecoslovacchia, dall'Inghilterra, dalla Francia, dalla Bulgaria, dalla Germania, dalla Svezia, dall'Italia. Sì, anche dall'Italia: sia pure con qualche difficoltà.

Abu Lotuf, ho sentito dire che la Russia spesso vi vende armi senza munizioni e comunque senza pezzi di ricambio.

Non è vero. I nostri amici russi si comportano molto correttamente per ciò che riguarda il commercio delle armi. Sono quelli che ci forniscono la maggior quantità di munizioni. Perché non dovrebbero, del resto? Paghiamo bei soldi.

E la Cina, Abu Lotuf?

La Cina ci aiuta in tutto.

Non ho visto armi cinesi nelle basi dei fidayn di Al Fatah.

Non si combatte solo con le armi. L'amicizia non si compra coi soldi. La Cina è contro la soluzione di pace offerta dal Consiglio di sicurezza dell'ONU e l'Unione Sovietica invece la favorisce!

Ma torniamo ai soldi, Abu Lotuf. È noto che voi di Al Fatah passate un salario ai fidayn e corre voce che molti divengano fidayn per questo.

Non lo chiamerei salario perché non è una cifra fissa: spesso un semplice combattente prende più di un ufficiale. Dipende dal bisogno del fidayn. Comunque sì, può darsi che alcuni vengano da noi per questo: io non mi faccio illusioni. So che solo una parte di loro affronta il sacrificio per motivi ideali, o per andare in Paradiso. Una buona percentuale lo fa per bisogno: per mangiare. Ma da cosa è spinto un essere umano? Glielo dico io: dal bisogno elementare di nutrirsi e di sopravvivere. E così, all'inizio, uno può diventare fidayn per la fame. Ma solo all'inizio. Perché subito noi lo cambiamo: ne facciamo un uomo con motivi ideali. Cosa c'è di male a servirsi della fame come incentivo? Per fare un'automobile ci vuole il materiale grezzo, sì o no? L'uomo che ha fame e che è disposto a morire per un pezzo di pane è un materiale grezzo come il ferro che serve a costruire un'automobile. Noi lo plasmiamo con motivi ideali e ne facciamo un'automobile.

Abu Lotuf, applica questo cinico idealismo anche alla loro morte?

Mah! Sono un mediterraneo, noi palestinesi siamo mediterranei. Una vita per noi ha valore e io non la penso come Giap quando alza le spalle e dice: «Ogni minuto muoiono al mondo centomila persone e una di più non fa differenza». Però la morte è il prezzo che si paga sempre per costruire una società e, in guerra, la morte ha la stessa utilità della vita. Perché la morte di uno serve a fare combattere quelli che restano vivi. La parola fidayn significa «votato al sacrificio», cioè candidato alla morte. Cioè eroe. Per tradizione, la nostra società apprezza molto chi muore combattendo: un soldato morto, per noi, è automaticamente un eroe. E va in Paradiso. Mi permetta di giudicare utilissima questa tradizione. Tanto utile che bisogna tenerla viva. E noi la teniamo viva. Quando un fidayn muore, noi andiamo dai suoi genitori e gli spieghiamo la vittoria che lui ha riportato morendo. I genitori diventano così fieri di lui che subito offrono un altro figlio per il sacrificio. E il figlio viene, contento di essere guardato come un eroe. O un futuro eroe. Siamo fatti così, noi arabi. Ciò la disturba?

Sì, tanto. Sta parlando con una persona che giudica la guerra la più grossa manifestazione di imbecillità umana. Abu Lotuf, le pongo una domanda già posta ad altri ma rimasta sempre senza risposta: quanti fidayn ci sono?

Onestamente, non lo sappiamo neanche noi. Direi molte decine di migliaia per ciò che riguarda i combattenti nelle basi in Giordania e nel Libano. Però a questi bisogna aggiungere i fidayn che agiscono nel territorio occupato da Israele e coloro che contribuiscono alla lotta senza combattere. O non ancora. Tra quelli che non combattono ancora ma che sono armati bisogna includere anche i rifugiati dei campi profughi. Davvero non so risponderle. Calcolando d'avere mobilizzato il dieci per cento di una popolazione di circa due milioni, concluderei che all'incirca 200.000 palestinesi combattono con Al Fatah. Ma i fidayn veri e propri li ridurrei a un terzo. Voglio dire quelli bene equipaggiati, bene allenati, in grado di sostenere battaglie con le truppe israeliane. Se non fossero così numerosi non potremmo effettuare tante operazioni.

Abu Lotuf, è esatto o no che Al Fatah non include mai in queste azioni i sabotaggi nei paesi stranieri il dirottamento degli aerei eccetera?

Esatto. Quella è roba da scimmie e noi l'avversiamo con sdegno. Sono altri gruppi che non hanno nulla a che fare col nostro, a rendersi colpevoli di tali gesti scimmieschi. Ma dove vogliono arrivare, a che serve? Gliel'ha chiesto lei? Mi dica quel che le hanno risposto. Ma non capiscono quanto è pericoloso di fronte all'opinione pubblica mondiale? A cosa serve ammazzare i vecchi, i bambini, i viaggiatori negli aeroporti? Se in guerra non si segue un minimo di princìpi umanitari, non si è più soldati: si diventa assassini. Bisogna sceglierlo il campo di battaglia, e noi di Al Fatah lo abbiamo scelto: il nemico lo uccidiamo al fronte o in casa sua. Purtroppo l'essenza della guerra è uccidere, ma quando si torna dal fronte bisogna dimenticarci d'aver usato il fucile. Lo scriva che noi non c'entriamo con quella roba. L'opinione pubblica a noi preme.

L'opinione pubblica è molto perplessa, Abu Lotuf. Senza dubbio incomincia a comprendervi ma i sentimenti che prova verso di voi assomigliano, inevitabilmente, a quelli che prova e provò verso gli ebrei. Inoltre è difficile farci accettare l'idea di spazzar via Israele. Perché noi identifichiamo Israele con gli ebrei.

Qui sta il vostro errore. Israele non è gli ebrei: è uno Stato artificiale inventato dal sionismo per l'interesse degli imperialisti. Non è un senso di giustizia che ha creato Israele, dare una patria agli ebrei eccetera, è un volgare interesse dei paesi colonialisti ed ex-colonialisti. La politica angloamericana non voleva abbandonare il Mandato sulla Palestina senza mantenere un aggancio nel Medio Oriente, e questo aggancio lo mantenne servendosi del sionismo e fondando Israele: un pezzo di Europa dentro il Medio Oriente. Fu facile: eran tutti d'accordo. E divenne sempre più facile grazie alle lacrime che persone come lei versavano e versano sul popolo ebreo. Inutile dire che i sionisti si servono delle vostre lacrime con intelligenza: tutta la loro propaganda è psicologicamente basata sul vostro senso di colpa verso gli ebrei. Sia chiaro: io capisco perfettamente i vostri sentimenti nei loro riguardi: ne avete ben donde, considerando ciò che avete fatto agli ebrei. Ma questo è un problema vostro! E noi non siamo affatto disposti a subirne le spese.

Ha ragione, Abu Lotuf. Ma Israele è ormai una realtà storica. A torto o a ragione essi sono ormai lì e non possono non restarci.

E noi non ce li vogliamo. Che siate d'accordo o no voi europei. Quanto alla sua affermazione che Israele sia ormai una realtà storica, non mi è difficile dimostrarle il contrario. Ho detto poco fa che è uno Stato artificiale. Ma anche la sua società è artificiale: non si inventa un paese in vent'anni, una società in vent'anni. Non si può prendere alcune migliaia o decine di migliaia di persone, trasportarle in un punto della terra, e dire: ecco un popolo. Ci vogliono secoli per fare un popolo, e dopo trecent'anni questo è ancora il problema degli Stati Uniti. Gli ebrei sostengono che essi erano già un popolo. Io sostengo di no: che sono una religione, una razza, e nient'altro. Non li unisce che la religione, la razza: gli ebrei che vennero qui erano da secoli inseriti in altri paesi e facevano parte di altri popoli. Avevano caratteri somatici diversi, abitudini diverse, parlavano lingue diverse. Erano russi, cecoslovacchi, polacchi, inglesi, francesi, italiani, americani: e tali anche in fondo al cuore e alla mente. L'esperimento di Israele è fallito per questo.

Fallito, Abu Lotuf?

Fallito. Israele è fallita per un particolare semplicissimo: per il numero esiguo di ebrei che emigrò in Palestina. Esistono al mondo ben quindici milioni di ebrei: come spiega che in Israele, dopo decine d'anni di emigrazione e prolificazione, vi sia solo un milione e mezzo di ebrei? Vivono più ebrei a New York, due milioni, che nell'intera Israele. Perché? Perché quei due milioni di ebrei sono rimasti a New York? Perché quei quindici milioni di ebrei sono rimasti sparsi nel mondo? Israele non fa che chiamarli, disperatamente, e loro non ci vanno. Preferiscono restare in America, in Russia, in Germania, in Cecoslovacchia, in Polonia, in Italia, in Francia. Io dico: se questa necessità di ricostruire un popolo ebreo esisteva, se questa giustizia di rimetterli insieme era vera, perché solo alcune centinaia di migliaia vennero qui? Rispondo io alla domanda: perché quel popolo non era un popolo, faceva ormai parte di altri popoli. Era inserito fino alle radici in altri popoli. Neanche per gli emigrati Israele è la vera patria.

Abu Lotuf, il suo punto di vista potrebb'essere valido per le vecchie generazioni, non per le nuove. I giovani di Israele sono ormai lavati di tale problema perché in Israele sono nati e cresciuti. E sono loro che dovrete affrontare in questa guerra che volete lunga.

Lo sappiamo benissimo: sul campo di battaglia li affrontiamo di già. Ma questi giovani non sanno nemmeno che noi fummo cacciati, massacrati, e che ora viviamo in campi di profughi simili ai campi di concentramento. Un giorno questi giovani dovranno pur chiedersi: perché questi arabi ci combattono? Che vogliono? E dovranno sapere che viviamo sotto le tende, circondati dal filo spinato, e dovranno concludere: come ci finirono? E dovranno scoprire che ci finirono per colpa dei loro padri emigrati dalla Cecoslovacchia, dalla Russia, dalla Germania, dall'Italia. Emigrati per rubare la terra a un popolo che era un popolo vero, che è un popolo vero: anche se a voi non piace perché porta i baffi. Dietro i nostri baffi c'è una civiltà mica male, se ne ricorda? Certo che se ne ricorda, ma lei pensa a quel milione e mezzo di ebrei ormai trasferiti in Palestina. E replica: che ne facciamo? Li buttiamo ai pesci come dice Nasser? Certo che no. Su questo punto noi siamo molto precisi. Diciamo: quando Israele sarà distrutta, potremo vivere insieme agli ebrei. Saranno padroni di restare in Palestina, mangiare con noi, sposarsi con noi: come facevano i loro bisnonni.

Via, Abu Lotuf! Un uomo pratico come lei, lucido come lei! Sa bene che questa è un'utopia. Sa bene che quando ci si è fatta o rifatta una bandiera, non la si butta via.

Le utopie sono spesso il principio della realtà. Ma ammettiamo che lei abbia ragione, che tale convivenza risulti impossibile, e che la bandiera dei sionisti debba esser piantata da qualche parte. Sa cosa facciamo? Gli diciamo di piantarla altrove. Per esempio a casa sua.

Una volta ce l'avete già piantata voi, a casa nostra, Abu Lotuf. Neanche la vostra coscienza è pulita, per quello.

Vecchi tempi, vecchi tempi.

George Habash
Perché mettete le bombe sugli aerei?

L'uomo che avevo dinanzi era l'uomo cui si devono gran parte degli attentati in casa nostra, in Europa. Una bomba nella sede delle linee israeliane ad Atene e un bambino di dodici anni ci rimette la vita. Una sparatoria all'aeroporto di Monaco e un passeggero muore, altri passeggeri finiscono agonizzanti all'ospedale, una hostess con tre pallottole dentro lo stomaco. Un bidone di benzina nella sinagoga di Amburgo e sette poveri vecchi muoiono bruciati. Un ordigno nel portabagagli di un Caravelle che decolla da Francoforte, un'esplosione in volo, e solo per un miracolo l'aereo riesce a tornare indietro e atterrare. Quello della Swissair, partito da Zurigo, invece no. Scoppia e precipita nella foresta di Doettingen dove troveranno le membra sparse di quarantasette persone. Quarantasette civili d'ogni nazionalità, colpevoli di recarsi a Tel Aviv. È l'episodio più vile. Così vile che il Fronte Popolare, dopo averne assunta la paternità per mezzo di un portavoce di Beirut e uno di Amman, ci ripensa e nega: «Non siamo stati noi». E poi ci sono le bombe nei sacchi postali, ci sono gli incendi nei magazzini di Londra, ci sono i dirottamenti su Damasco, su Algeri, le cariche di dinamite qua e là, gli episodi che lo stesso Comando unificato palestinese definisce «crimini da condannare» e che Abu Lotuf, il cervello di Al Fatah, commenta in disgusto: «Questa non è guerra, è roba da scimmie. Monkey business. Ma lei gliel'ha chiesto perché lo fanno, perché?». Ancora no, e la domanda mi bruciava le labbra: insieme a un discorso, ecco che discorso. Io sono venuta a capirvi, a cercar di capirvi attraverso i miei dubbi. Sono stata sul vostro fronte, tra i vostri guerriglieri, li ho ascoltati e li ho rispettati come si rispetta sempre coloro che combattono a viso aperto e in nome di un diritto. Ho avvicinato i vostri capi, li ho interrogati, li ho ammirati quando si sono espressi con intelligenza e onestà. Ho contribuito a far conoscere voi e le vostre ragioni, ma ora sono scoraggiata. E dico a che serve rispettarvi, magari ammirarvi, in qualsiasi caso propagandarvi, se poi ci aggredite con certe viltà. Anche noi abbiamo tipi che mettono bombe: però non le mettono in casa vostra, e non li consideriamo eroi. Li consideriamo assassini, e li arrestiamo, e gli facciamo un processo e li buttiamo in galera. Per le stesse cose, invece, voi invocate la patente di eroi e pretendete la nostra comprensione, la nostra complicità. Con quale diritto? Quando combattevamo la nostra guerra in Europa, venivamo forse a piazzare le bombe nei vostri treni, a nascondere gli ordigni nei vostri sacchi postali, a incendiare i vostri bazar, a sparare sui vostri bambini e infine a esigere la vostra comprensione, la vostra complicità? Non ci siete che voi a commettere simili abusi nei paesi neutrali: i vietcong, ad esempio, non se li son mai sognati. E il discorso potrebbe andare più in là perché, diciamolo una volta per sempre, non ci vuole punto coraggio a sistemare un congegno a orologeria dentro una valigia e far precipitare un aereo. Non ci vuole punto coraggio a incendiare un ospizio di poveri vecchi, a tagliar le riserve di ossigeno in un ospedale pieno di ammalati. Non ci vuole punto coraggio a riempir di esplosivo due bussolotti di marmellata e lasciarli in un supermarket. In qualsiasi parte del mondo ciò avvenga: compreso Israele. Il coraggio ci vuole ad attaccare una caserma, una colonna motorizzata, una mitraglia puntata. Il coraggio ci vuole a superare un campo minato, a sostenere una battaglia contro i carri armati e i Mirage: come fanno i vostri fidayn, i veri soldati. Ma uccidere gli inermi con l'insidia e l'inganno, prender di mira coloro che non si posson difendere, è roba da fidayn? Da soldati?

L'uomo sapeva che ero andata da lui per chiedergli queste cose, muovergli queste accuse. Ed ora mi guardava con occhi fermi e dolorosi, l'aria di dire: «Son pronto, spara». Sotto gli occhi le guance pendevano stanche, ispide di barba non rasata da chissà quanti giorni e grigia come i baffi e i capelli. I capelli erano tagliati a spazzola e alle tempie sfumavano addirittura nel bianco. Di corpo era robusto, solido, con ampie spalle da lottatore. Di aspetto era trasandato: pantalonacci privi di piega, maglione arrotolato al collo, giubbotto di tela blu. Non sembrava un arabo, lo avresti detto piuttosto un italiano del Nord: un operaio metallurgico o un manovale. Da ogni suo gesto emanava una grande tristezza e una gran dignità, sicché a esaminarlo eri colta da una simpatia irresistibile. Io non volevo provarla. E la respingevo. Ma essa tornava a ondate senza che ci potessi far nulla: solo registrare una specie di rabbia, e un profondo stupore. Pare che succeda a chiunque incontri il dottor George Habash, fondatore e leader del Fronte Popolare per la liberazione della Palestina: il movimento che esercita la lotta col terrorismo. Dico «dottor» Habash perché prima di ammazzare la gente egli la salvava: era medico.

E che medico. Non uno di quelli che trattano i malati col criterio di un contabile: uno di quelli che ci credono e piangono se il malato se ne va. Possedeva una clinica dove lavorava insieme a un gruppo di suore, le Sorelle di Nazareth. La clinica era ad Amman e in massima parte ospitava bambini, perché s'era specializzato in pediatria. Oltre ai bambini, ospitava i poveri, i vecchi, gli abbandonati che non si potevan permettere il lusso di comprare un'aspirina perché non solo il dottor Habash non si faceva pagare, ma ai suoi pazienti comprava le medicine e, quando uscivan guariti, gli ficcava in mano un rotolino di soldi. «Tieni, va' al mercato e pigliati un paio di scarpe, un vestito.» Nato ricco, aveva consumato così il suo patrimonio. Per se stesso non spendeva mai un soldo: sugli abiti vecchi gli bastava un camice disinfettato. La clinica era anche la sua casa: dormiva su una brandina presso le corsie. Un dottor Schweitzer, insomma. Ma il dottor Schweitzer sapeva esser collerico, a volte, e duro. Lui invece era sempre dolce, comprensivo, indulgente. Non mussulmano ma cristiano ortodosso, credeva alla legge del «porgi l'altra guancia» e sopra alla brandina teneva un crocifisso. Poi un giorno, di colpo, la clinica si chiuse. Ai malati fu detto che si cercassero un altro medico, alle Sorelle di Nazareth che si cercassero un altro ospedale, e il dottor Habash scomparve. «Dov'è andato, che fa?» Era andato coi fidayn, a guidare l'unica impresa in cui ormai credeva: la vendetta senza pietà.

Era il 1967 e da quel giorno alla sua nuova fede avrebbe sacrificato tutto: perfino i due figli che adora, la bellissima moglie sposata cinque anni prima. Lui vive nelle basi fidayn da cui esce solo di notte e scortato da una guardia del corpo; lei abita praticamente in Egitto dove si è rimessa a studiare: facoltà di psicologia. E in Egitto le giungono spesso notizie da dover ricorrere alla psicologia per capirle: George ha fatto esplodere un magazzino, un ospedale, un aereo. George s'è nascosto perché gli israeliani voglion rapirlo come rapirono Eichmann. George è stato arrestato in Siria per contrabbando di armi. Quest'ultima cosa accadde l'anno scorso. A Damasco era giunto un carico di fucili e di munizioni, il dottor Habash era andato a pigliarselo ignorando non so quali leggi che glielo proibivano. Finì in prigione e non ne sarebbe più uscito se i compagni del Fronte non lo avessero liberato con uno stratagemma. Alla centrale di polizia si presentò un'elegante signora, con gli occhi verdi come la signora Habash. Dichiarò d'essere la moglie di Habash: che le permettessero di vedere il marito, per carità. Il dottor Habash venne tolto dalla cella, condotto alla centrale. Qui la falsa moglie lo abbracciò e gli sussurrò: «Sii pronto sulla via del ritorno». Mentre lo riconduceva in prigione, la camionetta della polizia fu presa d'assalto da otto fidayn e il dottor Habash poté rientrare in Giordania, stringer di nuovo le redini del Fronte Popolare. Ma ora vediamo cos'è il Fronte Popolare.

È la creatura di un uomo ferito nei suoi sentimenti migliori, nelle sue idee più sane, direi nel suo cristianesimo. È l'organismo che ha sostituito nel cuore e nella mente del dottor Habash la clinica pediatrica di Amman. George Habash gli dette vita dopo la scissione del Movimento nazionale arabo, cui apparteneva, e lo plasmò con gran chiarezza di mente nonché dispregio pei compromessi. Sul piano tattico egli scelse la strategia del terrore, sul piano ideologico egli abbracciò la teoria comunista-maoista. Tutto il contrario, insomma, di Al Fatah: non a caso, i rapporti fra di loro son pessimi. Gonfi di reciproche accuse, di ostilità appena represse. Al Fatah accusa il Fronte di inimicare ai palestinesi l'opinione pubblica internazionale; il Fronte risponde ad Al Fatah di campare sui miliardi del petrolio saudita e americano. Sia l'uno che l'altro dicono la verità: è inutile infatti che una compagnia di fidayn coraggiosi seduca tre o quattro reporter con una bella battaglia se poi il Fronte fa precipitare un aereo con quarantasette innocenti a bordo, e il mondo intero vi reagisce con sdegno. Però è anche assurdo che Al Fatah chiacchieri di rivoluzione se poi chiede il denaro agli stessi che dice di voler annientare: cioè le compagnie petrolifere in mano degli americani. Forse è giusto pensare che il fine giustifica i mezzi, ma è ancor più giusto pensare che la moralità è indispensabile per fare gli idealisti.

Da un punto di vista finanziario, la moralità del Fronte è cristallo puro: il Fronte non ha un soldo. Ogniqualvolta compra un fucile dai beduini che se lo fanno pagare anche trecento dollari, dunque centottantamila lire, le sue tasche si vuotano. E molti fucili infatti sono, come dire, sequestrati. Catturati. O ricevuti in dono da qualche paese comunista. Chi spara una pallottola senza una ragione logica viene punito. Magari ripetendo mille volte: «Una pallottola costa settanta lire, una pallottola costa settanta lire, una pallottola costa settanta lire...». I fidayn del Fronte non hanno salario come quelli di Al Fatah: al massimo viene loro offerto l'aiuto di cinque dollari al mese, circa tremila lire, e il trasporto per recarsi a visitar la famiglia ogni trenta giorni. Nelle poche basi militari che hanno, l'attrezzatura è insufficiente e si tira la cinghia: il piatto quotidiano è composto di fave bollite o fagioli, la carne si mangia una volta la settimana quando va bene. Le ore non impegnate negli addestramenti vengon riempite rigorosamente dai corsi di indottrinazione politica: lo studio dei testi marxisti e leninisti, la lettura dei pensieri di Mao Tse-tung, dei saggi rivoluzionari fino a Debray. Le pallottole non si sprecano ma i libretti rossi sì. Li regala la Cina, ed è tutto. Il Fronte è così povero da non possedere neanche una vera sede e un numero di telefono. Se vuoi prender contatto devi affidarti al caso o mettere in giro la voce che sei all'hotel Tal dei Tali e vuoi vedere qualcuno, poi aspettare che qualcuno ti chiami. Il qualcuno è di solito un intellettuale o un borghese dei molti che, sembra un paradosso, formano la spina dorsale del movimento. Oltre a non avere una sede e un telefono, il Fronte non ha un ufficio stampa né un giornale né mezzi di trasporto. Il brav'uomo che mi condusse da Habash guidava un'automobile così vecchia e scassata che giungere a destinazione fu per entrambi motivo di straordinaria sorpresa. In altre parole, chi diviene fidayn col Fronte non lo fa certo per convenienza o per furbizia. Del resto il numero dei suoi fidayn è bassissimo. La cifra sussurrata è duemila persone ma uno di loro mi confessò: «Milleseicento».

Eppure son quei milleseicento che, bene o male, concentrano l'attenzione del mondo. E non solo per la crudeltà dei loro sabotaggi in Israele o in Europa: per il preciso indirizzo politico che li distingue e col quale influenzano tutto il movimento fidayn. Bando alle storie: sotto sotto, la Resistenza palestinese è comunista, sostenuta e aizzata dalla Cina e dalla Russia che sfruttano con abilità il nazionalismo degli arabi. E se la lotta è guidata oggi dai capi di Al Fatah, socialdemocratici o liberalsocialisti, non è detto che anche domani essa sia guidata da loro. Al contrario. Parlando coi guerriglieri delle basi e coi profughi dei campi, ci metti poco a capire che prima o poi quei capi saranno costretti a diventar comunisti o a mettersi da parte. Il futuro non appartiene a chi crede che una vittoria militare conduca alla fondazione di uno Stato democratico palestinese, appartiene a chi crede che «uccidere una persona a Tel Aviv o a Zurigo ha più effetto che uccidere cento soldati in battaglia». È sospetto di molti che l'uomo di domani non sia Faruk El Kaddoumi alias Abu Lotuf, o Yassir Arafat alias Abu Ammar, ma il dottor George Habash che fin da ora si presenta col suo vero nome. «No, io non mi nascondo, non mi camuffo. Chi si sceglie uno pseudonimo lo fa spesso per il gusto del dramma, e io ho abbastanza drammi in me stesso per inventarne altri.» E con ciò torniamo al mio incontro col medico che era nato per essere un angelo e che l'odio, o la disperazione, trasformò invece in un diavolo.

L'incontro avvenne di notte, alla periferia di Amman, nella stanza di un caseggiato annesso a un campo di profughi. La stanza non aveva che una scrivania e qualche sedia. Era tappezzata di manifesti contro il sionismo e sorvegliata, oltre la porta chiusa, da fidayn armati col mitragliatore. Dentro, infatti, non c'eravamo che io, lui, Moroldo, e il tipo che ci aveva condotto fin lì. Io sedevo alla scrivania e George Habash sulla sedia di fronte: le spalle curve, le mani abbandonate sui ginocchi, il volto sollevato nell'attesa di ciò che gli avrei chiesto. In tal posizione continuava a guardarmi con quegli occhi fermi e dolorosi, e ciò rinviava la mia voglia di attaccarlo. Gli domandai quanti anni avesse, rispose quarantaquattro. Poi si portò le dita ai capelli grigi, come a farsi scusare di sembrar così vecchio, e balenò un sorriso umile. Ma, quando posi il primo perché, il sorriso si spense. Annuì gravemente e gravemente spiegò. Parlava in inglese, lingua che conosce assai bene, e la sua voce era quella di un professore che insegna anatomia agli studenti. Pacata, sicura. Il suo tono era invece distante: il tono di chi non cerca alleati, né amici, perché non ne ha bisogno e la solitudine è la sua scelta. Restò tale per un'ora e mezzo, cioè fino al momento in cui gli posi l'ultimo perché e si turbò e pianse. Sì, pianse. Ma questo viene dopo, ed ecco l'intervista. Che purtroppo è antecedente a quei quarantasette morti dell'aereo esploso sulla foresta di Doettingen.

ORIANA FALLACI. *Dottor Habash, voi del Fronte siete specializzati negli atti di terrorismo. E molti di questi avvengono in Europa. Ma perché volete imporci una guerra che non ci appartiene? Con quale criterio, con quale diritto?*

DOTTOR HABASH. Ora glielo spiego. Anzitutto con una premessa. In guerra bisogna stabilire, in modo scientifico, chi è il nostro nemico. E, in modo scientifico, io affermo che il nostro nemico non è Israele e basta. È Israele, più il movimento sionista che domina in molti paesi dove si appoggia Israele, più l'imperialismo. In particolare alludo all'imperialismo inglese del periodo che va dal 1918 al 1948 e all'imperialismo americano che va dal 1948 fino a oggi. Se dovessimo fronteggiare solo Israele, la faccenda sarebbe quasi semplice: ma dobbiamo fronteggiare chiunque appoggi Israele economicamente, militarmente, politicamente, ideologicamente. Vale a dire i paesi capitalisti che hanno voluto Israele ed ora se ne servono come baluardo dei loro interessi in Arabia. Questi paesi includono, oltre all'America, quasi tutta l'Europa. Ora dimentichiamo un momento l'Europa con cui non siamo in guerra, è vero, e consideriamo Israele: con cui siamo in guerra. Israele, da un punto di vista economico e anche politico, è un'isola: perché giace isolata da tutti i paesi amici e circondata da tutti i paesi nemici. Cioè la Siria, il Libano, la Giordania, l'Egitto. Di conseguenza i suoi rapporti coi paesi amici si svolgono solo via mare e via cielo: è indispensabile danneggiare Israele nelle sue comunicazioni via mare e via cielo. Delle sue comunicazioni via mare ci occuperemo in futuro: nelle navi, nei porti, nello stesso Mediterraneo. Delle sue comunicazioni aeree ce ne stiamo occupando da tempo: colpendo gli aerei della compagnia israeliana El Al. Gli aerei della El Al sono per noi un obiettivo militare più che legittimo: non solo perché appartengono al nemico, non solo perché più di ogni altro mezzo legano l'isola Israele con le altre sponde, ma perché provvedono anche al trasporto di munizioni e di truppe. E sono guidati da ufficiali di riserva dell'aviazione israeliana. In guerra è lecito colpire il nemico ovunque egli sia, e tale regola ci conduce anche negli aeroporti dove gli apparecchi della El Al atterrano o decollano. Vale a dire in Europa.

Dottor Habash, lei dimentica che su quegli aerei vi sono passeggeri che non sono israeliani ma cittadini di paesi neutrali. E dimentica anche che quegli aeroporti non appartengono agli israeliani ma a paesi neutrali. Rispettare i paesi neutrali è un'altra legge di guerra.

A parte il fatto che questi aeroporti si trovano sempre in paesi filosionisti, io le ripeto che abbiamo il diritto di combattere il nostro nemico ovunque egli sia. Quanto ai passeggeri non israeliani, essi si recano in Israele. Poiché non abbiamo alcuna giurisdizione sul paese che ci è stato rubato e che viene chiamato Israele, è giusto che chiunque si rechi in Israele debba avere il nostro permesso. Del resto paesi come la Germania, l'Italia, la Francia, la Svizzera contano numerosi ebrei tra i loro cittadini e a questi ebrei essi consentono di servirsi del loro territorio per combattere gli arabi. Se l'Italia, ad esempio, è una base per colpire gli arabi, gli arabi hanno tutto il diritto di usare l'Italia come base per colpire gli ebrei.

No, dottor Habash. L'Italia non serve da base agli ebrei per colpire gli arabi. E neanche la Germania, la Francia, la Svizzera. Siete voi che seminate nei nostri paesi il terrore e la morte. E infatti non attaccate soltanto gli aerei della El Al. Ma dove volete arrivare? A far la guerra a tre quarti del pianeta?

No, non vogliamo fare la guerra a tre quarti del pianeta. Ma bisogna esser scientifici e riconoscere che la nostra rivoluzione è un momento della rivoluzione mondiale: essa non si limita alla riconquista della Palestina. Bisogna essere onesti e ammettere che ciò a cui vogliamo arrivare è una guerra come quella del Vietnam. Vogliamo un altro Vietnam e non solo nell'area della Palestina ma di tutti i paesi arabi. I palestinesi fanno parte della nazione araba, è necessario che l'intera nazione araba entri in guerra: cosa che del resto accadrà, le do tre o quattro anni di tempo. Allora, e anche prima, le forze rivoluzionarie della Giordania, della Siria, del Libano si solleveranno al nostro fianco in una guerra totale. Siamo appena all'inizio dell'inizio della nostra lotta: il bello deve venire. Ed è giusto che l'Europa e l'America sappiano fin da ora che non ci sarà pace per loro finché non ci sarà giustizia per la Palestina. Vi attendono giorni scomodi, e non è un prezzo troppo alto per l'aiuto che date a Israele. Chiarito ciò, arriviamo agli attacchi che noi rivolgiamo contro gli aerei che non appartengono alla El Al. Suppongo che lei alluda a quell'aereo della TWA dirottato su Damasco. Bè, l'America è un porto del nostro nemico, quindi è nostro nemico. Dirottammo l'aereo come rappresaglia al fatto che l'America avesse venduto i Phantom a Israele.

Dottor Habash, se l'America dà i Phantom a Israele, la Russia dà i Mig all'Egitto. Quindi i conti son pari e, se dovessimo dirottare un aereo tutte le volte che la Russia dà armi all'Egitto, si viaggerebbe solo in bicicletta. Ma non la turba il sospetto di provocare una terza guerra mondiale?

Onestamente no. Il mondo si è servito di noi, si è dimenticato di noi. È tempo che si ricordi di noi, è tempo che non si serva più di noi. Qualsiasi cosa accada, noi continueremo la nostra lotta per tornare a casa.

Non v'interessa neanche l'opinione pubblica mondiale? Non v'interessa neanche l'indignazione, l'inimicizia che si rovescia su voi ogniqualvolta procurate guai in terra straniera? Ma come fate a invocare la nostra comprensione e il nostro rispetto se ci sparate addosso senza che noi vi spariamo addosso?

Ovvio che l'opinione pubblica mondiale c'interessa. Quando l'opinione pubblica è con te, significa che sei dalla parte giusta; quando non c'è, significa che in te qualcosa non va. Ma questo non è il modo di porre il problema perché la pubblica opinione a noi interessa più sul piano della conoscenza che sul piano della simpatia. Ora mi spiego. Gli attacchi del Fronte Popolare non si basano sulla quantità ma sulla qualità. Noi riteniamo infatti che uccidere un ebreo lontano da un campo di battaglia abbia più effetto che uccidere cento ebrei in battaglia: perché provoca maggiore attenzione. Quindi, se appicchiamo il fuoco a un magazzino di Londra, quelle poche fiamme equivalgono all'incendio totale di due kibbutz. Perché induciamo gli altri a chiedersi perché, e in tal modo li informiamo sulla nostra tragedia. Bisogna ricordarvi continuamente che esistiamo. L'opinione pubblica mondiale, in fondo, non è mai stata né con noi né contro di noi: ci ha sempre e semplicemente ignorato. È dal 1917, l'epoca della Dichiarazione di Balfour, che non sapete nulla di noi. Appena ora la gente incomincia a intuire che siamo stati cacciati dalla nostra terra come cani rognosi: una terra dove noi vivevamo come lei vive in Italia, o come un francese vive in Francia, o un inglese in Inghilterra, o un siriano in Siria. Bè, attraverso quei sabotaggi noi vogliamo anche ricordare al mondo che qui è successa una catastrofe e giustizia dev'essere fatta. Oh, ci creda, dopo quel che è successo abbiamo il diritto di fare tutto, compreso ciò che lei chiama sabotaggi o terrorismo. Dov'era la pubblica opinione nel 1917 quando gli inglesi decisero di regalare agli ebrei una terra abitata per il 96 per cento dai palestinesi?

Stava occupandosi di una faccenduola chiamata Seconda guerra mondiale, dottor Habash. Devo concludere dalla sua risposta che a voi del Fronte non importa causare vittime tra noi europei? Devo concludere che avete tutta l'intenzione di continuare a dar fuoco ai nostri negozi, a sparare nei nostri aeroporti, a mettere bombe nei nostri sacchi postali, a tormentarci col terrorismo?

Quando queste cose le facevano gli ebrei in Palestina voi non le chiamavate atti di terrorismo: dicevate guerra di liberazione. Sì, certo che insisteremo nella nostra strategia: la allargheremo, anzi. Ma facendo del nostro meglio per non recar danno agli europei. Io le giuro sulla testa dei miei figli che a questo problema dedichiamo molta attenzione: l'ordine dato ai nostri commando è sempre quello di risparmiare gli europei. In tutte le operazioni compiute dal Fronte Popolare durante il 1969 quest'ordine è stato rispettato e non un solo europeo ci ha rimesso la vita. Consideri ad esempio l'incendio che causammo in quel magazzino di Londra. Per il nostro fidayn sarebbe stato facile gettar due o tre bombe e uccidere un mucchio di gente. Invece si contentò di appiccare il fuoco di notte, senza causar vittime. Ad Atene, è vero, un bambino morì: ma noi del Fronte non abbiamo niente a che fare con quell'operazione. Non siamo i soli a compiere ciò che lei chiama sabotaggi. Non dimentichi che i movimenti palestinesi sono numerosi.

Parliamo d'altro, dottor Habash. Ad esempio dei paesi che non rischiano mai ciò che rischiamo noi: dei vostri amici.

Lo scopo della nostra lotta non è solo di ridare un'identità alla Palestina ma di instaurarvi il socialismo. Siamo nazionalisti e socialisti nella stessa misura: diciamo che il Fronte Popolare è un movimento condotto attraverso l'ideologia socialista. È dal 1967 che noi abbiamo compreso una realtà indiscutibile: per liberare la Palestina bisogna seguire l'esempio cinese, l'esempio vietnamita. Non c'è proprio altra via: ci abbiamo meditato molto, e scientificamente. Israele è un fenomeno colonialista, il colonialismo è un fenomeno imperialista, l'imperialismo è un fenomeno capitalista: quindi i soli paesi che consideriamo amici, e ai quali non ci sogniamo di dirottare gli aerei, sono i paesi socialisti. Il paese più amico di tutti, comunque, è la Cina. Il suo atteggiamento verso i palestinesi è molto chiaro, molto amichevole, e le sue idee sono precise: la Cina vuole che Israele venga spazzato via perché finché Israele esisterà vi sarà in Arabia una base aggressiva dell'imperialismo.

E l'Unione Sovietica?

In seconda istanza, anche l'Unione Sovietica è nostra amica. Ovvio. È lei che fornisce armi ai regimi arabi, o diciamo ai regimi che governano attualmente l'Arabia. E, forse, non è giusto neanche dire «in seconda istanza» perché siamo molto amici anche dell'Unione Sovietica. Guardi, la nostra posizione è quella dei vietnamiti: siamo amici di chi ci è amico. La Cina ci sostiene, ci aiuta, quindi siamo con lei. L'Unione Sovietica ci sostiene, ci aiuta, quindi siamo con lei. Noi non guardiamo ai sovietici come i cinesi vorrebbero che guardassimo ai sovietici, e non guardiamo ai cinesi come i sovietici vorrebbero che noi guardassimo ai cinesi. Certo non ci piace quando l'Unione Sovietica offre programmi di pace, o trabocchetti quali la risoluzione del Consiglio di Sicurezza dell'ONU, perché la pace noi non la vogliamo, ai compromessi pacifici non cederemo mai. E la Cina è d'accordo su questo punto.

In cosa si materializza l'aiuto della Cina? Vi mandate anche voi, ad esempio, i vostri istruttori?

No, mai. Del resto non li mandiamo neanche nel Nord Vietnam, neanche in Algeria. Noi del Fronte ci istruiamo da soli: abbiamo i nostri campi e i nostri corsi dove non impariamo soltanto a sparare. Impariamo ad esempio l'ebraico. Il nostro modo di allenarci è diverso da quello di Al Fatah.

Infatti i vostri rapporti con Al Fatah non sono buoni. Che ne pensa lei di Yassir Arafat?

Le dico una cosa che la sorprenderà: siamo abbastanza amici. Cadiamo in discussioni accese, quando c'incontriamo, ma nell'insieme andiamo d'accordo. Non potrebbe essere altrimenti, combattiamo dietro la stessa barricata. Però noi e Al Fatah abbiamo idee troppo diverse in troppi campi. Noi, ad esempio, non accetteremmo mai il denaro che essi accettano dalle forze reazionarie, non toccheremmo mai il denaro che puzza di petrolio americano. Facendole la lista dei nostri nemici ho dimenticato infatti di elencare i regimi nazionali arabi. Quelli di cui Al Fatah non tiene conto e con cui Al Fatah collabora. E a torto, perché se le raccontassi la storia degli ultimi cinquantadue anni della Palestina io le dimostrerei che gli ostacoli più grossi ci sono sempre venuti dalle forze reazionarie arabe. Per cominciare, dall'Arabia Saudita dove la maggior parte dei pozzi petroliferi sono in mano degli americani. Poi il Libano, dove c'è quel marcio regime. Poi la Giordania, dove c'è quel re pronto a riconoscere Israele. E la lista potrebbe allungarsi. Conclusione: accettar soldi da loro significherebbe rinunciare alla nostra moralità, disonorarci. I soldi li raccattiamo quindi fra noi e, se la mancanza di soldi diventerà questione di vita o di morte, li prenderemo da chi ce li ha. Li prenderemo, non li accetteremo. Tantomeno li chiederemo. Chi entra nel Fronte Popolare sa che il Fronte Popolare non scherza. Del resto la forza rivoluzionaria della Palestina non è data da Al Fatah, è data da noi. Siamo noi che mobilizziamo le masse proletarie, il vero popolo insomma.

Dottor Habash, allora com'è che la stragrande maggioranza dei proletari sta con Al Fatah e tra voi vedo soprattutto intellettuali e borghesi?

È vero, non siamo forti. O non ancora. Ma ciò non ci dà alcun complesso di inferiorità perché non basta avere molti proletari in un partito per essere considerati un partito proletario. Basti pensare che i proletari in Europa sono sempre stati dalla parte dei borghesi: ciò che conta è l'ideologia proletaria, il programma proletario. Avere molti fidayn attirandoli magari col denaro, non significa nulla: cento fidayn con chiare idee rivoluzionarie combattono meglio di mille fidayn reclutati con un buon salario. E, anche se avessimo i soldi di Al Fatah, noi non accetteremmo troppa gente: continueremmo a pensare che la forza dei fidayn non si basa sul numero ma sulla qualità. Specie dovendo ricorrere alla strategia del sabotaggio, come lo chiama lei.

Dottor Habash, ma cosa c'è di eroico nel dar fuoco a un ospizio di vecchi, nel distruggere le riserve di ossigeno di un ospedale, nel far precipitare un aereo o nel distruggere un supermarket?

È guerriglia, un certo tipo di guerriglia. E cos'è la guerriglia se non la scelta di un obiettivo che offra successo al cento per cento? Cos'è la guerriglia se non tormento, disturbo, logorio di nervi, piccolo danno? In guerriglia non si usa la forza bruta, si usa il cervello. Specialmente se siamo poveri come noi del Fronte. Pensare a una guerra normale sarebbe stupido da parte nostra. L'imperialismo è troppo potente e Israele è troppo forte. Ha generali di prima classe, e Phantom, e Mirage, e soldati addestrati egregiamente, e un sistema che può mobilitare trecentomila soldati. Combatter loro è come combattere l'America: un popolo debole e sottosviluppato come il nostro non può affrontarli a faccia a faccia. Siamo seri! Per distruggerli bisogna dare un colpetto qui, un colpetto là, avanzare passo per passo, millimetro per millimetro, per anni, decine di anni, determinati, ostinati, pazienti. E coi sistemi che abbiamo scelto. Che sono sistemi intelligenti, creda: lei se la sente proprio di viaggiare con aerei della El Al? Io non me la sentirei. Oh, mi sembra scandalizzata!

Lo sono, dottor Habash.

E ne ha tutto il diritto. Ha tutto il diritto di opporsi. Ma io non posso permettermi il lusso di considerare le sue idee, i suoi sentimenti: sarebbe come se volessi fare un'operazione chirurgica senza provocar sangue. A me non interessa il suo giudizio, anche se a suo modo è giusto, a me interessa il giudizio della mia gente. E sapesse cosa prova la mia gente ogni volta che ogni operazione riesce! Il morale va alle stelle. Tanto voi vi scandalizzate, tanto loro si rinfrancano.

Ma di operazioni militari non ne fate mai? Quelle dove si rischia non la galera ma la vita?

Eccome. L'ottantacinque per cento dell'attività militare dentro Israele si deve a noi, non ad Al Fatah. Nella zona di Gaza, ad esempio, noi conduciamo la stragrande maggioranza degli attacchi, e nel resto del territorio occupato si agisce per il cinquanta per cento. A Gaza abbiamo sostenuto anche una battaglia che lo stesso Moshe Dayan testimoniò e definì la peggiore fra quante ne erano avvenute all'interno. La battaglia al campo di Madazi. E poi, quotidianamente, un carro armato distrutto qui, un soldato ucciso là, un traditore giustiziato. Giorni fa abbiamo scoperto una spia, l'abbiamo condannata a morte e abbiamo compiuto l'esecuzione nel villaggio di Al Nousseirat. Si chiamava Youssef Kokach e diceva d'essere un uomo d'affari arabo, un mercante. Invece era un alto ufficiale dell'esercito israeliano. Il mese scorso un compagno ha attaccato da solo un ristorante frequentato dai militari israeliani. È morto, ma prima di morire ha ammazzato più di venti nemici.

Dottor Habash, vorrei parlare un poco di lei. Lei era un medico e il suo mestiere era salvare la gente, non ucciderla. Lei era anche cristiano e la sua religione era quella basata sull'amore, sul perdono. Non le capita mai di rimpiangere il suo passato?

Ero... Cristiano, sì. Cristiano ortodosso. Ero... Medico, sì. Pediatra. Mi piaceva tanto. Pensavo di fare il lavoro più bello del mondo. E lo è, sa? Perché è un lavoro dove impieghi tutto: cervello, emozioni. Specie coi bambini. Amavo curare i bambini... E fu duro abbandonare tutto, fu duro! A volte il rimpianto mi buca, sì. Mi buca come uno spillo. Ma dovetti fare quello che feci e non me ne pento. C'era troppa contraddizione tra la mia attività politica e il mio lavoro in clinica. Un uomo non può divider così i suoi sentimenti, i suoi ragionamenti: da una parte curare e dall'altra uccidere. Viene il giorno in cui un uomo deve dire a se stesso: o qui o là.

Dottor Habash, dica la verità: cosa la fece decidere? Cosa provocò una simile metamorfosi? Voglio capire, mi faccia capire.

Cosa? Non un ragionamento, temo. Per esempio, non Marx. Marx lo avevo già letto, a certe conclusioni scientifiche ero già arrivato. Fu... Fu un sentimento, sì. Io, vede, ero abituato allo spettacolo del dolore fisico ma non a quello del dolore morale. E neanche a quello dell'ingiustizia, della vergogna. Fino al 1948 ero stato un giovanotto come gli altri, il tipico figlio del benestante, il tipico universitario che ama divertirsi nuotando in piscina o giocando a tennis o andando a spasso con le ragazze. Ciò che accadde nel 1948 mi avvilì ma non mi cambiò molto: avevo ventidue anni e abitavo a Lidda, presso Gerusalemme, non dovevo condividere la tragedia dei profughi. Ottenuta la laurea, mi rifugiai nella medicina come nell'unico mezzo per rendermi utile all'umanità. E anche un mezzo per applicare il mio socialismo: ero giunto al socialismo negli ultimi anni dell'università. Ma poi venne il 1967, e loro furono a

Lidda e... Non so come spiegarmi... Ciò che significa questo per noi... Non aver più una casa, né una nazione, né qualcuno cui importi... Ci costrinsero a fuggire. È una visione che mi perseguita e che non dimenticherò mai... Mai! Trentamila creature che se ne andavano a piedi, piangendo... Urlando di terrore... Le donne coi bambini in braccio o attaccati alle sottane... Mentre i soldati israeliani le spingevano coi fucili. Loro cadevan per strada... Spesso non si rialzavano più... Terribile, terribile, terribile! Tu vedi certe cose e pensi: ma questa non è vita, non è umanità, a cosa serve curare un corpo ammalato se poi accade questo? Bisogna cambiar questo mondo, bisogna fare qualcosa, uccidere se necessario, uccidere a costo d'esser disumani e morire a nostra volta... Quando hai visto questo, la tua mente e il tuo cuore cambiano... Senti che c'è qualcosa che conta più della vita... Voi non ci capite, forse ci disprezzate: ma poi ci capirete. E non ci disprezzerete più, e sarete al cento per cento con noi.

Fu allora che la sua bocca cominciò a tremare e i suoi occhi si riempiron di lacrime e una lacrima gli scese giù per il naso. Lunga, lunga... Cosa devo aggiungere? La natura umana è il mistero dei misteri, e ciò che divide il bene dal male è un filo talmente invisibile. Talmente sottile. A volte si spezza tra le tue mani, così.

Rascida Abhedo
La donna della strage

Sembrava una monaca. O una guardia rossa di Mao Tse-tung. Delle monache aveva la compostezza insidiosa, delle guardie rosse l'ostilità sprezzante, di entrambe il gusto di rendersi brutta sebbene fosse tutt'altro che brutta. Il visino ad esempio era grazioso; occhi verdi, zigomi alti, bocca ben tagliata. Il corpo era minuscolo e lo indovinavi fresco, privo di errori. Ma l'insieme era sciupato da quei ciuffi neri, untuosi, da quel pigiama in tela grigioverde, un'uniforme da fatica suppongo, di taglia tre volte superiore alla sua: quella sciatteria voluta, esibita, ti aggrediva come una cattiveria. Dopo il primo sguardo, ti apprestavi con malavoglia a stringerle la mano, che ti porgeva appena, restando seduta, costringendoti a scendere verso di lei nell'inchino del suddito che bacia il piede della regina. In silenzio bestemmiavi: «Maleducata!». La mano toccò molle la mia. Gli occhi verdi mi punsero con strafottenza, anzi con provocazione, una vocetta litigiosa scandì: «Rascida Abhedo, piacere». Poi, rotta dallo sforzo che tal sacrificio le era costato, si accomodò meglio contro la spalliera del grande divano in fondo al salotto dove occupava il posto d'onore. Dico così perché v'erano molte persone, e queste le sedevan dinanzi a platea: lei in palcoscenico e loro in platea. Una signora che avrebbe fatto da interprete, suo marito, un uomo che mi fissava muto e con sospettosa attenzione, un giovanotto dal volto dolcissimo e pieno di baffi, infine Najat: la padrona di casa che aveva organizzato l'incontro con lei.

Come lei, essi appartenevano tutti al Fronte Popolare, cioè il movimento maoista che da Al Fatah si distingue per la preferenza a esercitare la lotta coi sabotaggi e il terrore. Però, al contrario di lei, eran tutti ben vestiti, cordiali e borghesi: invece che ad Amman avresti detto di trovarti a Roma, tra ricchi comunisti à la page, sai tipi che fingono di voler morire per il proletariato ma poi vanno a letto con le principesse. La signora che avrebbe fatto da interprete amava andare in vacanza a Rapallo e calzava scarpe italiane. Najat, una splendida bruna sposata a un facoltoso ingegnere, era la ragazza più sofisticata della città: in una settimana non l'avevo mai sorpresa con lo stesso vestito, con un accessorio sbagliato. Sempre ben pettinata, ben profumata, ben valorizzata da un completo giacca-pantaloni o da una minigonna. Non credevi ai tuoi orecchi quando diceva: «Sono stanca perché ho partecipato alle manovre e mi duole una spalla perché il kalashnikov rincula in modo violento». Stasera indossava un modello francese e il suo chic era così squisito che, paragonata a lei, la monaca in uniforme resultava ancor più inquietante. Forse perché sapevi chi era. Era colei che il 21 febbraio 1969 aveva fatto esplodere due bombe al supermercato di Gerusalemme, causando una carneficina. Era colei che dieci giorni dopo aveva costruito un terzo ordigno per la caffetteria della Università Ebraica. Era colei che per tre mesi aveva mobilizzato l'intera polizia israeliana e provocato Dio sa quanti arresti, repressioni, tragedie. Era colei che il Fronte custodiva per gli incarichi più sanguinolenti. Ventitré anni, ex maestra di scuola. La fotografia appesa in ogni posto di blocco: «Catturare o sparare». La patente di eroe. Al suo tono strafottente, provocatorio, ora s'era aggiunta un'espressione di gran sufficienza: la stessa che certe dive esibiscono quando devono affrontare i giornalisti curiosi.

Mi accomodai accanto a lei sul divano. Lasciai perdere ogni convenevole, misi in moto il registratore: «Voglio la tua storia, Rascida. Dove sei nata, chi sono i tuoi genitori, come sei giunta a fare quello che fai». Alzò un sopracciglio ironico, tolse di tasca un fazzoletto. Si pulì il naso, lenta, rimise in tasca il fazzoletto. Si raschiò la gola. Sospirò. Rispose.

«Sono nata a Gerusalemme, da due genitori piuttosto ricchi, piuttosto conformisti, e assai rassegnati. Non fecero mai nulla per difendere la Palestina e non fecero mai nulla per indurmi a combattere. Fuorché influenzarmi, senza saperlo, coi loro racconti del passato. Mia madre, sempre a ripetere di quando andava a Giaffa col treno e dal finestrino del treno si vedeva il Mediterraneo che è così azzurro e bello. Mio padre, sempre a lagnarsi della notte in cui era fuggito con la mia sorellina su un braccio e me nell'altro braccio. E poi a dirmi dei partiti politici che c'erano prima del 1948, tutti colpevoli d'aver ceduto, d'aver deposto le armi, ma il suo era meno colpevole degli altri eccetera. E poi a mostrarmi la nostra vecchia casa al di là della linea di demarcazione, in territorio israeliano. Si poteva vederla dalle nostre finestre e penso che questo, sì, m'abbia servito. Prima di andare a letto la guardavo sempre, con ira, e a Natale guardavo gli arabi che si affollavano al posto di blocco per venire dai parenti profughi. Piangevano, perdevano i bambini, i fagotti. Erano brutti, senza orgoglio, e ti coglieva il bisogno di fare qualcosa. Questo qualcosa io lo scoprii nel 1962 quando entrai a far parte del Movimento nazionale arabo, il Fronte Popolare di oggi. Avevo quindici anni, non dissi nulla ai miei genitori. Si sarebbero spaventati, non avrebbero compreso. Del resto si faceva poco: riunioni di cellula, corsi politici, manifestazioni represse dai soldati giordani».

ORIANA FALLACI. *Come eri entrata in contatto con quel movimento?*

RASCIDA ABHEDO. A scuola. Cercavano adepti fra gli studenti. Poi venne il 1967: l'occupazione di Gerusalemme, di Gerico, del territorio a est del Giordano. Io in quei giorni non c'ero, ero nel Kuwait: insegnavo in una scuola media di una cittadina sul Golfo. C'ero stata costretta perché nelle scuole della Giordania c'era poca simpatia pei maestri palestinesi. L'occupazione di Gerusalemme mi gettò in uno stato di sonnolenza totale. Ero così mortificata che per qualche tempo non vi reagii e ci volle tempo perché capissi che agli altri paesi arabi non importava nulla della Palestina, non si sarebbero mai scomodati a liberarla: bisognava far questo da soli. Ma allora perché restavo in quella scuola a insegnare ai ragazzi? Il mio lavoro lo amavo, intendiamoci, lo consideravo alla stregua di un divertimento, ma era necessario che lo abbandonassi. Mi dimisi e venni ad Amman dove mi iscrissi subito al primo gruppo di donne addestrate dall'FPLP. Ragazze tra i diciotto e i venticinque anni, studentesse o maestre come me. Era il gruppo di Amina Dahbour, quella che hanno messo in prigione in Svizzera per il dirottamento di un aereo El Al, di Laila Kaled, che dirottò l'aereo della TWA, di Sheila Abu Mazal, la prima vittima della barbarie sionista.

La interruppi: anche questo nome m'era familiare perché ovunque lo vedevi stampato con l'appellativo di eroina e sui giornali occidentali avevo letto che era morta in circostanze eccezionali. Chi diceva in combattimento, chi diceva sotto le torture.

Rascida, come morì Sheila Abu Mazal?

Una disgrazia. Preparava una bomba per un'azione a Tel Aviv e la bomba scoppiò tra le sue mani. Perché?

Così. Raccontami degli addestramenti, Rascida.

Uffa. Eran duri. Ci voleva una gran forza di volontà per compierli. Marce, manovre, pesi. Sheila ripeteva: bisogna dimostrare che non siamo da meno degli uomini! E per questo in fondo scelsi il corso speciale sugli esplosivi. Era il corso che bisognava seguire per diventare agenti segreti e, oltre alla pratica degli esplosivi, prevedeva lo studio della topografia, della fotografia, della raccolta di informazioni. I nostri istruttori contavano molto sulle donne come elemento di sorpresa: da una ragazza araba non ci si aspettano certe attività. Divenni brava a scattar fotografie di nascosto ma specialmente a costruire ordigni a orologeria. Più di ogni altra cosa volevo maneggiare le bombe, io sono sempre stata un tipo senza paura. Anche da piccola. Non m'impressionava mai il buio. I corsi duravano a volte quindici giorni, a volte due mesi o quattro. Il mio corso fu lungo, assai lungo, perché dovetti anche imparare a recarmi nel territorio occupato. Passai il fiume molte volte, insieme alle mie compagne. A quel tempo non era difficilissimo perché gli sbarramenti fotoelettrici non esistevano, ma la prima volta non fu uno scherzo. Ero tesa, mi aspettavo di morire. Ma presto fui in grado di raggiungere Gerusalemme e stabilirmici come agente segreto.

Dimmi delle due bombe al supermarket, Rascida.

Uffa. Quella fu la prima operazione di cui posso rivendicare la paternità. Voglio dire che la concepii da sola, la preparai da sola, e da sola la portai fino in fondo. Avevo ormai partecipato a tanti sabotaggi del genere e potevo muovermi con disinvoltura. E poi avevo una carta di cittadinanza israeliana con cui potevo introdurmi in qualsiasi posto senza destare sospetto. Poiché abitavo di nuovo coi miei genitori, scomparivo ogni tanto senza dare nell'occhio. L'idea di attaccare il supermarket l'ebbi quattro giorni dopo la cattura di Amina a Zurigo, e la morte di Abdel. Nella sparatoria con l'israeliano, ricordi, Abdel rimase ucciso. Bisognava vendicare la morte di Abdel e bisognava dimostrare a Moshe Dayan la falsità di ciò che aveva detto: secondo

Moshe Dayan, il Fronte Popolare agiva all'estero perché non era capace di agire entro Israele. E poi bisognava rispondere ai loro bombardamenti su Irbid, su Salt. Avevano ucciso civili? Noi avremmo ucciso civili. Del resto nessun israeliano noi lo consideriamo un civile ma un militare e un membro della banda sionista.

Anche se è un bambino, Rascida? Anche se è un neonato?

Gli occhi verdi si accesero d'odio, la sua voce adirata disse qualcosa che l'interprete non mi tradusse, e subito scoppiò una gran discussione cui intervennero tutti: anche Najat, anche il giovanotto col volto dolcissimo. Parlavano in arabo, e le frasi si sovrapponevan confuse come in una rissa da cui si levava spesso un'invocazione: «Rascida!». Ma Rascida non se ne curava. Come un bimbo bizzoso scuoteva le spalle e, solo quando Najat brontolò un ordine perentorio, essa si calmò. Sorrise un sorriso di ghiaccio, mi replicò.

Questa domanda me la ponevo anch'io, quando mi addestravo con gli esplosivi. Non sono una criminale e ricordo un episodio che accadde proprio al supermarket, un giorno che vi andai in avanscoperta. C'erano due bambini. Molto piccoli, molto graziosi. Ebrei. Istintivamente mi chinai e li abbracciai. Ma stavo abbracciandoli quando mi tornarono in mente i nostri bambini uccisi nei villaggi, mitragliati per le strade, bruciati dal napalm. Quelli di cui loro dicono: bene se muore, non diventerà mai un fidayn. Così li respinsi e mi alzai. E mi ordinai: non farlo mai più, Rascida, loro ammazzano i nostri bambini e tu ammazzerai i loro. Del resto, se questi due bambini morranno, o altri come loro, mi dissi, non sarò stata io ad ammazzarli. Saranno stati i sionisti che mi forzano a gettare le bombe. Io combatto per la pace, e la pace val bene la vita di qualche bambino. Quando la nostra vera rivoluzione avverrà, perché oggi non è che il principio, numerosi bambini morranno. Ma più bambini morranno più sionisti comprenderanno che è giunto il momento di andarsene. Sei d'accordo? Ho ragione?

No, Rascida.

La discussione riprese, più forte. Il giovanotto dal volto dolcissimo mi lanciò uno sguardo conciliativo, implorante. V'era in lui un che di straziante e ti chiedevi chi fosse. Poi, con l'aiuto di alcune tazze di tè, l'intervista andò avanti.

Perché scegliesti proprio il supermarket, Rascida?

Perché era un buon posto, sempre affollato. Durante una decina di giorni ci andai a tutte le ore proprio per studiare quando fosse più affollato. Lo era alle undici del mattino. Osservai anche l'ora in cui apriva e in cui chiudeva, i punti dove si fermava più gente, e il tempo che ci voleva a raggiungerlo dalla base segreta dove avrei ritirato la bomba o le bombe. Per andarci mi vestivo in modo da sembrare una ragazza israeliana, non araba. Spesso vestivo in minigonna, altre volte in pantaloni, e portavo sempre grandi occhiali da sole. Era interessante, scoprivo sempre qualcosa di nuovo e di utile, ad esempio che se camminavo con un peso il tragitto tra la base e il supermarket aumentava. Infine fui pronta e comprai quei due bussolotti di marmellata. Molto grandi, da cinque chili l'uno, di latta. Esattamente ciò di cui avevo bisogno.

Per le bombe?

Sicuro. L'idea era di vuotarli, riempirli di esplosivo, e rimetterli dove li avevo presi. Quella notte non tornai a casa. Andai alla mia base segreta e con l'aiuto di alcuni compagni aprii i bussolotti. Li vuotai di quasi tutta la marmellata e ci sistemai dentro l'esplosivo con un ordigno a orologeria. Poi saldai di nuovo il coperchio, perché non si vedesse che erano stati aperti e…

Che marmellata era, Rascida?

Marmellata di albicocche, perché?

Così… Non mangerò mai più marmellata di albicocche.

Rascida rise a gola spiegata e a tal punto che le venne la tosse.

Io la mangiai, invece. Era buona. E dopo averla mangiata andai a dormire.

Dormisti bene, Rascida?

Come un angelo. E alle cinque del mattino mi svegliai bella fresca. Mi vestii elegantemente, coi pantaloni alla charleston, sai quelli attillati alla coscia e svasati alla caviglia, mi pettinai con cura, mi truccai gli occhi e le labbra. Ero graziosa, i miei compagni si congratulavano: «Rascida!». Quando fui pronta misi i bussolotti della marmellata in una borsa a sacco: sai quelle che si portano a spalla. Le donne israeliane la usano per fare la spesa. Uh, che borsa pesante! Un macigno! L'esplosivo pesava il doppio della marmellata. Ecco perché negli addestramenti ti abituano a portare pesi.

Come ti sentivi, Rascida? Nervosa, tranquilla?

Tranquilla, anzi felice. Ero stata così nervosa nei giorni precedenti che mi sentivo come scaricata. E poi era una mattina azzurra, piena di sole. Sapeva di buon auspicio. Malgrado il peso della borsa camminavo leggera, portavo quelle bombe come un mazzo di fiori. Sì, ho detto fiori. Ai posti di blocco i soldati israeliani perquisivano la gente ma io gli sorridevo con civetteria e, senza attendere il loro invito, aprivo la borsa: «Shalom, vuoi vedere la mia marmellata?». Loro guardavano la marmellata e con cordialità mi dicevano di proseguire. No, non andai dritta al supermarket: dove andai prima è affar mio e non ti riguarda. Al supermarket giunsi poco dopo le nove. Che pensi?

Pensavo a un episodio del film *La battaglia di Algeri*, quello dove tre donne partono una mattina per recarsi a sistemare esplosivi su obiettivi civili. Una delle tre donne è una ragazza che assomiglia straordinariamente a Rascida: piccola, snella, e porta i pantaloni. Passando ai posti di blocco strizza l'occhio ai soldati francesi, civetta. Chissà se Rascida aveva visto il film. Magari sì. Bisognava che glielo chiedessi quando aveva finito il racconto. Ma poi me ne dimenticai. O forse volli dimenticarmene per andarmene via prima.

Pensavo... A nulla. Cosa accadde quando entrasti nel supermarket, Rascida?

Entrai spedita e agguantai subito il carry-basket, sai il cestino di metallo dove si mette la roba, il cestino con le ruote. Al supermarket c'è il self service, ti muovi con facilità. La prima cosa da fare, quindi, era togliere i due bussolotti di marmellata dalla mia borsa e metterli nel carry-basket. Ci avevo già provato ma con oggetti più piccoli, non così pesanti, coi bussolotti grandi no e per qualche secondo temetti di dare nell'occhio. Mi imposi calma, perciò. Mi imposi anche di non guardare se mi guardavano altrimenti il mio gesto avrebbe perso spontaneità. Presto i bussolotti furono nel carry-basket. Ora si trattava di rimetterli a posto ma non dove li avevo presi perché non era un buon punto. Alla base avevo caricato i due ordigni a distanza di cinque minuti, in modo che uno esplodesse cinque minuti prima dell'altro. Decisi di mettere in fondo al negozio quello che sarebbe esploso dopo. L'altro, invece, vicino alla porta dove c'era uno scaffale con le bottiglie di birra e i vasetti.

Perché, Rascida?

Perché la porta era di vetro come le bottiglie di birra, come i vasetti. Con l'esplosione sarebbero schizzati i frammenti e ciò avrebbe provocato un numero maggiore di feriti. O di morti. Il vetro è tremendo: lanciato a gran velocità può decapitare, e anche i piccoli pezzi sono micidiali. Non solo, la prima esplosione avrebbe bloccato l'ingresso. Allora i superstiti si sarebbero rifugiati in fondo al negozio e qui, cinque minuti dopo, li avrebbe colti la seconda esplosione. Con un po' di fortuna, nel caso la polizia fosse giunta alla svelta, avrei fatto fuori anche un bel po' di polizia.

Rise divertita, contenta. E ciò le provocò un nuovo accesso di tosse.

Non ridere, Rascida. Continua il tuo racconto, Rascida.

Sempre senza guardare se mi guardavano, sistemai i due bussolotti dove avevo deciso. Se qualcuno se ne accorse non so, ero troppo concentrata in ciò che stavo facendo. Ricordo solo un uomo molto alto, con il cappello, che mi fissava. Ma pensai che mi fissasse perché gli piacevo. Te l'ho detto che ero molto graziosa quella mattina. Poi, quando anche il secondo bussolotto fu nello scaffale, comprai alcune cose: tanto per non uscire a mani vuote. Comprai un grembiule da cucina, due stecche di cioccolata, altre sciocchezze. Non volevo dare troppi soldi agli ebrei.

Cos'altro comprasti, Rascida?

I cetriolini sottaceto. E le cipolline sottaceto. Mi piacciono molto. Mi piacciono anche le olive farcite. Ma cos'è questo, un esame di psicologia?

Se vuoi. E li mangiasti quei cetriolini, quelle cipolline?

Certo. Li portai a casa e li mangiai. Non era un'ora adatta agli antipasti e mia madre disse, ricordo: «Da dove vengono, quelli?». Io risposi: «Li ho comprati al mercato». Ma che te ne importa di queste cose? Torniamo al supermarket. Avevo deciso che l'intera faccenda dovesse durare quindici minuti. E quindici minuti durò. Così, dopo aver pagato, uscii e tornai a casa. Qui feci colazione e riposai. Un'ora di cui non ricordo nulla. Alle undici in punto aprii la radio per ascoltar le notizie. Le bombe erano state caricate alle sei e alle sei e cinque, affinché scoppiassero cinque ore dopo. L'esplosione sarebbe dunque avvenuta alle undici e alle undici e cinque: l'ora dell'affollamento. Aprii la radio per accertarmene e per sapere se... Se erano morti bambini nell'operazione.

Lascia perdere, Rascida. Non ci credo, Rascida. Cosa disse la radio?

Disse che c'era stato un attentato al supermarket e che esso aveva causato due morti e undici feriti. Rimasi male, due morti soltanto, e scesi per strada a chiedere la verità. Radio Israele non dice mai la verità. La verità era che le due bombe avevan causato ventisette morti e sessanta feriti fra cui quindici gravissimi. Bè, mi sentii meglio anche se non perfettamente contenta. Gli esperti militari della mia base avevano detto che ogni bomba avrebbe ucciso chiunque entro un raggio di venticinque metri e, verso le undici del mattino, al supermarket non contavi mai meno di trecentocinquanta persone. Oltre a un centinaio di impiegati.

Rascida, provasti anzi provi nessuna pietà per quei morti?

No davvero. Il modo in cui ci trattano, in cui ci uccidono, spenge in noi ogni pietà. Io ho dimenticato da tempo cosa significa la parola pietà e mi disturba perfino pronunciarla. Corre voce che ci fossero arabi in quel negozio. Non me ne importa. Se c'erano, la lezione gli servì a imparare che non si va nei negozi degli ebrei, non si danno soldi agli ebrei. Noi arabi abbiamo i nostri negozi, e i veri arabi si servono lì.

Rascida, cosa facesti dopo esserti accertata che era successo ciò che volevi?

Dissi a mia madre: «Ciao, mamma, esco e torno fra poco». La mamma rispose: «Va bene, fai presto, stai attenta». Chiusi la porta e fu l'ultima volta che la vidi. Dovevo pensare a nascondermi, a non farmi più vedere neanche se arrestavano i miei. E li arrestarono. Non appena il Fronte Popolare assunse la paternità dell'operazione, gli israeliani corsero da quelli che appartenevano al Fronte. Hanno schedari molto precisi, molto aggiornati: un dossier per ciascuno di noi. E tra coloro che presero c'era un compagno che sapeva tutto di me. Così lo torturarono ma lui resistette tre giorni: è la regola. Tre giorni ci bastano infatti a metterci in salvo. Dopo tre giorni disse il mio nome, così la polizia venne ad arrestarmi ma non mi trovò e al mio posto si portò via la famiglia. Mio padre, mia madre, mia sorella maggiore e i bambini. Mia madre e i bambini li rilasciarono presto, mio padre invece lo tennero tre mesi e mia sorella ancora di più. Al processo non ci arrivarono mai perché in realtà né mio padre né mia sorella sapevano niente.

E tu cosa facesti, Rascida?

Raggiunsi una base segreta e preparai la bomba per la cafeteria dell'Università Ebraica. Questo accadde il 2 marzo e purtroppo io non potei piazzare la bomba, che non ebbe un esito soddisfacente. Solo ventotto studenti restaron feriti, e nessun morto. In compenso le cose peggiorarono molto per me: la mia fotografia apparve dappertutto e la polizia prese a cercarmi ancor più istericamente. Fu necessario abbandonare la base segreta e da quel momento dovetti cavarmela proprio da me. Mi trasferivo di casa in casa, una notte qui e una notte là, per strada mi sembrava sempre d'esser seguita. Un giorno un'automobile mi seguì a passo d'uomo per circa due ore. Esitavano a fermarmi, credo, perché ero molto cambiata e vestita come una stracciona. Riuscii a far perdere le mie tracce e, in un vicolo, bussai disperatamente a una porta. Aprì un uomo, cominciai a piangere e a dire che ero sola al mondo: mi prendesse a servizio per carità. Si commosse, mi assunse e rimasi lì dieci giorni. Al decimo, giudicai saggio scomparire. Ero appena uscita che la polizia israeliana arrivò e arrestò l'uomo. Al processo, malgrado ignorasse tutto di me, fu condannato a tre anni. È ancora in prigione.

Te ne dispiace, Rascida?.

Che posso fare? In carcere ce l'hanno messo loro, mica io. E io ho sofferto tanto. Tre mesi di caccia continua.

Ci credo, avevi fatto scoppiare tre bombe! E come tornasti in Giordania, Rascida?

Con un gruppo militare del Fronte. Si passò le linee di notte. Non fu semplice, dovemmo nasconderci molte ore nel fiume e bevvi un mucchio di quell'acqua sporca. Sono ancora malata. Ma partecipo lo stesso alle operazioni da qui e l'unica cosa che mi addolora è non poter più mettere bombe nei luoghi degli israeliani.

E non vedere più i tuoi genitori, averli mandati in carcere, ti addolora?

La mia vita personale non conta, in essa non v'è posto per le emozioni e le nostalgie. I miei genitori li ho sempre giudicati brava gente e tra noi c'è sempre stato un buon rapporto, ma v'è qualcosa che conta più di loro ed è la mia patria. Quanto alla prigione, li ha come svegliati: non sono più rassegnati, indifferenti. Ad esempio potrebbero lasciare Gerusalemme, mettersi in salvo, ma rifiutan di farlo. Non lasceremo mai la nostra terra, dicono. E se Dio vuole...

Credi in Dio, Rascida?

No, non direi. La mia religione è sempre stata la mia patria. E insieme ad essa il socialismo. Ho sempre avuto bisogno di spiegare le cose scientificamente, e Dio non lo spieghi scientificamente: il socialismo sì. Io credo nel socialismo scientifico, basato sulle teorie marxiste-leniniste che ho studiato con cura. Presto studierò anche *Il Capitale*: è in programma nella nostra base. Voglio conoscerlo bene prima di sposarmi.

Ti sposi, Rascida?

Sì, tra un mese. Il mio fidanzato è quello lì.

E additò il giovanotto dal volto dolcissimo. Lui arrossì gentilmente e parve affondare dentro la poltrona.

Congratulazioni. Avevi detto che nella tua vita non c'è posto per i sentimenti.

Ho detto che capisco le cose solo da un punto di vista scientifico e il mio matrimonio è la cosa più scientifica che tu possa immaginare. Lui è comunista come me, fidayn come me: la pensiamo in tutto e per tutto nel medesimo modo. Inoltre v'è attrazione fra noi ed esaudirla non è forse scientifico? Il matrimonio non c'impedirà di combattere: non metteremo su casa. L'accordo è incontrarci tre volte al mese e solo se ciò non intralcia i nostri doveri di fidayn. Figli non ne vogliamo: non solo perché se restassi incinta non potrei più combattere e il mio sogno più grande è partecipare a una battaglia, ma perché non credo che in una situazione come questa si debba mettere al mondo bambini. A che serve? A farli poi morire o almeno restare orfani?

Allora si alzò il fidanzato, che si chiamava Thaer, e con l'aria di scusarsi venne a sedere presso di me. Guardandomi con due occhi di agnello, parlando con voce bassissima, dolce come il suo viso, disse che conosceva Rascida da circa tre anni: quando lei insegnava nel Kuwait e lui studiava psicologia all'università.

Mi piacque come essere umano, pei suoi pregi e i suoi difetti. Dopo la guerra del 1967 le scrissi una lettera per annunciarle che sarei diventato fidayn, per spiegarle che l'amavo, sì, ma la Palestina contava più del mio amore. Lei rispose: «Thaer, hai avuto più fiducia in me di quanta io ne abbia avuta in te. Perché tu m'hai detto di voler diventare fidayn e io non te l'ho detto. Abbiamo gli stessi progetti, Thaer, e da questo momento mi considero davvero fidanzata con te».

Capisco, Thaer. Ma cosa provasti a sapere che Rascida aveva ucciso ventisette persone senza un fucile in mano?

Thaer prese fiato e congiunse le mani come a supplicarmi di ascoltarlo con pazienza.

Fui orgoglioso di lei. Oh, so quello che provi, all'inizio la pensavo anch'io come te. Perché sono un uomo tenero, io, un sentimentale. Non assomiglio a Rascida. Il mio modo di fare la guerra è diverso: io sparo a chi spara. Ma ho visto bombardare i nostri villaggi e mi sono rivoltato: ho deciso che avere scrupoli è sciocco. Se invece d'essere uno spettatore obiettivo tu fossi coinvolta nella tragedia, non piangeresti sui morti senza il fucile. E capiresti Rascida.

Certo è difficile capire Rascida. Ma vale la pena provarci e, per provarci, bisogna avere visto i tipi come Rascida nei campi dove diventano fidajat: cioè donne del sacrificio. Lunghe file di ragazze in grigioverde, costrette giorno e notte a marciare sui sassi, saltare sopra altissimi roghi di gomma e benzina, insinuarsi entro reticolati alti appena quaranta centimetri e larghi cinquanta, tenersi in bilico su ponticelli di corde tese su trabocchetti, impegnarsi in massacranti lezioni di tiro. E guai se sbagli un colpo, guai se calcoli male il salto sul fuoco, guai se resti impigliato in una punta di ferro, guai se dici basta, non ce la faccio più. L'istruttore che viene dalla Siria, dall'Iraq, dalla Cina, non ha tempo da perdere con le femminucce: se hai paura, o ti stanchi, ti esplode una raffica accanto agli orecchi. Hai visto le fotografie. Ch'io sappia, neanche i berretti verdi delle forze speciali in Vietnam, neanche i soldati più duri dei commandos israeliani vengono sottoposti ad addestramenti così spietati. E da quelli, credi, esci non soltanto col fisico domato ma con una psicologia tutta nuova. Dice che in alcuni campi (questo io non l'ho visto) le abituano perfino alla vista del sangue. E sai come? Prima sparano su un cane lasciandolo agonizzante ma vivo, poi buttano il cane tra le loro braccia e le fanno correre senza ascoltarne i guaiti. Dopo tale esperienza, è dimostrato, al dolore del corpo e dell'anima non badi più.

Al campo Schneller conobbi una fidajat che si chiamava Hanin, Nostalgia. La intervistai e mi disse d'avere venticinque anni, un figlio di sei e una figlia di due. Le chiesi: «Dove li hai lasciati, Hanin?» Rispose: «In casa, oggi c'è mio marito». «E cosa fa tuo marito?» «Il fidayn. Oggi è in licenza.» «E quando non c'è tuo marito?» «Qua e là.» «Hanin, non basta un soldato in famiglia?» «No, voglio passare anch'io le linee, voglio andare anch'io in combattimento.» Poi ci mettemmo a parlare di altre cose, del negozio di antiquariato che essi possedevano a Gerusalemme, del fatto che non gli mancassero i soldi eccetera. La conversazione era interessante, si svolgeva direttamente in inglese, e io non mi curavo del lieve sospiro, quasi un lamento, che usciva dalle pieghe del kassiah. I grandi occhi neri erano fermi, la fronte era appena aggrottata, e pensavo: poverina, è stanca. Ma poi l'istruttore chiamò, era giunto il turno di sparare al bersaglio, e Hanin si alzò: nell'alzarsi le sfuggì un piccolo grido. «Ti senti male, Hanin?» «No, no. Credo soltanto d'essermi slogata un piede. Ma ora non c'è tempo di metterlo a posto, lo dirò quando le manovre saranno finite.» E raggiunse le compagne, decisa, col suo piede slogato.

Per capire Rascida, o provarci, bisogna anche avere visto le donne che hanno fatto la guerra senza allenarsi: affrontando di punto in bianco la morte, la consapevolezza che la crudeltà è indispensabile se vuoi sopravvivere. In un altro campo conobbi Im Castro: significa Madre di Castro. Im essendo l'appellativo che i guerriglieri palestinesi usano per le donne, e Castro essendo il nome scelto da suo figlio maggiore: fidayn. Im Castro era un donnone di quarant'anni, con un corpo da pugile e un volto da Madonna bruciata dalle intemperie. Acqua, vento, sole, rabbia, disperazione, tutto era passato su quei muscoli color terracotta riuscendo a renderli più forti e più duri anziché sgretolarli. Contadina a Gerico, era fuggita nel 1967 insieme al marito, il fratello, il cognato, due figli maschi e due femmine. Qui era giunta dopo Karameh e qui viveva sotto una tenda dove non possedeva nulla fuorché una coperta e un rudimentale fornello con due pentole vecchie. Le chiesi: «Im Castro, dov'è tuo marito?». Rispose: «È morto in battaglia, a Karameh». «Dov'è tuo fratello?» «È morto in battaglia, a Karameh.» «Dov'è tuo cognato?» «È morto in battaglia, a Karameh.» «Dove sono i tuoi figli?» «Al fronte, sono fidayn.» «Dove sono le tue figlie?» «Agli addestramenti, per diventare fidajat.» «E tu?» «Io non ne ho bisogno, lo so usare il kalashnikov, il Carlov, e queste qui.» Sollevò un cencio e sotto c'era una dozzina di bombe col manico. «Dove hai imparato a usarle, Im Castro?» «A Karameh, combattendo col sangue ai ginocchi.» «E prima non avevi mai sparato, Im Castro?» «No, prima coltivavo grano e fagioli.» «Im Castro, cosa provasti ad ammazzare un uomo?» «Una gran gioia, che Allah mi perdoni. Pensai: hai ammazzato mio marito, ragazzo, e io ammazzo te.» «Era un ragazzo?» «Sì, era molto giovane.» «E non hai paura che succeda lo stesso ai tuoi figli?» «Se i miei figli muoiono penserò che hanno fatto il loro dovere. E piangerò solo perché essendo vedova non potrò partorire altri figli per darli alla Palestina.» «Im Castro, chi è il tuo eroe?» «Eroe è chiunque spari la mitragliatrice.»

Le guerre, le rivoluzioni, non le fanno mai le donne. Non sono le donne a volerle, non sono le donne a comandarle, non sono le donne a combatterle. Le guerre, le rivoluzioni, restano dominio degli uomini. Per quanto utili o utilizzate, le donne vi servono solo da sfondo, da frangia, e neanche la nostra epoca ha modificato questa indiscutibile legge. Pensa all'Algeria, pensa al Vietnam dove esse fanno parte dei battaglioni vietcong ma in un rapporto di cinque a venti coi maschi. Pensa alla stessa Israele dove le soldatesse son così pubblicizzate ma chi si accorge di loro in battaglia se non sono una figlia di Moshe Dayan. In Palestina è lo stesso. Dei duecentomila palestinesi mobilitati da Al Fatah, almeno un terzo son donne: intellettuali come Rascida, madri di famiglia come Hanin, signore borghesi come Najat, contadine come Im Castro. Però quasi tutte sono in fase di riposo o di attesa, pochissime vivono nelle basi segrete, e solo in casi eccezionali partecipano a un combattimento. È indicativo, ad esempio, che tra i fidayn al fronte non ne abbia incontrata nessuna e che l'unica di cui mi abbian parlato sia una cinquantaquattrenne che fa la vivandiera per un gruppo di Salt. È indiscutibile, inoltre, che l'unica di cui si possa vantare la morte sia quella Sheila cui scoppiò una bomba in mano. Ad usare le donne nella Resistenza non ci sono che i comunisti rivali di Al Fatah i quali le impiegano senza parsimonia per gli atti di sabotaggio e di terrorismo. La ragione è semplice e intelligente. In una società dove le donne hanno sempre contato quanto un cammello o una vacca, e per secoli sono rimaste segregate al ruolo di moglie di madre di serva, nessuno si aspettava di trovarne qualcuna capace di dirottare un aereo, piazzare un ordigno, maneggiare un fucile. Abla Taha, la fidajat di cui si parlò anche alle Nazioni Unite per gli abusi che subì in prigione sebbene fosse incinta, racconta: «Quando mi arrestarono al ponte Allenby perché portavo esplosivo, gli israeliani non si meravigliarono mica dell'esplosivo. Si meravigliarono di scoprirlo addosso a una donna. Per loro era inconcepibile che un'araba si fosse tolta il velo per fare la guerra». La stessa Rascida, del resto, spiega che al corso di addestramento le donne venivano incluse come «elemento di sorpresa». Il discorso cui volevo arrivare, comunque, la morale della faccenda, non è questo qui. È che la sorpresa su cui gli uomini della Resistenza palestinese contavano per giocare il nemico, ha colto di contropiede anche loro. «Tutto credevamo,» mi confessò un ufficiale della milizia fidayn «fuorché le donne rispondessero al nostro appello come hanno fatto. Ormai non siamo più noi a cercarle, sono loro a imporsi e pretendere di andare all'attacco.»

«E qual è la sua interpretazione?» gli chiesi. L'ufficiale non era uno sciocco. Accennò una smorfia che oscillava tra il divertimento e il fastidio, rispose: «Lo sa meglio di me che l'amore per la patria c'entra solo in parte, che la molla principale non è l'idealismo. È... Sì, è una forma di femminismo. Noi uomini le avevamo chiuse a chiave dietro una porta di ferro, la Resistenza ha aperto uno spiraglio di quella porta ed esse sono fuggite. Hanno compreso insomma che questa era la loro grande occasione, e non l'hanno perduta. Le dico una cosa che esse non ammetterebbero mai in quanto è una verità che affoga nel loro subcosciente: combattendo l'invasore sionista esse rompono le catene imposte dai loro padri, dai loro mariti, dai loro fratelli. Insomma dal maschio». «E sono davvero brave?» «Oh, sì. Più brave degli uomini, perché più spietate. Abbastanza normale se ricorda che il loro nemico ha due facce: quella degli israeliani e la nostra.» «E crede che vinceranno?» «Non so. Dipende dal regime politico che avrà la Palestina indipendente. Capisce cosa voglio dire?»

Voleva dire ciò che dice, silenziosamente, Rascida. La società araba non è una società disposta a correggere i suoi tabù sulla donna e sulla famiglia. Le tradizioni mussulmane sono troppo abbarbicate negli uomini del Medio Oriente perché a scardinarle basti una guerra o il progresso tecnologico che esplode con la guerra. Finché dura l'atmosfera eroica, lo stato di emergenza, può sembrare che tutto cambi: ma, quando sopraggiunge la pace, le vecchie realtà si ristabiliscono in un batter di ciglia. Lo si è visto già in Algeria dove le donne fecero la Resistenza con coraggio inaudito e dopo ricaddero svelte nel buio. Chi comanda oggi in Algeria? Gli uomini o le donne? Che autorità hanno le Rascide che un tempo piazzavano le bombe? Perfino gli ex guerriglieri hanno quasi sempre sposato fanciulle all'antica, senza alcun merito militare o politico. Maometto dura: dura più di Confucio. Sicché tutto fa credere che i palestinesi, pur essendo tra gli arabi più europeizzati e moderni, commettano in futuro la stessa scelta o ingiustizia degli algerini: «Brave, bravissime, sparate, aiutate, ma poi via a casa». Ma, sotto

sotto, le loro donne lo sanno e, poiché la storia non offre solo l'esempio dell'Algeria, corrono fin da ora ai ripari. Come? Buttandosi dalla parte di coloro che abbracciano l'ideologia della Cina maoista: cioè il Fronte Popolare di George Abash. In Cina le donne non sono mica tornate a lavare i piatti; stanno anch'esse al potere, hanno vinto. Per vincere è necessario annullare ogni sentimento, incendiare le case dei vecchi, gli ospedali dei bambini, il più innocuo supermarket? E va bene. Per vincere è necessario imbruttirsi, sacrificare i genitori, credere nel socialismo scientifico, rendersi odiose? E va bene. Ciò che conta è non ricadere nel buio come le algerine, quando la pace verrà. Ciò che conta è non rimettere il velo quando gli uomini saranno in grado di cavarsela, come sempre, da soli. Può sembrare un paradosso, e forse lo è. Ma vuotando quei due bussolotti di marmellata e ficcandoci dentro esplosivo, Rascida non fece che comprarsi il domani. In fondo le ventisette creature che essa maciullò a Gerusalemme morirono perché lei si togliesse per sempre il velo e lo trasferisse sul volto dolcissimo del suo fidanzato, l'ignaro Thaer.

Hussein di Giordania

Il re era il ritratto dell'amarezza, del dolore orgoglioso e privo di qualsiasi illusione. Non potevi osservarlo senza avvertire come un bisogno di far qualcosa per lui, magari sussurrargli: «Pianti tutto, maestà. Venga via, si salvi. Se resta, l'ammazzano. Se l'ammazzano, nessuno le dirà grazie. Non ne vale la pena, maestà, ha rischiato fin troppo. Lei ha solo trentatré anni». Più che sussurrarglielo anzi glielo avresti gridato, e a trattenerti non era mica il timor d'insultarlo: era sapere che lui sapeva. Stava scritto sopra quel volto dove i baffi pendono già spruzzati di grigio, dove le rughe affondano già il ricordo di una giovinezza remota. Hai mai visto un volto più triste del volto di Hussein? I suoi occhi son polle di malinconia, le sue labbra son strisce di avvilimento, sembra che stia per piangere anche se sorride o ride. Del resto non credo che sappia ridere: escluso, forse, nelle rare pause in cui gioca coi figli. Ovunque e comunque tu lo sorprenda, egli ha l'aria di un uomo al quale non puoi dire che la vita è un dono di Dio. La vive, sì, e non certo da asceta o santone: gli piacciono le donne, le motociclette, le auto da corsa, le vacanze al mare e le emozioni violente. La difende, sì, e non certo da debole: ha imparato per questo a usar la pistola e ha una mira infallibile. Però con distacco, con rabbia oserei insinuare, e il sospetto che ogni giorno sia l'ultimo giorno.
Il re sedeva su una poltrona del suo ufficio a palazzo reale e indossava un completo verdognolo, non molto elegante, con una camicia che invece gli stava bene e una cravatta scelta con gusto. La poltrona era immensa e ciò lo rendeva più piccolo di quanto egli sia: un metro e cinquantanove all'incirca. Se vi appoggiava la schiena, i suoi piedi sfioravano appena il tappeto. Ma lui ve l'appoggiava lo stesso, posan-

do i gomiti sopra i braccioli e intrecciando le mani all'altezza dello stomaco: quasi a dimostrarti che la bassa statura non gli dà alcun complesso e infatti la porta con gran dignità, aiutato da un corpo ben sviluppato. Spalle larghe, bicipiti gonfi, cosce solide e polpacci muscolosi. Il corpo di un torello sempre in cerca di una rissa o una monta, e il paragone ti viene spontaneo se dimentichi il volto: v'è in lui la forza disperata del giovane toro che non cede mai. Tu lo prendi al laccio e lui scappa, poi torna indietro e si avventa. Lo riagguanti, lo chiudi dentro una gabbia, e lui la scuote finché non lo liberi per farlo entrar nell'arena. Dove si batte: più lo stuzzichi, più lo tormenti, più lo ferisci, più lui si batte. Sia pure in modo incerto, confuso, sbagliato: una cornata qui, una testata là, una corsetta laggiù. La politica di Hussein. Uno si chiede se la sua amarezza, la sua tristezza non nascano principalmente da questo, e cioè dal rendersi conto d'esser solo un giovane toro scaraventato in una corrida da cui non può uscire che morto. Picadores, banderilleros, toreri, amici, nemici, israeliani, egiziani, siriani, palestinesi, sono tutti uniti contro di lui: in una congiura facile e un po' vigliacca. È molto simpatico Hussein, molto rispettabile: se stai dalla parte del toro. Io ci sto. Il re non materializzava in nessun gesto particolare quel che ho detto finora. Al contrario. Il suo atteggiamento era tranquillo, cordiale, il suo sorriso era disinvolto. Lo era stato sin dall'attimo in cui aveva spalancato la porta e m'aveva stretto la mano chiedendo se mi trovassi bene in Giordania e se nessuno m'avesse recato torto: ove accadesse, lo informassi subito. A chi aveva alluso non so, ma il tono apparteneva al padrone di casa il quale vuol rammentarti che il padrone di casa è lui e non coloro che hai incontrato prima. Chiarito il punto, il re mi aveva offerto una sigaretta giordana e s'era chinato ad accenderla: divertendosi alla frase con cui avevo sottolineato la mia ignoranza di protocollo. «Mi hanno raccomandato di rivolgermi a lei con un Sua Maestà, ed è la seconda volta che me ne scordo... Maestà» «Lasci perdere,» aveva risposto «oggigiorno un re non è che un impiegato dello Stato, non è proprio il caso di far cerimonie. E io non ne fo mai.» Cosa molto vera se pensi che i giornalisti li riceve spesso in maniche di camicia e che abita in una villetta di poche stanze dove i servi son pochi e sua moglie fa da mangiare. Sua moglie, si sa, è una brava ragazza che faceva la dattilografa a Londra. Inglese, figlia di un colonnello a riposo, si chiamava soltanto Toni Gardiner e non aveva da offrirgli che la sua semplicità. Nessuno potrebbe accusarla di ostentare una bellezza o un'ambizione accecanti: rifiutò sempre il titolo di regina e accettò a malincuore il titolo di principessa impostole insieme a un nuovo nome, Muna, che vuol dir Desiderio. Lui le vuol bene appunto per questo. Chiesi al re se potevo incominciar l'intervista. Annuì e nello stesso momento la sua disinvoltura scomparve. La voce che prima era suonata maschia, autoritaria, si appassì e si spense in un bisbiglio garbato. «Prego, faccia pure.» Ciò mi indusse a sospettare una cosa di cui non avevo nemmen considerato l'eventualità: che fosse timido. Lo è. Proprio nel modo in cui lo sono i tori da combattimento quando scoprono che non gli fai del male e, colti da imbarazzo, retrocedono piegando il collo. Ma ne resti sorpreso. Non ti sorprende invece l'intuito da fiera con cui egli previene i tuoi colpi, l'abilità serpentina con cui li para. Infatti, se la sua educazione è occidentale (non dimentichiamo che Hussein studiò in un collegio svizzero e fu plasmato da Glubb Pascià cioè l'inglese che gli mise in piedi l'esercito), il suo sangue è arabo al mille per cento: intriso d'astuzia, di tortuosità. Alla mia prima domanda le sue mascelle si serrarono, le sue braccia si scossero in un impercettibile brivido, e parve colpito da una coltellata nel cuore. Tuttavia non mutò posizione, né perse controllo.

ORIANA FALLACI. *Maestà, chi comanda in Giordania? Ai posti di blocco fermano i fidayn, alle frontiere attaccano i fidayn, nei villaggi decidono i fidayn. Non è più un paradosso affermare che essi hanno costituito uno Stato dentro il suo Stato.*

RE HUSSEIN. Tante cose non vanno, lo so. Eccessi, prese di posizione che non posso permettere. A volte ciò provoca attriti. Ne ho discusso a lungo coi loro capi, ho citato gli accordi che s'erano impegnati ad osservare e che spesso non hanno osservato: la Giordania è uno Stato sovrano. E la Giordania è il paese che paga per le rappresaglie degli israeliani. A queste mie parole i loro capi hanno reagito da persone ragionevoli e credo che certe cose cambieranno. Ma siamo lontani dal dire che tutto proceda come vorrei che procedesse. E tuttavia... Quando mi si chiede perché non fermo i fidayn perché non caccio i fidayn... Io rispondo: non li fermerò, non li caccerò. Non perché non posso ma perché non voglio. Non è vero che io sono prigioniero dei fidayn, questo lo dice la propaganda israeliana. Non è vero che io non posso controllarli. È vero che io non voglio controllarli. Perché essi hanno tutto il diritto di battersi, di resistere. Soffrono da vent'anni, e gli israeliani stanno occupando la loro terra. Quella terra è anche territorio giordano: chi, se non la Giordania, deve aiutarli? Non dimentichi che buona parte della mia popolazione è palestinese, non dimentichi che la tragedia dei profughi qui è più evidente che altrove. Devo esser con loro.

Ma loro non sono con lei, maestà. Non ho trovato molta amicizia, tra i fidayn, verso di lei. E spesso ho trovato, come dire, ostilità.

Quando gli uomini subiscono un abuso e hanno la rabbia in cuore, i loro atti hanno conseguenze incontrollate. Ciò mi addolora ma non mi scoraggia. Arriveremo a un accordo: i loro capi non sono sciocchi e io sono ottimista. Certo è faticoso, a volte, penoso. Ma nella vita bisogna fare delle scelte e poi tenervi fede. Io ho scelto di tenere i fidayn e tengo fede alla mia scelta. Anche se il mio atteggiamento può sembrare donchisciottesco o ingenuo.

Maestà, lei crede davvero a una soluzione di pace?

Sì, io ci credo. Io ho sempre accettato la soluzione offerta dal Consiglio di sicurezza dell'ONU, e mi son sempre battuto per essa e mi batterò ancora. Il mio atteggiamento è chiaro: dico e ripeto che tutto ciò che gli israeliani devono fare è ritirarsi dai territori occupati nel 1967. Non v'è altro modo per raggiunger la pace. Ma gli israeliani non vogliono ritirarsi, non vogliono la pace.

Accettando la soluzione del Consiglio di sicurezza, lei riconosce a Israele il diritto di esistere. Insomma non nega che Israele sia una realtà storica e ineliminabile.

No, non lo nego. Accettare quella soluzione include automaticamente il riconoscimento di Israele. E significa che io credo alla possibilità di vivere in pace con Israele.

Ma questo è esattamente il contrario di quel che vogliono i fidayn, maestà! I fidayn vogliono distruggere Israele, non riconoscono il diritto di Israele ad esistere. I fidayn considerano loro nemico, anzi traditore chiunque accetti la risoluzione offerta dal Consiglio di sicurezza dell'ONU. Rifiutano ogni compromesso pacifico, non prescindono dalla guerra, esigono la guerra. Maestà, come può conciliarsi la sua posizione con quella dei fidayn?

In apparenza è inconciliabile ma io sono certo che prima o poi i fidayn finiranno col convincersi che bisogna giungere a un compromesso pacifico. Perché anche altri Stati arabi li convinceranno di tale necessità. E poi, a pensarci bene, non c'è gran differenza tra la mia ricerca di pace e la loro volontà di guerra. In Occidente ciò può apparire un paradosso ma, per noi che abbiamo una mentalità più elastica, il paradosso non c'è: sia io che i fidayn vogliamo veder riconoscere i nostri diritti. Ed io non accetterei mai una pace che non riconosca i nostri diritti, i loro diritti. Io le dico che, se Israele accettasse la soluzione del Consiglio di sicurezza, gli attacchi dei commandos cesserebbero: i commandos non avrebbero più ragione di esistere. È l'ostinazione degli israeliani che provoca l'esistenza dei commandos, non viceversa.

Mi permetta di dissentire, maestà. Ai fidayn non basta affatto che gli israeliani ritirino le truppe dai territori occupati. Se gli israeliani ritirassero le truppe, i fidayn continuerebbero gli attacchi più in là. Anche per questo gli israeliani non si ritirano.

Io devo credere, io voglio credere che non sia così. Io devo credere nella pace: qualcuno deve crederci...

Disse così e per un attimo mi parve smarrito, confuso come un toro che tira testate alla cieca. Nessuna delle sue risposte replicava alle mie domande o alle mie affermazioni, e lui lo sapeva. Da buon capo di Stato, giocava con la diplomazia. Da buon arabo, giocava con l'astuzia. Ma la logica non è fatta né di astuzia né di diplomazia. E la sua cultura occidentale, basata sulla logica, ora gli serviva soltanto ad accrescere il peso della sua disperazione. Mi fissò negli occhi, quasi a implorare: ma cosa vuoi che ti risponda, sai bene che queste son chiacchiere e che io non ho scelta. Poi chinò la testa e mi accorsi che non solo i baffi ma anche le tempie eran spruzzate di bianco. Ma io dovevo continuar le mie domande.

Maestà, parlando dello Stato palestinese che vogliono instaurare, i capi dei fidayn ripetono sempre che esso comprenderà il territorio sulla riva sinistra del Giordano: la West Bank insomma. Ma quel territorio non appartiene al regno di Giordania?

Sì, ma è quasi completamente abitato da palestinesi: è Palestina. Sicché è normale che i palestinesi vogliano rivendicarne il possesso, prima o poi. E, per tener fede alle scelte che ho fatto, è altrettanto normale che io non mi opponga. Quando il momento verrà, io chiederò ai palestinesi della West Bank di decidere se vogliono restare con la Giordania o diventare indipendenti. Dirò loro: decidete da soli il vostro futuro. Poi accetterò ciò che hanno deciso.

Ma della Giordania, allora... Cosa resterà?

Resterà... Quello che resterà. So benissimo che la West Bank costituisce il territorio più fertile della Giordania: occupandolo, gli israeliani ci hanno causato un danno economico immenso. Ma di nuovo si pone la necessità di una scelta: gli interessi o la coscienza. Quando un re, insomma un capo di Stato, afferma di riconoscere il diritto alla autodeterminazione dei popoli, deve applicare ciò fino in fondo. È molto facile esser liberali a parole, molto difficile esserlo a fatti. E anche quando questa guerra sarà finita, la Giordania si troverà ad essere il paese che ha pagato più crudelmente e più amaramente di tutti.

Questa parte della Giordania alla quale lei è pronto a rinunciare comprende Gerusalemme, maestà.

Sì... Ma Gerusalemme non dovrà mai essere proprietà privata di nessuno. Gerusalemme è sacra per i mussulmani quanto per i cristiani quanto per gli ebrei: su questo noi arabi siamo tutti d'accordo. Il problema immediato, quindi, è che anche gli israeliani se ne rendano conto e riconoscano i nostri diritti sulla parte araba di Gerusalemme. E non pretendano di annetterla a Israele. Lei sottolinea i futuri contrasti nel mondo arabo e dimentica che sono gli israeliani a volerci schiacciare col loro espansionismo.

Maestà, quei contrasti non appartengono al futuro: appartengono al presente. L'unità araba non esiste: s'è visto a Rabat.

La conferenza di Rabat non fu utile ma io ho sempre saputo che l'unità araba non si raggiunge a tavolino, riunendo in una sala i capi dei vari Stati arabi. Essa si raggiunge solo attraverso contatti separati fra Stato e Stato: lentamente, pazientemente. Noi e la Siria, noi e l'Egitto... Sono stato più volte in Egitto, e altre volte ci tornerò perché ogni incontro è più fruttuoso di quanto si creda. Gli angoli si smussano, i particolari si chiariscono...

Maestà, è sempre lei che va da Nasser. Non è mai Nasser che viene da lei. È lecito dedurne conclusioni?

Viaggia chi ha meno paura di viaggiare: ad alcuni l'aereo dà noia perché tengono troppo alla vita. Diciamo così: a me l'aereo non dà noia, io non ho paura di viaggiare per cercare amici.

Neanche quando gli amici tentano di farla precipitare come accadde con quei Mig siriani? Mi sbaglio, maestà, o sono sempre i suoi amici arabi come Nasser che vogliono ammazzarla?

Tentò un sorriso che finì in una smorfia e non rispose nulla. Non c'era nulla da rispondere e io lo stavo tormentando inutilmente. Come chiedere a un uomo che ha le mani e i piedi legati: «Dove vai stasera? Ci vai camminando o guidando?». Un'intervista politica con Hussein è impresa priva di senso: serve solo a capire che egli è una persona perbene, piena di nobili sogni, e del tutto allergica alla realtà. Un boy-scout che sinceramente si illude di aiutare una vecchia paralitica ad attraversare la pista del circuito di Monza durante una corsa. Scoraggiata, lasciai perdere dunque le domande politiche e passai a quelle, ben più affascinanti, sulla sua vita appesa a un filo.

Tu dici Hussein e dici attentati: ormai gli attentati alla sua vita non si contano più. Congiure, pistolettate, bombe, veleno. Lui stesso ha scritto in un libro: «Così numerosi e vari e costanti sono stati i complotti contro di me che a volte mi sento come il protagonista di un romanzo poliziesco».

La prima volta, è noto, successe quando aveva sedici anni e gli ammazzarono sotto gli occhi il nonno: re Abdulla. Fu sulla soglia della moschea di Aksa, a Gerusalemme, e i colpi di rivoltella non furon sparati solo contro Abdulla: uno raggiunse anche lui, dritto al cuore. Lo salvò una pesante medaglia che il nonno gli aveva appuntato sull'uniforme: la pallottola vi si schiacciò contro.

L'episodio dei Mig siriani è invece del 1958. Volava col suo aereo verso l'Europa: lo attaccarono in due e se la cavò grazie alla sua abilità di pilota, buttandosi in picchiata e poi rialzandosi, cambiando rotta a zig zag, rischiando di andare a fracassarsi sui monti e sui poggi.

Nel 1960 tentarono di farlo fuori con un sistema più insidioso. Gli era venuta una sinusite e il medico gliela faceva curare con gocce nel naso. Un giorno Hussein aprì una boccetta nuova e una goccia gli cadde sul lavabo, il lavabo cominciò a friggere, e al posto della goccia apparve presto un buco: qualcuno aveva sostituito la medicina con acido solforico. E che dire del servo che tentò di pugnalarlo mentre dormiva? O del cuoco che gli metteva veleno nel cibo? Se ne accorsero perché l'ufficiale di ordinanza faceva assaggiare il cibo ai gatti di palazzo reale e questi morivano. E la bomba piazzata nell'ufficio del suo primo ministro, Hazza Majali, il giorno in cui Hussein doveva recarsi da lui in visita? Hussein non morì perché la bomba esplose in anticipo ammazzando solo il primo ministro ed altre otto persone. E le quattro raffiche di mitra contro quella che sembrava la sua automobile ed era invece l'automobile dello zio? E la rivolta militare organizzata dal comandante supremo del suo esercito, Abu Nuwar? Le truppe s'erano accasermate a Zerqa, Hussein saltò su una jeep e le raggiunse. Sceso dalla jeep, si vide puntare addosso una rivoltella: stavolta si salvò perché fu più svelto dell'altro a sparare. Gira sempre con una Colt 38 infilata nella cintura, quando va a letto la sistema sotto il guanciale.

Perché questo è il fatto più straordinario di Hussein: più la sua vita è in pericolo, più lui si espone. Il giorno in cui sbarcai ad Amman, notai sulla pista un giovanotto tarchiato e baffuto che assomigliava molto a Hussein. Il giovanotto aiutò una giovane signora e due bambini a salire su un aereo di linea, diretto a Londra, poi si diresse verso una Mercedes parcheggiata presso il cancello, si mise al volante e partì tutto solo imboccando la strada che porta in città. Dissi: «Sembrava Hussein quello lì». Risposero: «Era Hussein». Esclamai: «Ma come? Se ne va senza scorta, indifeso, così?». Risposero: «Sempre».

Che sia coraggioso è perfino assurdo sottolinearlo. Lo è in modo temerario, irritante. Nel 1967, quando gli israeliani avanzavano sulla Giordania, fu l'unico capo di Stato che si recò al fronte. Da solo, con la sua jeep. I suoi soldati scappavano, laceri, e lui andava avanti: sotto il fischio delle bombe e dei mortai. Nel gennaio scorso, quando gli israeliani passarono il confine ad El Sifa e attaccarono con cinquanta carri armati, corse laggiù e si mise a seguir la battaglia. Certe cose le facevano i condottieri del passato, oggi neanche i generali partecipano ai combattimenti. Sicché non puoi non concludere che il pericolo fisico gli piaccia. Ed insisto sulla parola fisico: che è il suo grande limite, come nei tori. Gli stessi sport che pratica rappresentano un pericolo fisico e basta. Si diverte a gettarsi col paracadute, a spengere i motori dell'elicottero e lasciarlo cadere giù per riprenderne all'ultimo momento il controllo, a correre con la sua Porsche fino a 300 all'ora e passa, a fare acrobazie sconsiderate col suo jet Hawker Hunter.

Un tempo amava anche travestirsi da tassista e cercare clienti, di notte, per le vie di Amman, poi chiedergli cosa pensassero del nuovo re. Ora si contenta di andare da Nasser, cioè colui che gli aveva organizzato lo scherzo dei Mig. E di andarci col pistolone.

Maestà, noi italiani abbiamo un proverbio che nel suo caso va rovesciato così: dai nemici mi guardi Iddio, dagli amici mi guardo io. Ma è sicuro che quel pistolone basti a garantire la sua sicurezza?

Gli occidentali temono sempre che io venga ammazzato. La prima cosa che mi chiedono è: ma lei non ha paura d'essere ammazzato? No, non ci penso neanche. Lo giuro. Ho visto la morte in faccia tante di quelle volte che ormai sono abituato al rischio come al giorno e alla notte. Del resto, se mi lasciassi ossessionare dall'idea della morte, non uscirei più di casa e non mi sentirei sicuro neanche lì. Sono un arabo, credo nel fato: sia fatta la volontà di Dio e, se deve succedere, succederà.

Tutti coloro che si divertono col rischio fisico parlano di fatalismo, maestà.

No, non è vero che il rischio mi piaccia: nessuna persona intelligente ama giocarsi la vita. Ma il rischio è diventato per me l'elemento naturale in cui vivere: ciò che l'acqua è per un pesce. Un pesce non si rende nemmeno conto di vivere nell'acqua perché non potrebbe vivere altrove. Lo sport mi piace, è vero, e lo sport offre sempre un margine di rischio: o non è sport. Ma non lo faccio per questo, lo faccio perché ho bisogno di muovermi, di esercitarmi. Una volta qualcuno mi ha chiesto se la dote che ammiro maggiormente in un uomo è il coraggio. Ho esitato prima di rispondere sì. Certo che ammiro il coraggio, un uomo senza coraggio non è un uomo. Ma il coraggio fisico non basta se non è accompagnato dall'intelligenza e ciò che ammiro di più in un uomo è l'intelligenza. Solo con quella si risolvon le cose, e con la determinazione.

Neanche con quella, maestà. E il suo caso lo dimostra. Maestà, lei prima mi ha parlato di bei progetti ma io vorrei replicarle con una domanda realistica: non le capita mai di non poterne più, di sognare un sogno più pratico e cioè mandar tutto al diavolo e ritirarsi a vivere in pace?

Sì... Temo di sì. Vi sono giorni in cui un uomo che fa il mio mestiere ci pensa davvero. Si sveglia la mattina e dice: basta... Ogni mattina è un dilemma: continuare o no? E ogni mattina finisco col risolvere il dilemma dicendo a me stesso: continuare, devi continuare. Vede, io non ero nato per fare il mestiere di re. Quando ero ragazzo e la prospettiva di diventar re era ancora lontana perché sapevo che, morto il nonno, il regno sarebbe passato a mio padre, io pensavo a scegliermi un mestiere. Ed ero incerto tra il mestiere di avvocato e il mestiere di pilota. Lo studio della legge è bellissimo se si crede alla legge come io ci credo. E poi la legge è una ricerca di tutti i perché: sarei stato un ottimo avvocato, io, lo so. Il gioco dialettico del giusto e dell'ingiusto, della ragione e del torto... Sì, ancora meglio che fare il pilota. Sebbene guidare aerei sia per me una gioia travolgente: gli spazi aperti, la tecnologia. Quando guido il mio aereo non permetto mai che il secondo pilota passi ai comandi. E invece il nonno morì così presto e... Mio padre si ammalò, e mi toccò diventar re. Così giovane. Appena diciassette anni. Poco, troppo poco. Se sapesse quanto fu duro per me. Non sapevo nulla e sbagliavo, sbagliavo... Per quanti anni ho sbagliato. Ho imparato molto tardi.

E quando ha imparato le è piaciuto, maestà? Anzi, mettiamo la domanda in termini più brutali ed onesti: oggi come oggi, crede che ne valga la pena, maestà?

Che domanda difficile, imbarazzante. Le ho già detto che non l'ho scelto io questo mestiere e che, se avessi potuto, forse non l'avrei scelto. Perché, se essere capo di Stato è una condanna a scadenza limitata, essere re è una condanna a vita. Però io non devo pormi il problema che mi piaccia o no, io devo pormi il problema di farlo anche se non mi piace. In qualsiasi lavoro capitano giorni di stanchezza, di nausea: ma, se dovessimo cedere a quelli, faremmo come gli spostati che cambiano continuamente lavoro e finiscono col farli tutti male. No, finché il mio popolo mi vuole, o finché io sono vivo tra un popolo che mi vuole, io non abbandonerò il mestiere di re. L'ho giurato a me stesso prima che agli altri. E non solo per una questione d'orgoglio, mi creda, ma perché a questa mia terra io voglio bene. Abbandonarla per vivere sulla Costa Azzurra sarebbe una viltà, un tradimento. Che nel mio caso personale ne valga la pena o no, io resto. Pronto ad affrontare chiunque cerchi di mandarmi via contro la volontà della mia gente.

Mi aveva promesso quaranta minuti. Ne erano passati quarantacinque. Guardò l'orologio e disse: «Peccato, dobbiamo interromperci, ho un altro impegno. Però potremmo rivederci a casa mia: la prossima settimana torna mia moglie. So che sarebbe felice di offrirle una tazza di tè».

Ci lasciammo con quella promessa, poi esplose la battaglia di El Sifa e quella tazza di tè non la bevemmo mai. Avrei dovuto attendere troppi giorni, e volevo partire. Tuttavia lo vidi una seconda volta, quarantotto ore dopo. Fu durante una specie di cerimonia che si svolgeva a Salt, la città fra Amman e il ponte Allenby. Il re doveva parlare ai notabili e alla popolazione. Giunse sotto la pioggia, vestito da soldato: pantaloni di tela kaki, maglia dello stesso colore, berretto rosso e pistolone al fianco.

Fradicio e calmo passò tra la folla che lo pressava in una morsa e raggiunse la sala dei notabili per tenervi il primo discorso. Si avvicinò al microfono, cominciò a parlare, e subito un corto circuito spense tutte le luci rendendo il microfono inutile. Certo, un sabotaggio a scopo di beffa. Ed ecco: un altro avrebbe smesso di parlare, avrebbe aspettato. Lui invece no. Quasi al buio e senza alzare neanche un poco la voce, continuò imperterrito a dire quel che aveva da dire: uscendone con la sua dignità intatta. Poi andò a una finestra e si rivolse alla folla. La folla sembrava impazzita d'amore, urlava un unico urlo: «Hussein, Hussein! Che Allah protegga il nostro re, il nostro Hussein». Io gli stavo accanto: vidi la sua bocca tremare e i suoi occhi riempirsi di lacrime. E poi udii quelle lacrime annacquar la sua voce: no, un uomo non piange se non ci crede. Hussein crede davvero a quello che fa, giusto o sbagliato che sia. Ama davvero quel povero popolo tartassato da amici e nemici, bersaglio di ogni prepotenza, di ogni avidità. E nella gabbia in cui è chiuso non ci è caduto certo per debolezza ma per errore dovuto alla sua inesperienza e, diciamolo pure, alla sua fiducia ingenua. Non si improvvisa un capo di Stato a diciassette anni, specialmente quando egli deve sedersi su un trono di spine per affrontare avvenimenti più grandi di lui. Per cavarsela in una situazione storica come quella capitata ad Hussein ci sarebbe voluto un genio o un imbroglione, non un boy-scout che sognava di far l'avvocato. Ed è questo che lo rende il personaggio più tragico ch'io abbia avvicinato finoggi. Il personaggio più tragico nel paese più tragico. Perché chi ha sofferto e soffre di più in questa guerra? La Giordania. Chi ha pagato e paga di più? La Giordania. L'Egitto ci ha rimesso un deserto, la Siria ci ha rimesso un po' di alture, l'Iraq e l'Arabia Saudita non ci hanno rimesso nulla: la Giordania ci ha rimesso l'unico terreno fertile che possedesse, quella vallata dove cresce la frutta più bella, il vino più forte, l'olio più fine. Tutti i prodotti agricoli della Giordania venivano dalla West Bank che oggi è occupata da Israele: se la Giordania vuole mangiare, deve importarli da Israele. Il ponte Allenby resta aperto per questo, dalle otto del mattino all'una del pomeriggio: per far passare i camion con le arance, i pomodori, la verdura, il vino, l'olio che, paradossalmente, gli israeliani vendono ai loro nemici onde non immettere sul proprio mercato una merce che farebbe abbassare i prezzi.

E poi la Giordania ci ha rimesso Gerusalemme, il Mar Morto, le località turistiche dove gli stranieri venivano in vacanza. Ci ha rimesso tutto: guadagnando in compenso la presenza ostile dei fidayn e le rappresaglie di Tel Aviv. I bombardamenti in Egitto son niente in confronto ai bombardamenti in Giordania: la vittima su cui gli israeliani infieriscono meno generosamente è Hussein, cioè il solo che non li abbia mai insultati che non abbia mai minacciato di buttarli a mare, che dichiari senza riserve il loro diritto ad esistere. L'ultima volta che i Mirage bombardarono il piccolo aeroporto di Amman, alcune bombe caddero anche sul palazzo reale. Non si sa con quale criterio. Forse erano avanzate a un pilota malvagio e costui, per divertirsi, s'era detto: buttiamole in capo ad Hussein. Così eccoci giunti al punto di tentare qualche conclusione su questo viaggio che ho già definito un dramma della nostra coscienza.

Con tutto il suo liberalismo, il suo coraggio, la sua volontà di pace, Hussein non è davvero l'uomo che possa risolvere il conflitto nel Medio Oriente. È anzi l'uomo che lo approfondisce fino allo spasimo. Perché? Perché, se i fidayn riescono nel loro intento di provocare un altro Vietnam, lo si deve al fatto che Hussein abbia loro permesso di stabilire le basi militari in Giordania. Senza la Giordania, i fidayn non avrebbero mai potuto tentare un'imitazione dei vietcong i quali combattono grazie all'appoggio del Nord Vietnam. E i fidayn si sono creati il loro Nord Vietnam in Giordania, senza che Hussein se ne rendesse conto. Forse, come tutti, non li aveva presi sul serio o non aveva capito che accogliere centinaia di profughi significava accendersi in casa una miccia. Quando un popolo è fiero come il popolo palestinese, ed ha alle sue spalle secoli di civiltà, non resta a lungo nello stato di inerzia che pietrifica gli umiliati e gli offesi. Prima o poi rizza il capo, si mette in piedi e marcia. È successo lo stesso con gli ebrei che, dopo essersi fatti ammazzare per secoli come le pecore, sono diventati leoni.

Il caso dei palestinesi assomiglia molto a quello degli ebrei. Sia gli uni che gli altri hanno rivendicato i diritti mettendo piede in un paese che non era il loro. Sia gli uni che gli altri sono stati incoraggiati o sobillati da potenze straniere che ora si servon di loro. Sia gli uni che gli altri invocano una patria che da secoli non esiste più e della quale perfino le frontiere sono incerte. Per riallacciarsi alla giustificazione storica di Israele bisogna tornare al regno di Salomone e di David, per riallacciarsi alla giustificazione storica della Palestina bisogna tornare ai secoli antecedenti la conquista dei turchi. Esiste un popolo palestinese, sì, ma non esiste una Palestina: né sul piano geografico né sul piano storico. Non a caso, tutte le volte che ponevo domande precise ai capi palestinesi, provocavo un acuto imbarazzo. Io chiedevo: «Ma la Palestina cos'è? Quali sono i suoi confini?». E loro rispondevano: «I confini non ci interessano». Io replicavo: «Ma che discorso è questo? Se si vuole ricostruire un paese bisogna pur dire dove incomincia e dove finisce questo paese!». E loro rispondevano: «Ecco, bè, insomma, diciamo che i confini sono quelli stabiliti al tempo del Mandato britannico». E io: «Cosa?!? Accusate, e giustamente, noi occidentali di avervi distrutto e poi vi rifate ai confini che abbiamo arbitrariamente tracciato». Oppure chiedevo: «Ma la vostra bandiera qual è?». E loro rispondevano: «Questa col bianco, il nero, il verde, il rosso». «E c'era anche prima?» «No, prima non c'era.» «E come nasce questa bandiera?» «Bè, il bianco è il colore dei califfi di Bagdad, il nero è il colore dei califfi di Damasco, il verde è il colore dell'Egitto eccetera.» «Ma io parlo della bandiera della Palestina!» «Bè, noi facciamo parte della nazione araba.»

Ma cosa significa nazione araba? È come dire nazione europea: non esiste. Quell'intelligentissimo inglese che conosce l'Arabia meglio dell'Inghilterra, Glubb Pascià, dice a questo proposito: gli arabi non sono una razza singola ma un gruppo culturale di razze completamente diverse fra loro. Ciò non è un'opinione politica ma un fatto scientifico che gli antropologi possono dimostrare con esami del sangue, del cranio, degli occhi, dei capelli, eccetera. Il mondo arabo può essere paragonato al mondo latino-americano il quale forma un gruppo linguistico e culturale abbastanza coerente ma è composto da molti Stati sovrani e indipendenti. Cuba non è il Nicaragua, e neanche il Brasile e neanche l'Uruguay. Il rapporto tra l'Egitto e la Palestina è tuttavia più lontano del rapporto fra Cuba e il Nicaragua: può essere addirittura paragonato al rapporto tra la Germania e l'Inghilterra, o l'Olanda e l'Inghilterra. Da un punto di vista razziale, i tedeschi e gli inglesi, o gli olandesi e gli inglesi, si assomigliano quanto gli egiziani e i palestinesi. Si risponderà: ma gli egiziani e i palestinesi parlano entrambi arabo, no? Lo parlano ma con differenze enormi. Le loro affinità linguistiche non stanno a significare alcun rapporto razziale: derivano da conquiste militari e basta.

Torniamo quindi a ciò che i palestinesi hanno in comune con gli ebrei: il fatto d'essere sparsi per il mondo, sradicati da una patria che non ha più una dimensione geografica, una bandiera, una struttura economica e sociale, l'embrione di uno Stato. Furono tutti cacciati col terrore e con la violenza? Tutti no. Sia pure in percentuale assai bassa, c'è chi dice il tre per cento e chi dice il sei, alcuni se ne andarono spontaneamente: dopo aver venduto la loro terra agli ebrei. Altri, anziché chiudersi nei campi dei profughi ed armarsi per tornare un giorno a casa, si stabilirono in paesi dove piantarono nuove radici e di cui presero la cittadinanza. Il paese che, per interesse o generosità, li accolse a centinaia di migliaia e gli concesse subito la cittadinanza fu proprio la Giordania. E se dobbiamo parlare di moralità dobbiamo anche riconoscere che non è morale prendere la cittadinanza di un paese, giurare fedeltà a un paese, usare un paese e poi rivoltarglisi contro dicendo: «Ma io non sono giordano, sono palestinese». Deciditi: o vuoi esser giordano, o vuoi essere palestinese. Ammenoché tu non sia diventato giordano con l'idea di portar via la Giordania ai giordani, insomma per fare alla Giordania ciò che gli ebrei hanno fatto alla Palestina.

Era questo il programma dei palestinesi che divennero cittadini giordani? A quanto pare sì, visto che ora rivendicano anche la Cisgiordania. Ma la Cisgiordania e basta? Quando chiedevo ad Hussein «cosa resterà della Giordania, maestà», egli sapeva benissimo che alludevo al rischio di vedere l'intera Giordania trasformata in Palestina. C'è già chi ne parla, sotto sotto, e da un punto di vista pratico non sarebbe affatto impossibile. A difendere Hussein da un colpo di Stato non sono rimasti che i beduini, cioè i veri giordani. E l'esodo dei palestinesi al di là del Giordano ha etnologicamente saldato le due sponde del fiume: soverchiando in ogni senso i beduini. Non solo, in paragone ai palestinesi, i beduini costituiscono una minoranza ma non controllano affatto le strutture economiche e finanziarie della Giordania. Esse sono in mano dei palestinesi i quali, pure in tal senso, assomigliano agli ebrei: con l'intelligenza e coi soldi finiscono sempre col dominare i paesi in cui si stabiliscono. È la loro legge di sopravvivenza. Ma, se ci commuovemmo per gli ebrei e ora ci commuoviamo pei palestinesi, bisogna esser coerenti e commuoverci per i giordani: anzi pei beduini che rappresentano il vero popolo giordano. Ammenoché la logica non sia un'opinione, e la giustizia non sia una truffa.

Il fatto è che la storia non la fanno mai coloro che credono alla giustizia e alla logica: la fanno sempre coloro che esercitano la violenza e il potere. E, se vogliamo occuparci con un po' di realismo del conflitto in Medio Oriente, è necessario ammettere che esso non è guidato da uno spontaneo spirito nazionalistico ma dagli interessi delle Grandi Potenze. America da una parte, Russia dall'altra, e Cina sullo sfondo. Dal giorno in cui gli uomini smisero d'essere bestie ignoranti per divenire bestie ragionanti, il Mediterraneo è centro di mille desideri. Qui i Romani costruirono un impero indimenticabile, qui gli Ottomani ce ne costruirono un altro, qui si affacciarono tutti coloro che miravano al dominio del mondo. Napoleone non invase l'Egitto per questo? Solo la Russia non giunse mai al Mediterraneo ma, da centocinquant'anni, il Mediterraneo è il suo sogno.

E, allo stesso modo in cui inglesi francesi americani favorirono la creazione di Israele per non perdersi quel settore del Mediterraneo, oggi i sovietici favoriscono la creazione di una Palestina per mettere i piedi nel Mediterraneo. Con cautela, è vero, con molta lentezza. Ma il tempo è l'arma migliore della paziente politica russa e nemmeno i palestinesi hanno fretta: son pronti a combattere per generazioni. Lo spettacolo dei bambini che addestrano nei campi militari è poca cosa in confronto ai discorsi che ascolti dai responsabili di Al Fatah: «Voi occidentali usate la pillola per limitare le nascite, noi palestinesi vorremmo una pillola per incrementarle. Sì, incoraggiamo le nostre donne a mettere al mondo bambini perché nei prossimi venti o trent'anni avremo bisogno di molti soldati». Oppure: «A noi non importa perdere uomini, a noi importa non perdere i kalashnikov e i katiuscia». Sono i discorsi che gli insegna Pechino. Perché se i kalashnikov e i katiuscia vengono da Mosca, le idee vengono da Pechino. Libri, manifesti, slogan, tattiche psicologico-rivoluzionarie hanno il marchio cinese che è un marchio intriso di fanatismo a noi incomprensibile. E non influenza solo i sabotaggi del Fronte Popolare, influenza anche la propaganda di Al Fatah. Fu su un giornale di Al Fatah che trovai un articolo, corredato da fotografia, dove Shiran Shiran veniva descritto «eroe della Resistenza». Lì per lì credevo che si trattasse di un'omonimia ed esclamai: «Non sarà mica lo Shiran Shiran che ammazzò Bob Kennedy?». «Sicuro.» «E lo considerate un eroe?» «Lo è.» «Ma Shiran Shiran è un assassino.» «Shiran Shiran ha giustiziato un nemico della Palestina.»

Così, quando parlai coi capi di Al Fatah, chiesi spiegazioni su questa strana faccenda. E i più intelligenti risposero scuotendo la testa, altri invece sostennero la tesi dell'eroe. E io, che non avevo mai creduto alla storia di Shiran Shiran il quale ammazza Bob Kennedy perché Bob Kennedy ha ribadito la sua amicizia per Israele, da allora ci credo a occhi chiusi.

Conclusione: noi europei, noi occidentali, abbiamo molte colpe verso gli ebrei e i palestinesi. Ma non siamo i soli. E sarebbe ora che anche gli altri incominciassero a riconoscer le loro responsabilità. A conti fatti son loro che il conflitto del Medio Oriente ce lo stanno portando in casa con la minaccia di una terza guerra mondiale.

Come tutte le guerre, la Resistenza palestinese si segue con alterne fasi di ammirazione e di indignazione, di simpatia e di rifiuto: dipende dagli episodi e dalle persone in cui ti imbatti. Se vai al fronte coi fidayn che passano le linee e muoiono, non puoi non amarli. Se interroghi la ragazza che fa saltare i supermarket o il tipo che definisce Shiran Shiran un eroe, non puoi non sdegnarli. Certo bisogna ammettere che non sempre conoscerli meglio ti aiuta a comprenderli meglio. E ciò accade proprio in seguito all'odio cupo con cui ti aggrediscono a ogni pretesto, all'irragionevolezza con cui ti negan perfino il diritto di dire: «Io non credo alla violenza, io non credo ai fucili, io non credo agli uomini che ammazzano gli uomini».

Su un piano umano, e anche storico, i palestinesi hanno ragione: sono diventati davvero i nuovi ebrei della Terra. Ma allora, e per i medesimi motivi, hanno ragione gli ebrei che non possono trasformarsi a loro volta in palestinesi. Però guai se lo affermi: rischi di buscarti una pallottola in capo, o una bomba sul letto, o un veleno nella minestra. Bè, io lo dico lo stesso. Anche il veleno nella minestra è il prezzo con cui si paga a volte l'agire secondo la propria coscienza. Il prezzo della libertà.

TERZA PARTE
La caccia all'ebreo

Monaco 1972
Il racconto dei superstiti

Questo è il racconto di Shmuel Lalkin, il capo della delegazione israeliana alle Olimpiadi, scampato alla cattura dei terroristi arabi insieme a quattro atleti e due medici. Lalkin, che il commando arabo cercò inutilmente, seguì la tragedia ora per ora: dal momento in cui gli otto irruppero negli alloggi degli israeliani, al momento in cui gli ostaggi furono imbarcati sugli elicotteri che li avrebbero condotti alla morte. L'intervista con Lalkin è avvenuta nella sua casa di Tel Aviv, e si è svolta in inglese. Lalkin, che in Israele gode di molto prestigio anche per il suo passato di patriota e soldato, parlava con freddezza e distacco: sottolineando che le sue conclusioni rappresentavano solo il suo giudizio. Ma è il caso di spiegare che tale giudizio coincide col giudizio di quasi tutti i suoi connazionali.

Gli spari mi svegliarono alle quattro e mezzo del mattino. Spari soffocati, lontani. Avrei dovuto capirlo che venivano da un recinto chiuso, da una delle nostre stanze. Invece mi alzai, andai alla finestra, e pensai: strano, sembrano spari ma non sono certo che si tratti di spari, deve trattarsi di gente che fa chiasso o che ha rotto qualcosa. Poi pensai: ma sì, è qualche scemo che si diverte a far scoppiare petardi o qualche pazzo che ha vinto le gare di tiro e continua a pigiare il grilletto. Al Villaggio olimpico c'erano sempre tanti rumori: giorno e notte, anche tardi la notte. Mi affacciai sulla strada. Era già giorno chiaro, per strada non si vedeva nessuno. Né un poliziotto, né uno sportivo, nessuno. Conclusi che i petardi o gli spari stessero scoppiando in una sezione distante dalla nostra e tornai a letto. Neanche per un attimo sospettai che succedesse qualcosa in una delle nostre stanze. Noi israeliani avevamo questa

167

casa di cinque stanze e io dormivo da solo nella stanza numero Cinque. In quella numero Quattro dormivano i due medici della squadra. In quella numero Tre dormivano i lottatori e i pesisti. In quella numero Due dormivano gli schermidori e i tiratori. In quella numero Uno dormivano gli allenatori. E ciascuna stanza distava dall'altra meno di quattro metri. Restai a letto per dieci, quindici minuti: a tentar di riprendere sonno. Dopo quindici minuti gli spari ripresero. E io saltai di nuovo dal letto e di nuovo corsi alla finestra. Dalla finestra della camera numero Due s'erano affacciati anche Zelich Stroch e Henry Hershkowicz, due dei nostri atleti che partecipavano alle gare di tiro. Zelich mi chiese: «Lalkin, che accade?». E io risposi non so, non ho visto nulla. Poi arrivò un poliziotto di corsa, una Giacca Azzurra con il walkie-talkie e basta, e mi chiese: «Ha visto qualcosa?». E io risposi no, non ho visto nulla. E poi, poi d'un tratto vidi quell'arabo dinanzi alla porta della stanza numero Tre. Indossava la tuta sportiva, e in testa aveva un casco come i caschi dei boy-scouts, e la faccia l'aveva coperta da una maschera con due buchi per gli occhi, e imbracciava un fucile automatico tenendo il dito sul grilletto. Allora capii tutto e dissi: «This is it. Ci siamo». Era dall'inizio dei giochi che mi attendevo qualcosa. Non mi ero mai fatto illusioni di arrivare in fondo senza che succedesse qualcosa. No, lì per lì non pensai a scappare. Ho quarantasette anni, e sono stato in tre guerre, la guerra del '48, la guerra del '50, la guerra del '67, sono stato anche nella Resistenza contro gli inglesi, e due anni in prigione per sabotaggio, e mi intendo di guerriglia e dinanzi a un arabo col mitra divento assolutamente calmo. Conosco gli arabi. Un arabo parte sempre con l'idea di prendere tempo, di negoziare. Con calma feci un calcolo: la stanza numero Tre è perduta, forse anche la stanza numero Uno è perduta, bisogna mettere in salvo i compagni della numero Due e della numero Quattro. Con calma mi rivolsi a Stroch e a Hershkowicz che stavano ancora alla finestra, paralizzati, e ordinai: «Via dalla finestra! Via dalla stanza! Correte verso la numero Cinque!». Poi scesi al piano di sotto per telefonare ai medici della numero Quattro e ai giornalisti della sala stampa. Avevamo più di mille ebrei alle Olimpiadi, avevamo perfino un campo di ragazzini, e probabilmente l'attacco degli arabi non si limitava ai nostri alloggi. Era necessario che i giornalisti dessero l'allarme. No, alla stanza numero Tre non telefonai. Sarebbe stato come avvertire gli arabi che c'era ancora qualcuno da catturare. Non telefonai nemmeno alla stanza numero Uno. A parte il fatto che questa non aveva telefono, m'ero ormai convinto che gli arabi l'avessero in pugno. Era la stanza più indifesa perché era all'angolo della casa e conteneva una scala a chiocciola diretta al sottosuolo: perfetta come via d'uscita. Al posto di un arabo, io avrei incominciato dalla stanza numero Uno. Fatte le telefonate tornai alla finestra: l'arabo era ancora dinanzi alla porta della numero Tre. Giovane, piccolo, magro. E sicuro. Parlava col poliziotto in tedesco, ottimo tedesco, e diceva che se entro mezzogiorno Israele non avesse liberato duecento prigionieri politici lui e i suoi camerati avrebbero ucciso gli ostaggi. Se non ci credevano, poteva dimostrarlo: c'era un cadavere da buttar fuori. Lo aveva appena detto che un cadavere fu buttato fuori. Così, come un sacco di cenci. Sul marciapiede. Ed era il cadavere di Moshe Weinberg, l'allenatore. Tutto coperto di sangue. Sangue sulla faccia, sul torace, sul ventre. L'avevano colpito dappertutto, straziato. Per un attimo, quando lo vidi, persi quasi la calma. Ma subito la ritrovai e mi dissi: «Ecco il primo». Poi mi dissi: «Gli altri li terranno vivi per un poco, poi li ammazzeranno come lui. Li ammazzeranno tutti, non li salveremo mai. Non siamo in Israele, siamo in Germania». No, non avevo speranza, non avevo ottimismo. Dal momento in cui ho visto il cadavere di Moshe, non c'è stato un filo di ottimismo in me. Non mi sono mai fatto illusioni. Mi son sempre detto: «Siamo in Germania. Può finir male e basta». E quando arrivò l'ambulanza... Venne l'ambulanza e ne uscirono due infermieri con la barella. Posarono il corpo di Moshe sulla barella e poi gli auscultarono il cuore per vedere se battesse ancora. Ma non batteva più, così alzarono le braccia al cielo nel gesto di dire: «Sì, è proprio morto». E lo portarono via. L'arabo intanto gridava. Aveva perso la sua compostezza e gridava: «Li ammazzeremo tutti se non verranno accettate le nostre richieste. Allo scadere di ogni ora ne ammazzeremo uno!». Il poliziotto sembrava non crederci. Infatti se ne andò e tornò con una poliziotta ma anche lei sembrava non crederci. L'unico che ci credeva ero io. Non solo perché sapevo che Moshe era stato ammazzato per dimostrazione, ma perché conosco la mia gente e sapevo che a Gerusalemme non avrebbero mai ceduto al ricatto. Mai. È una legge che ci siamo imposta, che non infrangeremo mai. E, quando non ottengono ciò che vogliono, ammazzano. Sì che volevano me, anche me. Su ciò non avevo dubbi e del resto me lo avrebbe confermato, più tardi, Sokolski: uno dei due che è riuscito a scappare. Giungendo alla stanza numero Uno gli arabi avevano chiesto: «Dov'è il capo della delegazione?». Ma io dovevo occuparmi di Stroch, di Hershkowicz, di Jeuda Weinstein, Dan Alon: il gruppo che non si decideva a lasciare la stanza numero Due perché per farlo doveva passare dinanzi alla numero Tre dove c'erano gli arabi. Si decisero, finalmente, verso le cinque e mezzo dopo essersi accorti che le tende della numero Tre erano abbassate. Poiché la loro stanza era al primo piano come la mia, percorsero il ballatoio in un lampo e piombarono in camera mia. Sconvolti. Io li cacciai: «Via! Via!». Volevano dirigersi verso le stanze degli uruguayani, adiacenti alla mia, però li feci saltare giù dalla finestra perché mi parve più sicuro.

I due medici della numero Quattro, invece, scapparono molto più tardi: verso le nove. Non capirò mai perché. Io scappai prima di loro, dopo aver capito che indugiavano troppo. Scappai da solo, saltando dalla finestra come avevo fatto fare agli altri. Non fu difficile, no. L'unico rischio era venir raggiunto da una fucilata giacché potevano aver visto passare le ombre di Stroch, Hershkowicz, Weinstein, Dan Alon, e, se le avevano viste, non eran certo disposti a farsi beffare una seconda volta. Ma non avevo scelta. Saltai. Saltai e corsi, corsi.

Certo che avevo paura mentre correvo. Non conosco nessuno che possa permettersi il lusso di non avere paura in tali circostanze. Eccetto, forse, Moshe Dayan. Ma più che paura, e può crederci o no, era dolore. O disagio? Sentivo addosso come un disagio. Lo stesso che avverti, alla guerra, quando un compagno muore e tu corri al riparo. Pensavo: «Se riesco a fare quei dieci metri, quei venti metri, son salvo» e, allo stesso tempo, vedevo i volti dei miei compagni condannati a morte. Tutti e tredici. Dico tredici perché in quel momento credevo che fossero tredici: ignoravo che Gadi Zabari e Tuviah Sokolski eran riusciti a fuggire. Con alcuni di loro ero stato in combattimento nel 1967, di ciascuno conoscevo la vita e la storia perché da dieci anni sono presidente della Federazione sportiva israeliana e... Oddio, mi lasci spiegare. Voglio dire: come atleti non erano eccezionali, anzi erano abbastanza mediocri. Ma come uomini valevano molto. E gli volevo bene. Joseph Romano, ad esempio. C'era Joseph Romano che di mestiere faceva il decoratore. Ebbene, i decoratori generalmente son piccoli, magri, non so, delicati. Lui invece era una specie di toro e di delicato aveva soltanto le mani, il cuore. Era una pasta di zucchero. Era il padre di tre bambine che amava con una dolcezza quasi femminile ed era venuto alle Olimpiadi dicendo questa-è-l'ultima-volta-che-partecipo-a-una-competizione-sportiva-Basta-con-lo-sport-perché-lo-sport-non-mi-lascia-il-tempo-di-occuparmi-delle-bambine. Buono, coraggioso.

E poi c'era Shapiro, l'allenatore, che insegnava all'Istituto di educazione fisica e il giorno prima era così felice perché una delle sue atlete era entrata nelle finali dei cento metri: «Perbacco, sono anni che lavoro per dimostrare che sono un allenatore in gamba!».

E poi c'era Berger, un avvocato giunto dagli Stati Uniti quattro anni fa, un uomo colto e raffinato, un idealista vero, non uno di quegli ebrei americani che in Israele ci vengono solo per fare i turisti. E poi c'era Mark Slavine. E Slavine era il più commovente di tutti perché aveva solo diciotto anni e aveva lasciato la Russia tre mesi fa. Leningrado, mi pare. S'era battuto come un leone per lasciare la Russia, diventare israeliano, e non sapeva una parola d'ebraico. Non sapeva nemmeno l'inglese, nemmeno il francese, nemmeno il tedesco: parlava il russo e basta. Con lui bisognava esprimersi a gesti e a ogni gesto rideva, rideva... Lo avevamo messo in una scuola perché imparasse l'ebraico. Di politica non sapeva nulla, del problema arabo quasi nulla. Mi chiedevo se avesse capito l'irruzione degli arabi nella stanza numero Tre, i loro mitra, i loro volti incappucciati, le loro minacce, la morte di Moshe. Scommetto di no. È andato a morire senza sapere perché. Ha lasciato la Russia per venire a morire senza sapere perché. A diciotto anni, ignorando perfino la lingua del paese che rappresentava...

Sì, a questo pensavo correndo. Uno può crederci o no: cosa me ne importa. E poi pensavo: vigliacchi. Quei terroristi arabi sono vigliacchi. La loro non è guerriglia: lo dice uno che di guerriglia ne ha fatta e tanta. Attaccare un gruppo di atleti che stanno dormendo non è guerriglia, è delitto e basta. Quando noi facevamo la guerriglia agli inglesi, attaccavamo i soldati. La gente armata. Io non ho mai ucciso una persona inerme, e cosa credono di ottenere uccidendo undici creature inermi? È la storia delle bombe che scoppiano nei supermarket, o la pirateria degli aerei. Troppo comodo, accidenti, troppo facile. Non hanno capito nulla di noi. Non hanno capito che non siamo più gli ebrei della Seconda guerra mondiale, gli ebrei che si lasciavano ammazzare nei campi di concentramento a milioni. Siamo cambiati, siamo diversi, non ci arrenderemo mai. Perché siamo stanchi di correre su e giù per il mondo, sfuggendo alle persecuzioni ed all'odio, ormai abbiamo un paese e vogliamo tenercelo stretto. Oh, perché non si mettono in testa che non lo molleremo mai, questo paese, che non ne fuggiremo mai? Perché non realizzano che eliminarci è impossibile, anche se ci ammazzano quasi tutti? Da migliaia di anni ci ammazzano. Trent'anni fa, in Germania, hanno ammazzato sei milioni di noi. Eppure siamo ancora vivi, e facciamo ancora bambini, e preghiamo ancora a Gerusalemme e... Io non sono un professore, io queste cose non so dirle come vorrei. Però so di dire il giusto.

E poi mi chiedevo, come un'ossessione, perché fosse toccato alla stanza numero Tre. E non alla numero Due o alla numero Quattro o alla numero Cinque: la mia. Non riuscivo a mettere insieme una spiegazione logica. Ora ci riesco, invece. Naturalmente non posso fornire le prove definitive: tutti i testimoni dell'intera storia sono morti. Però con Zabari e Sokolski l'ho ricostruita abbastanza, e vi sono solo tre persone che possono ricostruirla così, solo tre persone che hanno visto qualcosa: io, Gadi Zabari, e Tuviah Sokolski. Dovrebbe interrogare Zabari. Sokolski no, non serve: ha perso la testa e non... Connette più. Io son l'unico che sia riuscito a tirargli fuori qualcosa per qualche minuto. Subito dopo s'è messo in testa il berretto delle preghiere e ha incominciato a pregare. Lui che non pregava mai, che non è mai stato religioso. Dal momento che ha parlato con me, non fa che starsene con quel berretto in testa, a biascicar preghiere. È come impazzito. Pensi che a Monaco non volle nemmeno rientrare nella camera numero Uno per raccogliere i suoi indumenti e indicare quelli degli altri. Ripeteva: «È una stanza insanguinata, è una stanza insanguinata!». Dovetti raccogliere tutto io. Il pacco dei suoi indumenti è nel mio ufficio, qui a Tel Aviv. Ma lui non lo vuole. Ripete: «È roba insanguinata, è roba insanguinata!». Poi torna a pregare, con quel pigolio di uccellino ferito.

La storia. Dunque, come andò la storia. Andò così. Moshe Weinberg era stato in città e aveva fatto tardi. Le quattro del mattino a far poco. A quell'ora rientrò al Villaggio olimpico, infatti era l'unico vestito del gruppo, e gli arabi lo catturarono mentre rientrava. Forse lo catturarono proprio dinanzi alla porta della numero Uno. Non dovette esser facile perché Moshe era un toro di due metri e cinque, pesava centotrenta chili, era stato campione di lotta libera. Gli spararono allora quel colpo che lo avrebbe ferito alla faccia? Credo di sì. Comunque, lo indussero a far socchiudere la porta della numero Uno. O a farla aprire, chissà. La aprì Yossef Guttfreund, l'arbitro. E Yossef scorse gli arabi incappucciati, coi mitra, allora tentò di richiuder la porta e gridò ai compagni di stanza: «Ragazzi, scappate! Salvatevi!». Me l'ha detto Sokolski che ricorda bene quel grido e il volto nero di un arabo che cerca di entrare. Poi non ricorda più nulla. Nulla fuorché il balzo che fece verso la finestra, la forza con cui scardinò la finestra. Portò via perfino gli infissi. E a piedi nudi, in pigiama, saltò nella piazzetta, la attraversò e si rifugiò negli alloggi dei coreani dove rimase fino alle nove. Nel trambusto che seguì la sua fuga partirono i colpi che mi svegliarono alle quattro e mezzo. Quindi gli arabi si divisero in due gruppi e un gruppo rimase a guardia della stanza numero Uno, un altro andò in cerca di nuovi ostaggi. Si fecero aiutare da Weinberg per cercare nuovi ostaggi: forse approfittando del fatto che Weinberg fosse ferito alla guancia, non più in grado di lottare.

Weinberg non li condusse nella stanza adiacente, la numero Due. Nella numero Due c'erano i tiratori e gli schermidori: gente gracile, dai muscoli lisci, quindi incapace di difendersi. Non li condusse nemmeno alla numero Quattro: sapeva che i due dottori erano piccoli, delicati. Non li condusse nemmeno alla numero Cinque; sapeva che qui ero solo. Scelse la numero Tre perché sapeva che era abitata da atleti robusti: pesisti, lottatori. Sperava, e mi sembra logico, che Berger e Zabari e Slavine e Halfin avrebbero respinto l'attacco. Invece i quattro erano assonnati e si lasciarono cogliere dalla sorpresa e non opposero alcuna resistenza. Neutralizzati dai fucili automatici, si lasciarono perfino portare dabbasso, nel sottosuolo, dove Zabari scappò. Ma questa parte della storia gliela racconterà meglio Zabari. Fatto sta che, dopo la fuga di Zabari, gli arabi compresero l'inopportunità di fermarsi nel sottosuolo e risalirono alla stanza numero Tre, con gli ostaggi della numero Tre e con Weinberg ferito alla faccia. Poi vi portarono anche gli ostaggi della stanza numero Uno e così ebbero undici persone cui badare. Troppe. Scoppiò una lotta: forse sollecitata da Weinberg, forse da Berger, forse da Romano. Erano i più coraggiosi. In camera i ragazzi avevano alcuni coltelli. Non i coltelli da caccia, i coltelli per tagliare la frutta. Però li impugnarono e credo che a questo punto gli arabi si siano difesi con la seconda scarica di pallottole: gli spari che udii alle cinque meno un quarto. Credo che a questo punto sia morto Moshe Weinberg. A che punto sia morto Romano, invece, non lo so. Se morì insieme a Weinberg, perché non gettarono via anche il suo corpo? Perché pensarono che un secondo cadavere avrebbe reso difficili i negoziati? O perché pensarono che gli sarebbe servito più tardi?

Io ormai avevo raggiunto l'edificio centrale. Però, nel corso della mattinata, tornai spesso dinanzi alla porta della camera numero Tre. Tenevo i contatti con Gerusalemme, attraverso una linea telefonica aperta, e volevo controllare coi miei occhi: non mi fidavo di ciò che mi raccontavano i tedeschi. Ebbene, l'arabo incappucciato era sempre nello stesso punto: a gridare, nervoso. E diventava sempre più chiaro che non c'erano vie d'uscita. Così ripetevo ai tedeschi: «Inutile perdere tempo in negoziati. L'unica cosa da fare è irrompere dentro e attaccarli. Qualcuno dei nostri morirà, ma altri si salveranno». E i tedeschi: «No, no, bisogna negoziare!». Allora suggerii il gas. Irrorandoli di gas, magari attraverso i tubi dell'aria condizionata, avremmo stordito tutti e saremmo riusciti a irrompere nella numero Tre. Un gioco da bambini. I tedeschi non mi ascoltarono. Chiesero al municipio di Monaco la carta topografica della villetta, chiesero a me quale fosse la disposizione dei letti nella stanza, e poi non mi ascoltarono. Non ascoltavano nulla e nessuno fuorché la loro testardaggine ottusa, il loro ripetere: «Bisogna negoziare, bisogna negoziare!». Non volevano rischi, erano cauti come fanciullette. E in tale cautela accettarono le condizioni degli arabi, misero insieme lo stupido piano che avrebbe condotto alla tragedia finale. Lo misero insieme loro, da soli. Non è vero che gli israeliani fossero d'accordo. Non è vero che da Gerusalemme fossero giunti alcuni esperti israeliani per concordare l'azione. Sono stato lì tutto il tempo e non ho visto un solo israeliano, escluso l'ambasciatore che venne dopo le undici. Né si può dire che l'ambasciatore rappresentasse l'esercito o portasse suggerimenti di carattere militare. Quanto ai contatti telefonici, ripeto, li tenevo io: cosa pretendono di raccontare questi tedeschi?

Quello stupido piano di sparare sugli arabi all'aeroporto. Io credevo che, semmai, avrebbero tentato il colpo durante il trasferimento dal pullman agli elicotteri. Dentro il recinto del Villaggio olimpico. Era l'unico momento possibile. Dal punto in cui il pullman si arrestò al punto in cui gli elicotteri attendevano, ci saranno stati ottanta metri. Il luogo era illuminato, gli arabi procedevano lentamente, i tedeschi avrebbero avuto tutto il tempo e lo spazio necessari a colpirli. Al massimo avrebbero sacrificato due o tre dei nostri. Ne son convinto perché seguii la scena da cinquanta metri e vidi. Vidi anche i nostri ragazzi. Uno a uno. E... Non è vero che apparissero sconvolti. Non è vero che qualcuno piangesse. I loro volti eran tranquilli, sereni, direi sorridenti. Avevano l'espressione di chi crede d'avviarsi verso la libertà: nessun dubbio che siano morti proprio quando credevano d'avercela fatta. Lo deduco da tante cose. Dal loro modo di camminare, per esempio. Erano legati l'uno all'altro, in gruppi di tre, eppure camminavano dignitosi e spediti. Ma torniamo al discorso di prima. Se i tedeschi avessero tentato in quel momento il colpo che tentarono poi all'aeroporto... Bè, forse neanche lì sarebbero stati capaci. Per riuscire in certe operazioni bisogna gettarsi contro l'obiettivo, sparare allo scoperto e da vicino, rischiare di farsi uccidere. Non si può restare indietro, nascosti nel buio, a sparare come al tirassegno.

L'errore definitivo, da parte dei tedeschi, non fu solo la sparatoria all'aeroporto: fu il modo in cui condussero la sparatoria all'aeroporto. Spararono troppo presto, da troppo lontano. Non furono coraggiosi. Se avessero permesso a noi israeliani di andare all'attacco... Queste cose noi le sappiamo fare. Lo abbiamo dimostrato con l'aereo della Sabena a Tel Aviv. Invece vollero fare ogni cosa da sé e...

Ecco: sono diventati così gentili questi tedeschi. Troppo gentili. Uno li guarda e si chiede dove siano andati a finire gli audaci, crudeli guerrieri della Seconda guerra mondiale. Sparano stando nascosti, e non sanno sparare neanche stando nascosti. Hanno tanta paura di morire che, si direbbe, hanno anche paura di uccidere. Così il risultato qual è? Dopo aver ammazzato con tanta disinvoltura milioni e milioni di ebrei, non sono capaci neanche di affrontare un terrorista arabo. O forse lo fanno malvolentieri perché gli siamo ancora antipatici? Eh, già. Mi sembra di sentirli tra qualche settimana o qualche mese: «Quegli odiosissimi ebrei. Ci hanno sciupato perfino le Olimpiadi». Oppure: «Quando ci son di mezzo gli ebrei, va tutto in malora». Bè, posso rispondere che sono antipatici anche a me. Anche a noi. Forse non è opportuno dirlo nel 1972, ma non siamo ancora capaci di dimenticare quel che ci hanno fatto trent'anni fa. Se ciò che è successo fosse successo in un altro paese, ci avrebbe colpito meno. Ma l'idea che sia successo in Germania, a pochi chilometri da Dachau e da Mauthausen... Lo so, lo so: anche loro hanno perso due uomini nel tentativo di liberare gli ostaggi israeliani. E me ne dispiace, sa? Me ne dispiace enormemente. Però non mi fido lo stesso. Voglio dire: il loro pacifismo non mi convince affatto. Perché è eccessivo. E il filo che divide il pacifismo eccessivo dal militarismo eccessivo è un filo talmente sottile: ci vuole un nulla a romperlo e a rovesciare la situazione.

Io, quando seppi che le Olimpiadi si sarebbero tenute in Germania, feci una smorfia. Durante la preparazione delle Olimpiadi non mi sono mai sentito tranquillo. Sapevamo che qualcosa sarebbe successo e che i tedeschi non avrebbero fatto nulla per impedirlo. Non a caso ci furono tanti incontri tra gli uomini del nostro servizio di sicurezza e quelli del loro servizio di sicurezza. Due mesi prima che iniziassero le Olimpiadi fui mandato in Germania. Il problema della sicurezza non era un problema che mi riguardasse però chiesi ugualmente di incontrarmi con un responsabile del servizio in questione. E per due ore, non ufficialmente, sedetti dinanzi alla scrivania di un signore molto importante: gli esposi i miei dubbi, le mie preoccupazioni. Gli dissi: «Senta, caro signore, parliamoci chiaro. Noi ci rendiamo perfettamente conto che un Villaggio olimpico non può e non deve esser trasformato in una prigione. Noi siamo assolutamente d'accordo sul fatto che le Olimpiadi debbano essere una specie di gioioso carnevale. Però siamo anche consapevoli dei pericoli che ci aspettano alle Olimpiadi. E vorremmo ridurli al massimo. Quindi voglio sapere cosa intendete fare, voi tedeschi, per proteggerci dagli eventuali attacchi degli arabi». Il signore importante mi rispose di stare tranquillo: ci sarebbero state ventimila Giacche Azzurre al Villaggio olimpico e queste avrebbero sorvegliato in modo speciale gli alloggi degli israeliani. In modo speciale, anzi con «un occhio particolare». Benissimo, dissi, posso guardare la mappa del Villaggio? Guardammo la mappa del Villaggio e, quando vidi dov'erano situati gli alloggi degli israeliani, mi allarmai. Si trattava di una piccola villetta aperta a tutti. «Deve proprio garantirmi che si tratterà di una sorveglianza speciale, caro signore» esclamai. E lui: «Non si preoccupi, signor Lalkin, non si preoccupi!».

Ora le dico quale fu la «sorveglianza speciale». Quando i nostri atleti giunsero, via Zurigo, con un volo della Lufthansa, nessuno li scortò o li protesse. Né alla partenza né all'arrivo. Quando prendemmo possesso dei nostri alloggi ci sentimmo addosso una sensazione di minaccia, di pericolo. Fin da quel primo giorno non ci fu mai un poliziotto dinanzi alla nostra casa. Mai. Nemmeno di notte. Due o tre volte scorgemmo, da lontano, una poliziotta. Però era armata di walkie-talkie e basta. Ossessionate dall'ordine di non apparire militariste, le Giacche Blu disponevano del walkie-talkie e basta. E chiunque poteva entrare lì dentro. Bastava che dicesse: «Sono amico del Tal dei Tali», oppure: «Vo a visitare il Tal dei Tali». La guardia rispondeva: «Si accomodi». Io non dico che i tedeschi dovessero comportarsi come i messicani nel 1968, non dico che dovessero sparare prima di chiedere i documenti: però una rivoltella qua e là avrebbe fatto comodo, no? Anche considerando che noi non potevamo portar rivoltelle né esser scortati dai nostri agenti di sicurezza. Dio, come è possibile che otto uomini armati fino ai denti possano introdursi di notte in un Villaggio olimpico e attaccare indisturbati un alloggio? Dopo i primi spari alle 4 e mezzo, neanche un poliziotto si fece vivo. Dopo gli spari delle 4 e tre quarti, passarono quindici minuti perché apparisse una Guardia Azzurra con il walkie-talkie. A tanto può giungere l'antimilitarismo? E si tratterà davvero di antimilitarismo?

Certo, errori ci sono stati anche da parte nostra, io non posso parlarne, non devo parlarne, ma capisco che anche da parte di noi israeliani qualcosa non ha funzionato. Il nostro servizio segreto ad esempio. Funziona sempre così bene: non capisco perché, stavolta, non abbia saputo nulla in anticipo. La nostra prudenza, ad esempio. La nostra fantasia. Ne abbiamo tanta e non capisco perché, stavolta, sia mancata all'appuntamento. Ci siamo lasciati cogliere di sorpresa come per la strage fatta dai giapponesi all'aeroporto di Lod. Anche in quel caso... Tanta sorveglianza pei passeggeri in partenza e nessuna pei passeggeri in arrivo. Avevamo pensato a tutto e non al semplice fatto che chiunque, arrivando, può aprire una valigia ed estrarne un mitra e sparare. Dopo un simile precedente, avremmo dovuto esigere dai tedeschi garanzie più precise. Sì, abbiamo le nostre colpe. Ma la colpa maggiore resta quella dei tedeschi. Questi tedeschi che oltre a essere molli sono anche bugiardi. Ah, le bugie che ci hanno detto sul risultato della loro stupida sparatoria, del loro fallimento! Stanno bene, sono vivi, sono allegri... Noi ci credevamo talmente che avevamo deciso di aspettarli bevendo una bottiglia di champagne. Lo so, può sembrare assurdo bere champagne mentre due compagni come Moshe Weinberg e Joseph Romano giacciono morti. Ma in un caso simile due morti son pochi, rappresentano una percentuale molto ragionevole, e noi israeliani siamo così abituati a dover guardare le cose in modo ragionevole, a doverci accontentare. Così stavamo per alzare i bicchieri e brindare a Berger, a Shapiro, a Halfin, a

Slavine, agli altri che non erano morti, quando... «Fermi, non bevete! Sono tutti morti.» Ma come? Perché? Io questi tedeschi non li capisco. Questi tedeschi che alle dieci del mattino riescono a riempire uno stadio con ottantamila persone, per celebrare un servizio funebre, e poi alle quattro del pomeriggio riescono a riempire lo stesso stadio con le stesse ottantamila persone per festeggiare la ripresa dei giochi. Senta: saranno anche operosi, seri, efficienti (fuorché per liberare gli ostaggi), però da un punto di vista umano non valgono nulla. E come soldati ancora meno.

I tipi come me ne hanno abbastanza della guerra. L'hanno fatta per troppi anni e vi sono momenti in cui vorrebbero bandirla dai loro pensieri, dalla loro realtà quotidiana. Come i tedeschi. Ma non è possibile. Fare i pacifisti per noi significherebbe soccombere e non è lecito accettare quel che ci sta succedendo. Ieri la strage all'aeroporto di Lod, oggi la strage alle Olimpiadi... E domani? Domani potrebbe toccare ai musicisti della nostra orchestra filarmonica, mentre sono a Roma per dare un concerto. Oppure agli scienziati delle nostre università, mentre sono a Stoccolma per partecipare a un congresso. Oppure... Senta, abbiamo duecento giovani sparsi in Europa attualmente. A Graz, in Austria, sta per aprirsi il Festival dello sport, e cosa dobbiamo fare? Dobbiamo rinunciare a mandarli? Dobbiamo mandarceli scortati da pattuglie col mitra? Non vogliamo viaggiare il mondo scortati dalle pattuglie col mitra e... E il problema di Israele, oggi, non è più il canale di Suez. Non è più l'Egitto, non è più la Siria, non è più il Libano. È l'Europa. La guerra che noi dobbiamo affrontare, oggi, non è più in Medio Oriente: è in Europa. È soprattutto in Italia, in Germania, in Austria, in Svizzera: dove sono le centrali dei terroristi arabi, dove i terroristi arabi vengono ospitati e protetti e aiutati. Sappiamo bene cosa accade in città come Monaco, Amburgo, Stoccarda, Roma, Milano, Perugia. S'è aperto un nuovo fronte per noi israeliani: la guerra, oggi, ci viene dall'Europa. Ebbene: come combatteremo questo nuovo fronte io non lo so. Non è un fronte che si può attaccare con gli aeroplani e le bombe e i carri armati. Ma sul fatto che lo si debba combattere non vi sono dubbi; e noi lo combatteremo: che a voi europei piaccia o no, che ci aiutiate o no. Mettetevelo bene in testa: la caccia all'ebreo non ricomincerà. Le persecuzioni e i massacri degli ebrei non si ripeteranno. Quindi ci aspettano giorni molto scomodi, molto duri. Scomodi e duri per tutti. Non solo per noi.

Parla l'atleta sfuggito agli arabi

Questa è la testimonianza di Gadi Zabari, il lottatore che riuscì a fuggire dal gruppo di sette israeliani catturati dai terroristi arabi nella stanza numero Tre. È l'unica testimonianza che egli abbia offerto, per intero, a un giornalista. Infatti, fino a oggi, s'era sempre rifiutato di parlare con la stampa. Gadi Zabari ha ventinove anni. Fa il linotipista di notte e il fattorino di giorno. La sua famiglia viene dallo Yemen: ne emigrò circa quaranta anni fa. Vive nel quartiere più povero di Tel Aviv e per questo non volle che andassi a cercarlo a casa: fu lui che venne a trovarmi, in casa di un amico. La conversazione si svolse in ebraico, attraverso l'amico che faceva da interprete. Zabari parlava a scatti, in modo spesso incerto e confuso. Un po' perché il suo modo di esprimersi è assai limitato, direi elementare.

Dormivamo sodo perché la sera avanti avevamo fatto tardi, mi spiego? Eravamo andati a teatro per vedere quel musical che si chiama *Il violinista sul tetto*. Ci eravamo andati tutti insieme fuorché Moshe Weinberg che era andato in un altro posto con un amico suo. E ci eravamo divertiti, anche se gli attori cantavano sempre in tedesco. Io non so il tedesco e non ho capito cosa volesse questo violinista sul tetto. Ci erano piaciuti i costumi, e ci erano piaciute le figure, e le danze, e si era tornati all'una di notte per addormentarci subito, io dormivo nella stessa camera di David Berger, sai l'ingegnere sollevatore di pesi. La nostra camera faceva parte della stanza numero Tre, quella dov'è successo il disastro. In quella adiacente dormivano Slavine e Halfin. In quella di sotto, Romano e Friedman. Cosa ricordo? Ricordo uno scoppio e basta. Ma forse non era uno scoppio, era uno sparo. C'è stato questo scoppio, o questo sparo, e mi sono svegliato e ho chiamato Berger: «Ehi, David. Hai sentito. David?». Però senza darci importanza. Voglio dire: non ho pensato a un attacco. Non c'era mai successo nulla, nemmeno una minaccia, nulla. Berger ha aperto gli occhi e ha mosso le labbra per dire qualcosa ma non ha fatto in tempo a dir nulla perché nello stesso momento qualcuno ha suonato il campanello della nostra porta. E io mi sono alzato. Mi sono infilato i pantaloni, alla svelta, e sono andato ad aprire la porta. Scalzo, senza camicia. Coi pantaloni e basta. Ho aperto la porta e ho visto un uomo, di spalle. Mi volgeva le spalle perché guardava verso Halfin e Slavine che stavano appoggiati al muro: mezzi nudi anche loro. E poi quest'uomo s'è girato. S'è girato ed era un arabo che mi puntava addosso il fucile. Dico un arabo perché ho capito subito che si trattava di un arabo. Mi spiego? Aveva i lineamenti dell'arabo. E mi puntava addosso il fucile.

Sì che posso descriverlo. Potrei riconoscerlo tra mille, anche morto. Mi ricorderò di lui finché campo. Magari me ne dimenticassi. Era un tipo più alto di me, molto alto. O forse m'è sembrato molto alto perché io sono molto piccolo. Era magro e svelto e indossava un golf giallo coi pantaloni neri. Vestito bene, da ricco. Tutto in lui aveva l'aria di un liceo. No, non aveva la maschera. Non era incappucciato. Era a viso scoperto. E aveva un viso secco, lungo, tirato. Sai quei visi con gli zigomi in fuori, cattivi. E poi aveva i capelli lunghi, più lunghi dei miei. E neri, ricciuti. E poi si muoveva da capo, da comandante. Voglio dire: si capiva subito che era un comandante. Energico, sicuro, deciso. Sai. Il tipo senza paura. Non sembrava nemmeno nervoso. Nemmeno un po' nervoso. E non sprecava parole. Mi ha guardato negli occhi, dall'alto in basso, poi ha appena schiuso la bocca e ha detto in inglese: «Come on». Che in inglese vuol dire: «Vieni. Su, vieni». Io un po' di inglese lo so. Mi ha detto: «Come on» e poi, col fucile, mi ha fatto segno di mettermi accanto a Slavine e a Halfin. E io mi ci sono messo. Ero così sorpreso, pietrificato. Ero anche così assonnato. Realizzavo e non realizzavo, mi spiego? Inoltre lui era il tipo... Guarda, era il tipo cui non si disubbidisce perché il suo tono è il tono di chi fa sul serio. Mi sono messo accanto a Slavine e a Halfin, dicevo. Zitto, senza neanche guardarli in faccia: sicché non posso dirti che faccia avessero loro due. Posso dirti soltanto che eran mezzi nudi: indossavano le mutande e basta. Non avevano nemmeno le scarpe. Ed erano sotto la minaccia di un altro arabo che gli puntava addosso il fucile, ma questo arabo era diverso dal primo. Era molto giovane e molto nervoso. Non faceva che muovere i muscoli della faccia e roteare gli occhi come se si aspettasse qualcosa. E indossava una camicia nera. Mi sono accorto di questo alla svelta perché è successo tutto alla svelta. Voglio dire: io m'ero appena messo con Slavine e Halfin che il comandante ha ripetuto la stessa cosa con Berger. Gli ha puntato addosso il fucile, il fucile era un kalashnikov, e gli ha detto come a me: «Come on». E Berger ha ubbidito. È uscito subito, scalzo, in mutande. Aveva un paio di mutande rosse e faceva un certo effetto vedere quelle mutande rosse. E così ci siamo trovati in

Monaco 1972

quattro, contro il muro, insieme ai due arabi che ci puntavano addosso il fucile. Il comandante ora era allegro. Sì, sì, allegro. Si muoveva quasi con gioia, dava gli ordini quasi con gioia. E con gioia ci ha detto di scendere le scale. Anzi, non ce l'ha detto: ci ha fatto il gesto, con il fucile. E noi abbiamo sceso le scale: in fila. Prima io, poi Slavine, poi Halfin, e poi Berger. I due terroristi venivano dopo di noi, per spingerci.

Abbiamo sceso le scale e sotto le scale abbiamo trovato Joseph Romano, Zeev Friedman e Moshe Weinberg. Poi un terzo arabo che gli puntava addosso il kalashnikov perché non scappassero. Anche questo terzo arabo era molto giovane e molto nervoso, e anche lui indossava una camicia nera. No, nemmeno lui aveva la faccia coperta da una maschera o cose simili. Ci siamo messi accanto a Romano, Friedman e Weinberg. Weinberg era l'unico vestito: giacca, pantaloni, camicia, scarpe, tutto. Ed era ferito alla faccia. Aveva un fazzoletto legato intorno alla faccia, a mo' di bavaglio, e se lo reggeva con la mano sinistra, e da questo fazzoletto colava un mucchio di sangue. Allora gli ho chiesto: «Moshe, che hai fatto?». E lui m'ha risposto: «Una pallottola. M'hanno sparato». Poi non mi ha detto altro perché il comandante ha mosso il fucile e ha detto in tono arrabbiato: «Silenzio!». L'ha detto in ebraico. Sapeva l'ebraico. Così siamo rimasti in silenzio, a guardarci, e anche Romano, anche Friedman, erano in mutande. Però Romano calzava un paio di ciabatte. Me ne sono accorto mentre mi chiedevo perché Moshe Weinberg fosse lì. Voglio dire: Friedman e Romano abitavano nella stanza numero Tre, come noi, ma Weinberg abitava nella stanza numero Uno. Poi ho capito che a portare Weinberg da noi erano stati i terroristi e che forse lui non voleva e per questo gli avevan sparato. Come si comportava Moshe? Bene. In modo dignitoso. Nemmeno un lamento. Si reggeva quel fazzoletto sempre più inzuppato di sangue e basta. Del resto si comportavano bene tutti. Calmi, tranquilli. Molto più tranquilli dei due arabi con le camicie nere. Infatti, a un certo punto, il comandante ha perso la sua allegria e s'è irritato con loro. Gli ha detto qualcosa in arabo. Non so cosa, forse qualcosa per fargli coraggio. Però in modo durissimo, e a denti stretti. E loro sono diventati un po' meno nervosi.

Dopo aver fatto questo, il comandante s'è rivolto a Weinberg. E gli ha chiesto: «Dove sono gli altri? Dove sono tutti gli israeliani?». Gliel'ha chiesto in inglese: «Where are the others? Where are all the Israelis?». Ma Weinberg non ha risposto e ha continuato a frenare il sangue che, mi sono accorto, usciva da un buco nella guancia destra. Non ha risposto, dicevo, e allora David Berger ci ha detto in ebraico: «Ragazzi, vogliono tutti gli israeliani. Saltiamogli addosso, tanto non abbiamo nulla da perdere. Siamo spacciati». L'ha detto molto velocemente, e a voce bassa, in ebraico, ma il comandante ha capito e col fucile ha tirato una botta sul braccio di Berger. Poi ci ha ordinato di spostarci, di separarci. Ce l'ha ordinato a gesti, non a parole, perché come ho spiegato non era un tipo che avesse bisogno di usar molte parole: avresti detto che parlare gli costasse fatica. E i due arabi con le camicie nere ci hanno staccato. E ci hanno messo in fila. In fila indiana. In modo molto rapido, molto deciso. E ci hanno portato fuori. Ora mi spiego. Quella che noi chiamiamo la stanza numero Tre è a due piani. Come le altre, del resto. Il piano con la camera dove si dormiva io e Berger e con la camera dove dormivano Halfin e Slavine, poi il piano con la camera dove dormivano Friedman e Romano. E questo piano ha una porta che attraverso alcuni scalini conduce all'aperto, in una specie di patio con l'erba. No, prima c'è un po' di asfalto e poi c'è l'erba. Dunque è in questo patio che ci hanno fatto uscire, in fila indiana, e così ci siamo trovati all'aperto. Sì, sì, all'aperto. Era ormai giorno, c'era molta luce. Ma lì all'aperto non c'era nessuno. Né un poliziotto, né uno sportivo, nessuno. Non c'era nemmeno una voce, nemmeno un rumore. L'unico rumore che ho sentito, dopo un po', è stato il cinguettio di un uccello. A quell'ora, sai, gli uccelli cantano, E mi ha fatto impressione quel cinguettio di uccello, non so perché.

Mi sono spiegato bene? Fuori, nel patio, non c'era nessuno. Se uno avesse guardato dalle finestre dell'edificio di fronte, quello dove stavano i coreani e i tedeschi della Germania orientale, avrebbe visto soltanto questi tre arabi col fucile puntato e questi sette uomini in fila. Uno vestito, uno coi pantaloni e basta, e cinque in mutande e basta. Quasi una scena buffa. E di questi sette uomini, io ero il primo. E siccome ero il primo, sono stato il primo a vedere il quarto arabo. Perché lì, fuori, c'era un quarto arabo. E questo non era a viso scoperto: aveva il viso incappucciato da una maschera con due buchi per gli occhi. Io gli sono quasi sbattuto addosso. Me lo sono trovato a nemmeno venti centimetri di distanza. Infatti il mio braccio ha sfiorato il suo braccio. Ma lui non ha detto una parola. Mi ha guardato con quegli occhi neri e basta. E poi, muovendo appena il fucile che era un kalashnikov come i fucili degli altri, mi ha fatto segno di spostarmi. E io mi sono spostato. E nello stesso momento in cui mi sono spostato ho fatto un balzo in avanti e sono fuggito. Non mi chiedere altri particolari, non saprei dirti altro, non ricordo altro. Non ricordo nemmeno se ci avevo pensato prima: voglio dire a scappare. Ricordo solo che, quando l'arabo con la maschera mi ha fatto segno di andare lì, io sono andato lì ma non mi sono fermato lì e ho fatto il balzo e sono fuggito. Sono fuggito verso le colonne dell'angolo, verso l'angolo. Per girare l'angolo. E ho girato l'angolo. Volavo come se avessi le ali. Non mi ero mai sentito così veloce, così leggero, privo di corpo. E mentre giravo l'angolo ho udito tre fischi: Zif! Zif! Zif! I fischi di tre pallottole. E ho pensato: sparano, mi sparano. E ho continuato a correre: però a zig-zag, come ci insegnano nell'esercito quando ci spiegano che sotto le pallottole bisogna correre a zig-zag in quanto a zig-zag è meno facile che ci colpiscano. E a zig-zag ho corso per circa quaranta metri, finché sono arrivato a una siepe. Era una siepe assai alta ma l'ho saltata, con un lancio, anzi ci sono volato sopra, come un uccello, ricadendo dinanzi a una garitta delle Giacche Blu. Della polizia. Ma la garitta era vuota. Non c'era nemmeno una Giacca Blu, dentro, non c'era nessuno. Così ho continuato a correre e non mi chiedere se pensavo ai miei compagni mentre correvo. Perché non ci pensavo. È la santa verità. Se vuoi, la brutta verità. Dico brutta perché alcuni giornali, qui in Israele, hanno scritto che ho fatto male ad abbandonare i miei compagni: a pensare a me stesso e basta. Hanno scritto che dovevo restare con loro, dividere la loro sorte, ma la mia fuga non è nata da un ragionamento. È nata così. Sono scappato quasi senza rendermi conto che stavo scappando, per disperazione, senza calcolare neanche il pericolo d'essere ucciso. Tanto, morto per morto. Quando ci hanno portato fuori e ho sbattuto contro l'arabo con la maschera, mi sentivo già morto.

Poi sono arrivato a un edificio. Non so che edificio fosse. So che sono entrato, ansimando, e ho detto in inglese: «Quattro arabi vogliono ammazzare gli israeliani! Four arabs want to kill Israelis!». E loro mi hanno guardato senza capire, tutti imbambolati. Poi hanno capito e mi hanno chiesto: «Were? Dove?». E io ho gridato: House 31, Connolly Street!». E loro mi hanno detto di accompagnarli alla House 31, Connolly Street. E io gli ho risposto: «Siete matti, io lì non ci torno». Così loro l'hanno presa con calma. Come «loro chi?». Loro Giacche Blu, no? Loro poliziotti. E mi hanno detto: «Facci vedere almeno la direzione». E io gli ho fatto vedere la direzione, li ho accompagnati alla siepe. E loro sono venuti alla siepe, poi sono tornati indietro, e prima che telefonassero alla polizia perché ci mandasse qualcuno alla House 31 saranno passati venti minuti. Non avevano proprio fretta, sembravano preoccupati soltanto di capire bene ciò che dicevo. Ed erano così lenti di comprenderlo. Io gridavo: «Andate, andate!». E poi gridavo: «Telefonate al signor Lalkin, telefonate!». Ma non serviva a nulla. E da questo momento non so raccontarti più nulla. So dirti solo che i tedeschi si sono comportati male con noi, molto male. E non solo perché è passato tanto tempo prima che andassero ai nostri alloggi per controllare se avevo detto la verità. Perché non ci proteggevano affatto, né di giorno né di notte, io una notte sono tornato alle due e, dall'ingresso fino ai nostri alloggi, non ho incontrato nessuno. Neanche un poliziotto.

Dopo quel che è successo, ho verso di loro lo stesso rancore che ho verso gli arabi. Vedi, io sono un ragazzo semplice: non odio nessuno e nemmeno gli arabi. Nella guerra del '67 mi dispiaceva quando li vedevo feriti, o prigionieri: mi facevano pena e mi veniva la voglia di aiutarli sebbene un attimo prima gli avessi sparato. Però questa storia mi ha cambiato dentro, non so. E vorrei vederli tutti morti, quegli arabi che ci hanno preso in modo così vigliacco. Non mi basta che solo cinque di loro siano morti, vorrei veder morti anche i tre che sono rimasti vivi. L'ho detto subito, appena sono rientrato nella stanza numero Tre, a raccogliere i vestiti di Berger e di Slavine e di Halfin e di Romano e di Friedman. Era piena di sangue quella stanza. Sangue per terra, sangue sui letti, ovunque. No, non mi è venuto da piangere. Ho sentito solo quella rabbia, quel bisogno di saperli tutti morti. Io ho pianto solo quando li ho visti andare all'elicottero, i miei compagni. Ho pianto a vedere Berger e Slavine con le mani legate. Volevo bene a Berger perché era un vero signore e mi consolava quando me ne stavo lì avvilito per la sconfitta. Sai, nella gara di lotta ho perso. E perdere fa male, ti dà come una vergogna, ma Berger mi consolava dicendo: «Ho perso anch'io! Ho perso anch'io!». E poi volevo bene a Slavine perché era così simpatico e così fiero di rappresentare Israele alle Olimpiadi. E poi volevo bene a Romano. Sono stato a trovare le bambine di Romano, e sua moglie e sua madre. Anzi sua madre mi ha detto che quando Romano è partito appariva nervoso. Aveva ascoltato una frase pronunciata da Radio Cairo: «Il capodanno ebraico sarà un

Monaco 1972

capodanno di sangue». E poi... Poi ho pianto quando c'è stata la cerimonia funebre allo stadio olimpico e il signor Lalkin ha tenuto quel discorso e l'orchestra ha suonato lo Hatikwah, che è il nostro inno nazionale. E poi... Poi ho pianto quando sono tornato a Tel Aviv e ho incontrato i miei genitori all'aeroporto. Ora non piango più. Sono solo meravigliato d'essere vivo e in questa meraviglia non mangio, non dormo. Stamani sono stato al tempio. Non andavo al tempio da tanti anni, da quando ero bambino. Non sono un tipo che prega molto. Ma all'improvviso mi son messo il berretto in testa e ho recitato l'Hagomel. È la preghiera con cui si ringrazia il Signore per lo scampato pericolo. Credi che sia egoista?

Golda Meir

ORIANA FALLACI. *Signora Meir, ma quando avverrà la pace nel Medio Oriente? Riusciremo a vederla, tale pace, nel giro della nostra vita?*

GOLDA MEIR. Lei sì, penso. Spero... Forse... Io no di certo. Io credo che la guerra nel Medio Oriente durerà ancora molti, molti anni. E le dico perché. Per l'indifferenza con cui i capi arabi mandano a morire la propria gente, per il poco conto in cui tengono la vita umana, per l'incapacità dei popoli arabi a ribellarsi e a dire basta. Ricorda quando Krusciov denunciò i delitti di Stalin, durante il Ventesimo congresso comunista? Si alzò una voce dal fondo della sala e disse: «Compagno Krusciov, e tu dov'eri?». Krusciov scrutò in cerca di un volto, non lo trovò, e chiese: «Chi ha parlato?». Nessuno rispose. «Chi ha parlato?» chiese di nuovo Krusciov. E di nuovo nessuno rispose. Allora Krusciov esclamò: «Compagno, io ero dove tu sei ora». Bè, il popolo arabo è proprio dov'era Krusciov, dov'era colui che lo rimproverava senza avere il coraggio di mostrare il suo volto. Alla pace con gli arabi si potrebbe arrivare solo attraverso una loro evoluzione che includesse la democrazia. Ma ovunque giro gli occhi e li guardo, non vedo ombra di democrazia. Vedo solo regimi dittatoriali. E un dittatore non deve rendere conto al suo popolo di una pace che non fa. Non deve rendere conto neppure dei morti. Chi ha mai saputo quanti soldati egiziani son morti nelle due ultime guerre? Solo le madri, le sorelle, le mogli, i parenti che non li hanno visti tornare. I capi non si preoccupano neanche di sapere dove sono sepolti, se sono sepolti. Noi invece...

Voi...?

Guardi questi cinque volumi. Raccolgono la fotografia e la biografia di ogni soldato e di ogni soldatessa morti alla guerra. Ogni singola morte, per noi, è una tragedia. A noi non piace fare le guerre: neppure quando le vinciamo. Dopo l'ultima, non c'era gioia per le nostre strade. Non c'erano danze, né canti, né feste. E avrebbe dovuto vedere i nostri soldati che tornavano vittoriosi. Erano, ciascuno, il ritratto della tristezza. Non solo perché avevano visto morire i loro fratelli, ma perché avevano dovuto uccidere i loro nemici. Molti si chiudevano in camera e non parlavano più. Oppure aprivano bocca per ripetere, in un ritornello: «Ho dovuto sparare. Ho ammazzato». Proprio il contrario degli arabi. Dopo la guerra offrimmo agli egiziani uno scambio di prigionieri. Settanta dei loro contro dieci dei nostri. Risposero: «Ma i vostri sono ufficiali, i nostri sono fellahin! Impossibile». Fellahin, contadini. Io temo...

Teme che la guerra tra Israele e gli arabi possa scoppiare di nuovo?

Sì. È possibile, sì. Perché, vede, molti dicono che gli arabi sono pronti a firmare un accordo con noi. Ma, in questi regimi dittatoriali, chi ci assicura che un tale accordo poi conti qualcosa? Supponiamo che Sadat firmi e poi venga assassinato. O semplicemente eliminato. Chi ci dice che il suo successore rispetterà l'accordo firmato da Sadat? Fu forse rispettato l'armistizio che tutti i paesi arabi avevan firmato con noi? Malgrado quell'armistizio non ci fu mai pace ai nostri confini e oggi siamo sempre in attesa che ci attacchino.

Ma di un accordo oggi si parla, signora Meir. Ne parla anche Sadat. Non è più facile negoziare con Sadat di quanto fosse negoziare con Nasser?

Nient'affatto. È proprio la stessa cosa. Per la semplice ragione che Sadat non vuole negoziare con noi. Io sono più che pronta a negoziare con lui. Lo dico da anni: «Sediamoci a un tavolo e vediamo di arrangiare le cose, Sadat». E lui, picche. Lui non è affatto pronto a sedersi a un tavolo con me. Continua a parlare della differenza che esiste tra un accordo e un trattato. Dice che è disposto a un accordo, ma non a un trattato di pace. Perché un trattato di pace significherebbe il riconoscimento di Israele, relazioni diplomatiche con Israele. Mi spiego? Ciò cui allude Sadat non è un discorso definitivo che stabilisca la fine della guerra: è una specie di cessate-il-fuoco. E poi egli rifiuta di negoziare direttamente con noi. Vuol negoziare attraverso intermediari. Non possiamo parlarci attraverso intermediari! È privo di senso, è inutile! Anche nel 1949, a Rodi, dopo la guerra di Indipendenza, noi firmammo un accordo con gli egiziani, i giordani, i siriani, i libanesi. Però fu attraverso intermediari, attraverso il dottor Bunch, che per conto delle Nazioni Unite si incontrava ora con un gruppo e ora con un altro... Bel risultato.

E il fatto che Hussein parli di pace: neanche questo significa nulla di buono?

Recentemente ho detto cose gentili su Hussein. Mi sono complimentata con lui per aver parlato in pubblico di pace. Dirò di più: credo ad Hussein. Sono convinta che egli si sia reso conto, ormai, di quanto sarebbe futile per lui imbarcarsi in un'altra guerra. Hussein ha capito di aver commesso un errore tremendo nel 1967, quando entrò in guerra contro di noi e non considerò il messaggio che Eshkol gli aveva inviato: «Non entri in guerra e non le succederà niente». Ha capito che fu una tragica sciocchezza ascoltare Nasser, le sue bugie su Tel Aviv bombardata. Così, ora, vuole la pace. Però la vuole alle sue condizioni. Pretende la riva sinistra del Giordano, insomma la West Bank, pretende Gerusalemme, invoca la Risoluzione delle Nazioni Unite... Noi l'abbiamo già accettata una volta, la Risoluzione delle Nazioni Unite. Fu quando ci chiesero di dividere Gerusalemme. Pei nostri cuori fu una ferita profonda, eppure accettammo. E le conseguenze son note. Fummo forse noi ad attaccare l'esercito giordano? No, fu l'esercito giordano a entrare in Gerusalemme! Gli arabi sono davvero strani: perdono le guerre e poi pretendono di guadagnarci. Ma insomma, la guerra dei Sei giorni, noi l'abbiamo vinta o no? Il diritto di porre le nostre condizioni ce l'abbiamo o no? Ma da quando, nella storia, colui che attacca e perde ha il diritto di dettar prepotenze a colui che vince? Non fanno che dirci: restituisci questo, restituisci quest'altro, rinuncia a questo, rinuncia a quest'altro...

Rinuncerete mai a Gerusalemme, signora Meir?

No. Mai. No. Gerusalemme no. Gerusalemme mai. Inammissibile. Gerusalemme è fuori questione. Non accettiamo nemmeno di discutere su Gerusalemme.

Potreste rinunciare alla riva sinistra del Giordano, alla West Bank?

Su questo punto, in Israele, vi sono differenze di opinione. Dunque è possibile che si sia pronti a negoziare sulla West Bank. Ora mi spiego meglio. Ritengo che la maggioranza degli israeliani non chiederebbe mai al parlamento di rinunciare completamente alla West Bank. Tuttavia, se arrivassimo a negoziare con Hussein, la maggioranza degli israeliani sarebbe disposta a restituire parte della West Bank. Ho detto una parte: sia chiaro. E, per ora, il governo non ha deciso né per un sì né per un no. Io neanche. Perché dovremmo litigarci tra noi prima che il capo di uno stato arabo si dichiari pronto a sedere a un tavolo con noi? Personalmente penso che, se Hussein si decidesse a negoziare con noi, una parte della West Bank potremmo restituirgliela. Sia dopo una decisione del governo o del parlamento, sia dopo un referendum. Certo, potremmo indire un referendum su questa faccenda.

E Gaza? Rinuncereste a Gaza, signora Meir?

Io dico che Gaza deve, dovrebb'essere, parte di Israele. Sì, la mia opinione è questa. La nostra, anzi. Tuttavia, per negoziare, non chiedo a Hussein o a Sadat d'esser d'accordo con me su un qualsiasi punto. Dico: «Il mio parere, il nostro parere, è che Gaza debba restare a Israele. So che voi la pensate in altro modo. All right, sediamoci a un tavolo e mettiamoci a negoziare». Chiaro? Non è affatto indispensabile trovarci d'accordo prima dei negoziati: i negoziati si fanno appunto per trovare un accordo. Quando affermo che Gerusalemme non sarà mai divisa, che Gerusalemme resterà in Israele, non pretendo che Hussein o Sadat non debbano citare Gerusalemme. Non pretendo nemmeno che non citino Gaza. Possono citare ciò che vogliono al momento di negoziare.

E le alture del Golan?

Più o meno è lo stesso discorso. I siriani vorrebbero che noi scendessimo dalle alture del Golan per spararci addosso come facevano prima. Inutile dire che non ci pensiamo nemmeno, che non scenderemo mai dall'altipiano. Tuttavia anche coi siriani siamo pronti a negoziare. Alle nostre condizioni. E le nostre condizioni consistono nel definire tra la Siria e Israele un confine che stabilisca la nostra presenza sull'altipiano. In altre parole, oggi i siriani si trovano esattamente dove dovrebbe esser fissato il confine. Su ciò non cediamo, non cedo. Perché solo se restano dove sono oggi possono smetterla di spararci addosso come hanno fatto per diciannove anni.

E il Sinai?

Noi non abbiamo mai detto di volere tutto il Sinai o la maggior parte del Sinai. Non vogliamo tutto il Sinai. Vogliamo il controllo di Sharm El Sheikh e una parte del deserto, diciamo una striscia di deserto, che colleghi Israele con Sharm El Sheikh. È chiaro? Devo ripetermi? Non vogliamo la maggior parte del Sinai. Forse non vogliamo nemmeno la metà del Sinai. Perché non ce ne importa nulla di sedere sul canale di Suez. Siamo i primi a renderci conto che il canale di Suez è troppo importante per gli egiziani, che per loro esso rappresenta perfino una questione di prestigio. Sappiamo anche che il canale di Suez non è necessario alla nostra difesa. Ci diciamo pronti fin da oggi a rinunciarvi. Però non rinunceremo a Sharm El Sheikh e a una striscia di deserto che ci colleghi a Sharm El Sheikh. Perché vogliamo che le nostre navi entrino ed escano da Sharm El Sheikh. Perché non vogliamo trovarci di nuovo nelle condizioni in cui ci siamo trovati l'altra volta, quando abbiamo rinunciato a Sharm El Sheikh. Perché non vogliamo rischiare di svegliarci un'altra mattina col Sinai pieno di truppe egiziane. Su queste basi, e solo su queste basi, siamo disposti a negoziare con gli egiziani. Mi sembrano basi assai ragionevoli.

È dunque evidente che non tornerete mai ai vecchi confini.

Mai. E, quando dico mai, non è perché intendiamo annetterci nuovi territori. È perché intendiamo assicurare la nostra difesa, la nostra sopravvivenza. Se esiste la possibilità di raggiunger la pace di cui lei parlava all'inizio, questo è l'unico modo. Non ci sarebbe mai pace se i siriani tornassero sulle alture del Golan, se gli egiziani si riprendessero l'intero Sinai, se con Hussein ristabilissimo le frontiere del 1967. Nel 1967 la distanza tra Natanya e il mare era di appena dieci miglia, cioè quindici chilometri. Se regaliamo ad Hussein la possibilità di riattraversare quei quindici chilometri, Israele rischia d'esser tagliata in due e... Ci accusano di espansionismo ma l'espansionismo, creda, non ci interessa. Ci interessano solo nuovi confini. E poi senta: questi arabi voglion tornare ai confini del 1967. Se quei confini erano giusti, perché li distrussero?

Signora Meir, abbiamo parlato finora di accordi, negoziati, trattati. Ma, dopo il cessate-il-fuoco del 1967, la guerra in Medio Oriente ha assunto un volto nuovo: il volto del terrore, del terrorismo. Cosa pensa di questa guerra e degli uomini che la conducono? Di Arafat, per esempio, di Habbash, dei capi di Settembre Nero?

Penso, semplicemente, che non siano uomini. Io non li considero nemmeno esseri umani, e la peggior cosa che si possa dire di un uomo è che non è un essere umano. È come dire che è un animale, no? Ma come fa a definire ciò che fanno «una guerra»? Non ricorda la frase di Habbash quando fece saltare un autobus carico di bambini israeliani? «La cosa migliore è uccidere gli israeliani quando sono ancora bambini.» Suvvia, la loro non è una guerra. Non è nemmeno un movimento rivoluzionario perché un movimento che vuole solo uccidere non può definirsi rivoluzionario. Senta: all'inizio di questo secolo, in Russia, nel movimento rivoluzionario sorto per rovesciare lo zar, c'era un partito che considerava il terrore come unico strumento di lotta. Un giorno un uomo di questo partito fu mandato con una bomba all'angolo di una strada per cui doveva passare la carrozza di un alto ufficiale dello zar. All'ora stabilita, la carrozza passò. Ma l'ufficiale non era solo: lo accompagnavano la moglie e i bambini. Dunque quel vero rivoluzionario che fece? Non gettò la bomba. Lasciò che gli scoppiasse in mano e morì dilaniato. Senta, anche noi durante la guerra di Indipendenza avevamo i nostri gruppi terroristici: lo Stern, la Irgun. E io li avversavo, li avversai sempre. Però nessuno di loro si macchiò mai delle infamie di cui gli arabi si macchian con noi. Nessuno di loro mise mai bombe nei supermarket, o dinamite negli autobus dei bambini. Nessuno di loro provocò mai tragedie come quella di Monaco o di Lidda.

E come combattere quel terrorismo, signora Meir? Lei crede davvero che bombardare i villaggi libanesi serva a qualcosa?

Fino a un certo punto, sì. Certo. Perché in quei villaggi ci sono i fidayn. Gli stessi libanesi dicono: «Certe-zone-sono-territorio-di-Al-Fatah». Dunque certe zone vanno ripulite. A ripulirle dovrebbero pensarci i libanesi. I libanesi affermano di non poter farci nulla. Ebbene, anche Hussein affermava questo al tempo in cui i fidayn erano accampati in Giordania. Lo affermavano perfino i nostri amici americani: «Non è che Hussein non voglia mandarli via! È che non ha la forza sufficiente per mandarli via». Però, nel settembre del 1970, quando Amman fu in pericolo e il suo palazzo fu in pericolo e lui stesso si trovò in pericolo, Hussein si accorse che poteva farci qualcosa. E li liquidò. Se i libanesi continuano a non farci nulla, noi rispondiamo: «Benissimo. Ci rendiamo conto delle vostre difficoltà. Non potete. Ma noi possiamo. E, tanto per dimostrarvelo, bombardiamo le zone che ospitano i fidayn». Più di ogni altro paese arabo, forse, il Libano offre ospitalità ai terroristi. I giapponesi che commisero la strage di Lidda erano partiti dal Libano. Le ragazze che tentarono di dirottare l'aereo della Sabena a Tel Aviv erano state allenate nel Libano. I campi di addestramento sono nel Libano. Dobbiamo starcene forse con le mani in mano, a pregare gli dèi e a mormorare «speriamo-che-non-succeda»? Non serve pregare. Serve contrattaccare. Con tutti i mezzi possibili, compresi i mezzi che a noi non piacerebbero. Certo che preferiremmo combatterli in campo aperto. Ma visto che non è possibile...

Signora Meir, sarebbe disposta a parlare con Arafat o Habbash?

Mai! Con loro no! Mai! Cosa vuol discutere con gente che non ha nemmeno il coraggio di rischiare la propria pelle e consegna gli ordigni esplosivi a un altro? Come quei due arabi di Roma, ad esempio. Quelli che consegnarono il giradischi con la bomba alle due stupide ragazze inglesi. Senta: noi vogliamo arrivare alla pace con gli stati arabi, coi governi responsabili degli stati arabi, qualunque sia il loro regime perché il loro regime non ci riguarda. Ma a gente come Habbash, Arafat, Settembre Nero non c'è nulla da dire. La gente con cui discorrere è altra.

Allude a noi europei, signora Meir?

Esattamente. È necessario che gli europei e non solo gli europei decidano di impedire questa che lei chiama guerra. Fin'oggi c'è stata troppa tolleranza da parte vostra. Una tolleranza che, mi permetta di dirlo, ha le sue radici in un antisemitismo non spento. Ma l'antisemitismo non si esaurisce mai nella sofferenza degli ebrei e basta. La storia ha dimostrato che l'antisemitismo, nel mondo, ha sempre annunciato sciagure per tutti. Si incomincia col tormentare gli ebrei e si finisce col tormentare chiunque. Un esempio banale: quello del primo aereo che venne sequestrato. Era un aereo della El Al, ricorda? Lo dirottarono in Algeria. Ebbene, alcuni se ne dissero spiacenti, altri se ne dimostraron felici, e nessun pilota si sognò di dichiarare: «In Algeria io non ci volo più». Se l'avesse detto, se l'avessero detto, oggi l'incubo della pirateria aerea non esisterebbe. Nessuno reagì, invece, e oggi la pirateria aerea è un costume del nostro tempo. Ogni pazzo può dirottare un aereo per compiacere la sua follia, ogni criminale può dirottare un aereo per estorcer denaro. Motivi politici non sono indispensabili. Ma torniamo all'Europa e al particolare che il terrorismo abbia le sue centrali in Europa. In ogni capitale europea esistono uffici di cosiddetti movimenti di liberazione e voi sapete benissimo che non si tratta di uffici innocui. Però non fate nulla contro di loro. Ve ne pentirete. Grazie alla vostra inerzia e alla vostra condiscendenza, il terrore si moltiplicherà e anche voi ne farete le spese. Non le hanno già fatte i tedeschi?

Già, lei è stata molto dura coi tedeschi dopo il rilascio dei tre arabi.

Oh, lei deve capire cosa ha significato per noi la tragedia di Monaco! Il fatto stesso che sia avvenuta in Germania... Voglio dire: la Germania del dopoguerra non è la Germania nazista. Conosco Willy Brandt, lo incontro sempre alle conferenze socialiste, una volta è stato anche qui, quando era sindaco di Berlino, e so bene che ha combattuto i nazisti. Neppure per un momento ho pensato che rilasciasse quegli arabi con piacere. Ma la Germania... Vede, io non sono mai riuscita a mettere piede in Germania. Vo in Austria e non riesco a entrare in Germania... Per noi ebrei, i rapporti con la Germania sono un tale conflitto tra la testa e il cuore... Non mi faccia dir queste cose: sono primo ministro, ho certe responsabilità... Ecco, concluderò affermando che la mia severità di giudizio era inevitabile. Le dichiarazioni che i tedeschi hanno fatto sono state l'aggiunta di un insulto alla ferita, all'ingiuria. Dopotutto si trattava di arabi che avevano partecipato all'uccisione di undici israeliani inermi e che ora tenteranno di ucciderne altri.

Signora Meir, sa qual è l'opinione di molti? È che il terrorismo arabo esiste ed esisterà sempre finché vi saranno i profughi palestinesi.

Non è vero, perché il terrorismo è divenuto una specie di internazionale malvagia: una malattia che colpisce persone le quali non hanno nulla a che fare coi profughi palestinesi. Consideri l'esempio dei giapponesi che commisero la strage di Lidda. Gli israeliani occupano forse territori giapponesi? Quanto ai profughi, ascolti: ovunque scoppi una guerra vi sono dei profughi. La guerra è il lasciapassare dei profughi. Non ci sono solo i profughi palestinesi al mondo: vi sono quelli pakistani, indù, turchi, tedeschi. Perbacco, esistevano milioni di profughi tedeschi lungo il confine polacco che ora è Polonia. Eppure la Germania si assunse la responsabilità di questa gente che era la sua gente. E i sudeti? Nessuno pensa che i sudeti debbano tornare in Cecoslovacchia: loro stessi sanno che non vi torneranno mai. Nei dieci anni che ho frequentato le Nazioni Unite, non ho mai sentito parlare dei sudeti cacciati dalla Cecoslovacchia. Com'è che tutti si commuovono pei palestinesi e basta?

Ma il caso dei palestinesi è diverso, signora Meir, perché...

Lo è certamente. Sa perché? Perché, quando c'è una guerra e la gente scappa, di solito scappa verso paesi di lingua diversa e religione diversa. I palestinesi, invece, fuggirono verso paesi dove si parlava la loro stessa lingua e si osservava la loro stessa religione. Fuggirono in Siria, in Libano, in Giordania: dove nessuno fece mai nulla per aiutarli. Quanto all'Egitto, gli egiziani che presero Gaza non permisero ai palestinesi nemmeno di lavorare e li tennero in miseria per usarli come un'arma contro di noi. È sempre stata la politica dei paesi arabi: usare i profughi come un'arma contro di noi. Hammarskjoeld aveva proposto un piano di sviluppo per il Medio Oriente, e questo piano prevedeva anzitutto il riassestamento dei profughi palestinesi. Ma i paesi arabi risposero no.

Signora Meir, non sente un po' di pena per loro?

Certo che la sento. Ma la pena non è responsabilità, e la responsabilità verso i palestinesi non è nostra: è degli arabi. Noi, in Israele, abbiamo assorbito circa un milione e quattrocentomila ebrei arabi: dall'Iraq, dallo Yemen, dall'Egitto, dalla Siria, dai paesi nordafricani come il Marocco. Gente che arrivando qui era piena di malattie e non sapeva far nulla. Tra i settantamila ebrei giunti dallo Yemen, per esempio, non c'era un solo medico né una sola infermiera:

ed eran quasi tutti ammalati di tubercolosi. Eppure li prendemmo, e costruimmo ospedali per loro, e li curammo, li educammo, li mettemmo in case pulite e li trasformammo in agricoltori, medici, ingegneri, insegnanti... Tra i centocinquantamila ebrei che vennero dall'Iraq v'era un piccolissimo gruppo di intellettuali: eppure i loro figli, oggi, frequentano le università. Certo abbiamo problemi con loro, non è tutto oro quello che luccica, ma resta il fatto che li abbiamo accettati e aiutati. Gli arabi invece non fanno mai nulla per la propria gente. Se ne servono e basta.

Signora Meir, e se Israele permettesse ai profughi palestinesi di tornare qui?

Impossibile. Per vent'anni sono stati nutriti di odio per noi: non possono più tornare fra noi. I loro bambini non sono nati qua, sono nati nei campi, e tutto ciò che sanno è che bisogna uccidere gli israeliani: distruggere Israele. Abbiamo trovato libri di aritmetica, nelle scuole di Gaza, che ponevano problemi del genere: «Hai cinque israeliani. Ne ammazzi tre. Quanti israeliani restano da ammazzare?» Quando insegni simili cose a creature di sette o otto anni, ogni speranza svanisce. Oh, sarebbe un bel guaio se per loro non esistesse altra soluzione fuorché quella di tornare qui! Ma la soluzione esiste. Lo dimostrarono i giordani quando gli dettero la cittadinanza e li chiamarono a costruire un paese chiamato Giordania. Già: ciò che hanno fatto Abdullah ed Hussein è molto meglio di ciò che hanno fatto gli egiziani. Ma lei sa che negli anni buoni, in Giordania, c'erano palestinesi al posto di primo ministro e di ministro degli Esteri? Sa che dopo la partizione del 1922 la Giordania aveva solo trecentomila beduini e che i profughi palestinesi erano la maggioranza?

Perché non accettarono la Giordania come il loro paese, perché... Perché non si riconoscono giordani, signora Meir. Perché dicono d'essere palestinesi e che la loro casa è in Palestina, non in Giordania.

Allora bisogna intenderci sulla parola Palestina. Bisogna ricordare che, quando l'Inghilterra assunse il mandato sulla Palestina, la Palestina era la terra compresa tra il Mediterraneo e i confini dell'Iraq. Questa Palestina copriva le due sponde del Giordano, perfino lo High Commissioner che la governava era lo stesso. Poi, nel 1922,

Churchill fece la partizione e il territorio a est del Giordano divenne la Cisgiordania, il territorio a ovest del Giordano divenne la Transgiordania. Due nomi per la stessa gente. Abdullah, il nonno di Hussein, ebbe la Transgiordania e in seguito si prese anche la Cisgiordania ma, ripeto, continuò sempre a trattarsi della stessa gente. Della stessa Palestina. Arafat, prima di liquidare Israele, dovrebbe liquidare Hussein. Ma Arafat è così ignorante. Non sa nemmeno che, alla fine della Prima guerra mondiale, ciò che oggi è Israele non si chiamava Palestina: si chiamava Siria del Sud. E poi... Insomma! Se dobbiamo parlare di profughi, io le rammento che per secoli gli ebrei furono i profughi per eccellenza! Sparpagliati in paesi dove non si parlava la loro lingua, non si osservava la loro religione, non si conoscevano i loro costumi... Russia, Cecoslovacchia, Polonia, Germania, Francia, Italia, Inghilterra, Arabia, Africa... Chiusi nei ghetti, perseguitati, sterminati. Eppure sopravvissero, e non smisero mai d'essere un popolo, e si ritrovarono per fondare una nazione...

Ma è ben questo che i palestinesi vogliono, signora Meir: farsi una nazione. Ben per questo alcuni dicono che dovrebbero avere il loro Stato nella West Bank.

Senta, io le ho già spiegato che ad est e ad ovest del Giordano c'è la stessa gente. Le ho già spiegato che prima si chiamavano palestinesi e che poi si chiamaron giordani. Se ora voglion chiamarsi palestinesi o giordani, a me non importa un bel nulla. Non è affar mio. Però è affar mio che, tra Israele e ciò che ora si chiama Giordania, non si crei un altro stato arabo. Nel tratto compreso fra il Mediterraneo e i confini dell'Iraq c'è posto solo per due paesi, due stati: uno arabo e uno ebreo. Se firmeremo il trattato di pace con Hussein e definiremo i confini con la Giordania, ciò che accadrà dall'altra parte del confine non riguarderà Israele. I palestinesi potranno arrangiarsi con Hussein come gli pare, potranno chiamare quello stato come gli pare, dargli il regime che gli pare. L'importante è che non nasca un terzo stato arabo tra noi e la Giordania. Non lo vogliamo. Non possiamo permettercelo. Perché esso verrebbe usato come un coltello contro di noi.

Vivere in Israele

Durante i viaggi che feci in Israele per intervistar Golda Meir cercai di conoscere un paio di kibbutz e il caso mi condusse in uno che si chiama Nezer Sereni, presso Tel Aviv, poi in un altro che si chiama Sde Eliahu, presso la frontiera con la Giordania. Sia nel primo che nel secondo v'erano alcuni italiani e, come mi sembrò naturale dal momento che sono italiana, venni accolta da loro. Non era mia intenzione, in quei giorni, scrivere su di loro. Tutto ciò che volevo era capire cosa fosse un kibbutz per parlarne meglio con Golda Meir che nel kibbutz aveva vissuto e al kibbutz tornava sempre col rimpianto. Tuttavia, quando mi trovai a contatto con questi italiani, l'idea di ascoltarli mi solleticò. Anzi mi sedusse. È necessario, si dice, capire noi stessi. Allora perché non tentar di capirci attraverso coloro che andarono via? E col magnetofono in mano ne intervistai una dozzina: incluso un non-ebreo che era giunto lì nel 1968, in cerca di se stesso. Non che mi fosse chiaro a cosa m'avrebbe condotto tale curiosità: superficialmente essi non avevano nulla in comune fuorché il fatto d'essere ebrei ed ex-borghesi. Martino Godelli, per esempio, era nato a Trieste e un tempo faceva il rappresentante di commercio. Carlo Castelbolognesi era nato a Ferrara, dove un tempo studiava per diventare medico. Marcello Savaldi era un milanese che lavorava nelle assicurazioni. Giovannino Di Castro era un romano che sarebbe diventato ingegnere se non fosse approdato al kibbutz. E ciascuno era venuto in epoche diverse, senza conoscere gli altri con cui avrebbe diviso il futuro. Ma, come il gruppo che per caso si trova sul ponte di San Luis Rey, prima che il ponte si rompa e li scagli giù nell'abisso, tutti eran legati da invisibili fili e ai miei occhi assunsero un'identità che ne riassumeva il destino. Sicché decisi di metter da parte quei nastri: forse per darli così, come li do ora.

Ciò che segue, dunque, non è e non vuol essere un saggio sugli ebrei italiani che lasciarono il paese dov'erano nati e cresciuti per il paese che consideravan la terra dei loro padri. Un compito del genere richiederebbe un libro che spiegasse anche perché il loro numero fu limitato: appena tremila. Ciò che segue è e vuol essere solo la storia di alcuni italiani che la coscienza d'essere ebrei indusse a recarsi in un deserto che non aveva nulla da offrire fuorché sacrifici crudeli, tragedie, sogni considerati assurdi. La maggior parte degli ebrei che fuggirono in seguito alle persecuzioni razziali scelsero gli Stati Uniti, l'America del Sud. Loro no. Loro scelsero la Palestina. E comunque è il caso di sottolineare che i primi partirono all'inizio degli anni Trenta, cioè prima delle persecuzioni razziali, e molti partirono dopo la Seconda guerra mondiale, cioè quando le persecuzioni razziali erano ormai finite. In quel periodo, niente e nessuno li obbligava a scappare. Non vivevano mica nei ghetti: vivevano in belle case, mischiati agli ariani. L'Italia li aveva assimilati da ogni punto di vista: culturale, sociale, estetico, sentimentale, linguistico. I loro nonni, spesso, avevan combattuto con Garibaldi. I loro fratelli, spesso, facevano parte della Resistenza e militavano nel Partito d'azione o comunista o socialista o liberale. L'esempio di una scelta diversa era venuto loro da uomini come Carlo e Nello Rosselli. Il paese cui appartenevan da secoli li amava, ed essi lo amavano. Eppure vollero strapparselo di dosso come ci si strappa la pelle. E insieme a questa pelle gettaron via gli agi, i morbidi letti, le carriere, il denaro, e se ne andarono a lavorare di vanga nel kibbutz, tra le vipere, la malaria, i serpenti, la fatica, la fame, le fucilate degli arabi. Se ne andarono a fare i contadini: con le loro mani lisce, le loro unghie curate, la loro pelle delicata, i loro libri in greco e in latino. Perché? Cosa li indusse a intraprendere un'avventura certamente eroica ma anche masochista? Una fede appena scoperta, o inventata, che ha nome sionismo. E un mistico, intellettualistico amore per il socialismo. Due cose di cui essi facevano una cosa sola, nella convinzione che essere ebrei e restituire una patria agli ebrei significasse ricostruire un proletariato. Enzo Sereni, giovanotto di cultura e di genio, aveva propagandato l'idea e dato l'esempio partendo nel 1927. Così, più che in cerca di Israele, essi andavano in cerca del kibbutz: una comunità ugualitaria dove non si possiede nulla fuorché il lavoro manuale, e tutti vivono insieme con gli stessi diritti e gli stessi doveri, tutti mangiano il medesimo cibo alla medesima tavola, tutti abitano in identiche case con identici bisogni. Impresa ardua per un italiano. Perfino un ebreo italiano. Infatti non vi si adattarono mai. E per quanto oggi le loro mani sian ruvide, le loro unghie sciupate, la loro pelle abbronzata come si conviene a veri contadini, per quanto oggi tentino di convincere chi li ascolta e se stessi che sono esclusivamente israeliani, non scordarono mai d'essere italiani. Non dimenticarono mai la lingua italiana: non impararon mai bene l'ebraico. Non rinunciarono mai alla cultura italiana: non penetrarono mai quella ebraica. Non smisero mai di preferire la pastasciutta e il caffè, di seguire le partite di calcio, di appassionarsi alle notizie che vengon da Roma e Firenze e Torino e Ferrara. Soprattutto non persero mai la nostalgia dei palazzi, delle strade, delle opere d'arte, del paesaggio in cui s'eran formati. E mantennero sempre un agonizzante dualismo che solo i loro figli potranno cancellare. Sì, in ogni senso queste sono le storie di dieci italiani. L'undicesimo e cioè il tipo di Brescia che rifiuta la circoncisione perché non nacque ebreo, è in sostanza il meno italiano di tutti.

MARTINO GODELLI
Vendetti tutto e partii: quando la nave giunse a Haifa mi sentii a casa

Io sono uno dei pochissimi ebrei italiani scampati ad Auschwitz. In Israele giunsi molti anni dopo la fine della guerra. Però sognavo di venirci fin dal 1938, l'anno delle leggi razziali, e in questo senso la mia storia assomiglia alla storia degli altri: senza quelle leggi non avrei mai pensato di venire qui. Appartenevo a una famiglia assimilata, avevo un fratello che era fascista convinto. Ma i fascisti emanarono quelle leggi e ne ebbi uno choc. Frequentavo il liceo classico a Firenze, ricordo. Per evitare che i miei compagni di scuola rompessero i contatti con me, li ruppi subito io. Poi presi a frequentare i campi di addestramento per gli ebrei destinati ai kibbutz a Cevoli di Pontedera, in una tenuta agricola messa a disposizione dai Raccà. Come Gisella, mia moglie, ero pronto a partire il 16 giugno del 1940. Non partimmo quel giorno perché il 10 giugno Mussolini dichiarò la guerra e i nostri certificati furono revocati. Finita la guerra, dovevo venire col gruppo del 1948: per stabilirmi a Ghivat Brenner. Ma avevo i genitori a carico, non potevo portarli nel kibbutz, e così fui costretto ad attendere fino al 1954. Sono uno degli ultimi, insomma. Uno dei nuovi.

La mia storia incomincia nel gennaio del 1944 quando fui arrestato a Fiume per sospetta attività antifascista. Non so perché, suppongo per orgoglio, dichiarai subito d'essere ebreo e così mi mandarono ad Auschwitz. Non si può capire il mio caso se non si capisce la mia esperienza di Auschwitz, perché... Ecco: sui campi di sterminio è stato scritto moltissimo, però a me sembra che non sia mai stato scritto l'essenziale. E l'essenziale è che, cinque minuti dopo essere entrato nel campo, uno perdeva la sua essenza umana. La fame, la morte, il terrore non erano cose importanti. La morte ad esempio era una liberazione, un sollievo. Non ci faceva effetto ed era così facile suicidarsi. Bastava attaccarsi ai fili elettrici e prendere la scarica. Al mattino ci staccavano e ci buttavan nel forno. Oppure bastava dire non-ce-la-faccio-più e rinunciare all'istinto di sopravvivenza: una settimana dopo eravamo morti. Oppure bastava stendersi sulla neve durante i trasferimenti da campo a campo: c'era una neve soffice, fresca, invitante, ti ci stendevi come su un letto e dopo un poco qualcuno ti sparava un colpo alla tempia. Sì, la morte era normale. Vivere non era normale. Di qui la nostra abulia, la nostra assenza di umanità, di pietà l'uno per l'altro. Un esempio: nel mio gruppo c'erano tre amici di Fiume: il padre, farmacista, e i due figli. Uno di ventiquattro e uno di ventidue anni, come me. Eravamo adibiti al trasporto dei sacchi di cemento, i sacchi pesavano cinquanta chili ciascuno, e bene o male i due giovani ce la facevano: il farmacista, no. Così i kapò lo fracassavan di botte, ogni volta, e i figli non reagivano mai. Sembrava che la cosa non li riguardasse nemmeno. Io, lo stesso. Nel gennaio del 1945 i tedeschi evacuarono Auschwitz: la famosa ritirata lungo la neve. Partimmo in duemila e arrivammo in cento. Io avevo un amico, il dottor Marco Fano di Torino. Al campo lavoravamo insieme, dormivamo insieme. E insieme lasciammo Auschwitz. Ma al quarto giorno di marcia Marco si distese sulla neve e mi disse: «Martino, io non ce la faccio più». Bastava che gli rispondessi: «Coraggio, Marco. Forza, Marco. Appoggiati alla mia spalla, ti aiuto». Non glielo dissi. Gli porsi la mano e gli dissi: «Allora ciao, Marco». Poi ripresi a camminare e, quando udii lo sparo, non mi girai neanche. Non me ne importò nulla che Marco fosse morto ammazzato: a me premeva soltanto d'essere vivo e di farcela. Ecco. Non ha idea di ciò che è stato per me il processo Eichmann. Mi ha liberato del senso di colpa, del senso di vergogna in cui ho vissuto dopo. La colpa e la vergogna d'essermi comportato così, anche con Marco, di non aver fatto nulla per difendermi. Il processo Eichmann mi ha dimostrato che non ero solo a portar quella colpa, quella vergogna: milioni di ebrei avevano fatto ciò che avevo fatto io. Prima del processo Eichmann, io non avevo nemmeno il coraggio di raccontare ai miei figli ciò che avevo sofferto. Come confessar loro che ad Auschwitz eravamo settantamila internati contro 170 SS? A sputi avremmo potuto far fuori quei centosettanta SS. A sputi. Eppure non ci provammo mai: non eravamo più uomini, eravamo cimici. Io non so cosa ci facessero quando si entrava. Che ci mettessero del bromuro dentro la brodaglia? Qualcosa dovevano darci perché cambiavamo anche fisicamente: le donne ad esempio non avevano più mestruazioni, gli uomini non avevano più stimoli sessuali. Perfino i casi di omosessualità erano rarissimi, io ricordo l'indifferenza con cui guardavo passare le donne nude. Non perché fossero brutte o deperite: perché mi mancava ogni reazione fisiologica. Dopo il processo Eichmann, non mi son più sentito una pecora. Ecco. Nemmeno quando i miei figli chiedevano: «Ma perché non vi siete battuti? Perché vi siete lasciati ammazzare così?!?».

Devo raccontare queste cose per dare un senso alla mia venuta quaggiù. Nella seconda metà del 1944 gli ebrei ad Auschwitz erano l'ottanta per cento. All'arrivo venivan selezionati. I più deperiti finivano subito nelle camere a gas, gli altri invece a lavorare: in attesa della morte. Salvarsi ad Auschwitz era una chimera assurda. Cantavamo sempre in tedesco: «Unsre Heimat ist in den Kaminen. La nostra patria è il camino». Questione di un giorno, di un mese, sei mesi: la fine di ognuno era il forno crematorio. Quando ci riunivano in gruppi di cinquanta o di cento e ci denudavano per mandarci alle docce, sapevamo benissimo che le docce erano le camere a gas. I bambini fino a dodici anni ci andavano direttamente insieme alla mamma, appena arrivati. Uno dei compiti che mi ero assunto era strappare i bambini dalle braccia delle mamme giovani per consegnarli alle vecchie: così i bambini andavano a morire insieme alle vecchie e si salvavano almeno le mamme giovani. Era un compito difficile perché, quando vedevano questo estraneo con la tuta a righe che strappava loro il bambino, le mamme si mettevano a gridar come pazze. E piombavano le SS e mi prendevano a bastonate. Però almeno quella cosa l'ho fatta. Pensi che a un certo punto arrivavano anche diecimila o quindicimila persone al giorno e i forni crematori non bastavano più. Così i tedeschi avevano fatto una fossa enorme, di trenta metri per dieci, e nella fossa c'era un fuoco sempre acceso, e in questo fuoco buttavano i bambini piccoli. C'era sempre un tale puzzo di carne bruciata. Ce l'avevamo nella bocca, nel naso, nella pelle: era parte essenziale della nostra vita. In parte, lo è ancora oggi. Ogni volta che brucian qualcosa, qui nel kibbutz, io e Gisella ci sentiamo male perché ci sembra che stiano bruciando i bambini.

Anche Gisella fu ad Auschwitz, per ben diciotto mesi. Ci arrivò insieme alla madre e alle sorelle: tutte e quattro erano state vendute a Chiasso da un gruppo di italiani che trasportavano o fingevano di trasportare gli ebrei al confine con la Svizzera. Si chiamavano «cuchi» e degli ebrei avevan fatto un vero commercio: per cinquemila lire a testa li nascondevano in case sicure e poi li portavano al confine dove, spesso, li consegnavano ai tedeschi per riscuoter la taglia. Per pagare i «cuchi» la madre di Gisella aveva venduto tutti i gioielli ma a Chiasso quei mascalzoni fuggirono abbandonandole alle guardie di finanza. Queste le consegnarono alla polizia che le portò a San Vittore e da San Vittore le mandarono ad Auschwitz. Appena giunte ad Auschwitz, furono divise. La mamma di Gisella e la sua sorellina di undici anni furono mandate direttamente al forno. Gisella e la sorella di sedici anni, invece, furono rasate dalla testa ai piedi e mandate al lavoro. Quando Gisella cercò la madre e la sorellina, una donna della baracca le indicò il fumo bianco che usciva dal forno: «Vedi quel fumo? È tua madre e la tua sorellina». Dice Gisella: «Non so cosa provai. Non ricordo. Però ricordo che non piansi. Forse non pensai nulla. O forse pensai soltanto: io-son-viva». Gisella io la vidi, per caso, qualche giorno dopo. Eravamo stati fidanzati, io e lei, e poi ci eravamo lasciati perché le famiglie non volevano che ci sposassimo. La vidi da lontano, oltre il filo spinato. Ero riuscito a rubare una cipolla cruda e le gettai la cipolla. Lei l'afferrò con ingordigia e la divorò in due morsi. Gisella si salvò per caso, durante l'evacuazione di Auschwitz. Al cancello, un tedesco la rimandò indietro perché portava zoccoli di legno: non avrebbe potuto marciare con gli zoccoli di legno. Così Gisella si nascose in cucina, insieme a Wanda Bolaffio di Firenze, e vi rimase fino alla liberazione. Anch'io, alla fine, fui liberato; ma a Dachau: nel '45. Dopo la marcia sulla neve ero arrivato a Dachau, e perché sopravvissi a Dachau non so: all'arrivo degli americani pesavo trentasei chili. Il fatto è che m'ero così abituato alla sofferenza: il mio dramma esplose dopo, quando fui di nuovo a casa. Una volta a casa, il mondo mi crollò addosso. Non sapevo più sentirmi libero: mangiare cose buone, dormire in un letto, andare al gabinetto da solo, cioè senza cinquanta persone a contatto, mentre il kapò ti frusta e ti costringe a tirar su i calzoni sebbene tu li abbia appena slacciati e tu non abbia ancora fatto i tuoi bisogni. «Via! Sei stato lì abbastanza, via!» Non so come spiegarlo. Voglio dire: un uomo agogna qualcosa, una chimera, e quando la ottiene si accorge che era solo una chimera. Insomma avevo la libertà e questa era priva di senso per me; era un dono cui non ero più abituato. Io non potrei mai scrivere un libro su Auschwitz. No. Dovrei raccontare cose troppo incredibili. Però potrei scrivere un libro sul mio ritorno: sul fatto che la famiglia non mi interessasse più, il lavoro non mi interessasse più, il sesso non mi interessasse più, la libertà non mi interessasse più. La notte dormivo con mia madre perché mi svegliavo urlando e avevo bisogno di qualcuno che mi calmasse. Il giorno giravo senza meta, senza curiosità, e a un certo punto mi sono detto: «Perché continuare a vivere? Meglio suicidarsi». E la morte m'è sembrata una soluzione normale, come al campo.

Ma al campo, l'ho già spiegato, suicidarsi era facile. Nella libertà invece era difficile: c'era sempre qualcosa che all'ultimo momento mi tratteneva. Sicché ho pensato: se non riesco a suicidarmi, devo sposarmi. Il matrimonio significava un impegno, un fardello, una schiavitù: cioè qualcosa che mi era ormai familiare. E poi significava una donna nel letto, per svegliarmi quando urlavo nel sonno. E ho ricercato Gisella e ci siamo sposati. E insieme abbiamo deciso di emigrare in Israele. Era un vecchio sogno e… Vede questo numero sul braccio? È il mio numero ad Auschwitz: 173154. Non va via, ammeno di non farci la plastica. A Gisella, che aveva l'A5376, il sole l'ha un po' schiarito. A me è rimasto netto come il giorno che me lo fecero, con quella specie di penna stilografica. Ebbene, una volta che viaggiavo in treno da Milano a Trieste, un tipo mi chiese: «Cos'è quel tatuaggio?». Io glielo spiegai e, così facendo, mi lasciai trascinare dai racconti. Per un'ora, due ore. Parlai e parlai finché mi sentii soffocare e mi alzai per prendere una boccata d'aria nel corridoio. E mentre sono nel corridoio, ecco che il tipo dice a un altro dello scompartimento: «Ma quante balle riesce a raccontar quel triestin!». Da allora, se in Italia mi chiedevano cos'è-queltatuaggio, rispondevo: «È il telefono della mia fidanzata». Qui invece dico: «Era il mio numero ad Auschwitz».

Io in Italia avevo molti amici. Soprattutto nel Partito Comunista perché, dopo la guerra, il Partito Comunista era a favore degli ebrei e di Israele. Con loro mi dedicavo all'attività sionista: trasporto degli ebrei, sabotaggi. Nel 1948, per esempio, partecipai alla distruzione di tre aerei comprati dagli egiziani: nel campo di aviazione Macchi, vicino a Varese. Partecipai anche al dirottamento di una nave egiziana carica di armi. Mi ritirai quando Mosca impartì ai comunisti italiani ordini diversi, quando insomma ci fu il voltafaccia. Provai troppo dolore. Mi arrabbiai con gli italiani. Sa come sono gli italiani. Per umanità aiutano tutti: gli antifascisti, i fascisti, gli ebrei... Però non si impegnano mai a fondo e magari, di colpo, cambiano idea. Così, non appena ci fu la scissione nel kibbutz Ghivat Brenner e si formò il kibbutz Nezer Sereni, liquidai tutto in Italia e partii: con Gisella e i bambini. E la sera in cui la nave giunse a Haifa mi sentii commosso, perché mi sentii a casa. E da quella sera non ebbi rimpianti, perché non mi sentii mai un italiano in esilio. Devo spiegarmi meglio. A me piacciono gl'italiani. Sia pure attraverso le amarezze delle leggi razziali e del dopoguerra, io mi son sempre trovato bene in Italia. Ho perfino partecipato alla vita politica italiana facendo propaganda per il Fronte Popolare nel 1948. La politica italiana mi interessa ancora. La seguo e soffro a vedere che i partiti buoni non contano più, che i comunisti vanno a braccetto coi democristiani. Penso in italiano. Leggo in italiano. Ogni settimana ricevo «L'Europeo» e la «Settimana Enigmistica». Se mi arriva un libro italiano sono felice: ci ho messo un anno ad imparare l'ebraico e non l'ho mai imparato bene. È una lingua astrusa, la parlo perché sono in Israele e perché i miei figli si rivolgono a me solo in ebraico. Ma con mia moglie parlo spesso italiano, anzi triestino, e in italiano mi arrabbio quando c'è un campionato internazionale di calcio e fo il tifo per l'Italia. Non solo: l'anno scorso il kibbutz mi ha offerto un viaggio all'estero e ho scelto l'Italia. Sono andato a Roma, a Bari, a Venezia, a Piacenza, a Pisa, a Napoli: e neanche per visitare i miei parenti che ancora vivono là. Tuttavia, dopo un mese, m'è venuto voglia di tornare a casa. Sono italiano di gusti, di mentalità, di cultura, ma non di nazionalità. La mia casa è qui.

Certo che m'è piaciuto rientrare in Italia. Per prima cosa, m'è piaciuto il mangiare. Oddio, come si mangia bene in Italia! Per diciotto anni m'ero dimenticato che si potesse mangiar così bene. La bellezza di poter ordinare le pastasciutte in dieci modi diversi... Io vo matto per le pastasciutte. La bellezza di poter ordinare il pesce di cento qualità... Io vo matto per il pesce. L'ingordigia mi ammazzava, in Italia. Dopo la frutta, non riuscivo ad alzarmi da tavola. Perché qui, nel kibbutz, siamo ossessionati dall'idea del mangiare e si mangia spesso. Ma così male, così male! E poi in Italia m'è piaciuto ritrovar le montagne, rivedere la neve. Qui non c'è mai neve, d'inverno non si va a sciare. M'è anche piaciuto scoprire che gli italiani non sono riusciti a rovinare tutto: i monumenti e la natura li hanno salvati. Però la gente l'ho vista cambiata e i giovani m'hanno intristito: la loro contestazione è così falsa, così incoerente! Dicono d'essere rivoluzionari e poi vivono da borghesi. Neanche la rivoluzione significasse far bordello per le strade. Io ho una nipote che si chiama Silvia. Fa la maoista e poi ha la cameriera e la macchina. Osa anche dire «reazionario» a me che vivo in un kibbutz, e non ho la cameriera, non ho la macchina, mangio alla tavola comune e mando i miei figli alla scuola di tutti. La Silvia è anche antisionista, come la maggior parte dei giovani ebrei che ho conosciuto in Italia. Odiano talmente gli israeliani che fanno le collette per Al Fatah.

No, non provo rancore per loro. Chi è stato ad Auschwitz finisce per capire tutti e ogni cosa. Non ho rancore nemmeno per gli ebrei che sono rimasti in Italia: dopotutto, la maggior parte della mia famiglia è rimasta in Italia. Dopo i miei genitori, è venuto solo un mio fratello. L'altro insegna al liceo di Bari, è sposato a una non ebrea e fa parte di quel gruppo di ebrei che presto finiranno d'essere ebrei perché diverranno assimilati del tutto. Una mia nipote che lavora alla TV, per esempio, ha avuto un periodo di incertezza drammatica: venire in Israele o no? Poi ha scelto di non venire e i suoi figli, son certo, non si porranno più quel dilemma. Capisco tutti, ripeto, ma... Io credo in Israele. Ci credo sebbene, quando penso agli arabi, divenga ambivalente: nel senso che so di avere ragione ma so che anche lui ha ragione. Lui ha ragione perché per secoli ha pascolato qui le sue capre. Io ho ragione perché prima di lui ci stavo io e sono stato cacciato e sono rimasto senza patria. E il problema mi tormenta mentre dico: peccato che non si sia riusciti a convivere, noi e gli arabi! Lo dico soprattutto quando mi accorgo come sia difficile amalgamare i vari ebrei della terra, qui in Israele. Fin dall'inizio della mia infatuazione sionista, pensavo che sarebbe stato facile. Invece... Quante volte mi chiedo: «Cosa accomuna me, ebreo italiano, a un ebreo dello Yemen?». E non è tutto. Perché non posso dire d'esser contento di ciò che, oggi, è Israele. Tanti nostri sogni sono degenerati, tanti nostri ideali si son perduti per strada. Non è un paese socialista come doveva essere, ad esempio, ed è alleato con gli Stati Uniti che rappresentano il non plus ultra del capitalismo. È amaro, per me, che si sia rimasti staccati dai socialisti. Sebbene mi sia accorto che il socialismo in fondo è un'utopia, non posso fare a meno di sentirmi ancora socialista. E il socialismo, per me, è Pietro Nenni. Però una cosa è capire, una cosa è vivere. Anzi, sopravvivere. E quando si è andati per anni a lavorare nell'aranceto col fucile a tracolla... Quando si è scoperto che in America i figli degli italiani si sentono ancora italiani ma in Israele i figli degli italiani si sentono israeliani e basta... Non si può fare a meno di credere in Israele. E ci si batte perché Israele duri. Se sono felice, qui? Questa è una domanda americana. Me l'ha posta anche mio cugino che vive negli Stati Uniti. Cosa significa esser felici? Io non lo so. Non l'ho mai saputo.

MOSHE ARTOM
In Italia perfino i comunisti e i maoisti sono borghesi: non ci tornerei

Io lasciai l'Italia, anzi Torino perché son torinese, nel 1938. Ero cresciuto con quell'idea in testa. Per venire in Palestina avevo imparato l'ebraico, per venire nel kibbutz m'ero iscritto ad agraria. Perché? Perché mi sentivo diverso, mi sentivo ebreo. Proprio il contrario di mio fratello che poi divenne partigiano in Val di Susa. Sì, il nostro fu un po' il caso dei fratelli Sereni: a mio fratello premeva l'antifascismo perché gli interessava l'Italia, a me premeva il sionismo perché mi interessava Herez Israel. Ma non ci furono mai discussioni tra noi, né condanne reciproche. Io trovavo logica la sua scelta e lui trovava logica la mia. Ed è interessante osservare che non partii prima del 1938 perché volevo saldare i miei conti con l'Italia facendo il soldato. La mia era una famiglia così assimilata da vantare un avo che era stato consigliere di Cavour: mi sembrava corretto, quindi, concludere il primo capitolo della mia esistenza facendo il soldato per l'Italia. Quando vennero le leggi razziali e i giornali uscirono coi titoloni «Esclusi gli ebrei dal servizio militare», io ero ufficiale nell'esercito. E, malgrado quei titoloni, mi ci tennero ancora due mesi. Gli italiani, sia detto senza cattiveria, non fanno mai le cose sul serio. Partii da Trieste. Si partiva tutti di lì per andare nella Palestina di allora. Sulla nave ero il solo italiano e... Non so dire se fossi felice. Chi era ebreo nel 1938 non poteva esser felice. Non so dire nemmeno se fossi contento. Posso dire soltanto che ero in pace con me stesso perché andavo a cercare la mia strada, pur non essendo sicuro di trovarla. Non sapevo cosa avrei trovato, non sapevo se mi sarebbe piaciuto quel che avrei trovato. A rallegrarmi c'era solo l'idea che Silvia, la mia fidanzata, m'avrebbe raggiunto. Anche Silvia apparteneva a una famiglia molto assimilata. Suo padre era generale, gran patriota, e si arrabbiava quando dicevo che agli ebrei in Italia sarebbe successo ciò che succedeva in Germania. Però Silvia aveva frequentato i campeggi degli ebrei, come me, ed era diventata una sionista convinta. Aveva organizzato lei il mio viaggio, consolandosi all'idea che arrivando non sarei stato solo. A Gerusalemme viveva una mia cugina: la sorella di Sion Segre. Era venuta nel 1928, dopo aver sposato un ebreo polacco conosciuto in Italia. Così, giunto ad Haifa, ci passai la notte e l'indomani mi recai a Gerusalemme. A casa di mia cugina trovai Nino Hirsch, e Nino mi portò subito al kibbutz Ghivat Brenner.

Non fu facile per me abituarmi al kibbutz. Non ero fatto per il lavoro bruto dei pionieri, non avevo i muscoli del contadino o dell'operaio. Il mio insomma fu il caso degli altri ex-ricchi, ex-borghesi, che erano venuti qui armati soltanto del loro idealismo. Fu anche il caso di Silvia che mi raggiunse nel 1939, con la cauzione di mille sterline che gli inglesi pretendevano da chi veniva in Palestina come turista. Silvia era partita da Parigi dove s'era trasferita, dopo le leggi razziali, per studiare all'università: terz'anno di chimica. Come a Torino, a Parigi aveva vissuto negli agi e ricordo quanto pianse il giorno in cui la sorvegliante dell'aranceto lasciò un bigliettino: «Domani non rimandatemela». La sorvegliante infatti s'era accorta che Silvia coglieva meno arance degli altri perché le sue mani si scorticavano facilmente. Oh, pagammo con tali sofferenze l'orgoglio di guadagnarci il pane col lavoro fisico e l'impegno di tener fede a una scelta! Lo choc fu violento anche perché eravamo italiani. Da buoni italiani, avevamo difficoltà a mischiarci con gli altri e la mancanza di privacy ci tormentava. Ad esempio, non poter avere una stanza o una tenda dove stare soli quando ci si sposava.

Ad esempio, doversi nascondere nell'aranceto per abbracciarci. Ad esempio, fare la doccia in comune... Che orrore! All'inizio, a Ghivat Brenner, uomini e donne facevano la doccia insieme. Quando arrivammo noi, le donne la facevano separatamente. Però restava l'agonia di spogliarci dinanzi a tutti, lavarci dinanzi a tutti! Gli ebrei giunti da altri paesi non avevano certi problemi. Non si accorgevano nemmeno di mangiar male, non gli importava nemmeno di mangiare alla tavola comune. Noi italiani invece... Lo sa che molti, per questo, lasciarono il kibbutz? Provocando le critiche degli ebrei giunti dagli altri paesi, noi eravamo riusciti a comprare una baracca riservata agli italiani: ma ad alcuni questo non bastò e se ne andaron via. Il kibbutz è duro, duro. Io capisco mio figlio che a venticinque anni ha fatto fagotto ed è andato a Gerusalemme.

Ma sì, parliamone pure di questo fatto di sentirci italiani o ancora italiani. È un argomento che non amo, su cui rifiuto sempre di pronunciarmi, ma... Ecco, io, quando mi chiedono se mi sento italiano o ancora italiano, non so cosa rispondere. Nel 1938, più che un italiano, mi sentivo un pesce fuor d'acqua: non appartenevo più all'Italia e non appartenevo ancora a Israele. Dopo... Dopo non so. Quando l'Italia entrò in guerra ad esempio. Nel 1940. Provai tante cose. Una delusione aggiunta, una vergogna, un dolore per quel povero paese che aveva fatto tanti sforzi per raggiungere il livello delle altre nazioni e ora precipitava nel baratro di un'altra guerra. Molti ebrei italiani, qui, risero della sconfitta subita dagli italiani in Cirenaica. Io no. Io avvertii come una rabbia perché sapevo che gli italiani, se vogliono, sanno battersi bene: gli italiani son sempre stati un popolo così calunniato. E poi... Poi i bombardamenti. Le notizie ci arrivavan filtrate, attraverso la radio del kibbutz che trasmetteva in ebraico: lingua che non conoscevamo bene. Cercavamo di captare ogni aggettivo, ogni virgola, e sarebbe disonesto dire che reagivamo ai bombardamenti di Torino come ai bombardamenti di Londra. A Torino c'eran le nostre famiglie e... No: i ponti non si rompono da un giorno all'altro. Il 25 luglio fu uno dei più bei giorni della nostra vita. L'8 settembre fu uno dei più tristi. Eravamo pieni di stizza verso gli alleati che avanzavano così lentamente, ci rallegravano solo le notizie degli scioperi. Dio, era così importante, per me, la parola sciopero! Mi esaltava sapere che esisteva una Resistenza, che gli italiani si battevano finalmente contro i tedeschi e i fascisti. Ne gioivo, mi sentivo riabilitato agli occhi degli ebrei russi, polacchi, e... Cosa significa questo? Che ero ancora italiano?

Forse. Anche oggi, del resto. Non sono affatto sradicato dall'Italia. Non si può, e mi sembra strano che altri le dicano il contrario. Parlo ancora torinese, io. Perfino quando mi esprimo in ebraico ho l'accento torinese! M'è sempre mancata Torino. Mi son sempre mancate le Alpi. Sì, a Gerusalemme ci sono le colline, i cipressi, gli ulivi. Ma non sono le colline, i cipressi, gli ulivi d'Italia. Tutti le parleranno di cultura italiana eccetera: non si tratta solo di cultura. Si tratta della bellezza cui eravamo abituati e che di colpo abbiamo perduto. Andiamo spesso in Italia, per ritrovarla. Amiamo tanto Israele ma ogni tanto abbiamo bisogno di fare quel tuffo nella bellezza, per darci una rinfrescata.

Cosa penso dell'Italia d'oggi? Oddio! È talmente migliorata l'Italia. Io ho lasciato un'Italia fascista, un'Italia dove ci si poteva arrabbiare solo per le partite di calcio perché non ci era permesso di parlare d'altro, e ho ritrovato un'Italia piena di polemica, di libertà, di vita! Io non li capisco i giovani italiani d'oggi perché sono ingrati, ignoranti. Non vogliono riconoscere l'enorme progresso che l'Italia ha fatto negli ultimi trent'anni e recitano le loro contestazioni fasulle, i loro tormenti insinceri. Perché non studiano invece la storia del loro paese, perché non cercano di sapere cos'era l'Italia del periodo fascista, quando eravamo giovani noi? La nostra paura di parlare, la nostra paura di pensare... E non c'è solo la libertà di pensiero, oggi, in Italia. C'è il progresso economico, il benessere materiale. Io sono tornato ogni volta alla distanza di tre o quattro anni e, ogni volta, non credevo ai miei occhi. Bastava prendere il treno che va da Roma a Torino e guardare la campagna. Prima non vedevi che buoi, ora non vedi che trattori. Stupidi, i vostri ragazzi. Stupidi! Senta, i figli dei miei cugini sono maoisti. E quando parlano di libertà escono sempre con quelle frasi fatte: «La-libertà-è-quella-del-ricco-che-può-fare-ciò-che-vuole». Balle! Anzitutto la libertà è poter parlare, litigare, maledire. Poi non è vero che i poveri, oggi, in Italia sono così poveri. È vero, invece, che chi dice così è in malafede. O pazzo.

Uno di questi miei parenti maoisti lavora all'Euratom ed è intelligentissimo. Ma è un intelligentissimo pazzo, o un intelligentissimo scemo. Non saprei in quale altro modo definire qualcuno che non capisce il progresso o la libertà. Mah! Sarà perché non ha mai conosciuto la non-libertà: non si apprezza mai ciò che si possiede o si possiede in abbondanza. Inoltre sono tutti filo-arabi, questi maoisti. Padronissimi d'esserlo, certo. Ma, quando discuto con loro, ho sempre l'impressione che parlino di cose che non conoscono. O per fanatismo. Il cugino intelligente l'ho invitato in Israele: «Vieni, guarda, e poi giudica» gli ho detto. Mi ha risposto: «Io in Israele non ci vengo». Perché? Ha forse paura di cambiare idea, di convincersi che non siamo poi così perfidi? Lui tira sempre fuori gli argomenti della propaganda araba e, quando gli dico che alla base di quei ragionamenti vi sono cose giuste e ingiuste, non mi ascolta. Diresti che ha paura di pensare fino in fondo: si ritira nel dogma. Si ritirano tutti nel dogma. Ma in malafede. Perché sono colti, molto più colti di quanto lo fossimo noi. Infatti loro non possono dire, come dicevamo noi, «non-sappiamo-nulla-perché-siamo-senza-notizie». Sanno tutto. Basta che vadano all'edicola e che, senza comprare il giornale, si mettano a leggere i titoli. Leggi tre o quattro titoli, oggi, e in mezzo minuto ti rendi conto di cose che noi non saremmo riusciti a sapere in dieci anni. Basta, sennò mi arrabbio e finisco col sembrare proprio un italiano anziché un israeliano. O mi metto a coltivar nostalgie. Non le coltivo. Non tornerei più a vivere in Italia. Nemmeno Silvia. Perché ricadrei in un ambiente borghese che non mi appartiene più, che ho rifiutato. In Italia perfino i comunisti e i maoisti sono borghesi. E concludo: il mio non è il rifiuto di un paese che ancora amo. È il rifiuto di una società borghese che non ho mai amato.

LUCIANO SERVI
Le mura della città vecchia di Gerusalemme mi ricordano Firenze

Io vengo da una famiglia borghese, patriottica, di tradizione italiana. Il fratello di mia nonna era colonnello dei garibaldini e quando morì, a novantasei anni, ebbe un funerale con tutti gli onori sebbene fosse il 1938 e le leggi razziali esistessero già. Diventai sionista per le leggi razziali. Frequentavo il liceo Dante a Firenze e mi costrinsero ad abbandonarlo per trasferirmi al Liceo Ebraico. Lo choc fu così brutale che, finito l'anno scolastico, andai a prepararmi per il kibbutz nella fattoria toscana di Giulio Raccà: quello che poi è diventato professore di fisica all'università di Gerusalemme. L'idea era di recarmi subito in Herez Israel: non la portai in fondo perché scoppiò la guerra e fui messo al lavoro obbligatorio. Scavi per la bonifica, quattro lire al metro cubo. Lo dico senza rancore. C'è una bella differenza tra i campi di concentramento tedeschi e il lavoro obbligatorio ma pagato: gli italiani non sono mai stati davvero antisemiti. Guardi, dinanzi a noi abitava il comandante del presidio di Firenze e noi non avevamo nessun rapporto con lui, non ci scambiavamo nemmeno il buongiorno e la buonasera, ma appena scoppiaron le leggi razziali lui venne a stringer la mano a mio padre. Non solo, quando la mia famiglia scappò da Firenze, il 12 settembre 1943, gli amici forzaron la porta di casa e misero in salvo ciò che potevano: vestiti, argenteria, mobili, perfino i libri delle preghiere che nascosero nei loro appartamenti. Al ritorno ci restituirono tutto, fino all'ultimo spillo, e in cambio non vollero niente. Anzi dissero che noi avremmo fatto la stessa cosa per loro. Bè, non lo so. Non sono affatto certo che ne avremmo avuto il coraggio. E... Certi fatti non si dimenticano. D'accordo, alcuni italiani denunciaron gli ebrei e li mandarono a morire ad Auschwitz. E con questo? I mascalzoni ci son dappertutto, ci sono anche tra noi. Basti pensare agli ebrei che si iscrissero al Fascio e finanziarono Mussolini.

Devo incominciare da qui, e non per cortesia. Non sono un tipo cortese, sono un fiorentino brusco. Devo incominciare da qui perché simili episodi caratterizzano un popolo e spiegano la scelta che feci nel 1943 entrando nella Resistenza. Io non appartengo al gruppo degli ebrei che dissero: «L'antifascismo non mi interessa, riguarda gli italiani». Io appartengo al gruppo degli ebrei che sentirono il dovere e la fierezza di partecipare alla lotta partigiana: essa mi apparteneva come mi avrebbe appartenuto la guerra di Spagna se al tempo della guerra di Spagna non fossi stato un ragazzo. Voglio dire che, per me, l'antifascismo non fu solo un modo per combattere l'antisionismo: fu anche un modo per rendermi utile al paese che amavo. Dopo l'8 settembre entrai nel Partito d'azione. Avrei potuto entrare anche nel Partito socialista o nel Partito Comunista: scelsi il Partito d'azione perché lì avevo amici. Con loro feci parte delle «squadre di città», combattei nella divisione Modena, fui paracadutato al nord dopo l'arrivo degli alleati. E quest'ultima cosa è importante perché, liberata Firenze, avrei potuto recarmi in Palestina: l'emigrazione in massa era già incominciata. Ma il mio lavoro per l'Italia non era concluso, e chiesi d'esser paracadutato al nord. Il 18 agosto del 1944, a Farneta, in provincia di Modena. Insieme ad altri due dovevo installare una radio, metter su una rete di informazioni, addestrare i partigiani all'uso degli esplosivi, infine far passare al di qua della Linea Gotica alcuni soldati americani.

Un'impresa difficilissima anche perché i rapporti tra gli inglesi e gli americani erano così tesi. Un'impresa che, secondo molti ebrei, non portava nulla al sionismo. Vero. Però portava qualcosa all'Italia. Solo dopo la fine della guerra e la caduta del fascismo io ripresi l'attività sionistica e mi sentii pronto a venire qui.

Rinunciarvi sarebbe stato comodo. Ormai, in Italia, nessuno disturbava più gli ebrei. Avrei potuto riprender gli studi, oppure occuparmi degli affari di mio padre che a Firenze era commerciante di tessuti all'ingrosso, oppure dirmi: «Devo costruire la democrazia in Italia». Ma i miei conti con l'Italia eran saldati e la democrazia dovevo costruirla qui, per fondare un paese dove nessuno avrebbe mai ingiunto agli ebrei: «Da oggi non puoi studiare al Liceo Dante, devi trasferirti al Liceo Ebraico». E partii. Solo. Mio fratello non volle venire. I miei genitori avrebbero voluto venire ma mio fratello li sconsigliò sostenendo che l'emigrazione era un'avventura pei giovani. Né potevo dargli torto: ambientarsi in Israele, nel 1948, era molto duro. Non duro come negli anni Venti e negli anni Trenta, tuttavia abbastanza duro. Me ne accorsi appena giunto a Ghivat Brenner dove per dormire con mia moglie e basta dovetti accettare una tenda. Poi da Ghivat Brenner passai a un kibbutz di frontiera e qui abitavo in una baracca dove, per divider la nostra stanza dalla stanza degli altri non c'era che mezzo muro. Udivi ogni sospiro e... Guardi: per un italiano abituato all'individualismo come me, la mancanza di privacy era più odiosa delle trincee e del filo spinato. Che imbarazzo la prima volta che entrai nella sala da pranzo comune! Tutti allo stesso tavolo, con un solo coltello per tavolo. A volte mi chiedo se fossi davvero l'individualista che dico. E il peggio non fu nemmeno questo. Il peggio fu amalgamarci con gli altri: non conoscer la lingua, le abitudini, il paesaggio. Io ad esempio mi trovai a contatto con gli emigrati polacchi e nordafricani: cosa avevo in comune con loro, io, italiano? Per molto tempo mi sentii all'estero. Anche oggi è un poco così. Perché ecco: la gente come me conosce talmente poco della storia ebraica. La gente come me conosce molto di più la mitologia greco-romana, ed è ormai tardi per noi sostituire una cultura con un'altra cultura. È ormai quasi impossibile colmar le lacune. Siamo sinceri: l'ebraico non l'abbiamo mai imparato bene. Siamo riusciti a dimenticare tante parole italiane senza imparar bene l'ebraico. Non sappiamo neanche pronunciarlo come si deve e il nostro vocabolario è scadente, povero. Solo chi sapeva un po' di yiddish se la cava meglio. Per noi è come se all'improvviso, dopo un intervallo di duemila anni, gli italiani si mettessero a parlare latino. I nostri figli non lo capiscono. Non capiscono nemmeno che siamo divisi in due: una parte del nostro cervello e del nostro cuore è qui, e una parte è in Italia. Io mi sento fiorentino, ancor oggi. Eccome! Se dovessi scegliere una città dove abitare, ancor oggi, sceglierei Firenze. Ciò che mi è mancato di più, arrivando qui, è stata Firenze. La sua bellezza, le sue cupole. Oddio, che rimpianto. Dov'era Palazzo Pitti, dov'era Piazza della Signoria, dov'era l'Arno, dov'era il ponte a Santa Trinità? Quando uno è nato in una città come Firenze o come Venezia... Possibile che non prestassi attenzione a tanta bellezza negli anni in cui vivevo a Firenze? Passavo dinanzi a Palazzo Pitti e non lo vedevo, perché non lo guardavo. Mi sembrava normale che fosse lì, alla maniera delle stagioni. C'è l'estate, pensavo, l'inverno. Palazzo Pitti... Il giorno in cui sono arrivato e ho visto queste strade diritte, queste case a cubo, questo deserto, mi si è chiuso lo stomaco. La prima delusione è stato il monte Carmelo. L'ho guardato e ho detto: «O icché l'è?!? Tutto qui il famoso Carmelo?».

L'altra delusione è stata il Giordano. Ho spalancato la bocca: «O questo, icché sarebbe l'Pisciatello?». Non m'è parso neanche il Mugnone, m'è parso il Pisciatello. È per tutti così, mi creda. Anche se non glielo dicono Artom, per esempio, non fa che rimpiangere le Alpi e l'eleganza di Torino. Io non fo che invocare i monumenti di Firenze... Sì, qui c'è Gerusalemme. Sono abbastanza innamorato della città vecchia, delle sue mura: mi ricordano un poco Firenze. Ma non sono Firenze, e Gerusalemme mi dà un conforto che non basta mai. La vita non è fatta solo di doveri, di nobili sogni. È fatta anche di piaceri. E il solo compenso per l'assenza di certi piaceri è illuderci d'avere una missione. Ogni volta che certi rimpianti mi assalgono, io mi indurisco e dico: «Non devo pensarci, è passato, finito. Non devi rimpiangere il buongusto, le comodità. Devi costruire il futuro dei tuoi figli». Ho quattro figli, ormai completamente israeliani. Uno che s'è sposato la settimana scorsa, uno che fa il militare, una bambina di dodici e una di tre.

Eppure non voglio tornare in Italia. Ci tornai solo nel 1953, per la morte di mia madre, e dopo pochi giorni scappai: neanche avessi paura di affrontare qualcosa che non doveva appartenermi più e che tuttavia mi apparteneva ancora. Non voglio rivedere quei monumenti tentatori, non voglio rivedere i miei amici di allora, i miei compagni del Partito d'azione, della Resistenza. Sarebbe troppo doloroso scoprirli con la pancia e una mentalità cambiata. Voglio ricordarli come li ho conosciuti durante la Resistenza, perché quella è l'Italia che amo. L'Italia buona, civile. E se fosse cambiata... Preferisco pensare che non sia cambiata. Ho tanta paura di scoprire che il popolo italiano non è più il popolo più buono e civile del mondo. Ed anche per questa paura, soprattutto per questa paura, non tornerò mai più.

BRUNO SORINO
Sono venuto qui quattro anni fa: e qui respiro, finalmente. No, non sono ebreo

La mia storia è particolare perché io non sono ebreo. Sono di Palazzolo, vicino a Brescia, e in Israele ci venni per caso: quattro anni fa. Abitavo a Milano, nel '68. Davo ripetizioni ai bambini della contessa de Robilant. E facevo il ribelle: era il periodo dei moti studenteschi. Oh, non che andassi a mettere le bombe o roba del genere. Però avevo voglia di farlo perché mi sentivo solo, scontento, spaesato: cercavo ideali senza averne. Proprio ciò che accade agli studenti che vanno a mettere le bombe: la povertà interiore rende violenti, almeno nelle intenzioni. Poi, un giorno del 1968, a casa della contessa de Robilant, udii l'ambasciatore israeliano che parlava del kibbutz. L'ambasciatore era amico della contessa, la contessa si lamentava di uno dei suoi figli che stava uscendo dai binari, e l'ambasciatore esclamò: «Dovrebbe mandarlo in un kibbutz!». Spiegò cos'era il kibbutz e io mi sentii folgorato: perché non tentare anch'io quella soluzione: il socialismo, il lavoro fisico, la vita comunitaria... La sera stessa telefonai a mio padre e gli dissi: «Papà, io vado in un kibbutz». Mio padre non mi prese sul serio. Rispose cretino, imbecille, sei il solito scemo che chiacchiera per chiacchierare: non lo farai mai. Invece lo feci. Lasciai che finisse l'anno scolastico, mi trasferii a Torino per lavorare in casa Agnelli e mettere insieme i soldi necessari al viaggio, infine partii.

Ma non andai subito a Tel Aviv. Prima di affrontare il kibbutz volevo vedere Parigi e così andai a Parigi dove mi innamorai perfino di una ragazza cui detti a bere un mucchio di balle: che la volevo sposare eccetera. Per quella ragazza rischiai perfino di cambiare idea. Comunque non la cambiai e una settimana dopo ero a Tel Aviv, con l'indirizzo per l'Unione Kibbutz. Vi giunsi senza un soldo: avevo speso tutto con quella ragazza a Parigi. La notte non dormii neanche in un letto: dormii sulla spiaggia. Sai la spiaggia dinanzi all'hotel Dan. All'alba mi svegliai e, senza farmi la barba, mi presentai all'Unione Kibbutz, dove mi chiesero quanti soldi avessi in tasca. Mi rovesciai le tasche, misi ciò che avevo sul tavolo, e provocai risate. Con tale miseria, dissero, non potevo recarmi più lontano del kibbutz Nezer Sereni che si raggiungeva con l'autobus. Così presi l'autobus e raggiunsi il Nezer Sereni, insieme a Franco. Franco era un ragazzo milanese che avevo incontrato per strada. Era anche un maoista pieno di visioni profonde e di intenzioni lodevoli: il kibbutz doveva costituire il suo apprendistato per diventare un vero rivoluzionario e cambiare le sorti dell'umanità. In autobus non faceva che parlarmi di Mao, di Marx, del proletariato. Però appena ci misero a lavorare nei campi, qui al kibbutz, smise subito di parlare di Mao e di Marx e del proletariato: cominciò a lamentarsi e a dire che il sistema non gli piaceva, che portare pesi gli era impossibile in quanto gli mancavano le dita di una mano eccetera. E la sera, anziché insistere sulle sue profonde visioni maoiste, passò a raccontarmi le sue storie d'amore. Poi tornò in Italia e divenne un borghese identico a quelli che condannava. Lo so perché l'ho rivisto. È venuto a Tel Aviv come commesso viaggiatore di una ditta importante e viaggiava in prima classe, dormiva in un grande albergo, era elegantissimo. Gli ho detto: «Franco, non ti vergogni?». Ma lui ha risposto no, stava bene così.

A me invece il kibbutz piacque subito. Ecco ciò che mio fratello non voleva capire quando piombò al Nezer Sereni per portarmi via: neanche fossi pazzo o mi avessero rapito. Mio fratello non faceva che esaltare le virtù dell'automobile, dello stipendio alto, della casa bella: non voleva capire che a far questa vita ero diventato sereno e contento. Non voleva capire che qui non mi sentivo più solo, né confuso, né oppresso da qualcosa che non sapevo cosa. Glielo ripetei in mille modi. Gli spiegai che a Palazzolo, a Milano, a Torino mi mancava il respiro. Mi sentivo sempre triste, ombroso. Perdevo il mio tempo come andare al cinematografo la mattina e a puttane la sera. Qui invece avvertivo una specie di gaiezza, di libertà: respiravo insomma. Non mi credette. Mi salutò come si saluta qualcuno che non ha il cervello a posto. Oddio, non che sia stato molto facile: anche per me. All'inizio, ammettiamolo, tante cose mi davan fastidio. Ad esempio, il fatto di mangiare alla tavola comune quel cibo perfido. Nei primi giorni era perfido. È cattivo anche ora, ma nei primi giorni... Gesù! Passava la ragazza col mestolo e paf! Ti gettava sul piatto di alluminio una roba che ti chiudeva gli occhi, la gola. Mentre tutti ti guardavano, parlando fra loro in ebraico, e nessuno ti sedeva accanto. Io inghiottivo quella porcheria e mi angosciavo: «Perché mi guardano? Perché non mi siedono accanto? Cosa dicono? Gli sto antipatico perché non sono ebreo?». Il sospetto che fossero più imbarazzati di me e tentassero di mettermi a mio agio lasciandomi solo con Franco non mi sfiorava nemmeno. Sono stati talmente gentili con me. Anziché mettermi a lavorare nei campi mi hanno messo a lavorare nella serra, a trasportare secchi di terriccio. Un mestiere stupido, sì, ma non faticoso. M'è parso gentile. E poi mi hanno dato una stanza dove potevo fare quel che mi piaceva: perfino portarci le ragazze. Mi ha scioccato. Mi ha commosso. E... Bè, devo dire una verità: mi son trovato subito bene anche per questo, per le ragazze. La vita sessuale qui è così libera, pura. Semplice e pura. In Italia mi avevano dato un mucchio di complessi: «Non si fa, non sta bene, è peccato». In Italia, per far la corte a una ragazza, dovevo almeno portarla al cinematografo e aver l'automobile. L'amore si faceva nell'automobile. Qui no. Qui, se una mi piaceva, glielo dicevo. E se io piacevo a lei, lei lo diceva a me. E si andava a letto insieme: senza nasconderci e senza provare vergogna. Ogni ragazza, dopo i quindici anni, ha la sua cameretta e può farci ciò che vuole. Come mia moglie Idith prima che ci sposassimo. Mia moglie, intendiamoci, non è stata la prima: quando sono arrivato, lei era in America. Però dopo è tornata e, appena l'ho vista mi sono buttato a pesce. Era la più bella del kibbutz. Ebbene: ho vissuto tre mesi con lei e non è successo nessuno scandalo. Nessuno. Lei aveva una camera piccolissima. Ha voluto che mi ci trasferissi coi bagagli e io l'ho fatto a malincuore perché avevo paura di suo padre: la mattina uscivo come un ladro. C'è voluto un mucchio di tempo perché capissi che suo padre lo sapeva e non gliene importava nulla, proprio nulla.

È lo stesso in tutti i kibbutz fuorché i kibbutz religiosi, e la cosa spiega in parte perché non mi sono più mosso. Sono uscito dal Nezer Sereni solo per provare un altro kibbutz vicino alla frontiera, anzi al Giordano. Ma era il 1969, i fidayn sparavano continuamente i razzi katiuscia e ho avuto paura e sono scappato. Sono scappato di notte: c'è mancato poco che la pattuglia israeliana facesse fuoco. Una fifa! Odio troppo il sangue, la violenza, la guerra. Gliel'ho detto anche a loro quando mi hanno chiesto, tempo fa, se avevo fatto il servizio militare nell'esercito israeliano. «No e non voglio farlo» gli ho detto. «Io, il fucile in mano non lo prendo. Se per stare qui è necessario fare il servizio militare, la guerra, allora me ne torno in Italia.» E va da sé che mi dispiacerebbe molto tornare in Italia. Ci sono tornato due volte, in Italia, e... Com'è andata? Lo dico subito com'è andata. La prima volta tutto si è tradotto in una gran voglia di darmela a gambe: neanche l'Italia fosse un kibbutz sul Giordano. Mia moglie era incinta, non eravamo ancora sposati ma lei era incinta, e appena siamo giunti a Palazzolo di Brescia, apriti cielo! «Ma come? Hai messo una ragazza incinta e non l'hai ancora sposata?» hanno detto i miei genitori. E si son presi in casa lei, hanno messo me in un albergo. Non solo: io non avevo più il senso del denaro perché nel kibbutz non si usa il denaro, le cose si prendono e via... Sicché una tortura! Mi sembrava d'essere su un altro pianeta, ogni volta che facevo qualcosa sbagliavo. È finita che, invece di stare sei settimane come avevo deciso, sono rimasto tre settimane e basta. La seconda volta, no. Io e mia moglie eravamo regolarmente sposati: a Palazzolo di Brescia siamo giunti con due bambini, uno di tre anni e uno di un anno e mezzo. I miei genitori si sono commossi. Si son presi i bambini e ci hanno dato mezzo milione da spendere. Ci hanno mandato a Firenze, a Venezia. Ci hanno pagato l'albergo. Una pacchia. Ho mangiato e bevuto come non mangiavo e bevevo da tre anni: oddio quanto si mangia bene in Italia! Che cibo, che vino! In un mese sono ingrassato sei chili e mezzo: non volevo più rientrare nel kibbutz. Ci sono rientrato perché non si poteva rinviare la data.

Cosa ho provato rientrando nel kibbutz? Semplice: il rimpianto dell'Italia m'è passato subito. Ormai parlo l'ebraico e questo sistema di vita mi ha sedotto. Mi va bene, questa vita. È libera, è serena, equilibrata, e mi dà il tempo di pensare, leggere, chiacchierare. Non sto sempre a correre e a guardar l'orologio come facevo in Italia. Alle quattro del pomeriggio finisce il lavoro e posso starmene coi miei bambini, con mia moglie. Non ho i tormenti di mio fratello che non può mai fare ciò che vuole e deve sempre fare i conti coi soldi. L'unica cosa che mi turba, qui, è il complesso di non essere ebreo. Incominciò con la prima ragazza con cui andavo a letto e che mi piantò perché non ero ebreo. Di tale choc non mi sono più liberato. Naturalmente loro hanno tentato di farmi diventare ebreo. E mi hanno dato la Bibbia, un mucchio di libroni, poi mi hanno chiesto se volevo farmi circoncidere, eccetera. Gli ho risposto di no, delle religioni non mi importa nulla, figuriamoci la religione ebraica che non so nemmeno cosa sia. E non mi hanno chiesto più nulla. Mi hanno lasciato in pace. Da qualche tempo però hanno ripreso a chiedermi se voglio diventare ebreo e... Ma cosa vuol dire? Che senso ha? Che differenza fa? E poi gliel'ho detto che questa storia della circoncisione non mi va per niente: quello lì non si tocca. Così a loro gli dispiace e... Peccato. Peccato perché io qui un po' per volta ho raggiunto ciò che non avevo mai posseduto: l'equilibrio per cui ti senti un uomo. Perché romperlo con la circoncisione?

CARLO CASTELBOLOGNESI
Sono venuto in Israele sulla base di un ragionamento, non sulla spinta della persecuzione

Io appartengo a quel gruppo di italiani che decisero di venire qui in base a un ragionamento anziché sulla spinta di una persecuzione. Quando io ero giovanetto, cioè prima delle leggi razziali, non c'era ragione per lasciare l'Italia. Eppure fin da giovanetto io avevo stabilito che avrei lasciato l'Italia per Herez Israel, la Terra di Israele: come la chiamavamo allora. Mi sembrava un dovere, visto che mi sentivo un ebreo e un ebreo responsabile della propria continuità. Come spiegare il fatto di sentirsi ebrei è un'impresa particolarmente difficile per gli ebrei italiani. L'Italia ci assimilò in tempi così antichi che ancora oggi stentiamo a definire cosa signifchi per noi essere ebrei e cosa significhi essere italiani. L'ebraismo è una cosa misteriosa, stranissima. È una cosa che non ha nulla in comune con la religione e con la tradizione. Direi che è un lumicino nascosto, un lumicino che si accende quando meno te lo aspetti. Da dove venga questo lumicino, non so. Se dicessi che sta nel sangue, farei un discorso razzista. Posso dire soltanto che è il lumicino per cui gli ebrei portati nelle camere a gas cantavano «L'eternità di Israele non può essere smentita» anche se non erano religiosi.

Nemmeno io ero religioso sebbene mio padre fosse rabbino di Milano, sebbene avessi studiato l'ebraico fin da ragazzo. Come tutti quelli del mio gruppo, ero arrivato al limite del sentirmi ebreo: un passo in più e mi sarei sentito solo italiano. Ma accadde qualcosa. Accadde che a Firenze, intorno ad Alfonso Pacifici, si formò un minuscolo movimento che diceva «bisogna riconquistare l'ebraismo».

E in tal movimento affluiron coloro per cui essere ebrei non voleva dire recarsi alla sinagoga, bensì impiantare una vita ebraica nella Terra di Israele. Enzo Sereni, anzitutto, e poi noi di questo kibbutz, poi altri che troverà a Tel Aviv e Haifa e Gerusalemme. Cioè pochi. La maggior parte degli ebrei italiani, infatti, rimasero fuori del movimento sionista o ne rimasero alla periferia. Pensi ai fratelli Rosselli o a Giorgio Bassani e Max Ascoli; gente che spesso ebbe il fegato di buttarsi nella Resistenza e morirci, tuttavia non ebbe il coraggio di rinunciare al proprio italianismo e venire qui. Lo dico senza condanna e senza amarezza. Il dilemma era drammatico: toccò anche noi. Non dimenticherò mai un giorno del 1937 quando io e un mio amico ebreo si diceva: «D'accordo, vogliamo andare nel kibbutz ma c'è la guerra in Spagna! Qual è il nostro dovere: la Spagna o il kibbutz?». Gli altri ebrei scuotevan la testa: «Che vi importa della Spagna? Non è la vostra guerra!». Io no. Io sapevo che le due scelte eran valide e forse, se fossi stato meno giovane, avrei votato per l'antifascismo. Votai per il sionismo anche perché ero un ragazzino: il massimo che potevo fare contro Mussolini era distribuire manifesti antifascisti.

Mi attraeva soprattutto il kibbutz che vedevo come traduzione materiale dell'ideologia socialista. Il gruppo dei giovani sionisti cui appartenevo era un gruppo socialista. E dopo il 1906, cioè dopo l'ondata dei rivoluzionari russi sfuggiti ai pogrom dello zar, il kibbutz aveva acquistato una coscienza politica. Erano giunti allora i Ben Gurion, i Ghivat Brenner, cioè gente con un'immensa fede nel socialismo e una totale mancanza di «clericalismo». Pensi che Ghivat Brenner diceva: «Se mai esisterà uno Stato ebraico, la prima cosa da fare sarà abbattere il Muro del Pianto: non possiamo portarci dietro in eterno questa diaspora religiosa». Nel kibbutz avremmo potuto diventar proletari e quindi ricostruire il proletariato che nel popolo ebreo era scomparso. Per il kibbutz io ero pronto a partire nel 1935, quando avevo diciotto anni. Non lo feci perché mi fidanzai con colei che sarebbe diventata mia moglie, Liana Polacco, e il mio futuro suocero non ammetteva che mi sposassi o partissi prima di ottenere la laurea. Si convinse solo quando la minaccia delle leggi razziali divenne evidente, però pretendeva che scegliessi l'Argentina. Molti ebrei scappavano già in Argentina e lui brontolava: «Starete proprio bene a Buenos Aires, che senso ha recarsi in questa Herez Israel?». Per non farlo arrabbiare, Liana mise in atto un piano: sarebbe venuta per prima a trascorrervi un periodo di prova, e, se non le fosse piaciuto, avremmo scelto l'Argentina. Partì da Trieste, io rimasi a Milano per prender la laurea e...

A volte la gente mi chiede: «Possibile che tu abbia deciso di andartene solo in virtù di un ragionamento? Possibile che nessun elemento umano vi abbia contribuito?». E io rispondo: «Possibile perché è avvenuto così. Però, se il ragionamento non fosse esistito, gli esami di laurea mi avrebbero fornito il pretesto umano». Ora mi spiego. M'ero preparato con una tesi in ostetricia e m'ero ben preparato. Il professore si chiamava Alfieri, era parente del fascista Dino Alfieri, e non mi pose nemmeno una domanda. Disse: «Questo non sa nulla, può andare». «Gli chieda qualcosa, professore!» esclamò l'assistente, sbalordito. E lui: «Inutile. Non sa nulla». Dovetti andarmene senza aver aperto bocca. Dovetti tentare una seconda volta. Ma anche la seconda volta c'era l'Alfieri, e si ripeté la stessa scena. Così mi stancai e raggiunsi Liana che s'era fermata nel kibbutz Ghivat Brenner dov'era Enzo Sereni. La cosa straordinaria è che non partii solo: con me c'era mio suocero, anzi il mio futuro suocero. Era il 1939, erano esplose le leggi razziali, e ormai anche lui mi dava ragione. Me ne dette ancora di più alla dogana di Trieste. Poiché aveva un nome ebreo, lo spogliarono nudo. Gli portarono via quasi tutte le sue cose: il denaro, i gioielli. Gli tagliaron perfino il sapone a fette.

I veri guai però incominciarono lì, nel kibbutz. Mi misi subito a fare il bracciante e... La gente dice che ci si abitua a tutto. Non è vero. Al lavoro fisico io non mi abituai mai. Più passavano i mesi, gli anni e più mi stancavo. Che fatica lavorare di zappa dalla mattina alla sera! Che fatica caricarsi sulle spalle quelle casse piene di arance! Inoltre si mangiava poco: la cena consisteva in mezzo uovo sodo e in un po' di pane. Inoltre si dormiva in baracche. Quelle miste, cioè abitate da uomini e donne, erano un po' più decenti. Quelle degli uomini soli erano un vero porcile. Infine io dormivo in una baracca e Liana in un'altra, con Artom. Per dormire insieme a Liana dovetti convincer mio suocero a farci sposare. La cerimonia fu sbrigativa e il risultato fu che non ottenemmo neppure una tenda per stare soli. C'era una gran libertà sessuale, a Ghivat Brenner, ma un uomo e una donna non riuscivano mai a stare soli. Che sofferenza. La maggior parte degli anni trascorsi nel kibbutz sono stati anni di sofferenza: fame, miseria, fatica, fucilate. Un inferno. Eppure io non ho mai pensato di concludere: «Basta, ci siamo sbagliati, bisogna tornare indietro». In fondo al cuore mi sentivo contento. C'era questo ideale della patria ebraica, questa mistica del lavoro fisico, e se mi mettevano a fare un lavoro leggero avvertivo quasi un senso di colpa. Dal kibbutz uscii solo una volta: per andare in Italia a prender la laurea.

Fu quasi subito, nel novembre del 1939. Mio padre m'aveva iscritto all'università di Pavia, io avevo accettato a condizione di poter rientrare nel kibbutz, e presto la data degli esami venne fissata. Ebbi la notizia mentre lavoravo nell'aranceto. Era un mercoledì, ricordo. Partii subito e il venerdì ero a Pavia: una città che non conoscevo, un'università che non avevo mai frequentato. Ma quel che mi successe mi aiuta a capire perché voglio così bene agli italiani. A discutere la tesi c'era anche un laureando con l'uniforme di tenente della milizia e il pugnaletto. Arrogante, ubriaco. I professori lo cacciarono urlando e poi si rivolsero a me, gentilmente, per spiegarmi che a Pavia c'era una regola diversa: oltre alla tesi, bisognava dare due tesine. «Lei non lo sapeva, però, e così ci siamo permessi di sceglier per lei due argomenti. Insomma, approntarle il materiale su cui prepararsi.» Avevano fatto tutto, capisce, tutto. E dopo si scusaron perfino di non potermi dare centodieci. Dove accadono certe cose se non in Italia? Io, sull'umanità degli italiani, ne ho da raccontare a quintali. Nel 1949 tornai per andare a Cevoli, dove si trovava un campo di ebrei. Era notte, pioveva, e a un certo punto chiedo all'autista: «Come si fa ad andare a San Marco di Cevoli?». Interviene un contadino: «Quel posto dove stanno gli ebrei, se vuole ce l'accompagno». Poi, alla fermata giusta, si scende e si va avanti nella pioggia, nel buio. Si cammina un'eternità, cadendo nelle pozzanghere, e finalmente il contadino mi dice: «Ecco, ora può continuare da solo. Mancano pochi metri». «Come? Non doveva venirci anche lei?» gli chiedo. «No, io sto cinque chilometri dall'altra parte» risponde. «Son venuto per accompagnarla.» E scompare nel buio. Senta, io sono stato in un mucchio di paesi e le dico che non esiste un altro popolo come quello italiano. Pieno di difetti, sì, ma così umano!

Così è lecito chiedermi se ho mai avuto nostalgia per l'Italia. E... No, non l'ho avuta. Mi ero immunizzato prima di partire: dicendo a me stesso che la nostalgia è per gli imbecilli. La nostalgia non serve a niente. Non serve a niente fuorché a lasciarsi andare. La sola forma di nostalgia che ho provato in tutti questi anni è stata per la bellezza. L'idea della bellezza, per me, è legata all'Italia. All'Umbria, alla Toscana, alla visione di un bel paesaggio, una bella città, una colonna, un... Vede, io sono anche pittore. E il problema che mi perseguitava, a dipingere, era il vuoto di questo paesaggio arido, brullo, monocolore. C'erano alberi, sì, all'orizzonte. Ma tra me e quegli alberi c'era soltanto il vuoto: un vuoto da riempire con la fantasia e col ricordo. Cioè col Cinquecento, il Seicento, coi secoli in cui noi italiani siamo cresciuti. In altre parole qui in Israele saltavo da un'antichità irraggiungibile, quella della Bibbia, al domani. Senza un legame. E la mancanza di legame tra il passato remoto e il domani era la mia nostalgia. Oh, i mattoni di Ferrara, i colori di Ferrara! Rammentarli mi dava quasi un dolore fisico. Oggi assai meno: i boschi crescono anche qui in Israele, le città crescono... Ma allora! Di colorito, a Tel Aviv, non c'era che la gente: sempre diversa nei lineamenti del volto e negli abiti. Tale diversità traduceva le varie diaspore, denunciava la mancanza delle nostre radici, ti dimostrava che il paese non era fatto. E il vuoto materiale, il vuoto per cui non riuscivo a dipingere, diventava anche un vuoto psicologico. Sì, gli israeliani che vengono dall'Italia sono israeliani molto particolari. Perfino coloro che, come me, hanno vissuto più qui che in Italia, si sentono ancora italiani. Infatti si cercano, spesso, stanno insieme... Solo gli olandesi di Israele possono essere paragonati agli italiani di Israele. Perché anch'essi vengono da un paese dove l'antisemitismo non è esistito per secoli, un paese dove s'erano inseriti nel modo più completo, dove avevano affondato radici.

Eppure non ho mai pensato di tornare indietro, in Italia. E a parte il rimpianto per quel paesaggio di cui sono intriso, a parte la cultura di cui non son riuscito a spogliarmi per sostituirla con la cultura ebraica, a parte l'affetto che ho per gli italiani, avverto un gran distacco quando parlo dell'Italia. Ad esempio: accorgermi che i valori della Resistenza sono quasi perduti, in Italia, mi dà dolore: ma non ci fo una malattia. Pensare che in Italia potrebbe succedere ciò che è successo in Grecia mi turba: ma non mi sconvolge. Nel 1967 sono andato a Roma e ci ho vissuto per due anni e mezzo, quale addetto culturale presso l'ambasciata di Israele. Ed ecco: sono stato bene in quei due anni e mezzo. Avevo una bella casa, l'automobile, la donna di servizio, tutti i vestiti che volevo, e non mi sentivo nemmeno straniero perché in Italia ho tanti parenti e tanti amici: ho ritrovato perfino i miei compagni di liceo. Tuttavia mi sentivo provvisorio, alienato. Perché, vede, neanche qui in Israele vivo nella società che avevo sognato. Le cose, qui, sono andate meglio di quanto immaginassi e peggio di quanto sperassi: perfino il kibbutz oggi è meno affascinante. Nemmeno qui sono stato molto felice: ciò che mi commosse di più quando uscii per la prima volta dal paese fu accorgersi che nel resto del mondo si faceva ancora l'amore, v'erano ancora coppie che passeggiavano con la mano nella mano. Me n'ero dimenticato, in quell'assenza di romanticismo: in quella grandine di fatica e di guerra. Turno nell'aranceto, turno in cucina, turno di guardia, fucilate... Sa che in un kibbutz ci fu una serie di suicidi? Era un kibbutz nella valle del Giordano: a un certo punto tutti furono presi da collasso nervoso e molti si ammazzarono. Ed io ho spesso la sensazione di aver perduto qualcosa nella vita.

Però qui, per me, c'è un grande vantaggio: il mondo è piccolo. Tutto ha dimensioni comprensibili, qui, e la libertà individuale è più forte. Non avverto il senso di isolamento per cui, a Roma, mi disperdevo in un numero infinito di problemi. E anche se la persona che abita accanto a me balbetta appena l'ebraico, questa persona mi è molto più vicina dell'italiano che parla la mia stessa lingua. Insomma, in questo piccolo mondo non mi manca l'aria. A Roma, invece, mi mancava.

La gente mi chiede spesso se un tipo come me ha mai il sospetto di aver portato via la terra a qualcuno. La domanda è legittima e rispondo subito che tale problema, all'inizio, noi l'abbiamo sentito moltissimo. Molti, a Ghivat Brenner, dicevano: «Perché la Palestina e non l'Uganda?». I primi che vennero qui ci vennero con molta ingenuità, senza tener conto della questione araba: «Andiamo in un paese desertico, acquistiamo la terra ad alto prezzo, la coltiviamo eccetera». Senza sospettare, cioè, di commettere un furto. Il sospetto di rubare il paese a qualcuno si svegliò molto dopo, e fu Brenner a sollevarlo: annunciando gli scontri sanguinosi di oggi. Fu Enzo Sereni a raccoglierlo: scrivendo un libro dal titolo *Arabi ed ebrei in Palestina*. La colpa del movimento sionista è stata quella di chiudere gli occhi al problema, o rinviarlo ignorando il libro di Sereni. Sicché i tipi come me avvertono, eccome, un disagio dinanzi agli arabi: quanto più si è progressisti, tanto più il problema ci turba: quanto più si è a destra, tanto più si sposano tesi grossolane sul tipo di quella che «noi-portiamo-la-civiltà-eccetera». Argomento del cavolo. Anche Mussolini diceva di portare la civiltà in Abissinia. Lo giuro: nessuno di noi appartenenti al movimento operaio ha mai pensato di sloggiare gli arabi o di comportarsi verso di loro con la violenza che gli americani dedicarono agli indiani. Noi venivamo qui per risolvere il nostro problema, non per crearne un altro uguale e contrario. Sia pure in buona fede, gli inglesi si comportarono da imperialisti con la Dichiarazione di Balfour e noi sapevamo che essi non avevano alcun diritto di stabilire il destino degli arabi e degli ebrei. Il fatto è che la storia ebraica procede di catastrofe in catastrofe: il problema ci scappò di mano. Io vedevo arrivare quelli che fuggivano alle persecuzioni, russi tedeschi polacchi italiani, e pur avvertendo un malessere dicevo: «Cosa possiamo farci?». La faccenda non è così semplice come vogliono farla apparire gli arabi. Non dimentichiamo che la guerra con loro ebbe inizio quando il Gran Mufti avviò lo sterminio degli arabi per provocar la rivolta e cacciare gli ebrei. Solo gli irlandesi posson capire cosa significa vivere nel terrorismo costante: passare da una strada sapendo che qualcuno ti salterà addosso per ammazzarti. Quando si vive così per anni, si finisce col metter da parte il disagio, si finisce per non dire più: «Siamo stati tutti vittime di un sionismo utopistico». E non ti importa più degli arabi, e pensi soltanto che gli ebrei del mondo non posson ricorrere a soluzioni diverse dalla soluzione che si chiama Israele.

ADA SERENI
Io ed Enzo fummo i primi italiani a venire qui: nel 1927

Io ed Enzo fummo i primi a venire qui: nel 1927, come pionieri. Nel 1925 era giunta la famiglia Spagnoletto, è vero, ma non per spirito sionistico. Spagnoletto era un commerciante ebreo, e un fascista lo aveva aggredito con la rivoltella. Nella colluttazione era partito un colpo. Il fascista era morto. Sebbene fosse stato assolto per legittima difesa, Spagnoletto aveva ritenuto saggio scappare in Palestina con la moglie e i sette figli. In quel periodo, dall'Italia, gli ebrei non se ne andavano. Ritenevano che il problema ebraico si fosse concluso nel 1870, con la presa di Roma, quando tutti gli ebrei erano diventati cittadini italiani. Si rifiutavano perfino di aiutare gli ebrei russi e polacchi che passavano da Trieste per entrare a Haifa: non avvertivano il bisogno di crearsi una patria qui. Il primo a parlarne fu Enzo, quando aveva diciassette anni. Enzo era un ragazzo così precoce. Rileggendo i suoi scritti di allora, dall'alto dei miei sessantasette anni, io non credo ai miei occhi. Del resto, venni qui per seguire lui. Appartenevo a una famiglia del tutto assimilata: gli Ascarelli. Non possedevo alcuna ideologia, ero semplicemente sedotta da Enzo. Lo ero sempre stata. Essendo lontani parenti, eravamo cresciuti insieme: frequentando la stessa scuola elementare, lo stesso liceo. Fin da bambina avevo ammirato la sua intelligenza, la sua esuberanza. Enzo era un tipo che divorava biblioteche intere e parlava non so quante lingue. L'ebraico s'era messo a studiarlo per capire le preghiere al tempio. La sua famiglia era molto religiosa, suo nonno era rabbino di Roma.

Imparare l'ebraico significa imparare la storia del popolo ebraico. E la storia del popolo ebraico lo affascinò. Prese a frequentare gli studenti palestinesi di Roma, quel legame linguistico e umano lo portò presto al bivio: restare in Italia o attuare l'ideale sionista? Nel 1924, al Congresso sionista di Livorno, Enzo prese una posizione precisa: «Bisogna andare in Herez Israel, la Terra di Israele. Un ebreo nella diaspora deve sempre spiegare chi è e perché è. Un ebreo in Herez Israel è un ebreo e basta». Certo, a muoverlo in quella direzione fu anche il fascismo: la certezza cioè che, a un certo momento, il fascismo si sarebbe rivoltato contro gli ebrei. Ma su tal punto gli ebrei non gli credettero: nel 1937, quando tornò a Roma per tenere un discorso dinanzi alla comunità ebraica e metterla in guardia, provocò uno scandalo. L'unico a credergli era suo fratello Mimmo, quello che oggi è senatore comunista e antisionista. Anche Mimmo, nel 1927, doveva venire in Herez Israel: aveva studiato agronomia per entrare in un kibbutz. Però conobbe Reale e Amendola, grazie a loro diventò comunista, e cambiò idea. Quando poi fu arrestato, condannato a quindici anni di carcere con Manlio Rossi Doris, e finì fuoruscito in Francia, le strade dei due fratelli si divisero senza speranza, lo ricordo bene lo scambio di lettere tra Enzo e Mimmo, le loro violente discussioni epistolari. Così sionista l'uno, così antisionista l'altro... C'era anche un terzo fratello Sereni che doveva venire qui. Ma, nel 1930, morì in un incidente e così, in Palestina, venne solo sua moglie. Quella che si chiama Ada Sereni come me, ed è deputata al Parlamento.

La nostra partenza, nel 1927, non fu drammatica. L'unico problema ce lo dette mia madre che non sopportava la nostra scelta: «Ma cosa ci andate a fare laggiù?!?». E la mia nonna paterna, un tipetto interessante, rispondeva: «Lasciali andare, non te la prendere! Fra qualche anno, con quei due, la Palestina diventa come Frascati!». Avevo ventidue anni, a quel tempo, e una figlia neonata: io ed Enzo ci eravamo sposati l'anno prima. Lasciammo la bambina alla madre di Enzo e partimmo da Napoli, comodamente. Ci fermammo anche al Cairo, per veder le Piramidi, poi passammo il canale di Suez e da Cantara giungemmo a Tel Aviv carichi di bagagli. Soprattutto libri di Enzo. A Tel Aviv avevamo già molti amici e attraverso di loro conoscemmo subito Ben Gurion e Golda Meir, che a Enzo piacquero tanto perché erano intelligentissimi e socialisti. Golda apparteneva già alla leadership del paese. Aveva una gran mente politica e un fascino travolgente, anche da un punto di vista fisico. Io non l'ho mai trovata brutta. A Tel Aviv, grazie a quegli amici, ottenemmo un biglietto di presentazione per il presidente della Lega proprietari aranceti: così ci andammo subito e, incontrando Enzo, costui restò sbalordito. «Ma come?!? Un giovane brillante come lei, un laureato, vuol fare l'operaio in un aranceto?». Ed Enzo: «Ma io sono un haluz, un pioniere!». Siamo sinceri: alla base della nostra avventura c'era, sì, l'idea socialista e il disprezzo per la borghesia da cui venivamo, ma c'era anche un certo romanticismo. Un po' quello che guidava i pionieri in America.

Lavorammo nell'aranceto fino al giugno del 1929 e poi fondammo il kibbutz di Ghivat Brenner. Lo fondammo comprando il terreno coi soldi del Fondo internazionale ebraico. Un'area sassosa, malarica, vendutaci da un latifondista ebraico al colmo della felicità: chi gli avrebbe dato tanto denaro per un tale deserto? I villaggi arabi, intorno, non ci disturbavano affatto. Al contrario. Enzo andava spesso da loro e loro venivano spesso da noi, per chieder consigli. Ponevano sempre la stessa domanda: «Voi non avete un podestà che vi tiranneggia e vi sfrutta. Noi sì. Cosa dobbiamo fare per liberarcene?». Enzo cadeva in imbarazzo e si lamentava: come spiegar loro che il nostro sistema sociale era diverso? Racconto il particolare per spiegar che, fino al 1948, i nostri rapporti con gli arabi erano eccellenti e nessuno di noi sentiva di portar via la patria agli arabi. Al contrario, ci sembrava giusto coltivar quel deserto comprato regolarmente e ad altissimo prezzo. A Ghivat Brenner, in principio, c'erano solo ventotto persone: io, Enzo, e ventisei tra russi e polacchi. Vivevamo in una baracca e cinque tende: la sera, prima di andare a letto, bisognava accertarsi che fra i lenzuoli non ci fosse una vipera. La mattina, prima di infilarci le scarpe bisognava stare attenti che dentro non ci fosse uno scorpione. D'inverno, quando pioveva, bisognava tener l'impermeabile perché la tenda era bucata e l'acqua filtrava. Eppure ci sentivamo così felici. È incredibile come questo gruppo di intellettuali borghesi, quasi tutti laureati in lettere e filosofia, nemmeno in agricoltura, fosse così felice a fare una vita simile. Io, che ero stata una ragazza ricca e viziata, toccavo il cielo col dito: non rimpiangevo mai le passate agiatezze. L'unica nostalgia che provassi riguardava l'automobile. Camminare m'è sempre costato fatica.

No: a Ghivat Brenner non vennero molti italiani, in quegli anni. Solo Nino Hirsch ci raggiunse nel 1933, mi sembra. Nel 1932 arrivò anche un gruppo di fiorentini tra cui Augusto Levi, i due Sinigaglia, i quattro Ottolenghi: ma erano molto religiosi e si fermarono in kibbutz religiosi, o a Tel Aviv. Inoltre la grande ondata si verificò nel 1938 e bisogna ammettere che anche quell'anno la maggioranza degli ebrei italiani fece un'altra scelta: l'antifascismo. Cioè l'assimilazione. Enzo manteneva contatti continui con loro. Teneva, ad esempio, una fitta corrispondenza con Carlo e Nello Rosselli. Ma non sempre servì. Voglio dire: indiscutibilmente fu Enzo che tracciò la strada agli ebrei italiani che in seguito vennero qui, ma all'inizio lo ascoltarono in pochi. Forse perché il suo lavoro, all'inizio, si concentrò piuttosto in Germania: vivevano solo 35.000 ebrei in Italia, ben 600.000 in Germania. Nel 1930 Enzo andò a Berlino per organizzare il movimento giovanile sionista, e vi rimase due anni. Dopo l'avvento di Hitler ci tornò di nuovo e fu allora che portò in Palestina migliaia e migliaia di ebrei tedeschi. In seguito fece lo stesso in Egitto, in Siria, in Iraq. Ma non perché si sentisse staccato dall'Italia, bensì perché in Italia il problema era meno impellente e meno avvertito.

Enzo amava pazzamente l'Italia, vi era legato in ogni senso. Il suo modo di pensare, di mangiare, di vivere era italiano. Il suo carattere era italiano. La sua cultura era italiana: non dimentichiamo che prima d'essere un uomo politico era un uomo di lettere e che, se fosse rimasto in Italia, sarebbe diventato un professore di università. Infine, non andò a morire in Italia? Ci andò nel maggio del 1944. A quel tempo aveva trentanove anni. Ci andò perché lo ossessionava il fatto che gli ebrei, anche in Italia, non facessero nulla per difendersi. Voleva che reagissero, che crepassero a testa alta: se dovevano crepare. Entrò nel gruppo che si sarebbe fatto paracadutare dagli inglesi sull'Italia settentrionale e, dopo un corso a Bari, fu paracadutato insieme al fiorentino Vincenzo Rosselli del Turco. Dovevano paracadutarlo al Nord, invece lo buttarono sulla Linea Gotica: tra Firenze e Bologna. Se ciò accadde di proposito o per un errore tecnico, non lo sapremo mai. Mimmo sostiene che non fu un errore tecnico, che gli inglesi volevano liberarsi di lui. Io non so. Io so solo che i tedeschi lo acchiapparono subito. So che Rosselli del Turco si salvò e che Enzo, invece, fu preso e portato a Verona dove rimase prigioniero di guerra per molti mesi. Al momento della cattura, infatti, indossava l'uniforme di capitano. Poi, da Verona, fu condotto a Bolzano e da qui a Dachau dove si comportò molto bene. Dal 1945 al 1948 io sono stata in Italia per organizzare l'emigrazione degli ebrei e ho fatto molte ricerche tra i superstiti di Dachau. Ciascuno di loro m'ha raccontato cose splendide su Enzo. Ne trovai uno che ora sta a Milano e fa l'ingegnere, Enrico Piccaluga, semimorente in un letto, riusciva appena a parlare e con un filo di voce mi disse: «Signora, sapesse di cos'eran capaci gli uomini pur di mettersi in bocca un cucchiaio di minestra! Solo chi ha visto una cosa simile può ammirare Enzo che, invece di mangiare la sua, la dava agli altri!». Enzo fu fucilato a Dachau. Non siamo mai riusciti a scoprire perché. Forse perché aveva tentato di organizzare una fuga.

Se mi sento ancora italiana? Che domanda difficile. Infatti sono ormai un'israeliana e, specialmente quando sono in Israele, mi sento al cento per cento israeliana. Però, quando sono in Italia, non mi sento affatto straniera. Esser nata in Italia, esserci andata a scuola e poi all'università, aver vissuto in una famiglia assimilata come la mia... Sono cose che non si cancellano. Nessuno degli ebrei italiani emigrati qui ha rotto completamente i legami con l'Italia, e l'italiano è la lingua che ancora conosco meglio: come la maggior parte di loro. Ad esempio, se incontro amici come la Bonfiglioli o la Bentovin, comincio col parlare ebraico e finisco col parlare italiano. Penso in italiano, preferisco leggere e scrivere in italiano. I miei figli no. La loro lingua è in ogni senso l'ebraico, in Italia ci vanno come stranieri. E se da una parte mi fa piacere, dall'altra mi duole. Perché... Ecco, perché il popolo italiano è tra i migliori del mondo. Non è un popolo feroce, non ha fatto ciò che hanno fatto i tedeschi e i russi e i polacchi. Un italiano è buono e simpatico anche quando ti ruba la borsetta.

NINO HIRSCH
Nel 1937 restituii il passaporto italiano: il console si offese

Mi sentivo del tutto italiano sebbene il mio bisnonno fosse giunto dal Württemberg. La famiglia s'era stabilita a Ferrara, in un regime del tutto libero per gli ebrei, e l'ebraismo era per me una religione come le altre. Non avvertivo per niente la spinta religiosa anche perché, in quel campo, m'era capitata una disavventura. Questa. Noi a tredici anni riceviamo l'iniziazione religiosa: un po' come i cattolici quando vanno a dottrina per la prima comunione. A ciò provvede, ovvio, un rabbino. E il rabbino che avevan scelto per me era così ignorante, così puzzolente, così scemo, che avevo maturato una specie di ostilità per la sinagoga. Non ci andavo mai. L'unico ponte che mantenessi con l'ebraismo era, durante la mia adolescenza, una certa curiosità per la Bibbia. Infatti mi sembrava strano che a scuola si studiasse Omero in greco, Virgilio in latino, e non la Bibbia in ebraico. Eppure nemmeno tale curiosità riusciva a farmi imparare la lingua. Grazie a quel rabbino schifoso, avevo maturato addirittura una repugnanza verso i caratteri ebraici.

Ero, in compenso, molto patriottico. Avevo fatto la Prima guerra mondiale sventolando il tricolore e gridando «Trento e Trieste», ero stato al fronte quattr'anni. Ma un giorno, non so nemmeno quando e perché, mi ritrovai senza patria. Voglio dire: non mi sentii più italiano, non mi sentii più nulla. Forse l'aver visto quella carneficina e l'indifferenza con cui i generali mandavano i soldati al macello m'aveva sconvolto. Forse ero rimasto turbato più di quanto credessi da un episodio struggente. Una notte avevamo catturato un tedesco. Poiché parlavo bene il tedesco, mi avevan chiesto di fare da interprete durante l'interrogatorio. Ma il tedesco non parlava tedesco e ripeteva in ebraico: «Shemal Israel, shemal Israel! Ascolta, Israele!». Un'invocazione che equivale al nostro «Dio mio! Mamma mia!». O forse... Forse era stato il fatto di aver visto la Settimana Rossa, a Imola. Durante la Settimana Rossa avevano mandato noi ufficiali a cavallo contro le trincee dei contadini. E avevo visto una contadina col bimbo in braccio che puntava il dito contro di me e gridava: «Guardalo, guardalo! È lui che vuole ammazzare tuo padre!». Insomma: spiegar le radici della nudità spirituale in cui mi trovai, di colpo, mi è molto difficile. Poi so dire solo che un giorno cominciai a chiedermi cos'è la patria, e a cercare qualcosa senza sapere cosa. Un gruppo cui appartenere? Una bandiera in cui creder di nuovo? Ignoravo il sionismo. Conoscevo vagamente la parola pogrom. Poi, un pomeriggio del 1922, per caso, entrai in una casa di ebrei che cantavano i canti di Herez Israel. Ed ebbi un'illuminazione. Capii che il mio destino si identificava col destino di un gruppo chiamato popolo ebraico. E incominciai a interessarmi al sionismo, poi al socialismo; finché le due cose divennero un'unica cosa.

Sì, accadde così. E mi staccai in ogni senso dall'Italia, smisi anche di votare. Contemporaneamente imparai l'ebraico e, nel 1927, feci il primo viaggio in Palestina. Non per restarci come Enzo Sereni: per vedere se mi piaceva. Mi piacque e nel 1930 mi preparai a partire. Nel 1934 ero ormai stabilito a Ghivat Brenner. Avrei scelto comunque un kibbutz perché capivo che, per costruire il popolo ebraico, ci voleva una base proletaria. Ma a Ghivat Brenner c'era Enzo Sereni. E... Certo fu duro per me lavorare di vanga e abitare sotto una tenda. Avevo già trentanove anni quando incominciai, ed ero un ingegnere. Cioè, tutt'altro che abituato ai sacrifici e ai disagi. Inoltre non ero un masochista: l'idealismo non va confuso con il masochismo. Però nemmeno una volta mi capitò di cedere e, anzi, non compresi mai perché la mia famiglia fosse rimasta in Italia. Mio fratello possedeva una fabbrica di maglieria a Ferrara. Era ideologicamente legato ai fratelli Rosselli e la fabbrica era ritenuta un covo di antifascisti. Io gli scrivevo: «Vieni qui, vieni. Presto in Italia succederà ciò che è successo in Germania. Salvati». Ma lui non voleva credermi: le sue lettere parlavano di villeggiatura, di clima, di simili banalità. Così, nel 1937, rientrai in Italia per scuotere l'albero e, nella speranza che il frutto fosse maturo, convincere mio fratello a partire. Rientrai in Italia con l'idroplano: un Savoia Marchetti per dieci persone. C'era una linea aerea a quel tempo, che congiungeva Tel Aviv a Brindisi: facendo scalo a Rodi. In due ore si andava da Tel Aviv a Rodi, in cinque ore da Rodi a Brindisi: il tempo che oggi si impiega per una traversata atlantica. Poi a Brindisi presi il treno e giunsi a Ferrara urlando: «Ma cosa state a fare qui?! Non vi accorgete che si va verso la catastrofe?!». Non servì a niente, non mi credettero. Né mio fratello né gli altri. Tornai in Palestina solo, scornato, e mi sentivo così solo, scornato, che andai subito a Giaffa e restituii il passaporto al console italiano. Il console si offese. Anzi si arrabbiò: «Dov'era lei durante la guerra?». «Alla guerra, signor console. Ero ufficiale al fronte.» «E ha prestato giuramento?» «Certo, signor console.» «A chi?» «Al re e al popolo italiano.» «Vuol dunque esser dichiarato spergiuro?» «No, signor console. E per questo restituisco il passaporto italiano.» Posai il mio passaporto sul tavolo, andai a prendere quello del mandato inglese e... No, non mi dispiacque sebbene in un certo senso mi sentissi ancora italiano. Ovvio. Ancora oggi, dopo quarant'anni vissuti in Israele, mi sento in certo senso italiano. Però... Non so come esprimermi su questa faccenda. Ora ci provo.

La cultura non è una giacca che si rompe e si butta via. Io penso meglio in italiano, leggo meglio in italiano, scrivo meglio in italiano, parlo meglio in italiano. Non ho mai imparato l'ebraico perfettamente e non ho mai tagliato del tutto i ponti con l'Italia. Il fatto che il mio bisnonno fosse venuto dal Württemberg non ha mai inciso su di me, non ha mai sfiorato né la mia coscienza né la mia memoria. Dagli italiani sono sempre stato trattato benissimo. A scuola non ho mai ricevuto un affronto antisemita: c'era solo uno stupidello che mi prendeva in giro perché ero ebreo e mi faceva l'orecchio di porco col lembo del cappotto. Alla guerra son stato nel primo reggimeno cavalleria che era un reggimento pieno di nobili, di cugini del re. Alle faccende italiane non ho mai smesso di interessarmi in questi quarant'anni di lontananza. Però la mia partecipazione è stata sempre sentimentale e ai miei sentimenti ho sempre cercato di guardare con molto distacco, ripetendomi che non era il caso di commuovermi troppo. Capito? Avevo già abbastanza guai per consentirmi il lusso di piangere sugli italiani: quando la tua casa brucia, non puoi fare il Don Chisciotte per gli altri. E, se dovevo essere vittima, cavia, tanto valeva che lo fossi per il mio popolo.

Dirò di più. Amo Ferrara come quaranta, cinquanta anni fa. Amo le sue pietre rosse, i suoi angoli consumati dallo strisciare dei carri. Vibro nella sua atmosfera mistica, rinascimentale. Spesso la sogno. Ma, tutte le volte che sono tornato in Italia, son rimasto abbottonato. In Italia tornai, dopo il 1937, nel 1951: per visitare la Fiera di Milano. Ci tornai, dopo il 1951, nel 1968: per la morte di mia sorella. Amici e conoscenti mi accolsero bene, entrambe le volte, affettuosamente. Ma rimasi abbottonato, ripeto, e trascorso il tempo stabilito avvertii il bisogno di tornare a casa. Non volli nemmeno rivedere altre città. Non me ne importava più di rivedere l'Italia. Andai a Mauthausen, invece. Ci andai perché... Perché in me c'era come un rancore. Sì: rancore, rancore! Io so benissimo che gl'italiani sono stati il popolo meno antisemita d'Europa. So benissimo che tanti italiani hanno rischiato la pelle o si son fatti ammazzare per protegger gli ebrei. Tuttavia, in fondo all'anima, ho quel rancore. E spesso mi chiedo se, involontariamente, l'ho trasmesso ai miei figli. I miei figli infatti non hanno più alcun legame con l'Italia. Quello di trentaquattro anni, che è ingegnere aeronautico a Halifax, non parla quasi italiano. Parla benissimo l'inglese e il francese, non l'italiano. L'altro di trentadue anni, lo stesso. E i miei nipoti non sanno nemmeno cosa signifíchi la parola «ciao».

MARCELLO SAVALDI
Chi pensava che avremmo messo insieme un paese così alla svelta?

Io rappresento un caso che è il caso dei più. La mia famiglia, infatti, non era coscientemente ebrea. Mia madre veniva da Verona e da un gruppo completamente assimilato, mio padre discendeva da austro-ungarici trasferiti a Trieste ma del tutto italianizzati. Mazzini, Cavour, Garibaldi, eccetera. Ero stato educato nel culto della patria e dell'antifascismo. Il mio maestro era uno scrittore che si chiamava Giani Stuparich. Però, quando mio padre si trasferì da Trieste a Milano e venne il momento di iscrivermi all'università, mi trovai molto incerto. Ideologicamente confuso. Così mi iscrissi a legge, la facoltà di quelli che non sanno cosa fare, e poi mi misi in cerca. Di cosa, non so. Avevo sentito parlare di mistica fascista: andai a seguire le lezioni di mistica fascista. Mi accorsi subito di che si trattava e me la detti a gambe: per cercare altrove. Durante la fuga trovai un circolo giovanile ebraico di cui faceva parte Lucio Luzzatto, l'ex-deputato del PSIUP, un giovanotto Saias che ora è regista teatrale nell'America Latina, le sorelle Maranini. Tipi svegli, intelligenti, e sionisti. Mi piacquero e, poiché conoscevo bene il tedesco, cominciai a leggere la letteratura sionista che allora esisteva solo in tedesco. E diventai sionista anch'io. Mia madre se ne lagnava. Ma allo stesso tempo aveva tanta paura che mi legassi agli antifascisti e rischiassi di finire in galera che accettò il consiglio di mia cugina: «Sta' contenta, ghe l'ha trovato un rampin!», un gancio.

Quel gancio e quegli anni giovanili furono decisivi per me. Scoprii in quegli anni che essere ebreo non è un'opinione ma un fatto. Perché essere ebreo significa esser diverso, ed è questo che insegno ai giovani giunti in Israele dalla Russia. I giovani che rimpiangono Mosca, che rimpiangono Kiev. Gli dico: «Perché non sei rimasto nella tua bella Kiev? Te lo spiego io perché: perché sei ebreo, diverso». Bè, è possibile che un giorno non si chieda più alla gente chi-sei-e-cosa-sei, ma al cosmopolitismo io non ci credo e quando Luzzatto ripeteva «io sono come gli altri, mio nonno era garibaldino», replicavo: «Benissimo. Tuo nonno era garibaldino ma tu resti ebreo». Per questo decisi di fare la mia casetta qui. Lo decisi quando ero allievo ufficiale: si ha molto tempo per pensare, sotto le armi. E, se non fosse stato per mia madre, sarei venuto subito perché la Palestina per me era una condizione sine qua non: come sposare un'ebrea. Sì... Se mi fosse capitato di innamorarmi di una non ebrea, escludo che l'avrei sposata. Per me, anche la famiglia era una cosa da proiettare in un avvenire sionista: i miei figli non dovevano essere italiani ma ebrei. Infatti non si può essere le due cose insieme, cioè italiano ed ebreo. Come ogni compromesso, ciò provoca un conflitto interno terribile.

Dopo il servizio militare mi fidanzai con un'ebrea e, da quel momento, la partenza fu solo una data da decidere sebbene mia madre brontolasse: «Oh, portare questa povera ragazza tra gli arabi, a coltivare la terra sotto il solleone!». Ero impiegato a Milano, funzionario delle assicurazioni, facevo una vita comoda e borghese, non partecipavo al movimento antifascista perché la nostra norma era non compromettersi con l'antifascismo. La tentazione di combattere Mussolini esisteva, ovvio, ma era neutralizzata dal fatto che egli ci vedesse di buon occhio. Negli anni Trenta il sionismo era legale e a noi premeva anzitutto difenderci. Avevo anche contagiato mio fratello che, all'inizio della guerra d'Africa, era venuto qui diventando un sionista scalmanato. Da un kibbutz religioso mi scriveva: «Vieni, vieni!», e mia madre si lamentava: «Oh, quando penso a mio figlio mezzo nudo, con la zappa in mano e la papalina in testa!». Fu per accontentare mia madre che, nel 1937, mi piegai al compromesso di venire qui per dare una guardata. Così chiesi una licenza al mio capufficio che mi scoraggiò: «Ma cosa vai a fare in Palestina? Un giovane di belle speranze come te!».

Partii da Trieste, con una nave dell'Adriatica. L'arrivo a Haifa mi spaventò. Perbacco: venivo nella patria degli ebrei, nel paese di re Davide e re Salomone, e la prima cosa che vidi al porto furono quei facchini arabi che si gettavan sulle valigie urlando. Poi il viaggio verso il kibbutz di mio fratello, col tipo che diceva: «Qui, ieri, hanno ucciso degli ebrei». E poi la prima notte nel kibbutz: con gli sciacalli che urlavano. E poi il paesaggio... Bè, il paesaggio era una cosa da fare. E questo non m'ha scoraggiato, m'è parso nobile: dover rifare un paesaggio, restituirlo all'antica beltà. Non bisogna sottovalutare il senso dell'avventura. In certo senso ci sentivamo un po' come gli europei che nel Settecento andavano in America. Ci sentivamo pionieri, e questa era la nostra America: nobilitata da re Davide e re Salomone. Non che tale elemento fosse eccessivo, intendiamoci, ma nasconderlo sarebbe disonesto. Il kibbutz di mio fratello mi piacque. Quando egli mi chiese cosa avessi deciso, risposi: «Ho deciso di sposarmi e venire qui». E allora lui mi consegnò una lettera, ed era la lettera di licenziamento, e mi prese paura.

Perché mi cacciavano dopo avermi dato il permesso? Forse perché non m'ero mai iscritto al partito? Forse perché stavo per sposare la figlia di un antifascista condannato alla prigione e al confino? Anziché rientrare in Italia, scrissi a Milano di interrogare il mio capufficio. Lo interrogarono e la risposta fu: «La sua mancanza di italianità non lo rende degno di rappresentare la patria all'estero». Rientrai a Milano, allora, e scoprii il resto: sul «Popolo d'Italia» era apparso un articolo di Mussolini contro «questi-ebrei-che-occupano-i-posti-chiave-nelle-assicurazioni». Il direttore non mi voleva più per quello, e: «Bravo, bravo! Lei fa proprio bene ad andare in Palestina! È giusto che i giovani ebrei vadano in Palestina». Era il gennaio del 1939 e il kibbutz che avevo scelto era Ghivat Brenner.

Non mi chiesi se la vita del kibbutz mi si adattasse o no. Nel frattempo eran scoppiate le leggi razziali, in Italia, e non era più il caso di porsi domande sottili: un ebreo stava meglio a Ghivat Brenner che a Milano. Forse è più giusto dire che il kibbutz era ciò che cercavo: per venire qui, stare qui, bisogna essere ottimisti. E io ero ottimista. Lo sono ancora. Naturalmente, avendo cinquantanove anni, sono giunto alla conclusione che non tutto si realizza nella vita: quindi non siamo riusciti a costruire la società che vagheggiavamo. Però siamo riusciti a mettere insieme un paese, e chi avrebbe sperato di fare così alla svelta? Non basta mica una generazione o due per costruire una società! Ecco ciò che dico ai giovani italiani d'oggi, quelli che sputano sulla democrazia e non sono mai contenti: «Ma come osate? La conoscevate l'Italia fascista? Avete mai letto nulla? Leggete, ignoranti! Una democrazia non si costruisce in trent'anni e, in trent'anni, gli italiani hanno fatto molto. Moltissimo». Hanno fatto tanto che... L'Italia mi manca. Del resto m'è sempre mancata: non ho mai cessato di amarla, di partecipare alle sue disgrazie e alle sue fortune.

Ovvio che esista in me un dualismo per cui mi sento da una parte italiano e da una parte israeliano. Quel dualismo esisterà in me fino alla morte ed è così doloroso, a volte, che sono felice al pensiero dei miei figli. In loro non esiste quel doppio sentimento, questa nostalgia dell'arte, dell'eleganza, del buongusto. Quattro anni fa son tornato in Italia. M'è piaciuto tutto. Sono anche tornato a Trieste. Mi sono commosso. Mi commuovo perfino a ricordarla, Trieste: ho amato troppo la città e la gente perché... Perché vede: io non sono uno degli ebrei che lasciaron l'Italia sotto il trauma delle sofferenze subite ed imposte. Non mi porto dietro i loro incubi. E tuttavia... Tuttavia non tornerei mai in Italia. No. Mi sento così israeliano che perfino a casa, con mia moglie, parlo ebraico. Lo decisi fin dall'inizio: pei figli, per l'unicità. Infatti i miei figli parlano solo l'ebraico; il poco italiano che sanno l'hanno imparato quando sono andati a far visita al nonno e sono rimasti un po' di tempo con lui, incantati dai monumenti e dalle Dolomiti. Dirò di più: mi dispiace che alcuni italiani di Israele parlino italiano fra loro. Io ne ho portati tanti, qui, dopo la guerra: era il mio lavoro organizzare l'emigrazione. E a ciascuno ho detto che, appena giunti qui, dovevano parlare ebraico perché il loro paese non era più l'Italia: era Israele.

Se con questo ho mai avuto la sensazione di portar via la terra agli arabi? Sì. Più che la terra, la patria. Come diceva Enzo Sereni, noi e gli arabi siamo due popoli che hanno entrambi diritto a stare su questa terra chiamata Palestina ed Herez Israel o Israele. Io ripeto spesso: «Questo è anche il loro paese. Sono nati qui, gli arabi. E a loro non importa nulla se duemila anni fa c'erano gli ebrei». Però questo è anche il nostro paese: c'è poco da fare. E conflitti simili si possono risolvere solo pacificamente. È una tragedia che, in trent'anni di propaganda, gli arabi abbiano sviluppato il loro antisionismo fino al punto di rendere impossibile ogni convivenza. Come la metteremo non so. L'avvenire è sulle ginocchia di Giove. Però so che da questa terra chiamata Palestina o Herez Israel o Israele non ci muoveremo mai più.

MILKA USIGLI
Quando ci fu l'alluvione di Firenze mi si strinse il cuore

Sono milanese di nascita ma dal '39 al '45 ho vissuto a Firenze dove frequentavo la scuola ebraica di via Farina. La mia era una famiglia molto assimilata: smise d'esserlo il giorno in cui le leggi razziali mi dissero che non potevo andare alla scuola di tutti. Mi colpì perché solo per caso avevo saputo d'essere ebrea e la cosa non mi aveva fatto né caldo né freddo. Con le leggi razziali dunque mi fecero scoprire fino in fondo cosa significa essere ebrei ed io ritrovai l'ebraismo fino al sionismo. Sono qui per questo, non perché mi premesse particolarmente il kibbutz e il socialismo. Ignoravo perfino che esistesse un libro detto *Capitale*. Del socialismo ne sentii parlare per la prima volta a diciassette anni e lo interpretai come lo si interpreta a diciassette anni: una tendenza a cambiare il mondo per renderlo migliore. Non avevo libri né informazioni. Per anni ero stata chiusa in casa a ricever la notizia che un amico era morto, un altro amico era morto... Del kibbutz seppi qualcosa dopo l'arrivo degli alleati a Firenze. Il giorno in cui gli alleati entrarono in città, noi ebrei di Firenze ci precipitammo alla sinagoga e qui conobbi colui che sarebbe diventato mio marito. Si chiamava Marco Morpurgo, aveva ventiquattro anni e veniva da una famiglia di Padova dove era stato costretto, anche lui, a interromper gli studi per le leggi razziali. Sognava di trasferirsi in un kibbutz perché suo fratello stava già in un kibbutz.

Partii insieme a lui, nel 1945, dando un dolore a mia madre che non capiva questa storia della Palestina. Ero la sua sola figlia, e non potei nemmeno salutarla il giorno in cui lasciai Firenze. Ci avevano messo in un campo, non sapevamo quando sarebbe giunto il momento di andarcene. Ogni mattina andavo a visitarla e le dicevo: «Mamma, forse domani parto». Una mattina le dissi: «Mamma, se domani non mi vedi vuol dire che sono partita». E così avvenne. Ma non fu terribilmente drammatico: la mamma rimase sola a Firenze per due anni e basta, poi mi raggiunse in Israele. Inoltre, se dicessi che mi dispiacque lasciarla, sarei un'ipocrita. I certificati di emigrazione li davano soltanto ai giovani: quell'anno lei non poteva venire. Del resto, anche se avessi provato un dolore, esso sarebbe svanito sulla nave che ci portava a Haifa. Eravamo tutti così felici! Eravamo tutti ragazzi ed eravamo stati un mucchio di tempo senza parlare, ci sentivamo affamati di discussioni, e per tre notti non facemmo che chiacchierare: sulla guerra, sull'ebraismo, sulla Palestina, sul mondo, sul cosmo... Ricorderò sempre quella nave. Non era nemmeno una nave, era un battello pei grandi laghi. Vicino alle ciambelle di salvataggio c'era una scritta: «Portata massima cento persone oltre all'equipaggio». Ridevamo, leggendo, perché eravamo in novecento. Cento italiani e ottocento provenienti dall'Europa Orientale.

Partimmo da Taranto. Fino ad Haifa viaggiammo con la paura di saltare in aria: il Mediterraneo era ancora pieno di mine. A Haifa gli inglesi ci misero subito in un campo di concentramento: malgrado il certificato di emigrazione legale, venivamo da un paese che al Nord era ancora in guerra con la Gran Bretagna. Ciascuno di noi era sospetto: non avevamo nemmeno il passaporto, solo la carta d'identità e le impronte digitali. Ci interrogarono a uno a uno, per dieci giorni, e ci pensarono bene prima di darci il permesso. Appena lo ottenemmo, io e Marco venimmo in questo kibbutz e ci sposammo. Era il febbraio del 1946. Nel 1947 nacque la prima bambina. Nel 1948 rimasi incinta di nuovo e mio marito morì. Restò ucciso in un'imboscata degli arabi, come tanti in questi kibbutz di frontiera. Tre mesi prima, in agosto, suo fratello era morto combattendo a Haifa. Per mio marito andò così. All'alba gli arabi ci attaccarono. Una quarantina di uomini del kibbutz, i più giovani e forti, uscirono per dargli la caccia. Caddero nell'imboscata e ne morirono due. Marco era uno dei due. Lo seppi sette ore dopo. Fu duro ma lo sopportai: eravamo in guerra. Ci consideriamo ancora in guerra: basta osservare quei bunker. L'intero kibbutz è circondato da rifugi, da bunker: per anni ci abbiamo dormito, mangiato, tenuto i bambini a scuola. Fino al 1970 qui siamo stati giorno e notte sotto il fuoco dei katiuscia. Ricordo che nel 1967 mia figlia telefonava da Gerusalemme e diceva: «Mamma, qui bombardano!». Ed io rispondevo con indifferenza: «Ah, sì? Anche qui». Siamo talmente abituati alle pillole. Le bombe e i razzi noi li chiamiamo pillole.

Le mie figlie non parlano italiano. Né quella che sta a Gerusalemme né quella che durante la guerra dei Sei giorni faceva l'ufficiale di collegamento nel Negev. Quanto a me, non sento più nulla in comune con l'Italia e con gli italiani. Sono tornata una volta in Italia, e sai cosa significa andare in una città che non è più la tua, dove non riconosci più una persona per strada? Rimasi sei settimane, il minimo indispensabile per mettere a posto certe cose familiari: non volevo restare un giorno di più. Ne approfittai per fare un giro a Roma, a Padova, a Milano, a Genova, a Venezia, e ovunque mi sentii all'estero. Mai un giorno mi sentii a casa mia o in un paese che era stato casa mia. Neanche per una questione di facce. Per una questione di paesaggio, direi, di sentimento. Solo quando ci fu l'alluvione di Firenze mi si strinse il cuore: avevo conosciuto così bene quei quadri, quei monumenti. Voglio dire: se Firenze fosse stata in Cina, mi sarebbe dispiaciuto lo stesso ma il cuore mi si sarebbe stretto meno. Non mi mancano le cupole di Firenze, i campanili di Firenze, i ponti di Firenze, i tramonti di Firenze. Quelle cupole, quei campanili, quei ponti, quei tramonti appartengono alla mia infanzia e alla mia adolescenza: non fanno più parte della mia vita. Ora ho Gerusalemme. Lo so: alcuni parlano del vivere in una cornice che non è più la cornice in cui sono nati. Ma tale cornice io l'ho lasciata spontaneamente. Ed ora non ne avverto il rimpianto che avvertono coloro i quali furono forzati a partire. Nella vita bisogna saper scegliere. Non si può aver tutto dalla vita. Là avevo la bellezza, qui ho lo scopo. Tra i due, preferisco il secondo. Anche se mi è costato caro: ad esempio, la morte di mio marito.

Mi sono espressa bene? Non ho rimpianti, non ho tenerezze, non ho nostalgie. Ormai preferisco Gerusalemme a Firenze. Forse Gerusalemme non è così bella. Però mi offre qualcosa che a Firenze non avevo: la mia identità.

GIOVANNI DI CASTRO
Non mi sento più italiano, ma non ho dimenticato le squadre di calcio

Sebbene la mia famiglia fosse di Ferrara, sono nato a Roma e da Roma partii nel marzo del '45. A Roma frequentavo la scuola ebraica, insieme ad altri settecento studenti, ed è interessante osservare che solo una cinquantina di questi lasciarono l'Italia come me. Una percentuale assai bassa. Il timore di cambiare ambiente, il fatto d'esser cresciuti negli agi, i legami sentimentali frenarono in molti il desiderio di venire qui: perfino nel 1945, quando scegliere Israele era facile perché la Brigata palestinese dell'esercito britannico organizzava tutto. Ad esempio mio padre, architetto dell'alta borghesia, non fu contento che me ne andassi. Solo mia madre comprese. Dopo la morte di lui, mi seguì addirittura: portandosi dietro gli altri. Di sei figli, ben cinque sono qui. Dopo di me venne una mia sorella, poi un'altra mia sorella, poi due fratelli. A Roma è rimasto solo un fratello che fa il consulente di azienda. Ma lui è diverso da noi. Non capisce ad esempio che la mia partenza fu motivata dalla religione. Sono molto religioso e non avrei mai scelto Israele se non avessi potuto entrare in un kibbutz religioso. Vede, porto sempre la papalina sul capo. Me la tolgo solo per fare il bagno.

Avevo vent'anni quando partii, e ricordo bene quel giorno. La Brigata palestinese ci aveva raccolto a Cinecittà, in una specie di campo smistamento pei profughi politici ed ebrei. Da Cinecittà ci portarono in treno a Bari. Da Bari, su una nave, fino a Haifa. La stessa nave di cui parla Milka Morpurgo, sebbene quel viaggio io l'abbia visto in chiave molto più drammatica. Molti erano ebrei che avevan perso i parenti in Germania e che fino all'ultimo momento avevan sperato di vederli tornare: sulla nave eran saliti solo dopo aver compreso che non li avrebbero visti mai più. Così piangevano. Piangevo anch'io. E piangeva mio padre salutandomi dalla banchina. Quando la nave uscì dal porto di Bari, provai un senso di smarrimento, forse di incertezza. All'ultimo momento ti assale sempre un dubbio, un timore. Così sedetti sul mio baule, a convincermi che facevo ciò che dovevo fare. Era un baule pieno di libri di letteratura italiana. Sebbene a Roma studiassi materie tecniche, ero ammalato di letteratura ed al punto di riempire un baule di libri anziché di vestiti. L'arrivo a Haifa non fu allegro.

A Haifa c'erano i soldati inglesi che rimandavano indietro chiunque non avesse il certificato di immigrazione. E nel kibbutz mi colse, di nuovo, quel senso di smarrimento. A quel tempo vi abitavano solo cento persone: quasi tutti tedeschi fuggiti dalla Germania negli anni Trenta. La zona era infestata di moscerini e di malaria. La terra era sabbia, l'irrigazione era rudimentale. Oh, abbiamo sudato tanto per trasformar questo posto in un luogo fertile, verde! Nessuno di noi era abituato alla fatica fisica e molti cedettero. Tornarono in Italia.

Io resistetti, suppongo, per l'ardore ideologico che era in me. Sionismo e socialismo, per me, erano la stessa cosa e non si può essere socialisti a parole e basta. Il kibbutz è un modo di vita che va bene per chi crede nella collettività. Trovo giusto e bello, ad esempio, che chiunque entri in un kibbutz e disponga di un capitale personale oltre una certa cifra debba versare quel capitale al kibbutz. Trovo giusto e bello che le spese siano sostenute dalla cassa generale, che tutti debbano avere la stessa casa e mangiare alla stessa tavola. Il problema dell'individualismo non mi ha mai toccato. Anziché da un individualismo ferito, il problema per me è sempre sorto da un dualismo sentimentale e culturale. Quello che tormenta quasi tutti gli ebrei giunti dall'Italia. Io ci ho messo due anni per imparare l'ebraico e non l'ho mai imparato come avrei voluto. Ancora oggi, leggo e scrivo meglio in italiano che in ebraico. E ricevo puntualmente i giornali dall'Italia. E se ascolto alla radio una notizia che riguarda l'Italia, vorrei saperne di più. Vorrei saperne i come e i perché. La faccenda Feltrinelli, ad esempio. La strage alla Banca dell'Agricoltura a Milano. Le elezioni, gli scioperi. Non so se mi spiego. Non mi sento più italiano eppure non ho dimenticato le partite di calcio, le squadre di calcio, il fatto che facessi il tifo per l'Inter. Se domani dovesse avvenire un cambiamento brusco in Italia, ad esempio una svolta a destra o a sinistra, ne soffrirei immensamente. Col cervello mi dico non-ti-riguarda, non-deve-riguardarti, ma col cuore ci partecipo fino a soffrirne.

Bisogna capire che nessuno o quasi nessuno di noi è arrabbiato con l'Italia e che ciascuno o quasi ciascuno di noi avverte una certa nostalgia per l'Italia. Perché in Italia non ci trattarono mai veramente male. Suppongo che negli ebrei russi, negli ebrei tedeschi la nostalgia per la Russia e per la Germania sia nulla: i loro legami con la madrepatria si ruppero con la pioggia dei pogrom, delle persecuzioni. I nostri legami no, e non capisco gli ebrei che dicono di provar rancore per gli italiani. Rancore perché? Perché furono disgraziati come noi e si lasciarono calpestare dal più forte? Io, anziché rancore, provo una gran gratitudine. Molti di noi non sarebbero qui se non fossero stati aiutati dagli italiani, protetti dagli italiani, nascosti dagli italiani. Solo in Danimarca e in Olanda gli ebrei hanno avuto dalla popolazione ciò che hanno avuto in Italia. Nella Resistenza non c'era partito che non si occupasse degli ebrei, che non rischiasse per gli ebrei. I cattolici sono stati stupendi: quel che è successo nei monasteri, ad esempio, lo sappiamo solo noi. Intorno a Roma, tutti i monasteri eran pieni di ebrei. Io sono stato ospitato tre volte in un convento di clausura, al Gianicolo. Sì, quello di fronte a Regina Coeli. Stavo in una soffitta sopra la camera della madre superiora. Insieme a me, quella bravissima donna teneva anche un Ufficiale italiano. Ciò è più che sufficiente per farmi dimenticare gli italiani che vendevano gli ebrei ai tedeschi.

Io torno spesso in Italia. È come un bisogno. Appartengo ormai completamente a Israele, a questo kibbutz religioso dove siamo in sostanza soldati di frontiera, eppure non posso impedirmi quel bisogno di tornare spesso in Italia. Amo Israele come la vera ed unica patria, eppure non riesco a staccarmi dall'Italia. Se vo a Gerusalemme e voglio vedere un film, scelgo un film italiano. Mi viene spontaneo. L'altro giorno, ad esempio, ho scelto *Il giardino dei Finzi Contini*. Ma non perché fosse un film che parlasse di ebrei, anzi di una famiglia ebrea di Ferrara. Non perché avessi letto il libro di Bassani. Non perché fosse parlato in italiano. Ciò che mi interessava era un bel film italiano anziché un bel film francese o americano. Lo dico con franchezza e con affetto. Né capisco chi ha paura di riconoscere una tale verità.

PIERA LEVI
Ho lasciato tutti i parenti in Italia: è stata una scelta maturata dalla rabbia

Io sono venuta con la stessa nave di Milka e di Giovannino: sola. Partendo ho lasciato tutti in Italia: mio padre, mia madre, le mie sorelle, i miei parenti, esclusi quelli morti ad Auschwitz. Dodici dei miei parenti finirono ad Auschwitz, soltanto uno tornò. La mia scelta dunque non è stata influenzata da nessuno della famiglia. È stata una scelta maturata dalla rabbia per ciò che avevo sofferto. Vengo da Ferrara, e a Ferrara la persecuzione degli ebrei era stata violenta: al punto di farci scappare. La mia storia infatti incomincia con la fuga da Ferrara, nel 1943. Una mattina uscimmo di casa, io e mia madre e mio padre e le mie sorelle, e andammo alla stazione: in cerca di un treno per Roma. A casa lasciammo perfino le finestre aperte, perché non si accorgessero che scappavamo. Non ci portammo dietro nemmeno un vestito, un ricordo. Giungendo a Roma avevamo le mani vuote come un guscio vuoto, e non servì a nulla perché ci arrestaron lo stesso. Ci arrestarono in casa dello zio che ci aveva ospitato. Ci arrestarono le SS. Vennero verso l'alba, alle cinque. Ci beccarono tutti nel sonno. Tutti fuorché mio padre che per caso, quella notte, dormiva presso amici. Si salvò solo una delle mie sorelle perché, in camicia da notte, balzò sul terrazzo. Infatti quando la vidi correre verso il terrazzo pensai che volesse buttarsi di sotto. Invece rimase lì, nascosta dietro una persiana, e i tedeschi non la videro. Dice che dopo correva per strada gridando come una pazza: «Tutti! Li hanno portati via tutti! Anche la zia, lo zio, il cugino, tutti!».

Era il 18 ottobre del 1943 e quel giorno imparai a mentire, senza vergogna. Avevo mangiato la mia carta d'identità e, quando il tedesco ci rinfacciò d'essere ebree, spalancai gli occhi pieni di sorpresa: «Ebree noi?!? Mio padre lo è, purtroppo. Ma non sappiamo dove si trovi e, ad essere oneste, non ce ne importa nulla». Il tedesco sembrò convinto, chissà perché. Tirò un calcio alla valigia dove ci avevan permesso di mettere la biancheria, ed urlò: «Raus! Fuori!». Così uscimmo, io mia sorella e mia mamma, gli zii no perché loro si chiamavano Levi, e incominciò la nostra battaglia per sopravvivere. Una battaglia squallida, confortata solo dal fatto d'aver ritrovato mio padre e mia sorella: quella che s'era nascosta sul terrazzo. Abitavamo da certi signori che ignoravano la nostra identità perché le nostre carte erano false, e davamo lezioni private per raggranellar qualche soldo. Nessuno di noi era legato alla Resistenza: se guardo indietro concludo che eravamo così ignoranti. Non pensavamo nulla, non desideravamo nulla fuorché l'arrivo degli alleati. L'incubo era la menzogna e quell'urlo del tedesco: «Raus! Fuori!». Quando Roma fu liberata, mi sembrò talmente ovvio andar fuori: in Palestina. E forse anche per questo mi sento così staccata dall'Italia.

Io non capisco Giovannino che parla ancora di legami. Una volta sono tornata in Italia, e solo il paesaggio m'è parso familiare. Le montagne, ad esempio, Cortina. Sono stata anche a Ferrara sebbene lì non avessi più nessuno fuorché i miei morti al cimitero. Son passata dinanzi alla scuola dove studiavo e m'è venuto voglia di entrare, di riveder la mia aula. Era un pomeriggio, c'era lezione, e quando ho aperto l'uscio, piano piano, ho avuto il lampo di una bambina che arriva trafelata mentre il professore tuona: «Piera Levi! Lei arriva sempre in ritardo!». Ricordi, insomma. Non rimpianti. Ormai son lavata del mio passato. E non perché abbia voluto lavarmene ma perché è successo da sé, in modo lento e spontaneo. Non dimentichiamo che ho lasciato l'Italia di mia volontà e non per imposizione. Quando si fanno simili scelte, le radici a poco a poco seccano. Con esse, la nostalgia. Naturalmente preferisco un piatto di pastasciutta al pesce dolce che si mangia qui. Naturalmente parlo, leggo e scrivo meglio in italiano che in ebraico, però... Per rendere bene l'idea devo dirle ciò che accadde durante quel mio viaggio in Italia. Ci rimasi un anno e mezzo: mio marito era stato inviato lì per lavoro. E per un anno e mezzo mi sentii una straniera. Niente riuscì a riassorbirmi, a sedurmi. Abitavamo a Roma, in un buon appartamento. Eppure non tentai nemmeno di arredare l'appartamento: avevo con me poche sedie che, quando invitavo qualcuno per cena, dovevo farmele prestare da mio cognato. Le mie figlie si sentivano a disagio perché bisognava chiuder la porta di casa: qui al kibbutz la porta si tiene sempre aperta. Dicevano: «Ma siamo in clausura?». Io mi sentivo sola malgrado i parenti, gli amici. E... Ho reso l'idea. Voglio dire che gli italiani io li considero bravissima gente ma non più la mia gente.

QUARTA PARTE
Chi comanda in Medio Oriente

Mohammad Reza Pahlavi

ORIANA FALLACI. *Quando cerco di parlare di lei, qui a Teheran, la gente si chiude in un silenzio impaurito. Non osa nemmeno pronunciare il suo nome, maestà. Come mai?*

MOHAMMAD REZA PAHLAVI. Per eccesso di rispetto, suppongo. Con me, infatti, non si comportano davvero così. Quando sono tornato dall'America ho attraversato la città su un'automobile aperta e, dall'aeroporto fino al palazzo, sono stato applaudito pazzamente da almeno mezzo milione di persone travolte da un entusiasmo folle. Lanciavano evviva, gridavano slogan patriottici, non erano affatto chiusi nel silenzio che lei dice. Non è cambiato nulla dal giorno in cui divenni re e la mia automobile fu portata a braccia dal popolo per cinque chilometri. Sì: c'erano cinque chilometri dalla casa in cui vivevo all'edificio in cui avrei giurato fedeltà alla Costituzione. Ed io mi trovavo su quell'automobile. Dopo pochi metri il popolo sollevò l'automobile come si solleva una portantina e la portò a braccia per ben cinque chilometri: cosa intendeva dire con la sua domanda? Che sono tutti contro di me?

Dio me ne guardi, maestà. Io intendevo dire solo ciò che ho detto: qui a Teheran la gente ha tanta paura di lei che non osa nemmeno pronunciare il suo nome.

E perché dovrebbero parlare di me con uno straniero? Non mi è chiaro a cosa lei alluda.

Alludo al fatto, maestà, che da molti lei venga considerato un dittatore. Questo lo scrive «Le Monde».

245

E che me ne importa? Io lavoro per il mio popolo. Non lavoro per «Le Monde».

Sì, sì, ma negherebbe d'essere un re molto autoritario?

No, non lo negherei perché in certo senso lo sono. Ma senta: per mandare avanti le riforme, non si può non essere autoritari. Specialmente quando le riforme avvengono in un paese che, come l'Iran, ha solo il venticinque per cento di abitanti che sanno leggere e scrivere. Non bisogna dimenticare che l'analfabetismo è drammatico qui: ci vorranno almeno dieci anni per cancellarlo. E non dico cancellarlo per tutti: dico cancellarlo per quelli che oggi sono sotto i cinquanta anni. Mi creda: quando tre quarti di una nazione non sa né leggere né scrivere, alle riforme si provvede solo attraverso l'autoritarismo più rigido: altrimenti non si ottiene nulla. Se non fossi stato duro, io non avrei potuto attuare nemmeno la riforma agraria e il mio intero programma di riforme si sarebbe arenato. Una volta arenato quel programma, l'estrema sinistra avrebbe liquidato l'estrema destra in poche ore e non solo la Rivoluzione Bianca sarebbe finita. Ho dovuto fare quello che ho fatto. Per esempio, ordinare alle mie truppe di sparare su chi si opponeva alla distribuzione delle terre. Sicché affermare che in Iran non c'è democrazia...

C'è, maestà?

Le assicuro di sì, le assicuro che in molti sensi l'Iran è più democratico di quanto lo siano i vostri paesi in Europa. A parte il fatto che i contadini sono i proprietari della terra, che gli operai partecipano alla gestione delle fabbriche, che i grandi complessi industriali sono di proprietà dello Stato anziché di privati, deve sapere che le elezioni qui incominciano nei villaggi e si svolgono al livello dei consigli locali, municipali, provinciali. In Parlamento vi sono soltanto due partiti, d'accordo. Ma sono quelli che accettano i dodici punti della mia Rivoluzione Bianca e quanti partiti dovrebbero rappresentare l'ideologia della mia Rivoluzione Bianca? Del resto quei due sono i soli che possono ricevere abbastanza voti: le minoranze sono una entità così trascurabile, così ridicola, che non potrebbero neanche eleggere un deputato. E, comunque sia, io non voglio che certe minoranze eleggano alcun deputato. Così come non voglio che il Partito Comunista sia permesso. I comunisti sono fuori legge in Iran. Non vogliono che distruggere, distruggere, distruggere, e giurano fedeltà a qualcun altro anziché al loro paese e al loro re. Sono traditori e sarei pazzo a permettere loro di esistere.

Forse mi sono spiegata male, maestà. Io alludevo alla democrazia come la intendiamo noi in Occidente, cioè a quel regime che consente a chiunque di pensarla come vuole e si basa su un Parlamento dove anche le minoranze sono rappresentate...

Ma quella democrazia io non la voglio! Non l'ha capito? Io non so che farmene di una simile democrazia! Ve la regalo tutta, potete tenervela, non l'ha capito? La vostra bella democrazia! Ve ne accorgerete tra qualche anno dove conduce la vostra bella democrazia.

Bè, forse è un po' caotica. Ma è l'unica possibile se si rispetta l'Uomo e la sua libertà di pensiero.

Libertà di pensiero, libertà di pensiero! Democrazia, democrazia! Coi bambini di cinque anni che fanno gli scioperi e sfilano per le strade. È democrazia questa? È libertà?

Sì, maestà.

Per me no. E aggiungo: quanto avete studiato, negli ultimi anni, nelle vostre università? E, se continuate a non studiare nelle vostre università, come potrete tenere il passo con le esigenze della tecnologia? Non diventerete servi degli americani grazie alla vostra mancanza di preparazione, non diventerete paesi di terza anzi di quarta categoria? Democrazia libertà democrazia! Ma cosa significano queste parole?

Scusi se mi permetto, maestà. A mio parere significano, per esempio, non togliere certi libri dalle librerie quando Nixon viene a Teheran. So che il mio libro sul Vietnam fu tolto dalle librerie quando Nixon venne qui e ci fu rimesso soltanto dopo che lui fu partito.

Come?

Sì, sì.

Ma lei non sarà mica sulla lista nera?

Qui a Teheran? Non so. Potrebbe darsi. Io sono sulla lista nera di tutti.

Uhm... Perché io la sto ricevendo a palazzo ed è qui, seduta accanto a me...

Ciò è molto gentile da parte sua, maestà.

Uhm... Certo dimostra che qui c'è democrazia, libertà.

Certo. Però vorrei chiederle una cosa, maestà. Vorrei chiederle: se, anziché essere italiana, fossi iraniana e vivessi qui e pensassi come penso e scrivessi come scrivo, cioè se la criticassi, lei mi butterebbe in galera?

È probabile. Se ciò che pensa e che scrive non andasse d'accordo con le nostre leggi, sarebbe processata.

Sì, eh? Anche condannata?

Penso di sì. Naturalmente. Ma, detto fra noi, non credo che le sarebbe facile criticarmi, attaccarmi in Iran. Per cosa dovrebbe attaccarmi, criticarmi? Per la mia politica estera? Per la mia politica sul petrolio? Per aver distribuito le terre ai contadini? Per permettere agli operai di partecipare fino al venti per cento dei guadagni e di poter comprare fino al quarantanove per cento delle azioni? Per combattere l'analfabetismo e le malattie? Per aver fatto progredire un paese dove c'era poco o nulla?

No, no. Non per questo, maestà. Io la attaccherei... Vediamo. Ecco: per le repressioni che in Iran avvengono contro gli studenti e gli intellettuali ad esempio. Mi hanno detto che le prigioni sono talmente piene che i nuovi arrestati devono esser messi nei campi militari. È vero? Ma quanti prigionieri politici vi sono oggi in Iran?

Con esattezza non so. Dipende da ciò a cui lei allude con l'espressione prigionieri politici. Se parla dei comunisti, ad esempio, io non li considero prigionieri politici perché essere comunisti è proibito dalla legge. Quindi un comunista per me non è un prigioniero politico ma un delinquente comune. Se poi intende coloro che compiono gli attentati e così uccidono vecchi, donne, bambini innocenti, è ancor più evidente che neanche loro li considero prigionieri politici. Infatti, con loro, non ho nessuna pietà. Oh, io ho sempre perdonato a chi aveva tentato di uccidere me ma non ho mai avuto il minimo di misericordia verso i criminali che voi chiamate guerriglieri o verso i traditori del paese. È gente, quella, che sarebbe capace di uccider mio figlio pur di complottare contro la sicurezza dello Stato. È gente da eliminare.

Infatti li fa fucilare, vero?

Quelli che hanno ucciso, certo. Vengono fucilati. Ma non perché sono comunisti: perché sono terroristi. I comunisti vengono semplicemente condannati alla prigione, con pene che variano da pochi a molti anni. Oh, me lo immagino cosa pensa lei sulla pena di morte eccetera. Ma, vede, certi giudizi dipendono dal tipo di educazione che s'è ricevuto, dalla cultura, dal clima, e non si deve partire dal presupposto che ciò che va bene in un paese vada bene in tutti i paesi. Prenda un seme di mela e lo pianti a Teheran, poi prenda un altro seme della stessa mela e lo pianti a Roma: l'albero che nascerà a Teheran non sarà mai uguale all'albero che nascerà a Roma. Qui fucilare certa gente è giusto e necessario. Qui il pietismo è assurdo.

Mentre la ascoltavo mi chiedevo una cosa, maestà. Mi chiedevo cosa pensa della morte di Allende.

Ecco cosa ne penso. Penso che la sua morte ci insegna una lezione: bisogna essere una cosa o l'altra, stare da una parte o dall'altra, se si vuol combinare qualcosa e vincere. Le vie di mezzo, i compromessi, non sono possibili. In altre parole, o si è un rivoluzionario o si è qualcuno che esige l'ordine e la legge: non si può essere un rivoluzionario nell'ordine e nella legge. Tantomeno nella tolleranza. E se Allende voleva governare secondo le sue idee marxiste, perché non si organizzò altrimenti? Quando Castro andò al potere, uccise almeno diecimila persone: mentre voi gli dicevate: «Bravo, bravo, bravo!». Bè, in certo senso fu davvero bravo perché è ancora al potere. Ci sono anch'io, però. E conto di restarci dimostrando che con la forza si possono fare un mucchio di cose: perfino provare che il vostro socialismo è finito. Vecchio, superato, finito. Se ne parlava cento anni fa di socialismo, se ne scriveva cento anni fa. Oggi esso non va più d'accordo con la moderna tecnologia. Ottengo più io di quanto ottengano gli svedesi e infatti non vede che perfino in Svezia i socialisti stanno perdendo terreno? Puf. Il socialismo svedese. Non ha nazionalizzato nemmeno le foreste e le acque, io invece sì.

Torno a non capire bene, maestà. Sta dicendomi che in certo senso lei è socialista e che il suo socialismo è più avanzato e moderno di quello scandinavo?

Sicuro. Perché quel socialismo significa un sistema di sicurezza per quelli che non lavorano e tuttavia ricevono un salario alla fine del mese come quelli che lavorano. Il socialismo della mia Rivoluzione Bianca, invece, è un incentivo al lavoro, a un socialismo nuovo, originale, e... Mi creda: in Iran siamo molto più avanti di voi e non abbiamo proprio nulla da imparare da voi. Ma queste son cose che voi europei non scriverete mai: la stampa internazionale è talmente infiltrata dai sinistrorsi, dalla cosiddetta sinistra. Ah, questa sinistra! Ha corrotto perfino il clero. Perfino i preti! Ormai anche loro stanno diventando elementi che mirano solo a distruggere, distruggere, distruggere. Addirittura nei paesi dell'America Latina, addirittura in Spagna! Sembra incredibile. Abusano della loro stessa chiesa. Della loro stessa chiesa! Parlano di ingiustizie, di uguaglianza... Ah, questa sinistra! Vedrete, vedrete dove vi porterà.

Torniamo a lei, maestà. Così intransigente, così duro, e magari spietato: dietro quel volto triste. In fondo, così simile a suo padre. Mi chiedo in quale misura lei sia stato influenzato da suo padre.

In nessuna. Nemmeno mio padre poteva influenzarmi. Nessuno può influenzarmi, le ho detto! Io ero legato a mio padre da affetto: sì. Da ammirazione: sì. Ma nient'altro. Non ho mai tentato di copiarlo, di imitarlo. Né sarebbe stato possibile, anche se lo avessi voluto. Eravamo due personalità troppo diverse, e anche le circostanze storiche in cui ci siamo trovati erano troppo diverse. Mio padre incominciò dal nulla. Quando egli andò al potere, il paese non aveva nulla. Non esistevano neanche i problemi che abbiamo oggi alle frontiere: soprattutto con i russi. E mio padre poteva permettersi d'avere rapporti di buon vicinato con tutti. L'unica minaccia, in fondo, era rappresentata dagli inglesi che nel 1907 s'erano diviso l'Iran coi russi, e volevano che l'Iran costituisse una specie di terra di nessuno posta tra la Russia e il loro impero in India. Ma poi gli inglesi rinunciarono al progetto e le cose divennero abbastanza facili per mio padre. Io, invece... Io non ho incominciato dal nulla: ho trovato un trono. Però, appena salito al trono, mi son trovato subito a dover guidare un paese occupato dagli stranieri. E avevo solo ventun anni. Non sono molti, ventun anni, non sono molti. Del resto, non avevo da tenere a bada gli stranieri e basta. Avevo da fronteggiare una sesta colonna di estrema destra ed estrema sinistra: per esercitare una maggiore influenza su noi gli stranieri avevan creato l'estrema destra e l'estrema sinistra... No, non è stato facile per me. Forse è stato più difficile per me che per mio padre. Senza contare il periodo della guerra fredda, durato fino a due anni fa.

Maestà, ha appena parlato dei problemi che ha alle frontiere. Qual è, oggi, il suo peggior vicino?

Non si può mai dire, perché non si sa mai chi sia il peggior vicino. Però sarei portato a risponderle che, in questo momento, è l'Iraq. [Qualche giorno dopo questa intervista, il 7 ottobre, Iran e Iraq hanno sospeso le ostilità che li dividevano dal 1971 e hanno riallacciato amichevoli relazioni diplomatiche. N.d.R.]

Mi sorprende, maestà, che abbia citato l'Iraq come il suo peggior vicino. Io mi aspettavo che citasse l'Unione Sovietica.

L'Unione Sovietica... Con l'Unione Sovietica abbiamo buoni rapporti diplomatici e commerciali. Con l'Unione Sovietica abbiamo un gasdotto. All'Unione Sovietica vendiamo gas, insomma. Dall'Unione Sovietica ci vengono tecnici. E la guerra fredda è finita. Ma la questione con l'Unione Sovietica resterà sempre la stessa e, trattando coi russi, l'Iran deve sempre ricordare il dilemma principale: diventare comunista o no? Nessuno è così pazzo o ingenuo da negare l'imperialismo russo. E, sebbene la politica imperialista sia sempre esistita in Russia, resta il fatto che essa è molto più minacciosa oggi perché legata al dogma comunista. Voglio dire: è più facile fronteggiare i paesi che sono soltanto imperialisti anziché i paesi che sono imperialisti e comunisti. Esiste ciò che chiamo manovra a tenaglia dell'URSS. Esiste il loro sogno di arrivare fino all'Oceano Indiano passando dal Golfo Persico. E l'Iran è l'ultimo bastione per difendere la nostra civiltà, ciò che consideriamo decente. Se essi volessero attaccare questo bastione, la nostra sopravvivenza dipenderebbe solo dalla capacità e dalla volontà di resistere. Dunque il problema di resistere si pone fin d'oggi.

E, oggi, l'Iran è militarmente assai forte. Vero?

Molto forte ma non abbastanza forte da poter resistere ai russi in caso d'attacco. Questo è ovvio. Per esempio, non ho la bomba atomica. Però mi sento abbastanza forte per resistere se scoppiasse la Terza guerra mondiale. Sì, ho detto Terza guerra mondiale. Molti pensano che la Terza guerra mondiale possa esplodere solo per il Mediterraneo, io dico invece che potrebbe esplodere molto più facilmente per l'Iran. Oh, molto più facilmente! Siamo noi, infatti, che controlliamo le risorse energetiche del mondo. Per raggiungere il resto del mondo, il petrolio non passa attraverso il Mediterraneo: passa attraverso il Golfo Persico e l'Oceano Indiano. Quindi, se l'Unione Sovietica ci attaccasse, noi resisteremmo. E saremmo probabilmente travolti e allora i paesi non comunisti si guarderebbero bene dallo stare con le mani in mano. E interverrebbero. E sarebbe la Terza guerra mondiale. Evidente. Il mondo non comunista non può accettare la scomparsa dell'Iran perché sa bene che perdere l'Iran significherebbe perdere tutto. Mi sono spiegato bene?

Perfettamente. E atrocemente. Perché lei parla della Terza guerra mondiale come di una eventualità più che prossima, maestà.

Ne parlo come di una cosa possibile con la speranza che non si verifichi. Come una eventualità prossima vedo piuttosto una piccola guerra con qualche vicino. In fondo non abbiamo che nemici alle nostre frontiere. Non c'è solo l'Iraq a tormentarci.

E i suoi grandi amici, maestà, cioè gli Stati Uniti, sono geograficamente lontani.

Se mi chiede chi considero il nostro migliore amico, le rispondo: gli Stati Uniti tra gli altri. Perché gli Stati Uniti non sono i soli nostri amici: sono molti i paesi che ci mostrano amicizia e credono in noi, nell'importanza dell'Iran. Ma gli Stati Uniti ci comprendono meglio per la semplice ragione che hanno troppi interessi qui. Interessi economici e quindi diretti, interessi politici e quindi indiretti... Ho appena detto che l'Iran è la chiave o una delle chiavi del mondo. Mi resta solo da aggiungere che gli Stati Uniti non possono chiudersi dentro i confini del loro paese, non possono tornare alla dottrina Monroe. Sono costretti a rispettare le loro responsabilità verso il mondo e quindi a curarsi di noi. E ciò non toglie nulla alla nostra indipendenza perché tutti sanno che la nostra amicizia con gli Stati Uniti non ci rende schiavi degli Stati Uniti. Le decisioni sono prese qui, a Teheran. Non altrove. Non a Washington, per esempio. Io vado d'accordo con Nixon come andavo d'accordo con gli altri presidenti degli Stati Uniti: ma posso continuare ad andarci d'accordo solo se sono certo che egli mi tratta come un amico. Anzi un amico che tra pochi anni rappresenterà una potenza mondiale.

Gli Stati Uniti sono anche buoni amici di Israele e, negli ultimi tempi, lei si è espresso assai duramente verso Gerusalemme. Meno duramente verso gli arabi, invece, coi quali sembra che voglia migliorare i rapporti.

Noi basiamo la nostra politica su princìpi fondamentali e non possiamo accettare che un paese, in questo caso Israele, si annetta territori attraverso l'uso delle armi. Non possiamo perché, se il principio è applicato agli arabi, un giorno potrebbe essere applicato a noi. Mi replicherà che è sempre stato così, che i confini sono sempre cambiati in seguito all'uso delle armi e alle guerre. D'accordo: però questa non è una buona ragione per riconoscere quel fatto come un principio valido. Inoltre è noto che l'Iran ha accettato la risoluzione emanata nel 1967 dall'ONU e, se gli arabi perdono fiducia nell'ONU, come convincerli che sono stati sconfitti? Come impedirgli di prendere la loro rivincita? Usando l'arma del petrolio magari? Il petrolio gli andrà alla testa. Del resto, gli sta già andando alla testa.

Maestà, lei dà ragione agli arabi però vende il petrolio agli israeliani. Il petrolio viene venduto dalle compagnie, cioè a chiunque.

Va dappertutto, il nostro petrolio: perché non dovrebbe andare a Israele? E perché dovrebbe importarmi se va a Israele? Dove va, va. E, quanto alle nostre personali relazioni con Israele, è noto che non abbiamo un'ambasciata a Gerusalemme ma abbiamo tecnici

253

israeliani in Iran. Siamo mussulmani ma non arabi. E in politica estera seguiamo un atteggiamento assai indipendente.

Tale atteggiamento prevede il giorno in cui tra l'Iran e Israele si stabiliranno normali relazioni diplomatiche?

No. O meglio: non fino a quando la questione del ritiro delle truppe israeliane dai territori occupati sarà una questione risolta. E, sulle possibilità che tale questione possa esser risolta, posso dire soltanto che gli israeliani non hanno scelta: se vogliono vivere in pace con gli arabi. Non sono soltanto gli arabi a spendere enormi quantità di denaro in materiale bellico: sono anche gli israeliani. E non vedo come, sia gli arabi che gli israeliani, possano continuare su questa strada. Inoltre, in Israele, cominciano a verificarsi fenomeni nuovi: gli scioperi, ad esempio. Fino a quando Israele continuerà a nutrire lo spirito fantastico e terribile che l'animava ai tempi della sua formazione? Io penso soprattutto alle nuove generazioni di Israele, e agli israeliani che vengono dall'Europa Orientale per essere trattati in modo diverso dagli altri.

Maestà, poco fa lei ha detto una frase che mi ha impressionato. Ha detto che l'Iran rappresenterà presto una potenza mondiale. Alludeva forse alla previsione di quegli economisti secondo cui, entro trentasei anni, l'Iran dovrebbe essere il paese più ricco del mondo?

Dire che diverrà il paese più ricco del mondo è forse esagerato. Ma dire che si allineerà tra i cinque paesi più grandi e potenti del mondo, non lo è affatto. Dunque l'Iran si troverà allo stesso livello degli Stati Uniti, dell'Unione Sovietica, del Giappone, della Francia. Non cito la Cina perché la Cina non è un paese ricco, né può diventarlo se tra venticinque anni raggiunge il miliardo e quattrocento milioni di abitanti previsti. Noi, invece, tra venticinque anni saremo al massimo sessanta milioni. Oh, sì: ci aspetta una grande ricchezza, una grande forza: checché ne dicano i comunisti. Non a caso, sto accingendomi a pianificare le nascite. Ed ecco il punto cui voglio arrivare: non si può scindere l'economia dalle altre cose e, quando un paese è ricco economicamente, diventa ricco in ogni senso. Diventa potente su un piano internazionale. Parlando di economia, del resto, non alludo solo al petrolio: alludo a un'economia equilibrata che include ogni genere di produzione, da quella industriale a quella agricola, da quella artigianale a quella elettronica. Dovevamo passare dai tappeti ai computer: il risultato, invece, è che abbiamo mantenuto i tappeti aggiungendo i computer. Facciamo ancora i tappeti a mano, però li facciamo anche a macchina. Inoltre facciamo le moquettes. Ogni anno raddoppiamo i nostri prodotti nazionali. Del resto i segni che diverremo una potenza mondiale son tanti. Dieci anni fa, per esempio, quando ebbe inizio la mia Rivoluzione Bianca, v'era solo un milione di studenti nelle scuole. Oggi ve ne sono 3 milioni e 100.000 e, tra dieci anni, saranno cinque, sei milioni.

Ha appena detto che non alludeva solo al petrolio, maestà, ma sappiamo tutti che i computer li avete grazie al petrolio e che i tappeti a macchina li fate grazie al petrolio e che la ricchezza di domani vi viene grazie al petrolio. Vogliamo finalmente parlare della politica che ha adottato a proposito del petrolio e nei riguardi dell'Occidente?

Semplice. Questo petrolio io ce l'ho e non me lo posso bere. Però so che posso sfruttarlo al massimo senza ricattare il resto del mondo e anzi tentando di impedire che serva a ricattare il resto del mondo. Quindi ho scelto la politica di assicurarne la vendita a tutti, senza discriminazioni. Non è stata una scelta difficile: non ho mai pensato di affiancarmi ai paesi arabi che minacciavano il ricatto all'Occidente. Ho già detto che il mio paese è indipendente, e tutti sanno che il mio paese è mussulmano ma non arabo, quindi io non fo quello che riesce comodo agli arabi bensì quello che serve all'Iran. Inoltre l'Iran ha bisogno di denaro, e col petrolio si può fare molto denaro. Oh, la differenza tra me e gli arabi sta tutta qui. Perché i paesi che dicono «non-vendiamo-più-petrolio-all'Occidente» non sanno cosa fare del loro denaro, quindi non si preoccupano del futuro. Spesso hanno una popolazione di soli sei o settecentomila abitanti e tanti soldi in banca che potrebbero vivere tre o quattro anni senza pompare una stilla di petrolio, senza venderne una goccia. Io no. Io ho quei trentun milioni e mezzo di abitanti, e un'economia da sviluppare, un programma di riforme da concludere. Ho quindi bisogno di soldi. Io so cosa farne dei soldi, e non posso permettermi di non pompare il petrolio. Non posso permettermi di non venderlo a chiunque.

Mentre Gheddafi le dà del traditore.

Traditore?!? Traditore a me che ho preso l'intera faccenda nelle mie mani e già dispongo del 51 per cento della produzione che prima apparteneva esclusivamente alle compagnie petrolifere straniere? Ignoravo che il signor Gheddafi mi avesse rivolto un simile insulto e... Guardi, quel signor Gheddafi io non posso prenderlo affatto sul serio. Posso solo augurargli di riuscire a servire il suo paese come riesco a servirlo io, posso solo ricordargli che non dovrebbe strillare tanto: le riserve di petrolio, in Libia, saranno esaurite nell'arco di dieci anni. Il mio petrolio, invece, durerà almeno trenta o quaranta anni. E forse cinquanta, sessanta. Dipende dal fatto che si scoprano o no altri giacimenti ed è molto, molto probabile che si scoprano altri giacimenti. Ma anche se ciò non dovesse avvenire, ce la caveremo egregiamente lo stesso. La nostra produzione cresce a vista d'occhio: nel 1976 arriveremo a estrarre otto milioni di barili al giorno. Otto milioni di barili son molti, moltissimi.

Si è fatto un bel po' di nemici, comunque, maestà.

Questo non lo so ancora. Infatti l'OPEP non ha ancora deciso di non vendere il petrolio all'Occidente e può darsi benissimo che la mia decisione di non ricattar l'Occidente induca gli arabi a imitarmi. Se non tutti gli arabi, una parte di essi. Se non subito, tra qualche tempo. Certi paesi non sono Indipendenti come l'Iran, non hanno gli esperti che ha l'Iran e non hanno il popolo dietro come ce l'ho io. Io posso impormi. Loro non possono ancora. Non è facile arrivare a vendere direttamente il petrolio liberandosi delle compagnie che per decenni e decenni hanno avuto il monopolio di tutto. E se anche i paesi arabi arrivassero a seguire la mia decisione... Oh, sarebbe tanto più semplice, e anche più sicuro, se i paesi occidentali fossero esclusivamente acquirenti e noi fossimo i venditori diretti! Non esisterebbero risentimenti, ricatti, rancori, inimicizie... Sì, può darsi benissimo che io dia il buon esempio e, comunque, io proseguo dritto per la mia strada. Le nostre porte sono spalancate a chiunque voglia firmare un contratto con noi e molti si sono già offerti. Inglesi, americani, giapponesi, olandesi, tedeschi. Erano così timidi all'inizio. Ma ora diventano sempre più audaci.

E gli italiani?

Agli italiani per ora non vendiamo molto petrolio, però possiamo raggiungere un grosso accordo con l'ENI e penso che si sia sulla strada di farlo. Sì, possiamo diventare ottimi partner con l'ENI e del resto i nostri rapporti con gl'italiani sono stati sempre buoni. Fin dai tempi di Mattei. La prima volta che riuscii a rompere il vecchio sistema di sfruttamento esercitato dalle compagnie petrolifere straniere non fu forse quando feci quell'accordo con Mattei, nel 1957? Oh, io non so cosa dicano gli altri su Mattei, però so che non riuscirò mai ad essere obbiettivo parlando di lui. Mi piaceva troppo. Era un gran brav'uomo, e un uomo capace di leggere nel futuro: una personalità davvero eccezionale.

Infatti lo ammazzarono.

Probabilmente. Però non avrebbe dovuto volare con quel cattivo tempo. A Milano la nebbia diventa molto densa d'inverno e il petrolio può essere davvero una maledizione. Ma forse non fu il cattivo tempo. E comunque fu un vero peccato. Anche per noi. Bè, non dico che la morte di Mattei abbia provocato una battuta d'arresto nei rapporti tra noi e l'ENI. No, no, dal momento che ora stiamo per concludere qualcosa di grosso. Mattei non avrebbe potuto fare nulla di più perché ciò che ci accingiamo a fare ora è proprio il massimo. Tuttavia, se Mattei fosse stato vivo, a quell'accordo ci saremmo arrivati anni fa.

Vorrei concludere e chiarire bene il punto di prima, maestà. Crede o no che gli arabi finiranno per materializzare la loro minaccia di tagliare ogni vendita di petrolio all'Occidente?

È difficile rispondere. È molto difficile perché, con la stessa disinvoltura e con lo stesso rischio di sbagliarsi, si può dire sì o no. Ma io sarei più propenso a rispondere no. Tagliare il petrolio all'Occidente, rinunciare a quella fonte di guadagno, sarà una decisione assai ardua per loro. Non tutti gli arabi seguono la politica di Gheddafi e, se alcuni non hanno bisogno di denaro, altri ne hanno molto bisogno.

E intanto il prezzo del petrolio salirà?

Salirà, certo. Oh, certo! Certo! Può dare la cattiva notizia e aggiungere che viene da qualcuno che se ne intende. Sul petrolio io so tutto, tutto. È davvero la mia specialità. E da specialista le dico: bisogna che il prezzo del petrolio salga. Non v'è altra soluzione. Però è una soluzione che voi occidentali avete voluto. O, se preferite, una soluzione che è stata voluta dalla vostra civilizzatissima società industriale. Il prezzo del grano ce lo avete aumentato del trecento per cento, e così quello dello zucchero e del cemento. Il prezzo dei petrolchimici ce lo avete mandato alle stelle. Comprate da noi il petrolio grezzo e ce lo rivendete, raffinato in petrolchimici, a cento volte più di quel che lo avete pagato. Ci fate pagare tutto di più, scandalosamente di più, ed è giusto che d'ora innanzi paghiate il petrolio di più. Diciamo... Dieci volte di più.

Dieci volte di più?!?

Ma siete voi, ripeto, che mi forzate ad alzare i prezzi! E certo avete le vostre ragioni. Ma anch'io, scusate, ho le mie. Del resto non dureremo in eterno a litigarci: tra meno di cent'anni questa storia del petrolio sarà finita. Il bisogno del petrolio cresce a ritmo accelerato, i giacimenti si esauriscono, presto dovrete trovarvi nuove fonti di energia. Atomica, solare, che so. Le soluzioni dovranno essere molte, una sola non basterà. Ad esempio, si dovrà ricorrere anche alle turbine azionate dalle onde del mare. Perfino io sto pensando di costruire impianti atomici per la desalinizzazione dell'acqua del mare. Oppure si dovrà scavare più profondamente, cercare il petrolio a diecimila metri sotto il livello del mare, cercarlo al Polo Nord... Non so. So soltanto che è già giunto il momento di correre ai ripari: non sprecando il petrolio come si fa da sempre. È un delitto usarlo come lo usiamo oggi, cioè grezzo. Se solo pensassimo che presto non ce ne sarà più, se solo ci ricordassimo che può essere trasformato in diecimila derivati, cioè in prodotti petrolchimici... Per me è sempre uno choc, ad esempio, vederlo usare grezzo pei generatori di elettricità: senza tener conto del valore perduto. Oh, quando si parla di petrolio, la cosa più importante non è il prezzo, non è il boicottaggio di Gheddafi, è il fatto che il petrolio non è eterno e che prima di esaurirlo bisogna inventare nuove fonti di energia.

Questa maledizione chiamata petrolio.

A volte mi chiedo se non sia proprio così. È stato scritto tanto sulla maledizione chiamata petrolio e mi creda: quando lo si ha, da una parte è un bene ma dall'altra è una grande scomodità. Perché rappresenta un tale pericolo. Il mondo può scoppiare per via del maledetto petrolio. E anche se, come me, ci si batte contro la minaccia... La vedo sorridere.

Sorrido perché, quando parla di petrolio, lei è talmente diverso, maestà. Si accende, vibra, tiene l'attenzione legata. Diventa un altr'uomo, maestà. E io... Io me ne vado senza averla capita. Da un lato lei è così antico, da un lato così moderno e... Forse sono i due elementi che si fondono in lei: quello occidentale e quello orientale che...

No, noi iraniani non siamo poi diversi da voi europei. Se le nostre donne hanno il velo, anche voi ce l'avete. Il velo della Chiesa cattolica. Se i nostri uomini hanno più mogli, anche voi ce le avete. Le mogli chiamate amanti. E, se noi crediamo alle visioni, voi credete ai dogmi. Se voi vi credete superiori, noi non abbiamo complessi. Non dimentichiamo mai che tutto ciò che avete ve lo insegnammo noi tremila anni fa.

Tremila anni fa... Vedo che ora sorride anche lei, maestà. Non ha più quell'aria triste. Ah, che peccato non potersi trovare d'accordo sulla faccenda delle liste nere.

Ma lei sarà davvero sulla lista nera?

Maestà! Se non lo sa lei che è il re dei re e conosce tutto! Ma gliel'ho detto: può darsi. Io sono sulla lista nera di tutti.

Peccato. Anzi, non importa. Anche se è sulla lista nera delle mie autorità, io la metto sulla lista bianca del mio cuore.

Mi spaventa, maestà. Grazie, maestà.

Hussein di Giordania

È quasi una crudeltà intervistare oggi re Hussein. Perché è come andare da uno che giace dolorante, umiliato, e tormentarlo chiedendo: «Ma quante ne hai prese? Non hai saputo difenderti? Non ci hai provato? Sei ridotto male, eh, poverino! E ora che farai?». La sua sconfitta, per quanto lui la neghi, è totale. Privandolo d'ogni diritto a negoziare con Israele e dichiarando l'OLP unico rappresentante dei palestinesi, gli Stati arabi non gli hanno solo preferito Arafat: gli hanno tolto una parte del regno, la Cisgiordania. In fondo ciò che accadrebbe se la Comunità europea si riunisse dopo un'invasione della Lombardia e dicesse all'Italia: «La Valle Padana non ti appartiene più. Tocca ai lombardi che ci fonderanno uno Stato indipendente e a tale scopo saranno loro a negoziare col nemico». La cosa più straordinaria però è che nessuno a Rabat, neanche per caso, neanche per finta, abbia alzato un dito per sussurrare: «Un momento, ragioniamoci sopra. Questi palestinesi hanno i loro diritti e ignorarli è pazzia. Ma perché il solo a rimetterci dev'essere Hussein? Non è della regione anche lui? Non ci ha già rimesso abbastanza?». Chi potrebbe negare che Hussein sia l'arabo meno amato dagli arabi e il perenne capro espiatorio di una situazione per cui ha meno colpa di tutti? Ciò non lo rende santo. Che non fosse santo, del resto, lo si capì nel settembre del 1970 quando, sia pure mosso da motivi legittimi, scagliò i suoi beduini contro i fidayn e combinò un massacro che riempì il mondo civile di indignazione. Però, a un cervello libero, il fatto d'essere sempre perseguitato lo rende quasi simpatico e mentirei se affermassi che mi divertii a intervistarlo. Al contrario, mi dette un gran disagio. Turbava, ecco, dovergli porre certe domande: vederlo sussultare ogni volta come sotto una coltellata. Dispiaceva perfino vederlo cercare un contegno nelle sigarette, nove in un'ora e mezzo, poi accorgersi di quanto fosse invecchiato. Baffi e capelli ormai abbondantemente spruzzati di grigio, fronte e guance solcate di rughe, occhi gonfi, corpo appesantito: poco in lui ricorda il giovanottino timido ma vivace che incontrai quattro anni fa, quand'era sposato all'ex-dattilografa inglese Toni Gardiner, ribattezzata Muna, ora ripudiata per una palestinese che non gli è servita a nulla. Ecco l'intervista che avvenne come allora ad Amman, nel suo ufficio a palazzo reale, senza cerimonie né protocolli, alla buona e in inglese. In alcuni punti va letta ricordando che la sincerità non è una virtù dei capi di Stato, tantomeno dei re, e che il registratore spaventa Hussein fino a paralizzarlo in reticenze esagerate. Le note che ho posto dopo certe dichiarazioni vogliono appunto colmar le lacune e chiarire ciò che è vero o non vero. Malgrado ciò è un documento raggelante, su cui meditare, perché è la confessione di un uomo disperato e di un uomo che sa molte cose. E perché su ogni frase incombe, sinistro come un pipistrello, l'annuncio della prossima guerra. Dopo Rabat, Hussein è convinto che scoppierà. E che ci travolgerà tutti.

[...]

ORIANA FALLACI. *Maestà, quali sono oggi i suoi rapporti con Arafat?*

RE HUSSEIN. Ci siamo incontrati a Rabat, abbiamo avuto diverse conversazioni e questo è il limite entro cui i nostri rapporti si sono sviluppati. Ignoro cosa riservi il futuro a tali rapporti. A Rabat era stato anche stabilito che entro quindici giorni egli venisse ad Amman ma vi sono molte cose da sistemare, molti punti da discutere, prima che un simile incontro avvenga.

Vi siete stretti la mano a Rabat?

Sì, ce la siamo stretta. Ma che differenza fa? Ce l'eravamo stretta altre volte. Cosa significa una stretta di mano? Nel caso di Rabat penso che signifcihi… Da parte di Arafat, fiducia in me. Da parte di entrambi, apparente amicizia.

Apparente amicizia… Quattro anni fa egli mi disse che lei era un traditore, che come tale era stato condannato a morte e che sarebbe stato giustiziato con la sua famiglia.

Ah sì? Bisogna vedere se ci riesce.

Ha qualche stima per lui, maestà?

Né più né meno di quanta ne abbia per altri che conosco e che non conosco.

Mi disse anche qualcos'altro, maestà. Mi disse che i palestinesi non si sarebbero contentati della Cisgiordania: volevano anche la Transgiordania in quanto la Palestina comprende anche la Transgiordania.

Io non credo che la Transgiordania sia minacciata. E non mi riferisco nemmeno a una questione di regime o di leadership: mi riferisco al fatto che, quando egli parla così, non parla di un vuoto. Parla di un paese che esiste, di un paese che è ormai una nazione. Sono ventisei anni che certa gente ripete la-Giordania-non-esiste, la-Giordania-è-un-paese-artificiale, e sono ventisei anni che la Giordania dimostra d'essere una nazione: coraggiosa e responsabile. Minacciarla a parole è semplice, minacciarla coi fatti è difficile. Credo di averlo dimostrato a... No, non ci porteranno via la Giordania. Lo lasci dire, Arafat.

[N.d.R. L'odio che divide Hussein e Arafat è epidermico. Fiorì nel periodo in cui Arafat beneficiava con arroganza dell'ospitalità offertagli da Hussein. Esplose nel settembre del 1970 quando Hussein cacciò i fidayn con quel bagno di sangue. Si rinsaldò con l'uccisione, voluta da Arafat, di Washi Teli: il primo ministro di Hussein e colui che aveva guidato le operazioni dell'esercito giordano contro i fidayn. Si stabilì con la nascita di Settembre Nero, il movimento terrorista che fa parte di Al Fatah e che Arafat finge di condannare. Si fossilizza nelle mire che quest'ultimo continua segretamente a nutrire sulla Transgiordania.]

Ma è un punto interessante, maestà, e vorrei approfondirlo con una domanda. Esattamente quella che, nel 1970, posi ad Arafat: cos'è la Palestina? Dove incomincia? Dove finisce? Quali sono i suoi confini geografici?

Parlando a Rabat io dissi che, per quanto mi riguardava, il mio dovere era riprendere il territorio perduto nel 1967 e su quello invitare i palestinesi a decidere il loro futuro. Aggiunsi che, ovviamente, al di là di quell'area, esistevano altri diritti dei palestinesi: però esulavano dalla mia responsabilità. In altre parole, a Rabat, e per ciò che mi riguardava, io mi riferii alla Cisgiordania. Su quella, quando l'avessimo liberata, si sarebbe dovuto discutere il piano che io proponevo, e cioè una federazione con la Transgiordania. Oggi non posso dirle di più perché non sta più a me definire quali sono o quali devono essere i confini della Palestina: sta ai palestinesi. La responsabilità politica di una simile dichiarazione pesa ormai su di loro.

Pesa anche su di lei, maestà. Perché, se non dice quali sono i confini della Palestina, autorizza Arafat a realizzare ciò che disse a me.

Le ripeto che la Transgiordania nessuno la tocca. Comunque una domanda che io posi al vertice arabo fu: «Da dove incominciamo a dividere? Dove la mettiamo questa linea di demarcazione? Dov'era prima del '48, dov'era dopo il 1948, dov'è dopo il 1967?». Fu quando gli spiegai ciò che ho spiegato a lei poco fa, e cioè che in Giordania esistono molti palestinesi i quali devono pur decidersi a dire da che parte stanno. Insomma sostenni che palestinesi e giordani dovevano chiarire una volta per sempre se, parlando della Palestina, si riferivano alle frontiere del 1948 o a quelle del 1967.

E cosa le risposero?

Non mi risposero.

Non è straordinario, maestà?! Tutti parlano di questa Palestina e nessuno, a cominciare da lei, sa dire o vuol dire dove essa comincia e dove essa finisce. Ma insomma, questo Stato indipendente palestinese che hanno annunciato a Rabat dove dovrebbe sistemarsi?

Non ne ho la minima idea.
 [N.d.R. Nel 1949, dopo la prima guerra arabo-israeliana, la Palestina venne divisa in tre settori: la striscia di Gaza affidata all'Egitto, la Giudea e la valle del Giordano affidate alla Giordania, l'alta Galilea e gli altipiani occidentali assegnati col Negev a Israele. La divisione fu fatta sotto l'egida dell'ONU e non venne riconosciuta dagli arabi. In tale rifiuto, però, nessuno si curò di stabilire i confini entro i quali i Palestinesi avrebbero rivendicato i loro diritti e materializzato la loro indipendenza. Tanto più che i veri confini

della Palestina, come i veri confini di Israele, si perdono nella notte dei tempi e nella sterilità di discussioni storico-accademiche. Certo è perlomeno bizzarro che un popolo si batta senza dire per quali terre si batte: ma gli equivoci favoriscono le rivendicazioni.]

Bè, maestà... Suppongo che la logica occidentale non valga in questa parte del mondo.

Esattamente.

Tuttavia mi permetta di continuare questa conversazione secondo una logica occidentale. Non conosco altro metodo. Mi sbaglio o a Rabat è emersa la grande e irrimediabile ostilità che i paesi arabi nutrono per lei?

Io devo ammettere che, sì, vi sono stati momenti in cui il mondo arabo ha dimostrato d'essere tutt'altro che un blocco unito. Devo ammettere che sì, in passato, vi sono state fra me e loro serie differenze, sia su questioni ideologiche, e cioè di principio, sia su fatti contingenti. Devo ammettere che in passato i paesi arabi hanno tenuto verso il mio paese atteggiamenti ingiusti, non realistici, e che spesso la nostra unione s'è incrinata. Ma non posso dire, non devo dire, che il verdetto di Rabat è stato dettato da ostilità verso di me e verso la Giordania. Lei deve considerare che i paesi arabi stanno vivendo un periodo difficile, un periodo di transizione. Deve tener conto che stiamo lavorando per le generazioni a venire, che stiamo costruendo le basi del nostro futuro...

Sì, sì, ma parliamo del presente, maestà. È vero o non è vero che negli ultimi anni la Giordania è stata tenuta dagli arabi in un notevole isolamento? È vero o non è vero che tale isolamento s'è accentuato dopo la sanguinosa cacciata dei fidayn dal suo paese?

Sì, suppongo che sia vero. I capi arabi non compresero che il mio non era stato affatto un gesto contro i palestinesi o il risultato di una ostilità giordano-palestinese, bensì l'unico modo possibile per ristabilire l'ordine e la legge contro l'anarchia. Non compresero, o non vollero comprendere, che io avevo fatto di tutto per evitare lo scontro del settembre 1970. I miei sforzi locali erano stati immensi. Tanto immensi quanto inutili. L'anarchia in cui quei fidayn avevano precipitato il mio paese era estrema, averli qui era diventato un incubo... Un incubo! Lei stessa se ne accorse quando venne qui e mi chiese: «Chi comanda in Giordania?». Non si comportavano da ospiti, da fratelli: si comportavano da padroni. Anziché dirigere la loro azione sui territori occupati da Israele si sfogavano su di noi: uno avrebbe detto che avevano scambiato la Giordania per Israele, che la resistenza la facevano qui dove erano al sicuro. Qui dove non avevano nulla da temere. Ah! Lei ha incominciato il nostro colloquio ricordando i fatti di allora e paragonandoli ai fatti di ora: ma un paragone non è nemmeno possibile, niente è mai stato e sarà così tremendo per me come quel periodo. Non riuscivo più a farli ragionare. E non solo i giordani, anche i palestinesi della Giordania mi chiedevano di intervenire, porre un riparo, ristabilire la legge contro la loro anarchia, i loro abusi, le loro prepotenze. Dovevo, alla fine, decidermi. E mi decisi quando non avevo più scelta, quando fui sul punto di perdere completamente il controllo del mio paese. Se avessi lasciato andare le cose un poco più avanti, la tragedia sarebbe stata doppia! Deve credermi!

Vorrei crederle, maestà. Però le credetti anche quando mi disse: «Non è che non possa mandarli via, è che non voglio mandarli via». E poco dopo ci fu il massacro.

Sono state dette molte esagerazioni sui fatti di quel settembre. Sono state distorte molte cose. Sono state scritte molte leggende. Certo ciò che avvenne fu triste, fu amaro. Fu una tragedia che portò danno a tutti: ai paesi arabi e agli stessi palestinesi. E oggi come oggi posso dire che mi dispiace immensamente di quel che accadde, che rimpiango enormemente le perdite avvenute da una parte e dall'altra. I fratelli si batterono coi fratelli. Eppure... Non mi pento d'aver fatto ciò che feci. No, non mi pento, perché non potevo impedirlo e non dovevo impedirlo. Fu una cosa necessaria, indispensabile. Se avessi agito in modo diverso, se avessi continuato a subirli e tollerarli, ripeto, le cose sarebbero andate assai peggio.

Si sarebbero presi la Giordania: è così? Comunque resta il fatto che lei appariva convinto, maestà, quando mi disse che non li avrebbe toccati. Resta il fatto che il suo atteggiamento mutò all'improvviso, quasi che qualcuno l'avesse spinta o autorizzata. Non fu Nasser?

No... Fu una decisione giordana e solo giordana, cioè mia e solo mia. Però devo dire che tutti i paesi arabi erano pienamente consapevoli del fatto che... Insomma che lo sviluppo delle cose mi avrebbe condotto dove mi condusse. Troppe volte m'ero rivolto a loro perché intervenissero, perché mi aiutassero, ed essi sapevano bene quanto me cosa stava accadendo in Giordania. Sapevano altrettanto bene che non avrei avuto altra via d'uscita fuorché quella che presi... Eh, sì... Quel settembre ci indusse tutti a riflettere sulle contraddizioni che lacerano il mondo arabo e che qui in Giordania si esprimevano con più evidenza di altrove.

[N.d.R. Non è solo un sospetto, e tantomeno una fantasia, che sia stato Nasser ad autorizzare Hussein a «ripulire» la Giordania dei fidayn: America e Russia consenzienti. Neanche Nasser amava Arafat e i fidayn, neanche Nasser vedeva di buon occhio la protervia con cui si comportavano ovunque essi fossero ospitati. Un episodio lo conferma. Sei giorni dopo l'inizio di quella guerra civile che si sarebbe conclusa col macello di tanti fidayn, la Siria intervenne a fianco dei fidayn. Allora Nasser convocò al Cairo i capi arabi, tra questi Hussein. Hussein giunse vestito da soldato e, sulla porta dell'hotel Hilton, lo aggredì: «Sei stato tu a dirmi di liquidarli!». La frase venne riferita a Gheddafi che, nel corso dell'incontro, si scagliò contro Nasser accusandolo d'essere il primo responsabile del massacro. Concluso il vertice, Nasser fu colto dall'infarto cardiaco in seguito al quale morì.]

[...]

A volte gli israeliani sono più gentili con lei di quanto lo siano i suoi «fratelli» arabi. Per esempio, quando intervistai Golda Meir, non colsi alcuna antipatia per lei e... Ciò la imbarazza?

No, non mi imbarazza. Anzi apprezzo il fatto che la signora Meir si sia espressa gentilmente su di me. Però mi è difficile restituirle il complimento. I leader israeliani, Golda Meir compresa, non hanno contribuito davvero a stabilire una pace durevole in Medio Oriente. Non voglio esser duro con nessuno, quindi nemmeno con gli israeliani, ma vi sono realtà da non ignorare, e ingiustizie da rettificare, c'è una pace da raggiungere, e non basta una parte sola per raggiungerla. Israele può contribuire più di ogni altro alla pace, e il fatto che fino a oggi i suoi leader non abbiano saputo o voluto farlo getta su quel paese una grande vergogna. Io temo che, storicamente, saranno loro a portar sulle spalle il peso di quella incapacità. Di quella irresponsabilità.

Non le chiederò, allora, dell'incontro segreto che lei avrebbe avuto con Golda Meir ad Aqaba.

Si son dette tante cose su quell'incontro segreto, e vi sono state altrettante smentite: da ambedue le parti. Io personalmente non mi stancherò mai di ripetere che, purtroppo, quell'incontro non c'è stato. Né ad Aqaba né altrove. Nessun incontro, nessun approccio, nessun contatto, in nessun senso, in nessun luogo; neanche al livello delle Nazioni Unite e nonostante l'interessamento di amici comuni sparsi in tutto il mondo. Purtroppo! Oh, non mi sarei davvero rifiutato se mi fosse stato fatto un cenno. Sarei corso, e certo la cosa avrebbe avuto i suoi effetti: avrebbe condotto a qualcosa di concreto. Il guaio è che le posizioni degli israeliani sono sempre così estremistiche. Tutte le volte che ci sembra d'aver raggiunto un barlume di speranza, le due parti si irrigidiscono su posizioni estremistiche. E gli israeliani, magari, di più. Così la speranza svanisce e... Io ero l'unico a non irrigidirmi. E mi hanno tolto la possibilità di agire. Ecco perché non vedo più soluzioni, ecco perché non mi basta più la speranza. Ma cosa vuol sperare ormai? Ogni tanto si fa un passo piccolo, fragile, e nel giro di un batter d'occhio anche quello si rivela inutile. Oh, mentirei se affermassi che non ho mai tentato approcci con Israele! Li ho tentati eccome. E non sono mai riuscito a mettere insieme qualcosa di costruttivo. Prima di Rabat, per esempio, parlai di un possibile disimpegno. Ebbene: neanche tale proposta mi venne accettata!

Eppure, durante l'ultimo conflitto, lei non entrò in guerra contro Israele. Non schierò nemmeno le sue truppe lungo il confine. E gli israeliani non schierarono le loro.

Cosa significa questo? Che ero d'accordo con Israele? Io fui colto di sorpresa, da ogni punto di vista: ecco la verità. E cosa avrei ottenuto a entrare in guerra? Eravamo così impreparati, da tanto tempo. Non dimentichi l'isolamento di cui abbiamo parlato, non dimentichi che per anni gli Stati arabi ci avevan negato l'aiuto promesso durante il vertice di Kartum. Io non avevo altra scelta fuorché quella di starmene sulla difensiva: dopo le lezioni subite in passato, sarebbe stato folle agire sulla spinta delle emozioni. La Giordania ha un confine troppo lungo con Israele: cosa dovevo schierare? E poi non è vero che non le schierai affatto: le schierai dove potevo, come potevo, per un tratto abbastanza vasto. Non solo: quando la situazione si deteriorò sul fronte siriano e mi fu chiesto di badare a noi stessi, mi accinsi a farlo. Se fosse stato indispensabile, mi sarei battuto.

Maestà, il ponte Allenby rimase aperto. E così il ponte di Damia.

Era aperto per gli arabi, non per gli israeliani.

Maestà, sa di cosa la accusano? Di fare il doppio gioco con gli israeliani. Dicono ad esempio che il suo piano per una federazione della Palestina e della Giordania non differiva molto dal piano Allon, che infatti era stato concordato e...

Non è vero. Infatti, a un certo livello, gli israeliani si dimostrano talmente ostili all'idea. All'intera idea. Solo in seguito parvero ripensarci un poco e... Oh, è inutile discuterne, tanto la cosa è tramontata e... Tramontata? Chissà. Forse, prima o poi, potrebbe anche esser presa in considerazione. Se ai palestinesi fosse concessa la libertà di esprimersi attraverso un referendum, ripeto... Il mio era un piano realistico. Offriva una via d'uscita, l'unica via d'uscita: prima o poi dovranno convincersene. Infatti non mi son rassegnato. Il fatto che accetti le decisioni di Rabat non significa davvero che mi sia rassegnato.

[N.d.R. Il piano risale al marzo del 1972. Con esso Hussein proponeva un regno arabo unito, composto da due stati politicamente uguali e retti da un governo centrale: la Palestina e la Giordania. Per Palestina intendendo la Cisgiordania e per Giordania intendendo la Transgiordania. Considerava anche l'eventualità di altri territori da riconquistare, come la striscia di Gaza, e non c'è da stupirsi se Arafat e gli altri risposero no. La cosiddetta federazione non sarebbe stata altro che la ricostituzione del suo regno com'era prima del 1967, in più arricchito dalla striscia di Gaza. Non c'è da stupirsi nemmeno delle accuse di doppio gioco rovesciate su Hussein: tale federazione non minacciava un metro di Israele ed era ben lungi dall'idea di uno stato indipendente palestinese.]

E poi, maestà, la accusano di dipendere eccessivamente dagli Stati Uniti, di incontrarsi troppo con Kissinger, di aver ricevuto con troppa deferenza Nixon, di aver rifiutato troppo alla svelta le armi sovietiche che gli altri Stati arabi usano.

Le rifiutai perché non era né necessario né possibile cambiare il nostro equipaggiamento con un equipaggiamento sovietico. Non voglio sottovalutare le armi sovietiche, ma le mie forze armate sono abituate a usare armi occidentali. Vi sono forti legami e tradizioni in quel senso: continueremo sempre a usare armi occidentali. Quanto ai sovietici, essi sono in questa parte del mondo e io li accetto nella misura in cui sostengono la causa araba. Niente di più. Kissinger... È vero che è venuto qui molte volte. È anche vero che ho una grande ammirazione per lui, un gran rispetto per lui e per ciò che fa. Lo ritengo un uomo estremamente sincero, e un uomo che fa del suo meglio: anche se non ha sempre successo, il suo contributo alla pace è grande. Ciò significa, ovvio, che le mie relazioni con gli Stati Uniti sono molto buone. Sì, lo sono. Lo erano al tempo di Nixon e non sono cambiate con la partenza di Nixon. Gli Stati Uniti ci aiutano tanto: come non essergli amici? Del resto ci aiutano anche i paesi europei. Siamo un paese povero e...

[N.d.R. Senza dubbio Hussein è legato anche a certi paesi europei. In particolare, all'Inghilterra. Gli inglesi sono ancora in molti posti chiave ad Amman dove il colonnello Gardiner, padre di Muna, resta molto influente. Da Muna, la moglie inglese, Hussein divorziò un anno fa per sposare la giovane Alia: però fu un divorzio sui generis, limitato a un solo talak anziché i tre talak necessari al ripudio, e con Muna egli continua ad avere rapporti matrimoniali. Del resto, anche fuori dell'ambito familiare, la sua tenerezza per gli inglesi resta inalterata: non è un mistero, ad esempio, che in Giordania l'Intelligence Service sia più forte della CIA. Tuttavia la dipendenza di Hussein dagli Stati Uniti è eccezionale. Il sussidio ordinario concessogli da Washington per l'incremento al bilancio consiste in 75 milioni di dollari a rata. Il sussidio straordinario concessogli da Kissinger in una delle sue prime visite tocca i cento milioni di dollari. L'impegno di acquistare armi solo dall'America è ferreo. L'influenza del Military Assistance Program è pesante. Oltre a quello esiste anche una commissione militare speciale giordano-americana. Considerando che gli Stati Uniti sono il più forte alleato di Israele, c'è di che restare perplessi. E, a fugar certi dubbi, non basta il discorso sulla povertà.]

Davvero è così povera la Giordania, maestà? Io ho sentito dire che c'è il petrolio qui.

Sì... C'è... Voglio dire, speriamo che ci sia... O meglio: per esserci, c'è. Anche recentemente ne abbiamo discusso con compagnie addette alla ricerca e il risultato è stato buono. Insomma, siamo rimasti soddisfatti. Molto soddisfatti. Noi... Lo sapevamo da tempo che in Giordania esiste il petrolio: da quando la tecnologia moderna ci segnalò i giacimenti. Però le ricerche le abbiamo iniziate da poco, insomma è da poco che l'evidenza si è accumulata. E ci piacerebbe tirarlo fuori. Se troviamo il petrolio... Siamo sinceri: se troviamo il petrolio, le minacce contro di noi aumentano da tutte le parti. Diventiamo l'obbiettivo di raddoppiati desideri. Però credo che la Giordania abbia dimostrato di saper far fronte ad ogni tipo di avidità e io sono più che pronto a tirarlo fuori. Se poi non lo troviamo, o non ce la facciamo, pazienza. Abbiamo altre risorse. Abbiamo enormi giacimenti di fosfati, e un mucchio di potassio nel Mar Morto, ed esportiamo sempre più rame... Il petrolio non ci è indispensabile per sopravvivere, ecco.
[N.d.R. Sarebbe, in realtà, un problema in più. E lo è da quando, tre anni fa, i satelliti americani ne segnalarono i giacimenti: sempre sospettati giacché il paese si trova in un'area petrolifera. Infatti, dopo le conferme fornite da una compagnia canadese e un'altra iugoslava, Hussein si guardò bene dall'aprire pozzi. Il motivo addotto è che i giacimenti si trovano a grandi profondità, seimilacinquecento metri e anche più: le trivelle per le grandi profondità sono complicate e costose. Un'altra compagnia, stavolta rumena, ha firmato un contratto e le operazioni di scavo dovrebbero iniziare in dicembre. Però i tecnici non si sono ancora visti e, se cerchi di sapere più di quanto ti racconti Hussein, batti il capo in un muro di silenzio.]

Alcuni dicono che questo petrolio non le conviene tirarlo fuori, maestà. Sarebbe solo un problema in più.

Il mio problema non è il petrolio. Il mio problema è la Palestina. E concludo dicendole che, se lo si affronta in modo sbagliato, come stiamo facendo, il mondo salta in aria. Il mondo, sì, non solo il Medio Oriente. La prossima guerra non sarà come quelle combattute fino a oggi: sarà una guerra totale, una catastrofe. Ciò che accadde nell'ottobre del '73 fu solo un piccolo esempio, un avvertimento.

Ma non un avvertimento per noi e basta, un avvertimento per tutti: per l'Europa, per le grandi potenze. Io non so se stavolta useranno l'atomica, sebbene esista la possibilità. Però so che ciascuna delle due parti ha in mano armi terribili: terribilmente nuove, terribilmente sofisticate, terribilmente moderne. Sarà un massacro mai visto, superiore ad ogni previsione. E non è da escludersi che le grandi potenze ne restino loro malgrado coinvolte e... La soluzione dov'è? Io non la vedo. Vedo solo una pace fittizia che si assottiglia di ora in ora. Così non mi chiedo nemmeno se il disastro può essere evitato: mi chiedo quanto a lungo può essere rinviato. Ah! Rabat! Non hanno capito che non si trattava di scegliere tra me e Arafat, tra l'OLP e la Giordania: si trattava di scegliere il tempo. Ma loro si sono messi in testa che quello era il momento giusto, e hanno fatto quello che hanno fatto, e hanno sciupato ogni cosa.

Col risultato di far scoppiare la guerra, dice lei.

Sarà il tempo a dirlo.

Ahmed Zaki Yamani

È l'uomo che può farci passare al freddo gli inverni, se vuole, e riportarci ai tempi in cui si viaggiava a cavallo. È l'uomo che può far chiudere tutte le nostre fabbriche, se vuole, fallire tutte le nostre banche, ridurci in ginocchio e sul lastrico. La sua potenza è spaventosa sebbene non si basi su eserciti o armi nucleari, perché è lui che per primo amministra il maledetto petrolio su cui abbiamo costruito la civiltà industriale e tecnologica. Nel suo paese ce n'è in tali quantità che anche cercando acqua lì trovi petrolio. (Di acqua infatti non ce n'è, non esistono né fiumi né laghi laggiù, e da cent'anni la pioggia cade sempre più avara. Per bere devi importare la minerale in bottiglie.) Nessun paese ne produce tanto. Nessun paese ne ha tanto di riserva. Ne avrà perfino quando gli altri lo avranno esaurito. E può controllare per questo l'Iran, il Kuwait, l'Abu Dhabi, il Dubai, il Bahrein, il Qatar, l'Algeria, la Libia, l'Iraq, il Venezuela, l'Ecuador, l'Indonesia, la Nigeria, il Gabon, cioè i paesi dell'OPEC. Fu lui a inventare l'OPEC. Fu lui a porre la firma definitiva sul documento che aumentava del 130 per cento il prezzo del petrolio, nell'ottobre del 1973. Fu lui a sovvertire nel giro d'una notte l'economia occidentale, provocare la crisi che ancora ci dilania. Con le migliaia di miliardi di dollari che gli abbiamo pagato in due anni, i nuovi re Mida ora possono comprarsi il mondo. E spaventarci, ricattarci, umiliarci. Quelli arabi, non solo finanziariamente. Se-aiuti-Israele-e-non-dici-che-i-palestinesi-hanno-ragione, io-non-ti-vendo-il-petrolio. Possono far ballare sul filo gli Stati Uniti e l'Unione Sovietica. Possono indurre l'ONU a cacciare Israele. Possono rinviare o accelerare una guerra. E lui in testa. Se Gheddafi sovvenziona i terroristi che massacrano negli aeroporti e nelle ambasciate, lui sovvenziona Al Fatah. Nel suo campo è un genio. Parlo dello sceicco Ahmed Zaki Yamani, ministro del petrolio dell'Arabia Saudita. [...]

ORIANA FALLACI. *La prima domanda, ministro Yamani, è una domanda disperata: esiste nessuna speranza che il prezzo del petrolio diminuisca? Esiste semmai un pericolo che quel prezzo aumenti?*

AHMED ZAKI YAMANI. Diminuire no. Oh, no. Perché dovremmo? Per vendere di più? I paesi dell'OPEC non hanno bisogno di vendere di più. La loro eccedenza di fondi durerà almeno cinque anni. Nel 1978 l'accumulo stimato di quella eccedenza raggiungerà la punta di duecentoquarantotto miliardi di dollari, e non v'è certo da illudersi che il declino delle vendite serva ad abbassare il prezzo. Il petrolio non è merce che si deteriora: quando non lo si vende, resta semplicemente dov'è. È più giusto chiedersi, dunque, se il suo prezzo aumenterà. Bè, per ora abbiamo deciso di congelare il prezzo attuale fino a settembre. Se dopo settembre potremo mantenerlo congelato per un altro po' di tempo, è questione da decidere. All'interno dell'OPEC, si sa, non la pensiamo tutti allo stesso modo. Alcuni insistono perché il prezzo salga con un aumento del 35 per cento, all'incirca quattro dollari al barile. Altri vogliono un aumento minore.

E voi dell'Arabia Saudita cosa volete?

Noi aspettiamo di vedere come si comportano i paesi industrializzati, di vedere cioè se intendono davvero incontrarsi coi paesi produttori di petrolio e raggiungere un accordo. In altre parole diciamo: abbassate i prezzi delle materie che ci vendete, potete farlo giacché ne avete il monopolio, e noi ci comporteremo in conseguenza. Lei sa quanto paghiamo, ad esempio, un barile di acqua minerale? Il doppio di ciò che voi pagate per un barile di ottimo greggio. Il nostro atteggiamento mi sembra dunque legittimo. Comunque è definitivo: se intendete davvero abbassare i prezzi, noi faremo del nostro meglio per tenere ancora congelato il prezzo attuale. In caso contrario, saremo anche noi per l'aumento. Sia pure non drastico.

Cosa intende per drastico?

Intendo un aumento abbastanza alto da disturbare l'economia mondiale. Il trentacinque per cento è già drastico, direi.

E chi vuole un aumento drastico? Lo scià dell'Iran? Gheddafi?

Io non credo che l'Iran voglia un aumento drastico. Vuole un aumento, sì, ma non del 35 per cento. A voler quello sono anzitutto le compagnie petrolifere. Ovvio che quando il prezzo sale, il loro guadagno aumenta. E se non si cambia il sistema, se l'Arabia Saudita non assume ad esempio il controllo del cento per cento dell'ARAMCO come spero che avvenga in futuro, esse continuano a sollecitare rialzi. Insieme alle compagnie comunque metterei il Venezuela, l'Ecuador, l'Algeria, l'Iraq, il Gabon, la Libia...

Senza che l'Arabia Saudita possa farci davvero qualcosa.

L'Arabia Saudita può farci molto, invece, perché è il primo paese produttore del mondo. Possiamo estrarre oltre undici milioni di barili al giorno, ci limitiamo a estrarne tre milioni e mezzo: questo ci rende potenti sia vis-à-vis dei paesi produttori sia vis-à-vis dei paesi consumatori. Per rovinare gli altri paesi dell'OPEC infatti ci basterebbe produrre quanto possiamo, per rovinare i consumatori ci basterebbe produrre meno di quanto produciamo. Nel primo caso il prezzo diminuirebbe parecchio, nel secondo caso il prezzo aumenterebbe non del 35 ma del 40 o del 50 e perfino dell'80 per cento. Possiamo alzare la voce con tutti, insomma: anche all'interno dell'OPEC. Vi sono riunioni dell'OPEC in cui il disaccordo è così grave che la voce viene alzata moltissimo. In certi casi si tratta di urla assai serie, e va da sé che poi arriviamo sempre a un compromesso: ciascuno di noi sa che l'OPEC deve continuare a esistere, che senza l'OPEC ogni suo membro non ce la farebbe. Il nostro non è un accordo militare o politico, è un accordo puramente economico: solo restando uniti teniamo testa al mondo intero. Uscendo dall'OPEC, perfino noi dell'Arabia Saudita ci causeremmo un gravissimo danno. Però abbiamo anche un senso di responsabilità verso l'economia mondiale. Ci rendiamo anche conto che, se non vogliamo rovinare l'economia mondiale, dobbiamo opporci alla politica di alcuni membri dell'OPEC.

Come nel 1973, quando lei fu praticamente forzato dallo scià a imporci quell'aumento scandaloso?

Non bisogna far paragoni con ciò che accadde tra la fine del 1973 e il marzo del 1974. Fu un periodo eccezionale, e il vostro risentimento non tiene conto del fatto che il prezzo del petrolio stagnava da un quarto di secolo. Tenerlo a tale livello era impensabile: considerando i vostri prezzi, avremmo dovuto aumentare il prezzo del petrolio molto di più. Era giusto che noi continuassimo a essere sfruttati come alla fine degli anni Quaranta mentre il costo del vostro grano, del vostro riso, del vostro zucchero era quadruplicato, il costo delle vostre automobili era raddoppiato? Il ruolo dell'Arabia Saudita non è facile e tuttavia a me sembra che se la sia cavata bene fin oggi. L'OPEC è forte, l'economia mondiale non ha veramente sofferto per l'aumento del prezzo del petrolio e anzi s'è ripresa...

Questo lo dice lei.

Lo dice il Fondo internazionale monetario, lo dicono serie istituzioni commerciali come la Chase Manhattan. Forse in Italia il caso è diverso perché l'Italia è come una persona ammalata cui basta un colpo di vento per prendere la polmonite. Non dimentichiamo che la vostra inflazione aveva già raggiunto punte allarmanti alla fine del 1973. Comunque in Germania, in Francia, in altri paesi d'Europa, si sono ripresi bene. In America anche. Ben per questo certi membri dell'OPEC vogliono quell'aumento drastico. Sostengono che l'Occidente può tollerarlo.

Occhi negli occhi, Yamani: ma vi merita proprio portarci al disastro?

In Arabia Saudita pensiamo di no. Pensiamo che il vostro disastro, se e quando avviene, sarà il nostro disastro. Sappiamo, insomma, che se la vostra economia precipita noi precipitiamo con voi. Il denaro di per sé non conta nulla. Conta solo se viene rimesso nel ciclo e trasformato in industria, tecnologia. In parole diverse, se i paesi occidentali non sono prosperi noi non possiamo importare la vostra industria e la vostra tecnologia. E non ci teniamo proprio a vederci crollare: né per ragioni politiche visto che conduciamo una battaglia contro il comunismo, né per ragioni economiche. Le dirò di più: non credo che ci tengano nemmeno gli altri paesi dell'OPEC, sia che siano filo-occidentali come il Kuwait e l'Abu Dhabi e l'Iran, sia che siano filo-orientali come l'Iraq, sia che siano neutrali come l'Algeria. Lo sanno tutti che una recessione, ovunque avvenga, è un fuoco che presto si allarga e ci raggiunge. Ma v'è un guaio: non tutti credono che aumentare nuovamente il prezzo del petrolio conduca al disastro.

Lei lo crede, invece.

Io penso che se non congeliamo il prezzo, se non rimettiamo in ciclo il nostro denaro, se non aumentiamo i prezzi in modo graduale e prevedibile, disastro ci sarà. Io non sono affatto d'accordo coi membri dell'OPEC i quali dicono che non ci sarà, che v'è un largo spazio per un largo aumento, che tale aumento gioverà a noi come a voi perché vi indurrà a sprecare meno petrolio e a scoprire nuove fonti di energia. Eh, sì. Non tutti i membri dell'OPEC sono ragionevoli, non tutti si preoccupano che l'economia mondiale non abbia un collasso.

L'economia mondiale o l'economia europea e asiatica? Quell'aumento ferì i paesi europei, l'India, il Giappone: non esattamente gli Stati Uniti.

Non v'è dubbio. In paragone con l'economia europea e giapponese, l'economia americana trasse un beneficio da quell'aumento. Lo trasse per due ragioni. La prima è che gli Stati Uniti importano molto meno petrolio degli europei e dei giapponesi, inoltre possono sostenere meglio di loro un aumento di prezzo. La seconda è che le grandi compagnie petrolifere sono tutte americane e, come ho già detto, guadagnano sull'aumento. L'anno scorso, per la prima volta in moltissimi anni, la bilancia dei pagamenti americana non registrò un deficit. E il valore del dollaro salì. Però subito dopo accadde qualcosa. Accadde che imponemmo forti tasse alle compagnie petrolifere e ci riprendemmo in buona parte i loro guadagni. Potemmo addirittura ridurre il prezzo del petrolio di quaranta centesimi di dollaro al barile. E il valore del dollaro diminuì. Detto questo le assicuro che nessuno nell'OPEC pensò o pensa di alzare il prezzo per far piacere all'America.

Dopo l'aumento c'è stato un declino nell'acquisto del petrolio, vero?

Sì, del 13 per cento circa. Ed è una buona cosa per noi quando succede, in quanto accumuliamo meno denaro.

Giusto. Ma se un giorno trovassimo il modo di fare a meno di voi?

Come?

L'Unione Sovietica non ha bisogno del vostro petrolio e alcuni paesi comunisti lo esportano. La Cina non ha bisogno del vostro petrolio e il Giappone ha già incominciato a comprarne dalla Cina.

In Cina v'è petrolio, sì, e non solo per il consumo locale: anche per esportarne. Infatti ne esporta e ne esporterà sempre di più. È un caso promettente, la Cina, e bisogna augurarle buona fortuna perché ovunque si trovi petrolio è un bene per l'umanità. Però non mi farei eccessive illusioni: anche in futuro la Cina può esportare solo una piccola parte del fabbisogno mondiale. L'Unione Sovietica è autosufficiente, è vero. Ma fino a quando? È molto possibile che in un futuro prossimo l'Unione Sovietica abbia bisogno del petrolio arabo: non ne ha più quanto prima e alcuni dei suoi paesi satelliti hanno interrotto buona parte delle loro esportazioni. Altri come la Romania e la Cecoslovacchia comprano il petrolio dal Medio Oriente. La Iugoslavia pure. Ottima cosa, sia detto per inciso, giacché riduce i rischi di una guerra mondiale. Dunque, in quali altri modi potete fare a meno di noi?

Molto petrolio deve essere ancora scoperto, e non tutti i giacimenti che saranno scoperti si trovano nei paesi arabi o dell'OPEC.

D'accordo. V'è petrolio da estrarre in Alaska e al Polo Nord, lungo le coste occidentali degli Stati Uniti e lungo le coste del Vietnam, lungo le coste della Cina e, in minore quantità, dentro l'Unione Sovietica. Infine ve n'è nel mare Egeo, o almeno vi sono forti probabilità che ci sia: diciamo il sufficiente a giustificare un po' di guerra tra la Grecia e la Turchia. Però depositi considerevoli esistono più in Alaska che altrove, senza contare i paesi arabi come l'Iraq. E la stragrande maggioranza di quei depositi si trova sotto il mare, a duecento o duemila metri di profondità. E la tecnologia per estrarre petrolio a grandi profondità sotto il mare è molto costosa. E praticamente da scoprire. Comunque il paese dove esiste molto petrolio da scoprire, e non sotto il mare ma nell'entroterra, sa qual è?

Non me lo dica.

È l'Arabia Saudita. Almeno un sesto delle riserve mondiali da scoprire lo possediamo noi. E così il rapporto di forza resta inalterato. Glielo dimostro coi numeri. Nel 1974 le riserve mondiali già scoperte ammontavano a 740 miliardi di barili. Di questi, 64 miliardi nei paesi comunisti e gli altri nei paesi che io definisco appartenenti al mondo libero. Di questi miliardi il Medio Oriente ha il 67 per cento, la sola Arabia Saudita il 27 per cento. I giacimenti da scoprire ammontano a 963 miliardi di barili. Di questi, 350 miliardi di barili nei paesi comunisti e 613 miliardi di barili in Occidente e in Medio Oriente. Ebbene, almeno cento miliardi di barili da estrarre si trovano nell'Arabia Saudita. Come potrete fare a meno di noi?

Scoprendo altre fonti di energia.

Magari. E presto le spiegherò quel «magari». Per ora le dico che nel 1973 il petrolio ha provveduto al 48 per cento del fabbisogno mondiale di energia, il petrolio e il metano insieme al 67 per cento. Fare a meno del petrolio è tutt'altro che facile. E a cosa si allude dicendo «altre fonti di energia»? Incominciamo col greggio sintetico che attualmente viene a costare sette dollari al barile, anziché i 10 dollari e 46 del greggio autentico. Risolvere il problema col greggio sintetico è antieconomico perché, mentre il costo del petrolio diminuisce con la maggiore produzione, il costo del greggio sintetico aumenta con la maggiore produzione. In grosse quantità viene a costare il doppio e il triplo del greggio autentico. E ora passiamo alle risorse nucleari. Alcuni sostengono che nel 1985 gli impianti nucleari forniranno, al giorno, l'equivalente dell'energia attualmente data da quattordici milioni di barili di petrolio. È un'affermazione davvero ottimista. Infatti, perché ciò avvenga, ci vogliono gli impianti nucleari. E tali impianti non esistono ancora. Non solo: per costruire un impianto nucleare ci vogliono almeno dieci anni. Sicché, per funzionare a quel modo nel 1985, essi dovrebbero esser pronti da ora. Per funzionare nell'anno Duemila si dovrebbe incominciare a costruirli ora. Ah! Il giorno in cui potrete fare a meno di noi è malauguratamente lontano.

Malauguratamente per noi o per voi?

Per tutti e due, temo. E ciò spiega quel mio «magari!». Delle risorse alternative infatti ne abbiamo bisogno tutti e due perché il petrolio è destinato a finire. Anche considerando tutti i giacimenti scoperti e da scoprire, il petrolio sulla terra non durerà a lungo. Specialmente se continuiamo a usarlo anzi sprecarlo a questo ritmo. Il problema dunque non è che andiate a comprarlo in Cina o in Alaska o altrove, e non è estrarlo in posti nuovi: è che presto non basterà più. Ricorro di nuovo ai numeri. Escludendo i paesi comunisti che hanno le riserve minori e in sostanza sufficienti solo al loro consumo, nel resto del mondo il petrolio da estrarre è complessivamente di 1249 miliardi di barili. Se si continua a usarlo al ritmo attuale, il petrolio può bastare trentasette anni. Se quel consumo aumenta, come si prevede, del 3,5 per cento all'anno fino al 1985 e poi del 2 per cento all'anno, può durare al massimo trent'anni. Ciò significa che, se non ci sbrighiamo a scoprire risorse alternative, nell'anno Duemila la terra avrà petrolio per soli sei anni. Al massimo, per dodici.

Ma il giorno in cui avremo risolto il problema con le risorse alternative non avremo più bisogno di voi.

Quel giorno saremo così ricchi che avrete bisogno di noi per altre cose. Perché quel giorno avremo costruito il nostro paese su base industriale e tecnologica, e il petrolio che resterà lo useremo solo per noi stessi. E useremo anche noi l'energia atomica, l'energia solare. Ce ne stiamo già occupando.

Ma quali sono i paesi che estingueranno prima i loro giacimenti?

L'Algeria, la Libia, l'Iran. L'Iran sta pompando troppo sebbene sia il secondo paese produttore del mondo. Nel Medio Oriente, e a parte l'Arabia Saudita, i paesi che pomperanno petrolio più a lungo sono l'Abu Dhabi e il Kuwait e l'Iraq. L'Abu Dhabi perché, come noi, ha molte riserve scoperte e da scoprire. Il Kuwait perché, pur non potendo contare su nuove riserve, ha rallentato il ritmo dell'estrazione. L'Iraq perché, pur producendo poco, ha immense potenzialità. Ma il discorso che conta è un altro, cioè quello cui alludevo in principio: le vostre minacce di comprarci meno petrolio non ci spaventano e anzi ci rallegrano. Non solo perché, se comprate meno, le riserve di petrolio durano di più ma perché, se comprate meno, accumuliamo meno denaro.

Ne avete già troppo, di denaro, vero?

Sì. Ed è contro il nostro interesse accumularne tali quantità. Non possiamo continuare ad ammucchiare soldi su soldi se non li spendiamo, se non li rimettiamo in circolazione. E dove li spendiamo se non in Occidente? Chi deve aiutarci a smaltirli velocemente se non l'Occidente? Vendendoci macchine, cibo, facendoci industrializzare il paese. Noi ad esempio abbiamo un piano per spendere 140 miliardi di dollari in cinque anni. Se non materializziamo quel piano, siamo nei guai. E voi con noi.

Ecco il punto. Volevate il denaro e l'avete avuto: rovinandoci. Ma dove finiscono quelle migliaia di miliardi? Dove? Io vedo molti orologi d'oro nelle vostre vetrine, e accendini d'oro, anelli d'oro; vedo grosse automobili per le vostre strade. Ma non vedo case, non vedo vere città.

Non si può pretendere di cambiare una persona povera e ignorante in una notte, un paese povero e ignorante in una notte. Questa ricchezza dura da meno di due anni, e fino a quando il denaro liquido non sarà trasformato in case, autostrade, ospedali, scuole, insomma nelle infrastrutture di un paese civile, parlare di ricchezza non ha senso. In Arabia Saudita abbiamo già incominciato: il nostro denaro finisce alla Banca centrale e se studia il nostro bilancio si accorge che gran parte di esso viene usato in modo tutt'altro che frivolo. Costruiamo una scuola al giorno, e autostrade a una velocità fantastica. I ricchi qui non comprano orologi d'oro. È anche contro la tradizione portare orologi d'oro. Quanto alle grosse automobili, sono spesso di seconda mano: Cadillac comprate all'estero per il prezzo di una Toyota e poi portate qui perché qui non si paga dogana, non si pagano tasse, e la benzina non costa nulla. Naturalmente qui i soldi si fanno alla svelta. Speculando sugli immobili, soprattutto. Comprando immobili si può raddoppiare l'investimento in pochissimo tempo: diciamo in meno di un anno.

E i ricchi diventano più ricchi, i poveri più poveri.

No! I ricchi diventano più ricchi, lo ammetto, ma i poveri non diventano più poveri. Diventano più ricchi. Il capitalismo come lo intendete voi, e cioè in senso monopolistico, un uomo o un gruppo di uomini che vivono alle spalle del pubblico interesse, qui non esiste per ora. Siamo a una svolta in cui potrebbe attuarsi, ne convengo. Però cerchiamo di evitarlo col fatto che quasi tutte le attività economiche, qui, sono nelle mani del governo. Non c'è mai una persona o un gruppo che le monopolizza: gli azionisti posseggono le compagnie solo al 49 per cento. Il 51 per cento appartiene allo Stato che compra pei cittadini e, attraverso i guadagni, si riprende poi il denaro prestato. Chi vuole costruirsi una casa, ad esempio, si fa prestare dal governo il 70 per cento: senza interessi. Poi restituisce al governo solo il 50 per cento. Naturalmente da tali privilegi sono esclusi gli yemeniti, cittadini di un altro paese. Gli yemeniti che vengono a lavorare in Arabia Saudita usufruiscono degli ospedali gratis, delle medicine gratis, delle scuole gratis: ma non partecipano alla ricchezza dei sauditi. Che poi, insisto, è una ricchezza a parole perché è una ricchezza in denaro liquido e basta.

Suvvia, Yamani!

A costo di irritarla, io sostengo che siamo ancora un paese povero. Oltre all'industria e all'agricoltura e alle infrastrutture di un paese civile ci manca infatti il materiale umano. Cioè educato e specializzato. Lo studio è gratuito, in Arabia Saudita, compreso quello all'università. E noi facciamo studiare i giovani, li mandiamo all'estero, ma ci vogliono anni per ottenere un laureato o un tecnico. Nel frattempo bisogna importare ingegneri, tecnici, gente specializzata che non sappiamo dove sistemare perché mancano gli alberghi. Per costruire gli alberghi ci vogliono gli appaltatori ad esempio: ma gli appaltatori vanno sistemati negli alberghi. In tale circolo vizioso ci consumiamo. Tra l'altro ci manca il cemento. Ora che s'è riaperto il canale di Suez contiamo di comprarlo in Europa, ma finora dovevamo importarlo dalla Corea, dal Giappone, e dagli Stati Uniti circumnavigando l'Africa. E ci mancano i porti perché ci manca il cemento e perché ci mancano le altre cose che, in un circolo vizioso, dovrebbero giungerci attraverso i porti. Infine ci manca l'acqua. E siamo... Come dire?

Come re Mida che muore di sete.

Più o meno. Oltre mille anni fa avevamo fiumi e laghi. Ma poi evaporarono e oggi non esiste un solo fiume, un solo lago. Esiste solo qualche torrentello sulle montagne. Dai tempi di Maometto, il paese è completamente secco. Dipendiamo dalle piogge e basta. Da cento anni cade pochissima pioggia e da venticinque anni quasi nulla. Quando piove un poco, alla fine dell'estate o in inverno, la popolazione accorre portandosi dietro il gregge. E pianta le tende e beve quell'acqua, col gregge. Ma presto tutto torna secco, e bisogna aspettare che piova altrove. Le nuvole sono attratte dalla vegetazione, la vegetazione non c'è, e per svilupparsi ha bisogno di pioggia. Altro circolo vizioso. Bisognerebbe irrigare, procurarci un po' di umidità. Re Feisal sognava un progetto: costruire un canale tra il Mar Rosso e il Golfo, trasformare il nord dell'Arabia Saudita in una specie di isola. Immettendo l'acqua del mare dentro il paese, con quel canale, avremmo avuto più umidità e quindi più pioggia. Inoltre avremmo avuto un mezzo di comunicazione e avremmo potuto desalinizzare l'acqua del mare all'interno del paese, non solo sulle coste. Mi fece studiare il progetto. Scoprii che costava moltissimo ma era tecnicamente attuabile. Poi re Feisal morì.

E sottoterra l'acqua non c'è?

Sì, la stiamo trovando. Sebbene sia, generalmente, profonda. Qui, trivellando, è più facile trovare petrolio che acqua. Comunque quegli strati di acqua vogliamo conservarli per quando saremo meno ricchi: ora che ce lo possiamo permettere, preferiamo procurarci l'acqua desalinizzando l'acqua del mare o costruendo dighe e serbatoi per raccogliere la pioggia. Per i bisogni immediati, poi, io ho un progetto ancora più semplice: comprare acqua dolce dai paesi dove esportiamo petrolio. Scaricato il petrolio, le navi cisterna non possono navigare vuote. E attualmente, nel viaggio di ritorno, esse vengono riempite con acqua di mare. Il risultato è disastroso perché si tratta di acqua sporca e, quando all'arrivo esse vengono scaricate di nuovo, l'acqua del mare si inquina. Non si può più pescare. Se i paesi consumatori di petrolio ci vendessero acqua dolce e pulita, potremmo riempirne le navi cisterna pei viaggi di ritorno. Ad esempio usando immensi e solidi sacchi di plastica. Poi rovesceremmo quell'acqua in bacini di riserva, laghi artificiali, e la useremmo per l'agricoltura e l'industria. A poco a poco ci trasformeremmo in un paese industriale e agricolo. In venticinque anni dovremmo farcela. E io non vedo perché dovreste rifiutarvi di venderci acqua. Voi avete bisogno del nostro petrolio, noi abbiamo bisogno della vostra acqua. Mettiamoci d'accordo.

Senta, Yamani: questa storia dell'acqua è molto commovente. È anche interessante perché in Italia abbiamo tanta acqua da darle in cambio di petrolio. Ma tutto ciò non basta a rispondere a ciò che le avevo chiesto: dove finiscono le migliaia di miliardi di dollari che i paesi dell'OPEC intascano sulla nostra pelle, cioè sulla nostra inflazione?

Prego?

Non tutti gli arabi sono saggi come i sauditi e sappiamo bene che in Libia quel denaro viene usato ad esempio per finanziare i terroristi e i fascisti per i massacri come a Fiumicino. Sappiamo bene che gli emiri se ne servono per comprarsi water-closet d'oro o alberghi a Londra. Sappiamo bene che lo scià se ne serve per comprare l'Occidente o tentarci: dalla Pan American alla Fiat, dalla ITT alla Krupp.

Se lo scià compra parte della Krupp, ciò va a vantaggio della Krupp e della Germania e dell'Iran. Se lo scià compra la Pan American, ciò va a vantaggio della Pan American e dell'America e dell'Iran. E nella storia degli emiri che comprano inutilità v'è molta fantasia, nutrita dal vostro risentimento. Vi sentite invasi da noi, lo so, ma è un fenomeno passeggero. Presto vi renderete conto che non vogliamo affatto invadervi: stiamo semplicemente morendo dalla voglia di collaborare con voi. E non comprendiamo le ragioni per cui non volete mettervi in testa che avete bisogno del nostro denaro e che noi vogliamo investire il nostro denaro da voi. Io non credo che il denaro debba essere investito in palazzi. Ma supponiamo che voglia comprarmi un palazzo in Inghilterra: che male c'è? Capisco che possa dare fastidio a qualcuno, specialmente ai gruppi politici che non vogliono buoni rapporti tra arabi e Occidente. Ma che male c'è?

Mettiamola così: e se invece di un palazzo lei volesse comprarsi una bomba atomica come Gheddafi?

Questa è un'altra storia fantascientifica che non riesco a credere. Chi si prenderebbe la responsabilità di vendere la bomba atomica a qualcuno solo perché è in grado di pagarsela? Gli Stati Uniti, l'Unione Sovietica, la Cina, la Francia? Io escludo che la Libia riesca a comprarsi l'atomica. Al massimo potrebbe costruirsela, ma anche questo non è possibile senza la tecnologia occidentale e senza rompere il trattato che regola il controllo dell'uranio. Di nuovo, chi se la prende la responsabilità? Senza contare che subito dopo l'Egitto farebbe altrettanto, che l'intera strategia muterebbe...

Forse è per questo che a Gheddafi restano tanti soldi per finanziare i fascisti e i palestinesi che compiono massacri a Fiumicino.

Io non ne so nulla. Io odio la violenza. Queste cose le leggo sui giornali.

Capisco. Ma giacché odia la violenza, non ha mai cercato di calmarlo un pochino?

Ci incontriamo sempre coi libici. Anche poche settimane fa, a Gedda c'era il primo ministro libico. Gli abbiamo esposto il nostro parere e abbiamo avuto una lunga discussione con lui. Anche Gheddafi viene ogni tanto a trovarci e... La maggior parte degli arabi non sono d'accordo con la sua politica. È completamente diversa dalla politica di Assad, di Sadat, dell'Arabia Saudita, di tanti paesi. Ma non pensarla come qualcuno non significa condannare qualcuno. Forse egli crede di servire la causa araba, col suo modo di agire. A mio giudizio è tutto il contrario.

Capisco. E visto che parliamo di finanziamenti, mi dica: quanto del vostro denaro va ai palestinesi?

Esattamente quanto non so. Ma noi dell'Arabia Saudita sovvenzioniamo Al Fatah. Da molto tempo. Dal 1967, mi pare. Anzi da prima che scoppiasse la guerra dei Sei giorni.

Lei e Arafat siete vecchi amici, vero? Dal tempo in cui studiavate insieme all'università del Cairo. Suppongo che il suo giudizio su lui sia entusiasta.

Io penso che senza Arafat il problema palestinese non possa esser risolto: chi s'oppone a Arafat non aiuta certo la causa dei palestinesi. Arafat è un uomo di cui si sentirà parlare a lungo, anche dopo che il problema palestinese sarà risolto. E non perché egli diventerà un giorno presidente o primo ministro o comandante in capo, ma perché v'è in lui la stoffa del leader. È un uomo responsabile, è un moderato...

Con me, quando lo intervistai, fu tutt'altro che moderato. Gridava che Israele deve essere spazzata via, cancellata dalla carta geografica.

Se non ci fosse stata la guerra d'ottobre, nel 1973, la cosiddetta pace de facto oggi verrebbe imposta da Israele. Se non avessimo usato il petrolio come arma politica, oggi nessuno ci ascolterebbe. Se Arafat non parlasse così, i palestinesi non avrebbero mai una casa. A volte la gente deve parlar in certo modo, deve dire certe cose.

Il fatto è che lui non le dice e basta, le fa. Di recente ha assunto la paternità della strage che è avvenuta a Gerusalemme. Sono morti anche alcuni arabi quando è esploso quel frigorifero.

Mentre condannano certe azioni dei palestinesi fuori Israele, ad esempio quelle avvenute all'aeroporto di Roma e alle ambasciate saudite di Kartum o Parigi, Al Fatah e la maggior parte degli arabi pensano che agire in Israele non sia terrorismo. Perché lì v'è uno stato di guerra. Israele deve mettersi in testa che esiste una nazione la quale vive da venticinque anni sotto le tende. Quando ciò non avverrà più, non vi sarà più terrorismo a Gerusalemme o a Tel Aviv.

Così lei assolve gli atti di terrorismo.

Ho detto che quello è l'atteggiamento di Al Fatah e di molti arabi.

Ma il suo qual è?

È difficile esprimere giudizi quando si sta comodamente seduti in una casa.

Non ha mai pensato che su questa faccenda, forse, potrebbero avere ragione entrambi? Ne ha mai parlato con un israeliano?

Non ho mai conosciuto un israeliano in vita mia. Una volta quando ero studente a Harvard andai in biblioteca e vidi Abba Eban, a quel tempo ambasciatore a Washington. Lo vidi da lontano. E fu l'unica volta che vidi un israeliano.

Capisco. Ma lei riconosce o no a Israele il diritto di esistere in quella parte del mondo?

Come sauditi noi diciamo che non abbiamo nulla a che fare con tale decisione, perché non ne siamo coinvolti. Non abbiamo confini con Israele. E non ci opporremo a quel che decideranno i paesi intorno a Israele.

Quindi se Arafat e quei paesi decidono di spazzar via Israele, lei accetta.

Non credo che quello sia il prezzo. Se Israele accetta i diritti dei palestinesi, penso che anche i palestinesi accetteranno i diritti di Israele. Paesi arabi hanno già riconosciuto il diritto di Israele a esistere dicendosi pronti a firmare un trattato di pace. Quello di gettare Israele in mare non è più l'atteggiamento di chi ha a cuore la pace. L'importante è che Israele accetti di vivere entro certi confini e in pace con gli altri cessando la sua politica di espansionismo. Non ho dubbi sull'espansionismo di Israele. Del resto esso è dimostrato da ciò che accadde nel 1948, nel 1956, nel 1967, quando occuparono il Sinai e la West Bank e dissero «questo è Israele». Quando la Palestina sarà riconosciuta...

... Arafat riconoscerà Israele?

Forse lo farà. È ciò che mi aspetto da lui.

E quale atteggiamento tenete, voi sauditi, riguardo la proposta siriana di cacciare Israele dall'ONU?

Se Israele restituirà i territori occupati, il problema non si porrà nemmeno. Cacciare Israele dall'ONU non rientra nei nostri obiettivi. Se invece non li restituirà, useremo tutte le armi: dall'ONU al petrolio. Glielo dico e ripeto: quando si è in guerra, tutti i mezzi sono leciti. A noi sauditi non piace usare il petrolio come arma e, se mi chiede come la penso personalmente su questo, le rispondo: odio, davvero odio, usare il petrolio come arma. È un eccesso e io non mi spingo mai a eccessi se posso ricorrere ad altre soluzioni. Ma il nostro scopo è riavere i territori occupati, la pace in Medio Oriente, uno Stato pei palestinesi. E se Israele accetta, non ricorreremo a eccessi. Se non accetta, ricorreremo a tutto: la sua espulsione dall'ONU, l'embargo del nostro petrolio, l'uso del nostro potere monetario.

In parole diverse, solo quando il problema palestinese sarà sistemato anche il problema del petrolio sarà sistemato.

Esattamente. Glielo assicuro.

Sennò ci sarà un altro embargo e insieme la rovina economica. Questo sì che si chiama ricatto.

No, perché non ha nulla a che fare col prezzo del petrolio. L'embargo è un'arma politica diretta esclusivamente contro i paesi che aiutano o sostengono Israele nel conflitto mediorientale. Come facemmo nel 1974. Con gli altri paesi ci comportammo in due modi diversi: o gli demmo meno petrolio in modo da attrarre la loro attenzione su un problema di cui non sembravano pienamente consapevoli, oppure continuammo a dargliene come prima. La Francia ne ebbe come prima. A noi bastò sentirci dire che Israele doveva restituire i territori occupati e che i diritti dei palestinesi dovevano essere riconosciuti, perché riprendessimo i rifornimenti. Mantenemmo l'embargo solo con chi non volle dire ciò che chiedevamo. E fu un successo. Sorpreso dalla crisi energetica, l'uomo della strada chiedeva perché. E la risposta era: «Per via del problema arabo-israeliano».

Khomeini

Il suo ritratto è ovunque, come una volta il ritratto dello scià. Ti insegue nelle strade, nei negozi, negli alberghi, negli uffici, nei cortei, alla televisione, al bazaar: da qualsiasi parte tu cerchi riparo non sfuggi all'incubo di quel volto severo ed iroso, quei terribili occhi che vegliano ghiacci sull'osservanza di leggi copiate o ispirate da un libro di millequattrocento anni fa. E l'effetto è indiscutibile, ovvio. Niente bevande alcoliche, per incominciare. Che tu sia straniero o iraniano, non esiste un ristorante che ceda alla richiesta di un bicchiere di birra o di vino; la risposta è che a infrangere il comandamento si buscano trenta frustate e del resto ogni bottiglia di alcool venne distrutta appena lui lo ordinò. Whisky, vodka e champagne per milioni di dollari. Niente musica che ecciti o intenerisca, per continuare. Alle undici di sera la città tace, deserta, e non rimane aperto neanche un caffè; ballare è proibito, visto che per ballare bisogna più o meno abbracciarsi. È proibito anche nuotare, visto che per nuotare bisogna più o meno spogliarsi. E così le piscine son vuote, sono vuote le spiagge dove le coppie devono star separate e le donne possono bagnarsi soltanto vestite dalla testa ai piedi. Se sei donna infatti è peccato mostrare il collo e i capelli perché (chi lo avrebbe mai detto?) il collo e i capelli sono gli attributi femminili da cui un uomo si sente maggiormente adescato. Per coprire quelle vergogne è doveroso portare un foulard a mo' di soggolo monacale, però meglio il chador cioè il funereo lenzuolo che nasconde l'intero corpo. Lo adoperano tutte, e sembrano sciami di pipistrelli umiliati. [...]

    Le libertà sessuali, inutile dirlo, sono crimini da punire col plotone di esecuzione: non passa giorno senza che la stampa dia la notizia di qualche adultera fucilata. (Gli adulteri se la cavano invece con due o trecento frustate che gli riducono la schiena a una mostruosa polpetta.) Si fucilano anche gli omosessuali, le prostitute, i lenoni. [...] Però un uomo può avere quattro mogli; la legge è ancora valida, come egli ci spiega. E può avere un numero indefinito di concubine provvisorie purché firmi un contratto a scadenza. Inoltre può fumare l'oppio che ha il timbro governativo. Il suo nome è sulla bocca di tutti, ossessivamente, sia che venga pronunciato con amore sia che venga sibilato con odio: è ormai ciò che in Vietnam era il nome di Ho Chi Minh, in Cina il nome di Mao Tse-tung, e nei comizi scatena un tale fanatismo che ieri il primo ministro Bazargan ha perso le staffe. «Se dico Maometto applaudite una volta, se dico Khomeini applaudite tre volte. Al posto del profeta io me ne offenderei.» Non dimentichiamo che a decine di migliaia son morti per ubbidirgli, viene il vomito a guardare il cimitero in cui li hanno sepolti, magari in fosse comuni, e in sostanza non è cambiato nulla dai giorni in cui con quel nome sulle labbra si gettavano inermi contro i carri armati per esser falciati dalle mitragliatrici. Se lui lo esigesse, rifarebbero altrettanto. Il 18 agosto, quando si autoproclamò Capo Supremo delle Forze Armate e invitò il paese a punire i curdi ribelli (questi poveri curdi traditi da tutti, massacrati da tutti), una valanga di militari a riposo raggiunse con mezzi improvvisati i centri di Kermanshah, Sanandaj, Mahabad: per combattere. «Indietro» urlavano gli ufficiali dell'esercito regolare. «Indietro, imbecilli, chi vi ha mandato, tornate a casa, provocate disordine!» E loro fermi, a ripetere che avevan risposto a un ordine di Khomeini, non c'è generale che possa annullare un ordine di Khomeini. [...] Chi lo contesta o lo critica o lo maledice viene considerato un nemico della Rivoluzione, un traditore dell'Islam, una spia degli americani, un provocatore sionista, un agente della Savak, ed ha solo due scelte: arrendersi o fuggire all'estero. [...]

Eppure è troppo presto per dire che si tratta di una rivoluzione fallita, esplosa per sostituire un despota con un altro despota. Ed è addirittura azzardato concludere che non si tratta di una rivoluzione bensì di una involuzione, quindi tante creature son crepate per nulla, al-tempo-dello-scià-era-meglio. I grandi capovolgimenti conducono sempre ad eccessi, estremismi fanatici, interregni caotici: la Francia non ci dette forse il Terrore? E una rivoluzione è avvenuta: religiosa, non libertaria. Per questo non la riconosciamo, e ce ne inorridiamo. Per questo ne siamo delusi. Bisogna tentar di capire. Bisogna ascoltare chi risponde con le lacrime in gola che sì, al tempo dello scià si poteva bere il vino e la birra e la vodka e lo whisky, però si torturavano gli arrestati con sevizie da Medioevo; si poteva ballare e nuotare in costume da bagno e lavarsi i capelli dal parrucchiere, però dagli elicotteri si gettavano i prigionieri politici nel lago Salato; non si fucilavano gli omosessuali, le prostitute, le adultere, però si massacrava la gente nelle piazze e si viveva solo per vendere il petrolio agli europei. [...]

ORIANA FALLACI. *Quando lei parla del popolo, Imam, si riferisce a un popolo legato esclusivamente al movimento islamico. Ma secondo lei questa gente che si è fatta ammazzare a migliaia, decine di migliaia, è morta per la libertà o per l'Islam?*

RUHOLLAH KHOMEINI. Per l'Islam. Il popolo si è battuto per l'Islam. E l'Islam significa tutto: anche ciò che nel suo mondo viene definito libertà, democrazia. Sì, l'Islam contiene tutto. L'Islam ingloba tutto. L'Islam è tutto.

A questo punto, Imam, devo chiederle che cosa intende per libertà.

La libertà... Non è facile definire questo concetto. Diciamo che la libertà è quando si può scegliere le proprie idee e pensarle quanto si vuole, senza essere costretti a pensarne altre, e alloggiare dove si vuole, ed esercitare il mestiere che si vuole.

Capisco... Pensare, dunque, non esprimere e materializzare quello che si pensa. E per democrazia cosa intende, Imam? Pongo questa domanda con particolare curiosità perché nel referendum repubblica o monarchia lei ha proibito l'espressione Repubblica Democratica Islamica. Ha cancellato la parola «democratica» e ha detto: «Non una parola di più, non una parola di meno». Risultato, le masse che credono in lei pronunciano lo parola democrazia come se fosse una parolaccia. Cos'è che non va in questo vocabolo che a noi occidentali sembra tanto bello?

Per incominciare, la parola Islam non ha bisogno di aggettivi come l'aggettivo democratico. Proprio perché l'Islam è tutto, vuol dire tutto. Per noi è triste mettere un'altra parola accanto alla parola Islam che è perfetta. Se vogliamo l'Islam, che bisogno c'è di specificare che vogliamo la democrazia? Sarebbe come dire che vogliamo l'Islam e che bisogna credere in Dio. Poi questa democrazia a lei tanto cara e secondo lei tanto preziosa non ha un significato preciso. La democrazia di Aristotele è una cosa, quella dei sovietici è un'altra, quella dei capitalisti un'altra ancora. Non possiamo quindi permetterci di infilare nella nostra costituzione un concetto così equivoco. Infine ecco quello che intendo per democrazia: le do un esempio storico. Quando Alì divenne successore del Profeta e capo dello Stato Islamico, e il suo regno andava dall'Arabia Saudita all'Egitto, e comprendeva gran parte dell'Asia e anche dell'Europa, e questa confederazione aveva tutto il potere, gli accadde di avere una divergenza con un ebreo. E l'ebreo lo fece chiamare dal giudice. E Alì accettò la chiamata del giudice. E andò. E vedendolo entrare il giudice si alzò in piedi, ma Alì gli disse adirato: «Perché ti alzi quando entro io e non quando entra l'ebreo? Davanti al giudice i due contendenti devono esser trattati nell'identico modo!». Poi si sottomise alla sentenza che gli fu contraria. Chiedo a lei che ha viaggiato e conosce ogni tipo di governo e la storia: può fornirmi un esempio di democrazia migliore?

Imam, democrazia significa molto di più. E questo lo dicono anche i persiani che come noi stranieri non capiscono dove vada a parare la sua Repubblica Islamica.

Se voi stranieri non capite, peggio per voi. Tanto la faccenda non vi riguarda: non avete nulla a che fare con le nostre scelte. Se non lo capiscono certi iraniani, peggio per loro. Significa che non hanno capito l'Islam.

Però hanno capito il dispotismo che oggi viene esercitato dal clero, Imam. Nella stesura della nuova Costituzione l'Assemblea degli Esperti ha passato un articolo, il Quinto Principio, secondo cui il capo del paese dovrà essere la suprema autorità religiosa, cioè lei, e le decisioni definitive dovranno essere prese soltanto da coloro che conoscono bene il Corano, cioè dal clero. Ciò non significa che, per Costituzione, la politica continuerà ad essere fatta dai preti e basta?

Questa legge che il popolo ratificherà non è affatto in contraddizione con la democrazia. Poiché il popolo ama il clero, ha fiducia nel clero, vuol essere guidato dal clero, è giusto che la massima autorità religiosa sovrintenda l'operato del primo ministro o del presidente della Repubblica per impedire che sbaglino e che vadano contro la legge cioè contro il Corano. O la massima autorità religiosa o un gruppo rappresentativo del clero. Ad esempio cinque Saggi dell'Islam, capaci di amministrare la giustizia secondo l'Islam.

Allora occupiamoci della giustizia amministrata dal clero. Parliamo delle cinquecento fucilazioni che dopo la vittoria sono state eseguite in Iran. Lei approva il modo sommario in cui vengono celebrati questi processi senza avvocato e senza appello?

Evidentemente voi occidentali ignorate chi erano coloro che sono stati fucilati, o fingete di ignorarlo. Si trattava di persone che avevano partecipato ai massacri nelle strade e nelle piazze, oppure di persone che avevano ordinato massacri, oppure di persone che avevano bruciato case, torturato, segato gambe e braccia durante gli interrogatori. Sì, gente che segava da vivi i nostri giovani, oppure li friggeva su griglie di ferro. Che cosa avremmo dovuto fare di costoro: perdonarli, lasciarli andare? Il permesso di difendersi, rispondere alle accuse, noi glielo abbiamo dato: potevano replicare quel che volevano. Ma una volta accertata la loro colpevolezza, che bisogno c'era o c'è dell'appello? Scriva il contrario, se vuole, la penna ce l'ha in mano lei. Però il mio popolo non si pone le sue domande. E aggiungo: se noi non fossimo intervenuti con le fucilazioni, la vendetta popolare si sarebbe scatenata senza controllo: qualsiasi funzionario del regime sarebbe stato giustiziato. Allora altro che cinquecento: i morti sarebbero stati migliaia.

D'accordo, però io non alludevo necessariamente ai torturatori e agli assassini della Savak. Mi riferivo ai fucilati che con le colpe del regime non avevano nulla a che fare, alle persone che ancora oggi vengono giustiziate per adulterio o prostituzione od omosessualità. È giustizia, secondo lei, fucilare una povera prostituta o una donna che tradisce il marito o un uomo che ama un altro uomo?

Se un dito va in cancrena, cosa si deve fare? Lasciare che vada in cancrena tutta la mano e poi tutto il corpo oppure tagliare il dito? Le cose che portano corruzione a un popolo intero devono essere sradicate come erbe cattive che infestano un campo di grano. Lo so, vi sono società che permettono alle donne di regalarsi in godimento a uomini che non sono loro mariti, e agli uomini di regalarsi in godimento ad altri uomini: ma la società che noi vogliamo costruire non lo permette. Nell'Islam noi vogliamo condurre una politica che purifichi la società, e perché questo avvenga è necessario punire coloro che portano il male corrompendo la nostra gioventù. Che a voi piaccia o non piaccia, non possiamo sopportare che i cattivi diffondano la loro cattiveria. Del resto, voi non fate lo stesso? Quando un ladro è ladro, non lo mettete in prigione? In molti paesi, non giustiziate forse gli assassini? Non usate quel sistema perché, se restano liberi e vivi, infettano gli altri ed allargano la macchia della malvagità? Sì, i malvagi vanno eliminati, estirpati come erbacce. Solo estirpandoli il paese si purificherà.

Imam, ma come è possibile mettere sullo stesso piano una belva della Savak e un cittadino che esercita la sua libertà sessuale? Prenda il caso del giovanotto che ieri è stato fucilato per sodomia...

Corruzione, corruzione. Bisogna eliminare la corruzione.

Prenda il caso della diciottenne incinta che poche settimane fa è stata fucilata a Beshar per adulterio.

Incinta? Bugie. Bugie come quelle dei seni tagliati alle donne. Nell'Islam non accadono queste cose. Non si fucilano le donne incinte.

Non sono bugie, Imam. Tutti i giornali persiani ne hanno parlato e alla televisione c'è stato anche dibattito perché al suo amante avevano dato solo cento frustate.

Se è così vuol dire che meritava la pena. Io che ne so. La donna avrà fatto qualcos'altro di grave, lo chieda al tribunale che l'ha condannata. E poi basta parlare di queste cose. Mi stanca. Non sono cose importanti.

Allora parliamo dei curdi che vengono fucilati perché vogliono l'autonomia.

Questi curdi che vengono fucilati non sono il popolo curdo. Sono sovversivi che agiscono contro il popolo e la Rivoluzione come quello che è stato fucilato ieri e che aveva ammazzato tredici persone. Io preferirei che nessuno venisse fucilato ma quando catturano un tipo come quello e lo fucilano, ecco: ne provo grande piacere.

E quando vengono arrestati, come i cinque di stamani, perché distribuiscono manifestini comunisti?

Se li hanno arrestati vuol dire che se lo meritavano, che erano comunisti al servizio dello straniero come i falsi comunisti che agiscono per l'America e per lo scià. Basta. Ho detto basta parlare di queste cose.

[...]

La prego, Imam: devo chiederle ancora molte cose. Di questo «chador» ad esempio, che mi hanno messo addosso per venire da lei e che lei impone alle donne, mi dica: perché le costringe a nascondersi come fagotti sotto un indumento scomodo e assurdo con cui non si può lavorare né muoversi? Eppure anche qui le donne hanno dimostrato d'essere uguali agli uomini. Come gli uomini si sono battute, sono state imprigionate, torturate, come gli uomini hanno fatto la Rivoluzione...

Le donne che hanno fatto la Rivoluzione erano e sono donne con la veste islamica, non donne eleganti e truccate come lei che se ne vanno in giro tutte scoperte trascinandosi dietro un codazzo di uomini. Le civette che si truccano ed escono per strada mostrando il collo, i capelli, le forme, non hanno combattuto lo scià. Non hanno mai fatto nulla di buono quelle. Non sanno mai rendersi utili: né socialmente, né politicamente, né professionalmente. E questo perché, scoprendosi, distraggono gli uomini e li turbano. Poi distraggono e turbano anche le altre donne.

Non è vero, Imam. E comunque non mi riferisco soltanto a un indumento ma a ciò che esso rappresenta: cioè la segregazione in cui le donne sono state rigettate dopo la Rivoluzione. Il fatto stesso che non possano studiare all'università con gli uomini, ad esempio, né lavorare con gli uomini, né fare il bagno in mare o in piscina con gli uomini. Devono tuffarsi a parte con il «chador». A proposito, come si fa a nuotare con il «chador»?

Tutto questo non la riguarda. I nostri costumi non vi riguardano. Se la veste islamica non le piace, non è obbligata a portarla. Perché la veste islamica è per le donne giovani e perbene.

Molto gentile. E, visto che mi dice così, mi tolgo subito questo stupido cencio da medioevo. Ecco fatto. Però mi dica: una donna che come me ha sempre vissuto tra gli uomini mostrando il collo e i capelli e gli orecchi, che è stata alla guerra e ha dormito al fronte con i soldati, è secondo lei una donna immorale, una vecchiaccia poco perbene?

Questo lo sa la sua coscienza. Io non giudico i casi personali, non posso sapere se la sua vita è morale o immorale, se si è comportata bene o no coi soldati alla guerra. Però so che nella mia lunga vita ho sempre avuto conferma di quello che ho detto. Se non esistesse questo indumento, le donne non potrebbero lavorare in modo utile e sano. E nemmeno gli uomini. Le nostre leggi, sono valide leggi.

Compresa la legge che consente a un uomo di prendersi quattro mogli, Imam?

La legge delle quattro mogli è una legge molto progressista ed è stata scritta per il bene delle donne in quanto le donne sono più numerose degli uomini: nascono più donne che uomini, le guerre uccidono più uomini che donne. Una donna ha bisogno di un uomo, e cosa dobbiamo fare visto che al mondo vi sono più donne che uomini? Preferisce che le donne in avanzo diventino puttane oppure che sposino un uomo con più mogli? Non mi sembra giusto che le donne sole diventino puttane perché mancano gli uomini. E dico: anche nelle condizioni difficili che l'Islam impone a un uomo con due o tre o quattro mogli, uguale trattamento e uguale affetto e uguale tempo, questa legge è migliore della monogamia.

Ma si tratta di leggi o usanze che risalgono a millequattrocento anni fa, Imam Khomeini! Non le pare che il mondo, nel frattempo, sia andato avanti? In osservanza a quelle leggi, lei ha riesumato perfino il divieto della musica e dell'alcool. Mi spieghi: perché bere un bicchiere di vino o di birra quando si ha sete o si mangia è peccato? E perché ascoltare la musica è peccato? I nostri preti bevono e cantano. Anche il Papa. Ciò significa che il Papa è un peccatore?

Le regole dei vostri preti non mi interessano. L'Islam proibisce le bevande alcoliche e basta. Le proibisce in modo assoluto perché fanno perdere la testa e impediscono di pensare in modo sano. Anche la musica appanna la mente, perché porta in sé godimenti ed estasi uguali alla droga. La vostra musica, intendo. Di solito essa non esalta lo spirito: lo addormenta. E distrae i nostri giovani che ne risultano avvelenati e non si preoccupano più del loro paese.

Anche la musica di Bach, Beethoven, Verdi?

Chi sono questi nomi io non lo so. Se non appannano la mente non saranno vietati. Alcune delle vostre musiche non sono vietate: ad esempio le marce e gli inni per marciare. Noi vogliamo musiche che ci esaltino come le marce, che facciano muovere i giovani anziché paralizzarli, che li inducano a preoccuparsi del loro paese. Sì, le vostre marce sono permesse.

Imam Khomeini, lei si esprime sempre in termini molto duri verso l'Occidente. Da ogni suo giudizio su noi si conclude che lei ci vede come campioni di ogni bruttezza, di ogni perversità. Eppure l'Occidente l'ha accolta in esilio e molti dei suoi collaboratori hanno studiato in Occidente. Non le pare che ci sia anche qualcosa di buono in noi?

Qualcosa c'è, c'è. Ma quando siamo stati morsi dal serpente temiamo anche uno spago che assomigli da lontano a un serpente. E voi ci avete morso troppo. E troppo a lungo. In noi avete sempre visto un mercato e basta, a noi avete sempre esportato le cose cattive e basta. Le cose buone, come il progresso materiale, ve le siete tenute per voi. Sì, abbiamo ricevuto tanto male dall'Occidente, tante sofferenze, e ora abbiamo tutti i motivi per temere l'Occidente, impedire ai nostri giovani di avvicinarsi all'Occidente e farsi ulteriormente influenzare dall'Occidente. No, non mi piace che i nostri giovani vadano a studiare in Occidente dove vengono corrotti dall'alcool, dalla musica che impedisce di pensare, dalla droga, e dalle donne scoperte. Senza contare che i nostri giovani non li trattate come i vostri in Occidente. Perché gli regalate subito un diploma anche se sono ignoranti.

Sì, Imam, però anche l'aereo sul quale è tornato in patria è un prodotto dell'Occidente. Anche il telefono con cui comunica da Qom, anche la televisione con cui si rivolge al paese così spesso, anche questo condizionatore d'aria che le permette di starsene al fresco nella calura del deserto. Se siamo così corrotti e così corruttori, perché usa i nostri strumenti di male?

Perché queste sono le cose buone dell'Occidente. E non ne abbiamo paura e le usiamo. Noi non temiamo la vostra scienza e la vostra tecnologia, temiamo le vostre idee e i vostri costumi. Il che significa che vi temiamo politicamente, socialmente. E vogliamo che il paese sia nostro, vogliamo che non interferiate più nella nostra politica e nella nostra economia e nelle nostre usanze e nelle nostre faccende. E d'ora in avanti andremo contro chiunque ci proverà, a destra e a sinistra, di qua e di là. E ora basta. Via, via.

Un'ultima domanda, Imam. In questi giorni che ho trascorso in Iran io ho visto molto scontento, molto disordine, molto caos. La Rivoluzione non ha portato i buoni frutti che aveva promesso. Il paese naviga in acque oscure e c'è chi vede molto buio per l'Iran. C'è addirittura chi vede maturare, sia pure in un futuro non immediato, i presupposti d'una guerra civile o d'un colpo di Stato. Che cosa mi risponde?

Questo le rispondo: noi siamo un bambino di sei mesi. La nostra rivoluzione ha soltanto sei mesi. Ed è una rivoluzione che è avvenuta in un paese mangiato dalle disgrazie come un campo di grano infestato dalle cavallette: siamo all'inizio della nostra strada. E cosa volete da un bambino di sei mesi che nasce in un campo di grano infestato dalle cavallette, dopo duemilacinquecento anni di cattivo raccolto e cinquanta anni di raccolto velenoso? Quel passato non si può cancellare in pochi mesi, e neanche in pochi anni. Abbiamo bisogno di tempo. Chiediamo tempo. E lo chiediamo soprattutto a coloro che si definiscono comunisti o democratici o diosacché. Sono loro che non ci danno tempo. Sono loro che ci attaccano e mettono in giro chiacchiere su guerre civili e colpi di stato che non accadranno perché il popolo è unito. Sono loro che alimentano il caos. Loro, ripeto, che si definiscono comunisti o democratici o diosacché. E con ciò la saluto.

Addio. Insciallah.

Gheddafi

ORIANA FALLACI. *Colonnello, ho l'impressione che il suo odio per l'America e per gli ebrei sia in realtà odio per l'Occidente. Proprio come nel caso di Khomeini. Si rende conto che di questo passo si torna indietro di mille anni, si ricomincia con Saladino e le Crociate?*

GHEDDAFI. Sì e la colpa è vostra: degli americani, dell'Occidente. Anche allora fu vostra, dell'Occidente. Siete sempre voi che ci massacrate. Ieri come oggi.

Ma chi vi massacra, oggi, dove?

Fu la Libia a invadere l'Italia o fu l'Italia a invadere la Libia? Ci aggredite ora come allora. In altro modo, con altri sistemi e cioè sostenendo Israele, opponendovi all'unità araba e alle nostre rivoluzioni, guardando in cagnesco l'Islam, dandoci dei fanatici. Abbiamo avuto fin troppa pazienza con voi, abbiamo sopportato fin troppo a lungo le vostre provocazioni. Se non fossimo stati saggi, saremmo entrati mille volte in guerra con voi. Non l'abbiamo fatto perché pensiamo che l'uso della forza sia l'ultimo mezzo per sopravvivere e perché noi siamo sempre dalla parte della civiltà. Del resto, nel Medioevo, siamo stati noi a civilizzarvi. Eravate poveri barbari, creature primitive e selvagge...

... E piangevamo invocando la luce della sua civiltà.

Sì, la luce della nostra civiltà. La scienza di cui ora gioite è quella che vi abbiamo insegnato noi, la medicina con cui vi curate è quella che vi abbiamo dato noi. E così l'astronomia che sapete, e la matematica, la letteratura, l'arte...

Davvero?!?

Sì, perfino la vostra religione viene dall'Oriente. Cristo non era romano.

Era ebreo. Questa è una gaffe. Colonnello, che ne pensa delle Brigate rosse?

Penso... Penso che questi fenomeni dell'Occidente siano il risultato della società capitalistica, movimenti che esprimono il rifiuto di una società da abbattere. Questo sia che si chiamino Brigate rosse sia che si chiamino hippies o Beatles o Figli di Dio. E sebbene sia contro i sequestri di persona come contro il dirottamento degli aerei, non voglio interferire con quello che fanno.

Vedo. Ma non risponde all'accusa di aiutare le Brigate rosse.

Si tratta di propaganda sionista, una propaganda che risale al periodo in cui il mondo non ci capiva ed eravamo ancora una repubblica. Ora siamo una Jamahiriya, cioè un congresso del popolo e...

Ma che c'entra la Jamahiriya! Riformulo la domanda: Colonnello, da dove arrivano le armi sovietiche che puntualmente vengono trovate in possesso dei brigatisti e dei loro associati? Non sarà che una parte delle armi da lei fornite ai palestinesi si spostano altrove?

[Cercando le parole] Ciò... Ciò... Ciò che lei dice non mi farà esitare un attimo dall'aiutare i palestinesi.

Colonnello, non cambi le carte in tavola per cortesia. E segua il mio ragionamento: supponiamo che lei, in buona fede, consegni le armi ai palestinesi i quali le forniscono di rimando alle Br...

Non siamo responsabili dell'uso che può essere fatto delle armi che diamo ai palestinesi. Noi le diamo ai palestinesi perché crediamo nella loro causa e riteniamo doveroso aiutarli. Quel che succede dopo non mi riguarda. Se devo essere condannato indirettamente, preferisco le accuse dirette. Ma non ci sono prove.

Forse ci sono indizi. Eccone uno. Pochi giorni prima dell'assassinio di Moro lei offrì il suo intervento per salvargli la vita. Se non ha, non aveva contatti con le Brigate rosse, come poteva dirsi in grado di salvargli la vita?

Dissi alle autorità italiane che se avevano bisogno di una cooperazione da parte nostra, noi eravamo pronti. Se fossimo stati in contatto con le Brigate rosse gli avremmo salvato senz'altro la vita perché Moro era nostro amico, era sostenitore della causa araba.

E va bene, passiamo a un altro argomento. Colonnello, ma come fa ad essere così comprensivo coi terroristi, giudicarli fenomeno di una società da abbattere e poi mantenere ottimi rapporti con gli esponenti più rappresentativi di quella società da abbattere? A parte gli affari che fa con gli americani, pensi a quelli che fa con Gianni Agnelli.

Gianni chi?

Gianni Agnelli. Il presidente della Fiat.

La Fiat? La mia azienda, my company!

Sì, la sua azienda, la sua company. La Fiat. Agnelli.

Non lo conosco.

Non conosce Agnelli, il suo socio?!?

No, non è affar mio conoscerlo. È una faccenda che riguarda i miei funzionari, gli impiegati della mia banca. La Lybian Foreign Bank.

Davvero lei non sa chi è Agnelli, il suo socio?

No, non lo so.

Mai visto la sua fotografia? Mai udito il suo nome?

Mai. Non mi interessa, non mi riguarda. Ho altre cose da fare, io, che conoscere i nomi dei miei soci o della gente che appartiene al mondo delle banche.

Ma, a parte finanziare il terrorismo mondiale, che ne fa di tutti quei soldi che guadagna col petrolio?

Ho già detto...

Sì, ha già detto che l'accusa non è suffragata da prove. Quindi chiedo scusa e mi correggo: che ne fa di tutti quei soldi, a parte i miliardi che impiega alla Fiat e i terreni che compra e i regali a Malta?

Noi non compriamo terreni, facciamo investimenti in certi Paesi attraverso la nostra banca estera. Investimenti commerciali. Quanto a Malta è un paese amico perché è un paese liberato e neutrale e quei soldi non li diamo al governo di Malta: li diamo al popolo di Malta affinché allarghi il campo della libertà e della neutralità. Del resto non siamo mica soltanto noi libici ad aiutare Malta. Tanti altri aiutano Malta.

E va bene, parliamo della rivoluzione. Ma cosa intende per rivoluzione? Come non mi stancherò mai di ricordare, anche Papadopulos parlava di rivoluzione. Anche Pinochet. Anche Mussolini.

La rivoluzione è quando le masse fanno la rivoluzione. La rivoluzione popolare. Ma anche se la rivoluzione la fanno gli altri a nome delle masse esprimendo ciò che vogliono le masse, può essere rivoluzione. Popolare perché ha l'appoggio delle masse e interpreta la volontà delle masse.

Ma quello che avvenne in Libia nel settembre del 1969 non fu mica una rivoluzione: fu un colpo di Stato. Sì o no?

Sì, però dopo divenne rivoluzione. Io ho fatto il colpo di Stato e i lavoratori hanno fatto la rivoluzione: occupando le fabbriche, diventando soci anziché salariati, eliminando l'amministrazione monarchica e formando i comitati popolari, insomma liberandosi da soli. E lo stesso hanno fatto gli studenti, sicché oggi in Libia conta il popolo e basta.

Davvero? Allora perché ovunque posi gli occhi vedo soltanto il suo ritratto, la sua fotografia?

Io che c'entro? È il popolo che vuole così. Io che posso fare per impedirglielo?

Bè, proibisce tante cose, non fa che proibire, figuriamoci se non può proibire questo culto della sua persona. Per esempio, questo inneggiarla ogni momento alla televisione.

Io che posso farci?

Nulla. È che da bambina vedevo la stessa roba per Mussolini.

Ha detto la medesima cosa a Khomeini.

È vero. Ricorro sempre a quel paragone quando intervisto qualcuno che mi ricorda Mussolini.

Gli ha detto che le masse sostenevano anche Mussolini e Hitler.

È vero.

Si tratta di un'accusa essenziale. E richiede una risposta essenziale. Questa: lei non capisce la differenza che c'è tra me e loro, tra Khomeini e loro. Hitler e Mussolini sfruttavano l'appoggio delle masse per governare il popolo, noi rivoluzionari invece beneficiamo dell'appoggio delle masse per aiutare il popolo a diventar capace di governarsi da solo.
Io in particolare non faccio che appellarmi alle masse perché si governino da sole. Dico al mio popolo: «Se mi amate, ascoltatemi. E governatevi da soli». Per questo mi amano: perché, al contrario di Hitler che diceva farò-tutto-per-voi, io dico fate-le-cose-da voi.

Colonnello, visto che non si considera un dittatore, nemmeno un presidente, nemmeno un ministro, mi spieghi: ma lei che incarico ha? Che cos'è?

Sono il leader della rivoluzione. Ah, come si vede che non ha letto il mio Libro Verde!

Sì che l'ho letto, invece! Non ci vuole mica tanto. Un quarto d'ora al massimo: è così piccino. Il mio portacipria è più grande del suo libretto verde.

Lei parla come Sadat. Lui dice che sta sul palmo di una mano.

Ci sta. Dica: e quanto ci ha messo a scriverlo?

Molti anni. Prima di trovare la soluzione definitiva ho dovuto meditare molto sulla storia dell'umanità, sui conflitti del passato e del presente.

Davvero? E com'è giunto alla conclusione che la democrazia è un sistema dittatoriale, il Parlamento è un'impostura, le elezioni un imbroglio? Vi sono cose che non mi tornano in quel libriccino.

Perché non lo ha studiato bene, non ha cercato di capire cos'è la Jamahiriya. Lei deve sistemarsi qui in Libia e studiare come funziona un paese dove non c'è governo né Parlamento né rappresentanza né scioperi e tutto è Jamahiriya.

Che vuol dire?

Comando del popolo, congresso del popolo. Lei è proprio ignorante.

E l'opposizione dov'è?

Che opposizione? Che c'entra l'opposizione? Quando tutti fanno parte del congresso del popolo, che bisogno c'è dell'opposizione? Opposizione a cosa? L'opposizione si fa al governo! Se il governo scompare e il popolo si governa da solo, a chi deve opporsi: a quello che non c'è?

Sharon

ORIANA FALLACI. *La prima parte della guerra, anzi della sua guerra, generale Sharon, è finita. I palestinesi di Arafat se ne vanno da Beirut. Però se ne vanno a testa alta, dopo aver resistito quasi due mesi e mezzo al potente esercito israeliano, e circondati da una simpatia che prima non esisteva o esisteva soltanto in parte. Pur non dimenticando che erano stati loro a invadere per primi il Libano e agirvi da padroni, ora tutti sono concordi nel riconoscere che questo popolo deve avere una casa, una patria, e non a torto Arafat parla di vittoria politica. Non a torto molti sostengono che, politicamente, lei gli ha fatto un regalo. È questo che voleva?*

ARIEL SHARON. Io volevo che se ne andassero da Beirut, dal Libano, e ciò che volevo l'ho ottenuto in pieno. Arafat dica quel che gli pare: non conta. Sono i fatti che contano, e gli sviluppi, le conseguenze che tali fatti avranno in futuro. Forse lui crede sul serio d'aver vinto politicamente, ma il tempo gli dimostrerà che la sua sconfitta è soprattutto politica. Politica, non militare. Militarmente, sa... Se io dovessi analizzare questa guerra per conto di Arafat, non la giudicherei una sconfitta militare. L'esercito israeliano è davvero potente, i terroristi dell'OLP non erano che diecimila, siriani compresi, e contro quei diecimila abbiamo scatenato una pressione notevole. Politicamente, invece, la sua sconfitta è completa. Assoluta, completa. E le spiego perché. La forza dell'OLP consisteva nell'essere un centro internazionale del terrorismo, e tale centro poteva esistere soltanto disponendo d'un paese dentro cui installare uno Stato nello Stato. Questo paese era il Libano. Dal Libano partivano per agire in ogni parte del mondo, in Libano avevano il loro quartier generale militare e politico. Ma ora che si sparpagliano in otto paesi lontani l'uno dall'altro, dall'Algeria allo Yemen, dall'Iraq al Sudan, non hanno nessuna speranza di rifare quel che facevano. Nessuna. Ci accingiamo a vedere una situazione del tutto nuova in Medio Oriente, qualcosa che ci consentirà di arrivare a una coesistenza pacifica coi palestinesi. L'altra sera mi ha telefonato Henry Kissinger, e mi ha detto che un'era nuova sta incominciando in questa regione: nuove possibilità stanno aprendosi per la soluzione del problema palestinese. Israele, mi ha detto, avrà dai dodici ai diciotto mesi di tempo per trovare quella soluzione prima che l'OLP si riprenda.

Dunque anche Kissinger ritiene che l'OLP non sia annientato. Non lo è. E in compenso Arafat ha avuto la sua piccola Stalingrado, è riuscito a commuovere il mondo nella stessa misura in cui lei è riuscito a indignarlo mettendo a ferro e fuoco una città che ora non esiste più, i rapporti tra Israele e gli americani si sono guastati... Avrà vinto lei, generale Sharon, ma a me sembra proprio la vittoria di Pirro.

Si sbaglia. Da un'inchiesta recente risulta che le simpatie per Israele sono aumentate. E va da sé che la cosa non è importante perché, sebbene la simpatia del mondo ci interessi, quando si tratta della nostra sicurezza e della nostra esistenza possiamo farne benissimo a meno. Quanto ai rapporti tra Israele e gli americani, non si sono guastati. Sì, con gli americani abbiamo avuto scontri molto duri, discussioni molto amare. Gli americani ci hanno imposto anche molte pressioni psicologiche, e prima che incominciasse la guerra non riuscivo a stabilire con loro un interesse comune, uno scopo comune. Ora invece condividono i nostri obbiettivi, concordano sui nostri programmi, e comunque sa cosa le dico? Preferisco subire quelle pressioni, quelle discussioni, quegli scontri, piuttosto che evacuare con l'elicottero dal tetto dell'ambasciata americana a Saigon. La ritirata degli americani da Saigon fu un oltraggio, e quell'oltraggio io non l'ho sofferto. L'ho fatto soffrire agli altri.

Non mi sembra esatto, generale Sharon. La partenza dell'OLP da Beirut è stata piuttosto dignitosa, fin oggi. Lacrime, sì, sciocche sparatorie, sì, ma in sostanza era un esercito che partiva: con le sue uniformi, i suoi kalashnikov, le sue bandiere. Perché è così spietato, generale

Sharon? Era dunque solo disprezzo quello che sentiva mentre dall'alto della collina di Bab'da li guardava col suo potente canocchiale?

No, sentivo quel che dice la Bibbia: «Non gioire quando il nemico cade». Perché anche se erano killer, e lo sono, anche se erano assassini, e lo sono, anche se erano stupratori, e lo sono, anche se erano sanguinari terroristi e... No, non mi interrompa! Mi lasci rispondere a modo mio! Anche se erano sanguinari terroristi, dicevo, e lo sono, si trattava di esseri umani. E non gioivo. Quanto allo spettacolo che hanno messo insieme recitando la commedia della vittoria, sapevamo benissimo che sarebbe successo. C'erano i nostri servizi di informazione a Beirut Ovest, e conoscevamo i loro preparativi. Sapevamo che avevano ricevuto ordini severissimi sul modo di comportarsi dinanzi ai giornalisti e alla TV, che a ciascuno era stata data una uniforme nuova o pulita... Gli era stato perfino raccomandato di esibire il fucile, visto che Begin non si era opposto al fatto che si portassero via i fucili... Però è inutile che lei continui a usare la parola partenza. Non è stata una partenza. Non è stata nemmeno una ritirata, nemmeno una evacuazione. È stata una espulsione. I terroristi dell'OLP avrebbero potuto parlare di evacuazione se noi avessimo accettato ciò che pretendevano: ad esempio che lasciassimo Beirut. Invece hanno dovuto piegarsi a ciò che esigevamo, inclusa la nostra presenza, e la loro è una cacciata. Una espulsione.

[...]

Generale Sharon: «Why did you need this war?». Perché aveva bisogno di questa guerra? Dov'era la minaccia impellente, il fatto nuovo che metteva in pericolo la vostra esistenza? Non lo capisce nessuno.

Lei ragiona come Haig quando mi diceva: «Frenatevi, non rispondete alle provocazioni». Oppure: «Dovrebbe trattarsi di una provocazione precisa». Un giorno mi spazientii e chiesi a Haig quello che avevo già chiesto a Habib: «Qual è la provocazione precisa quando si tratta degli ebrei? Un ebreo assassinato nel campo o per strada è una provocazione precisa, sufficiente? Oppure ce ne vogliono due? O tre, o cinque, o dieci? Se uno perde in un attentato le gambe, no, gli occhi, basta o no?». Da anni siamo tormentati, ammazzati. Ciò, per me, è più che sufficiente, è più che preciso.

Generale Sharon, io ho parlato con diversi giovani qui in Israele, ragazzi che venivano da Beirut, e una buona percentuale mi ha detto che questa è una guerra, se non ingiusta, almeno ingiustificata.

Se parlasse con tutti, scoprirebbe che quasi tutti, invece, hanno accettato questa guerra e la trovano più che giustificata.

Possibile: siete diventati così bellicosi. Sempre a parlare di guerra, sempre pronti a fare la guerra, ad espandervi. Non siete più la nazione del grande sogno, il paese per cui piangevamo. Siete cambiati, ecco. Uno di quei ragazzi mi ha detto: «Stiamo diventando la Prussia del Medio Oriente».

Non è vero. Abbiamo tante cose da fare, oltre che combattere. Ad esempio sviluppare la nostra educazione, la nostra cultura, la nostra agricoltura, la nostra industria, la nostra scienza. Ad esempio assorbire gli ebrei che arrivano continuamente da più di settanta paesi, fare una nazione con loro. E non partecipiamo a nessuna corsa alle armi: stiamo solo tentando di migliorare le nostre capacità di difesa per essere pronti a reagire quando ce n'è bisogno.

[...]

Generale Sharon, a volte nasce il sospetto che anziché di sicurezza, difesa, si tratti di ambizioni molto ambiziose. Dico così pensando al discorso che lei scrisse per la conferenza dell'Institute of Strategic Studies tenuta nel dicembre scorso a Tel Aviv. E in questo discorso, partendo dal problema dell'espansionismo sovietico e descrivendo la sfera degli interessi strategici israeliani, lei dice che tali interessi non «si limitano ai paesi arabi del Medio Oriente, al Mediterraneo, al Mar Rosso. Sicché, per ragioni di sicurezza, negli anni Ottanta essi devono allargarsi e includere paesi come la Turchia, l'Iran, il Pakistan, nonché regioni come il Golfo Persico e l'Africa. Particolarmente i paesi dell'Africa centrale e del nord». Raggelante.

Uhm! Vedo che s'è preparata bene. Il fatto è che Israele è un paese molto particolare. E per motivi particolari, che poi si riassumono nelle persecuzioni, deve affrontare problemi globali di sicurezza globale. Tali problemi sono racchiusi in tre circoli. Primo circolo, il terrorismo palestinese. Secondo circolo, il confronto coi paesi arabi che a tutt'oggi ci oppongono tredicimila carri armati. Terzo circolo, l'espansionismo sovietico che per molti anni è andato allargandosi in Medio Oriente e in Africa. Il punto è come difendere il nostro diritto a esistere in quei tre circoli senza diventare la Prussia del Medio Oriente, come dice lei.

Ma chi vi minaccia in Africa, in Turchia, in Iran, in Pakistan? E a che cosa mirate in realtà? Non capisco. Io non vorrei che l'invasione del Libano fosse l'inizio di una operazione più vasta che non si fermerà affatto in Libano. Non vorrei che la cacciata dell'OLP da Beirut facesse parte di un piano più complicato, diciamo napoleonico.

La risposta è no. Definitivamente no. Lei parla come se volessimo occupare i territori dove abbiamo interessi strategici. Parla come i turchi quando ci accusano di includere la Turchia nella sfera dei nostri interessi strategici perché vogliamo invaderli. La faccenda è ben diversa e gliela spiego con una domanda. Se i russi arrivassero alle spiagge del Golfo Persico, ciò riguarderebbe o no la posizione strategica di Israele? Se i russi assumessero il controllo delle risorse petrolifere nel Golfo Persico, ciò toccherebbe o no la sfera dei nostri interessi strategici? Se la Turchia diventasse un paese controllato dai sovietici, ciò avrebbe o no un effetto su di noi? Non abbiamo quindi il diritto di preoccuparcene? Preoccuparsi non significa mica voler conquistare la Turchia, l'Iran, il Pakistan, il Golfo Persico, l'Africa centrale e del nord!

Generale Sharon, ma chi è il suo vero nemico? Arafat o l'Unione Sovietica?

Miss Fallaci, si metta in testa che senza l'aiuto dell'Unione Sovietica i paesi arabi non avrebbero fatto la guerra a Israele nel 1948. Si scatenarono contro di noi perché alle spalle avevano l'Unione Sovietica, militarmente e politicamente. Quanto all'OLP, esso è sostenuto dall'Unione Sovietica perché l'Unione Sovietica ha capito benissimo che nell'era atomica il terrorismo è l'unico modo per fare la guerra senza rischiare il conflitto nucleare. Per sviluppare il suo espansionismo l'Unione Sovietica ha bisogno dell'OLP, di Arafat. E se lei replica che Arafat non è comunista, io le rispondo: ai sovietici che importa? A loro importa soltanto che egli sia uno strumento del gioco, che rimanga nelle loro mani. È forse comunista la Siria? No, eppure l'Unione Sovietica ha dato alla Siria milleduecento carri armati, centinaia di pezzi di artiglieria, numerosi e modernissimi jet. È forse comunista la Libia? No, eppure l'Unione Sovietica ha dato alla Libia millenovecento carri armati, artiglieria, jet. Tutti parlano degli americani, delle armi americane. Le assicuro che le armi distribuite dall'Unione Sovietica in questa parte del mondo superano mostruosamente quelle che Israele compra dagli americani.

Sì, ci credo, ma torniamo al Libano.

Non vogliamo neanche un centimetro quadrato del Libano!

Neanche al sud, nella regione del Litani? Cito il Litani perché nel 1955, come lei ben sa, Ben Gurion aveva un piano, poi perfezionato da Moshe Dayan, secondo il quale Israele avrebbe dovuto invadere il Libano, comprarsi un libanese maronita per farlo eleggere presidente, instaurare un regime cristiano, farselo alleato, e infine ritirarsi annettendo la regione del fiume Litani.

Guardi, vi sono due correnti di sionismo: quella politica di Weizmann e quella pratica di Ben Gurion, Golda Meir, Moshe Dayan, la vecchia generazione insomma. Infatti se interroga mia madre che a ottantadue anni vive sola nella sua fattoria coltivando avocados, scopre che crede nell'azione e basta. Io però appartengo alla corrente politica, cioè alla corrente che crede negli accordi, negli impegni, nei termini legali. E, poiché tale corrente è anche quella del governo attuale, le assicuro che non abbiamo alcuna intenzione di tenerci un centimetro quadrato del Libano.

Ma non c'è mica bisogno di prendere nulla. Basta far «eleggere» presidente un giovanotto di trentaquattr'anni, ad esempio un falangista che si chiama Bachir Gemayel, e tener lì l'esercito per «ragioni di sicurezza». Basta farne una colonia di fatto, insomma, come i sovietici in Afghanistan.

Lei è una signora molto carina e voglio essere educato. Non voglio gridare, non voglio strepitare, ma perbacco! Non ho mai udito tante calunnie, tanti insulti! Lei mi calunnia, mi insulta!

Perché? Lo sanno tutti che la sua carta era Bachir Gemayel presidente. Lo sanno tutti che nel Libano passerete almeno l'inverno. Avete perfino distribuito le scarpe speciali ai soldati. Generale Sharon, non finirete mica col restarvi quindici anni come nel Sinaï?

No, credo proprio che questa volta durerà molto meno.

Malgrado la vostra necessità di proteggere il nuovo governo alleato?

Le risponderò in stile minigonna, cioè in modo abbastanza lungo da coprire l'argomento e abbastanza breve da renderlo interessante. Non vogliamo interferire con le faccende interne del Libano ma sarebbe un'ipocrisia affermare che accetteremmo un governo disposto a ospitare nuovamente i terroristi e i siriani. Oggi come oggi l'esercito libanese non è abbastanza forte da potersi permettere di stare solo. La Siria occupa ancora quasi la metà del Libano, i terroristi sono ancora a Tripoli e nella valle di Al Bekaa con i siriani, e il nuovo governo è un bambino appena nato grazie a un parto cesareo. Può un bambino appena nato grazie a un parto cesareo affrontare l'odierna situazione nel Libano? No, e dico di più: se i siriani rimangono così vicino a Beirut, se noi abbandoniamo il controllo della strada Beirut-Damasco, il neonato non sopravvive.

E se a forza di stare su quella strada vi ritrovate a Damasco?

Non è necessario arrivare a Damasco. Non dev'esserci bisogno di andare a Damasco. Non desideriamo spingerci fino a Damasco. Non ci teniamo, non ci abbiamo mai tenuto. Io penso addirittura che dovremmo evitare perfino lo scontro nella vallata di Al Bekaa. Ma, se i siriani non si muovono, non ci muoviamo nemmeno noi. E diventa una brutta storia perché le nostre truppe nella vallata di Al Bekaa sono, in linea d'aria, a 25 km da Damasco. E ciò significa che Damasco è fin d'ora sotto il tiro della nostra artiglieria. Sì, si sono rovesciate le posizioni: prima della guerra l'artiglieria siriana, coi suoi cannoni da 180 in grado di colpire con un raggio di 42 km, poteva bombardare i sobborghi di Haifa e le nostre industrie a nord di Haifa; ora, con cannoni meno potenti, noi possiamo bombardare Damasco. E l'idea non ci piace. Perché ricorrere sempre alla guerra per sistemare le cose?

Toh! Credevo che la guerra le piacesse, che ci si trovasse a suo agio.

È l'errore più grosso che la gente fa su di me: dipingermi come un guerriero, un ossesso che si diverte a sparare. Io odio la guerra. Soltanto chi ha fatto tante guerre quante ne ho fatte io, soltanto chi ha visto tanti orrori quanti ne ho visti io, soltanto chi vi ha perduto amici e vi è rimasto ferito come vi son rimasto ferito io, può odiare la guerra nella misura in cui la odio io. E se vuol sapere quali sono stati gli anni più felici della mia vita, le dico: i tre anni che ho passato qui nella mia fattoria, a guidare il trattore e allevare le mie belle pecore.

A sentirla parlare così, chi crederebbe al ritratto che fanno di lei?

Quale ritratto?

Bè, dovrebbe saperlo: lei non ha certo la reputazione di un angelo, generale Sharon. Se le elencassi tutti i cattivi giudizi che ho udito su di lei, potrebbe anche perdere lo straordinario controllo che finora le ha permesso di essere così educato e paziente con me.

Dica, dica.

Ecco, per esempio... Un killer, un bruto, un bulldozer, un rozzo, un avido di potere...

Altri mi chiamano in modo del tutto diverso.

Lo so. I soldati che le sono devoti la chiamano re d'Israele, re Ariel. E dicono che è un gran leader, un uomo molto coraggioso, leale. Ma l'immagine più diffusa è quella che ho detto prima. Come mai? Da che nasce? Deve pur esserci una ragione. Che sia l'episodio di Qibia?

Miss Fallaci, lei è così brava a dipingere un ritratto perfido di me che per un minuto ho creduto che fosse lei a dare un'intervista su Sharon, non io. Eppure sa bene che raramente l'immagine di un uomo corrisponde a quella che ne danno i giornali. Sa bene che una volta lanciata una calunnia, inventata una bugia, questa viene ripetuta e copiata, infine accettata per verità. Vuol parlare di Qibia? Parliamo di Qibia. 15 ottobre 1953, Operazione Susanna: dal nome della bambina isrealiana uccisa col fratellino e la mamma dai terroristi arabi che a Qibia avevano il loro rifugio. L'Operazione Susanna consisteva nel fare saltare le case che ospitavano i terroristi, e io la comandavo entrando personalmente in ogni casa per evacuare la gente prima di sistemare l'esplosivo. Incominciammo alle undici di sera e continuammo fino alle quattro del mattino, quando caddi addormentato per la stanchezza. Nel pomeriggio, svegliandomi, seppi che la radio giordana aveva dato notizia di sessantanove morti: tutti donne e bambini. Non credevo ai miei orecchi perché prima di andarmene avevo contato le perdite del nemico, ed erano una dozzina di soldati giordani. Dov'erano stati trovati, dunque, quei sessantanove corpi di donne e bambini? Sotto le macerie di una casa, mi fu detto, in cantina. Evidentemente si erano nascosti e nel buio non li avevo visti. Mi... Mi dispiacque molto. Mi dispiacque tanto che, dopo un altro raid in un villaggio chiamato Mahlin, l'anno dopo, non volli farne più. Anzi raccomandai che quel tipo di operazioni venisse annullato. Che altro?

Bè, scegliamo l'episodio di Gaza. Quello dove uccise trentasette soldati egiziani che stavano dormendo.

Le assicuro che non stavano affatto dormendo. Comunque: Gaza, 1955, Operazione Freccia Nera. Anche stavolta io comandavo il raid, con la famosa unità 101. Dormivano così poco quegli egiziani che fu un corpo a corpo duro e sanguinoso: tornammo indietro con otto morti e dodici feriti. Ciascuno di noi un morto o un ferito sulle spalle. Non c'è bisogno di dire nulla in più. C'è gente che mi odia, lo so, e gente che ha paura di me: specialmente tra i politici. Perché dico sempre quello che penso e faccio sempre quello che voglio, perché non mi muovo con delicatezza, perché non riesco a legarmi coi gruppi che cercano reciproca protezione. Infatti ho cambiato partito cinque volte. Però se quelli che mi odiano o hanno paura di me fossero la maggioranza, come avrei fatto ad avere tanta influenza nel mio paese per tanti anni? Come avrei fatto a fondare un nuovo partito, il Likud, che ha vinto le elezioni due volte e ha provocato una svolta storica nel paese? Da che cosa mi sarebbe venuto il potere di cui dispongo? Gliel'ho detto: c'è la democrazia in Israele.

Un deputato che si chiama Aver Maur, mi pare, ha detto: «Se Sharon diventa primo ministro, mi chiedo che ne sarà della democrazia in Israele». E un altro ha aggiunto: «Sorgeranno i campi di concentramento».

Senta, lei sta facendo una discussione seria. Non la degradi usando quel nome.

Va bene, sceglierò il nome di Golda Meir che diceva: «Se Sharon si avvicina al ministero della Difesa, faccio il picchettaggio per impedirgli di entrare».

Eh! I miei rapporti con Golda erano buoni quando stavo nel suo partito, il Partito laburista. Ma quando lo lasciai per fondare il Likud, un'impresa che lei considerava politicamente infantile, non me la perdonò. Prese a odiarmi in modo incredibile, con tutta la forza di cui era capace. E Dio sa se Golda era forte, come tutti quelli della sua generazione. Ora che vuol sapere di me?

Voglio sapere se è vero che lei mira a diventare primo ministro, come dicono tutti.

Anzitutto credo che il signor Begin resterà primo ministro per molti anni perché sono convinto che vincerà le prossime elezioni. Il paese, vi ho già alluso, è con lui: se le elezioni avvenissero ora, vincerebbe senza muovere un dito. Poi non ho una voglia pazza di diventare primo ministro: quello che faccio ora mi va benissimo, vi sono tante cose da fare con il ministero della Difesa. Per incominciare, che lei mi creda o no, c'è da sistemare politicamente, cioè pacificamente, il problema dei palestinesi. Noi non abbiamo fatto la guerra ai palestinesi, l'abbiamo fatta ai terroristi dell'OLP, e l'aver risolto il problema del terrorismo dell'OLP significa aver fatto soltanto una parte del lavoro.

Risolto? Ma lei è proprio sicuro d'averlo risolto, generale Sharon? E se invece d'averlo risolto lo avesse moltiplicato, intensificato? Nascerà un generazione di odio dagli uomini che sono stati cacciati, strappati alle loro famiglie, sparpagliati in otto paesi diversi. E d'ora innanzi il terrorismo si abbatterà ovunque, più cieco di sempre, più ottuso di sempre. Sono uomini molto arrabbiati quelli che lei crede d'avere sconfitto. E tutt'altro che rassegnati. Arafat ha appena detto che la lotta continuerà come prima.

Io non parlerei di queste ipotetiche, disastrose eventualità. Infatti non credo che nei paesi dove sono stati accolti essi potranno fare ciò che facevano a Beirut. Sia in Siria che in Egitto che in Giordania non ci sono riusciti, finora, anzi sono stati tenuti lontani dai confini con Israele, e in nessuno di quegli otto paesi esiste un governo disposto a farsi travolgere come a Beirut. Senza contare che, in un caso simile, noi non ce ne staremmo con le mani in mano. Arafat ha detto che continuerà come prima? Al posto suo non ci proverei nemmeno. Gli ho regalato la vita, a quegli assassini. Sono vivi perché io ho scelto di lasciarli vivi. Ma tanta fortuna non costituisce affatto una garanzia per il futuro. Guai a loro se riprenderanno le loro attività sanguinose, anche in paesi lontani da Israele. Guai a loro.

E i quattro milioni di palestinesi che non appartengono all'OLP, che vivono sparsi per il mondo oppure ammucchiati nelle capanne di latta e in tuguri di cemento dei cosiddetti campi in Siria, in Libano, nella West Bank, a Gaza? Che cosa vuol farne di loro, di questi nuovi ebrei della terra, condannati a vagare in una diaspora crudele come quella che voi avete sofferto? Possibile che proprio voi non comprendiate la loro tragedia? Possibile che proprio voi non vogliate ammettere il loro bisogno di avere una casa, il loro diritto ad avere una patria?

Ma la patria ce l'hanno. È la Palestina che ora si chiama Giordania, anzi Transgiordania.

La Giordania di re Hussein?

Certo. Senta, io ci penso da dodici anni e, più ci penso, più concludo che la soluzione può essere soltanto quella. Lo dicevo anche a Sadat. Mi spiego. Fino al 1922 la terra d'Israele, che gli inglesi chiamavano Palestina, si componeva di due parti: la Cisgiordania che voi definite West Bank, e cioè la terra che si estende dal fiume Giordano al Mediterraneo, e la Transgiordania cioè la terra che Churchill dette al padre di Hussein per sistemare il regno ascemita. In Transgiordania il settanta per cento della popolazione è composta da palestinesi, la maggioranza dei membri del Parlamento sono palestinesi, quasi tutti i ministri e i primi ministri sono palestinesi. Il resto, neanche il trenta per cento, sono beduini. I beduini di Hussein. Davvero una soluzione perfetta.

Quindi tutti i palestinesi dovrebbero far le valigie e trasferirsi in Giordania.

Ma ci vivono già!

No, parlo dei profughi ammucchiati in Libano, in Siria, a Gaza, nella West Bank...

Alcuni potrebbero restare nei paesi dove si trovano attualmente, altri potrebbero trasferirsi laggiù.

E di re Hussein, allora, che ne facciamo? Lo ammazziamo, lo mandiamo a Montecarlo a dirigere il casinò?

I casi personali non mi interessano, Hussein non mi riguarda. Può anche restare dov'è, perché no? I greci si scelsero un re anglotedesco, perché i palestinesi non dovrebbero tenersi un re ascemita?

Capisco. E i beduini? Quelli dove li mettiamo? Li sterminiamo, li buttiamo a mare come i vietnamiti sgraditi a Hanoi così i giornali riprendono a parlare dei boatpeople, oppure li disperdiamo come i palestinesi di oggi affinché facciano l'Organizzazione di Liberazione Beduina, OLB invece dell'OLP?

I beduini fanno parte della popolazione giordana, anzi transgiordana. Come Hussein, possono restare dove sono. I casi personali, ripeto, non mi interessano. A me interessa soltanto il fatto che la Palestina esiste già, che uno Stato palestinese esiste già, che quindi non v'è bisogno di farne un altro. E le dico: non permetteremo mai un secondo Stato palestinese. Mai. Perché è questa la soluzione a cui tutti mirano: la costituzione di un secondo Stato palestinese, di una seconda Palestina, in Giudea e in Samaria: ciò che voi chiamate Cisgiordania o West Bank. E a ciò rispondo, non avverrà. La Giudea e la Samaria non si toccano. E neanche Gaza.

Ma sono terre occupate, generale Sharon. Ciò che voi avete ribattezzato Samaria e Giudea sono zone conquistate a Hussein e abitate da quasi mezzo milione di palestinesi, a parte i trentamila israeliani che dopo il 1967 si sono installati lì come colonizzatori. Lo dicono tutti che dovete restituirle! Perfino gli americani!

Non si restituisce ciò che ci appartiene. E la Giudea e la Samaria ci appartengono: da migliaia, migliaia di anni. Da sempre. La Giudea e la Samaria sono Israele! E così la striscia di Gaza. E anche se la Bibbia non contasse, anche se il sentimento non esistesse, v'è la questione della nostra sicurezza e della nostra sopravvivenza. È una questione cruciale perché in quella regione abitano due terzi della popolazione israeliana: senza la Giudea, senza la Samaria, saremmo spazzati via. No, lo ripeto, non permetteremo mai di installarvi un secondo Stato palestinese. Mai! Non fatevi illusioni.

Generale Sharon, lei crede in Dio?

Bè, non sono religioso. Non lo sono mai stato sebbene segua certe regole della religione ebraica come non mangiare il maiale. Non mangio il maiale. Però credo in Dio. Sì, penso di poter dire che credo in Dio.

Allora lo preghi, anche per quelli che non ci credono. Perché ho una gran paura che lei stia per cacciarci tutti in un guaio apocalittico.

QUINTA PARTE
Cronache dal deserto

A 8000 metri sulle ali della guerra

«On the spot, ci siamo» mi dice il tenente colonnello Jeff Knight quando il KC 135 entra nell'area stabilita: un punto la cui latitudine e longitudine devono restare ovviamente segrete. Si può sapere soltanto che siamo a 8.000 metri d'altezza, nel cielo dell'Arabia Saudita, e che ci troviamo molto vicini alla frontiera con il Kuwait: tratto nel quale i KC 135 della 1703esima Air Refueling Wing si spingono di rado, perché, sebbene la loro venga considerata una missione di combattimento, i KC 135 non sono aerei da combattimento. Sono stratotanker, Boeing che in volo riforniscono di carburante gli aerei da combattimento, e per difendersi dagli eventuali attacchi iracheni non hanno che i caccia guidati dall'Awacs che controlla la zona. Il fatto è che a questo, oggi, è stato assegnato un compito particolare: rifornire sei Phantom che cercano di distruggere i radar missilistici annidati nelle retrovie del Kuwait, le batterie che né gli A10 né i Tornado né gli F15 né gli F16 né gli F18 e né gli F111 hanno ancora distrutto. E voleranno parecchio, quei Phantom. Consumeranno assai più carburante di quelli che vanno a scaricare le bombe sugli obiettivi già identificati: guai se il KC 135 non fosse molto vicino alla frontiera.

«May I go, posso andare?» domando. Col distacco del professionista abituato alla guerra (nel 1973 era in Vietnam, nel 1983 a Grenada, nel 1989 a Panama) il tenente colonnello Jeff Knight fa un cenno affermativo. Allora lascio la cabina di pilotaggio, mi dirigo verso la coda dell'aereo, scendo in un basso abitacolo di due metri per due dove bisogna giacere sul ventre e mi stendo accanto al sergente Dan Gilson che supino sul pannello di orientamento ha già alzato la paratia dell'oblò. (Più che un oblò, una finestra rettangolare alta 50 centimetri e larga 70 attraverso la quale si tiene il contatto visivo.) Ha già impugnato anche le manopole per azionare, il boom, cioè il tubo da immettere nella valvola di rifornimento che sta sul dorso dei bombardieri e, liberato dai ganci che lo ancoravano allo stratotanker, lo strano oggetto pende come la proboscide di un elefante sospeso nel vuoto. Una proboscide lunga circa 5 metri.

È l'una e un quarto del pomeriggio. A nord il cielo azzurro oscurato da una parete di nubi che ci nascondono il Kuwait, sotto di noi il deserto più inospitale del mondo si allunga in un oceano di sabbia, un mare giallo e sterminato da cui emergono soltanto dune o ciuffi di lichene, e secondo l'appuntamento i sei Phantom dovrebbero essere già qui. Invece non ci sono e il sergente Dan Gilson mugugna: «Dammit, maledizione, dammit». Ha quasi quarant'anni, da circa 19 fa il benzinaio volante, e sa che in certi casi la puntualità non esiste. Ma contrariamente al tenente colonnello Jeff Knight prima di questa guerra non era mai stato alla guerra, sicché il ritardo lo inquieta. Per calmarsi mi fa toccare le manopole, mi spiega in che modo funzionano, mi ripete: «Pretty soon, you'll enjoy a real incredible show, presto si godrà uno spettacolo davvero incredibile». E non esagera. D'un tratto una sagoma scura, una specie di rondine, sbuca dalla parete di nubi. In pochi istanti diviene un Phantom che si avvicina e, decelerando fino a uguagliare la velocità del KC 135, disinvolto come un autista che raggiunge un camion per tallonarlo, si piazza a pochi centimetri dalla bocca del boom. Si piazza talmente bene, in maniera così precisa, che il sergente Dan Gilson non ha neanche bisogno di allungarlo: per compiere l'operazione gli basta infilarlo dentro la valvola di rifornimento col gesto che io compio quando infilo il beccuccio di una bomboletta dentro la valvola del mio accendino. E mentre il carburante passa nei serbatoi posso comodamente osservare il pilota che sta a 5 metri da me: fissarlo nelle pupille. Posso perché non ha i grossi occhiali neri che i piloti usano in volo. Porta un semplice paio di occhiali da vista, cerchiati d'oro.

Mi fissa anche lui, con durezza. «Che guardi?» sembra chiedere. «Chi sei, che vuoi?» È assai giovane. La fronte, visibile malgrado il casco, è liscia. Sono lisce anche le guance semicoperte dalla maschera dell'ossigeno che gli tappa il resto del volto, e ciò che ha scritto sul bordo della fusoliera racconta qualcos'altro di lui. Vi ha scritto il suo nome: capitano Ken Harrison. Insieme a questo, il nome del navigatore che sta dietro di lui: capitano Bill Enker. Il navigatore non posso osservarlo: il casco, la maschera dell'ossigeno, i grossi occhiali neri lo nascondono fino al collo. Però si capisce che è molto nervoso. Sbircia l'orologio, il boom, di nuovo l'orologio, si abbandona a gesti di impazienza, forse impreca, e il sergente Dan Gilson mi spiega perché. Ha ancora gli Harm Rockets, i razzi, attaccati alle ali del Phantom. Non li ha ancora sganciati sui radar da distruggere. Poi il serbatoio si riempie, il sergente Dan Gilson stacca il boom dalla valvola che spruzza un getto di benzina, il capitano Ken Harrison smette di fissarmi con durezza, il capitano Bill Enker abbassa la testa sul computer, e il Phantom si abbassa. Scivola a destra, slitta via come un pattino su una lastra di ghiaccio, si allontana sparendo dentro la parete di nubi, e subito un secondo Phantom prende il suo posto. Senza nomi scritti sulla fusoliera, stavolta. Senza pupille che mi fissano mentre le fisso. Senza occhiali cerchiati d'oro. Sia il pilota sia il navigatore portano quelli grossi e neri. Però anche loro hanno gli Harm Rockets ancora attaccati alle ali, neanche loro li hanno sganciati sui radar da distruggere. E lo stesso i due del terzo, del quarto, del quinto, del sesto. Perché? Il sergente Dan Gilson si stringe nelle spalle perplesso. In America, durante i rifornimenti, si divertiva a chiacchierare via radio con gli equipaggi: come-va, come-è-andata, che-ti-succede. Qui invece l'operazione deve svolgersi in totale silenzio, il nemico potrebbe ascoltare, e tutto ciò che puoi permetterti è un gesto interrogativo. Ma quando lo fa, i due reagiscono con una mossa di fastidio.

Torneranno altre quattro volte, nel corso del pomeriggio, e sempre con gli Harm Rockets attaccati alle ali. Torneranno finché il KC 135 avrà carburante da versare nei serbatoi, e ogni volta vedremo quei razzi attaccati alle ali. Durante l'ultimo rifornimento, che avviene verso le 5, il capitano Ken Harrison appare furibondo: attraverso gli occhiali cerchiati d'oro le sue pupille sputano una collera quasi disperata. Quanto al capitano Bill Enker, appare così avvilito che non si cura nemmeno di alzare la testa. Sembra che dica: «Non ce la faccio, accidenti, non ce la faccio». Perché non ce la fa? «Forse perché si tratta di radar montati su batterie mobili e nascoste in qualche trincea o in qualche caverna» mi spiega il tenente colonnello Jeff Knight mentre rientriamo alla base. «Forse perché la Guardia repubblicana li tiene spenti o li accende un momento e basta per non farli identificare. Sono bombe molto intelligenti, gli Harm Rockets. Possono deviare, girare, cambiare rotta meglio di

un aeroplano. Ma se l'obiettivo non è localizzato con esattezza, non possono fare nulla. E c'è un solo modo per localizzare un radar nascosto: captare gli impulsi che emette quando è in funzione.
Tuttavia io penso che il motivo sia un altro. Non riesco a sganciarli, quei razzi, perché sull'Iraq e sul Kuwait il cielo è troppo intasato dai bombardieri. Sembrano nugoli di locuste pronte a gettarsi su un campo di grano, per sganciare devono mettersi in fila come automobili su un'autostrada intasata. Non di rado restano con le bombe attaccate alle ali.» Più tardi saprò che nel caso dei sei Phantom era andata proprio così.
È una guerra aerea, questa. (Settantaseimila incursioni in quattro settimane.) Una guerra condotta dal culto che la maggior parte degli ufficiali del Pentagono hanno sempre avuto per l'Aviazione, dalla loro certezza che le bombe degli aerei possano risolvere qualsiasi problema, e chi se ne sorprende è molto giovane o ha la memoria corta. Non pensa che in Vietnam gli americani facevano lo stesso, e soprattutto lo facevano nella Seconda guerra mondiale. Chi è abbastanza vecchio da aver vissuto (sia pure da bambino) la Seconda guerra mondiale, non si meraviglia a vedere quei bombardieri che decollano a dozzine per volta: a centinaia e centinaia ogni giorno e ogni notte. Ne riconosce perfino il rumore e gli basta guardarli un istante perché cattivi ricordi della sua fanciullezza tornino a galla. L'allarme che suona, la mamma che afferra te e la tua sorellina, ti trascina nel rifugio o nel campo dove crede che sia meglio correre per non fare la morte del topo. La gente che scappa con le valigie. Le esplosioni che assordano. La terra che trema, la sorellina che piange: «Mamma! Mamma!». La casa che quando rientri dopo il «cessato allarme» trovi squassata e con un cratere in mezzo al giardino perché è una casa sulla ferrovia. La ferrovia disfatta con i vagoni rovesciati e i binari divelti. Tra i binari, il cadavere del tuo compagno di scuola che nel terrore è fuggito dalla parte sbagliata. Poi la mamma che dice: «Ma perché non avanzano, gli americani, perché ci bombardano e basta?». Il babbo è stato arrestato con i suoi compagni della Resistenza, a Villa Triste lo hanno torturato, e la speranza che non lo fucilino sta solo nell'avanzata degli americani. (Pochi dicono «alleati». Quasi tutti dicono «americani».) Allora lo zio spiega che i bombardamenti fanno parte della loro strategia: «Gli americani non vogliono perdere troppi soldati e per non perderne troppi devono indebolire i tedeschi, stancarli, decimarli, impedire che ricevano rinforzi di truppe e di cibo e di munizioni.

Devono distruggergli i ponti, le strade, le ferrovie, le linee e i mezzi di comunicazione, e pazienza se facendo questo ammazzano anche noi. Non è possibile bombardare senza ammazzare anche noi. In Francia e in Germania succede lo stesso».
Succedeva. Non hai mai visto, al cinematografo, le macerie di Berlino, di Colonia, di Francoforte, di Amburgo? Facevano i bombardamenti a tappeto, a quel tempo. Non avevano i laser, le bombe intelligenti, i computer. E se per caso gli avanzava una bomba, anziché rifornirsi in volo con i KC 135 (che non esistevano) la buttavano dove capitava. Su una casa colonica, un bosco, un villaggio indifeso.
Chi non la vede come la maggior parte degli ufficiali del Pentagono, replica che la guerra aerea non basta a vincere le guerre. Le guerre si vincono occupando il suolo occupato dal nemico, e per cacciare i tedeschi dall'Italia, gli americani dovettero sbarcare ad Anzio. Per cacciarli dalla Francia, dovettero sbarcare in Normandia. Per annientarli in Germania, dovettero entrare a Berlino, cioè perdere i soldati che non volevano perdere. E questa è una realtà indiscutibile. Però anche se quando Bush ordinerà l'attacco terrestre e lo sbarco, il cielo dell'Iraq e del Kuwait continuerà a pullulare di Phantom, di Tornado, di A10, di F15, di F16, di F18, di F111, di F117, di B52 che sembrano nugoli di locuste pronte a gettarsi su un campo di grano e che per sganciare le bombe devono mettersi in fila come automobili lungo un'autostrada intasata. Senza contare gli elicotteri dell'una e dell'altra sponda, di Cobra, di Apache, di MI8.

Forse (è un'ipotesi che alcuni non scartano) si leveranno anche gli aerei che gli iracheni non hanno utilizzato fin'oggi e per il cui mancato impiego si dice che Saddam Hussein abbia fucilato il capo dell'Aviazione. Possibile che siano stati tutti distrutti o che non abbiano più una pista da cui decollare? Peggio: e se quelli che continuano a trasferirsi misteriosamente in Iran (finora 138) fossero una delle sorprese che tiene in serbo, diciamo kamikaze in attesa di tentare il colpaccio con la complicità e con il beneplacito degli iraniani per cui a mentire in nome dell'Islam si va in paradiso? E se insieme a quelli impiegasse i missili che per un motivo o per l'altro i Ken Harrison e i Bill Enker non riescono a colpire? Non è ancora sconfitto, Saddam Hussein, e oltre alle forze di terra possiede ancora roba che vola. Gli Scud, per esempio. Sembravano quasi

323

tutti eliminati e in meno di un mese ne ha lanciati 67. Con gli Scud, la bomba chimica che tiene in serbo e con cui può armare la loro testata. Quando lascio il KC 135 il tenente colonnello Jeff Knight mi chiede preoccupato: «Ma la maschera ce l'ha?».

La grande paura qui è quella dello Scud chimico, cioè in grado di portare sulle città il gas che sulle truppe nel deserto può essere sparato con l'artiglieria: secondo alcuni, l'asso nella manica che Saddam Hussein tiene in serbo da un mese e che userà quando non avrà altre carte da giocare. Ogni volta che suona l'allarme (di solito suona la notte, durante il primo sonno, ma ieri è suonato anche a mezzogiorno) la gente pensa che stia arrivando lo Scud chimico, e quando cade il normale Scud che ammazza alla vecchia maniera tutti ringraziano il Padreterno come se avessero ricevuto una grazia. «Sì, siamo molto preoccupati per lo Scud chimico» disse l'altro giorno il generale americano Richard Neil. «Lo siamo perché effettivamente è probabile che ci piombi addosso, perché non avendolo mai affrontato ignoriamo il modo per affrontarlo, e perché non ne sappiamo nulla.» Poi quasi volesse rimediare, ha tessuto le lodi del Patriot che su 67 Scud lanciati dagli iracheni ne ha intercettati oltre 40. Ma il discorso è servito solo ad accendere una domanda inquietante, anzi sinistra: che cosa succede se un Patriot intercetta uno Scud chimico o un qualsiasi altro missile con la testata piena di veleno? Lo neutralizza come un normale Scud oppure ne facilita il compito? In altre parole, dove va a finire il gas dello Scud chimico disintegrato? Quando uno Scud normale viene distrutto, i suoi frammenti non restano in cielo: piovono su di noi. E se insieme ai frammenti ci piove addosso anche il gas?

«Tutto dipende dall'altezza in cui avviene l'intercettazione» rispondono, tra evasivi e imbarazzati, al comando del Desert Shield. «Se avviene a 4 o 5 mila metri, il gas si disperde. Se lo porta via il vento. Se avviene a 2 mila o mille metri, non si disperde. Anziché allontanarlo, il vento può addirittura spingerlo verso di noi. Se avviene a meno di mille metri, diciamo cinquecento, in un certo senso lo favorisce. Allarga il raggio della caduta, insomma, lo aiuta a spargagliarsi. Soprattutto se si tratta di un gas pesante come il Mustard gas.» Altri invece sostengono che anche a 4-5 mila metri il gas non si disperde e prima o poi ricade su di noi. Riconoscono insomma che nel caso dello Scud chimico il Patriot, il quasi infallibile Patriot di cui gli americani vanno così fieri, è impotente o addirittura pericoloso. E allora? Allora concludono allargando le braccia, inshallah. Come Dio vuole, come a Dio piace, come a Dio piacerà. Per difenderci non possiamo che tenere sempre la maschera a portata di mano, non staccarcene nemmeno per andare da un piano all'altro o recarsi all'angolo della strada, infilarla appena suona l'allarme. E con quella, la tuta anti-NBC. Con la tuta anti-NBC, il corredo complementare anti-NBC. Oppure far gli scongiuri.

La maschera è una normale maschera di gomma butyl col filtro che dura un mese. Averla è un lusso, la maggior parte della popolazione non ce l'ha perché le scorte sono state subito esaurite, tenerla è un tormento e i più non la sopportano sicché (io tra questi) la tolgono appena infilata. La tuta anti-NBC (N per nucleare, B per biologico, C per chimico) è un odioso indumento composto da pantaloni, giacca con cappuccio, soprascarpe e guanti di gomma. Calda, ingombrante, scomoda, impedisce di muoversi bene e di correre, cioè di scappare. (Per imporla alla truppa e insegnarle a portarla ci sono volute varie settimane.) Comunque trovarla è difficilissimo, se la trovi non corrisponde mai alla tua taglia, e a metterla impieghi tanto tempo che per trarne un vantaggio dovresti averla già indosso quando suona l'allarme. Il corredo complementare anti-NBC consiste in una bustina di polvere antishock, nove compresse antidolore, un bendaggio antiustione e tre siringhe automatiche sul cui involucro è scritto: «Autoiniettore di atropina 2 mg. Da usare se colpiti da gas nervino. Sfilare il tappo giallo, appoggiare l'estremità verde sulla coscia, premere fino ad avvenuto funzionamento». Insieme a tutto ciò, un libretto scalognatore pubblicato dal Comitato della Difesa Civile. «La crisi nel Golfo ha portato un futuro nero, disastri, catastrofi a venire. Drastici cambiamenti stanno per avere luogo e rovine per cui non siamo preparati. La pace, la vita facile, la prosperità pendono ormai da un filo, la stessa esistenza di Israele tiene questa regione in uno stato di guerra» dice la prima pagina. «Non vogliamo spaventarvi, ma è meglio che vi spaventiate leggendo queste istruzioni che quando la catastrofe si abbatterà su di voi. Leggete, leggete. E, come raccomanda il santo Corano, state attenti.»

Nel caso della catastrofe relativa alla lettera N, cioè la bomba nucleare, il libretto è una beffa. Non v'è maschera al mondo, non v'è tuta al mondo, né siringhe automatiche né bendaggi antiustione né compresse indolore né polveri antishock, che servano a difendersi dall'atomica: si sa. L'unica speranza è che Bush abbia sbagliato a dire lo scorso novembre che Saddam Hussein era vicino ad averla. Nel caso della catastrofe relativa alla lettera B, cioè la bomba biologica, idem. Si ignora se Saddam Hussein abbia già sviluppato armi di quel tipo, però è noto che i suoi scienziati hanno fatto molte ricerche sull'anthrax: una malattia infettiva del bestiame, una specie di peste, che si annuncia con pustole gonfie di pus e il cui sviluppo è tanto inarrestabile quanto irreparabile. Non esistono antidoti, e per difendersi dal contatto con le persone o gli oggetti appestati, sia la maschera sia la tuta anti-NBC servono a ben poco. Per vivere bisogna bere, mangiare, evacuare, lavarsi. E per bere mangiare evacuare lavarsi, maschera e tuta anti-NBC vanno tolte. Nel caso della catastrofe relativa alla lettera C, la bomba chimica, le istruzioni servono invece a qualcosa. E da queste apprendiamo che Saddam Hussein ne ha in serbo di vari tipi. Per incominciare, il Mustard gas: già usato dai tedeschi nella Prima guerra mondiale e da lui in quella con l'Iran. (Perfezionato, però, da dosate quantità di zolfo e di azoto che bruciano ogni centimetro di pelle esposta.) Con l'olfatto lo si riconosce perché puzza di aglio o di cipolla, a volte di pesce, e con gli occhi perché ha un colore marroncino giallastro. L'attacco è indolore, ci vuole un po' di tempo perché si riveli con colpi di tosse, starnuti, prurito, occhi gonfi e vesciche. La maschera è indispensabile perché poche boccate di gas bastano a distruggere i polmoni e l'apparato digerente. Poi, il gas all'arsenico: più olioso e persistente e che ha press'a poco gli stessi effetti e lo stesso colore (con l'olfatto questo si riconosce perché ha un buon profumo di geranio o di frutta. Gli effetti sono simili a quelli del Mustard gas). Infine, il gas nervino cioè il Sarin che Saddam ha usato contro i curdi nel 1987. Il Sarin è insidioso perché non ha né colore né odore né sapore, si riconosce soltanto attraverso i detector che il corredo complementare anti-NBC fornisce, e perché è assai più veloce del Mustard gas o del gas all'arsenico. Si compone di acidi fosforici e derivati del fosforo, a terra il suo effetto si prolunga e negli ambienti umidi o bagnati si moltiplica. I sintomi del contagio sono nausea, vomito, tosse, diarrea, poi la paralisi della faccia e degli arti. (Da qui la necessità di iniettarsi subito l'atropina.) Uccide per soffocamento o infarto cardiaco. Ci si difende infilando la maschera e la tuta anti-NBC entro cinque o al massimo nove secondi. Quindi guai a non udire l'allarme o a perdere tempo dopo averlo udito. Ieri notte l'allarme è suonato alle tre del mattino, e come tanti altri non l'ho udito: le sirene di Riad sono deboli e con le finestre tappate il loro fischio si mischia al rombare dei bombardieri che partono dalla vicina base aerea. Mi hanno svegliato due violenti colpi alla porta, poi voci che mi urlavano di fare presto, lasciare la stanza, e soltanto per vestirmi ho impiegato mezzo minuto. Per infilare la maschera invece ho impiegato un minuto intero, non riuscivo a fissare le cinghie dietro la testa, poi ad aprire il filtro chiuso per sbaglio, e altri due minuti se ne sono andati nel tentativo di indossare la tuta anti-NBC. In altre parole, mi ci sono voluti tre minuti e mezzo per fare ciò che il Comitato della Difesa Civile raccomanda di fare in cinque o al massimo nove secondi. E nel frattempo lo Scud era già arrivato. Il Patriot lo aveva già intercettato. I frammenti stavano già cadendo sulla città.

La guerra invisibile dei mullah

«Io mi chiedo per chi pregherà, il popolo saudita, nei giorni del Ramadan: per gli americani e gli europei schierati con gli americani, per i propri soldati e i kuwaitiani, gli egiziani e i siriani schierati: per gli americani e gli europei, oppure per Saddam Hussein? Gli americani non stanno facendo una guerra di liberazione, stanno facendo una guerra di distruzione. Non pensano che a distruggere l'Iraq e si comportano come se avessero dimenticato il Kuwait. Del resto che gliene importa a loro del Kuwait? Non è che un distributore di benzina, per loro, un pretesto per installarsi quaggiù. Se anziché quell'angolino d'Arabia Saddam Hussein avesse invaso l'Uganda, non avrebbero battuto ciglio. Basta con questa guerra, basta. Gli iracheni soffrono troppo, muoiono troppo, sotto quei bombardamenti. Ma perché Bush non accetta la mezza proposta di Saddam Hussein? Perché non ordina ai suoi di cessare il fuoco e intavola un armistizio?»

Chi parla non è un palestinese che tira sassate agli israeliani o un tunisino che sfila in qualche corteo pacifista o un algerino sceso in piazza per dimostrare contro la guerra nel Golfo. È un suddito fedele di sua maestà re Fahd, un saudita che indossa il «thobe» e si copre la testa col «quatra» a quadretti bianchi e rossi, un mussulmano che all'alba e a mezzogiorno e nel pomeriggio e al tramonto e al calar della sera si ferma per pregare Allah.

(«Please, don't write my name, non scriva il mio nome. Mi chiami semplicemente Khalid».)

Inoltre è ricco. A Riad ha due case, due mogli, una florida ditta che importa computer. Parla un ottimo inglese appreso a Londra dove ha studiato e s'è laureato in economia, ama far le vacanze a

Roma e a Parigi, legge l'«Arab News» cioè un giornale conservatore, e non ama Saddam Hussein.
Dopo l'invasione del Kuwait si schierò dalla parte di chi invocava l'intervento degli americani. «Le dirò di più. Quando Schwarzkopf incominciò a costruire la sua Grande Armada, tirai un respiro di sollievo. Ma presto quel respiro divenne affanno, angoscia, e presi a chiedermi: Dio misericordioso, ora come faremo a mandarli via? Presi anche ad augurarmi che la guerra non scoppiasse o scoppiasse il più tardi possibile, e il 17 gennaio ho pianto. Non mi piace avere gli americani in casa, sapere che stanno nelle mie città e nel mio deserto. Non mi piace pensare che quei bombardieri decollano dalle mie città e dal mio deserto. Mi fa sentire in colpa. E questo senso di colpa dura da un mese. Un mese, capisce?!?»

«Bush aveva detto che sarebbe stata una guerra breve, rapida, e noi gli abbiamo creduto» interviene un altro, più giovane, sui trent'anni, che chiamerò Sharif. Suddito fedele di sua maestà re Fahd, anche lui, col «thobe» addosso e il «quatra» in testa, è anche lui ricco, educato in Occidente. (Per cinque anni ha vissuto a Washington dove studiava scienze politiche.) Anche lui nemico di Saddam Hussein. «Credendogli ci siamo illusi che si trattasse d'una guerra come quella di Panama e di Grenada, d'una operazione semplice e indolore, d'una specie di intervento chirurgico per togliere l'appendicite, e invece è un mese che distrugge l'Iraq. Distrugge quello e basta, del Kuwait non ha liberato che un'isoletta di mezzo chilometro. E ora che Saddam Hussein sembra disposto a patteggiare, fa orecchi da mercante. I suoi generali continuano a parlare di attacco terrestre e di sbarco. Ma quando lo fanno questo sbarco, quando lo lanciano questo attacco terrestre? La vigilia del Ramadan? Il Ramadan per noi è un simbolo di pace, di fratellanza di purificazione, un periodo durante il quale i mussulmani di ogni paese vengono qui per pregare alla Mecca. Sarebbe uno scandalo se i cannoni tuonassero mentre i mussulmani di ogni paese sono qui per pregare alla Mecca, e capirei se qualcuno di loro ne approfittasse per scatenare attentati. Ieri un amico mi ha chiamato da Gedda. Era sconvolto, s'è messo a gridare: "Bisogna bruciare gli americani! Bisogna ammazzarli! Bisogna mandarli via!". Sia pure a bassa voce lo ripetono in molti, quaggiù. Se parlasse l'arabo e interrogasse la gente per strada, ne ascolterebbe di belle. Ma lei crede che siano contenti, i soldati e gli aviatori sauditi, di sparare sui loro fratelli di Bagdad? Il pilota che ha abbattuto due aerei iracheni qui non è affatto un eroe. E quando ha detto alla TV che aveva avuto una buona giornata, molti hanno provato vergogna.»

«Io ho provato vergogna a vedere la fotografia di otto marines che ballavano di gioia intorno a un carro armato perché a Bagdad era stato distrutto non so quale edificio» aggiunge un terzo che chiamerò Tarik. Venticinque anni, lui, figlio di un miliardario, e per sei anni studente all'Università di Los Angeles dove s'è laureato in storia e filosofia. «La stessa vergogna che mi ha chiuso la gola a udire la storia del rifugio dove sono morti centinaia di bambini, di vecchi, di donne. Non hanno chiesto nemmeno scusa, gli americani. Hanno detto che si trattava d'un obiettivo militare e basta, poi hanno aggiunto che certi obiettivi continueranno a bombardarli quanto gli pare. Non mi piacciono gli americani. Non mi piacevano nemmeno quando stavo a Los Angeles. Erano rozzi, volgari, specialmente i neri, e non facevano che scroccarmi cene nei ristoranti di lusso. Tanto sei saudita, dicevano, hai pozzi di petrolio. A volte per difendermi dovevo dire no, non sono saudita, sono afghano. Sono nato a Kabul, il mio nome è Ibrahim e mio padre fa il pecoraio. Con gli studenti iracheni invece mi sentivo bene, andavo d'accordo. Non dovevamo farla questa guerra, no. Non è nemmeno una guerra, è uno show televisivo per far guadagnare il padrone della CNN: quel Turner che va con Jane Fonda. Lo sa quanto costavano, prima della guerra, trenta secondi di pubblicità alla CNN? Cinquemila dollari. E sa quanto costano ora? Ventimila dollari. Le sembra giusto che gli iracheni muoiano per far guadagnare soldi al boy friend di Jane Fonda?»

«Mi ascolti bene perché questo discorso riguarda tutti gli occidentali: io all'idea di appartenere a un paese che ha chiamato gli americani e con gli americani voi europei, mi sento un traditore. E il mio mullah ha ragione a dire che tutti gli arabi che stanno da questa parte della barricata dovrebbero sentirsi traditori. Kuwaitiani compresi.» «Il suo mullah?» «Sì, il mullah. È stato lui a spiegarmi ciò che non avevo capito.»

Eh, sì: nessuno ne parla perché chi se n'è accorto ritiene che sia meglio non toccar l'argomento, non svegliare la tigre che dorme. Ma c'è una guerra dentro la guerra, quaggiù. Una guerra invisibile, intangibile, imprevista, e in un certo senso più terrorizzante di quella che avviene coi bombardieri, i cannoni, i carri armati, le navi, gli Scud: quella che, attraverso un risorto antiamericanismo, a poco a poco schiera i sauditi contro gli occidentali. La guidano i mullah dei quartieri periferici e delle moschee meno importanti, cioè i preti estranei all'oligarchia religiosa che assieme ai cinquemila principi della famiglia reale domina il paese. La sostengono gli intellettuali e i borghesi come i tre che ho chiamato Khalid, Rashid, Tarik, la appoggiano perfino alcuni membri dell'establishment economico-culturale.

E sebbene cresca in sordina, silenziosamente, cautissimamente, s'avverte in ogni strato della popolazione. Lo dimostra il cameriere che con malcelata ostilità ti versa il caffè nella tazza, il tassista che con mal repressa antipatia t'accompagna all'albergo, la ragazza in chador che nel rifugio ti lancia uno sguardo ostile, il soldato in tuta mimetica che quasi con rabbia ti esamina il lasciapassare, e addirittura lo sceicco che con falsa gentilezza t'ha invitato a bere il tè. Non a caso i volantini contro gli americani e i loro alleati incominciano a girare per le città. Coi volantini, le cassette sul cui nastro i mullah hanno inciso le loro proteste e le loro maledizioni.

«Sono cassette identiche alle cassette che durante il regno dello scià giravano a Teheran, a Tabriz, a Isfahan, a Shiraz» spiega colui che ho chiamato Khalid «e per ora vengono distribuite di nascosto o vendute sottobanco nei bazar. Ma non si faccia illusioni: diventeranno sempre meno segrete. Prima o poi quelle proteste e quelle maledizioni caleranno dai tetti a terrazza come succedeva a Teheran, a Tabriz, a Isfahan, a Shiraz.»

Inutile controbattere che gli americani e gli europei sono venuti a morire per loro, per i loro dannati pozzi di petrolio, per la loro incolumità, quindi se gli stanno antipatici dovevano pensarci prima. Inutile replicare che le guerre si sa quando incominciano e mai quando finiscono, che non tengono conto dei Natali e dei Ramadan, che per farle non si sparano cioccolatini ma esplosivi che uccidono, che trenta giorni di guerra son pochi anzi pochissimi, e l'Iraq non è Panama, non è Grenada. Inutile protestare che se gli alleati bombardano Bagdad gli iracheni lanciano gli Scud sull'Arabia Saudita e Israele, ci annunciano le bombe chimiche, ci aizzano il terrorismo, promettono di farci nuotare nel nostro sangue. È altrettanto inutile ricordare che Saddam Hussein è un dittatore alla Hitler, un uomo spietato, un essere pericoloso per tutta la comunità internazionale e in particolare per chi ha la disgrazia di vivergli accanto, quindi questa guerra dentro la guerra è tanto illogica quanto ingrata. Se ne rende conto da solo.

«So benissimo» risponde «che i miei discorsi possano apparire ingrati, privi di logica e addirittura ingenui. Ma la realtà è quella che le ho esposto, e se potesse leggere dentro la mente del mio re ci troverebbe pensieri molto simili ai miei. Siamo arabi, noi, e arabi di un paese che è il punto focale dell'Islam. La Mecca è qui, Medina è qui: tra un figlio di cane mussulmano e un figlio di cane cristiano o ateo il nostro cuore sceglierà sempre il figlio di cane mussulmano. Tra un fratello pericoloso e uno straniero amico, opterà sempre per il fratello pericoloso. Comunque io non credo che gli americani e gli europei siano venuti a morire per noi, per i nostri dannati pozzi di petrolio, per la nostra incolumità. Sono venuti a morire per se stessi, per i loro interessi, per i loro Paesi, cioè per rifar le Crociate, stabilire in questa parte del mondo la supremazia che hanno sempre cercato, e a invitarli noi sauditi abbiamo fatto un passo falso. Siamo scivolati sulla buccia di banana da cui eravamo sempre riusciti a tenerci lontano. Questo non è un conflitto tra noi e l'Iraq. È una Crociata tra noi e voi, tra il vostro sistema di vita e il nostro, tra la nostra religione e la vostra. E siamo appena al primo round.» Poi si asciuga una lacrima e conclude: «Vuol sapere come finirà il primo round? Sia pure a costo di molti morti, forse tutti i morti che da un mese cercano di evitare bombardando l'Iraq, gli occidentali vinceranno. Il Kuwait tornerà al Kuwait. Bagdad e Bassora e le altre città distrutte verranno ricostruite dagli americani nel modo in cui gli americani ricostruirono in Germania le città distrutte dai bombardamenti della Seconda guerra mondiale. L'Iraq verrà risollevato dalla calcolata generosità di un nuovo piano Marshall. Qualcuno in Siria o in Egitto o in Iran prenderà il posto di Saddam Hussein perché Saddam Hussein non è che un attaccapanni cui appendere la giacca del Saladino di turno, e l'Arabia Saudita sarà la grande sconfitta. Non tanto perché verrà travolta da cambiamenti mostruosi, diventerà come il Giappone di McArthur o l'Iran di Khomeini, quanto perché nessun arabo ci perdonerà mai d'aver portato qui lo straniero».

Sono le sei pomeridiane, dal minareto della vicina moschea un muezzin sta urlando le preghiere del tramonto, dalla vicina base aerea i C-130 e i CK-135 e i C-5 Galaxy decollano con un fracasso mostruoso, e nell'aria c'è un cattivo odore, che non è puzzo di gas. È puzzo di vere Crociate a venire.

Nel deserto già si respira odore di sangue

L'attesa è ormai spasmodica. «Attaccano stanotte, no, domani notte, no, dopodomani o entro la fine della settimana.» La tensione si taglia a fette, nutrita dalla sicurezza con cui gli americani ripetono: «Siamo pronti, non ci manca che l'ordine di metterci in moto. Let's get this thing over and go home, finiamola con questa storia e torniamo a casa». Il fatto è che, per finirla e tornare a casa dopo un assalto terrestre e uno sbarco, i nuovi Crociati rischiano davvero di nuotare nel proprio sangue: se in questi sette mesi Schwarzkopf ha messo insieme la più grossa Armata che sia mai esistita dai tempi della Seconda guerra mondiale, Saddam Hussein non è stato con le mani in mano. Per centinaia di chilometri, tutta la frontiera che divide l'Arabia Saudita dall'Iraq e dal Kuwait, il deserto è un campo di mine sulle quali bisogna passare. E molti dicono: «Per un secolo su quella sabbia non si potrà camminare senza correre il rischio di disintegrarsi». Mine anticarro italiane e sovietiche che poste a trenta metri l'una dall'altra possono far schizzare in aria un M1A1 e in meno di sei minuti arrostire chi ci sta dentro. Mine anti uomo che gli stessi americani gli hanno venduto, durante la presidenza di Reagan, al modico prezzo di due dollari e mezzo ciascuna e al motto «Get more bang per buck»: risparmia soldi. Mine col mustard gas o il gas nervino che rintontisce e poi uccide... «Sono le più insidiose e le più difficili da localizzare» dice il maggiore Cutchall, artificiere dei Marines. «Io le studio da otto settimane e non ho ancora imparato un'acca.» Le Bouncing Betty o Salta Betty, ad esempio, balzano su fino a un metro e mezzo di altezza e poi scoppiano per frantumarsi in circa quattromila schegge. Le Toe Topper o mozzadito, grandi quanto una scatoletta di vernice da scarpe, si accontentano di portarti via un piede. Però sono talmente fitte che se i soldati corrono in aiuto d'un compagno ferito, vi inciampano come lui e restano mutilati anche loro.

Oltre ai campi minati, le trincee e le postazioni a triangolo, ad ogni angolo una mitragliatrice da 12,7 o un mortaio difeso da un filo spinato e altre mine. Alla mitragliatrice e al mortaio, soldati che hanno già fatto una guerra durata otto anni e quindi sanno difendersi. Al di là delle postazioni a triangolo, altre trincee da scavalcare e poi la Guardia repubblicana, cioè i superguerrieri la cui vita è stata comprata da Saddam Hussein con fior di stipendi e case gratis e automobili e privilegi. (Carta bianca anche sul saccheggio e lo stupro.) Infine, i cannoni G-5 che sono (si dice) i migliori del mondo ed hanno una gittata di novanta o cento chilometri. Coi G-5, i pezzi di artiglieria per sparare le bombe di mustard gas o gas nervino. Non a caso presso lo stadio di Hafar al Batin, la cittadina sotto la zona neutralizzata, gli alleati hanno scavato una profondissima fossa di 200x300 metri che è in grado di accogliere i primi cinquemila morti. L'hanno addirittura divisa in due sezioni, una per i morti cristiani, una per i morti mussulmani, e questa l'hanno a sua volta divisa in quadrati dentro i quali i mussulmani verranno gettati a seconda della loro nazionalità. Ci sono perfino i cartelli con la scritta «sauditi», «kuwaitiani», «egiziani», «marocchini», «algerini», «siriani», «qatari». E guardandole con orrore la gente si chiede: «Mio Dio, yahallah, quando avverranno l'assalto via terra e lo sbarco? Mio Dio, yahallah, quando incomincerà ciò che Saddam Hussein ha definito la Madre delle Battaglie, il Grande Scontro tra il Bene e il Male?».

Alcuni sostengono che è già incominciato, che ad avviarlo sono state la USS Wisconsin e la USS Missouri coi cannoni da 406. (Ogni colpo un inferno d'una tonnellata.) Con la Missouri e la Wisconsin i Marines che due giorni fa si sono messi ad aprire passaggi nei valloni eretti dagli iracheni lungo la frontiera, ad attraversarli e a piazzarsi da quella parte. Coi Marines, gli elicotteri CH-47 Chinook che mercoledì sono piombati nel Kuwait per distruggere ben trenta bunker e portarsi via ben cinquecento prigionieri. Eventi che costituiscono o almeno annunciano l'inizio d'una offensiva terrestre.

Altri invece sostengono che la Madre delle Battaglie, il Grande Scontro tra il Bene e il Male non avverrà perché non sarà necessario. Anzi perché non è più necessario. «Sì, l'attacco terrestre e lo sbarco facevano parte del piano, ma in guerra le cose non vanno mai nel modo stabilito. Bisogna spesso cambiare programma, adeguarsi agli sviluppi imprevisti, e chi poteva prevedere che Schwarzkopf avrebbe vinto la guerra coi bombardieri? Nemmeno lui se lo immaginava. Forse perché non osava sperare che l'aviazione irachena avrebbe fatto la figuraccia che ha fatto.»

Poi, partendo dal presupposto che la guerra sia già stata vinta con le novantamila incursioni dei Tornado, degli A-10, degli F-15, degli F-16, degli F-18, degli F-111, degli F-117, dei B-52 eccetera, ti spiegano la loro presa di posizione. È vero, dicono, che per vincere una guerra l'offensiva aerea non basta; è vero che le guerre si vincono scatenando l'offensiva terrestre occupando il territorio nemico. Ma è altrettanto vero che nei casi in cui un conflitto si svolge nel deserto, luogo dove il nemico non può nascondersi ed è alla mercé dei bombardamenti aerei, quella regola non tiene.

Quasi ciò non bastasse, bisogna considerare: primo, se la fossa scavata presso lo stadio di Hafar al Batin si riempisse di cadaveri americani, negli Stati Uniti esploderebbe una rivolta simile a quella che accadde durante la guerra in Vietnam. Gli americani non sopportano l'idea di avere molti morti, e faranno di tutto per averne il meno possibile. Secondo: Schwarzkopf non è Westmoreland cioè il generale che in Vietnam si guadagnò il soprannome di Hamburgerhill Man, l'uomo della collina Hamburger. (Così battezzata per il numero dei morti che costò, circa 600.) Dall'aspetto non si direbbe, il suo metro e novanta di altezza, i suoi 120 chili di peso, il suo faccione burbero e il suo fare brusco possono trarre in inganno: ma Schwarzkopf è un brav'uomo e un uomo intelligente, sensibile. È uno stratega raffinato, un tipo che detesta il sangue. Sa benissimo che l'offensiva terrestre e lo sbarco gli costerebbero migliaia e migliaia di morti. Almeno diecimila per i campi minati, almeno ventimila per i mustard gas e il gas nervino, quasi altrettanti per la bravura che gli iracheni dimostrano nella guerra difensiva e per ciò che viene chiamato «friendly fire»: il fuoco che viene dalle proprie linee e che nel caos del combattimento uccide quanto il fuoco nemico. Quindi non ha voglia di rischiare una ecatombe o riempire con un attacco superfluo e uno e uno sbarco ancora più superfluo le quarantamila bare speditegli dal Dipartimento della Difesa.

Per quanto azzardata, la tesi è interessante. E da un punto di vista logico (ammesso che la guerra rispetti la logica) non presenta una grinza. D'accordo per neutralizzare le mine Schwarzkopf ha portato congegni fantastici: carri muniti di una corda che sbatte il deserto per cento metri di lunghezza e quattro di larghezza facendo brillare quelle a fior di terra; carri muniti al muso d'una gran pala che scava a cucchiaio e pesca quelle interrate, le raccoglie come la pala d'un bulldozer raccoglie le pietre, le porta via; carri muniti di rulli, simili ai rulli coi quali i camion della nettezza urbana puliscono le strade delle nostre città. (Ottimi, questi, per le Toe Topper e le Bouncing Betty.) Però in battaglia certi congegni si usano male, e molti soldati salterebbero in aria lo stesso. D'accordo, per neutralizzare il mustard gas, il gas nervino, ha distribuito alla truppa le migliori maschere e le migliori tute anti NPC che si trovino sul mercato. Oltre alle maschere e alle tute, raffinati strumenti che consentono di determinare subito la presenza di un veleno e il grado di intossicazione. Però i suoi esperti continuano ad ammettere di saperne ben poco sui gas, e in molte postazioni si preferisce ricorrere a mezzi più elementari: pollai pieni di galli e galline che al momento opportuno servono da cavia. («This is not nice for the bloody chickens who give us fresh eggs, by the way», mi ha detto il tenente Marc Martello a Dhahran, «but the bloody gas scares me at death. I can bear anything but the bloody gas.» «No, la cosa non è gentile per le dannate galline che oltretutto ci regalano uova fresche, ma il dannato gas mi spaventa a morte. Posso sopportare tutto, io; fuorché il dannato gas.») D'accordo, per neutralizzare la bravura che gli iracheni dimostrano nella guerra difensiva li ha addestrati fino all'esasperazione e ora i soldati americani sono all'altezza dei mitici Desert rats, cioè gli inglesi del Royal Scots. Però restano soldati che nella stragrande maggioranza dei casi non hanno mai visto una guerra, al massimo hanno partecipato alle spedizioni punitive di Panama o di Grenada. E se riesci a superare gli ostacoli che sono stati inflitti alla stampa, parlarci un minuto, odi sempre la medesima frase: «I did not enroll to make the war, I don't know the war». «Io non mi sono arruolato per fare la guerra, io non conosco la guerra». Quanto alle perdite per il «friendly fire» qualsiasi giornalista che è stato in Vietnam vi racconterà che in quella guerra un terzo dei 57 mila morti americani sono finiti al cimitero per i colpi di mortaio o le raffiche di mitra o le cannonate sparate in eccesso o per sbaglio dai loro stessi compagni. In Arabia, lo stesso. Dunque che senso avrebbe sacrificarne con l'attacco superfluo, lo sbarco superfluo? Meglio: quali sono le probabilità che quell'attacco e quello sbarco non avvengano?

Molte, esclamano i sostenitori della tesi interessante (solito, militari ben informati). E ciò anche nel caso che Saddam Hussein rifiuti il piano di Gorbaciov berciando di voler combattere fino all'ultima stilla di sangue, o nel caso che il Consiglio di Sicurezza non ritenga quel piano accettabile. A favorirla infatti non v'è soltanto la personalità di Schwarzkopf: v'è l'obiettiva realtà d'un esercito iracheno che, lungi dal voler combattere fino all'ultima stilla di sangue, ha una gran voglia di arrendersi o di ritirarsi. «Proprio così, cara amica. Saddam se ne frega dei suoi soldati. Ma i suoi generali, no. E come la truppa non vedono l'ora di lasciare il Kuwait, fare dietro-front e tornare in Iraq. O addirittura consegnarsi agli Alleati per godersi un bel pasto caldo e tenersi al riparo dalle bombe. Chi ce lo dice? Semplice: le intercettazioni radio, l'ascolto che gli equipaggiamenti elettronici compiono attraverso i satelliti e gli Awacs. Sia a Bagdad che a Kuwait City, sia a Bassora che a Kirkuk o a Mosul, non v'è militare o civile iracheno che possa parlare senza essere ascoltato da noi. Captiamo ogni messaggio, ogni telefonata, ogni frase di rivolta, ogni progetto.» Ed è vero. Ieri ne ho chiesto conferma a due ufficiali e uno mi ha risposto: «Che c'è di straordinario? Le intercettazioni radio sono sempre state la nostra specialità, e i nostri sistemi di intercettazione oggi sono i migliori del mondo, e a maneggiarli abbiamo migliaia di specialisti, soprattutto egiziani». L'altro mi ha risposto: «Bah, sull'esercito iracheno ne sappiamo assai più di Saddam. E forse ne sappiamo troppo. Dico troppo perché a saperne troppo si sciupa la sorpresa e il gusto di riuscire nelle cose difficili. Tanto per citare un esempio, pensi all'impresa dei CH-47 Chinook che sono capitati proprio in un punto nel quale c'era un intero battaglione pronto ad arrendersi».

In altre parole, è possibile che questa guerra si concluda in modo diverso dal previsto. È possibile che la spasmodica attesa non abbia ragione di tormentarci. «Tutt'al più» concludono quegli ottimisti «ci sarà un attacco molto duro ma limitato dall'angolo sud-ovest del Kuwait per prendere alle spalle la Guardia repubblicana e facilitare l'avanzata dei kuwaitiani che insieme ai sauditi marceranno sulla capitale.»

E Bush? Come reagirebbe Bush al mancato sbarco e al mancato assalto col cui annuncio seviziava Saddam Hussein? Peggio: come prenderebbe un «cessate il fuoco» ordinato da un Consiglio di Sicurezza che dice sì al Piano Gorbaciov? Con dispetto, ovvio.

Con la rabbia di chi si vede privare d'una soddisfazione agognata. «We'll kick him in the ass», «lo prenderemo a calci nel culo», replicò con inaspettato linguaggio da Marine, quando Saddam Hussein disse che avrebbe fatto nuotare gli americani nel loro sangue. Ma in queste settimane il suo odio per il Feroce Saladino ha assunto dimensione da tragedia shakespeariana e vorrebbe punirlo, umiliarlo, distruggerlo come ha distrutto e continua a distruggere i suoi ponti, i suoi bunker, i suoi radar, le sue ferrovie, i suoi aerei. Vorrebbe vederlo morto, o almeno in catene, per trascinarlo dinanzi a un nuovo tribunale di Norimberga. (Chi avrebbe sospettato che quell'americano tranquillo, dal volto pallido e la voce pacata, fosse capace di sentimenti così furibondi?) Non ha tutti i torti, intendiamoci. Se Schwarzkopf rinuncia alla zampata finale, Saddam Hussein si salva. Salvandosi resta al potere, rimane una minaccia per gli occidentali e il petrolio di cui gli occidentali hanno bisogno come un drogato ha bisogno della droga, diventa davvero il vessillo che molti arabi vedono in lui: il prediletto di Allah, il condottiero che è nella mente degli uomini, negli occhi delle donne, nel sorriso dei bambini, nella saggezza dei vecchi, e via di questo passo.

Comunque una soddisfazione l'ha già avuta, il signor Bush. Quella che Saddam Hussein gli ha fornito su un piatto d'argento dimostrando di non essere né il prediletto di Allah, né il condottiero che sta nella mente degli uomini, negli occhi delle donne, nel sorriso dei bambini, nella saggezza dei vecchi, bensì un cialtrone che chiede aiuto a tutti per salvarsi la pelle. Un codardo che si nasconde nei bunker mentre il suo popolo muore.

La guerra vista dal fronte

Livio Caputo. *Dalle poche informazioni che arrivano, a noi risulta che le operazioni vanno abbastanza bene. A te che cosa sembra, vedendo le cose dal fronte?**

Oriana Fallaci. Qui di notizie non ne arrivano davvero molte. Io mi sono trovata, quasi per caso, dinanzi a Schwarzkopf, il quale non ha fatto un briefing, ma piuttosto una breve dichiarazione. Altri briefing non ce ne sono stati. Mi è stato riferito che ce ne doveva essere uno dei kuwaitiani, ma quando tutti erano riuniti nella sala in attesa gli stessi kuwaitiani hanno detto: «Vi abbiamo convocato per dire che non ci sarà alcun briefing». Nessuno parla più, e il perché sta nella dichiarazione che ha appunto fatto Schwarzkopf: «Non vogliamo compromettere l'andamento dell'operazione». Bisogna rendersi conto che siamo nel 1991, che, sebbene Saddam Hussein abbia un esercito ormai disfatto e sconfitto, ha sempre un esercito moderno, vale a dire in grado di captare delle informazioni, delle voci. Non dimentichiamo che gli americani, quando erano suoi amici, gli hanno messo su un servizio di intelligence non indifferente da un punto di vista tecnologico. Poi glielo hanno distrutto con i bombardamenti, tant'è vero che uno dei suoi maggiori problemi negli ultimi tempi è stato quello di non poter comunicare. Sembra addirittura che gli ufficiali suddivisi nelle varie postazioni

---

* Dopo quaranta giorni di offensiva aerea, la guerra del Golfo si è trasferita sul terreno. Al termine della prima giornata di operazioni il capo dei servizi esteri del «Corriere della Sera», Livio Caputo, ha registrato questa telefonata con Oriana Fallaci che venne poi pubblicata il 25 febbraio 1991.

dovessero comunicare per iscritto. Ma gli americani non possono onestamente permettersi di avere dei giornalisti che raccontano a Saddam Hussein quello che succede. A parte un rigore forse eccessivo, trovo una logica in tutto questo. Ci si deve rendere conto che quando si guarda la CNN la vede anche Saddam Hussein. Non è assolutamente possibile fargli vedere dove i soldati sbarcano, che razza di operazione stanno facendo e con quali mezzi. Ciò non toglie che qui alle volte si esagera. Mi hanno appena recapitato un ordine del giorno, in cui si avvertono i giornalisti di non tentare assolutamente, per ragioni operative e di sicurezza, di coprire la guerra per conto proprio e di avvicinarsi ai reparti combattenti, a qualsiasi nazione appartengano. I reporter che viaggiano non scortati, si avverte, potranno essere considerati una minaccia per la salvezza delle truppe e rischiano perciò di finire sotto il fuoco alleato. Una vera allegria.

Ma in sostanza ti sembra che l'ottimismo di Schwarzkopf sia giustificato?

Direi proprio di sì. Schwarzkopf era estremamente teso, chiarissimamente stanco, ma sicuro di sé, estremamente sicuro di sé. Aveva un tono perentorio, sbrigativo, da «ragazzino lasciami lavorare», ma nello stesso tempo sembrava che dietro la sua aria severa ci fosse una specie di segreto sbigottimento, come se lui stesso non credesse che le cose potessero andare così bene. Lui si è mosso soltanto quando era certo che le cose sarebbero andate bene, però lo spettro delle migliaia di morti ci ha accompagnato e lo ha accompagnato fino a questa mattina alle 4 quando è iniziata l'offensiva. Aveva un'aria assolutamente sincera quando diceva, a proposito di morti e feriti, «perdite estremamente basse, anzi straordinariamente basse».
Non aveva però toni trionfalistici: ha iniziato il discorso sottolineando che quelle che dava erano notizie iniziali basate sui rapporti preliminari dei comandanti sul campo e che perciò avrebbero potuto cambiare o essere perfezionate nelle ore a venire. Sicché aveva un'aria anche abbastanza cauta, ma quanto detto era talmente rivelatore che a un certo punto gli abbiamo chiesto se gli iracheni si stavano ritirando oppure non stavano rispondendo all'attacco, oppure si stavano arrendendo. E lui ha risposto seccamente: «Tutte e tre le cose».

Descrivimi un po' questo personaggio; mi sembra che ti abbia fatto una certa impressione.

Mi è piaciuto. Mi è piaciuto perché sembrava una nonna severa... Quelle nonne dall'aria maschile, possenti, con un grande seno, delle spalle ampie e dalle grandi braccia. Ma stranamente aveva anche un'aria buona. Questo omone di un metro e 95 d'altezza per 120 chili con una faccia apparentemente burbera, in realtà nasconde una certa dolcezza. Estremamente serio, parlava bene, non ha sbagliato nulla, incuteva rispetto, era convincente.

Da quel che sembra la resistenza irachena è molto meno aspra di quanto non ci si aspettasse. Si parla di migliaia di prigionieri, ne abbiamo visti alcuni sullo schermo, catturati dai sauditi, che non facevano proprio una grande impressione. Tu che giudizio dai?

È proprio per questo che io prima ho parlato di una segreta incredulità da parte di Schwarzkopf, una sorpresa che ci contagia tutti perché in realtà nessuno di noi si aspettava che fossero malridotti a questo punto. Io ho annunciato una probabile resa in massa degli iracheni, però, come gli altri d'altronde, non credevo che nelle prime dieci ore gli alleati facessero ben 5.500 prigionieri. Sono tanti, sono tantissimi. Soprattutto mi sorprende perché gli iracheni hanno dimostrato nella guerra contro gli iraniani di essere molto bravi nella difesa, di battersi bene nella guerra di posizione. Naturalmente era un avversario ben diverso, però era un avversario abbastanza temibile. Non posso neanche dimenticare quello che disse Aziz all'inizio della guerra e cioè che gli alleati ne avrebbero viste di brutte perché non erano preparati alla guerra nel deserto. E aggiunse: noi nel deserto ci viviamo, lo conosciamo, gli americani no.

Tu quindi pensi che la tattica di bombardare per quasi quaranta giorni prima di attaccare a terra abbia fatto la differenza, sia stata l'elemento decisivo.

È stato l'elemento decisivo. Ha funzionato la strategia di Schwarzkopf che poi è la vecchia strategia degli americani. Non era riuscita altrettanto bene in Vietnam, ma questa è una storia superata. Ma adesso scusami perché sta suonando di nuovo l'allarme... Maledizione, qui bisogna mettersi la maschera anti gas... Mi senti con la maschera addosso?

Temo di no, interrompiamo un momento.

Ecco adesso è finito l'allarme. Sembra che i Patriot abbiano fatto di nuovo il loro dovere. Possiamo riprendere.

Prendendo spunto dall'attacco che può sempre essere chimico, non ti sembra che da parte degli iracheni, mentre c'è poca resistenza, c'è invece un accanimento del tutto insolito nella distruzione di quanto rimane del Kuwait e nella persecuzione della popolazione?

La storia degli Scud che continuano a essere lanciati su Riad e Dhahran (ora su Riad, ieri notte su Dhahran) mi sembra estremamente significativa: è la disperazione! Vuol dire che gli iracheni sono ridotti talmente allo stremo che si abbandonano a dei gesti di inutile crudeltà e ferocia che ai nostri occhi sembrano inutili; è il cane morente che cerca di azzannarti con rabbia. Ciò che sta succedendo ora nel Kuwait è un lanciare gli Scud moltiplicato per un milione. È il cane arrabbiato e morente che cerca di vendicarsi come può. Non dimentichiamo che Saddam Hussein, parlando alla radio, ha lanciato l'ordine «uccidere, uccidere, uccidere senza pietà». I kuwaitiani raccontano che mentre gli americani avanzano (sembra che si siano davvero paracadutati a sud di Kuwait City) gli iracheni continuano ad ammazzare la gente, a rastrellare i ragazzi e a portarli in prima linea a combattere.

Noti da parte dei kuwaitiani con cui sei in contatto una specie di sete di vendetta contro l'uomo che ha distrutto uno dei Paesi che dopo tutto era uno dei più ricchi e felici del Medio Oriente?

Vendetta non l'ho avvertita, mentre l'odio mi sembra di sentirlo, ma non con una passione quale quella che sentivamo noi per Mussolini e Hitler. È gente molto diversa da noi e questo spiega molte cose. Mi fanno ricordare un film di fantascienza che ho visto diverso tempo fa dove c'era un popolo che si consegnava al nemico – e quindi alla morte – senza ribellarsi. Conoscendoli in questi giorni ho capito come mai si siano consegnati con tanta mitezza il 2 di agosto a Saddam Hussein. Loro amano parlare di resistenza, ma io non credo che ne abbiano opposta tanta. Forse negli ultimi giorni avranno cercato di fare qualcosa, ma veramente roba da poco proprio perché non è nella loro natura (non avevano un esercito per difendersi), è gente pacifica, non sono guerrieri.

Secondo te per quanto tempo ancora durerà la guerra?

A questo punto mi meraviglierei (anche se di natura non sono molto ottimista) se durasse più di una settimana. Ma nelle guerre di piani precisi non se ne possono fare. Gli americani hanno condotto questa guerra con una battuta: «We are on schedule, stiamo rispettando la tabella di marcia». Ma non posso credere che lo scenario scritto continui a realizzarsi *on schedule* fino all'ultimo momento. È una vecchia legge che in guerra se le cose possono andare male ci vanno. Le cose non vanno mai come si prevede, c'è sì uno scenario stabilito, ma è uno scenario che finisce sempre per modificarsi. Per realtà impreviste io intendo proprio il fatto che la famosa Guardia Repubblicana, che Schwarzkopf non ha mai sottovalutata, potrebbe difendersi bene. Stamane tutti dicevano: «I francesi sono entrati come un coltello nel burro»; Schwarzkopf espressioni del genere non le ha neanche azzardate, non soltanto perché sminuirebbero lo sforzo di ciò che ha fatto, ma perché in realtà degli scontri ci sono stati e continuano a esserci. Anzi ha sottolineato la frase con cui ha finito di parlare dicendo: «Fino ad ora l'offensiva è andata avanti con drammatico successo, (mi ha fatto impressione l'aggettivo drammatico), le truppe stanno facendo un gran bel lavoro ma non sarei onesto con voi se non vi ricordassi che questa battaglia è a uno stadio iniziale, che questa offensiva è incominciata soltanto da dodici ore e che la guerra non è affatto finita».

A tuo avviso i reparti che hanno la capacità di lanciare bombe chimiche e batteriologiche sono ancora sufficientemente efficienti per ricorrere a questi mezzi o sono a loro volta allo sbando?

Gli americani sostengono di avere distrutto le fabbriche di armi batteriologiche e chimiche, ma non le armi chimiche che Saddam Hussein aveva a disposizione. Anzi, ci è stato confermato alcuni giorni or sono, che una settimana fa erano state trasferite al fronte tutte le armi chimiche di cui l'esercito iracheno era in possesso.

Erano state distribuite all'artiglieria e alle postazioni. Le armi chimiche esistono!

Secondo te le useranno o i comandanti dei reparti, convinti che la partita è ormai perduta, non vorranno aggravare la propria posizione personale utilizzandole e rischiando così di finire davanti a un tribunale internazionale per crimini di guerra?

Io credo che l'ordine di usarle ci sia, però per attuare un ordine bisogna che ci sia un esercito. E l'esercito si sta disfacendo fuorché le divisioni della Guardia Repubblicana che stanno a nord-ovest del paese. Non mi pare che dei soldati che stamattina hanno fatto entrare quasi comodamente inglesi, americani, francesi, egiziani, siriani e tutti gli altri fossero in condizione di mettersi a tirare delle armi chimiche. Ma non si sono ancora scontrati con la Guardia Repubblicana.

Tu credi che sia necessario, per vincere questa guerra, arrivare a Bagdad o basterà accerchiare le truppe nel Kuwait e ottenerne la resa?

Io credo di avere capito che né i militari americani, né gli inglesi, né i francesi vogliono arrivare a Bagdad. A Bush, invece, piacerebbe moltissimo arrivare a Bagdad, così come 45 anni fa si decise di andare fino a Berlino. Ma questo è solo il sogno di Bush, non il compito che gli eserciti si sono assunti. Le truppe sono entrate in Iraq per motivi strategici: per tagliare fuori gli iracheni in Kuwait dal loro paese e costringere la Guardia Repubblicana, oggi rintanata nei bunker nel nord-ovest dell'Emirato, a venire allo scoperto e combattere.

Hai visto tante guerre come ne ho viste tante io. Questa ti sembra diversa perché i mezzi sono più potenti, perché c'è un altro addestramento e un altro spirito? È una guerra da XXI secolo?

In questa guerra la macchina militare non mi ha impressionato. Avendo conosciuto così bene e così a lungo la guerra nel Vietnam posso dire che la potenza non era da meno. Da un punto di vista tecnologico la potenza bellica non era affatto male, ovviamente ora è più raffinata, più esasperata, più da «guerre stellari». Ciò che, più mi ha fatto impressione in questa guerra, a parte la sua inaccessibilità, è lo scenario di questa guerra. Io ho sempre seguito delle guerre con gli alberi, con le colline, con il verde, con la gente; qui c'è invece una guerra nel deserto brutto, giallo, senza destra e sinistra, senza avanti e dietro, disumano. Questo mare di sabbia dove è impossibile nascondersi, dove è impossibile scappare, è un'altra cosa.

Festa a Kuwait City

Kuwait City è rimasta al buio nel giorno della sua liberazione. Non solo perché manca l'elettricità. La nuvola di fumo nero che sale dai pozzi oscura il cielo, anche a mezzogiorno. Sotto la cappa pesante hanno festeggiato insieme liberatori e liberati.

Sull'autostrada che porta a Kuwait City non si vedono che carri T 55 e veicoli abbandonati senza benzina dagli iracheni. Tutti strapieni di televisori, computer, soprammobili, abiti, coperte.

I militari sauditi sui loro carri armati ai lati della strada agitano il loro fucile in aria, facendo il segno della vittoria e posano per i cameramen e i fotografi stranieri. Alcuni non hanno neanche l'uniforme completa: invece della giacca militare hanno magliette colorate, e al posto degli scarponi ciabatte o scendiletto.

Per le strade la gente sventola bandiere nuove di zecca, kuwaitiane, americane, inglesi strillando festosi: «Thank you American, grazie americani!». Oppure: «Bush! God save Bush».

Ma nella festa c'è chi piange i morti, i parenti che sono spariti. Chi ricorda le atrocità viste o subite. I segni della distruzione sono visibili: all'hotel Sheraton e al Meridien gli iracheni hanno appiccato il fuoco prima di partire. Il Sief Palace, il palazzo del governo, è crollato.

Anzitutto, il sudario di buio che stagna sulla città. Da ogni pozzo in fiamme (e sono ormai 500 i pozzi di petrolio che gli iracheni hanno incendiato) si alza un imbuto di fumo nero, alzandosi va a mischiarsi con gli altri 499 imbuti, diventa una nuvola nera che da est a ovest e da nord a sud si stende in un sudario di buio, e il sole non passa neanche a mezzogiorno. Poi lo sgradevole sospetto che qualcosa non quadri in questa faccenda, che nel martirio o supposto martirio del Kuwait i conti non tornino, che molte bugie o esagerazioni siano alla base delle raggelanti notizie filtrate fin ad oggi. (La strage dei neonati tolti dalle incubatrici, gli stupri quotidiani, gli omicidii individuali, le esecuzioni in massa avvenute nelle ultime ore, e le distruzioni compiute dalla soldataglia prima della fuga.) Il sospetto ti coglie appena il pullman coi pochi giornalisti autorizzati ad entrare imbocca il tratto finale della Fahaheel expressway: l'autostrada che conduce alla capitale. Che anziché un esercito di assassini alla Hitler quello di Saddam Hussein fosse un esercito di volgarissimi ladri anzi di saccheggiatori? Certo i morti ci sono stati, le atrocità sono avvenute, anche nelle ultime ore, ma sulla Fahaheel non si vedono che carri T55 e veicoli abbandonati per mancanza di benzina: gli uni e gli altri colmi di televisori, computer, frigoriferi, soprammobili, abiti da donna, coperte. Sull'asfalto, persino gli astucci da gioielliere (vuoti s'intende), gli orologi da tavolo, le scatolette di cibo, i mazzi di cipolle fresche. Forse qui c'è una verità da ridimensionare, si dice, e inutile aggiungere che tale verità include anche gli arabi mandati nel Kuwait per sostenere la tesi che il paese è stato liberato da loro e non dagli occidentali.

Sgangheratamente seduti sui carri fermi ai lati della strada i militari sauditi agitano i fucili, allargano l'indice e il medio nel segno di vittoria, posano per i cameramen d'una televisione cui interessano le immagini e basta, ma i loro cannoni ancora incappucciati raccontano di non avere sparato un colpo e un'occhiata ti basta per concludere che di bugie ne sono state dette fin troppe. Quanto ai militari kuwaitiani, il più significativo è uno che indossa il *thobe* azzurro ricamato d'oro e si balocca con la mitragliatrice dell'autoblindo cercando di capire come funziona. Il bottone di sparo sta a destra o a sinistra? Sono le 10 antimeridiane di mercoledì 27 febbraio, data che passerà alle cronache (se non alla Storia) come il giorno in cui venne liberato il Kuwait. Superando i carri coi tappeti rosa e celeste il pullman arriva alla periferia di Kuwait City e alla prima curva viene bloccato da una folla che non avendo ancora visto nessuno ci scambia per un'avanguardia dei liberatori. Inutile tentare di chiarire l'equivoco, spiegare che non abbiamo liberato un bel nulla, che siamo qui a guardare e nient'altro. Sventolando bandiere nuove di zecca, alcune kuwaitiane, altre americane, altre inglesi (ma chi gliele ha procurate, chi gliele ha date?), strillano festosi: «Thank you American, grazie americani, thank you!». Oppure: «Bush! God save Bush, Dio salvi Bush». Nel giro di pochi istanti l'imbarazzante accoglienza diventa un frastuono mostruoso. Donne che emettono il gutturale ululato con cui a Beirut piangevano i morti: «Gluglu-glu-glu-glu-gluuu». Giovanotti che per esprimere il loro entusiasmo sparano in cielo raffiche di kalashnikov e a mo' di raffica berciano rauchi: «Insciallah, insciallah!». E quattro sciagurate che arrivano con un asinello sul cui fianco destro hanno scritto con la vernice «Asmo Saddam, Saddam ciuco». Sicché tutti si buttano sulla povera bestia e la pigliano a calci, a schiaffi, a pugni, come se fosse Saddam, e la povera bestia raglia di dolore. «Hih, ha! Hih, ha!» Raglia finché un saggio dall'aria gentile prende in mano il guinzaglio a cui l'hanno legata e la porta via protestando, ma allora nasce un tumulto diverso: quello di chi vuole raccontarci quanto ha sofferto. «My sister raped, mia sorella violentata.» «My father killed, mio padre ucciso.» Lo dicono con molta passione, tanta passione che gli credi sulla parola, ma se vuoi saperne di più e gli chiedi dove e quando diventano vaghi: «don't know, non lo so». Lo stesso se chiedi particolari sulle esecuzioni in massa avvenute nelle ultime ore. «Ma dove sono questi morti, dove li hanno lasciati, dove li hanno sepolti?» «Non lo so.» Uno risponde addirittura che li hanno portati via. «Via dove?» «A Bagdad.» «E come?» «Coi carri armati, coi camion.» Di sicuro c'è soltanto che nelle ultime ore l'esercito di volgarissimi ladri anzi di saccheggiatori ha rubato molte automobili. «Ci fermavano e ci chiedevano le chiavi. Se ti opponevi, ti difendevi, ti ammazzavano con un colpo di rivoltella.»

Restiamo quasi mezz'ora nel frastuono mostruoso e nel tumulto dei racconti imprecisi o incompleti. Poi risaliamo sul pullman, passando tra ali festose di folla che continua a crederci liberatori e a ringraziarci, percorriamo un altro chilometro e alla seconda curva siamo bloccati di nuovo. «My sister raped, my father killed, my car stolen.» Sebbene le case che orlano la strada siano del tutto intatte, non un foro di proiettile ai muri, non una tegola spostata sui tetti, ci dicono anche che il centro della città è stato distrutto, che gli iracheni hanno fatto saltare o bruciato tutti gli edifici. Davvero? Davvero: «Go and see, andate a vedere».

Però quando arriviamo al centro non troviamo nulla di ciò che ci è stato promesso: a parte la mancanza dell'acqua e della luce elettrica, anche qui la città si presenta illesa e per trovare segni di distruzione dovremo passare dinanzi allo Sheraton e al Meridienne, i due alberghi cui gli iracheni hanno appiccato il fuoco prima di partire. Poi visitare il Sief Palace, cioè il palazzo del governo completamente crollato. E va da sé che allo Sheraton come al Meridienne l'incendio è stato spento, il danno non è irrimediabile, che il Sief Palace non è stato minato ora, ma sette mesi fa. Se la sono cavata bene in quel senso. Non è distrutto nemmeno il museo nazionale di cui l'esercito dei volgarissimi ladri, anzi saccheggiatori, impacchettò per spedire a Bagdad la più bella collezione d'arte islamica che esistesse al mondo, le sculture millenarie, i gioielli turchi e iraniani, i manoscritti che risalivano al tempo di Maometto, e in ottimo stato è anche l'Ai Salhya Complex, cioè il complesso dei negozi dove si sono presi anche i cassetti che contenevano la merce. Quanto alle ambasciate che in agosto misero sotto assedio, non sono state toccate. Inclusa quella americana dove le finestre sono aperte e le tende ondeggiano al vento. Il centro, inoltre, è pulito. Nessuna traccia della spazzatura che insozza le città straziate da un assedio o da una ritirata. E nessun segno del sangue che ne insozza i muri quando centinaia di persone vengono fucilate. L'unica cosa che sconvolge è il silenzio immobile del quartiere deserto. Nessuno cammina per le strade, nessuno si affaccia dai balconi o dai tetti a terrazza. Le finestre sono chiuse, le porte sbarrate, i marciapiedi vuoti: perché? Dove sono finiti gli uomini le donne i vecchi i bambini che sventolano bandiere nuove di zecca? Sono scappati o sono morti? No, sono nascosti. Hanno saputo che nella zona è rimasto un soldato iracheno al quale tre improvvisati miliziani stanno dando la caccia e ci vorrebbe un miracolo per stanarlo, spiega l'ufficiale saudita che ci accompagna. Poi impugna il fucile mitragliatore, lascia il pullman, si accuccia dietro la fiancata opposta a un edificio sul quale trionfa un immenso ritratto di Saddam Hussein, e ci dice di fare altrettanto: una sparatoria può esplodere da un momento all'altro. Obbediamo di malavoglia, certi che il soldato iracheno esista solo nella sua fantasia, e dopo qualche minuto i tre miliziani appaiono sul tetto per stracciare una bandiera irachena. Falso allarme, non c'era che quella, ci informano con voce beffarda. Poi scendono dal tetto, con l'aria di chi sta per compiere una impresa eroica, si piazzano dinanzi all'immenso ritratto di Saddam Hussein, ci scaricano sopra i caricatori, e il miracolo invocato avviene. Una ad una le finestre si aprono, le porte si spalancano, gli abitanti che credevamo morti o scappati si rovesciano sul marciapiede. Attraversano la strada, danno fuoco al ritratto di Saddam, quindi formano un corteo di automobili e strombettando si lanciano verso il litorale. Li seguiamo chiedendoci in che luogo siano diretti, e il luogo dove sono diretti è uno spiazzo nel quale si svolgerà una specie di cerimonia in onore dei militari sauditi.

Sono ormai le due del pomeriggio, dalla nuvola nera, il sudario di buio, filtra un debole raggio di sole, e lo spettacolo che ora si svolge sotto i nostri occhi è ancora più assurdo di quello che stamani abbiamo visto alla periferia. Quasi tutti hanno un mitragliatore o una rivoltella, e chi non ha né il mitragliatore né la rivoltella ha un Rpg. Chi non ha un Rpg ha una mitraglia antiaerea da 50 mm e con quell'arsenale di armi che secondo alcuni sono le armi lasciate dagli iracheni, secondo altri armi che vengono dai membri della resistenza, si mettono a sparare: a sprecare le munizioni che non hanno usato contro gli iracheni. E nessuno che li fermi. Nessuno che gli dica basta, rischiate di ammazzare qualcuno. Il fatto è che non c'è nessuno per dirgli basta, fermarli. Da quarantott'ore, cioè da quando gli iracheni se ne sono andati col loro bottino, la città è completamente abbandonata a se stessa. L'emiro Jabel Al Amad Al Sabah è rimasto con le sue mogli e i suoi figli e i suoi soldi nell'esilio dorato che re Fahd gli ha offerto a Taif, i suoi ministri lo stesso, e neanche un cane ha provveduto a instaurare un governo provvisorio o un comitato che provveda a fornire una qualsiasi autorità.

Gli americani e gli occidentali che per non farsi tacciar da invasori si sono tolti il piacere di entrare nel Kuwait ed hanno mandato i sauditi, quei tappeti rosa e celeste, non potevano farlo. I sauditi che per evitare la stessa accusa sono rimasti alle soglie della città, nemmeno. E la resistenza kuwaitiana è una realtà da dimostrare. «Io volevo tanto parteciparvi, fare qualcosa» mi dice in ottimo inglese un kuwaitiano che osserva in disparte. «Ma ogni volta che cercavo un contatto non lo trovavo. Creda a me: hanno fatto tutto loro.» Loro chi? Domando. «Loro» risponde indicandomi un ufficiale americano che in tuta mimetica e berretto mimetico tiene un neonato tra le braccia e in quella posa si fa fotografare dalla folla entusiasta. «Anche le bandiere nuove di zecca?» incalzo. «Certo» risponde indicandomene una gigantesca, venti metri per dieci a dir poco, che tenuta orizzontalmente da un gruppo di scalmanati attraversa lo spiazzo. Anche gli slogan «Iu'-es-e, dio-salvi-Bush, grazie-americani-grazie pronunciati in perfetto inglese?» insisto. «Ovvio» risponde indicandomi tre giovanotti che ora inneggiano anche al ministro Major. «Non s'illuderà mica che i kuwaitiani sappiano chi è il signor Major?»

Sono le tre del pomeriggio quando rincorsa dai ringraziamenti, baci, abbracci, ululati, raffiche di kalashnikov, scorgo una ragazzina che piange abbracciata a una donna col volto completamente coperto dal velo. È una ragazzina sui quindici anni, vestita con un lungo abito azzurro e un chador nero, così bella da non sembrar vera. Splendidi lineamenti da Madonna del Perugino, splendidi occhi neri dalle ciglia lunghe e ricurve, corpo alto e snello, allure da regina. «Come ti chiami?» le chiedo in inglese. «Leila al Hussain» singhiozza. «Perché piangi?» le chiedo. E lei risponde: «Because me vary sad, perché me molto triste» singhiozza. «Perché sei triste? Oggi sono tutti felici» le dico. «Because my brother Habib not here to be happy, perché mio fratello non qui ad esser felice» singhiozza. «Habib dead, morto.» Poi mi racconta che Habib ce l'aveva a morte con gli iracheni e diceva: «Bisogna fare qualcosa, non possiamo starcene con le mani in mano ad aspettare che gli altri muoiano per noi». Ma un giorno non è tornato a casa e un mese dopo il suo corpo è stato trovato sotto un albero, tutto bruciato e tagliato dal collo in giù. «Sei sicura?» le chiedo. «Lo hai visto?» «No» singhiozza. «Me lo hanno raccontato.» «E se ti avessero raccontato una bugia, se ad esempio fosse fuggito?» «Me not know, io non sapere» singhiozza. «Ma se è scappato io piango lo stesso.» Allora la donna col volto completamente coperto dal velo le batte una mano sul braccio, le dice qualcosa. È la madre di un giovanotto che si è arruolato nell'esercito kuwaitiano ed è venuta sullo spiazzo con la speranza di ritrovare suo figlio, ma non lo ritrova e teme che sia morto anche lui nella battaglia per liberare il Kuwait. «Sono certa che lui non è morto» le dico pensando al kuwaitiano che vestito del thobi azzurro ricamato d'oro si baloccava con la mitragliatrice dell'autoblindo e cercava di sapere come funzionasse. «Ne sono morti così pochi dei kuwaitiani arruolati nell'esercito kuwaitiano. Anzi, credo nessuno. Nella battaglia per liberare il Kuwait i morti sono stati quasi tutti soldati americani.» «Really, davvero?» esclama Leila, sorpresa. Poi si china sulla donna col volto completamente coperto dal velo, la informa che nella battaglia per liberare il Kuwait i morti sono stati quasi tutti soldati americani, e la donna si abbandona a gesti scomposti di giubilo. Si mette a urlare, estasiata: «Allah akbar, Dio è grande, Allah akbar!». E le urla durano fino al momento in cui tutti si mettono a correre verso il centro dello spiazzo dove accade qualcosa che non capisco. Corro anch'io, insieme a Leila, e ben presto capisco.

I tre miliziani hanno catturato il soldato iracheno che non esisteva. Lo hanno portato ai militari sauditi raccolti per la cerimonia, e la gente vorrebbe linciarlo. Mi avvicino, lo guardo. È un omino sui quarant'anni, dal volto emaciato e olivastro, i baffi spruzzati d'argento, l'uniforme semistrappata. È ferito alla testa, probabilmente i suoi compagni lo hanno abbandonato per questo, la sua testa fasciata da una garza sudicia e incrostata di sangue, i suoi occhi sono un pozzo di paura. Per la paura non riesce a bere il bicchier d'acqua che i militari sauditi gli hanno offerto. «You think this man the man who killed my brother, pensi che quest'uomo sia l'uomo che ha ucciso mio fratello?» mormora Leila riprendendo a singhiozzare. «No, non lo penso» rispondo portandola via. Sono le quattro del pomeriggio, dal suo esilio dorato l'emiro ha fatto sapere che tornerà per instaurare la legge marziale, il debole raggio di sole s'è spento e il sudario di buio s'è fatto più buio, il sospetto che qualcosa non quadri, che nel martirio o supposto martirio del Kuwait i conti non tornino s'è raddoppiato, e la guerra sta per finire.

I giorni del rancore

«Per favore, lasciatemi andare, per favore! Per favore, per favore...» supplica il giovanotto in maglietta azzurra e pantaloni bianchi fermato al posto di blocco presso il lungomare. E supplicando trema in modo così convulso che non riesce a tenersi in piedi, le sue gambe sono piegate come se stesse per inginocchiarsi. Tremando leva due occhi talmente dilatati dal terrore che il suo volto sembra fatto di occhi e basta. Ma i guerriglieri che lo hanno fermato, tre ottusi individui con l'uniforme mimetica e il bracciale rosso alla manica destra, non hanno alcuna intenzione di lasciarlo andare. Dai documenti requisiti risulta che l'automobile sulla quale viaggiava è una di quelle rubate ai kuwaitiani, e dopo avergli ingiunto di incrociare le mani dietro la nuca lo spingono verso il muro. Puntano i mitragliatori come se stessero per fucilarlo. «Chi è?» chiedo all'interprete che mi accompagna. «Un palestinese» risponde lui, freddo. «Che gli faranno? Lo fucileranno?» «Purtroppo no, lo consegneranno alla polizia.» «E poi?» «Poi non so, dipenderà dal grado di colpevolezza.»

Intanto i tre ottusi individui con l'uniforme mimetica e il bracciale rosso alla manica destra lo picchiano. Lo prendono a calci negli stinchi, gli battono sulla schiena le canne degli M-16, e la gente guarda compiaciuta. Un uomo col thobi grida: «Non perdete tempo! Ammazzatelo subito!». E appare molto irritato quando, invece di ammazzarlo subito, i tre chiamano via radio una camionetta che se lo porterà via.

Al posto di blocco seguente, lo stesso. Qui i fermati sono una coppia di barbuti sui quarant'anni, e la faccenda è più grave perché entrambi avevano in tasca una rivoltella col colpo in canna: secondo la legge marziale che il governo fantasma ha già messo in vigore potrebbero venir fucilati seduta stante, e una ragazza con l'habaja nero protesta: «Che aspettate, che aspettate?». Rannicchiati sul marciapiede e ammanettati, i due emettono suoni indistinti e non riescono nemmeno ad articolare un per-favore, per-favore.

Intanto a Saliya, il quartiere dove abita il grosso dei palestinesi, un edificio è stato circondato dai carri armati dell'esercito e, chini sulle mitragliatrici, i soldati sparano contro una finestra da cui due ombre rispondono a raffiche di kalashnikov. «Doveva essere una semplice retata per arrestare gli arafatiani, colpevoli di ospitare i militari iracheni non ancora arresi,» mi spiega l'ufficiale che dirige il piccolo combattimento «ma appena ci siamo avvicinati si sono messi a tirare, quei maledetti. Maledetti, sì, maledetti. Vorrei liquidarli tutti.» E finalmente capisco quel che mi è successo ieri sera. Cercavo un passaggio per rientrare in albergo, ieri sera, e poiché non esistono taxi ho seguito il sistema che seguono tutti: ho chiesto aiuto a una macchina che andava nella mia direzione. Una Mercedes che portava a bordo un vecchio e un ragazzo con la giacca americana e l'M-16 in mano. «Okay, get in, salga» ha risposto il vecchio dopo aver gettato un'occhiata alla carta d'identità che qui i giornalisti portano al collo: una specie di lasciapassare che ai posti di blocco evita soste e domande. Sono salita, ma invece di vedermi accompagnare all'albergo che distava una decina di chilometri ad est, mi son vista portare un centinaio di chilometri a sud: verso la città di Mina. Inutile opporsi, inutile arrabbiarsi. Sordo alle mie proteste, il vecchio continuava a guidare verso la città di Mina, e se mi arrabbiavo troppo il ragazzo mi minacciava con l'M-16. «Shut up, chiudi il becco, shut up!» È durato quasi due ore, l'assurdo viaggio. Poi il vecchio ha frenato di colpo, ha indicato al ragazzo un boschetto che si intravedeva oltre la strada, gli ha detto «ialla – vai – ialla», e balbettando con voce rotta «sciukran – grazie – sciukran» il ragazzo è sceso. Si è dileguato nel buio col suo M-16, la sua giacca americana, e il vecchio m'ha detto: «Now I can get you to the hotel. Ora posso portarti all'albergo». S'era servito di me e del mio lasciapassare per mettere in salvo un palestinese.

È incominciata la caccia al palestinese, qui sinonimo di collaborazionista, e se te ne indigni i kuwaitiani rispondono: «Voi europei che facevate, alla fine della Seconda guerra mondiale, con chi aveva collaborato coi tedeschi? Gli dicevate grazie?». Sul fatto che moltissimi palestinesi abbiano collaborato con gli iracheni, infatti, non esistono dubbi. Quando occuparono il Kuwait le truppe di Saddam Hussein si portarono dietro diciassettemila seguaci di Arafat o di Abu Abbas o di Abu Nidal che avevano chiesto l'onore di stargli accanto. Definendosi «Brigata araba» i diciassettemila si installarono nella capitale con gli invasori, e li aiutarono in ogni senso ad esercitare il terrore. Peggio: gran parte dei palestinesi che abitavano già nel paese si unirono a loro, e fu anche grazie a questo connubio che l'occupazione divenne spietata.

«In agosto i saccheggi nelle case non furono compiuti dagli iracheni» racconta Thamer Al Dakheel, l'interprete che mi accompagna. «All'inizio gli iracheni si preoccupavano soltanto di vuotare gli ospedali e i musei, come il Museo dell'Arte Islamica, e nelle case non entravano affatto. In agosto ci entravano i palestinesi che s'erano uniti alla Brigata islamica: glielo dice uno che ha assistito allo scempio. Sì, scempio. Spaccavano le serrature e prendevano tutto: mobili, tappeti, vestiti. Oppure entravano nei magazzini di alimentari, li vuotavano completamente, e poi ci rivendevano la merce a prezzi esorbitanti: nei negozi o al mercato nero.

Quelli della Brigata araba invece partecipavano alle operazioni di polizia e ai rastrellamenti. Installavano posti di blocco accanto ai posti di blocco iracheni e armati di kalashnikov ci arrestavano. Nel migliore dei casi, ci costringevano a consegnargli l'automobile o il portafoglio. E se ci opponevamo eran botte. Insulti e botte. Io avevo quasi più paura di loro che degli iracheni.» E Khalifa Al Ghanin, direttore di una ditta di computer: «D'accordo, non tutti si sono messi con gli iracheni. Alcuni hanno avuto addirittura rapporti con la resistenza e ci hanno protetti. Ci hanno messi in salvo. Ma i più si sono comportati davvero male, e non capirò mai perché. Perché? Noi kuwaitiani siamo sempre stati buoni con loro: è dal 1947 che li teniamo qui e gli diamo lavoro, alloggio, scuole gratis, assistenza medica gratuita, oltre tutto senza fargli pagare le tasse. Grazie a noi molti sono diventati ricchi e chi non è diventato ricco ha potuto condurre una vita dignitosa. Non sotto le tende come in Giordania o dentro baracche puzzolenti come in Libano. Non li abbiamo mai discriminati. Non li abbiamo mai trattati come cittadini di seconda classe. Abbiamo dato loro posti direttivi nelle banche, cattedre nelle università, e Arafat lo sa bene, visto che ha vissuto per anni nel Kuwait, che ci ha lavorato come ingegnere. Quindi perché si sono comportati a quel modo? Perché hanno stretto alleanze coi nostri carnefici? Alcuni rispondono: "Perché si illudevano che Saddam Hussein gli restituisse la patria che hanno perduto". È una risposta che non mi basta e temo che l'unica spiegazione sia nell'ingratitudine che dimostrano verso tutti, nell'odio che hanno per tutti e in particolare per chi è così sciocco da pianger su loro. Pensi a come sono bene armati, anche ora che la guerra è finita».

Non esistono dubbi neanche sul fatto che siano ben armati, che alla sciocchezza di mettersi con Saddam Hussein abbiano aggiunto quella di prepararsi a una guerra civile simile alla guerra civile che negli anni Settanta sconvolse Beirut.

Quando gli iracheni sono fuggiti hanno preso buona parte delle armi abbandonate nelle caserme, e ora posseggono migliaia di fucili. Migliaia di mitragliatori, di mitragliatrici, di mortai, di Rpg, tonnellate di munizioni. Ogni loro casa è un arsenale, sostiene il colonnello Muhammad, capo della polizia di Jabril. Quel che è peggio, aggiunge, continuano ad esser legati coi membri della Brigata araba che non sono ripartiti, e con lo stesso Abu Abbas. Lo stesso Abu Nidal. «Naturalmente potremmo sbagliarci, ma siamo in contatto con servizi segreti che la sanno più lunga di noi e abbiamo ottime ragioni per ritenere che Abu Abbas sia rimasto qui. E forse anche Abu Nidal. Forse anche Carlos, il terrorista di cui da molto tempo non si sentiva parlare. Comunque una cosa è certa» conclude passandomi la fotografia di un omaccione baffuto che in maniche di camicia si erge su un carro armato iracheno. «Awli Battagh, braccio destro di Arafat, sta a Kuwait City e non mi darò pace finché non lo avrò scovato. Per riuscirci sono pronto a fermare ogni automobile, a setacciare ogni quartiere, a interrogare ogni famiglia palestinese, ad arrestare qualsiasi sospetto. Almeno il 20 per cento dei 250.000 palestinesi abitanti a Kuwait City costituiscono l'ossatura di un attacco a venire, e io non posso permettermi di recitare la commedia del perdono o della riconciliazione.» Poi, quasi col pianto in gola: «Un attacco a venire, sì. Non cambiano mai sistema, i palestinesi. Grazie all'appoggio internazionale si presentano frignando aiuto, sono-senza-casa, sono-senza-patria, gli-ebrei-me-l'hanno-rubata. Commossi dalle loro disgrazie li accogli, gli offri la tua, e a un certo punto te la portano via. Le pare giusto?!?». E il suo aiutante, capitano Khalid: «Alcuni li assolvono. Dicono che la colpa non è loro, è dei loro capi. Ad esempio, di quel cretino di Arafat. Io però non li assolvo per niente e ribatto: ogni popolo ha i capi che merita, comunque i capi che sceglie, e chi ha scelto Arafat? Chi continua a tenerselo malgrado i suoi voltafaccia e i suoi errori, le sue incapacità? Io?».

Il giudizio dei Thamer Al Dakheel, dei Kalifa Al Ghanin, dei colonnelli Muhammad, e dei capitani Khaled corrisponde a quello dell'intera popolazione. Non trovo una sola persona, a Kuwait City, che non pronunci con rancore o collera la parola «palestinesi».

E i segni di quel rancore, di quella collera, si trovano perfino sui muri. L'ufficio che Abu Abbas aveva aperto durante l'occupazione è stato bruciato, e quello che Arafat teneva da anni è stato devastato. Strappata l'insegna che lo sormontava in arabo e in inglese, «Sede del Pio», hanno attaccato sulla facciata due grossi cartelli e il primo dice: «Non vogliamo ipocriti come Hussein di Giordania e Yassir Arafat, non vogliamo gangster come voi del Pio. Palestinesi, dovete lasciare il nostro paese». Il secondo dice: «Chi ci tradisce e ci consegna al nemico non appartiene al Kuwait. Palestinesi, uscite dalle nostre case e dal nostro paese. Restituiteci ciò che avete rubato e andate via». Vi sono anche due poster di Saddam Hussein: quelli che lo ritraevano affacciato a un gran mazzo di rose rosa e alla dicitura: «Colui che ci porterà la vittoria e la pace». Cancellata la dicitura, su uno hanno scritto: «Colui che ci ha portato morte, distruzione e traditori palestinesi». L'altro dice: «Che tu sia dannato insieme ai tuoi complici palestinesi». E appena sosti per leggere o fotografare, sbuca un kuwaitiano che grida: «Mascalzoni? Gli permettevamo di avere un ufficio, a quei mascalzoni. E per ringraziarci ci avevano instaurato perfino un posto di blocco. Anche se passavamo dal marciapiede opposto, ci saltavano addosso per perquisirci. Donne incluse. Anzi le donne le perquisivano più volentieri. Per palpeggiarle». Oppure: «Quei delinquenti. Finora se la sono cavata perché qui ci sono gli inglesi e gli americani. Ma appena partono loro, li ammazziamo tutti».

Non a caso gli inglesi e gli americani si sono precipitati a riaprire le ambasciate e due ambasciatori sono giunti in città prima che ci fosse qualcuno a cui presentare le credenziali. E non a caso il primo gesto che hanno compiuto è stato convocare i capi dell'esercito e della resistenza incaricati di controllare la città ancora abbandonata a se stessa: pregarli di tenere gli occhi bene aperti.

V'è insomma l'orrendo pericolo che, prima d'una guerra civile simile alla guerra civile che sconvolse Beirut negli anni Settanta, avvenga un massacro sul tipo di quello che avvenne a Sabra e Chatila otto anni fa. Lo ammette anche Sulaiman Mutawa, il ministro della Pianificazione che domenica scorsa è giunto col ministro della Sanità per preparare l'arrivo del principe reggente Saad Abdullah Al Sabah. (L'emiro Jabel Al Ahmad Al Sabah continua a starsene nel dorato esilio di Taif e sembra che abbia poca voglia di ritornare perché la sua residenza è stata saccheggiata e vivere in modo spartano non gli è mai piaciuto.) «Sì, è vero, l'orrendo pericolo esiste: non posso negarlo. Esiste perché i kuwaitiani sono troppo arrabbiati, e perché non tutte le armi lasciate dagli iracheni sono finite nelle mani dei palestinesi. Moltissime sono state prese dai nostri. E se oggi le usano per sparare in aria, esprimere gioia, domani potrebbero usarle per sparare sui palestinesi. La legge marziale gli vieta di tenerle, ovvio, chiunque venga sorpreso con un'arma in casa o in mano viene arrestato. Ma indurli a consegnarcele non sarà facile. Immagino già quel che ci diranno: "Se non le consegnano i palestinesi, perché dovremmo consegnarle noi?" dovremo attendere che si convincano. Inoltre il problema non riguarda soltanto chi ha preso le armi per sparare in aria, esprimere gioia. Riguarda anche chi è stato nella resistenza e protesta: "Dopo tanto soffrire, è questo il premio che ci date?".» Ciò che Sulaiman Mutawa non ammette è che la resistenza è stata una realtà da dimostrare, e a tale realtà appartengono gruppi troppo ansiosi di compiere imprese mai compiute a spese degli iracheni. Un gruppo è quello detto Al Fohood, Leopardo, e guidato da Ahmed e Advì Al Sabah: figli del defunto Fahed Al Sabah, fratello dell'emiro Jabel e del principe reggente Saad Abdullah. Era un personaggio bizzarro, Fahed Al Sabah: una specie di Rambo ante-litteram. Aveva combattuto nel Sinai con gli egiziani, a Beirut con gli arafattiani, nella guerra contro l'Iran con gli iracheni, e fino al 2 agosto viveva per il gioco del calcio: sport per il quale nutriva una fanatica venerazione. Però appena seppe che le truppe di Saddam Hussein avevano invaso la capitale, saltò sulla sua fuoriserie e corse alla residenza abbandonata da Jabel. Tutto solo si mise a sparare dalle finestre contro i carri armati, e continuò fino a quando una raffica degli iracheni lo tagliò in due. Bè, i figli Ahmed e Advì gli assomigliano. La prima cosa che mi ha detto Ahmed ricevendomi nella lussuosa villa in cui ha sede il quartier generale di Al Fohood è stata una spacconata alla Rambo: «Ogni giorno noi ammazzavamo tre o quattro iracheni e per evitare rappresaglie li seppellivamo». Ma soprattutto gli assomiglia Advì, cupo ventiquattrenne sempre vestito di un thobi nero, che malgrado la legge marziale continua a esibire un rivoltellone nella fondina nonché un mitragliatore a tracolla, dichiara di non avere abbastanza vendicato suo padre sicché presto scoccherà l'ora dei collaborazionisti, ride in faccia a chi gli dice: «Advì, non procurarci problemi». Tanto, chi tocca il nipote dell'emiro?

Sì, incombono tragedie nuove su questa città dove l'acqua e l'elettricità e il telefono continuano a mancare perché nessuno si è ancora curato di rimediare al disastro causato dagli iracheni e dove il cibo continua a mancare perché invece di riprendere il lavoro si perde tempo a parlar di vendetta. È davvero possibile che Kuwait City diventi una seconda Beirut.

La fuga disperata del prigioniero iracheno

Trafitto da dodici pallottole si lamentava in una corsia dell'ospedale Mubarak, quello dove hanno messo i feriti catturati negli ultimi giorni, e anziché a una guerra lo avresti detto scampato a un campo di sterminio come Mauthausen e Dachau. Per la denutrizione il suo volto sembrava un teschio col naso e gli occhi, sulla sua cassa toracica le costole emergevano così a fior di pelle che potevi contarle una ad una, e le sue braccia erano così scheletriche che una mano infantile sarebbe bastata a circondarne i bicipiti. Ma soprattutto pareva un vecchio. Un vecchio così vecchio che a guardarlo ti chiedevi se fosse davvero un prigioniero iracheno, se non fosse piuttosto un kuwaitiano messo per sbaglio tra i prigionieri iracheni. Mi avvicinai. Attraverso l'interprete gli chiesi se voleva parlarmi. Con un filo di voce mi rispose di sì, e allora misi in moto il registratore. Ciò che segue è la trascrizione di ciò che dicemmo.

ORIANA FALLACI. *Quanti anni hai, soldato?*

DAKÈL ABBAS. Ventuno, Insciallah, ventuno. Ohi, ohi, che male! Ohi, ohi!

Ventuno?!?

Sì, ventuno, ventuno... Sono nato nel 1970... Ohi, ohi, che male! Ohi, ohi!

Come ti chiami, da dove vieni?

Dakèl Abbas, mi chiamo Dakèl Abbas. Vengo da un villaggio vicino alla città di As Samawah... Oddio, Iahallah! Ohi, ohi!

Vuoi che me ne vada, Dakèl, ti disturbo?

No, non te ne andare. Sono così solo! Eppoi se parlo penso meno al dolore... Guarda come mi hanno conciato, guarda! Alla spalla destra, alla spalla sinistra. Al fianco destro, al fianco sinistro. Alla gamba destra, alla gamba sinistra. A un braccio, a una mano... Dodici buchi mi hanno fatto, dodici... Eppure Abdul la sventolava la bandiera bianca. S'era levato le mutande bianche, le aveva fissate a un bastone, e le sventolava gridando: «Non sparate! Ci arrendiamo, non sparate!».

Abdul chi?

Abdul il Curdo. Quello che disubbidiva e portava le mutande bianche... Non lo sai che nell'esercito iracheno portare le mutande bianche è proibito? È proibito anche portare la camiciola bianca, i calzini bianchi, i fazzoletti bianchi. Saddam non vuole perché con la roba bianca si può alzare bandiera bianca e arrendersi. Però le mutande bianche Abdul non le toglieva mai. «Vedrai che ci serviranno» diceva. «Non si spara mica a chi sventola le mutande bianche, la bandiera bianca!» Il guaio è che loro ci hanno sparato lo stesso, e... Ohi, ohi! Che male, Iahallah, che male!

Loro chi, Dakèl?

Quelli che ci hanno beccato al confine, quelli col bracciale rosso della Resistenza... Iahallah, Iahallah! Chi lo immaginava che nel Kuwait ci fosse la Resistenza? E chi lo sapeva che fossero così cattivi? Cattivi, sì, cattivi. Dopo mi hanno anche picchiato. «Piglia questo» urlavano. «Piglia quest'altro, stupratore! Ladro!» È inutile dirgli io-non-ho-stuprato-nessuno, io-non-ho-rubato-nulla-a-nessuno. Mah! Forse sapevano che quel giorno avevo preso il cibo della kuwaitiana... Ma avevo tanta fame, quel giorno. Erano settimane che in caserma ci davano soltanto due fette di pane al mattino e due al pomeriggio, con l'acqua, e quando ho visto quella kuwaitiana con la borsa piena di uova e banane e formaggio... Non ho resistito. Ho allungato la mano e le ho detto: «Dammela». E lei me l'ha data. Subito. Senza far storie. Ohi, ohi! Che male! Ohi, ohi...

Da quanto tempo sei soldato, Dakèl?

Da un anno e quattro mesi, Iahallah... Da quando quella carogna che fa la spia per il capo-villaggio venne a cercarmi. Venne, quel porco, e chiese a mia moglie: «Dov'è Dakèl?». «Nel campo a cogliere i cetrioli» rispose lei. «Allora chiamalo e digli che entro due ore deve presentarsi al distretto.» Iahallah, Iahallah... Proprio a me che ho sempre avuto paura di fare il soldato, di stare nelle caserme e nelle città dove c'è tanta gente che legge il giornale e ripete quello che scrive il giornale. Sono un contadino, io. Non mi piace stare nelle caserme e nelle città. Mi piace stare in campagna, a coltivare i cetrioli, le cipolle, le melanzane. Eppoi i soldati vanno alla guerra. Alla guerra si muore. Si resta feriti o si muore. Mio padre è morto alla guerra. La guerra con l'Iran. Anche mio zio è morto alla guerra. La guerra con l'Iran. Capisci?

Capisco. E che cosa facesti quando la spia del capo-villaggio disse a tua moglie che dovevi presentarti entro due ore al distretto?

Mi presentai, no? Il nostro capo-villaggio è così cattivo. Sempre a dire che Saddam è un grande uomo, un grande capo che vuole la gloria dell'Iraq, e guai se viene a sapere che dici il contrario. Il capo-villaggio che c'era prima, no. Lui era buono. Odiava Saddam. Diceva che è un bugiardo, un buffone, un figlio di cane rognoso, un bandito che si circonda di banditi, un delinquente che si costruisce le ville a spese del popolo. E non ci spiava con le spie. Ma un giorno l'hanno arrestato, poi l'hanno fucilato, e al suo posto hanno messo questo che ci spia con le spie. Mi presentai, sì, mi presentai... E dopo avermi infilato l'uniforme, mi mandarono a Bassora: tra la gente che legge il giornale e ripete quello che scrive il giornale. Mi misero in quella unità di artiglieria dove non conoscevo nessuno e tutti venivano da altre tribù, parlavano dialetti diversi dal mio, sicché non capivo che cosa dicessero, e di buoni mussulmani non c'era che Abdul... Perché Abdul era gentile, sai. Era misericordioso. E parlava il mio dialetto sebbene fosse curdo. Fu Abdul a spiegarmi, nel mese di luglio, quel che aveva detto il colonnello alla truppa.

Che aveva detto, Dakèl?

Che presto si sarebbe andati a difendere il Kuwait.

A difenderlo da chi?

Dagli americani e dagli israeliani che volevano invaderlo per pigliarci il petrolio. Ohi, ohi, che male. Ohi, ohi!

E tu come ti sentisti all'idea di andare a difendere il Kuwait dagli americani e dagli israeliani che volevano invaderlo per pigliarci il petrolio?

Bene, devo dire. Bene. Mi passò quasi la paura di fare il soldato. Perché mi parve giusto. Il Kuwait è sempre stato così buono con noi, ci ha sempre aiutato tanto... Specialmente durante la guerra con l'Iran. Tutti quei soldi, quella carne, quel riso, quella frutta. Io non ho mai mangiato tanta frutta come durante la guerra con l'Iran. Eppoi il Kuwait è un paese mussulmano, mi spiego, un paese fratello. Chissà come saranno contenti quando ci vedranno entrare, pensavo. Chissà come ci applaudiranno. Ma quando arrivai, cambiai subito idea. E capii che Saddam ci aveva raccontato un'altra bugia. La gente ci guardava con astio, i bambini non ci sorridevano mai... Un giorno avevo una caramella. Me l'aveva regalata Abdul che le trovava non so dove. Così fermai un bambino, gli dissi: «La vuoi la caramella?» e lui scappò gridando: «Mamma! Aiuto, mamma!». Ohi, ohi, che male. Iahallah, che male, che male. Neanche a parlare mi passa.

Quando ci arrivasti nel Kuwait, Dakèl?

Alla fine d'ottobre, quando sembrava che gli americani e gli alleati stessero per incominciare la guerra. E avevo tanta paura. Perché l'intero mondo s'era messo contro l'Iraq, arabi compresi, dalla nostra parte non avevamo che palestinesi e giordani, e tutti nella mia unità dicevano: «Qui finisce male, qui finisce male!» tutti. Dai soldati agli ufficiali. E dicendolo non facevano che insultare Saddam, giudicarlo come lo giudicava il capo-villaggio che era stato arrestato e poi fucilato: bugiardo, buffone, figlio di cane rognoso, ecc. Anche gli ufficiali, sì. Incominciando dal capitano. «Non gli è bastato farci fare la guerra per otto anni» diceva il capitano. «Ora vuole farcene fare un'altra, razza di criminale. Se potessi lo strozzerei con le mie mani.» E molti volevano scappare al Nord.

E tu?

Anch'io. In Iran. Perché quando era venuto in licenza, prima di morire, mio padre mi aveva detto: «Dakèl, chi parla male di Saddam ha ragione. A lui non importa nulla dei soldati che muoiono. Per lui i soldati sono carne da macello e basta, animali come le vacche e i cammelli e gli agnelli. Se si mette in un'altra guerra, tu devi squagliartela. Devi scappare al Nord, andare in Iran. Tanto in Iran i cetrioli e le cipolle e le melanzane si coltivano come in Iraq». Abdul, no. Lui non ci voleva andare al Nord, in Iran. Diceva che i curdi li ammazzano anche in Iran e preferiva scappare al Sud, in Arabia Saudita. E un giorno ha detto: «Ho deciso, ci vado». Poi non ci è andato perché il capitano gli ha spiegato che il Sud era un campo minato, che ad attraversare il Sud del Kuwait e la frontiera con l'Arabia Saudita sarebbe saltato in aria. Ohi, ohi! Che male, Iahallah! Che male!

E tu perché non ci sei andato, in Iran?

Perché ho avuto paura. È pericoloso disertare, sai... Se ti acchiappano, ti fucilano. E se non ti acchiappano, ti arrestano la famiglia. Vengono a pigliarti la moglie, la madre, le sorelle, i cugini, e te li portano in prigione. Guarda, una notte ci ho pensato. Sono stato proprio sul punto di andarci. Ma poi ho deciso che era meglio rimanere dov'ero, e quando è scoppiata la guerra ho concluso d'aver fatto bene. Perché a quel punto tutti dicevano: «Vedrai che Saddam si ritira. Non può resistere a questi bombardamenti, finirà col lasciare il Kuwait e riportarci a casa».

Davvero?

Sì, sì. Lo dicevano anche gli ufficiali. Li ho sentiti io. Una sera sono passato davanti alla tenda del comandante, e il comandante gridava con voce contenta: «Si ritira, si ritira! L'ha capito che gli americani fanno sul serio, che questa guerra l'ha persa il giorno che l'ha incominciata!». E un altro ufficiale rideva: «Sì, sì, lo credo anch'io. Teniamoci pronti. Così durante la ritirata ci si consegna agli americani e si va in America con loro». Però uno replicava: «Non siate pessimisti, non dimenticatevi che noi abbiamo i gas».

Ce li avevate sul serio, Dakèl?

Sì, sì. Anche nella mia unità. Avevamo quelli da sparare con l'artiglieria. Ce li avevano portati in dicembre con gli elicotteri, ed erano l'unica cosa che ci desse un po' di sicurezza. Ma un giorno si è sparsa la voce che ce li avevano anche gli americani, e quella sicurezza è svanita.

Come si è sparsa la voce che i gas li avevano anche gli americani?

Semplice. Un giorno gli ufficiali ci hanno passato in rassegna, e alla cintura avevano il sacchetto con la maschera per il gas. Infatti noi soldati ci siamo arrabbiati molto, e Abdul protestava: «Perché gli ufficiali sì e noi no? Non è giusto, non è giusto!». Ohi, ohi! Che male! Ora mi fa male anche il braccio... Ohi, ohi...

Ma se avevate i gas, perché non li avete usati?

Non lo so. Forse per via del vento. Un ufficiale diceva: «Speriamo di non buttarli quando il vento soffia contro di noi! Sennò invece degli americani si muore noi!». Era già successo nella guerra con l'Iran, capisci. O forse perché non è arrivato l'ordine da Bagdad, perché Saddam non ha fatto in tempo a mandarcelo. Quando gli americani ci hanno attaccato via terra, tutto è successo così alla svelta... La mia unità non ha neanche combattuto. C'era una gran confusione e basta. Un ufficiale, ad esempio, correva e si raccomandava: «Gli ordini! Dove sono gli ordini?». E uno gli rispondeva: «Non arrivano più! Non c'è più comunicazione col Comando e con le retrovie!». Poi un sergente ha urlato: «Si parte! Ci si ritira, si parte!» e ci ha raccontato che tanti ufficiali erano già scappati con le automobili dei kuwaitiani.

Quando è successo, questo, Dakèl?

Domenica sera, mi sembra... O era lunedì? Non me ne ricordo. Non ricordo quasi nulla dell'ultimo giorno e dell'ultima sera, perché avevo più paura di sempre... Il mio cervello era vuoto come una zucca vuota. Posso dirti soltanto che il sergente aveva ragione, che tanti ufficiali erano scappati davvero con le automobili dei kuwaitiani, e che noi non si poteva partire coi camion perché i camion erano già partiti. Infatti Abdul ha detto: «Meno male che ho le mutande bianche, che posso arrendermi con quelle». Poi ha detto: «Camion o no, parto anch'io. Parto a piedi, e chi mi vuol bene mi segua». Lo abbiamo seguito in dieci, col kalashnikov e un po' di munizioni. Ma era molto buio, c'era molto fumo, sai il fumo nero dei pozzi che bruciavano perché i guastatori gli avevano dato fuoco, e abbiamo subito perso l'orientamento. Voglio dire: credevamo d'esserci diretti a Ovest cioè verso la frontiera con l'Iraq, e invece a metà notte ci siamo accorti d'esserci diretti a Sud, cioè verso l'Arabia Saudita. Ce ne siamo accorti perché i sauditi si son messi a sparare, e sei di noi sono morti. Due di Bassora, due di Bakuba, uno di Sulaimanya e uno di Samarrà. Mi è dispiaciuto tanto. Specialmente per quello di Samarrà che aveva 16 anni, e quello di Sulaimanya che ne aveva 60 ma lo avevano obbligato lo stesso ad andare a soldato. Ohi, ohi. Che male, che male... Non ce la faccio più a parlare. Soffro troppo...

Provaci lo stesso, Dakèl.

Ci provo, ci provo... Dov'ero? Ah, sì, ai sauditi che si son messi a sparare... Bè, siamo tornati indietro. Quando quei sei sono morti, siamo tornati indietro. E al mattino ci siamo trovati sulla strada di Jaharan, quella che va ad Ovest, cioè al confine con l'Iraq. Ma eravamo così stanchi, ormai, così affamati, così avviliti e rimbeciliti, che Abdul s'è steso per terra e ha esclamato: «O si trova un'automobile che ci porta al confine, o mi levo le mutande bianche e mi arrendo». Un attimo dopo è arrivata l'automobile del palestinese. Un palestinese vestito bene, elegante. Si è fermato e ci ha chiesto: «Siete soldati iracheni? Volete andare in Iraq? Sono un palestinese della Giordania. Vi ci porto io in Iraq». Insciallah, Insciallah! Ci siamo sentiti allargare il cuore, ci è parso di toccare il cielo con un dito. Ma quando abbiamo fatto il gesto di salire sull'automobile, lui ha alzato una mano e ha detto: «Centoventicinque dinari a testa».

Ha chiesto d'esser pagato?

Sì. Centoventicinque dinari a testa. Ma chi ce li aveva 125 dinari a testa?!? L'esercito ci paga soltanto 15 dinari al mese, e negli ultimi due mesi non ci aveva pagato per nulla. Ci siamo vuotati le tasche. Abbiamo messo insieme 80 dinari e 50. Glieli abbiamo fatti vedere, gli abbiamo detto: «Noi non abbiamo che questi». Allora lui ha scosso la testa, ha rimesso in moto, ed è andato via. Un palestinese... Pensa! Uno di quelli che stavano dalla nostra parte! Iahallah, Iahallah, quanto è cattivo il mondo! Quanto è brutto, Iahallah!

Dovevate puntare i fucili, salire lo stesso...

Eravamo così stanchi, te l'ho detto. Così affamati, avviliti, rimbecilliti... E lui è ripartito di colpo, a gran velocità. Ci ha preso di sorpresa, capisci?

Capisco, capisco... Dimmi che cosa è successo dopo.

Bè, è successo che per la rabbia abbiamo buttato via i fucili. Poi ci siamo fatti coraggio, ci siamo rimessi a camminare, e verso il tramonto siamo arrivati al confine. Al confine, sì... Non c'erano che due o trecento metri tra noi e l'Iraq. Mi sembrava già di vedere As Samawah, la mia casa, mia moglie, il mio campo di cetrioli. Ma quelli col bracciale rosso della Resistenza se ne sono accorti e: «Stop! Stop o spariamo, stop!». Ci siamo fermati, e Abdul ha detto: «Ragazzi, è giunto il momento di levarci le mutande bianche». Poi s'è calato i calzoni, si è tolto le mutande bianche, le ha fissate a un bastone che stava per terra, e ha fatto la bandiera bianca. Si è messo a sventolarla gridando: «Non sparate, ci arrendiamo, non sparate!». Invece loro hanno sparato lo stesso. E lo hanno ammazzato.

Ammazzato?

Sì. Abdul è morto. Morto, morto...

Non piangere, Dakèl.

Ma era il più bravo di tutti, Abdul. Il più buono, il più intelligente, il più misericordioso... E ci teneva tanto a quelle mutande bianche... Anche se non erano più tanto bianche, era così sicuro che gli avrebbero salvato la vita... Invece è morto proprio per quelle. Per le mutande bianche... Cattivi, cattivi! Sono stati cattivi quelli della Resistenza.

Siete stati cattivi anche voi, Dakèl.

Io no, io no!

Nel Kuwait avete ucciso, torturato, saccheggiato...

Io no, io no! Io sono un povero contadino che coltiva i cetrioli, le cipolle e le melanzane, non conto nulla e non ho mai fatto del male a nessuno: lo giuro! Lo giuro, lo giuro! Ho preso soltanto il cibo di quella kuwaitiana che me lo ha dato... Le ho detto «dammelo» e lei me lo ha dato... Non ho ammazzato nessuno, io, non ho torturato nessuno, non ho saccheggiato nessuno... E neanche Abdul si è mai comportato male! Erano quelli della Guardia Repubblicana che si comportavano male! E quelli della polizia segreta, della Savak, che lavoravano coi palestinesi! Devi credermi, devi credermi!

Va bene, Dakèl. Cercherò di crederti. Ora riposati, pensa a quando tornerai a casa.

A casa?!? Ma io non posso tornare a casa! Dopo aver buttato via il fucile e aver detto quello che t'ho detto, sono un uomo morto se torno a casa! Perché il capo-villaggio cattivo mi denuncia a Saddam, e Saddam mi fa fucilare. No, no! Io non ci voglio tornare, a casa! Voglio andare in Iran! Iahallah, Iahallah! Non mi manderanno mica a casa, gli americani? Iahallah, Iahallah, diglielo tu agli americani che se mi mandano a casa sono un uomo morto.

Negli obitori gli orrori delle torture, Kuwait City

Nella camera mortuaria dell'ospedale Sabati gli orrori commessi dalle truppe di Saddam nell'Emirato sono sotto gli occhi di chi riesce a guardare sotto le lenzuola, non immacolate. Corpi mutilati, martoriati da incredibili torture: testimonianza silenziosa delle sofferenze patite da un popolo per oltre sette mesi. È questo ciò che è successo a circa 30mila kuwaitiani che, secondo le stime del ministro Abdul Rahman al-Awadi, sono stati torturati, uccisi o fatti sparire. Probabilmente sepolti in fosse comuni o semplicemente «buttati a mare». Un medico kuwaitiano spiega che «i corpi muti ti paralizzano, tanto urlano il loro dolore». Teste senza occhi, strappati di forza con ferri di fortuna, mani segate dal filo di ferro, colpi di pistola stampati sulle tempie a non più di un centimetro di distanza, teste bruciate dalla fiamma ossidrica. Poi il medico apre una cella frigorifera: appare un uomo il cui ventre è stato squarciato da un coltello con tagli a forma di lettere arabe, inutile messaggio indecifrabile e rivoltante della propaganda di quella che è stata la «madre di tutte le battaglie».

Gli ostaggi di Bassora, Jahra

Migliaia di persone si accalcano nel cortile dell'ospedale, piangono e urlano: sono madri, mogli, fratelli dei kuwaitiani deportati in Iraq dagli uomini di Saddam Hussein. All'ospedale di Jahra sono arrivati i primi pullman della Croce Rossa con 1.200 ostaggi rilasciati dalle autorità di Bagdad. Li hanno raccolti a Safwan, lacerati, affamati e stanchi. Venivano a piedi da Bassora: «Li abbiamo portati qui — dice Abdul Karim Jafar, responsabile della Croce Rossa kuwaitiana — per un primo controllo medico. Le loro condizioni sono pessime. Gli iracheni, violando l'articolo 4 della Convenzione di Ginevra, non li hanno restituiti, li hanno semplicemente abbandonati». Karim Jafar non esagera: le persone che vengono dimesse hanno l'aspetto dei sopravvissuti. E i loro racconti sono da incubo. Un uomo dice di essere stato catturato 15 giorni fa. «Ci tenevano in un campo di concentramento nei pressi di Bassora» racconta «senza acqua e con un tozzo di pane. Abbiamo bevuto acqua piovana e mangiato cibo che non si darebbe neppure agli animali.»

La nuvola nera sul Golfo

Quando finisce una guerra e si torna a casa, resta sempre qualcosa da raccontare: appunti non usati, storie non scritte, perché al momento di usare i primi e di scrivere le seconde accadevano fatti che erano o sembravano più importanti. Più urgenti. Ciò che segue è una disordinata raccolta di quegli appunti, di quelle storie: una serie di ricordi messi in valigia insieme a un elmetto, una giacca antischegge, una tuta anti-NBC, una maschera antigas.

«Vieni, non scappare, vieni! Guarda che ti dò, se vieni!» implora Yousef Al Wetaid porgendo una sardina fresca al cormorano che impastato di petrolio ansima su una roccia di Abu Ali, l'isola forse più straziata del Golfo. E intanto cerca di avvicinarsi per acchiapparlo, metterlo dentro una scatola, portarlo ad Al Jubail dove coi suoi volontari del Wildlife Rescue Project ha già salvato trecentocinquanta uccelli moribondi. Ma il cormorano che impastato di petrolio ansima sulla roccia di Abu Ali non vuole essere salvato. Sa che per centinaia di chilometri il mare non è più mare, il cielo non è più cielo, la vita non è più vita. Ha capito che salvo rare eccezioni di cui non bisogna fidarsi gli uomini sono cattivi e aprono le supercisterne per rovesciare nell'acqua una robaccia scura e appiccicosa, una melma che incolla le penne e impedisce di volare. E invece di venirci incontro, accettare la sardina fresca, retrocede: deciso. Poi piegando il lunghissimo collo e barcollando sulle zampe ci volta le spalle, si allontana, raggiunge la robaccia scura e appiccicosa, e vi si lascia annegare. Vi si suicida come un uomo che non crede più a nulla, non spera più nulla. E in pochi istanti diviene un bassorilievo nero tra migliaia di bassorilievi neri: ciò che rimane dei cormorani, dei gabbiani, dei germani, dei codoni, degli aironi, dei chiurli, degli albatri uccisi dalla follia di Saddam Hussein. Ne sono morti almeno sessantamila, dal giorno in cui quel pazzo ordinò di aprire le supercisterne del Kuwait per rovesciare nel Golfo quei milioni di barili di greggio. L'isola di Abu Ali è un'ecatombe di uccelli rari, e lo stesso l'isola di Harquz. Lo stesso l'isola di Karan, le isole di Jana, di Jinnah, di Jazirath, di Dawa Al Dafi. Lo stesso le spiagge che si stendono da Kuwait City ad Al Jubail. Sono morti anche molti delfini, molti balenotteri, molte tartarughe giganti, e il mare è irriconoscibile: anziché un mare sembra un deposito di spazzatura, una fogna per raccogliere lo sterco dell'umanità. Se non ci credi, prova a volarci sopra con l'elicottero. Io non ci credevo. Poi, per quattro ore, ci ho volato sopra con l'elicottero. E più d'una volta mi sono sentita mancare il fiato. Lungo tutta la costa la gran macchia di petrolio copre le acque come un sudario, in ogni baia e ogni anfratto sciaguatta in schiaffi di melma nauseabonda, e anche se voli a cinquecento metri di altezza il puzzo ti riempie le narici. Ti chiude la gola. Al largo, invece, il sudario s'è rotto in strisciate e stilature che sfigurano l'azzurro. Oppure è affondato per depositarsi sui banchi di corallo, i prati di alghe, i letti d'erba marina che forniva cibo ai crostacei. Affondando ha lasciato sulla superficie una pellicola d'olio che impedisce al sole di filtrare, e i pesci galleggiano a tappeto: assiderati, asfissiati. Né bisogna dimenticare che il Golfo è una specie di conca, che lo stretto di Hormuz misura quarantotto chilometri appena, che ci vogliono cinquantaquattr'anni perché le sue acque si rinnovino con le acque dell'Oceano Indiano. Cioè perché la conca si ripulisca.

«Si direbbe una cosa brutta a vedersi e basta, vero?» mormora Yousef con una smorfia di rabbia sul giovane volto olivastro. «Si direbbe soltanto un dispetto all'estetica, una disavventura che non incide sulla nostra vita. Bé, non è così. Perché nell'equilibrio ecologico ogni specie vegetale e animale ha un suo compito preciso e insostituibile, e quando una specie scompare la nostra stessa esistenza è in pericolo. Osservi questa coccinella. Non è un animale inutile, un insetto grazioso sì ma superfluo. Ciascun giorno mangia una ventina di afidi, altri insetti che a loro volta mangiano le piante: se le coccinelle sparissero, gli afidi prolificherebbero indisturbati e a poco a poco si divorerebbero anche gli alberi. A un certo punto non ci sarebbe più una foglia di verde. Anche quei banchi di corallo e quei prati di alghe e quei letti d'erba marina, dunque, hanno ruolo: un compito preciso e insostituibile che ci riguarda. E il medesimo discorso va fatto per quei delfini, quei balenotteri, quelle tartarughe, quegli uccelli. Non salvarli sarebbe puro masochismo.» Poi si avvicina a un cormorano troppo debole per scappar via, suicidarsi, e lo acchiappa. Lo mette nella scatola, lo accarezza, lo conforta, tenta di svegliarne i riflessi spenti: «Su, bello, su. Non addormentarti, non lasciarti andare. Apri gli occhi, beccami, resta vivo, che ti porto all'ospedale, ti guarisco». Quanto ad Abdullah Al Sahefani, Ahamed Al Bourg, Muhammed Turkestani, i volontari che l'hanno seguito ad Abu Ali, fanno lo stesso. E io cerco di contribuire. Insozzandoci di petrolio, di sabbia sozza, di mota, verso il tramonto avremo raccolto ben ventisette moribondi. Dodici grandi cormorani, otto pellicani di Socotra, tre gabbiani reali, due aironi cinerini, nonché un chiurlo e un albatros.

L'ospedale è un edificio che funziona proprio come un ospedale. Ha un Pronto Soccorso, una sala di rianimazione, tre corsie, e guai a disturbar gli ammalati accendendo una sigaretta o parlando a voce alta. «Ssst! Proibiti gli schiamazzi e i rumori!» avverte un cartello all'ingresso. Al Pronto Soccorso ci sta Abdullah, un campione di wrestling che a Dahran studia veterinaria. E per prima cosa Abdullah toglie dalla scatola il cormorano che non ha avuto la forza di scappare via, suicidarsi, lo appoggia sul tavolo, gli pulisce gli occhi col collirio. Poi gli apre il becco e con un bastoncino coperto di cotone idrofilo toglie la mota oleosa che s'è depositata all'interno, con un disinfettante lo lava. Gli lava anche le zampe, alla meglio gli sgrassa anche le ali e la coda. Infine gli introduce nello stomaco una sottilissima sonda, ci versa dentro cinque milligrammi di lassativo per liberare l'apparato digerente del veleno ingurgitato, e dopo aver scritto la diagnosi sulla cartella clinica (stato aggressivo o vivace o attivo o quieto o depresso o grave) lo manda in sala di rianimazione. Qui Ahmed Al Bourg, un giovane zoologo di Gedda, sestogenito d'un facchino che ha mandato all'università tutti i suoi figli, lo prende in consegna per proseguire la cura. Gli inietta nell'anca quaranta milligrammi di lattosio, se è molto disidratato gli somministra una fleboclisi, e passata qualche ora gli darà una soluzione di sali minerali. Incomincerà a farlo mangiare imboccandolo. Gamberi tritati, alghe miste a vitamine. Muhammed Turkestani, un biologo di Riad, lo curerà invece durante la convalescenza, fase assai delicata perché è allora che il cormorano deve riabituarsi all'acqua: elemento che ormai lo terrorizza. Per ri-

abituarlo, Muhammed lo trasferirà in una piscina coperta. Ci parlerà. «Coraggio, tuffati! Non è mica petrolio, tuffati!» Insieme a Muhammed, Ahmed, Abdullah, lavorano sei ragazzi di Al Jubail e due militari inglesi: un soldato e una soldatessa.
Il vero eroe della situazione, comunque, è Yousef Al Wetaid: ideatore del progetto e direttore dell'ospedale. Infatti, quando Saddam Hussein ordinò di rovinare il Golfo con quei milioni di barili di greggio, Yousef non ne sapeva nulla di uccelli sani o malati. Faceva il botanico. «Perché mi sono messo in questa avventura?» sorride. «Eh! Potrei rispondere ripetendo la storia delle coccinelle, ma non sarei completamente sincero. La verità è che rispetto gli animali assai più degli uomini.» Non posso dargli torto, visto che son portata a pensarla come lui. E tuttavia, tuttavia, mentre guardo i cormorani di Yousef una domanda mi tormenta: quanti esseri umani sono morti in questa guerra? Quanti soldati iracheni, ad esempio? «Many, many, many, many, many. Molti, molti, molti, molti, molti. And many are already buried. E molti sono già sepolti» ha detto il generale Schwarzkopf. «The exact number cannot be established and will never be known. Il numero esatto non può essere stabilito e non sarà mai conosciuto.» Bé, il numero esatto no. L'unico che potrebbe darlo sarebbe Saddam Hussein, e Saddam Hussein se ne frega. Un numero approssimativo, invece, sì. Io e Richard Pyles, un collega dell'Associated Press, ci siamo messi a far qualche calcolo e abbiamo concluso che solo nei bombardamenti aerei non possono essere morti meno di centoventimila o centotrentamila soldati iracheni.

Una ferita che non si vede

Da questa guerra torno con una ferita che non si vede. Perché non è una ferita esterna, una ferita che sanguina e lascia una cicatrice sulla pelle. È una ferita nascosta dentro i miei polmoni, una ferita che si rivelerà chissà quando. Tra sei mesi, tra un anno, tra due? Me la sono procurata a ottanta chilometri da Kafji, insieme a tre Marines della First Division e a chissà quante altre persone che in quel momento si trovavano nella zona, e a infliggermela è stata un'arma nuova. Un'arma che non avevo mai trovato nelle guerre di cui sono stata testimone e cronista nel corso della mia vita. La Nuvola Nera. Cioè l'immensa massa di fuliggine che da metà febbraio si leva dalle fiamme dei pozzi incendiati. Tornavamo da Kuwait City, io e i tre Marines della First Division. E poiché il vento soffiava come sempre a nord-ovest, vale a dire verso l'Iran, l'aria non era proprio irrespirabile. Puzzava il solito puzzo di benzina e basta. Ottanta chilometri dopo Kafji, però, ha fatto mulinello. S'è messo a soffiare in direzione sud-est, ha portato la Nuvola Nera da noi, e il nostro camion c'è entrato dentro: s'è tuffato in un buio così buio che l'autista non vedeva più dove andava e pur accendendo i fari ha dovuto continuare a passo d'uomo. Siamo rimasti in quel buio per circa mezz'ora, accecati, asfissiati da un puzzo sempre più nauseabondo (puzzo d'uova marce, m'è parso), e quando abbiamo rivisto la luce facevamo pietà. I nostri occhi lacrimavano, la nostra gola bruciava, il nostro petto doleva, il nostro stomaco voleva vomitare il panino mangiato alla partenza, e non riuscivamo quasi a star zitti. Eravamo anche molto sporchi, sembravamo tre maschere di pece, e perfino la nostra lingua appariva nera. Infatti l'autista ha esclamato: «By God! If outside we're like that, what do we have inside the lungs?»

Perdio! Se fuori siamo ridotti a questo modo, dentro i polmoni che abbiamo?». Diagnosticando un caso di intossicazione, l'ufficiale medico della base che la First Division tiene ad Al Jubail s'è preso i tre Marines e se l'è portati all'infermeria. Io invece ho proseguito per Dahran dove tra l'altro ho avuto un violentissimo attacco d'asma, e da allora mi sento male. Gli occhi continuano a lacrimare, la gola continua a bruciare, il petto continua a dolere come quando si ha la bronchite, e respiro sempre a fatica. Ecco perché.

Sono almeno seicentotrentacinque i pozzi che ardono nel Kuwait (alcuni sostengono novecento o mille ma contarli con precisione è impossibile per via del calore terrificante che impedisce di avvicinarsi) e ogni giorno vanno in fumo almeno tre milioni di barili di greggio. E col fumo entrano nell'aria quantità mostruose di gas letali: etano, propano, butano, pentano, zolfo che quel petrolio contiene nella misura del 2,5 per cento, ossidi di carbonio, ossido di diazoto, acido solfidrico, anidride solforosa, nonché particelle metalliche composte di nichel, di ferro, di zinco, di pirrolo, di carbazolo, di indolo, di arsenico. E tutta questa roba, ovviamente carica di agenti cancerogeni, finisce nei polmoni poi nel sangue di chi la respira. Dice il dottor Mohammed Bakr Amin che a Dahran dirige il Research Institute della King Fahd University of Petroleum and Minerals: «Tanto per darle un esempio, pensi che il corpo umano può sopportare 365 microgrammi a metro cubo di anidride solforosa ogni ventiquattr'ore. E dal modulo matematico che noi abbiamo fatto per calcolare la tossicità dell'atmosfera, risultano i seguenti dati. A Safaniya, 1258 microgrammi; a Zuluf, 1480; a Jaladi, 1591; ad Ahmadi, 2108; a Kuwait City, 2191; a Kafji, 3013; a Falayakan, 3252; a Luhais, 5194; a Bassora, 5940; a Mina Saud, dove si trova la maggior parte dei pozzi, 10.665. Ma non ogni ventiquattr'ore: ogni ora. È lecito dunque prevedere un'esplosione di malattie polmonari e cardiache, uno sproporzionato moltiplicarsi del cancro, e disturbi gravissimi sul sistema nervoso e sul cervello». Aggiunge il dottor Shanta Al Khatieb, direttore dell'ufficio Terre Aride e Deserto: «Il dottor Bakr Amin ha ragione. Ogni giorno quei pozzi esalano mille tonnellate di zolfo e altrettante di veleni immediati come l'arsenico e la diossina. Io sono molto preoccupato per i bambini, per i vecchi, per coloro che hanno già il cancro o malattie polmonari e cardiologiche, e raccomando alla gente di stare in casa o partire. Guardi, a mio parere questo disastro supera quello di Chernobyl. A mio parere è una catastrofe paragonabile solo ai grandi perturbamenti che si verificarono nella preistoria, cioè prima che questo pianeta si assestasse e la Vita incominciasse. La Nuvola Nera ha già investito l'Iran. Presto investirà il Pakistan, l'India, la Cina, e non mi meraviglierei se investisse anche il Mediterraneo e l'Europa».

Naturalmente il rischio dipende dalla pressione con cui i gas erompono, dalla direzione e dalla velocità dei venti che li trascinano, dalla durata degli incendi. Ma la pressione è altissima, tonnellate e tonnellate ogni centimetro quadrato, e i venti che di regola soffiano a nord-ovest possono soffiare a sud-est come accadde il giorno in cui viaggiavo coi tre Marines. Peggio: in genere quei venti vanno a 16 nodi, velocità che tiene la Nuvola Nera a un'altezza di millecinquecento o duemila metri, ma negli ultimi giorni sono andati anche a trenta nodi. E a quella velocità possono portare la Nuvola Nera a settemila o ottomila metri dove vi sono correnti capaci di spingerla fino al Mediterraneo e all'Europa. Quanto alla durata degli incendi, il dottor Bakr Amin è pessimista: «Tre anni, cara amica, tre anni. Perché? Semplice. Quel fuoco non è stato appiccato da una soldataglia rozza e inesperta: è un lavoro compiuto da ingegneri che conoscevano il proprio mestiere, da gente che ha collocato la dinamite nei punti in cui si trovano le valvole di sicurezza. Cioè a trecento o cinquecento o mille metri di profondità. Per spegnere bisogna dunque trivellare presso ogni pozzo in fiamme un altro pozzo inclinato, vale a dire diretto verso la valvola rotta, oppure un altro pozzo verticale che a un certo punto diventa orizzontale e raggiunge la valvola rotta. Poi bisogna iniettare in quest'ultima grosse quantità di cemento, otturare il pozzo, e... E poiché i documenti relativi alla profondità delle varie valvole sono stati distrutti da quegli ingegneri, ci vorrà un mucchio di tempo per sostituirli attraverso i nostri calcoli. Senza contare che i nuovi pozzi andranno trivellati a poche centinaia di metri dai pozzi in fiamme, che a quella distanza il calore è insopportabile, che dovremo dunque raffreddare ogni punto con getti d'acqua fredda, che sarà necessario diminuire ogni incendio facendo scoppiare cariche esplosive sopra la bocca di ciascun pozzo, che intorno a ciascun pozzo il deserto è minato. Tre anni, cara amica, tre anni».

Tre anni. «Che cosa ci accadrà in quei tre anni?» chiedo al dottor Walter Vreeland, direttore dell'Environment Project nel Bahrein. «Non lo so» risponde il dottor Vreeland. «Però posso dirle che cosa ci accadrà fra tre mesi: la Nuvola Nera si triplicherà e stagnerà nell'atmosfera con due milioni di tonnellate di gas letali, l'energia solare si ridurrà del venti per cento, la temperatura si abbasserà di almeno dieci gradi centigradi, e avremo una mezza estate. Un'estate quasi fredda. L'unica speranza è che piova molto. Il vapore acqueo assorbe i gas, l'acqua li ruba all'atmosfera. Però li ruba per farli piovere sulla terra, impregnarne il suolo, e ha visto di che colore era la pioggia dell'altro giorno? Ha sentito che sapore aveva?» Annuisco. «Sì, dottor Vreeland. Era pioggia nera. E sapeva d'aceto.»

Da ultimo il sogno di quasi tutti i giornalisti era quello di catturare un soldato iracheno; sport iniziato da alcuni corrispondenti del quotidiano inglese «The Independent» che ancor prima dell'attacco terrestre avevano incontrato nel deserto un gruppetto di disertori affamati, e perfezionato da alcuni inviati della televisione italiana che dopo l'attacco terrestre s'erano imbattuti in un altro gruppetto da rifocillare. L'esca essendo il cibo che la truppa di Saddam Hussein non vedeva da sei settimane, (quattro fette di pane al giorno e nient'altro), i più audaci si riempivano la jeep di vettovaglie e andavano verso il confine col Kuwait dove passavano ore a scrutar l'orizzonte in cerca d'una uniforme verde bottiglia cioè d'un soldato iracheno con lo stomaco vuoto. Io no. Eppure lunedì 4 marzo, alle 10 e quarantacinque, poco prima di finire coi tre Marines dentro la Nuvola Nera, catturai ben quattro soldati iracheni. Senza dargli né un sandwich né una caramella, e senza ricavarne un goccio di gloria. Ecco come andò.

Passata Kafji, su un rettilineo dove sostavano venti automezzi della First Assault Anfibion, il sergente Christopher Grey (uno dei tre Marines) disse: «I must urinate. Devo urinare». E il Warrant Information Officer Eric Carlson aggiunse: «I do too. Io pure». Allora l'autista del camion fermò, e scesi con loro. Non esisteva neanche un cespuglio di licheni cui chiedere un po' di privacy nel deserto che si stendeva ai lati della strada, ma a circa duecento metri avevo adocchiato un casotto di lamiera che sbucava dalle dune. E m'era parso un luogo eccellente per risolvere il maggior problema che una donna debba affrontare alla guerra: quello di fare pipì. Lo raggiunsi. Vi entrai. E stavo risolvendo il problema quando udii una voce roca che mugolava: «Bush! Bush, Bush!». Alzai lo sguardo e dinanzi a me c'erano quattro uniformi verde bottiglia cioè quattro soldati iracheni. Disarmati, laceri, secchi. I soldati più secchi che avessi mai visto dopo il poveretto intervistato a Kuwait City, il più anziano teneva le braccia sollevate e piangeva.

Bé, piangenti o no, secchi o no, laceri o no, disarmati o no, sfido chiunque a comportarsi con disinvoltura dinanzi a quattro soldati iracheni che ti sorprendono mentre fai pipì in mezzo al deserto. Invece di affrontarli come avevano fatto gli intrepidi giornalisti dell'Independent e della televisione italiana, balzai in piedi. Scappai. «Sergente Grey! Officer Carlson! There are four Iraqi who want to surrender to Bush there behind the dunes! Ci sono quattro iracheni che vogliono arrendersi a Bush, laggiù dietro le dune!» «Really, davvero?» rispose il sergente Grey con indifferenza. «Jee, what a bore! Dio, che noia» rispose il Warrant Information Officer Carlson con fastidio. Poi chiamò quelli del First Assault Anfibion che non s'erano accorti di nulla, gli disse di andare a prenderli, e mi spinse verso il camion. «Let's move, muoviamoci. It's late, è tardi.»

La ritirata degli iracheni dal Kuwait ebbe inizio domenica 24 febbraio quando la Polizia Segreta di Saddam Hussein se la svignò con gli ostaggi. Quella vera e propria però si svolse la sera di lunedì 25 quando sul lungomare della capitale si formò un convoglio lungo circa dieci chilometri, composto di migliaia di veicoli. (Tremila, dicono alcuni testimoni. Cinquemila, dicono altri.) C'era di tutto, in quel convoglio. Autocisterne piene di benzina, carri armati T72, autoblindo, cannoni da 130 e da 150, camion con rimorchio e senza rimorchio, jeep con le mitragliatrici da 12.7, gipponi coi cannoncini della contraerea, motociclette, automobili rubate, e ciò che era rimasto da saccheggiare agli abitanti della città. C'erano anche parecchi militari. Facendo una media minima di quattro militari a veicolo e accettando la cifra di tremila veicoli, non meno di dodicimila. Facendo una media più realistica cioè di sei militari a veicolo e accettando la stessa cifra, non meno di diciottomila. Accettando la cifra di cinquemila veicoli e basandoci sulle medesime medie, dai ventimila ai trentamila. In ogni caso tanti, da ammazzare in un colpo solo. Tanti...

Il convoglio si mise in moto verso mezzanotte e imboccò la Jaharah Road cioè l'unica strada che dal Kuwait porti a Bagdad. Ma non arrivò mai a Bagdad. Non arrivò neanche alla frontiera. Verso l'una del mattino gli americani lo individuarono grazie alla 27th Armoured Division che si trovava a qualche miglio di distanza, chiamarono gli F15 e gli F16 e gli F18 e gli F111 e gli Apaches e i

Cobra, e lo fermarono anzi lo distrussero con l'attacco più feroce che un esercito in ritirata abbia subito dai tempi di Napoleone. Più che un'azione di guerra, una strage da Apocalisse. «This is not a battle-field» si nota che abbia commentato con amarezza un ufficiale inglese. «This is a killing-field. Questo non è un campo di battaglia. È un mattatoio.» A destra e a sinistra della Jaharah Road si stende infatti il deserto, e non un deserto piatto nel quale puoi gettarti in cerca di salvezza: un deserto reso impraticabile dagli avvallamenti, dalle dune. Per sfuggire all'orgia di fuoco che pioveva dal cielo gli autisti dei veicoli si buttarono tra quelle dune, in quegli avvallamenti, travolti dal panico presero disperatamente a girarvi formando spirali dentro cui si imbottigliavano per scontrarsi o capovolgersi, e neanche uno si salvò. Neanche uno. Tre giorni dopo, quando spinta dalle voci d'un supposto massacro mi portai sulla Jaharah Road, rimasi così annichilita dall'orrore e dallo stupore che non credevo ai miei occhi. Per chilometri e chilometri non vedevi che quelle spirali di ferro contorto e annerito, carri armati e cannoni rovesciati, autocisterne e autoblindo e automobili bruciate, camion e rimorchi e gipponi accatastati l'uno sull'altro, a volte in piramidi alte cinque o sei metri, a volte in mucchi affogati dentro i crateri, e intorno a questo un caos di oggetti saccheggiati. Coperte di lana, lenzuoli, pezze di seta, paralumi, camicie da uomo, scarpe da donna, (molte coi tacchi a spillo), vestiti da bambini, giocattoli, scatole di cipria, televisori, grattuge, posate d'oro e d'argento, smalto rosso da unghie, video, bottiglie di profumo, mazzi di cipolle, bulbi da piantare, banconote, fon per asciugare i capelli, e perfino soprammobili tra cui un falchetto impagliato, roba su cui i kuwaitiani si gettavano come avvoltoi affamati disinvoltamente rubando il rubato. «Era nostra, no?» Di morti, però, solo due. Uno, trafitto da una raffica e nero di mosche, al volante di una Mercedes. E uno, carbonizzato sotto un autoblindo. E gli altri? Dov'erano finiti i trentamila o ventimila o diciottomila o dodicimila militari del convoglio? Possibile che salvo quei due fossero già stati tutti raccolti, sepolti a tempo di record? Possibile. E a sostenere la tesi c'era la presenza di bulldozer che servono a scavare le fosse. C'era anche il racconto d'un fotografo che l'indomani aveva visto i bulldozer al lavoro, e perduto un'istantanea da Premio Pulitzer. «Più che fosse, trincee interminabili dentro le quali i cadaveri venivano allineati poi coperti con la sabbia. Questo deserto è ormai un cimitero. Peccato che non possa dimostrarlo: i Marines mi hanno requisito il rotolino. E conteneva un'istantanea da Premio Pulitzer, sa? Quella d'un caporale che a un certo punto ha ficcato nella sabbia il kalashnikov d'un iracheno, ci ha appoggiato sopra il suo elmetto, e portando la mano alla fronte s'è messo sull'attenti.» Infine c'era la frase pronunciata da Schwarzkopf sui soldati iracheni morti: «Many, many, many, many, many. Molti, molti, molti, molti, molti. And many have been already buried. E molti sono già stati sepolti». Eppure quando ho voluto accertarmene con gli americani, ho trovato un muro di silenzio. Per una settimana nessuno ha aperto bocca. Nessuno. Né a Kuwait City né a Dahran, né a Riad. «I cadaveri? Che cadaveri?» «I cadaveri del convoglio.» «Il convoglio? Che convoglio?» «Quello che avete distrutto sulla Jaharah Road.» «Jaharah Road?» Solamente quando mi sono rivolta al generale Richard Neil e gli ho detto signor generale, lei sa bene di che cosa parlo, altrettanto bene sa che è mio diritto chiederle questa informazione, suo dovere darmela, al comando di Riad mi hanno fornito una prova che il massacro era avvenuto. «All'attacco hanno partecipato gli F15, gli F16, gli F18, gli F111, gli Apache e i Cobra.» «E quanti morti ci sono stati? Dove li avete sepolti?» «Non ne sappiamo nulla, dei morti. Non ci risulta che siano stati sepolti. L'attacco era diretto contro i veicoli, non contro i soldati.» «Non contro i soldati? Ma che cavolo di risposta mi dà?» «La risposta che mi è stato ordinato di darle. Good evening, buona sera.» Non a caso il verbo to kill, uccidere, veniva sempre usato da loro per le cose. Mai per la gente. «Five bridges killed. Cinque ponti uccisi.» «Ten aircrafts killed. Dieci aerei uccisi.» «Fifty tanks killed. Cinquanta carri armati uccisi.»

Strani tipi, gli americani di questa guerra. A me non sono piaciuti. Non erano gli americani che ho conosciuto in Vietnam: i ragazzi gioviali e simpatici coi quali potevi ridere e piangere, dividere il rancio e il posto in trincea, parlare in libertà. Non erano i militari aperti e sinceri che dicevano (magari mentendo o esagerando) oggi-ho-ammazzato-cento-vietcong. Erano uomini e donne durissimi, disciplinati fino alla nausea, chiusi in se stessi, superbi e spesso arroganti. In quel senso, a volte, mi ricordavano i tedeschi di Bismarck, e un giorno l'ho detto all'unico ufficiale con cui riuscissi a scambiare qualche battuta o qualche sorriso: una colonnella d'un metro e ottanta, Virginia Prybila, che a Riad lavorava al Joint Information Bureau. «Virginia» le ho detto «siete diventati proprio antipatici. A volte mi ricordate i tedeschi di Bismarck. Ma che v'è successo, Virginia?!?» E senza muovere un muscolo del volto ferrigno, prussiano, Virginia ha risposto: «Il Vietnam».

La guerra era appena iniziata e mi trovavo a Manama, la capitale del Bahrein, perché le compagnie aeree avevano cancellato tutti i voli a Gedda o a Riad: in Arabia Saudita si entrava soltanto attraverso il ponte di ventiquattro chilometri che unisce Manama a Dahran. A Manama la RAF teneva i Tornado che andavano a bombardare l'Iraq e, contrariamente ai piloti italiani che nell'Abu Dabi il nostro governo costringeva a una ridicola reclusione, i piloti inglesi erano molto accessibili. Stavano all'hotel Sheraton, lo stesso dove alloggiavano i giornalisti, e dopocena potevi incontrarli al bar: sempre pronti a offrirti uno sherry e un sorriso. «Hi, my name is Tony Mc Glone. How do you do?» «Hi, my name is Nigel Risdale. How do you do?» «Hi, my name is John Broedbent. How do you do?» «I'm Rupert Clarke. Salve!» Alcuni parlavano anche un po' d'italiano perché da Laarbruch, la base Nato cui appartenevano, venivano spesso a passar le vacanze sul Lago di Garda o sul Lago di Como. Chi sollecitava maggior curiosità era Rupert: un londinese molto alto, molto biondo, molto attraente, che i compagni consideravano il più bravo di tutti: l'asso della squadriglia. Eppure non fu Rupert a colpirmi, quella sera. Fu un tipo dall'aria triste, insieme dignitoso e dimesso, che sedeva in un angolo: solo come un uccellino appollaiato per proprio conto in fondo a una grondaia piena di garruli uccelli. Steve Hicks, il suo navigatore.

Mi avvicinai. Gli chiesi perché sedesse lì solo. Tenendo la testa china, così china che non potevo vedere i suoi occhi del resto fissi sul bicchiere di birra che non beveva, mi rispose che all'alba sarebbe andato in missione. «La contraerea funziona, sa? E Rupert vola talmente basso. Ad altezza di cammello, si diverte a dire.» «Ma è bravo, Steve! Mi hanno raccontato che è il più bravo di tutti!» «Non serve esser bravi. Anche i piloti dei cinque Tornado che sono stati abbattuti finora eran bravi. E io ho paura.» «Chiunque ha paura, alla guerra, Steve. Chi sostiene di non averne è un bugiardo. Un cretino o un bugiardo.» «Bé, allora io sono la persona più intelligente e sincera del mondo. Perché di paura ne ho tanta. Tanta... Ne ho la sera avanti, ne ho quando mi metto la tenuta di volo, quando salgo a bordo, quando chiudo la carlinga. Ne ho quando decolliamo, quando ci avviciniamo all'obiettivo. E mentre Rupert si abbassa mi chiedo sempre: li rivedrò, invecchierò? Ho due bam-

381

bini, capisci? Uno appena nato e uno di tre anni. E ho ventisette anni. Oppure mi chiedo: potrò telefonarle, stasera?» «Telefonare a chi, Steve?» «A Lynn, mia moglie. Mi fa bene, telefonarle. Mi aiuta, sebbene abbia quel timore che finisca nelle mani degli iracheni... Bé, la capisco. Sembra che li torturino, i prigionieri. Ha visto l'espressione di John Peters, il giorno che gli iracheni mostrarono i prigionieri in TV? Dei nostri c'era anche Adrian Nichol, e Nichol aveva il volto fermo. Peters, al contrario... Chissà che gli hanno fatto. A Laarbruch ci mettevano in guardia, sulle torture. Ci spiegavano che a volte usano gli elettrochoc, ci preparavano. Però ci sono cose peggiori degli elettrochoc, e a quelle non ci può preparare nessuno.» «Non pensarci, Steve.» «Non ci penso. Perché io non sarò preso prigioniero. A me accadrà qualcosa di peggio. Lo sento, lo so. L'ho detto anche a Rupert. Rupert, gli ho detto, io in una di queste missioni ci lascio la pelle. Lo sento, lo so. Rupert si è messo a ridere. Mi ha risposto che non è possibile perché io e lui siamo sulla stessa barca e se morissi io morirebbe pure lui. E lui non può morire in quanto è immortale. Forse. Ma io sento che Rupert tornerà a casa e io no.» Poi smise di fissare il bicchiere di birra che non beveva. Alzò finalmente la faccia mostrandomi gli occhi, e un brivido mi corse lungo la schiena. C'era la morte in quegli occhi. Una morte così inevitabile, così vicina, che quella notte non fui capace di dormire e l'indomani non ebbi pace finché seppi che Steve Hicks era rientrato sano e salvo alla base.

Ventisette giorni dopo un collega della rete televisiva ITN, Michael Deane, mi chiamò a Dahran. Piangeva, e piangendo mi disse che Rupert Clarke era morto. Con Rupert, Steve Hicks. «È successo stamani, vicino a Bagdad, mentre bombardavano un bunker. Volavano alti, stamani, a quattromila metri, ma gli iracheni hanno lanciato due missili Sam e uno li ha beccati. Il Tornado ha incominciato a scendere, scendere, e s'è schiantato nel deserto con una grande esplosione. Una grande fumata. Rupert non ha fatto nemmeno in tempo ad azionare i paracadute.» «Ne sei certo, Michael?» «Certissimo. John Broadbent e Nigel Risdale erano nella squadriglia e hanno visto bene. Dicono che l'aereo ci ha messo tanto a scendere. Ci ha messo almeno un minuto, quasi che Rupert fosse riuscito a mantenerne il controllo. Nella speranza che fosse riuscito anche ad azionare i paracadute, sono tornati in quel punto tre volte. Ma invano... Piango soprattutto per Rupert, sai. Era un tipo così straordinario, e così sicuro di farcela. Ripeteva sempre che a casa lui ci sarebbe tornato. I'm immortal, sono immortale! Steve invece no. Mi son chiesto spesso perché non stesse mai con gli altri e avesse quel visuccio malinconico, triste. E Chris Duffy, uno che lo conosceva bene, oggi me l'ha detto. Mi ha raccontato che, quando giunsero a Manama, Steve ebbe una crisi tremenda. D'un tratto, mentre partecipavano a un party che il Comando aveva organizzato per festeggiare il loro arrivo, scoppiò in lacrime e corse nel bagno dove si mise a battere la testa nel muro e a singhiozzare: "Non ce la farò! Sento che non ce la farò! Non tornerò! Sento che non tornerò! Morirò! Sento che morirò!". Né serviva a nulla che Chris tentasse di calmarlo. Ora smettila, basta, per favore. Lo sapeva, capisci?» «Sì, lo sapeva» risposi. Poi Michael Deane mi fece promettere che a guerra finita sarei passata di nuovo dal Bahrein per bere coi piloti alla memoria di Steve: di Rupert e di Steve. Promisi, e a guerra finita ci sono ripassata davvero. Ho bevuto alla memoria di Steve. Ma non ho bevuto alla memoria di Rupert. Nessuno ha bevuto alla memoria di Rupert. Ecco perché.

John Braedbent e Nigel Risdale avevano visto male: fino a 1500 metri d'altezza Rupert era riuscito davvero a mantenere il controllo del Tornado. E a 1300 metri era riuscito ad azionare i paracadute. Mentre l'aereo precipitava, la carlinga s'era aperta e sia lui sia Steve erano stati catapultati fuori. «Ragazzi, chi ha le gambe deboli segga» urlò John Braedbent, la sera di lunedì 11 marzo, piombando al bar dello Sheraton. «Rupert è vivo. Era stato preso prigioniero dagli iracheni che l'hanno appena restituito: ci ho parlato al telefono un minuto fa.» «E Steve?» chiesero tutti. «Steve no. Rupert lo vide atterrare a tre o quattrocento metri da lui, vide anche gli iracheni che gli si avvicinavano per catturarlo e facevano gesti per dirgli alzati-su-alzati. Ma Steve non si alzò. Era morto.»

Post-scriptum: la verità

So che ad alcuni non è piaciuta la mia corrispondenza sulla liberazione di Kuwait City, il mio sospetto che quello iracheno fosse un esercito di ladri e di volgari saccheggiatori piuttosto che di assassini alla Hitler, il mio bisogno di ridimensionare le esagerazioni di chi per leggerezza o interesse o sensazionalismo moltiplica uno per cento e cento per mille. (Abitudine molto diffusa in quella parte del mondo, come ricordano i trecento morti che nel 1979 l'esercito iraniano fece in una piazza di Teheran e che il giorno dopo erano diventati tremila. Il giorno dopo ancora, trentamila. La settimana seguente, trecentomila. E quando andai in Iran per intervistare Khomeini, tre milioni.) So che coloro cui piace moltiplicare uno per cento e cento per mille si sono scandalizzati perché ho scritto di non aver trovato le prove di certe atrocità inclusa quella raggelante dei neonati strappati alle incubatrici e buttati via nella spazzatura. So che si sono irritati perché ho avanzato il dubbio che la Resistenza kuwaitiana fosse stata una cosa seria anzi che fosse esistita, o perché mi sono sorpresa a trovare migliaia di kuwaitiani che non parlavano inglese ma in perfetto inglese inneggiavano a Bush con slogan non certo inventati da loro, e perché mi sono arrabbiata a veder sparare in aria le tonnellate di pallottole che la Resistenza non aveva sparato agli iracheni. So che qualche sciocco in malafede mi ha addirittura accusato di negare che vi fossero state torture e assassinii.

Forse quella corrispondenza avrebbe dovuto contenere una battuta inglese a me cara: «One is too many. Uno è troppo». Avrebbe dovuto spiegare, cioè, che per me un morto è troppo: che per pianger quel morto non mi serve moltiplicarlo per cento o per mille o per centomila, e che se lo vedo moltiplicare per cento o per mille o per centomila mi indigno: la morte non è una partita di calcio dove contano i gol. Forse quella corrispondenza avrebbe dovuto essere più lunga nella lista dei sospetti e dei dubbi e delle esagerazioni: particolareggiata come quelle di Con Coughlin e Michael Evans che l'uno sul «Sunday Telegraph» e l'altro sul «Sunday Times» hanno avanzato i miei stessi sospetti e miei stessi dubbi, cercato di ridimensionare le esagerazioni raccolte e diffuse dai loro colleghi. Forse avrei dovuto ricordare che di Resistenza io me ne intendo (ci sono nata dentro) e che nei Paesi in cui l'ho trovata l'ho cantata con le lacrime agli occhi. Forse avrei dovuto riportare la risposta che lo stimatissimo e vecchio generale Muhammed Albade, capo d'un piccolo gruppo formato da sessanta resistenti, mi dette a Kuwait City quando gli chiesi se la Resistenza ci fosse stata davvero. «Well, the first month there was something. The second month, much less. The third month, much much less. The fourth month and after, let's say that it was psychological. Bè il primo mese ci fu qualcosa. Il secondo, molto meno, il terzo, molto molto meno, il quarto e dopo, diciamo che fu psicologica.» Forse avrei dovuto riferire anche la risposta che ricevevo ogni volta che cercavo un resistente: «Mia madre che ha ottant'anni era una resistente, mio figlio che ha due anni era un resistente. Tutti eravamo resistenti». Forse avrei dovuto raccontare che «un famoso» resistente a un certo punto si impappinò e mi confessò che andava a cena con gli ufficiali iracheni, scherzava e discuteva con loro. (Nel 1944 e '45 varie ragazze furono rapate o fucilate per molto meno.) Forse avrei dovuto rivelare che gli eroi del momento, vale a dire il gruppo Al Fatooh (composto dagli ultramiliardari nipoti dell'emiro scappato la vigilia dell'invasione con due camioncini di oggetti preziosi) ci danno a bere un mucchio di balle. Per esempio non è affatto vero che la lussuosissima villa nella quale mi ricevettero scaccolandosi i piedi con le baionette era stata presa a raffiche e colpi di bazooka dagli iracheni. Come gli feci osservare, tale villa non conteneva neanche un buchetto di pallottola e i suoi divani bianchi erano ancora bianchi anzi bianchissimi. E loro replicarono: «Ma al nostro cugino hanno incendiato una Ferrari e due Porsche!». Dio mi maledica se minimizzo la tragedia di coloro che hanno sofferto. Però mi maledica anche se mi presto al gioco dell'emiro Al Shebah Al Sabah cui certa propaganda serve per impinguare coi danni di guerra le sue cassaforti. Mi maledica anche se dimentico che almeno la metà dei suoi ricchissimi sudditi se ne stavano in dorato esilio a Londra o al Cairo o nel Bahrein o nel Qatar dove bisbocciavano a champagne con le prostitute (e il Corano?) e dove venivano presi santamente a pugni dai militari americani o inglesi o egiziani cui dicevano sghignazzando: «Perché siamo qui anziché nell'esercito kuwaitiano o nella Resistenza kuwaitiana? La guerra è una cosa pericolosa. Per farla paghiamo voi». E concludo: durante il mio secondo viaggio a Kuwait City venni aggredita da un elegantissimo giovanotto in thobi e Rpg cui avevo espresso il timore che i morti straziati e mostrati ai fotografi o ai cameramen venissero riciclati dalle morgues degli ospedali. Un paio infatti m'erano sembrati identici. «La prego, dimostri che sbaglio.» «Che sbaglio e non sbaglio! Lei è qui per farci propaganda!» urlò agitando l'Rpg. Lo guardai negli occhi e gli risposi: «No, signor mio. Sono qui per raccontare la verità».

SESTA PARTE
La commedia della tolleranza

La Rabbia e l'Orgoglio

Ero a casa, la mia casa è nel centro di Manhattan, e verso le 9 ho avuto la sensazione d'un pericolo che forse non mi avrebbe toccato ma che certo mi riguardava. Sai, la sensazione che si prova alla guerra, anzi in combattimento, quando con ogni poro della pelle senti la pallottola o il razzo che arriva, e tendi le orecchie e gridi a chi ti sta accanto: «Down! Get down! Giù! Buttati giù». L'ho respinta. Non ero mica in Vietnam, mi son detta. Non ero mica in una delle tante e fottutissime guerre che sin dalla Seconda guerra mondiale hanno seviziato la mia vita! Ero a New York, perbacco, in un meraviglioso mattino di settembre. L'11 settembre 2001. Ma la sensazione ha continuato a possedermi, inspiegabile, e allora ho fatto ciò che al mattino non faccio mai: ho acceso la TV. Bè, l'audio non funzionava. Lo schermo, sì. E su ogni canale, qui di canali ve ne sono circa cento, vedevi una torre dello World Trade Center che dagli ottantesimi piani in su bruciava come un gigantesco fiammifero. Un corto circuito? Un piccolo aereo sbadato? Oppure un atto di terrorismo mirato? Quasi paralizzata son rimasta a fissarla e, mentre la fissavo, mentre mi ponevo quelle tre domande, sullo schermo è apparso un aereo. Bianco, grosso. Un aereo di linea. Volava bassissimo. Volando bassissimo si dirigeva verso la seconda Torre come un bombardiere che punta sull'obbiettivo, si getta sull'obbiettivo. Sicché ho capito. Voglio dire, ho capito che si trattava d'un aereo kamikaze, che per la prima Torre era successo lo stesso. E, mentre lo capivo, l'audio è tornato. Ha trasmesso un coro di urla selvagge. Ripetute, selvagge. «God! Oh, God! Oh, God, God, God! Gooooooood! Dio! Oddio! Oddio! Dio, Dio, Dioooooooo!». Poi l'aereo bianco s'è infilato nella seconda Torre come un coltello che si infila dentro un panetto di burro.

Erano le 9 e zero tre minuti, ora. E non chiedermi che cosa ho provato in quel momento e dopo. Non lo so, non lo ricordo. Ero un pezzo di ghiaccio. Anche il mio cervello era ghiaccio. Non ricordo neppure se certe cose le ho viste sulla prima Torre o sulla seconda. La gente che per non morire bruciata viva si buttava dalle finestre degli ottantesimi o novantesimi o centesimi piani, ad esempio. Rompevano i vetri delle finestre, le scavalcavano, si buttavano giù come ci si butta da un aereo avendo addosso il paracadute. A dozzine. Sì, a dozzine. E venivano giù così lentamente. Così lentamente... Agitando le gambe e le braccia, nuotando nell'aria. Sì, sembravano nuotare nell'aria. E non arrivavano mai. Verso i trentesimi piani, però, acceleravano. Si mettevano a gesticolar disperati, suppongo pentiti, quasi gridassero help-aiuto-help. E magari lo gridavano davvero. Infine cadevano a sasso e paf! Santiddio, io credevo d'aver visto tutto alle guerre. Dalle guerre mi ritenevo vaccinata, e in sostanza lo sono. Niente mi sorprende più. Neanche quando mi arrabbio, neanche quando mi sdegno. Però alle guerre io ho sempre visto la gente che muore ammazzata. Non l'ho mai vista la gente che muore ammazzandosi, buttandosi senza paracadute dalle finestre d'un ottantesimo o novantesimo o centesimo piano. Hanno continuato a buttarsi finché, una verso le dieci, una verso le dieci e mezzo, le Torri sono crollate e... Sai, con la gente che muore ammazzata, alle guerre io ho sempre visto roba che scoppia. Che crolla perché scoppia, perché esplode a ventaglio. Le due Torri, invece, non sono crollate per questo. La prima è crollata perché è implosa, ha inghiottito sé stessa. La seconda perché s'è fusa, s'è sciolta proprio come se fosse stata un panetto di burro. E tutto è avvenuto, o m'è parso, in un silenzio di tomba. Possibile? C'era davvero, quel silenzio, o era dentro di me?

Forse era dentro di me. Chiusa dentro quel silenzio ho infatti ascoltato la notizia del terzo aereo buttatosi sul Pentagono, e quella del quarto caduto sopra un bosco della Pennsylvania. Chiusa dentro quel silenzio mi son messa a calcolare il numero dei morti e mi son sentita mancare il respiro. Perché nella battaglia più sanguinosa alla quale abbia assistito in Vietnam, una delle battaglie avvenute a Dak To, di morti ce ne furono quattrocento. Nella strage di Mexico City, quella dove anch'io mi beccai un bel po' di pallottole, almeno ottocento. E quando credendomi morta con loro mi scaraventarono nell'obitorio, mi lasciarono lì tra i cadaveri, quelli che presto mi ritrovai attorno e addosso mi sembrarono ancora di più. Nelle Torri lavoravano ben cinquantamila persone, capisci, e molte non hanno fatto in tempo ad evacuare. Una prima stima parla di settemila missing. Però v'è una differenza tra la parola missing cioè disperso, e la parola dead cioè morto: in Vietnam si distingueva sempre tra i missing-in-action cioè i dispersi e i killed-in-action cioè i morti... Mah! Io sono convinta che il vero numero dei morti non ce lo diranno mai. Per non sottolineare l'intensità di questa apocalisse, per non incoraggiare altre apocalissi. E poi le due voragini che hanno assorbito le migliaia di creature sono troppo profonde, troppo tappate da detriti. Al massimo gli operai dissotterrano pezzettini di membra sparse. Un naso qui, un dito là. Oppure una specie di melma che sembra caffè macinato e che invece è materia organica. Il residuo dei corpi che in un lampo si disintegrarono, si incenerirono. Ieri il sindaco Giuliani ha mandato diecimila sacchi per metterci i cadaveri. Ma sono rimasti inutilizzati.

**

Il fatto è che l'America è un paese speciale, caro mio. Un paese da invidiare, di cui esser gelosi, per cose che non hanno nulla a che fare con la ricchezza, la potenza, la supremazia militare, eccetera. E sai perché? Perché è nata da un bisogno dell'anima, il bisogno d'avere una patria, e dall'idea più sublime che l'Uomo abbia mai concepito: l'idea della Libertà anzi della libertà sposata all'idea di uguaglianza. Lo è anche perché, quando ciò accadde, l'idea di libertà non era di moda. L'idea di uguaglianza, nemmeno. Non ne parlavano che certi filosofi detti Illuministi, di queste cose. Non li trovavi che in un costoso librone di diciassette volumi (che coi diciotto delle Tavole Illustrate sarebbero diventati trentacinque) pubblicato in Francia sotto la direzione di un certo Diderot e di un certo D'Alembert e detto l'*Encyclopédie*, questi concetti. E a parte gli intellettuali, a parte i prìncipi e i signori che avevano i soldi per comprare il librone o i libri che avevano ispirato il librone, chi ne sapeva nulla dell'Illuminismo? Non era mica roba da mangiare, l'Illuminismo! Non ne parlavan neppure i rivoluzionari francesi, visto che la Rivoluzione Francese sarebbe incominciata nel 1789 ossia quindici anni dopo la Rivoluzione Americana che scoppiò nel 1776 ma sbocciò nel 1774. (Dettaglio che gli antiamericani del bene-agli-americani-gli-sta-bene ignorano o fingono d'ignorare.) Ma, soprattutto, l'America è un paese speciale, un paese da invidiare perché quell'idea venne capita da contadini spesso analfabeti o comunque ineducati. I contadini delle tredici colonie americane. E perché venne materializzata da un piccolo gruppo di leader straordinari, da uomini di grande cultura e di grande qualità. The Founding Fathers, i Padri Fondatori. Ma hai idea di chi fossero i Padri Fondatori, i Benjamin Franklin e i Thomas Jefferson e i Thomas Paine e i John Adams e i George Washington eccetera?!? Altro che gli avvocaticchi (come giustamente li chiamava Vittorio Alfieri) della Rivoluzione Francese! Altro che i cupi e isterici boia del Terrore, i Marat e i Danton e i Saint-Just e i Robespierre! Erano tipi, i Padri Fondatori, che il greco e il latino li conoscevano come gli insegnanti italiani di greco e di latino (ammesso che ne esistano ancora) non lo conosceranno mai. Tipi che in greco s'eran letti Aristotele e Platone, che in latino s'eran letti Seneca e Cicerone, che i principii della democrazia greca se l'eran studiati come nemmeno i marxisti del mio tempo studiavano la teoria del plusvalore. (Ammesso che la studiassero davvero.) Jefferson conosceva anche l'italiano. Lui diceva «toscano». In italiano parlava e leggeva con gran speditezza. Infatti con le duemila piantine di vite e le mille piantine di olivo e la carta da musica che in Virginia scarseggiava, nel 1774 il medico fiorentino Filippo Mazzei gli aveva portato varie copie d'un libro scritto da un certo Cesare Beccaria e intitolato *Dei delitti e delle pene*. Quanto all'autodidatta Franklin, era un genio. Scienziato, stampatore, editore, scrittore, giornalista, politico, inventore. Nel 1752 aveva scoperto la natura elettrica del fulmine e aveva inventato il parafulmine. Scusa se è poco. Aveva inventato anche la stufa per scaldare le stanze senza il caminetto. Infatti il granduca di Toscana, Pietro Leopoldo, ne aveva comprate due per il suo studio a Palazzo Pitti. E fu con questi leader straordinari, questi uomini di grande cultura e di grande qualità, che nel 1776 anzi nel 1774 i contadini spesso analfabeti e comunque ineducati si ribellarono all'Inghilterra. Fecero la guerra d'Indipendenza, la Rivoluzione Americana.

La fecero, nonostante i fucili e la polvere da sparo, nonostante i morti che ogni guerra costa, senza i fiumi di sangue della futura Rivoluzione Francese. La fecero senza la ghigliottina, insomma, senza i massacri della Vandea e di Lione e di Tolone e di Bordeaux. La fecero con un foglio che insieme al bisogno dell'anima, il bisogno d'avere una patria, concretizzava la sublime idea della libertà anzi della libertà sposata all'uguaglianza. La Dichiarazione d'Indipendenza. «We hold these Truths to be self-evident... Noi riteniamo evidenti queste verità. Che tutti gli Uomini sono creati uguali. Che tutti sono dotati dal Creatore di certi inalienabili Diritti. Che tra questi Diritti v'è il diritto alla Vita, alla Libertà, alla Ricerca della Felicità. Che per assicurare questi Diritti gli Uomini devono istituire i governi...» E quel foglio che dalla Rivoluzione Francese in poi noi europei gli abbiamo bene o male copiato, o al quale ci siamo ispirati, costituisce ancora la spina dorsale dell'America: ricordi? La linfa vitale di questa nazione. Sai perché? Perché trasforma i sudditi in cittadini. Perché trasforma la plebe in Popolo. Perché la invita anzi le ordina di ribellarsi alla tirannia, di governarsi, d'esprimere le proprie individualità, di cercare la propria felicità. (Cosa che per un povero, anzi per un plebeo, significa anzitutto arricchirsi.) Tutto il contrario, insomma, di ciò che il comunismo faceva proibendo alla gente di ribellarsi, governarsi, esprimersi, arricchirsi, e mettendo Sua Maestà lo Stato al posto dei soliti re. «Il comunismo è un regime monarchico, una monarchia di vecchio stampo. In quanto tale taglia le palle, agli uomini. E quando a un uomo gli tagli le palle, non è più un uomo» diceva mio padre. Diceva anche che invece di riscattare la plebe il comunismo trasformava tutti in plebe. Rendeva tutti morti di fame, quindi impediva alla plebe di riscattarsi.

Bè, secondo me l'America riscatta la plebe. Sono tutti plebei, in America. Bianchi, neri, gialli, marroni, viola. Stupidi, intelligenti, poveri, ricchi. Anzi i più plebei sono proprio i ricchi. Nella maggioranza dei casi, certi piercoli! Rozzi, maleducati. Lo vedi subito che non hanno mai letto Monsignor della Casa, che non hanno mai avuto nulla a che fare con la raffinatezza e il buon gusto e la sophistication. Nonostante i soldi che sprecano nel vestirsi sono così ineleganti che, in paragone, la regina d'Inghilterra sembra chic. Però sono riscattati, perdio. E a questo mondo non c'è nulla di più forte, di più potente, di più inesorabile, della plebe riscattata. Ti rompi sempre le corna, con la Plebe Riscattata. E, in un modo o nell'altro, con l'America le corna se le sono sempre rotte tutti. Inglesi, tedeschi, messicani, russi, nazisti, fascisti, comunisti... Da ultimo se le son rotte perfino i vietnamiti. Dopo la vittoria son dovuti scendere a patti, con gli americani, e quando l'ex presidente Clinton è andato a fargli una visitina hanno toccato il cielo con un dito.

«Bienvenu, Monsieur le Président, bienvenu! Facciamo business con America, oui? Boku money, tanti soldi, oui?». Il guaio è che i figli di Allah non sono vietnamiti. E con loro la faccenda sarà dura. Molto lunga, molto difficile, molto dura. Ammenoché il resto dell'Occidente non smetta di farsela addosso. E ragioni un po' e dia una mano. Papa compreso.

(Mi consenta una domanda, Santità: è vero che tempo fa Lei chiese ai figli di Allah di perdonare le Crociate fatte dai Suoi predecessori per riprendersi il Santo Sepolcro? Ah, sì? Ma loro Le hanno mai chiesto scusa per il fatto d'esserselo preso? Le hanno mai chiesto scusa per il fatto d'aver soggiogato per oltre sette secoli la cattolicissima penisola iberica, tutto il Portogallo e tre quarti della Spagna, sicché se nel 1490 Isabella di Castiglia e Ferdinando d'Aragona non si fossero dati una mossa oggi parleremmo tutti arabo? La cosa m'incuriosisce perché a me non hanno mai chiesto scusa per i crimini che nel Milleseicento e nel Millesettecento e all'inizio del Milleottocento i Saraceni hanno commesso lungo le coste della Toscana e nel Mare Tirreno dove mi rapivano i nonni, gli mettevano le catene ai piedi e ai polsi e al collo, li portavano ad Algeri o a Tunisi o a Tangeri o a Costantinopoli e li vendevano nei bazaar, li tenevano schiavi per il resto della loro vita, le giovani donne negli harem e punivano i loro tentativi di fuga tagliandogli la gola: ricorda? Certo che ricorda... La Società per la Liberazione degli Schiavi Bianchi tenuti in Algeria, Tunisia, Marocco, Turchia eccetera, fu fondata da frati italiani: vero? Ed era la Chiesa Cattolica che negoziava il rilascio di quelli che avevano il denaro per pagarsi il riscatto: vero? Lei mi disorienta, Santissimo Padre. Perché Lei ha brigato tanto per far crollare l'Unione Sovietica. La mia generazione, una generazione che ha vissuto l'intera vita nell'attesa cioè nel terrore della Terza Guerra Mondiale, deve ringraziare anche Lei del miracolo a cui nessuno di noi credeva di poter assistere: un'Europa libera dall'incubo del comunismo, una Russia che chiede d'entrare nella Nato, una Leningrado che si chiama di nuovo Pietroburgo, un Putin che è il miglior amico di Bush. Il suo miglior alleato. E dopo aver contribuito a tutto questo Lei fa l'occhiolino a chi è mille volte peggiore di Stalin, chiede scusa a chi Le rubò il Santo Sepolcro e magari vorrebbe rubarLe il Vaticano.

Io trovo vergognoso

Io trovo vergognoso che in Italia si faccia un corteo di individui che vestiti da kamikaze berciano infami ingiurie a Israele, alzano fotografie di capi israeliani sulla cui fronte hanno disegnato una svastica, incitano il popolo a odiare gli ebrei. E che pur di rivedere gli ebrei nei campi di sterminio, nelle camere a gas, nei forni crematori, venderebbero ad un harem la propria madre. Io trovo vergognoso che la Chiesa Cattolica permetta a un vescovo, peraltro alloggiato in Vaticano, uno stinco di santo che a Gerusalemme venne trovato con un arsenale di armi ed esplosivi nascosti in speciali scomparti della sua sacra Mercedes, di partecipare a quel corteo e piazzarsi a un microfono per ringraziare in nome di Dio i kamikaze che massacrano gli ebrei nelle pizzerie e nei supermarket. Chiamarli «martiri che vanno alla morte come a una festa».

Io trovo vergognoso che in Francia, la Francia del Liberté-Égalité--Fraternité, si bruciano le sinagoghe, si terrorizzino gli ebrei, si profanino i loro cimiteri. Trovo vergognoso che in Olanda e in Germania e in Danimarca i giovani sfoggiano il keffiah come gli avanguardisti di Mussolini sfoggiavano il bastone e il distintivo fascista. Trovo vergognoso che in quasi tutte le università europee gli studenti palestinesi spadroneggino e alimentino l'antisemitismo. Che in Svezia abbiano chiesto di ritirare il Premio Nobel per la Pace concesso a Shimon Peres nel 1994, e concentrarlo sulla colomba col ramoscello d'olivo in bocca cioè su Arafat. Trovo vergognoso che gli esimi membri del Comitato, un Comitato che (a quanto pare) anziché il merito premia il colore politico, abbiano preso in considerazione la richiesta e pensino di esaudirla. All'inferno il Premio Nobel e onore a chi non lo riceve.

Io trovo oltraggioso (siamo di nuovo in Italia) che le Televisioni di Stato contribuiscano al risorto antisemitismo piangendo solo sui morti palestinesi, facendo la tara ai morti israeliani, parlando in modo sbrigativo e spesso in tono svogliato di loro. Trovo vergognoso che nei loro dibattiti ospitino con tanta deferenza i mascalzoni col turbante o col keffiah che ieri inneggiavano alla strage di New York e oggi inneggiano alle stragi di Gerusalemme, di Haifa, di Netanya, di Tel Aviv. Trovo vergognoso che la stampa scritta faccia lo stesso, che si indigni perché a Betlemme i carri armati israeliani circondano la Chiesa della Natività, che non si indigni perché nella medesima chiesa duecento terroristi palestinesi ben forniti di mitra e munizioni ed esplosivi (tra loro vari capi di Hamas e Al-Aqsa) siano non sgraditi ospiti dei frati (che poi dai militari dei carri armati accettano le bottiglie d'acqua minerale e il cestino di mele). Trovo vergognoso che dando il numero degli israeliani morti dall'inizio delle Seconda Intifada, (quattrocentododici), un noto quotidiano abbia ritenuto giusto sottolineare a gran lettere che nei loro incidenti stradali ne muoiono di più. (Seicento all'anno.)

Io trovo vergognoso che l'«Osservatore Romano» cioè il giornale del Papa, un Papa che non molto tempo fa lasciò nel Muro del Pianto una lettera di scuse per gli ebrei, accusi di sterminio un popolo sterminato a milioni dai cristiani. Dagli europei. Trovo vergognoso che ai sopravvissuti di quel popolo (gente che ha ancora il numero tatuato sul braccio) quel giornale neghi il diritto di reagire, difendersi, non farsi sterminare di nuovo. Trovo vergognoso che in nome di Gesù Cristo (un ebreo senza il quale oggi sarebbero tutti disoccupati) i preti delle nostre parrocchie o Centri Sociali o quel che sono amoreggino con gli assassini di chi a Gerusalemme non può recarsi a mangiar la pizza o a comprar le uova senza saltare in aria. Trovo vergognoso che essi stiano dalla parte dei medesimi che inaugurano il terrorismo ammazzandoci sugli aerei, negli aeroporti, alle Olimpiadi, e che oggi si divertono ad ammazzare i giornalisti occidentali. A fucilarli, a rapirli, a tagliarli la gola, a decapitarli. (Dopo l'uscita de *La Rabbia e l'Orgoglio* qualcuno in Italia vorrebbe farlo anche a me. Citando versi dal Corano esorta i suoi «fratelli» delle moschee e delle Comunità Islamiche a castigarmi in nome di Allah. A uccidermi. Anzi a morire con me. Poiché è un tipo che conosce bene l'inglese, in inglese gli rispondo: «Fuck you».)

Io trovo vergognoso che quasi tutta la sinistra, quella sinistra che venti anni fa permise a un suo corteo di deporre una bara (quale mafioso avvertimento) dinanzi alla sinagoga di Roma, dimentichi il contributo dato dagli ebrei alla lotta antifascista. Da Carlo e Nello Rosselli, per esempio, da Leone Ginzburg, da Umberto Terracini, da Leo Valiani, da Emilio Sereni, dalle donne come la mia amica Anna Maria Enriques Agnoletti fucilata a Firenze il 12 giugno 1944, dai settantacinque dei trecentotrentacinque uccisi alle Fosse Ardeatine, dagli infiniti altri morti sotto le torture o in combattimento o dinanzi ai plotoni d'esecuzione. (I compagni, i maestri, della mia infanzia e della mia prima giovinezza.) Trovo vergognoso che anche per colpa della sinistra anzi soprattutto per colpa della sinistra (pensa alla sinistra che inaugura i suoi congressi applaudendo il rappresentante dell'OLP, in Italia il capo dei palestinesi che vogliono la distruzione di Israele) gli ebrei delle città italiane abbiano di nuovo paura. E nelle città francesi e olandesi e danesi e tedesche, lo stesso. Trovo vergognoso che al passaggio dei mascalzoni vestiti da kamikaze tremino come a Berlino tremavano la Notte dei Cristalli cioè la notte in cui Hitler avviò la Caccia all'Ebreo.

Io trovo vergognoso che obbedendo alla stupida, vile, disonesta, e per loro vantaggiosissima moda del Politically Correct i soliti opportunisti anzi i soliti parassiti sfruttino la parola Pace. Che in nome della parola Pace, ormai più sputtanata delle parole Amore e Umanità, assolvano da una parte sola l'odio e la bestialità. Che in nome d'un pacifismo (leggi conformismo) delegato ai grilli canterini e ai giullari che prima leccavano i piedi al Pol Pot aizzino la gente confusa o ingenua o intimidita. Che la imbroglino, la corrompano, la riportino indietro di mezzo secolo cioè alla stella gialla sul cappotto. Questi ciarlatani ai quali dei palestinesi importa quanto a me importa di loro. Cioè nulla.

Io trovo vergognoso che tanti italiani e tanti europei abbiano scelto come vessillo il signor (si fa così per dire) Arafat. Questa nullità che grazie ai soldi della Famiglia Reale Saudita fa il Mussolini ad perpetuum e che nella sua megalomania credi di passare alla Storia come il Gorge Washington della Palestina. Questo sgrammaticato che quando lo intervisti non riesce nemmeno a compilare una frase completa, un discorso articolato. Sicché per ricomporre il tutto, scriverlo, pubblicarlo, duri una fatica tremenda e concludi che paragonato a lui perfino Gheddafi diventa Leonardo da Vinci. Questo falso guerriero che va sempre in uniforme come Pinochet, mai che indossi un abito civile, e che tuttavia non ha mai partecipato ad una battaglia. La guerra la fa fare, l'ha sempre fatta fare, agli altri. Cioè ai poveracci che credono in lui. Questo pomposo incapace che recitando la parte del Capo di Stato ha fatto fallire i negoziati di Camp David, la mediazione di Clinton. No-no-Gerusalemme-la-voglio-tutta-per-me. Questo eterno bugiardo che ha uno sprazzo di sincerità soltanto quando (*en privé*) nega a Israele il diritto di esistere, e che come dico nel mio libro si smentisce ogni cinque secondi. Fa sempre il doppio gioco, mente perfino se gli chiedi che ora è, sicché di lui non puoi fidarti mai. Mai! Da lui finisci sistematicamente tradito. Questo eterno terrorista che sa fare solo il terrorista (stando al sicuro) e che negli anni Settanta cioè quando lo intervistai addestrava pure i terroristi della Baader-Meinhof. Con loro, i bambini di dieci anni. Poveri bambini. (Ora li addestra per farne kamikaze. Cento baby-kamikaze sono in cantiere: cento!) Questa banderuola che la moglie la tiene a Parigi, servita e riverita come una regina, e che il suo popolo lo tiene nella merda. Dalla merda lo toglie soltanto per mandarlo a morire, a uccidere e a morire, come le diciottenni che per meritarsi l'uguaglianza con gli uomini devono imbottirsi d'esplosivo e disintegrarsi con le loro vittime. Eppure tanti italiani lo amano, sì. Proprio come amavano Mussolini. Tanti altri europei, lo stesso.

Lo trovo vergognoso e vedo in tutto ciò il sorgere d'un nuovo fascismo, d'un nuovo nazismo. Un fascismo, un nazismo, tanto più bieco e ributtante in quanto condotto e nutrito da quelli che ipocritamente fanno i buonisti, i progressisti, i comunisti, i pacifisti, i cattolici anzi i cristiani, e che hanno la sfacciataggine di chiamare guerrafondaio chi come me grida la verità. Lo vedo, sì, e dico ciò che segue. Io col tragico e shakespeariano Sharon non sono mai stata tenera («Lo so che è venuta ad aggiungere uno scalpo alla sua collana» mormorò quasi con tristezza quando andai ad intervistarlo nel 1982.) Con gli israeliani ho litigato spesso, di brutto, e in passato i palestinesi li ho difesi parecchio. Forse più di quanto meritassero. Però sto con Israele, con gli altri ebrei. Ci sto come ci stavo da ragazzina cioè al tempo in cui combattevo con loro, e le Anna Marie morivano fucilate. Difendo il loro diritto ad esistere, a difendersi, a non farsi sterminare una seconda volta. E disgustata dall'antisemitismo di tanti italiani, di tanti europei, mi vergogno di questa vergogna che disonora il mio paese e l'Europa. Nel migliore dei casi, non una comunità di Stati ma un pozzo di Ponzi Pilato. Ed anche se tutti gli abitanti di questo pianeta la pensassero in modo diverso, io continuerò a pensarla così.

Eppure con la Francia non sono arrabbiata

Il moscardino è una grave malattia del baco da seta. Se sei un baco da seta e ti viene il moscardino, muori nel giro d'una sola notte. È anche il nome di un avido roditore che appartiene alla famiglia dei gliridi e che si nutre di qualsiasi lerciume: il Muscardinus Avallanarius o Topuccio d'Oro. Inoltre è il nome d'un piccolo mollusco, per l'esattezza d'un piccolo polpo, buono a mangiarsi fritto come un nemico di terza qualità. (Basta marinarlo nell'uovo sbattuto, infarinarlo, gettarlo nell'olio che bolle a 280 gradi.) Infine è il nome d'un antico chewingum, d'una pasticca a base di spezie, che nel Settecento si masticava per nascondere l'alito cattivo. Ma, storicamente, è la traduzione della parola Muscadin: termine affibbiato ai nouveaux-riches della Jeunesse Dorée che nella seconda metà del 1794 e nel 1795 cioè dopo la caduta di Robespierre spopolavano nei salotti di Parigi. In particolare, nel salotto di Madame Tallien. E che cantando la *Reveille du Peuple* cioè il *Risveglio del Popolo* (l'inno dei controrivoluzionari), bastonavano i giacobini.

I Muscadins erano tipi eleganti, leziosi, soignés. Non a caso nel linguaggio corrente la parola ha lo stesso significato di zerbinotto, bellimbusto, dandy. Portavano i capelli lunghi e sciolti sulle spalle, le cravatte verdi e annodate con un fiocco grottesco, i pantaloni attillati e le scarpe a punta. Parlavano con l'erre moscia, usavano l'occhialetto, si profumavano fino alla nausea con l'essenza di muschio, e per bastonare i giacobini si servivano d'un manganello simile al manganello con cui negli anni Venti e Trenta del Millenovecento le squadracce di Mussolini avrebbero bastonato gli antifascisti. (Lo definivano Le Notre Pouvoir Executif, Il Nostro Potere Esecutivo.) Finirono presto. Il popolo li disprezzava, il Direttorio li detestava, e la stessa Madame Tallien si stancò alla svelta di loro. Ma, finché durarono, di male ne fecero parecchio. E non a caso. A guidarli c'era, col suo giornale «L'Orateur du peuple», il famigerato Stanislaw Louis-Marie Fréron. Figlio del Fréron nemico di Voltaire e degli Enciclopedisti, opportunista e voltagabbana congenito, Stanislao aveva fondato «L'Orateur du peuple» quando collaborava con Danton e Marat. Quale membro della Convention aveva votato per mandare alla ghigliottina il povero Louis XVI. Quale servo del Terrore aveva partecipato di persona ai massacri dei girondini e dei monarchici a Tolone e a Marsiglia. E del 9 Termidoro ossia della caduta di Robespierre era stato artefice insieme all'infame Barras. Finì presto anche lui. E in maniera squallida. Scomparsi i Muscadins cercò di tenersi a galla seducendo Pauline Bonaparte, la sorella minore del sorgente astro Napoléon, e non essendo riuscito a sposarla dovette accontentarsi di diventare Sottoprefetto a San Domingo. Qui nel 1802 si spense all'improvviso, non so per quale malattia ma spero per la malattia del baco da seta. Ed eccoci al punto.

Lo scorso marzo molti mi chiesero se fossi arrabbiata con la Francia dove, senza che la polizia intervenisse e senza che la Ministra della Cultura muovesse un dito per impedirlo, i fascisti rossi avevano aggredito con sconci insulti i rappresentanti del governo italiano alla Fiera Internazionale del Libro. Fiera alla quale l'Italia partecipava come Ospite d'Onore. E rimasero molto stupiti a sentirmi rispondere: «No. Con la Francia non sono arrabbiata. No». Rimasero ancor più stupiti quando mi videro esplodere d'indignazione per l'articolo che un quotidiano italiano aveva dedicato all'imperdonabile episodio col titolo «La merde de Paris». Ogni paragrafo di tale articolo, infatti, incominciava con la turpe frase «Dio stramaledica i francesi»: plagio del turpe motto «Dio stramaledica gli inglesi» coniato dal fascista nero Mario Appelius durante la Seconda guerra mondiale, e inciso sul distintivo che le Camicie Nere esibivano sul risvolto della giacca. Le loro mogli, sul risvolto del tailleur.

Bè: ora molti mi chiedono se sia arrabbiata con la Francia dove, allargando sproporzionatamente il sentiero tracciato mesi fa dalle cicale italiane, il novantacinque per cento della stampa parigina attacca e denigra *La Rage et l'Orgueil*. Ossia *La Rabbia e l'Orgoglio* tradotto in francese e pubblicato da Plon. Lo definisce «abominevole», «detestabile», «abbietto». Spesso urlando che non avrebbe dovuto essere pubblicato mi paragona a Céline. Mi diffama, mi ingiuria, mi dà di «razzista». Per darmi di razzista finge addirittura d'ignorare ciò che in aprile ho scritto sull'antisemitismo. Testo che è andato letteralmente in tutto il mondo, per cui il «Wall Street Journal» mi ha definito «la Coscienza d'Europa» e il «New York Post» «l'unica voce che in Europa si sia levata a difender gli ebrei», doloroso sermone per cui gli ebrei d'ogni paese mi hanno inondato di messaggi Thank-you-Oriana, e in seguito al quale le minacce alla mia vita si sono moltiplicate nonché intensificate. Il quotidiano «Le Monde» ha addirittura osato rivolgersi alla Lega contro il Razzismo e l'Antisemitismo per chiedere al suo presidente se fosse pronto a denunciarmi, condannarmi. Eppure alla fatale domanda ho risposto con un altro no.

No. Con la Francia non mi arrabbiai lo scorso marzo e non mi arrabbio ora. Perché i fascisti rossi che in marzo si comportarono in modo tanto spregevole coi rappresentanti del governo italiano e che ora si comportano in modo tanto spregevole con me (alcuni hanno perfino oltraggiato la memoria di mio padre, brutti vigliacchi, razza di mascalzoni) non sono la Francia. Sono i Moscardini. I nuovi Moscardini che coi capelli lunghi e sciolti sulle spalle, la cravatta verde, i pantaloni attillati, le scarpe a punta e l'erre moscia spopolano nei salotti delle nuove Madame Tallien. I nuovi zerbinotti, i nuovi bellimbusti, i nuovi Topucci d'Oro che guidati dal nuovo Fréron (un petulante vanesio che non meriterebbe nemmeno di finir sottoprefetto a San Domingo) cantano di nuovo la *Reveille du peuple*. E cantandola bastonano i giacobini. Li bastonano col manganello della menzogna e della malafede, stavolta, col Pouvoir Executif del terrorismo pseudointellettuale, con la dittatura del Politically Correct cioè con la presunzione degli sfacciati che pretendono di insegnare la democrazia a chi per la democrazia si batte fin dall'infanzia. Ma i giacobini d'oggi non sono ex tagliateste che credono o credevano in Robespierre: sono gente come me. Gente che crede alla Libertà e che di conseguenza non si lascia intimidire dai manganelli, dai ricatti, dalle minacce. Gente che ragiona con la propria testa e che di conseguenza dice pane al pane e vino al vino. Gente che non lecca i piedi a nessuno e che di conseguenza strilla come il fanciullo della fiaba di Grimm: «Il re è nudo!». Gente che ha la coscienza pulita e che di conseguenza può permettersi il lusso di combatter sia i fascisti neri sia i fascisti rossi: affermare che oggi la Destra e la Sinistra sono i due volti della medesima faccia. La faccia del cinismo e dell'ipocrisia. Gente, infine, che ha il coraggio di difendere la propria terra. La propria patria, la propria cultura, la propria identità. E non vuole invasori che approfittandosi della nostra tolleranza, delle nostre leggi, della nostra ospitalità, mirano a imporci il burkah o il chador. A conquistarci, a dominarci, come conquistarono e per otto secoli dominarono il Portogallo e la Spagna. Invasori che in Italia (anche in Francia?) vanno alla televisione per ordinarci di togliere i crocifissi dalle scuole sennò «quel cadaverino in croce spaventa i nostri scolari mussulmani». E che in Italia pubblicano sgrammaticate sconcezze per invitare i loro correligionari a uccidermi in nome del Corano. L'Islam-castiga-Oriana-Fallaci, la-vecchia-mai-cresciuta. Mussulmani-andate-a-morire-con-la-Fallaci.

I Moscardini stanno con loro. Ci stanno in barba al laicismo, al progresso, alla civiltà. E sappiamo bene perché. Perché gli forniscono l'elettorato perduto dacché le «masse proletarie» li hanno respinti, li hanno rifiutati. Ma guai a identificare i Moscardini con la Francia. Guai! A farlo si rischierebbe di chiederci se in Francia esiste ancora la libertà di pensiero e di opinione, se la Francia è ancora la République Française della Marianna o se è diventata la République Française dell'Islam. E ciò sarebbe ingiusto, anzi nefando. Occhi negli occhi, petulanti e vanesi Fréron: la Francia non è l'immaginario Popolo di cui vi riempite la bocca quando dai vostri Orateur du peuple cantate la *Réveille du peuple*. È il popolo che non vi ascolta. Il popolo che tiranneggiato da voi e ricattato dalle lugubri lusinghe del rancido Le Pen non ha più una Bastiglia da abbattere, sicché per non votare Le Pen deve votare Chirac... È anche il popolo che non mi ingiuria. Non mi diffama, non mi denigra, non oltraggia la memoria del mio splendido padre. E mi legge. Leggendomi si riconosce in me, si sente meno solo, mi ringrazia. Come gli ebrei mi manda messaggi «Thank you Oriana», «Merci Oriana». In meno di tre giorni varie librerie di Parigi hanno esaurito *La Rage et l'Orgueil*. In meno di sette, *La Rage et l'Orgueil* è entrato nella classifica dei libri più venduti. L'editore Plon ha dovuto ristamparlo, continua a ristamparlo, in tipografia lavorano perfino il weekend. Ciò significa che in Francia la libertà di pensiero e di opinione esiste ancora, che la Francia è ancora la République Française della Marianna, e che per il popolo voi non contate un bel nulla.

Wake up, Occidente, sveglia

Grazie d'essere venuti.* Grazie a tutti. Bè, a tutti purché in questa sala non vi sia il tipo (un fondamentalista islamico, suppongo) che si inserisce nelle mie telefonate e in francese (un francese-libanese, direi) mi minaccia con queste parole: «Vous restez toujours cachée chez vous. Mais nous allons vous trouver tout le même». (Lei sta sempre nascosta in casa. Ma noi la troveremo lo stesso.) Eh, no: monsieur Nous-Allons-Vous-Trouver-Tout-le-Même. Io non mi nascondo affatto. Non mi sono mai nascosta, non mi nasconderò mai. In casa ci sto molto perché lavoro sempre e il mio lavoro si fa in casa. Comunque ora sono qui. Maintenant je suis ici. Je suis ici et c'est moi, sono qui e sono io, che prima o poi ti beccherò: scemo.

Grazie anche a Lei, Michael Ledeen, per avermi invitato a parlare in questo prestigioso deposito di cervelli che chiamano American Enterprise Institute. Grazie d'aver detto quelle belle cose su di me, (alcuni non gliene saranno grati), e soprattutto d'aver sottolineato quanto mi dia disagio e quindi mi sia difficile mostrarmi in pubblico. Da molti anni non mi mostro in pubblico. Molti. Cioè da quando venni a Washington per leggere alcune pagine del mio romanzo *Inshallah*. Neanche dopo la pubblicazione de *La Rabbia e l'Orgoglio* in Italia, in Francia, in Spagna, in Germania eccetera, ho aperto bocca o mi son fatta vedere in pubblico. Niente interviste, niente televisioni, niente pubblicità. Lo stesso accadrà quando il libro uscirà in Olanda, in Ungheria, in Polonia, in Romania, in Scandinavia, in Grecia, in

---

* Discorso pronunciato il 23 ottobre 2002 nella sede dell'American Enterprise Institute di Washington D.C. durante la presentazione dell'edizione americana di *The Rage and the Pride*.

Israele, in Argentina, in Australia, in Corea, in Giappone, in Cina. E il motivo non è quello malignamente fornito da chi non mi vuol bene: la malattia che chiamo l'Alieno, le mie rughe, l'età. L'Alieno lo tengo a bada. Gli ho fatto capire che se mi uccide muore con me, che quindi è meglio vivere con me. E per quanto vivere con me sia arduo, per ora ci sta. Le rughe sono le mie medaglie. Onorificenze che mi son guadagnata. E invecchiare è bellissimo. Perché, come uso dire, a invecchiare si conquista una libertà che da giovani non avevamo. Una libertà assoluta. Data l'alternativa, inoltre, aver quest'età è la cosa migliore che potesse capitarmi. Che possa capitare a tutti.

No: il motivo per cui mi tengo in disparte e anche dopo l'uscita de *La Rabbia e l'Orgoglio* non ho dato interviste, non sono apparsa in televisione, non sono andata a stringer mani come un candidato che chiede voti, è ben diverso. Sta nel fatto che mostrarmi in pubblico è per me un'auto-violenza, un disturbo. Sono una persona ossessionata dalla privacy. Conduco una vita molto severa, mi piace star sola. Star sola mi consente di fare ciò che voglio: scrivere, studiare. E poi il tempo passa così velocemente. Me ne rimane poco e in quel poco non c'è posto per esibizionismi che servono solo ad esaudire le altrui curiosità.

Perché sono qui, all'American Enterprise, dunque? Perché qui faccio ciò che non ho fatto e non faccio in Europa? Semplice. Perché dall'11 settembre siamo in guerra. Perché la prima linea di questa guerra è in America. Non in Europa. Oggi come oggi l'Europa è in retrovia. Anche quand'ero corrispondente di guerra preferivo stare in prima linea, non in retrovia, e qui non mi sento nemmeno un corrispondente di guerra: mi sento un soldato. Il dovere d'un soldato è combattere. Sono qui per combattere e per combattere questa guerra ho un'arma speciale. Un'arma che non serve a sparare: serve a pensare, far pensare, svegliare chi dorme. Cioè un libro. Un piccolo libro (187 pagine) che si chiama *The Rage and the Pride*. Questo *The Rage and the Pride* che in Europa ha fatto e fa tanto fracasso, ha provocato e provoca reazioni tanto opposte. Da una parte quelli che lo amano, lo riveriscono, gli cantano osanna. Dall'altra quelli che lo odiano, che lo condannano, che lo insultano, e che vorrebbero bruciarlo insieme a me come negli Anni Trenta i nazisti di Berlino bruciavano le librerie. «Brucia la strega, bruciala. Ammazza l'eretica, ammazzala.»

Questo *The Rage and the Pride* che scoppiò all'improvviso, rubandomi al romanzo che stavo scrivendo, e che da allora mi imprigiona con le sue traduzioni, mi ossessiona col suo successo, mi schiavizza al punto di mettermi addosso una sorta di risentimento. A volte, di nausea. Questo *The Rage and the Pride* che partorii in poche settimane, col raziocinio che viene dalla saggezza e tuttavia col candore d'un bambino. Il bambino che nella fiaba di Grimm strilla: «Il re è nudo!». (Sì: il re non porta neppure le mutande, nella fiaba di Grimm, ma i cortigiani non fanno che lodare i suoi abiti: «Che bel mantello indossa oggi, Maestà, che bei pantaloni». E il bambino strilla con candore: «Il re è nudo!».)

* * *

Il re è nudo e la mia arma di soldato è l'arma della verità. Una verità che prende l'avvio dalla verità di cui ora vi leggo il seguente brano. «Dall'Afghanistan al Sudan, dall'Indonesia al Pakistan, dalla Malesia all'Iran, dall'Egitto all'Iraq, dall'Algeria al Senegal, dalla Siria al Kenia, dalla Libia al Ciad, dal Libano al Marocco, dalla Palestina allo Yemen, dall'Arabia Saudita alla Somalia, l'odio per l'Occidente cresce. Si gonfia come un fuoco alimentato dal vento, e i seguaci del fondamentalismo islamico si moltiplicano come i protozoi d'una cellula che si scinde per diventare due cellule poi quattro poi otto poi sedici all'infinito. Chi non se n'è accorto, guardi le immagini che ogni giorno ci vengono dalla televisione. Le moltitudini che inzuppano le strade di Islamabad, le piazze di Nairobi, le moschee di Teheran. I volti inferociti, i pugni minacciosi, i cartelli col ritratto di Bin Laden, i falò che bruciano la bandiera americana e il fantoccio coi lineamenti di Bush. Chi non ci crede ascolti i loro osanna al Dio-Misericordioso-e-Iracondo, i loro berci Allah-Akbar, Allah-Akbar, Jihad-Jihad. Altro che frange di estremisti! Altro che minoranze di fanatici! Sono milioni e milioni gli estremisti, sono milioni e milioni i fanatici. I milioni e milioni per cui, vivo o morto, Osama Bin Laden è una leggenda uguale alla leggenda di Khomeini. I milioni e milioni che, morto Khomeini, hanno ravvisato in lui il nuovo leader, il nuovo eroe. Sere fa vidi quelli di Nairobi, luogo di cui non si parla mai. Gremivano la piazza più che a Gaza o Islamabad, e a un certo punto il telecronista chiese a un vecchio: «Chi è per te Osama Bin Laden?». «Un eroe, il nostro eroe!» rispose il vecchio, felice. «E se muore?» «Ne troviamo un altro» rispose il vecchio, sempre felice. «In altre parole l'uomo che di volta in volta li guida non è che la punta dell'iceberg: la parte della montagna che emerge dagli abissi, e il vero protagonista di questa guerra non è lui. È la Montagna. Quella Montagna che da millequattrocento anni non si muove, non esce dagli abissi della sua cecità. Non apre le porte alle conquiste della civiltà, non vuol saperne di libertà e giustizia e democrazia e progresso. Quella Montagna che nonostante le scandalose ricchezze dei suoi padroni, dei suoi re, dei suoi principi, dei suoi sceicchi, dei suoi banchieri, (pensa all'Arabia Saudita), vive ancora in una miseria da Medioevo. Vegeta ancora nell'oscurantismo e nel puritanesimo d'una religione che sa produrre solo religione. Quella Montagna che affoga nell'analfabetismo. Quella Montagna che essendo segretamente gelosa di noi, segretamente attratta dal nostro sistema di vita, attribuisce a noi la colpa delle sue povertà materiali e intellettuali...».

* * *

Una verità che molti, troppi, non vogliono udire. Non vogliono vedere, non vogliono ammettere. Oh, quasi tutti riconoscono che Bin Laden non è uno stinco di santo. Che non merita il Nobel per la Pace, neanche quello che dettero all'ex terrorista Arafat. Ma nessuno ammette che egli sia solo la punta dell'iceberg, la parte visibile della Montagna. E quelli che lo ammettono lo fanno bisbigliando. Bisbigliano perché hanno paura. L'altra sera Bush ha detto: «Ci rifiutiamo di vivere nella paura». Sante parole, bella frase, signor presidente. Ma inesatta. Perché l'Occidente vive nella paura. Gli occidentali hanno paura. E non soltanto paura di saltare in aria, d'essere decimati da una bomba nucleare o biologica. Paura di parlare, di accusare ad alta voce la Montagna. Il mondo islamico, la religione islamica, la Montagna. Paura d'essere definiti razzisti se lo fanno. Reazionari quindi razzisti. L'epiteto con cui le cicale del Politically Correct ricattano chi non conosce il significato della parola razzismo. Perbacco: si può fare di tutto, si può dire tutto di tutti, oggigiorno. Si può denigrare i cristiani, i buddisti, gli ebrei, gli indù. Si può mettere alla gogna i preti cattolici imputati o non imputati di pedofilia, insinuare che ciascuno di loro è uno stupratore di infanti. Si può irridere il crocifisso come il cosiddetto presidente del cosiddetto partito islamico italiano ha fatto alla televisione in Italia, chiamandolo «un cadaverino ignudo che spaventa i bambini mussulmani». E, sempre in Italia, una mussulmana può chiedere che quel cadaverino-ignudo sia tolto dalla sala chirurgica nella quale partorisce. Un sindaco può pagare un mediatore, un go-between, per lo scolaro mussulmano che rifiuta di parlare con la maestra perché è una femmina. Ma guai al cittadino che se ne lamenta o peggio ancora protesta. Guai alla Fallaci che scrive il suo discorso-della-montagna. «Razzista, razzista!» Sono diventati i nuovi padroni della Terra, questi figli di Allah. L'Islam-non-si-tocca.

* * *

Visto quel che mi succede coi vari Monsieur Nous-Allons-Vous-Trouver-Tout-le-Même, (sbaglio o anche l'arabo processato in Virginia quale membro di Al Qaida e presunto complice dei kamikaze morti l'11 settembre parlava anzi parla francese?) mi chiedo come i mussulmani e le cicale d'America reagiranno al mio *The Rage and the Pride*, qui in prima linea. Me lo chiedo perché in retrovia, in Europa, per questo libro ho pagato e pago un prezzo davvero pesante. Chi si congratula del milione e passa di copie vendute in Italia in meno d'un anno o del mezzo milione di copie vendute in Francia e in Spagna e in Germania in meno di quattro mesi non si rende conto che per ogni copia ho pagato quel prezzo... In un disgustoso e sgrammaticato libello dal titolo *L'Islam castiga Oriana Fallaci, la vecchia mai cresciuta*, ad esempio, l'individuo secondo il quale il crocifisso è un cadaverino ignudo che spaventa i bambini mussulmani ha oltraggiosamente diffamato il mio defunto padre e invitato i suoi correligionari a punirmi (leggi giustiziarmi) in nome di Allah. Per spronarli meglio ha addirittura citato tre versi del Corano. Versi da cui risulta che il crimine d'aver scritto *La Rabbia e l'Orgoglio* dev'esser proprio lavato col sangue. E per evitare equivoci ha addirittura riassunto tale necessità con un lapidario «Andate a morire con la Fallaci». Da allora le minacce alla mia vita non si contano, le mie case sono considerate dalla polizia italiana «case a rischio», e quel buon giovanottone che vestito da poliziotto vi scruta senza sosta è qui per controllare che tra voi non ci sia un inviato della Montagna. Ma v'è di meglio. Nell'articolo che lo scorso marzo scrissi per denunciare la rinascita dell'antisemitismo in Europa, l'individuo dell'andate-a-morire-con-la-Fallaci veniva liquidato da me con un semplice ma doloroso «Fuck you». E indovina in che modo due quotidiani italiani mi espressero solidarietà. Quello della cosiddetta destra, «Il Foglio», pubblicando un trafiletto incorniciato che diceva «Fuck you, Fallaci». Quello della cosiddetta sinistra, «Liberazione», estendendo il Fuck-you-Fallaci su un'intera pagina e a lettere gigantesche. Manco si fosse trattato della morte d'un Papa. Quanto alla Francia, quando si tratta di proteggere i figli di Allah dimentica perfino i tre principii che regolano ogni società civile: quello che si chiama Libertà di Pensiero, quello che si chiama Libertà di Espressione, e quello che si chiama Libertà di Stampa. Lo scorso giugno i comunisti mussulmani del MRAP (movimento che all'ombra della parola più sputtanata del mondo, la parola Pace, promuove l'amicizia-tra-i-popoli) mi portarono in tribunale chiedendo che *La Rage et l'Orgueil* venisse sequestrato. E ciechi di paura, dimentichi del mio articolo sull'antisemitismo, gli ebrei della LICRA (lega contro il razzismo o qualcosa del genere) gli si accodarono. Loro, per chiedere che sulla copertina di ogni copia venisse incollata una scritta simile all'avvertimento che deturpa i pacchetti delle mie sigarette: «Attenzione! Questo libro può essere dannoso alla vostra salute». (Oddio, signori della LICRA. Anche voi mi fate venire in mente i banchieri ebrei di Berlino che negli anni Trenta, sperando di salvarsi, prestavano i soldi a Hitler. E che pochi anni dopo si ritrovarono nei forni crematori.) Bè, il saggio giudice respinse entrambe le richieste sostenendo che giungevano tardi. Bestseller Numero Uno, il libro era già stato letto da troppi francesi. Ma allora MRAP e LICRA mi denunciarono per «istigazione all'odio», reato che nel paese in cui venne inventata la ghigliottina prevede il carcere nonché multe da finire sul lastrico, e il 9 ottobre sono stata processata di nuovo. Definita abbietta, infame, iniqua. Il 20 novembre il nuovo giudice (stavolta una signora che durante l'arringa del mio difensore si rivolse amabilmente alla Pubblica Accusa sospirando «pazienti, avvocato, pazienti ancora un poco») emanerà la sentenza. E non chiedetemi se penso di finire sul lastrico o decapitata in Place de la Concorde come Maria Antonietta e Madame Roland e le monache di Bernanos. Oggi il romanziere Houellebecq, processato per aver dichiarato in un'intervista che quella mussulmana è la-religione-più-stupida-del-mondo e che il-Corano-è-scritto-male, (vero), se l'è cavata con un aspro rimprovero: «Ciò che ha detto non è nobile, Monsieur». Però tempo fa Brigitte Bardot venne condannata per molto meno, povera Brigitte. Cioè per aver brontolato che la Francia è stata invasa dai mussulmani e che i mussulmani hanno introdotto un sistema barbaro per sgozzare gli agnelli. Quasi ciò non bastasse, da settimane il mio difensore (un ebreo) riceve minacce di morte identiche alle mie. Sia in Svizzera che in Belgio che in Germania i figli d'Allah mi preparano altre delizie legali. E a ciò va aggiunto il marocchino solennemente premiato da Kofi Annan (il segretario dell'Onu) per non so quale contributo da lui dato alla Pace. Povera Pace. Scrivendo e parlando coi giornalisti, infatti, da un anno costui mi offende dichiarando che «di sicuro ce l'ho con l'Islam in seguito a chissà quali smacchi subiti con gli uomini arabi». (La mia risposta è a pagina 179. Dice che graziaddio non ho mai avuto rapporti sessuali o sentimentali o amichevoli con un uomo arabo. Dice anche che la volgarità di questo pacifista dimostra in pieno il disprezzo che gli uomini arabi vomitano sulle donne. Un disprezzo che contraccambio con tutto il cuore.)

* * *

Accadrà anche qui in prima linea? Dovrò combattere anche qui su due fronti, il fronte degli invasori e il fronte dei loro sostenitori cioè dei collaborazionisti? In tal caso, ve lo rammento: io non sono il tipo che per sfuggire ai pericoli e alle persecuzioni si converte all'Islam. (O a qualsiasi altro credo politico e religioso.) Più si tenta di tapparmi la bocca, di intimidirmi, più mi scateno e combatto. Al terrorismo fisico e intellettuale che seguì l'edizione italiana de *La Rabbia e l'Orgoglio*, cioè l'andate-a-morire-con-la-Fallaci, i Fuck-you-Fallaci della destra e della sinistra, ho replicato con l'edizione francese. Traducendo il libro in francese ho inserito varie pagine che rincarano la dose, rafforzano la mia tesi. Pagine che ho messo anche nell'edizione spagnola, tedesca, olandese. Agli attacchi della stampa francese, alle fasciste cretinate dei vanesi che sul «Corriere della Sera» definii «Moscardini da friggere nell'olio bollente e mangiare ben caldi», ho replicato con l'edizione americana. E traducendo il libro per l'America ho inserito altre pagine che rincarano ancor di più la dose. Rafforzano ancor di più la mia tesi. Quelle pagine vanno anche nelle edizioni per la Gran Bretagna, il Canada, l'Australia, la Nuova Zelanda, l'India. E naturalmente non posso continuare a fare questo in eterno. Oltre al francese e l'inglese non maneggio altre lingue. Ma l'italiano lo conosco bene. Appena possibile inserirò quelle aggiunte in una nuova edizione italiana. E a quel punto Dio sa cos'altro avrò da dire.

***

Messa a punto finale. Una messa a punto cui tengo parecchio, ed eccoqua. Nel mio piccolo (ma non più tanto piccolo) libro non sono tenera con l'Islam. Ne convengo. Spesso sono addirittura feroce. Lo riconosco. (Domanda che m'insegue da mesi come un'ombra: «Le dispiace? Ha qualche pentimento, qualche ripensamento?». Risposta: «Neanche per sogno. Al contrario».) Lo prova, insieme alle testimonianze che offro su quel mondo senza speranza, il mio orgoglio per la cultura occidentale. Questa nostra cultura che, nonostante le sue colpe, a volte i suoi orrori, (pensa all'Inquisizione e ai campi di concentramento e a Hiroshima), ci ha tolto dalle tende del deserto. Ci ha nutrito il giardino del Pensiero. Ci ha elaborato il concetto della bellezza, della morale, della libertà, dell'uguaglianza. Ci ha dato un sistema che è lungi dall'esser perfetto, che spesso è una menzogna ma che tutto sommato è migliore degli altri: il sistema che si chiama Democrazia. Ha compiuto straordinarie conquiste nel mondo della Scienza, ha eliminato malattie, ci ha procurato il benessere. Ha inventato strumenti che rendono la vita più facile e più intelligente, ci ha portato sulla Luna e su Marte. Meriti di cui la cultura islamica non può certo vantarsi. Eppure con noi occidentali sono ancor meno tenera. Ancor più feroce. Sapete, tutti definiscono *La Rabbia e l'Orgoglio* un pamphlet. Un saggio politico, un'invettiva, un pamphlet. Io lo definisco una predica, invece. Anzi, un «J'accuse». Una requisitoria simile al *J'accuse* che Émile Zola scrisse nel 1898 per l'Affare Dreyfus. E questa predica, questa requisitoria, non l'ho diretta ai figli di Allah. (Tanto non sarebbe servita a nulla.) L'ho diretta a noi stessi. Alle nostre vigliaccherie, alle nostre ignoranze, alle nostre inadeguatezze, alle nostre pagliacciate, alle nostre miserie. La miseria del nostro sistema educativo, ad esempio. L'ignoranza dei nostri insegnanti e dei nostri studenti. Le vigliaccherie e le pagliacciate dei nostri politici. Lo squallore e l'inadeguatezza dei nostri leader. Il bieco fascismo che si nasconde dietro il falso pacifismo dei nostri presunti rivoluzionari. (Gente cui manca soltanto il randello e la camicia nera.) E la licenza contrabbandata come libertà, ossia il rifiuto di capire che la libertà non può esistere senza disciplina anzi autodisciplina. Che i diritti non possono esistere senza doveri. Che, come diceva mio padre, ogni diritto porta in sé un dovere e chi non osserva i propri doveri non merita alcun diritto. Però c'è qualcosa che manca, nel mio piccolo libro. C'è un «J'accuse» che ho dimenticato. Ed oggi, in questo prestigioso deposito di cervelli, sento proprio il bisogno di riempire quel vuoto.

* * *

J'accuse, io accuso, gli occidentali di non aver passione. Di vivere senza passione, di non combattere, di non difendersi, di fare i collaborazionisti per mancanza di passione. Oh, io ce l'ho la passione: vedete. Scoppio, io, di passione. Ma sia in Europa che in America non vedo che gente senza passione. Perfino le cicale che vogliono mandarmi al rogo sono tipi senza passione. Pesci freddi, larve guidate soltanto dall'astio e dall'invidia o dal calcolo e dalla convenienza: mai dalla passione. E gran parte della colpa è vostra. Perché siete voi che avete lanciato questa moda. La moda del raziocinio a oltranza, del controllo, della freddezza. «Calm down, be quiet, be cool.» Voi che siete nati dalla passione, voi che siete diventati un popolo grazie alla passione della vostra rivoluzione. Così non capite cos'è che muove i vostri nemici, i nostri nemici. Non capite cos'è che gli permette di combattere in modo tanto globale e spietato questa guerra contro l'Occidente. È la passione. La forza della passione, cari miei! È la fede che viene dalla passione. È l'odio che viene dalla passione. Allah-Akbar, Allah-Akbar! Jihad-Jihad! Quelli son pronti a morire, a saltare in aria, per ammazzarci. Per distruggerci. E i loro leader, (veri leader), lo stesso. Io l'ho conosciuto, Khomeini. Ci ho parlato, ci ho litigato, per oltre sei ore in due giorni diversi. E vi dico che quello era un uomo di passione. Che a muoverlo era la fede, la passione. Bin Laden non l'ho conosciuto. Peccato... Però l'ho guardato bene quando appariva in TV. L'ho guardato negli occhi, ho ascoltato la sua voce, e vi dico che quello è un uomo di passione. Che a muoverlo è la fede, l'odio che viene dalla passione. Per combattere la loro passione, per difendere la nostra cultura cioè la nostra identità e la nostra civiltà, non bastano gli eserciti. Non servono i carri armati, le bombe atomiche, i bombardieri. Ci vuole la passione. La forza della passione. E se questa non la tirate fuori, non la tiriamo fuori, io vi dico che verrete sconfitti. Che verremo sconfitti. Vi dico che torneremo alle tende del deserto, che finiremo come pozzi senz'acqua. Wake up, then! Sveglia, wake up.

Lettera aperta ai fiorentini

Fiorentini, abbiate dignità. Non siate inerti, non siate rassegnati, esprimete il vostro sdegno. In maniera civile. Educata, civile! Chiudete i negozi. Inclusi quelli dei generi alimentari. Tanto cinque giorni passano presto, e in cinque giorni non si muore certo di fame. Chiudete i ristoranti, i bar, i mercati. Chiudete i teatri, i cinema, le farmacie. Chiudete tutto, abbassate le saracinesche, metteteci il cartello che i coraggiosi misero nel 1922 cioè quando i fascisti di Mussolini fecero la marcia su Roma. «Chiuso per lutto.» Lo stesso cartello che dovrebbe stare all'ingresso degli Uffizi, degli altri musei tenuti aperti dal Municipio, del Battistero, di Santa Maria del Fiore, di tutte le chiese, nonché sul Ponte Vecchio e sul Ponte a Santa Trinita. E non mandate i bambini a scuola. Non rivolgete la parola a coloro che come minimo vogliono imbrattare i nostri monumenti. Non guardateli nemmeno, non rispondete alle loro provocazioni. Imponetevi una specie di coprifuoco, sentitevi come vi sentivate nel 1944 cioè quando i tedeschi fecero saltare in aria i nostri ponti e via Guicciardini, via Por Santa Maria. Offrite al mondo il doloroso spettacolo di una città offesa, ferita, tradita e tuttavia orgogliosa. Orgogliosa!

Perché è possibile che quei gentiluomini e quelle gentildonne usi a imbrogliare con la parola più sputtanata del mondo, la parola Pace, non ci devastino Firenze. È possibile che per non perder la faccia e i privilegi di sindaco, di presidente della Regione, di deputato, di senatore, di ministro, di segretario generale, gli squallidi mecenati del Social Forum li convincano a rimangiarsi la minacciosa promessa: «Non sarà una manifestazione non violenta». Cioè a non fare ciò che hanno fatto a Seattle, a Praga, a Montreal, a Nizza, a Davos, a Napoli, a Quebec City, a Göteborg, a Genova, a Barcellona. È possibile, sì, e augurandomi di non sbagliare aggiungo: con le dovute eccezioni, secondo me andrà così. Non oseranno spaccarli i genitali del David e del Biancone. Non oseranno romperle le braccia del Perseo di Cellini. Forse non oseranno nemmeno assaltare le banche e i consolati e le caserme. Ma non esiste solo la violenza fisica. La violenza che nutrendosi di cinismo va in cerca del morto da santificare, che per trovarlo scaglia pietre o estintori contro il carabiniere terrorizzato. La violenza che nutrendosi di cretineria imbratta le facciate degli antichi palazzi, frantuma le vetrine, saccheggia i McDonald, brucia le automobili. Che occupa le case e le banche e le fabbriche, che distrugge i giornali e le sedi degli avversari. Che (non avendo studiato la storia loro non lo sanno) ripete gli sconci cari ai fascisti di Mussolini e ai nazisti di Hitler. Esiste anche la violenza morale, perdio. Ed è la violenza che si manifesta con le demagogie e i ricatti, che si esprime con le minacce e le intimidazioni. La violenza che sfruttando la legge umilia la Legge, la ridicolizza. La violenza che servendosi della democrazia oltraggia la Democrazia, la dileggia. La violenza che approfittandosi della libertà uccide la Libertà. La assassina. E questa violenza Firenze la subisce in misura sfacciata. Scandalosa.

La subisce per colpa di coloro che per tenersi le poltroncine del Potere, procurarsi altrove i voti negatigli dal Popolo, le hanno imposto l'oceanico e protervo raduno detto Social Forum. Che usando anzi sprecando il denaro pubblico, il denaro dei cittadini, lo hanno piazzato in uno dei suoi monumenti: la Fortezza da Basso. Che ignorando o fingendo di ignorare il suo patrimonio artistico, la sua vulnerabilità, la sua indifendibilità, le rovesceranno addosso (così molti affermano) una moltitudine pari ad oltre la metà dei suoi trecentottantamila abitanti. Cioè duecentomila persone. Che insieme alla gente di buonafede (a mio avviso una pericolosissima buonafede ma finché non partorisce il Male la buonafede va rispettata) ha lasciato entrare i teppisti cui dobbiamo le nequizie dei precedenti Social Forum. I falsi rivoluzionari, i figli di papà, che vivendo alle spalle dei genitori o di chi li finanzia osano cianciare di povertà. Di ingiustizia. I presunti pacifisti, le false colombe, che la pace la invocano facendo la guerra e la esigono da una parte sola. Cioè dalla parte degli americani e basta. (Mai che la chiedano a Saddam

Hussein o a Bin Laden. Mai che improvvisino un corteuccio per le creature assassinate o gassate dal primo e le creature massacrate dal secondo. Infatti Saddam Hussein lo rispettano, Bin Laden lo amano. Ai regimi militari e teocratici dell'Islam si inchinano, nei cosiddetti centri sociali nascondono i clandestini non di rado addestrati da Al Qaida in Iraq o in Iran o in Pakistan. E l'11 settembre erano i primi a sghignazzare «Bene, agli-americani-gli-sta-bene».)

Quando parlo di coloro che per tenersi le poltroncine del Potere e procurarsi altrove i voti negatigli dal Popolo hanno imposto questo calvario a Firenze, parlo anzitutto della sgomentevole coppia formata dall'ahimè presidente della Regione Toscana e dall'ahimè sindaco di Firenze. Due sventure uscite da ciò che chiamo l'ex Agenzia di Collocamento ovvero la Federazione Giovanile Comunista. Quel sindaco che sembra nato solo per dar dispiaceri alla città. (Basti pensare alle prepotenze degli extracomunitari cui l'ha consegnata, alla tenda dei somali eretta due anni or sono in piazza del Duomo, all'orrenda tettoia con cui vorrebbe deturpare gli Uffizi. E menomale che nei punti dove andavano i pilastri si son scoperti preziosi reperti medievali.) Quel sindaco che in aprile definì il Social Forum «un'occasione da non perdere». Che in giugno tacciò di «fascisti» i comitati che vi si opponevano. Che in agosto negò l'esistenza d'un referendum col quale tre quarti dei fiorentini s'eran pronunciati contrari. E che in settembre, nel corso d'un dibattito al Rondò di Bacco, blaterò: «Ho saputo che una nota scrittrice fiorentina si dà un gran daffare perché i no-global non vengano a Firenze. Quella signora farebbe meglio a incontrarli, a vedere che bravi ragazzi sono». (Bravi come a Seattle, a Washington, a Praga, a Montreal, a Nizza, a Davos, a Göteborg, a Genova, a Barcellona, illustrissimo? Bravi come quel «disubbidiente» che ha promesso non-sarà-una-manifestazione-non-violenta? E a proposito: mi si racconta che sia pure obtorto collo Lei stia esaminando la richiesta dei fiorentini cui piacerebbe dare alla Fallaci un premio che da mezzo secolo viene attribuito solo ai comunisti russi o cinesi o cubani eccetera. Insomma il Fiorino d'Oro. Non si azzardi a darmelo, eh? Se si azzarda, glielo ficco in gola.) Quel presidente della Regione che non ne imbrocca mai una, che è il più insignificante individuo mai apparso in Toscana, e che tuttavia si crede il granduca Ferdinando III o Leopoldo II. Come un granduca si dà un mucchio di arie, frequenta le cene della defunta aristocrazia. (Un'aristocrazia che nel 1938 ricevette Hitler con tutti gli onori, che al Teatro Comunale lo applaudì fino a spellarsi le mani.) Quel presidente della Regione che lo scorso ottobre disse: «Il Social Forum è un'esigenza costituzionale». Poi annunciò che sarebbe sfilato col corteo a cui la pace interessa da una parte sola, e dichiarò che «era disposto a vedermi». (Disposto-a-vedermi, giovanotto?!? Toccava a me dire se fossi disposta a vederla. E come le feci rispondere, non lo ero affatto.)

Parlo anche dei loro complici a destra e a sinistra. Dei loro compagni di partito, dei loro compagnons-de-route verdi o bianchi o rossi o viola o grigi, e dei loro avversari al governo. Cioè dei correi che per calcolo o per convenienza, per furbizia o per viltà, in tutti questi mesi non hanno mai mosso un dito. Che alla fine hanno aperto bocca solo per prestarsi allo scaricabarile della sgomentevole coppia, al suo codardo cercarsi un alibi, al suo pavido frignare «Tocca-al-governo-garantire-la-sicurezza. Con-la-sicurezza-noi-non-c'entriamo». Vero, Pisanu? Vero, Fassino? Vi chiamo in causa perché (è giunto il momento di spiattellarlo pubblicamente) una volta tanto l'ahimè sindaco di Firenze non si sbagliava. Quella-signora se lo dava davvero il gran daffare. Con assoluta discrezione ossia senza confidarmi con nessuno, senza appoggiarmi ai giornali, senza esibirmi alle TV, per l'intera estate mi sono battuta per impedire che i bravi-ragazzi venissero a Firenze. L'intera estate! Disperatamente, incessantemente. E sebbene la sgomentevole coppia non l'abbia voluta vedere, voi due vi ho visto. Sebbene con la sgomentevole coppia non abbia voluto parlare, con voi due ho parlato. (Coi vostri prefetti, il prefetto di Roma e il prefetto di Firenze, pure. Più volte.) E con ciascuno, quindi sia con la destra che con la sinistra, ho incominciato il discorso così: «Ascoltatemi bene. Le pugnalate nella schiena io non le tiro: combatto a viso aperto. E a viso aperto vi dico che se non fermerete questa insensatezza, io vi sputtanerò. Oh, se vi sputtanerò!». Poi vi ho ricordato che Firenze non è Porto Alegre. Che nonostante gli oltraggi inflittile ogni giorno dai figli d'Allah è la testimonianza vivente della nostra cultura. Della nostra identità. Della nostra civiltà. Vi ho spiegato che difenderla è praticamente impossibile, che le sue bellezze non stanno soltanto nei musei: a Firenze ogni statua, ogni quadro, ogni palazzo, ogni strada, ogni piazza, ogni vicolo, ogni pietra è un ostaggio. E vi ho fornito un esempio storico. Vi ho raccontato che un secolo e mezzo fa, quando centinaia e centinaia di facinorosi vennero da

Livorno a Firenze per celebrarvi il loro «Forum», anch'essi furono sistemati nella Fortezza da Basso. Ma da questa si spostarono in piazza Santa Maria Novella, da piazza Santa Maria Novella in via Tornabuoni, da via Tornabuoni in piazza della Signoria cioè nel Centro Storico, dal Centro Storico in Oltrarno. In tutta la città. E per oltre un mese vi rimasero a far nefandezze, distruggere, devastare, picchiare.

Ve l'ho raccontato, sì. E con tutta la passione di cui son capace vi ho supplicato d'intervenire, d'impedire il disastro. Io che non supplico mai nessuno. Neanche il Padreterno. A Lei, Fassino, chiesi anche di sturare le orecchie dei suoi alleati o rivali. Di quello che parla con l'erre moscia, ad esempio, e di quello che sfoglia la margherita per sapere se la quercia lo ama o non lo ama. A Lei, Pisanu, chiesi anche di sturarle al cavaliere che anziché occuparsi del paese sta sempre a rodersi sui suoi processi o a far merende all'estero. Che viaggia più del Papa ed ora è a Mosca per mangiare il caviale con Putin, ora nel Texas per mangiar la bistecca con Bush, ora a Ryad per bere il latte di cammella col suo socio in affari Al Walid, ora a Madrid per assistere al matrimonio della figlia di Aznar, ora a Tripoli per stringer la mano a quel farabutto di Gheddafi. Ma ne ricavai solo la promessa, pardon l'assicurazione, che il corteo a sostegno di Saddam Hussein e degli iracheni da cui Saddam Hussein riceve il cento per cento dei voti non sarebbe entrato nel centro storico. E, tre giorni fa, la notizia che non sarebbe partito dalla gloriosa Piazza dell'Indipendenza. (La piazza da cui nel 1859 i patrioti fiorentini si mossero per indurre gli Asburgo-Lorena ad andarsene via.) Infatti, caro Pisanu, lo scaricabarile della sgomentevole coppia Lei lo ha trasferito al Parlamento dove in sostanza ha chiesto all'opposizione il permesso di fare il suo dovere cioè di governare. E quando l'opposizione le ha rilanciato la palla, «veda-Lei, decida-Lei», ha indossato i panni del Ponzio Pilato. S'è rivolto al Consiglio dei Ministri, gli ha chiesto di scegliere tra Gesù e Barabba. E loro hanno scelto Barabba. Hanno salvato il Forum, hanno crocifisso Gesù cioè Firenze. Quanto a Lei, Fassino, se l'è cavata sussurrando «lasciamoci-alle-spalle-ogni-recriminazione, ogni-rimprovero-reciproco, lavoriamo-insieme». In altre parole, con un cauto «Volemose bene». Volemose-bene?!? Ah...! Quanto il suo avversario mi ricorda Ponzio Pilato, tanto Lei mi ricorda i medici che stanno al capezzale di Pinocchio. «Se non è morto, è vivo. Se non è vivo, è morto.» Perbacco, non c'è proprio nessuno tra voi che dica pane al pane e vino al vino? Non c'è proprio nessuno che abbia un po' di coraggio?

Con rispetto parlando nel mucchio ci metto anche Lei, signor Presidente della Repubblica. Perché Lei non viene mai rimproverato, Eccellenza. A Lei non viene mai rivolto un briciolo di critica. Lei è come l'Islam dell'Islam-Non-Si-Tocca. Io, invece, La tocco eccome. E Le dico: mi dispiace d'averLe inviato quella letterina di congratulazioni quando ricevette il prestigioso e impegnativo incarico. Mi dispiace perché Lei mi ha proprio deluso. La telefonata che feci al Quirinale in estate, cioè quando parlai con Sua moglie, era un grido di dolore rivolto a Lei, Eccellenza. Un SOS diretto all'uomo che dovrebbe essere il babbo di tutti gli italiani, quindi anche dei fiorentini. E Lei non si degnò nemmeno di richiamarmi cioè di domandarmi per quali ragioni fossi così preoccupata anzi disperata. Glielo ha impedito l'etichetta, forse? Che diamine! Non è mica Sua Maestà il Re d'Italia, sor Ciampi! È un presidente al servizio dei cittadini! Per questo abbiamo licenziato la monarchia, per questo la teniamo in quel bel palazzo che apparteneva ai Savoia! O lo ha dimenticato? Bè, i Suoi predecessori non lo dimenticavano. Se avessi chiesto l'aiuto di Pertini, Pertini avrebbe fatto fuoco e fiamme. Fuoco e fiamme! Lei invece s'è limitato a un comodo «Penso-che-non-vi-sia-italiano-cui-non-prema-il-patrimonio-culturale-di-Firenze». Tutto qui?!? Temeva forse d'offendere i bravi-ragazzi e i loro protettori (quei protettori cui deve il prestigioso e impegnativo incarico) a dire qualcosa di più anzi ad alzar la voce? E poi: non gliel'ha riferito nessuno che non si tratta solo di italiani, che gomito a gomito con gli italiani ci saranno o meglio ci sono i teppisti greci e baschi e danesi e olandesi e inglesi e francesi e ungheresi e tedeschi e bosniaci cioè gente a cui del patrimonio-artistico non importa un cavolo? Peggio, (o quasi): non glielo ha detto nessuno che per cinque giorni Firenze diventerà una città blindata, una città sotto assedio, una città che vive nella paura, una città dove i cittadini perderanno anche la libertà di camminare nelle proprie strade? Ma chi sono i suoi ciambellani, pardon i suoi consiglieri? Allora aveva ragione Sua moglie, quando al mio grido di dolore rispose: «Grazie, cara signora, grazie d'averci informato. In questo momento mio marito è chiuso in ufficio a lavorare, ma stasera a tavola gli racconto tutto. Perché vede, qui al Quirinale non si sa mai nulla».

Eh, sì, fiorentini: siamo proprio soli a difendere la nostra dignità. Soli con quei poveri carabinieri e quei poveri poliziotti che comunque vada ne usciranno maltrattati, insultati, calunniati. Quei poveri figli del popolo che a Genova vennero accusati d'aver spento-le-sigarette-sul-morto. (Vergogna!) Quei poveri cristi a cui i teppisti greci hanno promesso una-pallottola-a-testa, e che durante i cinque giorni non avranno neanche il diritto di difendersi con la rivoltella. Di sparare per ammonimento. Bè, il coraggio è anzitutto ottimismo: io continuo a voler pensare che i teppisti, pardon, i bravi-ragazzi greci eccetera quella pallottola se la terranno in tasca. Sia pure per lercia convenienza i loro protettori hanno capito che se avvenisse qualche tragedia ne pagherebbero il fio, e stanno davvero correndo ai ripari. Ma nessuno è profeta e... Comunque vada, l'offesa rimane. Il calvario rimane. La violenza morale rimane. Sicché, fiorentini, abbassatele davvero quelle saracinesche. Mettetecelo davvero il cartello «Chiuso per lutto». Esprimetelo, esprimiamolo davvero il nostro sdegno. Dico «esprimiamolo» perché a Firenze ci sarò anch'io.

La rabbia, l'orgoglio e il dubbio

I nemici dell'America, ma dovrei dire dell'Occidente, non stanno solo a Bagdad. Stanno anche in Europa. Perché l'Europa non è più l'Europa: è diventata una provincia dell'Islam. I concetti di libertà e di democrazia sono del tutto estranei al tessuto ideologico dell'Islam, del tutto opposti al dispotismo e alla tirannia dei suoi Stati teocratici. Per evitare il dilemma, risparmiarmi la dolorosa domanda «questa-guerra-deve-essere-fatta-o-no», per superare le riserve e le riluttanze e i dubbi che ancora mi straziano, spesso dico a me stessa: «Ah, se gli iracheni si liberassero da soli di Saddam Hussein! Ah, se qualche Ahmed o Abdul lo liquidasse e lo appendesse pei piedi in qualche piazza come nel 1945 gli italiani fecero con Mussolini!». Ma non serve. O serve in un senso e basta. Nel 1945, infatti, gli italiani si liberarono di Mussolini perché gli Alleati avevano occupato tre quarti dell'Italia. Quindi reso possibile l'insurrezione del Nord. In parole diverse, perché la guerra l'avevano fatta. Una guerra senza la quale Mussolini ce lo saremmo tenuti vita natural durante. (Hitler, lo stesso.) Una guerra durante la quale gli Alleati ci avevano bombardato senza pietà ed eravamo morti come le mosche. Loro, idem. A Salerno, ad Anzio, a Cassino. Nell'avanzata verso Firenze, sulla Linea Gotica. La tremenda Linea Gotica che i tedeschi avevano opposto dal Tirreno all'Adriatico. In meno di due anni, 45.806 morti americani e 17.500 tra inglesi, canadesi, australiani, neozelandesi, sudafricani, indiani, brasiliani, polacchi. Nonché francesi che avevano scelto De Gaulle e italiani che avevano scelto la Quinta o l'Ottava Armata. (Sai quanti cimiteri di militari alleati ci sono in Italia? Oltre centotrenta. E i più grossi, i più affollati, sono proprio quelli americani. Soltanto a Nettuno, 10.950

tombe. Soltanto a Falciani, presso Firenze, 5.811... Ogni volta che ci passo davanti e vedo quel lago di croci, rabbrividisco di dolore e di gratitudine.) C'era anche un Fronte di Liberazione Nazionale, in Italia. Una Resistenza che gli Alleati rifornivano di armi e di munizioni. Poiché malgrado la tenera età mi occupavo della faccenda, ricordo perfettamente il Dakota che sfidando la contraerea ce le paracadutava in Toscana. Per l'esattezza, sul Monte Giovi dove per farci localizzare accendevamo i fuochi e dove una notte paracadutarono anche un commando che aveva il compito di allestire una radio clandestina detta Radio Cora. Dieci simpaticissimi americani che parlavano ottimo italiano. E che tre mesi dopo furono catturati dalle SS, torturati in modo selvaggio, fucilati insieme alla partigiana Anna Maria Enriquez-Agnoletti. Così il dilemma rimane. Tormentoso, assillante.

***

Rimane per i motivi che mi accingo ad esporre. E il primo motivo è che, contrariamente ai pacifisti che non berciano mai contro Saddam Hussein o Bin Laden e se la pigliano solo con Bush o con Blair, (ma nel corteo di Roma se la son presa pure con me, a quanto pare augurandomi di scoppiare in mille pezzi col prossimo shuttle), la guerra io la conosco. So bene che cosa significa vivere nel terrore, correre sotto le cannonate o le bombe da mille chili, veder morire la gente ed esplodere le case, crepare di fame, non aver nemmeno l'acqua da bere. E, peggio ancora, sentirsi responsabile per la morte di un altro essere umano. (Anche se quell'essere umano è un nemico, ad esempio un fascista o un soldato tedesco.) Lo so perché appartengo, appunto, alla generazione della Seconda guerra mondiale. E perché gran parte della mia vita sono stata corrispondente di guerra. Non uno di quelli che stanno in albergo: uno di quelli che al fronte ci vanno davvero. Ergo, dal Vietnam in poi ho visto orrori che chi conosce la guerra soltanto attraverso la TV o i film dove il sangue è salsa di pomodoro non immagina nemmeno. E la guerra la odio quanto i pacifisti in buona o cattiva fede non la odieranno mai. La odio tanto che ogni mio libro trabocca di quell'odio. La odio tanto che perfino i fucili da caccia mi danno fastidio e lo stupido schioppettare dei cacciatori estivi mi fa salire il sangue al cervello. Però non accetto il fariseo principio anzi slogan di coloro che dicono: «Tutte le guerre sono ingiuste, tutte le guerre sono illegittime». La guerra contro Hitler e Mussolini era una guerra giusta, perbacco. Una guerra legittima. Anzi, doverosa. Le guerre risorgimentali che i miei nonni fecero nell'Ottocento per cacciare lo straniero invasore erano guerre giuste, perbacco. Guerre legittime. Anzi, doverose. E la Guerra d'Indipendenza che i coloni americani fecero contro l'Inghilterra, lo stesso. Le guerre (o le rivoluzioni) che avvengono per ritrovare la dignità, la libertà, idem. Io non credo nelle disinvolte assoluzioni, nelle comode pacificazioni, nel perdono facile. E ancor meno credo nello sfruttamento della parola Pace, nel ricatto della parola Pace. Quando in nome della pace si cede alla prepotenza, alla violenza, alla tirannia, quando in nome della pace ci si rassegna alla paura, si rinuncia alla dignità e alla libertà, la pace non è più pace. È suicidio. Il secondo motivo è che, se giusta come spero e legittima come mi auguro, questa guerra non dovrebbe svolgersi ora. Avrebbe dovuto svolgersi un anno fa. Vale a dire quando le rovine delle Due Torri erano fumanti, e tutto il mondo civile si sentiva americano. Se si fosse svolta allora, oggi i simpatizzanti di Bin Laden e di Saddam Hussein non riempirebbero le piazze col loro pacifismo a senso unico. Le star di Hollywood non si esibirebbero nel ruolo (per loro grottesco) di capi-popolo. E l'ambigua Turchia che sta rimettendo il velo alle donne non rifiuterebbe il passaggio ai Marines diretti al fronte del Nord. Nonostante le cicale europee che insieme ai palestinesi ghignavano «Bene-agli-americani-gli-sta-bene», un anno fa nessuno negava che gli Stati Uniti avessero sofferto una seconda Pearl Harbor e che di conseguenza gli spettasse il diritto di reagire. Meglio: se giusta come spero, legittima come mi auguro, questa è una guerra che avrebbe dovuto svolgersi ancor prima. Cioè quando Clinton era presidente e le piccole Pearl Harbor scoppiavano nel resto del mondo. In Somalia, ad esempio, dove i Marines in missione di pace venivano trucidati e mutilati poi dati in pasto alla folla impazzita. In Kenia, nello Yemen, e via dicendo. L'11 settembre non è stato che la brutale conferma d'una realtà ormai fossilizzata. L'indiscutibile diagnosi del medico che ti sventola sul naso la radiografia e senza complimenti dice: «Caro signore, cara signora, Lei ha davvero il cancro». Se Clinton avesse speso meno tempo con le ragazze prosperose, se avesse usato in modo più responsabile la Stanza Ovale, forse l'11 settembre non sarebbe avvenuto. È inutile aggiungere che, ancor meno, l'11 settembre sarebbe avvenuto se George Bush Senior avesse eliminato Saddam Hussein con la guerra del Golfo. Rammenti? Nel 1991 l'esercito iracheno si sgonfiò come un pallone bucato. Si disintegrò così velocemente che perfino io catturai quattro dei suoi soldati. Stavo dietro una duna del deserto saudita, sola sola e indifesa, quando quattro scheletri scalzi e laceri vennero verso di me con le braccia alzate. «Bush!» bisbigliarono in tono supplichevole. «Bush!». Parola che per loro significava: «Ho tanta fame, tanta sete. Fammi prigioniero, per carità». Io li presi, li consegnai al tenente in carica, e invece di congratularsi questo brontolò: «Uffa! Ne abbiamo già cinquantamila. Glielo dà lei da mangiare e da bere?». Eppure gli americani non raggiunsero Bagdad. George Bush Senior non lo rimosse, Saddam. (Il-mandato-delle-Nazioni-Unite-era-liberare-il-Kuwait-e-basta.) E, per ringraziarlo, Saddam tentò di farlo assassinare. Infatti a volte mi chiedo se questa guerra tardiva non sia anche una rappresaglia pazientemente attesa. Una promessa filiale, una vendetta da tragedia shakespeariana anzi greca.

**

Il terzo motivo è il modo sbagliato in cui l'ipotetica promessa al babbo s'è realizzata. Chi oserebbe confutarlo? Dall'11 settembre agli inizi dello scorso autunno tutta l'enfasi si concentrò su Bin Laden, su Al Qaida, sull'Afghanistan. Saddam Hussein e l'Iraq furono praticamente ignorati. E solo quando diventò chiaro che Bin Laden godeva un'eccellente salute perché l'impegno di prenderlo vivo o morto era fallito, Bush e Powell si ricordarono del suo rivale. Ci dissero che Saddam Hussein era cattivo, che tagliava la lingua e gli orecchi agli avversari, che uccideva i loro bambini dinanzi ai loro occhi. (Vero.) Che decapitava le prostitute poi esibiva in piazza le loro teste. (Vero.) Che le sue prigioni straripavano di detenuti politici chiusi in celle piccole come bare, che gli esperimenti chimici e biologici li eseguiva con particolare diletto su tali vittime. (Vero.) Che aveva legami con Al Qaida e finanziava il terrorismo, premiava le famiglie dei kamikaze palestinesi con 25.000 dollari a famiglia. (Vero.) Infine, che non aveva mai rinunciato al suo arsenale di armi letali sicché le Nazioni Unite dovevano rimandare gli ispettori in Iraq. D'accordo, ma siamo seri: se negli anni Trenta l'inefficiente Lega delle Nazioni avesse mandato i suoi ispettori in Germania, credi che Hitler gli avrebbe mostrato Peenemünde dove Von Braun fabbricava i V1 e i V2 per polverizzare Londra? Credi che gli avrebbe mostrato i campi di Dachau e Mauthausen, di Auschwitz e di Buchenwald? Malgrado ciò, la commedia degli ispettori venne riesumata e con tale intensità che il ruolo di primadonna è passato da Bin Laden a Saddam Hussein. E nemmeno l'arresto di Khalid Muhammed, l'architetto dell'11 settembre, ha sollevato un congruo giubilo. La notizia che Bin Laden sia stato localizzato nel Pakistan Settentrionale e rischi di fare la medesima fine, lo stesso. Una commedia inzuppata di miserie, oltretutto. Di vili doppi giochi anzi complicità da parte degli ispettori. Di strategie sconsiderate da parte di Bush che tenendo il piede in due staffe chiedeva al Consiglio di Sicurezza il permesso di muover guerra e contemporaneamente inviava le truppe ai confini con l'Iraq. In meno di due mesi, un quarto di milione di truppe. Con quelle inglesi e australiane, oltre trecentomila. E questo senza capire che i nemici dell'America (ma dovrei dire dell'Occidente) non stanno solo a Bagdad. Stanno anche in Europa, signor Bush. Stanno a Parigi dove il mellifluo Chirac se ne frega della pace ma sogna di soddisfare la sua vanità col Prix Nobel de la Paix. Dove nessuno ha voglia di rimuovere Saddam perché Saddam è il petrolio che le compagnie petrolifere francesi pompano dal suo Iraq. E dove, dimenticando il piccolo neo chiamato Pétain, la Francia insegue la napoleonica pretesa di dominare l'Unione Europea. Assumerne l'egemonia. Stanno a Berlino dove il partito del mediocre Schröder ha vinto le elezioni paragonandoLa al loro Hitler. Dove le bandiere americane vengono insozzate con la svastica simbolo della Germania nazista. E dove, nel miraggio di sostener nuovamente la parte dei padroni, i tedeschi vanno a braccetto coi francesi. Stanno a Roma dove i comunisti sono usciti dalla porta per rientrare dalla finestra come gli uccelli dell'omonimo film di Hitchcock. Dove i preti cattolici sono più bolscevichi di loro. E dove affliggendo il prossimo col suo ecumenismo, il suo terzomondismo, il suo fondamentalismo, Karol Wojtyla riceve Aziz come se fosse una colomba col ramoscello d'olivo in bocca o un martire in procinto d'esser divorato dai leoni del Colosseo. (Poi lo manda ad Assisi dove i frati lo scortano fino alla tomba di San Francesco, povero San Francesco.) Negli altri paesi europei, idem o giù di lì. Non L'hanno ancora informata i Suoi ambasciatori? In Europa i nemici degli Stati Uniti stanno dappertutto, signor Bush. Ciò che Lei chiama garbatamente «differenze-d'opinione» è odio puro. Un odio simile a quello che l'Unione Sovietica esibiva fino alla Caduta del Muro. Il loro pacifismo è sinonimo di antiamericanismo e, accompagnato da una cupa rinascita di antisemitismo, trionfa quanto in Islam. Sa perché? Perché l'Europa non è più l'Europa. È diventata una provincia dell'Islam come la Spagna e il Portogallo al tempo dei Mori. Ospita sedici milioni di immigrati mussulmani, cioè il triplo di quelli che stanno in America. (E l'America è tre volte più grande dell'Europa.) Rigurgita di mullah, di ayatollah, di imam, di moschee, di turbanti, di barbe, di burqa, di chador, e guai a protestare. Nasconde migliaia di terroristi che i nostri governi non riescono né a controllare né ad identificare. Ergo la gente ha paura e sventolando la bandiera del pacifismo, pacifismo-uguale-antiamericanismo, si sente protetta. Quasi ciò non bastasse, l'Europa li ha dimenticati i 221.484 americani morti per lei nella Seconda guerra mondiale... Dei loro cimiteri in Normandia, nelle Ardenne, nei Vosgi, nella vallata del Reno, in Belgio, in Olanda, in Lussemburgo, in Lorena, in Danimarca, in Italia, non gliene importa un bel nulla. Anziché gratitudine l'Europa prova invidia, gelosia, livore e nessuna nazione europea appoggerà questa guerra, signor Bush. Nemmeno quelle veramente alleate come la Spagna o rette da tipi che come Berlusconi La chiamano «il mio amico George». In Europa Lei ha un amico e basta, un alleato e basta: Tony Blair. Però anche Blair regge un paese invaso dai Mori e verso gli Stati Uniti pieno di invidia, gelosia, livore. Persino il suo partito lo rimbecca, lo osteggia. E a proposito: devo chiederLe scusa, signor Blair. Devo in quanto nel mio libro *La Rabbia e l'Orgoglio* sono stata ingiusta con Lei. Sviata dal suo eccesso di cortesia nei riguardi della cultura islamica ho scritto che era una cicala tra le cicale, che il Suo coraggio non sarebbe durato a lungo, che appena non fosse più servito alla Sua carriera politica lo avrebbe messo da parte. Invece quella carriera politica la sta sacrificando alle proprie convinzioni. Con coerenza impeccabile. Davvero mi scuso e ritiro anche la brutta frase che aggravava l'ingiustizia: «Se la nostra cultura ha lo stesso valore d'una cultura che costringe a portare il burqa, perché passa le vacanze nella mia Toscana e non in Arabia Saudita o in Afghanistan?». E Le dico: «Ci venga quando vuole. La mia Toscana è la Sua Toscana, e la mia casa è la Sua casa. My home is your home».

* * *

Il motivo finale del mio dilemma sta nei termini con cui Bush e Blair e i loro consiglieri definiscono questa guerra. «Una guerra di liberazione, una guerra umanitaria per portare la libertà e la democrazia in Iraq.» Eh no, cari signori, no. L'umanitarismo non ha niente a che fare con le guerre. Tutte le guerre, anche quelle giuste, anche quelle legittime, sono morte e sfacelo e atrocità e lacrime. E questa non è una guerra di liberazione. (Non è neanche una guerra di petrolio, sia chiaro, come molti sostengono. Contrariamente ai francesi, gli americani non hanno bisogno del petrolio iracheno.) È una guerra politica. Una guerra fatta a sangue freddo per rispondere alla Guerra Santa che i nemici dell'Occidente hanno dichiarato l'11 settembre. È una guerra profilattica. Un vaccino come il vaccino contro la poliomelite e il vaiolo, un intervento chirurgico che s'abbatte su Saddam Hussein perché tra i vari focolai di cancro Saddam Hussein appare il più ovvio. Il più evidente, il più pericoloso. Inoltre Saddam costituisce l'ostacolo, (pensano Bush e Blair e i loro consiglieri), che una volta rimosso gli permetterà di ridisegnare la mappa del Medio Oriente. Insomma far quello che gli inglesi e i francesi fecero dopo il crollo dell'impero ottomano. Ridisegnarla e diffondere una Pax Romana, pardon, una Pax Americana dove regni la Libertà e la Democrazia. Dove nessuno dia più fastidio con gli attentati e le stragi. Dove tutti possano prosperare, vivere felici e contenti. Sciocchezze. La libertà non può essere data in regalo come un pezzo di cioccolata, e la democrazia non può essere imposta con gli eserciti. Come diceva mio padre quando invitava gli antifascisti ad entrare nella Resistenza, e come dico io quando parlo con coloro che credono onestamente nella Pax Americana, la libertà bisogna conquistarcela da soli. La democrazia nasce dalla civiltà, e in entrambi i casi bisogna sapere di cosa si tratta. La Seconda guerra mondiale fu una guerra di liberazione non perché regalò all'Europa i due pezzi di cioccolata cioè due novità chiamate Libertà e Democrazia, ma perché le ristabilì. E le ristabilì perché gli europei le avevano perdute con Hitler e Mussolini. Perché le conoscevano bene, sapevano di che si tratta. I giapponesi no. Ne convengo. Per i giapponesi i due pezzi di cioccolata furono un regalo che li rimborsava, oltretutto, di Hiroshima e Nagasaki. Però il Giappone aveva già iniziato la sua marcia verso il progresso, e non apparteneva al mondo che ne *La Rabbia e l'Orgoglio* chiamo La Montagna. Una montagna che da 1.400 anni non si muove, non cambia, non emerge dagli abissi della sua cecità. Insomma, l'Islam. I moderni concetti di libertà e di democrazia sono del tutto estranei al tessuto ideologico dell'Islam, del tutto opposti al dispotismo e alla tirannia dei suoi Stati teocratici. In quel tessuto ideologico è

Dio che comanda, è Dio che decide il destino degli uomini, e di quel Dio gli uomini non sono figli bensì sudditi, schiavi. Insciallah-Come Dio Vuole-Insciallah. Ergo nel Corano non v'è posto per il libero arbitrio, per la scelta, cioè per la libertà. Non v'è posto per un regime che almeno giuridicamente è basato sull'uguaglianza, sul voto, sul suffragio universale, cioè per la democrazia. Infatti quei due moderni concetti i mussulmani non li capiscono. Li rifiutano e invadendoci, conquistandoci, vogliono cancellarli anche dalla nostra vita.

* * *

Sorretti dal loro caparbio ottimismo, lo stesso ottimismo con cui a Fort Alamo combatterono con tanto eroismo e finirono tutti massacrati dal generale Santa Ana, gli americani sono certi che a Bagdad verranno accolti come a Roma e a Firenze e a Parigi. «Ci applaudiranno, ci getteranno fiori» mi ha detto tutto contento una testa d'uovo di Washington. Forse. A Bagdad può succedere di tutto. Ma dopo? Che succederà dopo? Oltre due terzi degli iracheni che nelle ultime «elezioni» hanno dato il cento per cento dei voti a Saddam sono sciiti che da sempre vagheggiano di stabilire la Repubblica islamica dell'Iraq. E negli anni Ottanta anche i sovietici vennero accolti bene a Kabul. Anche i sovietici imposero la loro pax con l'esercito. Convinsero addirittura le donne a togliersi il burqa: rammenti? Però dieci anni dopo dovettero andarsene, cedere il passo ai Talebani. Domanda: e se, invece di scoprire la libertà, l'Iraq diventasse un secondo Afghanistan? E se, invece di imparare la democrazia, l'intero Medio Oriente saltasse in aria o il cancro si moltiplicasse? Di paese in paese, con una specie di reazione a catena... Da occidentale fiera della sua civiltà e quindi decisa a difenderla fino all'ultimo fiato, senza riserve dovrei in tal caso unirmi a Bush e a Blair asserragliati dentro una nuova Fort Alamo. Senza riluttanze dovrei in tal caso combattere e morire con loro. Il che è l'unica cosa sulla quale non ho il minimo dubbio.

Noi cannibali e i figli di Medea

No, non mi piace questo referendum al quale i mecenati dei dottor Frankenstein voteranno per semplice partigianeria politica o miopia morale. Ossia senza ragionare con la propria testa, senza ascoltare la propria coscienza, magari senza conoscere il significato delle parole staminale ovocita blastocita eterologo clonazione, e certo senza chiedersi o senza capire che cosa v'è dietro l'offensiva per la libertà illimitata della ricerca scientifica. Infatti il 12 giugno non userò la scheda elettorale, e con tutto il cuore mi auguro che l'offensiva fallisca penosamente. Auspicio rafforzatosi quando al Liceo Mamiani di Roma il più autorevole promotore dei quattro quesiti referendari ha scandito una battuta che sembra una facezia da capocomico del vecchio theatre varieté: «Se l'embrione è vita, masturbarsi è suicidio». (Signor mio, anziché di masturbazione a quei liceali io avrei parlato di Libertà. Gli avrei ricordato quel che dice Platone quando nel Libro VIII de *La Repubblica* scrive che dalla libertà degenerata in licenza nasce e si sviluppa una malapianta: la malapianta della tirannia. Infatti qui non si tratta di masturbarsi. Si tratta di spiegare alla gente che la libertà illimitata cioè privata d'ogni freno e d'ogni senso morale non è più Libertà ma licenza. Incoscienza, arbitrio. Si tratta di chiarire che per mantenere la Libertà, proteggere la Libertà, alla libertà bisogna porre limiti col raziocinio e il buon senso. Con l'etica. Si tratta di riconoscere la differenza che passa tra lecito e illecito.) Non mi piace, questo referendum, perché a parte l'astuto ricatto con cui la cosiddetta clonazione terapeutica giustifica le sue nequizie cioè promette di guarire le malattie, a parte l'ovvio tornaconto di chi con quel ricatto si riempie le tasche (ad esempio l'industria farmaceutica il cui cinismo supera il cinismo dei mercanti d'armi), dietro questo referendum v'è un progetto anzi un proposito inaccettabile e terrificante. Il progetto di reinventare l'Uomo in laboratorio, trasformarlo in un prodotto da vendere come una bistecca o una bomba. Il proposito di sostituirsi alla Natura, manipolare la Natura, cambiare anzi sfigurare le radici della Vita, disumanizzarla massacrando le creature più inermi e indifese. Cioè i nostri figli mai nati, i nostri futuri noi stessi, gli embrioni umani che dormono nei congelatori delle banche o degli Istituti di Ricerca. Massacrarli riducendoli a farmaci da iniettare o da trangugiare, oppure facendoli crescere quel tanto che basta per macellarli come si macella un bove o un agnello, poi ricavarne tessuti e organi da vendere come si vendono i pezzi di ricambio per un'automobile. Tutto ciò mi ricorda il *Mondo Nuovo* di Huxley, sì, l'abominevole mondo degli uomini Alfa e Beta e Gamma, ma soprattutto mi ricorda le oscenità dell'eugenetica con cui Hitler sognava di creare una società costituita soltanto da biondi con gli occhi azzurri. Mi ricorda i campi di Auschwitz e di Mauthausen, di Dachau e di Birkenau dove, per affrettare la produzione della razza ariana ossia intensificare i parti gemellari delle bionde con gli occhi azzurri, il dottor Mengele conduceva gli esperimenti sui bambini gemelli. Grazie all'illimitata libertà di ricerca concessagli da Hitler li martirizzava, li assassinava, a volte li vivisezionava. Dunque bando alle chiacchiere e alle ipocrisie: se al posto di Birkenau e Dachau eccetera ci metti gli Istituti di Ricerca gestiti dalla democrazia, se al posto dei gemelli vivisezionati da Mengele ci metti gli embrioni umani che dormono nei congelatori, il discorso non cambia. Non a caso, quando otto anni fa gli inglesi crearono la pecora Dolly, invece di esaltarmi ebbi un brivido d'orrore e dissi: «Siamo fritti. Qui ci ritroviamo con una società fatta di cloni. Qui si torna al nazismo». Frankenstein e i loro mecenati (giuristi, giornalisti, editorialisti, attrici, filosofi, grilli canterini, membri dell'Accademia dei Lincei, politici in cerca di voti, medici in cerca di gloria) non vogliono sentirselo dire quel «Siamo fritti, qui ci ritroviamo con una società fatta di cloni, qui si torna al nazismo». Quando porti il discorso su Hitler e sul nazismo, su Mengele, fanno gli offesi anzi gli scandalizzati. Cianciano di pregiudizi, protestano che il paragone è illegittimo. Poi nel più tipico stile bolscevico ti mettono alla gogna. Ti chiamano bigotto, baciapile, servo del Papa e del Cardinale Ruini, mercenario della Chiesa Cattolica. Ti dileggiano con le parole retrogrado oscurantista reazionario e posando a neo illuministi, a progressisti, avanguardisti, ti buttano in faccia le solite banalità. Strillano che non si può imporre le mutande alla Scienza, che il Sapere non può essere imbrigliato, che il Progresso non può essere fermato, che i fatti sono più forti dei ragionamenti, che il mondo va avanti malgrado gli ottusi come te. Come me. Con burattinesco sussiego dichiarano che l'embrione non è un essere umano: è una semplice proposta di essere umano anzi di essere vivente, un semplice grumo di cellule non pensanti. Con pagliaccesca sicurezza proclamano che non ha un'anima, che l'anima esiste se esiste il pensiero, che la sede del pensiero è il cervello, e il cervello incomincia a svilupparsi due settimane dopo che l'embrione si è attaccato all'utero materno. O che un feto incomincia a pensare solo all'ottavo o nono mese di gravidanza, che secondo San Tommaso d'Aquino fino al quarto mese siamo animali e quindi tanto vale proteggere gli embrioni degli scimpanzé. È inutile obiettare che San Tommaso d'Aquino visse nel 1200, che di genetica se ne intendeva quanto io mi intendo di ciclismo e di pugilato. Inutile replicare che ripararsi dietro il sillogismo Cervello Pensiero Anima uguale Umano è una scemenza. Un'offesa alla logica. Anche gli animali hanno un cervello, perbacco. Anche gli animali hanno un pensiero. Ergo, stando a quel sillogismo, anche loro dovrebbero avere un'anima ed essere considerati umani. Inutile osservare, infine, che sulla formazione del cervello anima non sappiamo un bel nulla. Neanche ciò che si sapeva sull'atomo quando Enrico Fermi scisse quello dell'uranio 235 e scoprì che il suo nucleo misura un centomiliardesimo di millimetro eppure può disintegrare in un lampo città come Hiroshima e Nagasaki. E se l'infinitamente piccolo contenesse molto di più dell'infinitamente grande? E se il cervello anima dell'embrione misurasse ancor meno di un centomiliardesimo di millimetro e la miopia morale (nonché intellettuale) non riuscisse a individuarlo? E se di conseguenza l'embrione pensasse, soffrisse come soffriamo noi quando Zarqawi ci taglia la testa col suo coltello halal?

* * *

Il fatto è che le loro affermazioni mai suffragate da prove sono teorie e basta, presunte certezze per convenienza e opportunismo spacciate come assolute certezze, punti di vista sbandierati nel presuntuoso miraggio di ricevere un Nobel al quale senza alcun pudore e senza alcun merito ambiscono fortissimamente. Sono un dogma che non vale più del mio. Anzi vale assai meno del mio che è privo di calcoli, di convenienze, di opportunismi. Qual è il mio? Bè, è quello che esprimo in *Lettera a un bambino mai nato*, libro che incomincia con queste parole: «Stanotte ho saputo che c'eri. Una goccia di vita scappata dal nulla». È quello che ribadii nell'intervista al «Foglio» quando i neoilluministi e progressisti e avanguardisti approvavano la condanna a morte di Terri Schindler o se vuoi Terri Schiavo. (Secondo loro, colpevole di non aver più un pensiero, di non aver più un'anima, di non poter assistere ogni domenica alla Messa che ha nome Partita di Calcio.) Oh sì: a mia volta senza aver le prove che Fermi fornì sul nucleo dell'atomo, io credo che fin dal momento in cui lo spermatozoo feconda l'ovulo e la cellula primaria diventa due cellule poi quattro poi otto poi sedici insomma prende a moltiplicarsi, noi siamo ciò che saremo. Cioè esseri umani. Forse non ancora persone, visto che una persona è il risultato dell'essenza innata e delle esperienze acquisite dopo la nascita: ma di sicuro un essere umano. L'embrione che sboccia nell'ovulo d'un pidocchio è un pidocchio. L'embrione che sboccia nell'ovulo di un cane è un cane. (L'esempio del cane lo porta anche monsignor Sgreccia.) L'embrione che sboccia nell'ovulo di un elefante è un elefante. L'embrione che sboccia nell'ovulo di un essere umano è un essere umano e non me ne importa nulla che stavolta la mia opinione coincida con quella della Chiesa Cattolica. Con quella di Papa Wojtyla e di Papa Ratzinger, con quella del Cardinale Ruini, dei vescovi, degli arcivescovi, dei preti che si opposero al divorzio e all'aborto. (Anch'io detesto l'aborto e per il voto in favore dell'aborto ebbi strazianti dilemmi. Ma considero il divorzio una conquista della civiltà e per il divorzio mi battei con le unghie e coi denti.) Infatti se tale opinione coincidesse con quella della Chiesa Marxista, di Lenin, di Stalin, di Mao Tse-tung, e perfino del re di Cuba cioè dello spregevolissimo Castro, la esprimerei col medesimo candore. Non me ne importa nulla nemmeno dell'astuto ricatto cioè della loro promessa di guarire il diabete, la distrofia, l'Alzheimer, la sclerosi multipla di Stephen Hawking. (Il grande cosmologo che da decenni vive in carrozzina e ciondola peggio d'un fiore appassito.) Come dissi nell'intervista al «Foglio», non me ne importerebbe nemmeno se le staminali servissero a guarire il mio cancro anzi i miei cancri. Dio sa se amo vivere, se vorrei vivere più a lungo possibile. Sono innamorata, io, della vita. Ma a guarire i miei cancri iniettandomi la cellula d'un bambino mai nato mi parrebbe d'essere un cannibale. Una Medea che uccide i propri figli. («Donna maledetta, aborrita dagli Dei, da me, dall'intero genere umano. Crepa, essere osceno, assassina dei tuoi figli» le dice Euripide attraverso Giasone.) Me ne importa ancor meno del fatto che i Frankenstein e i loro mecenati mi espongano al ludibrio con le accuse retrograda oscurantista reazionaria bigotta baciapile serva del Vaticano. Tanto con loro non serve neanche spiegare perché un'atea (sia pure atea cristiana) non può esser bigotta, non può essere baciapile eccetera. O perché una laica che s'è sempre battuta per la giustizia e la libertà non può esser retrograda, oscurantista, reazionaria. E aggiungo: davvero non v'è limite all'incoerenza dei voltagabbana. Un tempo gli odierni cultori del cannibalismo urlavano che era crudele sacrificare gli animali nei laboratori. E ne convengo. (Ho visto cose atroci nei laboratori. Una volta a New York ho visto togliere il cuore a una cagnolina, sostituirlo col cuore di un maialino, e poi piazzarlo sotto il naso della povera creatura per vedere se lo riconoscesse. Lei l'ha riconosciuto e s'è messa a mugolare disperatamente. Un'altra volta a Chicago ho visto togliere il cervello a una piccola scimmia. Da viva, visto che il cervello doveva restar vivo attraverso un'irrorazione di sangue. Si chiamava Libby, e mentre la legavano al lettuccio operatorio mi fissava come se implorasse il mio aiuto. Infatti mi vergognai. Vomitai e il Frankenstein di turno, un noto ricercatore, mi chiese stupito: «Why, perché? La credevo meno schizzinosa. Less squeamish. Libby non ha mica un'anima».) Piangevano anche sui topi usati per sperimentare i farmaci, quei parolai. Li definivano martiri e per difenderli inscenavano bellicosi cortei simili a quelli dei pacifisti che la pace la vogliono da una parte e basta. Ora invece accettano che le cavie siano i nostri figli mai nati, sacrificati come la cagnolina di New York e come Libby. Accettano che le cellule di queste nuove cavie vadano ad arricchire le ditte farmaceutiche il cui cinismo supera quello dei mercanti d'armi, accettano che gli embrioni vengano squartati come bovi nelle macellerie per ricavarne tessuti e organi da vendere come si vendono i pezzi di ricambio per un'automobile. Accettano che tutto ciò miri a realizzare il *Mondo Nuovo* di Huxley, a farci diventare uomini Alfa o Beta o Gamma o Dio sa cos'altro. Campioni di salute e di bellezza ma senza cervello o mostri intelligentissimi ma senza braccia e senza gambe? (A proposito: nei laboratori di ricerca un'altra volta ho visto un uccello che chissà perché, suppongo per divertirsi, avevano fatto nascere senza le ali. Sembrava una palla fatta di piume e basta. E mi guardava con certi occhi che al confronto i *Prigioni* di Michelangelo cioè le quattro statue con la testa o gli arti ancora inseriti dentro la pietra, sembrano creature felici...) E va da sé che ormai le cavie siamo anche noi. Una donna che subisce l'estrazione di un ovulo è certamente una cavia. Una che per restare incinta se lo fa impiantare, lo stesso. Grazie a una scienza che è sempre più tecno scienza, grazie a una medicina che è sempre più tecno medicina, quindi sempre più disumana, siamo cavie perfino nei casi estranei alla fecondazione artificiale. Quando mi sottopongo a una radioterapia, per esempio, specialmente in America non vedo esseri umani. Intuisco che i medici e i tecnici stanno da qualche parte, sì. Forse al di là del vetro che separa la loro stanza dalla stanza nella quale mi trovo con le apparecchiature e basta. Ma di loro non mi giunge neanche la voce. Non mi parlano mai. Perfino quando ricevo l'ordine di trattenere il respiro, è una macchina che parla. La riproduzione di una voce umana. E mi sento sola come un embrione nel congelatore, indifesa come una cavia alla mercé d'un ricercatore. La medesima cosa, quando devo riempire i moduli che servono ad arricchire le statistiche su i metodi di cura, le sopravvivenze, i decessi. Moduli nei quali sono un semplice numero. Il numero di un prodotto dalla cui etichetta manca soltanto la data di scadenza. Chi in buona fede favorisce il mondo nuovo si ripara sempre sotto l'ombrello delle parole Scienza e Progresso. Forse le più abusate dopo le parole Amore e Pace. Ma sull'interpretazione della parola Progresso, anzi sul concetto del cosiddetto Progresso, i pareri discordano. E diventa sempre più difficile stabilire di che cavolo si tratti. Per Giordano Bruno era l'astronomia copernicana. Per Voltaire, l'affinarsi delle arti e dei costumi. Per Kant, il Diritto che sostituisce la Forza. Per Darwin, l'evoluzione biologica. Per Marx, il crollo del sistema capitalistico. Per i miei trisnonni il telegrafo, il treno, la nave a vapore, l'illuminazione a gas, la monarchia costituzionale. Per i miei bisnonni l'illuminazione elettrica, il termometro, la vaccinazione antivaiolosa di Pasteur, il radio di Madame Curie, la democrazia senza il suffragio universale. Per i miei nonni l'automobile, l'aereo, il telefono, la radio di Guglielmo Marconi, la penicillina, il suffragio universale senza il voto alle donne. Per i miei genitori il voto alle donne, l'aria condizionata, la lavapiatti, la TV, la lambretta, la repubblica. Per il mio mondo i trapianti degli organi, le astronavi, i viaggi sulla Luna e su Marte, i maledetti computer, i maledetti telefonini e il maledetto Internet con cui puoi calunniare chi vuoi e rubare il lavoro altrui senza finire in galera. Nonché gli strombazzatissimi Diritti Umani che però non includono i diritti umani di chi come me va controcorrente, e i diritti umani dei bambini. Diritti calpestati col lavaggio cerebrale della scuola, coi maltrattamenti, i rapimenti, gli assassinii magari compiuti dalle Medee che i propri figli li uccidono a martellate o affogandoli nelle vasche da bagno e nelle piscine. Questo senza contare i bambini pedofilizzati nei collegi e nelle sagrestie, o stuprati e strangolati poi sepolti vivi come Jessica Lundman. Bè, vogliamo metterci anche l'olocausto degli embrioni umani nel discutibile elenco d'un Progresso che al novanta per cento dei casi si basa sui successi della tecnologia non della morale? A quanto pare, sì. E pazienza se eravamo più progrediti quando eravamo più ignoranti, più ammalati, più poveri, più umani, sicché la morte di un figlio nato o non nato ci riempiva di strazio. Cristo! Ha ragione Ratzinger (grazie, Santità, d'aver sempre il coraggio di dire pane al pane e vino al vino) quando scrive che il Progresso non ha partorito l'Uomo migliore, una società migliore, e incomincia a essere una minaccia per il genere umano. Quanto alla Scienza, mioddio. Da giovane mi inchinavo alla Scienza con la stessa devozione che i mussulmani hanno per il Corano. Lo stesso ossequio che hanno per Maometto. Volevo diventare uno scienziato, e per questo mi iscrissi a Medicina. Del resto ancor oggi per la Scienza ho un istintivo rispetto, una passione che nemmeno i Frankenstein riescono a spengere. E sarei un'imbecille se negassi che l'umanità è andata avanti anche grazie a lei. Sai, anche a me piace andare sulla Luna e su Marte. Anzi mi piace assai più di quanto piaccia agli avanguardisti. Anche a me piace usare il telefono, la radio, l'aereo, la TV. E se per il momento sono ancora viva lo devo alla Medicina che sia pur facendomi spesso sentire un embrione nel congelatore, una cavia alla mercé d'un ricercatore, mi ha curato e mi cura. Però... Però la Scienza è come il fuoco. Può fare un gran bene o un gran male. Come il fuoco può scaldarti, disinfettarti, salvarti, oppure incenerirti. Distruggerti. Come il fuoco, spesso fa più male che bene. E il motivo è proprio quello che, come il fuoco, non si pone problemi morali. Per lei tutto ciò che è possibile è lecito. Lascia perdere la retorica:

di scrupoli la Scienza ne ha sempre avuti pochini. Di rimorsi, ancor meno. Si è sempre arrogata il diritto di fare ciò che voleva fare, che vuol fare perché si può fare. E facendolo non s'è mai chiesta se ciò fosse giusto. Peggio: come una bagascia che vende il suo corpo, s'è sempre venduta al miglior offerente. Ha sempre rincorso i premi Nobel, la sua vanità, il suo delirio di onnipotenza, la sua brama di sostituirsi alla Natura. (Ratzinger dice «sostituirsi a Dio».) E delle sue vittime ha sempre tenuto un ben scarso conto. Non ne teneva conto nemmeno il sublime Leonardo da Vinci che da pittore dipingeva squisite Madonne e squisite Monne Lise e squisitissime Signore con l'Ermellino, ma da scienziato offriva i suoi servigi a Ludovico Sforza e progettava macchine da guerra allora inimmaginabili. Super cannoni, super mitragliatrici, super carri armati, super elicotteri per bombardare la gente. Non ne tenne conto neanche l'onesto Oppenheimer che insieme a Teller costruì l'atomica. E non mi consola affatto ricordare che prima di farla esplodere a Fort Alamos abbia inviato ai suoi colleghi di Berkeley il telegramma nel quale, citando un passaggio del sacro testo indù Bhagavad Gita e paragonandosi al dio Khrisna, si malediva senza pietà. «Io sono diventato la Morte, il distruttore dei mondi.» Del resto non fu un chirurgo, il dottor Joseph Ignace Guillottin che nel 1789 inventò la ghigliottina? Non fu un altro medico, il dottor Louis, che nel 1791 ne guidò la fabbricazione? Per ogni penicillina la Scienza ci regala una ghigliottina. Per ogni Pasteur o Madame Curie o Marconi ci regala un Mengele. O almeno un Oppenheimer, almeno un Teller. E i suoi discepoli più pericolosi sono proprio i ricercatori. Quasi sempre (onore e gratitudine alle eccezioni), ai ricercatori non importa un corno del genere umano. A muoverli è soltanto il demone della curiosità sposata all'ambizione personale e all'interesse monetario. (Come si comporterà un uccello senza le ali? Come funzionerà un bambino concepito in provetta? Che cosa e quanto mi frutterà questa scoperta?) E al diavolo i principi, al diavolo i valori sui quali si basa o dovrebbe basarsi una società civile. Cari miei, Ratzinger ha ragione anche quando dice che in nome della Scienza ai diritti della Vita vengono inflitte ferite sempre più gravi. Ha ragione anche quando dice che con gli esperimenti sugli embrioni umani la dignità dell'Uomo viene vilipesa anzi negata. Ha ragione anche quando dice che se non vogliamo perdere il rispetto per l'Uomo bisogna demistificare la ricerca scientifica, demitizzare la Scienza, cioè smettere di considerarla un idolo o una divinità. Sacrosante parole che a mio parere valgono anche per l'Etica.

* * *

Ogni dizionario definisce l'Etica quella parte della filosofia che si occupa della Morale. Di ciò che è bene per l'Uomo, di ciò che è bene fare o non fare. Infatti all'Etica si ispirano generalmente le leggi dei Paesi non barbari o non del tutto barbari, e fino a ieri in Occidente ce la siamo cavata per questo. Il guaio è che nell'età moderna l'Etica ha partorito una figlia degenere che si chiama Bioetica. Sempre secondo il dizionario, la Bioetica è una disciplina che «si occupa dei problemi morali e individuali e collettivi connessi all'avanzamento degli studi nel campo della genetica e della tecnologia relativa alla formazione dei processi vitali». Ma su tale disciplina io la penso come la pensava Erwin Chagaff, il grande biochimico americano che soltanto a sentir parlare di procreazione assistita o di fecondazione artificiale o di embrioni congelati e scongelati andava in bestia e urlava: «L'etica sta alla bioetica come la musica sta alle marce militari!». Bé... Il mondo occidentale ci sguazza, in quelle marce militari. Istituti di Bioetica, Comitati di Bioetica, Accademie di Bioetica. Ogni volta, in mano a sapienti che dicono di voler difendere il nostro futuro, bilanciare la gioia del Sapere con l'utilità sociale, arginare l'avidità degli interessi industriali e finanziari. Però dinanzi all'Idolo Scienza anzi alla Divinità Scienza, dinanzi al mito della Ricerca Scientifica, la bioetica si cala ogni volta le brache. Nel 1997, quando nacque la pecora Dolly e fu chiaro che attraverso gli stessi artifizi la clonazione poteva estendersi agli esseri umani, i rappresentanti della nobile disciplina definirono la cosa eticamente inaccettabile. «Giammai! Permetterlo equivarrebbe ad andare contro la legge biologica basilare! Sarebbe un oltraggio alla Natura che da sola provvede all'evoluzione della nostra specie! Condurrebbe a un declino della nostra civiltà!»

Qui stanno vincendo i Frankenstein

L'Occidente è ammalato di un cancro morale, intellettuale e morale. Ma il Bene e il Male non sono opinioni. Sono realtà obiettive, concretezze che ci distinguono (o dovrebbero distinguerci) dagli Zarqawi e dagli altri animali. Tutti lo dissero, tutti. Il Comitato Internazionale di Bioetica dell'Unesco, la United States Bioethics Commission, il Consiglio per l'Etica e Bioetica della Commissione Europea, per esempio. Nonché l'Organizzazione Mondiale della Sanità e le varie Accademie Nazionali di Medicina. Per la nascita della prima bambina concepita in provetta, la bambina inglese, lo stesso. Per l'eutanasia, pure. Per l'attuale olocausto degli embrioni, idem. Prese di posizione, veti, condanne. Ma poi tutti presero a chiudere gli occhi. A tenere il piede in due staffe, ad avanzar compromessi che in realtà erano consensi. È la loro strategia. Il loro modo di essere Politically Correct. All'inizio gridano allo scandalo, dichiarano che certe cose offendono la decenza. Poi incominciano a farfugliare che bisogna rifletterci meglio, che le scoperte scientifiche non si possono cancellare, che indietro non si può tornare, e si rimangiano le prese di posizione. Si rimangiano i veti, si rimangiano le condanne. Addirittura si rendono complici del delitto. Sempre col pretesto della terapeutica, s'intende... L'ultimo esempio è italiano. Viene dal Comitato Nazionale di Bioetica che lo scorso maggio concesse parere favorevole all'uso delle staminali isolate dai feti abortiti. «L'uso del tessuto fetale ricavato dall'interruzione volontaria della gravidanza e il suo utilizzo a scopi scientifici o terapeutici non si configura come bioeticamente illecito.» Impegnandosi a non mettere mano sul «materiale fresco», (un bambino appena abortito lo chiamano «materiale fresco» come il pesce fresco), e spiegando che ciò non sarebbe comunque necessario perché migliaia di cellule fetali sono crioconservate in una banca milanese, i nostri staminalisti potranno dunque intrugliare senza scrupoli e senza imbarazzi. E pazienza se sanno benissimo che la cosa è un incentivo all'aborto, pardon, all'interruzione volontaria della gravidanza. (Nel linguaggio Politically Correct si dice così.) Pazienza se sanno altrettanto bene che per molte donne e molte coppie il commercio dei figli abortiti è un business assai redditizio. Pensa al «turismo procreativo» sul quale molti paesi europei o vicini all'Europa si arricchiscono come Cuba e la Thailandia si arricchiscono sul turismo sessuale. (Per cinquemila o settemila euro, l'Ucraina offre il biglietto del viaggio, l'albergo di prima classe vitto incluso, la guida turistica nonché l'ovocita. E quando sbarchi all'aeroporto non passi neanche la dogana.) È redditizio anche il business degli spermatozoi.

Insieme agli ovuli congelati, le banche occidentali traboccano di sperma congelato. In entrambi i casi merce che viene dall'Ucraina, dalla Romania, dall'Albania, dalla Slovenia, dalla Corea, dai paesi più poveri del continente asiatico. Però viene anche dalla Svizzera, dalla Norvegia, dalla Grecia, da Malta, dal Portogallo, dalla Spagna. In particolare da Barcellona, città nella quale vivono molte immigrate provenienti dall'Europa dell'Est. Ne traboccano soprattutto le banche inglesi. Non a caso il Parlamento Europeo (bontà sua) ha rivolto un monito all'Inghilterra dove il mercato fiorisce vergognosamente con gli ovuli che vengono dalle cliniche rumene. In massima parte, ovuli venduti a mille o duemila euro la dozzina dalle zingare Sinti o Rom. E nel libro più inquietante che abbia letto su questo tema, *La vita in vendita*, gli autori Christian Godin e Jacques Testart raccontano che in Europa gli ovuli delle ragazze bionde e longilinee (di solito modelle) costano molto di più. Almeno quindicimila euro ciascuno.

* * *

Garantiscono figli da concorso di bellezza, capisci? Figli su misura, selezionati, scelti sul menù dell'eugenetica e della biotecnologia. A tal proposito Godin racconta d'aver trovato su un sito Internet quest'annuncio: «Cercasi ovulo bello e intelligente che venga da una studentessa molto sportiva e allieva d'un college molto rinomato»... Ed ora dimmi se queste ricerche per cui i promotori del referendum invocano la libertà illimitata non sono associabili coi campi di Dachau e Birkenau ed Auschwitz e Mauthausen. Dimmi se queste ricerche in apparenza fatte per guarire le malattie in realtà non puntano a qualcosa che assomiglia molto all'hitleriano sogno d'una società composta soltanto di biondi con gli occhi azzurri. Dimmi se col pretesto della terapeutica la Scienza e il Progresso non contemplano un mondo di super uomini e super donne da fabbricare nei laboratori. (Super per modo di dire, visto che il premio Nobel dottor Kary Mullis propone di clonarci col DNA proveniente da famosi atleti e rockstar...) Eppure i sessanta membri del nostro Comitato Nazionale di Bioetica hanno concesso la suddetta autorizzazione quasi all'unanimità. Solo un voto contrario ed uno astenuto. Peggio: tra di loro v'erano parecchi cattolici e tra i cattolici v'era monsignor Elio Sgreccia, presidente della Pontificia Accademia delle Scienze nonché vescovo e autorità molto ossequiata nel campo della Bioetica. Ho fatto un balzo, a leggere la notizia. E sia pur sapendo che il suo era stato un voto molto sofferto, mi son detta: possibile?!? Non fu Wojtyla a dire per primo che a un embrione si deve il medesimo rispetto che si deve a un bambino nato o ad una qualsiasi persona? Alla Scienza che vuole sostituirsi perfino ai legislatori cede anche la Chiesa, ormai? Cardinal Ruini ed altri cardinali a parte, non c'è rimasto che Ratzinger a tener duro? «La scienza non può generare ethos» ha scritto Ratzinger nel suo libro *Europa*. «Una rinnovata coscienza etica non può venire dal dibattito scientifico.» Naturalmente Ratzinger lo dice in chiave religiosa, da filosofo anzi da teologo che non prescinde dalla sua fede nel Dio Creatore. Un Dio buono, un Dio misericordioso, un Dio che ha inventato l'universo e creato l'uomo a sua immagine e somiglianza. (Tesi che a volte gli invidio perché risolve il rompicapo chi siamo, da dove veniamo, dove andiamo, ma nella quale il mio ateismo vede soltanto una bellissima fiaba. Se Dio esistesse e fosse un Dio buono, un Dio misericordioso, perché avrebbe creato un mondo così cattivo?) Però a dirlo difende la Natura, Ratzinger. Rifiuta un Uomo inventato dall'uomo cioè un uomo prodotto di sé stesso, della eugenetica mengeliana, della biotecnologia frankensteiniana. Ciò che dice è vero. È giusto. È raziocinante. È un discorso che va al di là della religione, un discorso civile, e la bellissima fiaba non c'entra. C'entrano i doveri che noi esseri umani abbiamo verso la Natura. Verso la nostra specie, verso i nostri principii. I principii senza i quali l'Uomo non è più un uomo: è una cosa, un oggetto di carne senz'anima. Riflettici a fondo e t'accorgerai che la colpa di questa follia non è degli scienziati e basta, dei ricercatori e basta, degli scriteriati pei quali tutto è lecito in quanto è possibile e a materializzarlo si diventa ricchi e famosi. Si passa alla Storia come il dottor Guillotin. È di chi li sostiene, di chi li protegge. Di molti politici, ad esempio. I politici che fallite le ideologie non sanno più a che santo votarsi e per restare a galla cercano il Sol dell'Avvenir negli sciagurati che vogliono rifare l'Uomo col DNA delle rockstar e degli atleti famosi. (Il più possibile scemi, magari, e drogati.) I politici che per ritrovare il potere perduto consentono che i nostri (e i loro) bambini mai nati finiscano nei nuovi campi di sterminio. Che per cristallizzare il potere non perduto posano ad illuminati e sbeffeggiano il concetto di famiglia cioè il concetto biologico sul quale si basa qualsiasi società. Che il matrimonio non lo definiscono più per quello che è ossia l'unione d'un uomo e d'una donna presumibilmente in grado di procreare, l'istituto giuridico che regola la necessità di perpetuare la specie, bensì un'unione e un istituto che con gli stessi diritti spetta a due individui del medesimo sesso. Quindi, non in grado di perpetuarla. E pazienza se (l'ho già scritto ne *L'Apocalisse*) a contare sull'omosessualità la nostra specie si estinguerebbe come si estinsero i dinosauri. Pazienza se con l'adozione gay, resa possibile dal matrimonio gay, anziché un babbo e una mamma il bambino adottato si trova con due babbi o due mamme. Pazienza se con due babbi o due mamme cresce ignorando il concetto di paternità e di maternità... Neanche i bambini nati dagli embrioni congelati, infatti, sanno chi è il loro padre. Né lo sapranno mai. La fottuta Bioetica proibisce di dirglielo, e nella figura del padre vede solo uno stallone che mette incinte le cavalle, un toro che mette incinte le vacche. Quanto alla figura della madre, pensaci bene: se nascono dall'ovulo comprato da un'anonima zingara o da una famosa modella che ovviamente non vuol dare il suo nome, quei bambini non sapranno neanche chi è la loro vera madre. Non per nulla questo nuovo sistema di nascere piace moltissimo ai coniugi del medesimo sesso. Sembra addirittura inventato per loro. La colpa è anche degli intellettuali che lo zio Bruno, il fratello di mio padre, chiamava intelligenti cretini anzi cretini intelligenti. Gli intellettuali che per opportunismo o profitto o smania di influire sul futuro approvano e propagandano le malefatte dei Frankenstein. Manco fossero davvero conquiste dell'Umanità. È anche dei giornali, delle televisioni, dei media che quelle malefatte le presentano con compiacimento, anzi col cappello in mano. Col cappello in mano le descrivono ossequiosamente, accuratamente, manco fossero ricette culinarie di Pellegrino Artusi o di Anthelme Brillat Savarin. Ricetta sudcoreana: «Si prendono alcune cellule dell'epidermide dal corpo d'un paziente e se ne estrae il materiale genetico cioè il DNA. Poi si prende un ovocita donato dietro compenso da una donna ucraina o rumena o slovena o coreana o albanese o maltese, ci si accerta che non sia fecondato e lo si svuota. Gli si toglie il nucleo, lo si butta via. Fatto ciò, al posto di quel nucleo si mette il DNA ricavato dal corpo del paziente. Operazione che si chiama trasferimento nucleare. Lo si stimola con scosse elettriche affinché le cellule si moltiplichino alla svelta come se l'ovocita fosse stato penetrato da uno spermatazoo, si ottiene il blastocita cioè l'ovocita che corrisponde alla prima fase dello sviluppo embrionale. Si crea, insomma, un embrione. Quando l'embrione è cresciuto, lo si seziona. (Viviseziona.) Le sue cellule staminali si iniettano nel corpo del paziente...». La ricetta inglese, cioè quella fornita dai ricercatori di Newcastle subito dopo i colleghi sudcoreani, è quasi identica. L'unica differenza consiste nel procurarsi in precedenza tre blastociti e, dopo il trasferimento nucleare, stimolarne un veloce sviluppo anche chimicamente. Cose per cui il mio oncologo americano si arrabbia e sibila: «This waving the therapeutical purpose is a dirty fib, a cruel lie. Questo sventolare lo scopo terapeutico è uno sporco imbroglio, una bugia crudele. D'accordo, noi oncologi non siamo riusciti a eliminare il cancro. Tuttavia lo curiamo. A volte lo blocchiamo. Contro le malattie che citano per giustificare la nuova Strage degli Innocenti loro non hanno scoperto nessuna cura, invece. Ma se per caso la scoprissero, se per caso una terapeutica esistesse davvero, direi ugualmente: bisogna opporsi. Bisogna perché la clonazione terapeutica è già una clonazione riproduttiva quindi valida per fabbricare esseri umani. Bisogna perché distinguere l'una dall'altra equivale a celarsi dietro un trucco semantico. Bisogna perché iniettare in un malato le cellule staminali significa ucciderlo. Sai perché? Perché le cellule staminali degli embrioni sono tanto vigorose e potenti quanto disordinate. Non si moltiplicano dove e come vogliamo ma ovunque gli piaccia e come gli piaccia. Ergo, causano tumori. Di recente sono state iniettate nel cervello di una scimmia. Il cervello ha subito sviluppato un cancro fulminante e la scimmia è morta nel giro di poche settimane». La colpa è anche della cosiddetta gente comune. La gente che per dabbenaggine o ingenuità o disperazione crede nella storia delle malattie da guarire. Credendoci, si lascia menare per il naso dalle false promesse e dalle false speranze. Perché, come i sapienti della Bioetica, anche la gente lì per lì grida allo scandalo. Si impaurisce, dice oddio che vogliono farmi, che mi succederà. Ma poi, rimbecillita dal lavaggio cerebrale esercitato dai politici e dagli intellettuali che i Frankenstein li presentano come benefattori, sedotta dal compiacimento e dagli elogi dei giornali che li trattano col cappello in mano, cede ai dubbi. Non capisce di venir presa in giro, non si rende conto d'essere a una tragica svolta del nostro destino, e cambia idea. Per sentirsi moderna, lanciata verso il futuro, si adegua. Per non andare controcorrente, non perdere i vantaggi della cosiddetta modernità (vantaggi che alla fine si riassumono in un telefonino sempre appiccicato all'orecchio) grida al miracolo. Si piega, anzi applaude, anche se ciò significa massacrare i propri figli come Medea. Parliamoci chiaro: viviamo in una società che alla Vita guarda in termini edonistici e basta. Che cerca solo il benessere, i vantaggi materiali, le agiatezze. Una società dove l'anima non conta. La spiritualità, ancor meno. E non solo in Italia, non solo in Europa, visto che in America accade lo stesso. Se non peggio. Del resto è l'America che ha diffuso il culto dell'edonismo. È l'America che ha lanciato la moda dei matrimoni e delle adozioni gay. È l'America che ha dato il via a quelle ricerche. Unica differenza, il fatto che in America il grosso dei cittadini si opponga e che a quei ricercatori il suo presidente dica: «Io i soldi per portar a fondo la Strage degli Innocenti non ve li do. Io alla scienza che uccide una persona per curare un'altra persona, che distrugge la Vita per salvare la vita, non ci credo». (Bravo Bush.) Dal Pacifico all'Atlantico, dall'Atlantico al Mediterraneo, dal Mediterraneo al Mar Artico, l'Occidente è malato di una malattia che nemmeno miliardi di cellule staminali potrebbero guarire: il cancro morale, intellettuale e morale, di cui parlo nella mia Trilogia e soprattutto ne *La Forza della Ragione*. Proprio a causa di quel cancro non comprendiamo più il significato della parola Morale, non sappiamo più separare la moralità dall'immoralità o dall'amoralità. Proprio a causa di quel cancro i mecenati dei Frankenstein vorrebbero una ricerca scientifica, senza veti e senza condanne. Proprio a causa di quel cancro i tipi del mio tipo li chiamano bigotti baciapile servi del Papa e del Cardinal Ruini, oppure li espongono al pubblico ludibrio con le parole retrogrado oscurantista reazionario. Ma la Moralità non è bigotteria. Non è baciapilismo, oscurantismo, conservatorismo. È ragionamento, raziocinio, buonsenso. A volte, Rivoluzione. L'Etica non è una moda che cambia come i vestiti e le stagioni. È un codice di comportamento che vale ovunque e per sempre. Una disciplina che ci aiuta a individuare il Bene e il Male, a non finire nella spazzatura. Il Bene e il Male non sono opinioni, punti vista. Sono realtà obiettive, concretezze che ci distinguono (o dovrebbero distinguerci) dagli Zarqawi e dagli altri animali. Non per nulla ce ne serviamo fin dai giorni in cui abitavamo nelle caverne e forse la fame ci rendeva cannibali tuttavia conoscevamo questa elementare verità: il Bene è ciò che fa bene, che ci fa sentir bene. Il Male è ciò che fa male, che ci fa sentir male. Oggi invece il Bene viene considerato dai più ciò che fa comodo. Il Male, ciò che non lo fa. E pochi capiscono che scegliere il Male è da masochisti, da cretini. Non cretini intelligenti o intelligenti cretini: cretini e basta.

* * *

A costo d'esser derisa o giudicata un nuovo acquisto del Vaticano, un'atea in via di conversione, una mangiapreti in cerca di assoluzione, insomma una ravveduta in punto mortis, torno dunque a Ratzinger. E dico: Ratzinger ha ragione quando scrive che ormai l'Occidente nutre una specie di odio verso sé stesso, non ama più sé stesso. Che della sua storia vede soltanto ciò che è deprecabile, che di essa non riesce più a percepire cosa contiene di grande e di puro. Ha ragione anche quando dice che il mondo dei valori su cui l'Europa aveva costruito la sua identità (i valori ereditati dagli antichi greci e dagli antichi romani e dal Cristianesimo, chiarisco io) sembra giunto alla fine o uscito di scena. Che l'Europa è paralizzata da una crisi del suo sistema circolatorio e che questa crisi la sta curando con trapianti (l'immigrazione e il pluriculturalismo, chiarisco io) i quali possono solo eliminare la sua identità. E poi ha ragione quando dice che la rinascita dell'Islam non è nutrita soltanto dalla nuova ricchezza dei paesi che posseggono il petrolio: è nutrita anche dalla consapevolezza che l'Islam possa offrire una piattaforma di spiritualità. La spiritualità a cui la vecchia Europa e l'intero Occidente hanno rinunciato. Infine ha ragione quando cita Spengler secondo il quale l'Occidente corre inesorabilmente verso la propria morte, non solo una morte culturale, e di questo passo crollerà come crollò la Civiltà Egizia, l'Impero Romano, il Sacro Romano Impero. Come sono crollati e crollano (aggiungo io) tutti i popoli che dimenticano di avere un'anima. Ci stiamo suicidando, cari miei. Ci stiamo uccidendo col cancro morale, con la mancanza di moralità, con l'assenza di spiritualità. E questa faccenda del mondo da rifare con la truffaldina eugenetica, con la bugiarda biotecnologia, non è che la tappa definitiva del nostro masochismo. Ecco perché i Bin Laden e gli Zarqawi, individui immorali e amorali tuttavia sorretti da una loro paradossale forma di moralità, hanno buon gioco. Ecco perché i loro correligionari ci invadono così facilmente e così disinvoltamente fanno i padroni in casa nostra. Ecco perché a casa nostra vengono accolti con tanto servilismo o tanta inerzia. Tanta paura. Ecco perché l'Europa è diventata Eurabia e l'America rischia di diventarlo. Ed ecco perché, segnati in fronte dal marchio di cui parlo ne *L'Apocalisse*, il marchio della schiavitù e della vergogna, molti occidentali finiranno inginocchiati sul tappetino a pregare cinque volte al giorno il nuovo padrone cioè Allah. Referendum? Ma che vuoi referendare. Lo stesso termine procreazione assistita evoca il gesto di alzare bandiera bianca, di finire in un mondo contro natura. Senza contare che, comunque vada, questo referendum si concluderà come quello sulla caccia. Cioè coi cacciatori che continuano a sparare sotto le nostre finestre e ad ammazzare gli uccellini.

L'Europa in guerra il nemico ce l'ha in casa

Ora mi chiedono: «Che cosa dice, che cosa ha da dire, su quello che è successo a Londra?». Me lo chiedono a voce, per fax, per email, spesso rimproverandomi perché finoggi sono rimasta zitta. Quasi che il mio silenzio fosse stato un tradimento. E ogni volta scuoto la testa, mormoro a me stessa: cos'altro devo dire?!? Sono quattr'anni che dico. Che mi scaglio contro il Mostro deciso ad eliminarci fisicamente e insieme ai nostri corpi distruggere i nostri principii e i nostri valori. La nostra civiltà. Sono quattr'anni che parlo di nazismo islamico, di guerra all'Occidente, di culto della morte, di suicidio dell'Europa. Un'Europa che non è più Europa ma Eurabia e che con la sua mollezza, la sua inerzia, la sua cecità, il suo asservimento al nemico si sta scavando la propria tomba. Sono quattr'anni che come una Cassandra mi sgolo a gridare «Troia brucia, Troia brucia» e mi dispero sui Danai che come nell'*Eneide* di Virgilio dilagano per la città sepolta nel torpore. Che attraverso le porte spalancate accolgono le nuove truppe e si uniscono ai complici drappelli. Quattr'anni che ripeto al vento la verità sul Mostro e sui complici del Mostro cioè sui collaborazionisti che in buona o cattiva fede gli spalancano le porte. Che come nell'Apocalisse dell'evangelista Giovanni si gettano ai suoi piedi e si lasciano imprimere il marchio della vergogna. Incominciai con *La Rabbia e l'Orgoglio*. Continuai con *La Forza della Ragione*. Proseguii con *Oriana Fallaci intervista sé stessa* e con *L'Apocalisse*. E tra l'uno e l'altro la predica *Sveglia, Occidente, sveglia*. I libri, le idee, per cui in Francia mi processarono nel 2002 con l'accusa di razzismo-religioso e xenofobia. Per cui in Svizzera chiesero al nostro ministro della Giustizia la mia estradizione in manette. Per cui in Italia verrò processata con l'accusa di vilipendio all'Islam cioè reato di opinione. (Reato che prevede tre anni di galera, quanti non ne riceve l'islamico sorpreso con l'esplosivo in cantina.) Libri, idee, per cui la Sinistra al Caviale e la Destra al Fois Gras ed anche il Centro al Prosciutto mi hanno denigrata vilipesa messa alla gogna insieme a coloro che la pensano come me. Cioè insieme al popolo savio e indifeso che nei loro salotti viene definito dai radical-chic «plebaglia-di-destra». Sì, è vero: sui giornali che nel migliore dei casi mi opponevano farisaicamente la congiura del silenzio ora appaiono titoli composti coi miei concetti e le mie parole. Guerra-all'Occidente, Culto-della-Morte, Suicidio-dell'Europa, Sveglia-Italia-Sveglia. Sì, è vero: sia pur senza ammettere che non avevo torto l'ex segretario della Quercia ora concede interviste nelle quali dichiara che «questi-terroristi-vogliono-distruggere-i-nostri-valori, che questo-stragismo-è-di-tipo-fascista-ed-esprime-odio-per-la-nostra-civiltà». Sì, è vero: parlando di Londonistan, il quartiere dove vivono i ben settecentomila mussulmani di Londra, i giornali che prima sostenevano i terroristi fino all'apologia di reato ora dicono ciò che dicevo io quando scrivevo che in ciascuna delle nostre città esiste un'altra città. Una città sotterranea, uguale alla Beirut invasa da Arafat negli anni Settanta. Una città straniera che parla la propria lingua e osserva i propri costumi, una città mussulmana dove i terroristi circolano indisturbati e indisturbati organizzano la nostra morte. Del resto ora si parla apertamente anche di terrorismo-islamico, cosa che prima veniva evitata con cura onde non offendere i cosiddetti mussulmani moderati. Sì, è vero: ora anche i collaborazionisti e gli imam esprimono le loro ipocrite condanne, le loro mendaci esecrazioni, la loro falsa solidarietà coi parenti delle vittime. Si, è vero: ora si fanno severe perquisizioni nelle case dei mussulmani indagati, si arrestano i sospettati, magari ci si decide ad espellerli. Ma in sostanza non è cambiato nulla. Nulla. Dall'antiamericanismo all'antioccidentalismo al filoislamismo, tutto continua come prima. Persino in Inghilterra. Sabato 9 luglio cioè due giorni dopo la strage la BBC ha deciso di non usare più il termine «terroristi», termine-che-esaspera-i-toni-della-Crociata, ed ha scelto il vocabolo «bombers». Bombardieri, bombaroli. Lunedì 11 luglio cioè quattro giorni dopo la strage il «Times» ha pubblicato nella pagina dei commenti la vignetta più disonesta ed ingiusta ch'io abbia mai visto. Quella dove accanto a un kamikaze con la bomba si vede un generale anglo-americano con un'identica bomba. Identica nella forma e nella misura. Sulla bomba, la scritta: «Killer indiscriminato e diretto ai centri urbani». Sulla vignetta, il titolo: «Spot the difference, cerca la differenza». Quasi contemporaneamente, alla televisione americana ho visto una giornalista del «Guardian», il quotidiano dell'estrema sinistra inglese, che assolveva l'apologia di reato manifestata anche stavolta dai giornali mussulmani di Londra. E che in pratica attribuiva la colpa di tutto a Bush. Il-criminale, il-più-grande-criminale-della-Storia, George W. Bush. «Bisogna capirli.» Cinguettava «la politica americana li ha esasperati. Se non ci fosse stata la guerra in Iraq...». (Giovanotta, l'11 settembre la guerra in Iraq non c'era. L'11 settembre la guerra ce l'hanno dichiarata loro. Se n'è dimenticata?) E contemporaneamente ho letto su «Repubblica» un articolo dove si sosteneva che l'attacco alla subway di Londra non è stato un attacco all'Occidente. È stato un attacco che i figli di Allah hanno fatto contro i propri fantasmi. Contro l'Islam «lussurioso» (suppongo che voglia dire «occidentalizzato») e il cristianesimo «secolarizzato». Contro i pacifisti indù e la-magnifica-varietà-che-Allah-ha-creato. Infatti, spiegava, in Inghilterra i mussulmani sono due milioni e nella metropolitana di Londra non-trovi-un-inglese-nemmeno-a-pagarlo-oro. Tutti in turbante, tutti in kefiah. Tutti con la barba lunga e il djellabah. «Se-ci-trovi-una-bionda-con-gli-occhi-azzurri-è-una-circassa.» (Davvero?!? Chi l'avrebbe mai detto!!! Nelle fotografie dei feriti non scorgo né turbanti né kefiah, né barbe lunghe né djellabah. E nemmeno burka e chador. Vedo soltanto inglesi come gli inglesi che nella Seconda guerra mondiale morivano sotto i bombardamenti nazisti. E leggendo i nomi dei dispersi vedo tutti Phil Russell, Adrian Johnson, Miriam Hyman, più qualche tedesco o italiano o giapponese. Di nomi arabi, finoggi, ho visto soltanto quello di una giovane donna che si chiamava Shahara Akter Islam.)

***

Continua anche la fandonia dell'Islam «moderato», la commedia della tolleranza, la bugia dell'integrazione, la farsa del pluriculturalismo. Vale a dire delle moschee che esigono e che noi gli costruiamo. Nel corso d'un dibattito sul terrorismo, al consiglio comunale di Firenze lunedì 11 luglio il capogruppo diessino ha dichiarato: «È ora che anche a Firenze ci sia una moschea». Poi ha detto che la comunità islamica ha esternato da tempo la volontà di costruire una moschea e un centro culturale islamico simili alla moschea e al centro culturale islamico che sorgeranno nella diessina Colle val d'Elsa. Provincia della diessina Siena e del suo filo-diessino Monte dei Paschi, già la banca del Pci e ora dei Ds. Bé, quasi nessuno si è opposto. Il capogruppo della Margherita si è detto addirittura favorevole. Quasi tutti hanno applaudito la proposta di contribuire all'impresa coi soldi del municipio cioè dei cittadini, e l'assessore all'urbanistica ha aggiunto che da un punto di vista urbanistico non ci sono problemi. «Niente di più facile.» Episodio dal quale deduci che la città di Dante e Michelangelo e Leonardo, la culla dell'arte e della cultura rinascimentale, sarà presto deturpata e ridicolizzata dalla sua Mecca. Peggio ancora: continua la Political Correctness dei magistrati sempre pronti a mandare in galera me e intanto ad assolvere i figli di Allah. A vietarne l'espulsione, ad annullarne le (rare) condanne pesanti, nonché a tormentare i carabinieri o i poliziotti che con loro gran dispiacere li arrestano. Milano, pomeriggio dell'8 luglio cioé il giorno dopo la strage di Londra. Il quarantaduenne Mohammed Siliman Sabri Saadi, egiziano e clandestino, viene colto senza biglietto sull'autobus della linea 54. Per effettuare la multa i due controllori lo fanno scendere e scendono con lui. Gli chiedono un documento, lui reagisce ingaggiando una colluttazione. Ne ferisce uno che finirà all'ospedale, scappa perdendo il passaporto, ma la Volante lo ritrova e lo blocca. Nonostante le sue resistenze, dinanzi a una piccola folla lo ammanetta e nello stesso momento ecco passare una signora che tutta stizzita vuole essere ascoltata come testimone se il poverino verrà processato ed accusato di resistenza. I poliziotti le rispondono signora-ci-lasci-lavorare, e allora lei allunga una carta di identità dalla quale risulta che è un magistrato. Sicché un po' imbarazzati ne prendono atto poi portano Mohammed in questura e qui... Bé, invece di portarlo al centro di permanenza temporanea dove (anziché in galera) si mettono i clandestini, lo lasciano andare invitandolo a presentarsi la prossima settimana al processo cui dovrà sottoporsi per resistenza all'arresto e lesioni a pubblico ufficiale. Lui se ne va, scompare (lo vedremo mai più?) e indovina chi è la signora tutta stizzita perché lo avevano ammanettato come vuole la prassi. La magistrata che sette mesi fa ebbe il suo piccolo momento di celebrità per aver assolto con formula piena tre mussulmani accusati di terrorismo internazionale e per aver aggiunto che in Iraq non c'è il terrorismo, c'è la guerriglia, che insomma i tagliateste sono Resistenti. Sì, proprio quella che il vivace leghista Borghezio definì «una vergogna per Milano e per la magistratura». E indovina chi anche oggi la loda, la difende, dichiara ha-fatto-benissimo. I diessini, i comunisti, e i soliti verdi. Continua anche la panzana che l'Islam è una religione di pace, che il Corano predica la misericordia e l'amore e la pietà. Come se Maometto fosse venuto al mondo con un ramoscello d'ulivo in bocca e fosse morto crocifisso insieme a Gesù. Come se non fosse stato anche lui un tagliateste e anziché orde di soldati con le scimitarre ci avesse lasciato san Matteo e san Marco e san Luca e san Giovanni intenti a scrivere gli Evangeli. Continua anche la frottola dell'Islam vittima-dell'Occidente. Come se per quattordici secoli i mussulmani non avessero mai torto un capello a nessuno e la Spagna e la Sicilia e il Nord Africa e la Grecia e i Balcani e l'Europa orientale su su fino all'Ucraina e alla Russia le avesse occupate la mia bisnonna valdese. Come se ad arrivare fino a Vienna e a metterla sotto assedio fossero state le suore di sant'Ambrogio e le monache Benedettine. Continua anche la frode o l'illusione dell'Islam Moderato. Con questa, il tentativo di farci credere che il nemico è costituito da un'esigua minoranza e che quella esigua minoranza vive in paesi lontani. Bé, il nemico non è affatto un'esigua minoranza. E ce l'abbiamo in casa. Ce l'avevamo in casa l'11 settembre del 2001 cioé a New York. Ce l'avevamo in casa l'11 marzo del 2004 cioé a Madrid. Ce l'avevamo in casa l'1, il 2, il 3 settembre del medesimo anno a Beslan dove si divertirono anche a fare il tiro a segno sui bambini che dalla scuola fuggivano terrorizzati, e di bambini ne uccisero centocinquanta. Ce l'avevamo in casa il 7 luglio scorso cioé a Londra dove i kamikaze identificati erano nati e cresciuti. Dove avevano studiato finalmente qualcosa, erano vissuti finalmente in un mondo civile, e dove fino alla sera precedente s'eran divertiti con le partite di calcio o di cricket. Ce l'abbiamo in casa da oltre trent'anni, perdio. Ed è un nemico che a colpo d'occhio non sembra un nemico. Senza la barba, vestito all'occidentale, e secondo i suoi complici in buona o in malafede perfettamente-inserito-nel-nostro-sistema-sociale. Cioé col permesso di soggiorno. Con l'automobile. Con la famiglia. E pazienza se la famiglia è spesso composta da due o tre mogli, pazienza se la moglie o le mogli le fracassa di botte, pazienza se non di rado uccide la figlia in blue jeans, pazienza se ogni tanto suo figlio stupra la quindicenne bolognese che col fidanzato passeggia nel parco.

* * *

È un nemico che trattiamo da amico. Che tuttavia ci odia e ci disprezza con intensità. Tale intensità che verrebbe spontaneo gridargli: se siamo così brutti, così cattivi, così peccaminosi, perché non te ne torni a casa tua? Perché stai qui? Per tagliarci la gola o farci saltare in aria? Un nemico, inoltre, che in nome dell'umanitarismo e dell'asilo politico (ma quale asilo politico, quali motivi politici?) accogliamo a migliaia per volta anche se i Centri di Accoglienza straripano, scoppiano, e non si sa più dove metterlo. Un nemico che in nome della «necessità» (ma quale necessità, la necessità di riempire le strade coi venditori ambulanti e gli spacciatori di droga?) invitiamo anche attraverso l'Olimpo Costituzionale. «Venite, cari, venite. Abbiamo tanto bisogno di voi.» Un nemico che per partorire non ha bisogno della procreazione assistita, delle cellule staminali. Il suo tasso di natalità è così alto che secondo il National Intelligence Council alla fine di quest'anno la popolazione mussulmana in Eurabia risulterà raddoppiata. Un nemico che le moschee le trasforma in caserme, in campi di addestramento, in centri di reclutamento per i terroristi, e che obbedisce ciecamente all'imam (però guai se arresti l'imam. Peggio ancora, se qualche agente della Cia te lo toglie dai piedi col tacito consenso dei nostri servizi segreti). Un nemico che in virtù della libera circolazione voluta dal trattato di Schengen scorrazza a suo piacimento per l'Eurabia sicché per andare da Londra a Marsiglia, da Colonia a Milano o viceversa, non deve esibire alcun documento. Può essere un terrorista che si sposta per organizzare o materializzare un massacro, può avere addosso tutto l'esplosivo che vuole: nessuno lo ferma, nessuno lo tocca. (Ma quando in seguito alla strage di Londra la Francia denuncia il trattato di Schengen e perfino la Spagna zapatera pensa di imitarla, l'Italia e gli altri paesi europei rispondono scandalizzati no no.) Un nemico che appena installato nelle nostre città o nelle nostre campagne si abbandona alle prepotenze ed esige l'alloggio gratuito o semi-gratuito nonché il voto e la cittadinanza. Tutte cose che ottiene senza difficoltà. Un nemico che protetto dalla Sinistra al Caviale e dalla

Destra al Fois Gras e dal Centro al Prosciutto ciancia, appunto, di integrazione e pluriculturalismo ma intanto ci impone le proprie regole e i propri costumi. Che bandisce il maiale dalle mense delle scuole, delle fabbriche, delle prigioni. Che aggredisce la maestra o la preside perché una scolara bene educata ha gentilmente offerto al compagno di classe mussulmano la frittella di riso al marsala cioé «col liquore». E-attenta-a-non-ripeter-l'oltraggio. Un nemico che negli asili vuole abolire anzi abolisce il Presepe e Babbo Natale. Che il crocifisso lo toglie dalle aule scolastiche, lo getta giù dalle finestre degli ospedali, lo definisce «un cadaverino ignudo e messo lì per spaventare i bambini mussulmani». (Parlo, s'intende, dell'arabo con la cittadinanza italiana che mi ha denunciato per vilipendio all'Islam. Che contro di me ha scritto un lercio e sgrammaticato libello dove elencando quattro sure del Corano chiede ai suoi correligionari di eliminarmi, che per le sue malefatte non è mai stato o non ancora processato.) Un nemico che in Inghilterra s'imbottisce le scarpe di esplosivo onde far saltare in aria il jumbo del volo Parigi-Miami. (Parlo, s'intende, dell'arabo con la cittadinanza inglese che per puro miracolo beccarono sulla American Airlines.) Un nemico che ad Amsterdam uccide Theo van Gogh colpevole di girare documentari sulla schiavitù delle mussulmane e che dopo averlo ucciso gli apre il ventre, ci ficca dentro una lettera con la condanna a morte della sua migliore amica. (Parlo, s'intende, dell'arabo con cittadinanza olandese che probabilmente anzi spero verrà condannato all'ergastolo e che al processo ha sibilato alla mamma di Theo: «Io non provo alcuna pietà per lei. Perché lei è un'infedele».) Il nemico, infine, per il quale trovi sempre un magistrato clemente cioé pronto a scarcerarlo. E che i governi eurobei [N.d.R. non si tratta d'un errore tipografico, voglio proprio dire eurobei non europei] non espellono neanche se è clandestino.

* * *

Continua anche il discorso sul Dialogo delle due Civiltà. Ed apriti cielo se chiedi qual è l'altra civiltà, cosa c'è di civile in una civiltà che non conosce neanche il significato della parola libertà. Che per libertà, hurryya, intende «emancipazione dalla schiavitù». Che la parola hurryya la coniò soltanto alla fine dell'Ottocento per poter firmare un trattato commerciale. Che nella democrazia vede Satana e la combatte con gli esplosivi, le teste tagliate. Che dei Diritti dell'Uomo da noi tanto strombazzati e verso i mussulmani scrupolosamente applicati non vuole neanche sentirne parlare. Infatti rifiuta di sottoscrivere la Carta dei Diritti Umani compilata dall'ONU e la sostituisce con la Carta dei Diritti Umani compilata dalla Conferenza Araba. Apriti cielo anche se chiedi che cosa c'è di civile in una civiltà che tratta le donne come le tratta. L'Islam è il Corano, cari miei. Comunque e dovunque. E il Corano è incompatibile con la Libertà, è incompatibile con la Democrazia, è incompatibile con i Diritti Umani. È incompatibile col concetto di civiltà. E visto che ho toccato questo argomento mi ascolti bene, signor giudice di Bergamo che ha voluto incriminarmi per vilipendio all'Islam ma che non ha mai incriminato il mio persecutore per vilipendio al Cristianesimo. Nonché per istigazione all'omicidio. (Il mio.) Mi ascolti e mi condanni pure. Mi infligga pure quei tre anni di reclusione che i magistrati italiani non infliggono nemmeno ai terroristi islamici beccati con l'esplosivo in cantina. Il suo processo è inutile. Finché avrò un filo di fiato io ripeterò ciò che ho scritto nei miei libri e che riscrivo qui. Non mi sono mai fatta intimidire, non mi faccio mai intimidire dalle minacce di morte e dalle persecuzioni, dalle denigrazioni, dagli insulti contro i quali Lei si è guardato bene dal proteggermi anche come semplice cittadino. Quindi si figuri se mi faccio intimidire da Lei che mi nega il costituzionale diritto di pensare ed esprimere la mia opinione. Però, prima del processo, una curiosità me la deve togliere. Nella cella mi ci terrà tutta sola o coi carabinieri che lo Stato Italiano mi ha cortesemente imposto affinché non venga ammazzata come Biagi o come Theo van Gogh? Glielo chiedo perché il ministro degli Interni dice che nelle nostre carceri oltre il cinquanta per cento dei detenuti sono mussulmani, e suppongo che di quei carabinieri avrei più bisogno in galera che a casa mia. (Quanto a voi, signori del Parlamento, congratulazioni per aver respinto la proposta del ministro della Giustizia: abolire il reato di opinione. E particolari congratulazioni all'onorevole di Alleanza Nazionale che oltre ad aver gestito quel rifiuto ha chiesto di abolire il reato d'apologia del fascismo.) Continua anche l'indulgenza che la Chiesa Cattolica (del resto la maggiore sostenitrice del Dialogo) professa nei riguardi dell'Islam. Continua cioè la sua irremovibile irriducibile volontà di sottolineare il «comune patrimonio spirituale fornitoci dalle tre grandi religioni monoteistiche». Quella cristiana, quella ebraica, quella islamica. Tutte e tre basate sul concetto del Dio Unico, tutte e tre ispirate da Abramo. Il buon

Abramo che per ubbidire a Dio stava per sgozzare il suo bambino come un agnello. Ma quale patrimonio in comune?!? Allah non ha nulla in comune col Dio del Cristianesimo. Col Dio padre, il Dio buono, il Dio affettuoso che predica l'amore e il perdono. Il Dio che negli uomini vede i suoi figli. Allah è un Dio padrone, un Dio tiranno. Un Dio che negli uomini vede i suoi sudditi anzi i suoi schiavi. Un Dio che invece dell'amore insegna l'odio, che attraverso il Corano chiama cani-infedeli coloro che credono in un altro Dio e ordina di punirli. Di soggiogarli, di ammazzarli. Quindi come si fa a mettere sullo stesso piano il cristianesimo e l'islamismo, come si fa a onorare in egual modo Gesù e Maometto?!? Basta davvero la faccenda del Dio Unico per stabilire una concordia di concetti, di principii, di valori?!? E questo è il punto che nell'immutata realtà del dopo-strage di Londra mi turba forse di più. Mi turba anche perché sposa quindi rinforza quello che considero l'errore commesso da papa Wojtyla: non battersi quanto avrebbe a mio avviso dovuto contro l'essenza illiberale e antidemocratica anzi crudele dell'Islam. Io in questi quattr'anni non ho fatto che domandarmi perché un guerriero come Wojtyla, un leader che come lui aveva contribuito più di chiunque al crollo dell'impero sovietico e quindi del comunismo, si mostrasse così debole verso un malanno peggiore dell'impero sovietico e del comunismo. Un malanno che anzitutto mira alla distruzione del cristianesimo. (E dell'ebraismo.) Non ho fatto che domandarmi perché egli non tuonasse in maniera aperta contro ciò che avveniva (avviene) ad esempio in Sudan dove il regime fondamentalista esercitava (esercita) la schiavitù. Dove i cristiani venivano eliminati (vengono eliminati) a milioni. Perché tacesse sull'Arabia Saudita dove la gente con una Bibbia in mano o una crocetta al collo era (è) trattata come feccia da giustiziare. Ancora oggi quel silenzio io non l'ho capito e...

***

Naturalmente capisco che la filosofia della Chiesa Cattolica si basa sull'ecumenismo e sul comandamento Ama-il-nemico-tuo-come-te-stesso. Che uno dei suoi principii fondamentali è almeno teoricamente il perdono, il sacrificio di porgere l'altra guancia. (Sacrificio che rifiuto non solo per orgoglio cioè per il mio modo di intendere la dignità, ma perché lo ritengo un incentivo al Male di chi fa del male.) Però esiste anche il principio dell'autodifesa anzi della legittima difesa, e se non sbaglio la Chiesa Cattolica vi ha fatto ricorso più volte. Carlo Martello respinse gli invasori mussulmani alzando il crocifisso. Isabella di Castiglia li cacciò dalla Spagna facendo lo stesso. E a Lepanto c'erano anche le truppe pontificie. A difendere Vienna, ultimo baluardo della Cristianità, a romper l'assedio di Kara Mustafa, c'era anche e soprattutto il polacco Giovanni Sobieski con l'immagine della Vergine di Chestochowa. E se quei cattolici non avessero applicato il principio dell'autodifesa, della legittima difesa, oggi anche noi porteremmo il burka o il jalabah. Anche noi chiameremmo i pochi superstiti cani-infedeli. Anche noi gli segheremmo la testa col coltello halal. E la basilica di San Pietro sarebbe una moschea come la chiesa di Santa Sofia a Istanbul. Peggio: in Vaticano ci starebbero Bin Laden e Zarkawi. Così, quando tre giorni dopo la nuova strage Papa Ratzinger ha rilanciato il tema del Dialogo, sono rimasta di sasso. Santità, Le parla una persona che La ammira molto. Che Le vuole bene, che Le dà ragione su un mucchio di cose. Che a causa di questo viene dileggiata coi nomignoli atea-devota, laica-baciapile, liberal-clericale. Una persona, inoltre, che capisce la politica e le sue necessità. Che comprende i drammi della leadership e i suoi compromessi. Che ammira l'intransigenza della fede e rispetta le rinunce o le prodigalità a cui essa costringe. Però il seguente interrogativo devo porlo lo stesso: crede davvero che i mussulmani accettino un dialogo coi cristiani, anzi con le altre religioni o con gli atei come me? Crede davvero che possano cambiare, ravvedersi, smettere di seminar bombe? Lei è un uomo tanto erudito, Santità. Tanto colto. E li conosce bene. Assai meglio di me. Mi spieghi dunque: quando mai nel corso della loro storia, una storia che dura da millequattrocento anni, sono cambiati e si sono ravveduti? Oh, neanche noi siamo stati e siamo stinchi di santo: d'accordo. Inquisizioni, defenestrazioni, esecuzioni, guerre, infamie di ogni tipo. Nonché guelfi e ghibellini a non finire. E per giudicarci severamente basta pensare a quel che abbiamo combinato sessanta anni fa con l'Olocausto. Ma poi abbiamo messo un po' di giudizio, perbacco. Ci abbiamo dato una pensata e se non altro in nome della decenza siamo un po' migliorati. Loro, no. La Chiesa Cattolica ha avuto svolte storiche, Santità. Anche questo lei lo sa meglio di me. A un certo punto si è ricordata che Cristo predicava la Ragione, quindi la scelta, quindi il Bene, quindi la Libertà, e ha smesso di tiranneggiare. D'ammazzare la gente. O costringerla a dipinger soltanto Cristi e Madonne.

Ha compreso il laicismo. Grazie a uomini di prim'ordine, un lungo elenco di cui Lei fa parte, ha dato una mano alla democrazia. Ed oggi parla coi tipi come me. Li accetta e lungi dal bruciarli vivi (io non dimentico mai che fino a quattro secoli fa il Sant'Uffizio mi avrebbe mandato al rogo) ne rispetta le idee. Loro, no. Ergo con loro non si può dialogare. E ciò non significa ch'io voglia promuovere una guerra di religione, una Crociata, una caccia alle streghe, come sostengono i mentecatti e i cialtroni. (Guerre di religione, Crociate, io?!? Non essendo religiosa, figuriamoci se voglio incitare alle guerre di religione e alle Crociate. Cacce alle streghe io?!? Essendo considerata una strega, un'eretica, dagli stessi laici e dagli stessi liberals, figuriamoci se voglio accendere una caccia alle streghe. Ciò significa, semplicemente, che illudersi su di loro è contro ragione. Contro la Vita, contro la stessa sopravvivenza, e guai a concedergli certe familiarità.)

***

La strage toccherà davvero anche a noi, la prossima volta toccherà davvero a noi? Oh, sì. Non ne ho il minimo dubbio. Non l'ho mai avuto. Anche questo lo dico da quattro anni. E aggiungo: non ci hanno ancora attaccato in quanto avevano bisogno della landing-zone, della testa di ponte, del comodo avamposto che si chiama Italia. Comodo geograficamente perché è il più vicino al Medio Oriente e all'Africa cioè ai paesi che forniscono il grosso della truppa. Comodo strategicamente perché a quella truppa offriamo buonismo e collaborazionismo, coglioneria e viltà. Ma presto si scateneranno. Lo stesso Bin Laden ce lo ha promesso. In modo esplicito, chiaro, preciso. Più volte. I suoi luogotenenti (o rivali), idem. Lo stesso Corriere lo dimostra con l'intervista a Saad Al-Faqih, l'esiliato saudita diventato amico di Bin Laden durante il conflitto coi russi in Afghanistan, e secondo i servizi segreti americani finanziatore di Al Qaeda. «È solo questione di tempo. Al Qaeda vi colpirà presto» ha detto Al-Faqih aggiungendo che l'attacco all'Italia è la cosa più logica del mondo. Non è l'Italia l'anello più debole della catena composta dagli alleati in Iraq? Un anello che viene subito dopo la Spagna e che è stato preceduto da Londra per pura convenienza. E poi: «Bin Laden ricorda bene le parole del Profeta. Voi-costringerete-i-romani-alla-resa. E vuole costringer l'Italia ad abbandonare l'alleanza con l'America». Infine, sottolineando che operazioni simili non si fanno appena sbarcati a Lampedusa o alla Malpensa bensì dopo aver maturato dimestichezza con il paese, esser penetrati nel suo tessuto sociale: «Per reclutare gli autori materiali, c'è solo l'imbarazzo della scelta». Molti italiani non ci credono ancora. Nonostante le dichiarazioni del ministro degli Interni, a rischio Roma e Milano, all'erta anche Torino e Napoli e Trieste e Treviso nonché le città d'arte come Firenze e Venezia, gli italiani si comportano come i bambini per cui la parola Morte non ha alcun significato. O come gli scriteriati cui la morte sembra una disgrazia che riguarda gli altri e basta. Nel caso peggiore, una disgrazia che li colpirà per ultimi. Peggio: credono che per scansarla basti fare i furbi cioè leccarle i piedi. Ha ragione Vittorio Feltri quando su Libero scrive che la decadenza degli occidentali si identifica con la loro illusione di poter trattare amichevolmente il nemico, nonché con la loro paura. Una paura che li induce ad ospitare docilmente il nemico, a tentar di conquistarne la simpatia, a sperare che si lasci assorbire mentre è lui che vuole assorbire. Questo senza contar la nostra abitudine ad essere invasi, umiliati, traditi. Come dico nell'*Apocalisse*, l'abitudine genera rassegnazione. La rassegnazione genera apatia. L'apatia genera inerzia. L'inerzia genera indifferenza, ed oltre a impedire il giudizio morale l'indifferenza soffoca l'istinto di autodifesa cioè l'istinto che induce a battersi. Oh, per qualche settimana o qualche mese lo capiranno sì d'essere odiati e disprezzati dal nemico che trattano da amico e che è del tutto refrattario alle virtù chiamate Gratitudine, Lealtà, Pietà. Usciranno sì dall'apatia, dall'inerzia, dall'indifferenza. Ci crederanno sì agli annunci di Saad al-Faqih e agli espliciti, chiari, precisi avvertimenti pronunciati da Bin Laden and Company. Eviteranno di prendere i treni della sotterranea. Si sposteranno in automobile o in bicicletta. (Ma Theo van Gogh fu ammazzato mentre si spostava in bicicletta.) Attenueranno il buonismo o il servilismo. Si fideranno un po' meno del clandestino che gli vende la droga o gli pulisce la casa. Saranno meno cordiali col manovale che sventolando il permesso di soggiorno afferma di voler diventare come loro ma intanto fracassa di botte la moglie, le mogli, e uccide la figlia in blue jeans. Rinunceranno anche alle litanie sui Viaggi della Speranza, e forse realizzeranno che per non perdere la Libertà a volte bisogna sacrificare un po' di libertà. Che l'autodifesa è legittima difesa e la legittima difesa non è una barbarie. Forse grideranno addirittura che la Fallaci aveva ragione, che non meritava d'essere trattata come una delinquente. Ma poi riprenderanno a trattarmi come una delinquente. A darmi di retrograda xenofoba razzista eccetera. E quando l'attacco verrà, udiremo le consuete scemenze. Colpa-degli-americani, colpa-di-Bush.

***

Quando verrà, come avverrà quell'attacco? Oddio, detesto fare la Cassandra. La profetessa. Non sono una Cassandra, non sono una profetessa. Sono soltanto un cittadino che ragiona e ragionando prevede cose che secondo logica accadranno. Ma che ogni volta spera di sbagliarsi e, quando accadono, si maledice per non aver sbagliato. Tuttavia riguardo all'attacco contro l'Italia temo due cose: il Natale e le elezioni. Forse supereremo il Natale. I loro attentati non sono colpacci rozzi, grossolani. Sono delitti raffinati, ben calcolati e ben preparati. Prepararsi richiede tempo e a Natale credo che non saranno pronti. Però saranno pronti per le elezioni del 2006. Le elezioni che vogliono vedere vinte dal pacifismo a senso unico. E da noi, temo, non si accontenteranno di massacrare la gente. Perché quello è un Mostro intelligente, informato, cari miei. Un Mostro che (a nostre spese) ha studiato nelle università, nei collegi rinomati, nelle scuole di lusso. (Coi soldi del genitore sceicco od onesto operaio.) Un Mostro che non s'intende soltanto di dinamica, chimica, fisica, di aerei e treni e metropolitane: s'intende anche di Arte. L'arte che il loro presunto Faro-di-Civiltà non ha mai saputo produrre. E penso che insieme alla gente da noi vogliano massacrare anche qualche opera d'arte. Che ci vuole a far saltare in aria il Duomo di Milano o la Basilica di San Pietro? Che ci vuole a far saltare in aria il David di Michelangelo, gli Uffizi e Palazzo Vecchio a Firenze, o il Palazzo dei Dogi a Venezia? Che ci vuole a far saltare in aria la Torre di Pisa, monumento conosciuto in ogni angolo del mondo e perciò assai più famoso delle due Torri Gemelle? Ma non possiamo scappare o alzare bandiera bianca. Possiamo soltanto affrontare il mostro con onore, coraggio, e ricordare quel che Churchill disse agli inglesi quando scese in guerra contro il nazismo di Hitler. Disse: «Verseremo lacrime e sangue». Oh, sì: pure noi verseremo lacrime e sangue. Siamo in guerra: vogliamo mettercelo in testa, sì o no?!? E in guerra si piange, si muore. Punto e basta. Conclusi così anche quattro anni fa, su questo giornale.

Saltare dalle Cascate del Niagara

Bé: un premio intitolato a una donna che saltò sopra le Cascate del Niagara, e sopravvisse, è mille volte più prezioso e prestigioso ed etico di un Oscar o di un Nobel: fino a ieri gloriose onorificenze rese a persone di valore ed oggi squallide parcelle concesse a devoti antiamericani e antioccidentali quindi filoislamici. Insomma a coloro che recitando la parte dei guru illuminati che definiscono Bush un assassino, Sharon un criminale-di-guerra, Castro un filantropo, e gli Stati Uniti «la-potenza-più-feroce, più-barbara, più-spaventosa-che-il-mondo-abbia-mai-conosciuto». Infatti se mi assegnassero simili parcelle (graziaddio un'eventualità più remota del più remoto Buco Nero dell'Universo), querelerei subito le giurie per calunnia e diffamazione. Al contrario, accetto questo «Annie Taylor» con gratitudine e orgoglio. E pazienza se sopravvaluta troppo le mie virtù.

Sì: specialmente come corrispondente di guerra, di salti ne ho fatti parecchi. In Vietnam, ad esempio, sono saltata spesso nelle trincee per evitare mitragliate e mortai. Altrettanto spesso sono saltata dagli elicotteri americani per raggiungere le zone di combattimento. In Bangladesh, anche da un elicottero russo per infilarmi dentro la battaglia di Dacca. Durante le mie interviste coi mascalzoni della Terra (i Khomeini, gli Arafat, i Gheddafi eccetera) non meno spesso sono saltata in donchisciotteschi litigi rischiando seriamente la mia incolumità. E una volta, nell'America Latina, mi sono buttata giù da una finestra per sfuggire agli sbirri che volevano arrestarmi.

Però mai, mai, sono saltata sopra le Cascate del Niagara. Né mai lo farei. Troppo rischioso, troppo pericoloso. Ancor più rischioso che palesare la propria indipendenza, essere un dissidente cioè un fuorilegge, in una società che al nemico vende la Patria. Con la patria, la sua cultura e la sua civiltà e la sua dignità. Quindi grazie David Horowitz, Daniel Pipes, Robert Spencer. E credetemi quando dico che questo premio appartiene a voi quanto a me. A tal punto che, quando ho letto che quest'anno avreste premiato la Fallaci, mi sono chiesta: «Non dovrei esser io a premiare loro?». E per contraccambiare il tributo volevo presentarmi con qualche medaglia o qualche trofeo da consegnarvi. Mi presento a mani vuote perché non sapevo, non saprei, dove comprare certa roba. Con le medaglie e i trofei ho un'esigua, davvero esigua, familiarità. E vi dico perché.

Anzitutto perché crediamo di vivere in vere democrazie, democrazie sincere e vivaci nonché governate dalla libertà di pensiero e di opinione. Invece viviamo in democrazie deboli e pigre, quindi dominate dal dispotismo e dalla paura. Paura di pensare e, pensando, di raggiungere conclusioni che non corrispondono a quelle dei lacchè del potere. Paura di parlare e, parlando, di dare un giudizio diverso dal giudizio subdolamente imposto da loro. Paura di non essere sufficientemente allineati, obbedienti, servili, e venire scomunicati attraverso l'esilio morale con cui le democrazie deboli e pigre ricattano il cittadino. Paura di essere liberi, insomma. Di prendere rischi, di avere coraggio.

«Il segreto della felicità è la libertà. E il segreto della libertà è il coraggio» diceva Pericle. Uno che di queste cose se ne intendeva. (Tolgo la massima dal secondo libro della mia trilogia: *La Forza della ragione*. E da questo prendo anche il chiarimento che oltre centocinquanta anni fa Alexis de Tocqueville fornì nel suo intramontabile trattato sulla democrazia in America.) Nei regimi assolutisti o dittatoriali, scrive Tocqueville, il dispotismo colpisce il corpo. Lo colpisce mettendolo in catene o torturandolo o sopprimendolo in vari modi. Decapitazioni, impiccagioni, lapidazioni, fucilazioni, Inquisizioni eccetera. E così facendo risparmia l'anima che intatta si leva dalla carne straziata e trasforma la vittima in eroe. Nelle democrazie inanimate, invece, nei regimi inertemente democratici, il dispotismo risparmia il corpo e colpisce l'anima. Perché è l'anima che vuole mettere in catene. Torturare, sopprimere. Così alle sue vittime non dice mai ciò che dice nei regimi assolutisti o dittatoriali: «O la pensi come me o muori». Dice: «Scegli. Sei libero di non pensare o di pensare come la penso io. Se non la pensi come la penso io, non ti sopprimerò. Non toccherò il tuo corpo. Non confischerò le tue proprietà. Non violenterò i tuoi diritti politici. Ti permetterò addirittura di votare. Ma non sarai mai votato. Non sarai mai eletto. Non sarai mai seguito e rispettato. Perché ricorrendo alle mie leggi sulla libertà di pensiero e di opinione, io sosterrò che sei impuro. Che sei bugiardo, dissoluto, peccatore, miserabile, malato di mente. E farò di te un fuorilegge, un criminale. Ti condannerò alla Morte Civile, e la gente non ti ascolterà più. Peggio. Per non essere a sua volta puniti, quelli che la pensano come te ti diserteranno». Questo succede, spiega, in quanto nelle democrazie inanimate, nei regimi inertamente democratici, tutto si può dire fuorché la Verità. Perché la Verità ispira paura. Perché, a leggere o udire la verità, i più si arrendono alla paura. E per paura delineano intorno ad essa un cerchio che è proibito oltrepassare. Alzano intorno ad essa un'invisibile ma insormontabile barriera dentro la quale si può soltanto tacere o unirsi al coro. Se il dissidente oltrepassa quella linea, se salta sopra le Cascate del Niagara di quella barriera, la punizione si abbatte su di lui o su di lei con la velocità della luce. E a render possibile tale infamia sono proprio coloro che segretamente la pensano come lui o come lei, ma che per convenienza o viltà o stupidità non alzano la loro voce contro gli anatemi e le persecuzioni. Gli amici, spesso. O i cosiddetti amici. I partner. O i cosiddetti partner. I colleghi. O i cosiddetti colleghi. Per un poco, infatti, si nascondono dietro il cespuglio. Temporeggiano, tengono il piede in due staffe. Ma poi diventano silenziosi e, terrorizzati dai rischi che tale ambiguità comporta, se la svignano. Abbandonano il fuorilegge, il criminale, al di lui o al di lei destino e con il loro silenzio danno la loro approvazione alla Morte Civile. (Qualcosa che io ho esperimentato tutta la vita e specialmente negli ultimi anni. «Non ti posso difendere più» mi disse, due o tre Natali fa, un famoso giornalista italiano che in mia difesa aveva scritto due o tre editoriali. «Perché?» gli chiesi tutta mesta. «Perché la gente non mi parla più. Non mi invita più a cena.»)

* * *

L'altro motivo per cui ho un'esigua familiarità con le medaglie e i trofei sta nel fatto che soprattutto dopo l'11 Settembre l'Europa è diventata una Cascata del Niagara di Maccartismo sostanzialmente identico a quello che afflisse gli Stati Uniti mezzo secolo fa. Sola differenza, il suo colore politico. Mezzo secolo fa era infatti la Sinistra ad essere vittimizzata dal Maccartismo. Oggi è la Sinistra che vittimizza gli altri col suo Maccartismo. Non meno, e a parer mio molto di più, che negli Stati Uniti. Cari miei, nell'Europa d'oggi v'è una nuova Caccia alle Streghe. E sevizia chiunque vada contro corrente. V'è una nuova Inquisizione. E gli eretici li brucia tappandogli o tentando di tappargli la bocca.

Eh, sì: anche noi abbiamo i nostri Torquemada. I nostri Ward Churchill, i nostri Noam Chomsky, i nostri Louis Farrakhan, i nostri Michael Moore eccetera. Anche noi siamo infettati dalla piaga contro la quale tutti gli antidoti sembrano inefficaci. La piaga di un risorto nazi-fascismo. Il nazismo islamico e il fascismo autoctono. Portatori di germi, gli educatori cioè i maestri e le maestre che diffondono l'infezione fin dalle scuole elementari e dagli asili dove esporre un Presepe o un Babbo Natale è considerato un «insulto-ai-bambini-Mussulmani».

I professori (o le professoresse) che tale infezione la raddoppiano nelle scuole medie e la esasperano nelle università. Attraverso l'indottrinazione quotidiana, il quotidiano lavaggio del cervello, si sa. (La storia delle Crociate, ad esempio, riscritta e falsificata come nel *1984* di Orwell. L'ossequio verso il Corano visto come una religione di pace e misericordia. La reverenza per l'Islam visto come un Faro di Luce paragonato al quale la nostra civiltà è una favilla di sigaretta.) E con l'indottrinazione, le manifestazioni politiche. Ovvio. Le marce settarie, i comizi faziosi, gli eccessi fascistoidi. Sapete che fecero, lo scorso ottobre, i giovinastri della Sinistra radicale a Torino? Assaltarono la chiesa rinascimentale del Carmine e ne insozzarono la facciata scrivendoci con lo spray l'insulto «Nazi-Ratzinger» nonché l'avvertimento: «Con le budella dei preti impiccheremo Pisanu». Il nostro Ministro degli Interni. Poi su quella facciata urinarono. (Amabilità che a Firenze, la mia città, non pochi islamici amano esercitare sui sagrati delle basiliche e sui vetusti marmi del Battistero.) Infine irruppero dentro la chiesa e, spaventando a morte le vecchine che recitavano il Vespro, fecero scoppiare un petardo vicino all'altare. Tutto ciò alla presenza di poliziotti che non potevano intervenire perché nella città Politically Correct tali imprese sono considerate Libertà-di-espressione. (A meno che tale libertà non venga esercitata contro le moschee: s'intende.) E inutile aggiungere che gli adulti non sono migliori di questi giovinastri. La scorsa settimana, a Marano, popolosa cittadina collocata nella provincia di Napoli, il Sindaco (ex seminarista, ex membro del

Partito Comunista Italiano, poi del vivente Partito di Rifondazione Comunista, ed ora membro del Partito dei Comunisti Italiani) annullò tout-court l'ordinanza emessa dal commissario prefettizio per dedicare una strada ai martiri di Nassiriya. Cioè ai diciannove militari italiani che due anni fa i kamikaze uccisero in Iraq. Lo annullò affermando che i diciannove non erano martiri bensì mercenari, e alla strada dette il nome di Arafat. «Via Arafat.» Lo fece piazzando una targa che disse: «Yassir Arafat, simbolo dell'Unità (sic) e della Resistenza Palestinese». Poi l'interno del municipio lo tappezzò con gigantesche foto del medesimo, e l'esterno con bandiere palestinesi.

* * *

La piaga si propaga anche attraverso i giornali, la TV, la radio. Attraverso i media che per convenienza o viltà o stupidità sono in gran maggioranza islamofili e antioccidentali e antiamericani quanto i maestri, i professori, gli accademici. Che senza alcun rischio di venir criticati o beffati passano sotto silenzio episodi come quelli di Torino o Marano. E in compenso non dimenticano mai di attaccare Israele, leccare i piedi all'Islam. Si propaga anche attraverso le canzoni e le chitarre e i concerti rock e i film, quella piaga. Attraverso uno show-business dove, come i vostri ottusi e presuntuosi e ultra-miliardari giullari di Hollywood, i nostri giullari sostengono il ruolo di buonisti sempre pronti a piangere per gli assassini. Mai per le loro vittime. Si propaga anche attraverso un sistema giudiziario che ha perduto ogni senso della Giustizia, ogni rispetto della giurisdizione. Voglio dire attraverso i tribunali dove, come i vostri magistrati, i nostri magistrati assolvono i terroristi con la stessa facilità con cui assolvono i pedofili. (O li condannano a pene irrisorie.) E finalmente si propaga attraverso l'intimidazione della buona gente in buona fede. Voglio dire la gente che per ignoranza o paura subisce quel dispotismo e non comprende che col suo silenzio o la sua sottomissione aiuta il risorto nazi-fascismo a fiorire. Non a caso, quando denuncio queste cose, mi sento davvero come una Cassandra che parla al vento. O come uno dei dimenticati antifascisti che settanta e ottanta anni fa mettevano i ciechi e i sordi in guardia contro una coppia chiamata Mussolini e Hitler. Ma i ciechi restavano ciechi, i sordi restavano sordi, ed entrambi finirono col portar sulla fronte ciò che ne *L'Apocalisse* chiamo il Marchio della Vergogna. Di conseguenza le mie vere medaglie sono gli insulti, le denigrazioni, gli abusi che ricevo dall'odierno Maccartismo. Dall'odierna Caccia alle Streghe, dall'odierna Inquisizione. I miei trofei, i processi che in Europa subisco per reato di opinione. Un reato ormai travestito coi termini «vilipendio dell'Islam, razzismo o razzismo religioso, xenofobia, istigazione all'odio eccetera».

Parentesi: può un Codice Penale processarmi per odio? Può l'odio essere proibito per Legge? L'odio è un sentimento. È una emozione, una reazione, uno stato d'animo. Non un crimine giuridico. Come l'amore, l'odio appartiene alla natura umana. Anzi, alla Vita. È l'opposto dell'amore e quindi, come l'amore, non può essere proibito da un articolo del Codice Penale. Può essere giudicato, sì. Può essere contestato, osteggiato, condannato, sì. Ma soltanto in senso morale. Ad esempio, nel giudizio delle religioni che come la religione cristiana predicano l'amore. Non nel giudizio d'un tribunale che mi garantisce il diritto di amare chi voglio. Perché, se ho il diritto di amare chi voglio, ho anche e devo avere anche il diritto di odiare chi voglio. Incominciando da coloro che odiano me. Sì, io odio i Bin Laden. Odio gli Zarkawi. Odio i kamikaze e le bestie che ci tagliano la testa e ci fanno saltare in aria e martirizzano le loro donne. Odio gli Ward Churchill, i Noam Chomsky, i Louis Farrakhan, i Michael Moore, i complici, i collaborazionisti, i traditori, che ci vendono al nemico. Li odio come odiavo Mussolini e Hitler e Stalin and Company. Li odio come ho sempre odiato ogni assalto alla Libertà, ogni martirio della Libertà. È un mio sacrosanto diritto. E se sbaglio, ditemi perché coloro che odiano me più di quanto io odi loro non sono processati col medesimo atto d'accusa. Voglio dire: ditemi perché questa faccenda dell'Istigazione all'Odio non tocca mai i professionisti dell'odio, i mussulmani che sul concetto dell'odio hanno costruito la loro ideologia. La loro filosofia. La loro teologia. Ditemi perché questa faccenda non tocca mai i loro complici occidentali. Parentesi chiusa, e torniamo ai trofei che chiamo processi.

* * *

Si svolgono in ogni paese nel quale un figlio di Allah o un traditore nostrano voglia zittirmi e imbavagliarmi nel modo descritto da Tocqueville, quei processi. A Parigi, cioè in Francia, ad esempio. La

France Eternelle, la Patrie du Laïcisme, la Bonne Mère du Liberté-Egalité-Fraternité, dove per vilipendio dell'Islam soltanto la mia amica Brigitte Bardot ha sofferto più travagli di quanti ne abbia sofferti e ne soffra io. La France Libérale, Progressiste, dove tre anni fa gli ebrei francesi della LICRA (associazione ebrea di Sinistra che ama manifestare alzando fotografie di Ariel Sharon con la svastica sulla fronte) si unì ai mussulmani francesi del MRAP (associazione islamica di Sinistra che ama manifestare levando cartelli di Bush con la svastica sugli occhi). E dove insieme chiesero al Codice Penale di chiudermi in galera, confiscare *La Rage et l'Orgueil* o venderla con il seguente ammonimento sulla copertina: «Attenzione! Questo libro può costituire un pericolo per la vostra salute mentale». (Insieme volevano anche intascare un grosso risarcimento danni, naturalmente.)

Oppure a Berna, in Svizzera. Die wunderschöne Schweitz, la meravigliosa Svizzera di Guglielmo Tell, dove il Ministro della Giustizia osò chiedere al mio Ministro della Giustizia di estradarmi in manette. O a Bergamo, Nord Italia, dove il prossimo processo avverrà il prossimo giugno grazie a un giudice che sembra ansioso di condannarmi a qualche anno di prigione: la pena che per vilipendio dell'Islam viene impartita nel mio paese. Un paese dove senza alcuna conseguenza legale qualsiasi mussulmano può staccare il crocifisso dai muri di un'aula scolastica o di un ospedale, gettarlo nella spazzatura, dire che il crocifisso «ritrae-un-cadaverino-nudo-inventato-per-spaventare-i-bambini-mussulmani». E sapete chi ha promosso il processo di Bergamo? Uno dei mai processati quindi mai condannati specialisti nel buttare via i crocifissi. L'autore di un sudicio libretto che per molto tempo ha venduto nelle moschee, nei Centri Islamici, nelle librerie sinistrorse d'Italia.

Quanto alle minacce contro la mia vita cioè all'irresistibile desiderio che i figli di Allah hanno di tagliarmi la gola o farmi saltare in aria o almeno liquidarmi con un colpo di pistola nella nuca, mi limiterò a dire che specialmente quando sono in Italia devo essere protetta ventiquattro ore su ventiquattro dai Carabinieri. La nostra polizia militare. E, sia pure a fin di bene, questa è una durissima limitazione alla mia libertà personale. Quanto agli insulti, agli anatemi, agli abusi con cui i media europei mi onorano per conto della trista alleanza Sinistra-Islam, ecco alcune delle qualifiche che da quattro anni mi vengono elargite: «Abominevole. Blasfema. Deleteria. Trogledita. Razzista. Retrograda. Ignobile. Degenere. Reazionaria. Abbietta». Come vedete, parole identiche o molto simili a quelle usate da Alexis de Tocqueville quando spiega il dispotismo che mira alla Morte Civile. Nel mio paese quel dispotismo si compiace anche di chiamarmi «Iena», nel distorcere il mio nome da Oriana in «Oriena» e nello sbeffeggiarmi attraverso sardoniche identificazioni con Giovanna d'Arco. «Le bestialità della neo Giovanna d'Arco.» «Taci, Giovanna d'Arco.» «Ora basta, Giovanna d'Arco.»

Lo scorso agosto [2005] venni ricevuta in udienza privata da Ratzinger, insomma da Papa Benedetto XVI. Un Papa che ama il mio lavoro da quando lesse *Lettera a un bambino mai nato* e che io rispetto profondamente da quando leggo i suoi intelligentissimi libri. Un Papa, inoltre, col quale mi trovo d'accordo in parecchi casi. Per esempio, quando scrive che l'Occidente ha maturato una sorta di odio contro sé stesso. Che non ama più sé stesso, che ha perso la sua spiritualità e rischia di perdere anche la sua identità. (Esattamente ciò che scrivo io quando scrivo che l'Occidente è malato di un cancro morale e intellettuale. Non a caso ripeto spesso: «Se un Papa e un'atea dicono la stessa cosa, in quella cosa dev'esserci qualcosa di tremendamente vero».)

Nuova parentesi. Sono un'atea, sì. Un'atea-cristiana, come sempre chiarisco, ma un'atea. E Papa Ratzinger lo sa molto bene. Ne *La Forza della Ragione* uso un intero capitolo per spiegare l'apparente paradosso di tale autodefinizione. Ma sapete che cosa dice lui agli atei come me? Dice: «Ok. (L'ok è mio, ovvio.) Allora Veluti si Deus daretur. Comportatevi come se Dio esistesse». Parole da cui desumo che nella comunità religiosa vi sono persone più aperte e più acute che in quella laica alla quale appartengo. Talmente aperte ed acute che non tentano nemmeno, non si sognano nemmeno, di salvarmi l'anima cioè di convertirmi.

Uno dei motivi per cui sostengo che, vendendosi al teocratico Islam, il laicismo ha perso il treno. È mancato all'appuntamento più importante offertogli dalla Storia e così facendo ha aperto un vuoto, una voragine che soltanto la spiritualità può riempire. Uno dei motivi, inoltre, per cui nella Chiesa d'oggi vedo un inatteso partner, un imprevisto alleato. In Ratzinger, e in chiunque accetti la mia per loro inquietante indipendenza di pensiero e di comportamento, un compagnon-de-route. Ammenoché anche la Chiesa manchi al suo appuntamento con la Storia. Cosa che tuttavia non prevedo. Perché, forse per reazione alle ideologie materialistiche che hanno caratterizzato lo scorso secolo, il secolo dinanzi a noi mi sembra marcato da una inevitabile nostalgia anzi da un inevitabile bisogno di religiosità. E, come la religione, la religiosità finisce sempre col rivelarsi il veicolo più semplice (se non il più facile) per arrivare alla spiritualità. Chiusa la nuova parentesi.

* * *

E così ci incontrammo, io e questo gentiluomo intelligente. Senza cerimonie, senza formalità, tutti soli nel suo studio di Castel Gandolfo conversammo e l'incontro non-professionale doveva restare segreto. Nella mia ossessione per la privacy, avevo chiesto che così fosse. Ma la voce si diffuse ugualmente. Come una bomba nucleare piombò sulla stampa italiana, e indovina ciò che un petulante idiota con requisiti accademici scrisse su un noto giornale romano di Sinistra. Scrisse che il Papa può vedere quanto vuole «i miserabili, gli empi, i peccatori, i mentalmente malati» come la Fallaci. Perché «il Papa non è una persona perbene». (A dispetto di ogni dizionario e della stessa Accademia della Crusca, il «perbene» scritto «per bene».) Del resto, e sempre pensando a Tocqueville, alla sua invisibile ma insuperabile barriera dentro-la-quale-si-può-soltanto-tacere-o-unirsi-al-coro, non dimentico mai quello che quattro anni fa accadde qui in America.

Voglio dire quando l'articolo *La Rabbia e l'Orgoglio* (non ancora libro) apparve in Italia. E il «New York Times» scatenò la sua Super Political Correctness con una intera pagina nella quale la corrispondente da Roma mi presentava come «a provocateur» una «provocatrice». Una villana colpevole di calunniare l'Islam... Quando l'articolo divenne libro e apparve qui, ancora peggio. Perché il «New York Post» mi descrisse, sì, come «La Coscienza d'Europa, l'eccezione in un'epoca dove l'onestà e la chiarezza non sono più considerate preziose virtù». Nelle loro lettere i lettori mi definirono, sì, «il solo intelletto eloquente che l'Europa avesse prodotto dal giorno in cui Winston Churchill pronunciò lo Step by Step cioè il discorso con cui metteva in guardia l'Europa dall'avanzata di Hitler». Ma i giornali e le TV e le radio della Sinistra al Caviale rimasero mute, oppure si unirono alla tesi del «New York Times».

Tantomeno dimentico ciò che è avvenuto nel mio paese durante questi giorni di novembre 2005. Perché, pubblicato da una casa editrice che nella maggioranza delle quote azionarie appartiene ai miei editori italiani, e da questi vistosamente annunciato sul giornale che consideravo il mio giornale, in un certo senso la mia famiglia, un altro libro anti-Fallaci ora affligge le librerie. Un libro scritto, stavolta, dall'ex vice-direttore del quotidiano che un tempo apparteneva al defunto Partito Comunista. Bé, non l'ho letto. Né lo leggerò. (Esistono almeno sei libri su di me. Quasi tutti, biografie non-autorizzate e piene di bugie offensive nonché di grottesche invenzioni. E non ne ho mai letto uno. Non ho mai neppure gettato lo sguardo sulle loro copertine.) Ma so che stavolta il titolo, naturalmente accompagnato dal mio nome che garantisce le vendite, contiene le parole «cattiva maestra». So che la cattiva-maestra è ritratta come una sordida reazionaria, una perniciosa guerrafondaia, una mortale portatrice di «Orianismo». E secondo l'ex vice-direttore dell'ex quotidiano ultracomunista, l'Orianismo è un virus. Una malattia, un contagio, nonché un'ossessione, che uccide tutte le vittime contaminate. (Graziaddio, molti milioni di vittime. Soltanto in Italia, la *Trilogia* ha venduto assai più di quattro milioni di copie in tre anni. E negli altri ventun paesi è un saldo bestseller.)

Ma questo non è tutto. Perché nei medesimi giorni il sindaco milanese di centro-destra mi incluse nella lista degli Ambrogini: le molto ambite medaglie d'oro che per la festa di Sant'Ambrogio la città di Milano consegna a persone note, o quasi, nel campo della cultura. E quando il mio nome venne inserito, i votanti della Sinistra sferrarono un pandemonio che durò fino alle cinque del mattino. Per tutta la notte, ho saputo, fu come guardare una rissa dentro un pollaio. Le penne volavano, le creste e i bargigli sanguinavano, i coccodè assordavano, e lode al cielo se nessuno finì al Pronto Soccorso. Poi, il giorno dopo, tornarono strillando che il mio Ambrogino avrebbe inquinato il pluriculturalismo e contaminato la festa di Sant'Ambrogio. Che avrebbe dato alla cerimonia del premio un significato anti-islamico, che avrebbe offeso i mussulmani e i premiati della Sinistra. Quest'ultimi minacciarono addirittura di respingere le ambite medaglie d'oro e promisero di inscenare una fiera dimostrazione contro la donna perversa. Infine il leader del Partito di Rifondazione Comunista dichiarò: «Dare l'Ambrogino alla Fallaci è come dare il Premio Nobel della Pace a George W. Bush».

Detto questo, onde rendere a Cesare quel che è di Cesare e a Dio quel che è di Dio, devo chiarire qualcosa che certo dispiacerà ad alcuni o alla maggioranza di voi. Ecco qua. Io non sono un Conservatore. Non simpatizzo con la Destra più di quanto non simpatizzi con la Sinistra. Sebbene rifiuti ogni classificazione politica, mi considero una rivoluzionaria. Perché la Rivoluzione non significa necessariamente la Presa della Bastiglia o del Palais d'Hiver. E certamente per me non significa i capestri, le ghigliottine, i plotoni di esecuzione, il sangue nelle strade. Per me la Rivoluzione significa dire «No». Significa lottare per quel «No». Attraverso quel «No», cambiare le cose.

E di sicuro io dico molti «No». Li ho sempre detti. Di sicuro vi sono molte cose che vorrei cambiare. Cioè non mantenere, non conservare. Una è l'uso e l'abuso della libertà non vista come Libertà ma come licenza, capriccio, vizio. Egoismo, arroganza, irresponsabilità. Un'altra è l'uso e l'abuso della democrazia non vista come il matrimonio giuridico dell'Uguaglianza e della Libertà ma come rozzo e demagogico egualitarismo, insensato diniego del merito, tirannia della maggioranza. (Di nuovo, Alexis de Tocqueville...) Un'altra ancora, la mancanza di autodisciplina, della disciplina senza la quale qualsiasi matrimonio dell'uguaglianza con la libertà si sfascia. Un'altra ancora, il cinico sfruttamento delle parole Fratellanza-Giustizia-Progresso. Un'altra ancora, la nescienza di onore e il tripudio di pusillanimità in cui viviamo ed educhiamo i nostri figli. Tutte miserie che caratterizzano la Destra quanto la Sinistra.

Cari miei: se coi suoi spocchiosi tradimenti e le sue smargiassate alla squadrista e i suoi snobismi alla Muscadin e le sue borie alla Nouvel Riche la Sinistra ha disonorato e disonora le grandi battaglie che combatté nel Passato, con le sue nullità e le sue ambiguità e le sue incapacità la Destra non onora certo il ruolo che si vanta di avere. Ergo, i termini Destra e Sinistra sono per me due viete e antiquate espressioni alle quali ricorro solo per abitudine o convenienza verbale. E, come dico ne *La Forza della Ragione*, in entrambe vedo solo due squadre di calcio che si distinguono per il colore delle magliette indossate dai loro giocatori ma che in sostanza giocano lo stesso gioco. Il gioco di arraffare la palla del Potere. E non il Potere di cui v'è bisogno per governare: il Potere che serve sé stesso. Che esaurisce sé stesso in sé stesso.

Questo può apparir demagogico, semplicistico, e perfino superficiale: lo so. Ma se analizzate i fatti vedrete che la mia è pura e semplice verità. La verità del bambino che nella fiaba dei Grimm, quando i cortigiani lodano le vesti del re, grida con innocenza: *Il re è nudo*. Pensateci ragionando sull'attuale tragedia che ci opprime. Perbacco, nessuno può negare che l'invasione islamica dell'Europa sia stata assecondata e sia assecondata dalla Sinistra. E nessuno può negare che tale invasione non avrebbe mai raggiunto il culmine che ha raggiunto se la Destra non avesse fornito alla Sinistra la sua complicità, se la Destra non le avesse dato l'imprimatur.

Diciamolo una volta per sempre: la Destra non ha mai mosso un dito per impedire o almeno trattenere la crescita dell'invasione islamica. Un solo esempio? Come in molti altri paesi europei, in Italia è il leader della Destra ufficiale che imita la Sinistra nella sua impazienza di concedere il voto agli immigrati senza cittadinanza. E questo in barba al fatto che la nostra Costituzione conceda il voto ai cittadini e basta. Non agli stranieri, agli usurpatori, ai turisti col biglietto di andata senza ritorno. Di conseguenza, non posso essere associata né con la Destra né con la Sinistra. Non posso essere arruolata né dalla Destra né dalla Sinistra. Non posso essere strumentalizzata né della Destra né della Sinistra. (E guai a chi ci prova.) E sono profondamente irritata con entrambe. Qualunque sia la loro locazione e nazionalità.

Attualmente, per esempio, sono irritata con la Destra americana che spinge i leader europei ad accettare la Turchia come membro dell'Unione Europea. Esattamente ciò che la Sinistra europea vuole da sempre. Ma le vittime dell'invasione islamica, i cittadini europei, non vogliono la Turchia a casa loro. La gente come me non vuole la Turchia a casa sua. E Condoleezza Rice farebbe bene a smetterla di esercitare la sua Realpolitik a nostre spese. Condoleezza è una donna intelligente: nessuno ne dubita. Certo, più intelligente della maggioranza dei suoi colleghi maschi e femmine, sia qui in America che al di là dell'Atlantico. Ma sul paese che per secoli fu l'Impero Ottomano, sulla non-europea Turchia, sulla islamica-Turchia, sa o finge di sapere assai poco. E sulla mostruosa calamità che rappresenterebbe l'entrata della Turchia nell'Unione Europea conosce o finge di conoscere ancora meno. Così dico: Ms. Rice, Mr. Bush, signori e signore della Destra americana, se credete tanto in un paese dove le donne hanno spontaneamente rimesso il velo e dove i Diritti Umani vengono quotidianamente ridicolizzati, prendetevelo voi. Chiedete al Congresso di annetterlo agli stati Uniti come Cinquantunesimo Stato e godetevelo voi. Poi concentratevi sull'Iran. Sulla sua lasciva nucleare, sul suo ottuso ex-sequestratore di ostaggi cioè sul suo presidente, e concentratevi sulla sua nazista promessa di cancellare Israele dalle carte geografiche.

A rischio di sconfessare l'illimitato rispetto che gli americani vantano nei riguardi di tutte le religioni, devo anche chiarire ciò che segue. Come mai in un paese dove l'85 per cento dei cittadini dicono di essere Cristiani, così pochi si ribellano all'assurda offensiva che sta avvenendo contro il Natale? Come mai così pochi si oppongono alla demagogia dei radicals che vorrebbero abolire le vacanze di Natale, gli alberi di Natale, le canzoni di Natale, e le stesse espressioni *Merry Christmas* e *Happy Christmas*, Buon Natale, eccetera?!? Come mai così pochi protestano quando quei radicals gioiscono come Talebani perché in nome dei laicismo un severo monumento a gloria dei Dieci Comandamenti viene rimosso da una piazza di Birmingham? E come mai anche qui pullulano le iniziative a favore della religione islamica? Come mai, per esempio, a Detroit (la Detroit ultra polacca e ultra cattolica le ordinanze municipali contro i rumori proibiscono il suono delle campane) la minoranza islamica ha ottenuto che i muezzin locali possano assordare il prossimo coi loro Allah-akbar dalle 6 del mattino alle 10 di sera? Come mai in un paese dove la Legge ordina di non esibire i simboli religiosi nei luoghi pubblici, non consentirvi preghiere dell'una o dell'altra religione, aziende quali la Dell Computers e la Tyson Foods concedono ai propri dipendenti islamici i loro cortili nonché il tempo per recitare le cinque preghiere? E questo a dispetto del fatto che tali preghiere interrompono quindi inceppano le catene di montaggio?

Come mai il nefando professor Ward Churchill non è stato licenziato dall'Università del Colorado per i suoi elogi a Bin Laden e all'11 Settembre, ma il conduttore della *Washington radio* Michael Graham è stato licenziato per aver detto che dietro il terrorismo islamico v'è la religione islamica? Ed ora lasciatemi concludere questa serata affrontando altri tre punti che considero cruciali. Punto numero uno. Sia a Destra che a Sinistra tutti si focalizzano sul terrorismo. Tutti. Perfino i radicali più radicali. (Cosa che non sorprende perché le condanne verbali del terrorismo sono il loro alibi. Il loro modo di pulire le loro coscienze non pulite.) Ma nel terrorismo islamico non vedo l'arma principale della guerra che i figli di Allah ci hanno dichiarato. Nel terrorismo islamico vedo soltanto un aspetto, un volto di quella guerra. Il più visibile, sì. Il più sanguinoso e il più barbaro, ovvio. Eppure, paradossalmente, non il più pernicioso. Non il più catastrofico. Il più pernicioso e il più catastrofico è a parer mio quello religioso. Cioè quello dal quale tutti gli altri aspetti, tutti gli altri volti, derivano. Per incominciare, il volto dell'immigrazione. Cari amici: è l'immigrazione, non il terrorismo, il cavallo di Troia che ha penetrato l'Occidente e trasformato l'Europa in ciò che chiamo Eurabia. È l'immigrazione, non il terrorismo, l'arma su cui contano per conquistarci annientarci distruggerci. L'arma per cui da anni grido: «Troia brucia, Troia brucia». Un'immigrazione che in Europa-Eurabia supera di gran lunga l'allucinante sconfinamento dei messicani che col beneplacito della vostra Sinistra e l'imprimatur della vostra Destra invadono gli Stati Uniti.

Soltanto nei venticinque paesi che formano l'Unione Europea, almeno venticinque milioni di mussulmani. Cifra che non include i clandestini mai espulsi. A tutt'oggi, altri quindici milioni o più. E data l'irrefrenabile e irresistibile fertilità mussulmana, si calcola che quella cifra si raddoppierà nel 2016. Si triplicherà o quadruplicherà se la Turchia diventerà membro dell'Unione Europea. Non a caso Bernard Lewis profetizza che entro il 2100 tutta l'Europa sarà anche numericamente dominata dai mussulmani. E Bassan Tibi, il rappresentante ufficiale del cosiddetto Islam Moderato in Germania, aggiunge: «Il problema non è stabilire se entro il 2100 la stragrande maggioranza o la totalità degli europei sarà mussulmana. In un modo o nell'altro, lo sarà. Il problema è stabilire se l'Islam destinato a dominare l'Europa sarà un Euro-Islam o l'Islam della Svaria». Il che spiega perché non credo nel Dialogo con l'Islam. Perché sostengo che tale dialogo è un monologo. Un soliloquio inventato per calcolo dalla Realpolitik e poi tenuto in vita dalla nostra ingenuità o dalla nostra inconfessata disperazione. Infatti su questo tema dissento profondamente dalla Chiesa Cattolica e da Papa Ratzinger. Più cerco di capire e meno capisco lo sgomentevole errore su cui la sua speranza si basa. Santo Padre: naturalmente anch'io vorrei un mondo dove tutti amano tutti e dove nessuno è nemico di nessuno. Ma il nemico c'è. Lo abbiamo qui, in casa nostra. E non ha nessuna intenzione di dialogare. Né con Lei né con noi.

Punto numero due. Non credo nemmeno nella fandonia del cosiddetto pluriculturalismo. (E a proposito di quella fandonia: lo sapevate che al Barbican Center Theater di Londra hanno mutilato *Tamerlano il Grande*, il dramma scritto nel 1587 da Christopher Marlowe? A un certo momento del dramma, Christopher Marlowe fa bruciare il Corano da Tamerlano. Mentre il Corano brucia, gli fa anche sfidare il Profeta gridando: «Ed ora, se ne hai davvero il potere, vieni giù e spengi il rogo». Bé, poiché quelle parole aggravate dalle fiamme del rogo infuriavano le autorità mussulmane di Londra, il Teatro Barbican ha eliminato l'intera scena. Mezzo millennio dopo ha censurato Marlowe.) E ancor meno credo nella falsità chiamata Integrazione. Integrarsi significa accettare e rispettare (più educare i propri figli ad accettare e rispettare) le regole, le leggi, la cultura, il modo di vivere del posto nel quale si sceglie di vivere. E quando si impone la propria presenza a un paese che non ci ha chiamato e tuttavia ci tiene, ci mantiene, ci tollera, il minimo che si possa fare è integrarsi. Soprattutto se si è chiesto e ottenuto di diventare cittadini. Status che esige lealtà, fedeltà, affidabilità, e possibilmente amore per la Patria cioè la Nuova Patria che si è scelta. Ebbene, nell'Europa-Eurabia gli altri immigrati si integrano. Più o meno si integrano. Quelli che vengono dai paesi di cultura cristiana, ad esempio. Dalla Russia, dall'Ucraina, dalla Bulgaria, dall'Ungheria, dalla Slovenia, e tutto sommato anche dalla Romania che davvero non ci esporta il meglio del meglio. Perfino i discutibili cinesi che provocatoriamente si chiudono dentro le loro mafiose enclave, in certo senso finiscono con l'integrarsi. I mussulmani, no. Forse qui, negli Stati Uniti, lo fanno. Beati voi. In Europa, no. Nella maggior parte dei casi non si curano neanche di imparare la nostra lingua, le nostre lingue. Incollati alle loro moschee, ai loro Centri Islamici, alla loro ostilità anzi al loro disprezzo e alla loro ripugnanza per tutto ciò che è occidentale, obbediscono soltanto alle regole e alle leggi della Sharia. E in compenso ci impongono le loro abitudini. Le loro pretese, il loro modo di vivere. (Cibo e poligamia inclusi.) Cari miei, per capire che gli immigrati mussulmani non hanno alcuna intenzione di integrarsi con noi, che al contrario vogliono indurre noi a integrarsi con loro, basta considerare l'Intifada che questo autunno è scoppiata nella provincia di Parigi e poi in tutta la Francia. Ma credete davvero a ciò che sostengono i media quando sostengono che quelle sommosse e quegli incendi sono dovuti esclusivamente alla disoccupazione e alla povertà? Credete davvero che non abbiano niente a che fare con la guerra dichiarataci dall'Islam?

Occhi negli occhi non bastano le prese di bavero. Quelle sommosse erano e sono un'altra arma, un altro volto di questa guerra. Appartenevano, appartengono, alla strategia dell'invasione. Una strategia molto intelligente, ammettiamolo. Perché, grazie ad essa, l'odierno espansionismo islamico non ha bisogno delle armate e delle flotte usate dal defunto Impero Ottomano. Per realizzarsi gli bastano le orde di immigrati che ogni giorno arrivano in Sicilia con le navi o i gommoni o le barche, e ai quali i traditori nostrani spalancano le porte per farli entrare col cavallo di Troia e dare fuoco alla città. Una strategia intelligente anche perché non spaventa come spaventavano le loro armate, le loro flotte, le loro scimitarre, le barbarie di quando in Italia si scappava gridando Mamma-li-Turchi. E perché richiede tempo. Richiede pazienza. Richiede nuove generazioni installate nei paesi da conquistare. I kamikaze inglesi del 7 luglio non erano forse immigrati di seconda o terza generazione? I rivoltosi francesi di quest'autunno non erano forse immigrati di seconda e terza e perfino quarta generazione? Se sbaglio ditemi perché tra quei rivoltosi non v'erano immigrati cinesi o vietnamiti o filippini o dall'Europa orientale. Non meno poveri e non meno disoccupati. (Ammesso che quelli dello scorso autunno fossero davvero poveri e disoccupati. Alla televisione ho visto ragazzi ben nutriti e ben vestiti come, a suo tempo, i nostri sessantottini ultraborghesi.) Ditemi perché essi erano e sono tutti arabi mussulmani o nord-africani mussulmani. Ditemi perché bruciando le automobili e gli autobus e le scuole e gli asili e gli uffici postali e i cassonetti della spazzatura e le case urlavano «Allah-akbar, Allah-akbar». Ditemi perché, quando venivano intervistati dai giornalisti, rispondevano: «Noi non siamo francesi. Non vogliamo essere francesi». Ditemi perché agivano in modo così coordinato, come se dietro il loro delirio vi fosse la mente di qualche esperto di Al Qaeda. E visto che parliamo di invasione, ditemi perché in Europa gli immigrati mussulmani materializzano così bene l'avvertimento che nel 1974 ci rivolse l'ONU e il leader algerino Boumedienne. «Presto irromperemo nell'emisfero del nord. E non vi irromperemo da amici, no. Vi irromperemo per conquistarvi. E vi conquisteremo popolando i vostri territori coi nostri figli. Sarà il ventre delle nostre donne a darci la vittoria.» Bando alle illusioni: noi italiani, francesi, tedeschi, inglesi, spagnoli, svedesi, danesi, olandesi eccetera stiamo per diventare ciò che diventarono i Comanci e gli Apache e i Cherokee e i Navajos e gli Cheyenne quando gli rubammo l'America. Stranieri in casa nostra. Anno 2016? Anno 2100? Parlando della futura dominazione mussulmana dell'Europa-Eurabia, alcuni studiosi già riferiscono a noi come ai «nativi». Agli «indigeni». Agli «aborigeni». Di questo passo finiremo anche noi dentro le Riserve come i Pellerossa.

Punto numero tre. Soprattutto non credo alla frode dell'Islam Moderato. Come protesto nel libro *Oriana Fallaci intervista sé stessa* e ne *L'Apocalisse*, quale Islam Moderato?!? Quello dei mendaci imam che ogni tanto condannano un eccidio ma subito dopo aggiungono una litania di «ma», «però», «nondimeno»? È sufficiente cianciare sulla pace e sulla misericordia per essere considerati Mussulmani Moderati? È sufficiente portare giacche e pantaloni invece del *djabalah*, blue jeans invece del burka o del chador, per venir definiti Mussulmani Moderati? È un Mussulmano Moderato un mussulmano che bastona la propria moglie o le proprie mogli e uccide la figlia se questa si innamora di un cristiano? Cari miei, l'Islam moderato è un'altra invenzione. Un'altra illusione fabbricata dall'ipocrisia, dalla furberia, dalla quislingheria o dalla Realpolitik di chi mente sapendo di mentire. L'Islam Moderato non esiste. E non esiste perché non esiste qualcosa che si chiama Islam Buono e Islam Cattivo.

Esiste l'Islam e basta. E l'Islam è il Corano. Nient'altro che il Corano. E il Corano è il *Mein Kampf* di una religione che ha sempre mirato a eliminare gli altri. Una religione che ha sempre mirato a eliminare gli altri. Una religione che si identifica con la politica, col governare. Che non concede una scheggia d'unghia al libero pensiero, alla libera scelta. Che vuole sostituire la democrazia con la madre di tutti i totalitarismi: la teocrazia. Come ho scritto nel saggio *Il nemico che trattiamo da amico*, è il Corano non mia zia Carolina che ci chiama «cani infedeli» cioè esseri inferiori poi dice che i cani infedeli puzzano come le scimmie e i cammelli e i maiali. È il Corano non mia zia Carolina che umilia le donne e predica la Guerra Santa, la Jihad. Leggetelo bene, quel «Mein Kampf», e qualunque sia la versione ne ricaverete le stesse conclusioni: tutto il male che i figli di Allah compiono contro di noi e contro sé stessi viene da quel libro. È scritto in quel libro. E se dire questo significa vilipendere l'Islam, Signor Giudice del mio Prossimo Processo, si accomodi pure. Mi condanni pure ad anni di prigione. In prigione continuerò a dire ciò che dico ora. E continuerò a ripetere: «Sveglia, Occidente, sveglia! Ci hanno dichiarato la guerra, siamo in guerra! E alla guerra bisogna combattere».

Visto? Potrei andare avanti per sempre quando sermoneggio di queste cose. Così la smetto e dico: caro David, caro Daniel, caro Robert, cari compagni d'arme con cui condivido questo premio, cari amici del Center for the Study of Popular Culture: davvero noi esercitiamo un dovere molto faticoso e molto doloroso. Il dovere di raccontare la verità. E, raccontando la verità, dar voce a chi non ha voce. Alla gente male informata o nient'affatto informata. Alla gente che dorme o non pensa con la propria testa e che tuttavia, quando viene informata, bene informata, si sveglia e pensa con la propria testa (anzi si accorge di pensare ciò che non sapeva di pensare ma pensava già). O alla gente che pur pensando non parla per inerzia o timidezza o paura. Non siamo molti, lo so. Ma esistiamo. Siamo sempre esistiti. E sempre esisteremo. Sotto ogni fascismo, ogni nazismo, ogni bolscevismo, ogni islamismo, ogni maccartismo, ogni cancro del cervello, ogni cancro dell'anima. E nonostante gli insulti, le messe alla gogna, le persecuzioni, le beffe, le galere, i gulag, le forche che stroncano il corpo non l'anima. Ah! Per quanto sia amaro considerarci fuorilegge-eretici-dissidenti in una società che a parole si definisce libera e democratica, noi siamo davvero i nuovi eretici. I nuovi fuorilegge. I nuovi dissidenti.

Quindi lasciate che mi congedi con la seguente confessione. Io non sono giovane ed energica come voi. Non ho la salute che spero voi abbiate. A dirla in modo brusco e brutale, sono disperatamente malata. Ho raggiunto ciò che i dottori chiamano la Fine della Strada, e non durerò a lungo. Ma sapere che voi fate quello che fate, pensare che voi sarete qui quando io non ci sarò più, mi aiuta parecchio a esercitare quel dovere contro il nemico. A non dargli pace finché avrò un filo di fiato. Meglio: come ho detto quando ho incominciato a parlare, io non accarezzo affatto l'idea di imitare Annie Taylor. Mica son pazza. Ma se necessario, proprio necessario, davvero necessario, bé... tirerò un gran respiro, chiuderò gli occhi, forse mi farò il segno della Croce, (non si sa mai), e salterò anche sopra le Cascate del Niagara.

Ok? Grazie per avermi ascoltato.

Nota dell'editore

Le interviste e gli articoli contenuti nel volume sono stati pubblicati nelle date che seguono:
 Una guerra appena iniziata (tit. or. La cortina di seta), «L'Europeo», 1° maggio 1960; Donne senza velo, «L'Europeo», 8 maggio 1960; Le donne hanno perso la morale (tit. or. Che aspettano a farmi presidente di uno stato dell'Africa?), «L'Europeo», 26 maggio 1966; Se uccidi i miei figli io ucciderò i tuoi figli (tit. or. Tra i guerriglieri arabi), «L'Europeo», 26 febbraio 1970; Una notte con i guerriglieri di Al Fatah (tit. or. Una notte sul fronte arabo), «L'Europeo», 5 marzo 1970; Yassir Arafat. Non odiamo gli ebrei, odiamo gli israeliani (tit. or. Arafat, l'uomo a capo dei guerriglieri arabi), «L'Europeo», 12 marzo 1970; Faruk El Kaddoumi. Il cervello di Al Fatah (tit. or. Il vero capo di Al Fatah), «L'Europeo», 19 marzo 1970; George Habash. Perché mettete le bombe sugli aerei?, «L'Europeo», 26 marzo 1970; Rascida Abhedo, la donna della strage, «L'Europeo», 2 aprile 1970; Hussein di Giordania (tit. or. A colloquio con Hussein), «L'Europeo», 15 aprile 1970; Monaco 1972. Il racconto dei superstiti (tit. or. Monaco. I superstiti della tragedia raccontano), «L'Europeo», settembre 1972); Golda Meir, «L'Europeo», 30 novembre 1972; Vivere in Israele (tit. or. Gli italiani in Israele), «L'Europeo», 29 marzo 1973 e 5 aprile 1973; Mohammad Reza Pahlavi (tit. or. Lo scià di Persia), «L'Europeo», 1° novembre 1973; Hussein di Giordania, «L'Europeo», 12 dicembre 1974; Ahmed Zaki Yamani, «L'Europeo», 22 agosto 1975; Khomeini, «Corriere della Sera», 26 settembre 1979; Gheddafi, «Corriere della Sera», 2 dicembre 1979; Sharon, «L'Europeo», 6 settembre 1982; A 8000 metri sulle ali della guerra, «Corriere della Sera», 17 febbraio 1991; La guerra invisibile dei mullah,

«Corriere della Sera», 18 febbraio 1991; *Nel deserto già si respira odore di sangue*, «Corriere della Sera», 22 febbraio 1991; *La guerra vista dal fronte* (tit. or. *La guerra finirà molto presto*), «Corriere della Sera», 25 febbraio 1991; *Festa a Kuwait City*, «Corriere della Sera», 1° marzo 1991; *I giorni del rancore*, «Corriere della Sera», 6 marzo 1991; *La fuga disperata del prigioniero iracheno*, «Corriere della Sera», 9 marzo 1991; *La nuvola nera sul Golfo*, «Corriere della Sera», 26 marzo 1991; *Una ferita che non si vede*, «L'Europeo», 9 agosto 1991; *La Rabbia e l'Orgoglio*, «Corriere della Sera», 29 settembre 2001; *Io trovo vergognoso*, «Panorama», 18 aprile 2002; *Eppure con la Francia non sono arrabbiata*, «Corriere della Sera», 8 giugno 2002; *Wake up, Occidente, sveglia*, «Corriere della Sera», 26 ottobre 2002; *Lettera aperta ai fiorentini*, «Corriere della Sera», 6 novembre 2002; *La rabbia, l'orgoglio e il dubbio*, «Corriere della Sera», 14 marzo 2003; *Noi cannibali e i figli di Medea*, «Corriere della Sera», 3 giugno 2005; *L'Europa in guerra il nemico ce l'ha in casa*, «Corriere della Sera», 16 luglio 2005; *Saltare dalle Cascate del Niagara* (tit. or. *Jumping Over Niagara Falls*), «Il Foglio», 30 novembre 2005.

Indice

Prefazione di Lucia Annunziata   7

PRIMA PARTE
Donne senza velo

Una guerra appena iniziata   17
Donne senza velo   28
Le donne hanno perso la morale   38

SECONDA PARTE
I profeti del terrore

Se uccidi i miei figli io ucciderò i tuoi figli   53
Una notte con i guerriglieri di Al Fatah   69
Yassir Arafat   84
Faruk El Kaddoumi   101
George Habash   117
Rascida Abhedo   132
Hussein di Giordania   149

TERZA PARTE
La caccia all'ebreo

Monaco 1972   167
Golda Meir   186
Vivere in Israele   197

QUARTA PARTE
Chi comanda in Medio Oriente

Mohammad Reza Pahlavi	245
Hussein di Giordania	260
Ahmed Zaki Yamani	272
Khomeini	288
Gheddafi	298
Sharon	304

QUINTA PARTE
Cronache dal deserto

A 8000 metri sulle ali della guerra	319
La guerra invisibile dei mullah	328
Nel deserto già si respira odore di sangue	333
La guerra vista dal fronte	339
Festa a Kuwait City	346
I giorni del rancore	353
La fuga disperata del prigioniero iracheno	360
La nuvola nera sul Golfo	370
Una ferita che non si vede	374

SESTA PARTE
La commedia della tolleranza

La Rabbia e l'Orgoglio	389
Io trovo vergognoso	395
Eppure con la Francia non sono arrabbiata	399
Wake up, Occidente, sveglia	403
Lettera aperta ai fiorentini	412
La rabbia, l'orgoglio e il dubbio	419
Noi cannibali e i figli di Medea	427
L'Europa in guerra il nemico ce l'ha in casa	444
Saltare dalle Cascate del Niagara	457
Nota dell'editore	475

Finito di stampare nel dicembre 2023 presso
Grafica Veneta – via Malcanton, 2 – Trebaseleghe (PD)
Printed in Italy